判例による

不貞慰謝料請求の実務

弁護士
中里和伸 著

LABO

■□　本書を手にされた皆様へ　□■

❖1　Appendix 裁判例（合計 593 事件）

裁判例一覧 1（123 事件）：実務に役立つ切り口から分析しました。

裁判例一覧 2（470 事件）：大審院時代のものから最新の裁判例を年月日で列記し、特徴的な裁判例には見出しを付け、事案・判旨をまとめました。

❖2　本文に記述されている丸付き数字

ふつうの丸付き数字⑫③は裁判例一覧 1、白ヌキ数字の❶❷❸は裁判例一覧 2 に掲載されておりますのでご注意ください。

❖3　Appendix 貨幣価値の推移

裁判例には、「認容額○万円（請求額○万円）」と記載しましたが、現在の貨幣価値との比較をしていただくために、「貨幣価値の推移」を掲載しました（427 頁）。

❖4　訴状のサンプル

不貞慰謝料請求事件の訴状のサンプルを掲載しました（260 頁）。脚注も含めご参考に供します。

はしがき

近時、不貞慰謝料請求訴訟の件数が増加傾向にあるという。たしかに、「配偶者が不倫をしているようなのだがどうしたらよいでしょうか」とか「不倫をしてしまい相手の配偶者の代理人弁護士から内容証明郵便が届いたのですがどうしたらよいでしょうか」などという法律相談が少なくない。

不貞行為が少なくとも現行法上違法行為であることくらいはその相談者も知っているだろうから、このような法律相談の主眼は、各相談者の置かれたその具体的状況下での取るべき態度・手段である。状況は刻々と変化する以上、取るべき手段等もその状況次第で千変万化であるが、不貞をされた被害配偶者からすれば、加害者である不貞相手に対してどのような手段が取れるのか、そのためにはどのような証拠等があれば良いのかということが主な関心事であるし、逆に、不貞行為を働いた者からすれば、自らの法的責任が阻却・軽減される場合はないのか、敗訴した場合にはどうなってしまうのかなどということが関心事になるだろう。

このような相談を受けた弁護士としては、過去の裁判例を参考に回答するのが一般的である。たとえば、過去にはこのような裁判例があるから、本件ではこのような結論になるだろうというように、回答することが多い。

しかしながら、筆者の経験ではその予測どおりにその事件が展開することは意外と多くない。先にも述べたように、状況は刻々と変化するし、依頼者が法律相談の段階で自己に不利な事柄を含めてすべてを語っているとは限らないからである。依頼者から訴訟委任を受けた後に、依頼者から「実は……」と話を切り出される瞬間はやはり緊張するものである。

「盗人にも三分の利」という諺がある。これは民事裁判にも当てはまることが多い。すなわち、民事事件では、当事者の一方のみが100パーセント悪いということは稀であり、むしろ当事者双方に相応の言い分があることが多いものである。不貞慰謝料請求においても、一般的には、不貞をされた被害配偶者が「善」で、不貞行為の相手方が「悪」であるという図式で理解されるだろうが、不貞行為の相手方としては、「自分はしつこく誘われてそれに応じたに過ぎない」、「自分をしつこく誘うということはそもそも先方の夫婦関係が破綻していたのではないか」、「そこまで高い慰謝料を支払わされる義務はない」等の反論をしたくなるし、裁判所もそのような主張を必ずしもすべて排斥するわけではない。

本書を執筆するにあたり、実際に不貞慰謝料請求訴訟に関する入手可能な過去の裁判例を調べたところ、あまりにも多い裁判例に驚かされた。これらの裁判例を収集し、年代順に並べ直し、問題点を抽出し、できるだけ体系的に分類・整理することを本書で試みた。

また、裁判例以外にも本書に掲載した文献も大変参考になった。その中でも昭和 11 年に出版された弁護士山口与八郎著『貞操問題と裁判』には特に知的好奇心をかき立てられた。その本には、戦前における不貞慰謝料請求訴訟などに関する裁判例が豊富に紹介されており、当時の裁判所の考え方や世相などがよく分かる。そしてそのはしがきには、「造物の神様が、何故男女二性以外に三種類四種類と、色々の人間を創造せなかったかその理由を知る由もない。……そもそも人間というものが、男女二性にわかれているということが、相結合せんがために二性にわかれているのか、又は二性にわかれているがために相寄り相結合するのであるか、その源を知ることは不可能であるが、とにかく男女結合の効果たるや偉大なものである。」との記載がある。不貞行為も又その男女結合の一態様にすぎないことは昔も今もまた将来においても変わることはないだろう。

筆者は、生まれ育った江戸川区の区役所における法律相談協力会に所属し定期的に区民向けの法律相談を担当しているが、この法律相談協力会を昭和 20 年代に立ち上げたのが上記山口与八郎弁護士（江戸川区小岩在住）であったことを知った。筆者は山口与八郎弁護士とは当然面識もないが、同じようなテーマで本を執筆することになったことには不思議な縁を感じる。

本書が、裁判実務に携さわる弁護士はもちろんのことその他隣接業務に携わる方々にとって何らかの参考になれば筆者としてはこれに勝る喜びはないし、またそのような期待を込めて本書を送り出したいと思う。

2015 年 5 月

弁護士　中里　和伸

Contents

第３章　当事者の基本的関係図

第４章　不貞訴訟に関する裁判例の推移

第６章　不貞行為が不法行為になるための要件

第7章 請求原因に対する被告の抗弁

第8章 原告の再抗弁（特段の事情）

第 9 章　慰謝料の算定方法と算定要素

第 10 章　不貞訴訟における特殊な事例と問題点

第 11 章　相姦者の不貞配偶者に対する損害賠償請求訴訟

《参考文献》

明山和夫「貞操義務論」高梨公之教授還暦祝賀『婚姻法の研究』（下）（有斐閣、1976）

浅見公子「第三者による婚姻関係の破壊と損害賠償」谷口知平『新版判例演習民法5：親族・相続』（有斐閣、1984）

阿部徹「不貞の相手方の不法行為責任」判例タイムズ411号

安西二郎「不貞慰謝料請求事件に関する実務上の諸問題」判例タイムズ1278号

幾代通（徳本伸一補訂）『不法行為法』（有斐閣、1993）

石井良介『日本婚姻法史』（創文社、1977）

泉久雄「親の不貞行為と子の慰謝料請求」ジュリスト694号

泉久雄「親の一方と同棲する第三者と子への不法行為」昭和54年度重要判例解説

伊藤昌司「男女関係の『市場原理』」判例タイムズ499号

内田貴『民法Ⅱ債権各論〔第3版〕』（東京大学出版会、2011）

榎本恭博「妻及び未成年の子のある男性と肉体関係を持ち同棲するに至った女性の行為と右未成年の子に対する不法行為の成否」昭和54年度民事最高裁判所判例解説

樫見由美子「夫婦の一方と不貞行為を行った第三者の他方配偶者に対する不法行為責任について」金沢法学41巻2号

樫見由美子「婚姻関係の破壊に対する第三者の不法行為責任について」金沢法学49巻2号

片山英一郎「婚姻関係が既に破綻している夫婦の一方と肉体関係を持った第三者の他方配偶者に対する不法行為責任の有無」森泉章先生古稀祝賀『現代判例民法学の理論と展望』（法学書院、1998）

川井健「内縁の保護」中川善之助先生追悼現代家族法大系編集委員会『現代家族法体系（2）婚姻・離婚』（有斐閣、1980）

沢井裕「夫と通じた者に対する妻子の慰謝料請求権」家族法判例百選第3版

潮海一雄「婚姻関係が既に破綻している夫婦の一方と肉体関係を持った第三者の他方配偶者に対する不法行為責任の有無」法学教室192号

四宮和夫『事務管理・不当利得・不法行為（中）』（青林書院、1987）

島津一郎「不貞行為と損害賠償」判例タイムズ385号

菅原万里子「婚姻関係が破綻している場合における不倫の相手方に対する慰謝料請求権の存否」法律のひろば1996年9月号

滝沢聿代「夫婦と性」法学セミナー 1989 年 2 月号
竹田國雄「配偶者の一方と情交関係を持った第三者に対する損害賠償請求において慰謝料算定に斟酌すべき事項」名古屋家事調停会報 9 号
田中豊「婚姻関係が既に破綻している夫婦の一方と肉体関係を持った第三者の他方配偶者に対する不法行為責任の有無」ジュリスト 1095 号
田中豊「婚姻関係が既に破綻している夫婦の一方と肉体関係を持った第三者の他方配偶者に対する不法行為責任の有無」平成 8 年度民事最高裁判所判例解説
溜池良夫『国際家族法研究』（有斐閣、1985）
団藤重光『刑法綱要各論〔第 3 版〕』（創文社、1990）
千葉県弁護士会『慰謝料算定の実務〔第 2 版〕』（ぎょうせい、2013）
辻朗「不貞慰謝料請求事件をめぐる裁判例の軌跡」判例タイムズ 1041 号
津田賛平「親の不貞行為の相手方に対する子の慰謝料請求の可否」法律のひろば 32 巻 7 号
角田由紀子『性の法律学』（有斐閣、1991）
東京弁護士会弁護士研修センター運営委員会編『離婚を中心とした家族法』（商事法務研究会、2012）
永井尚子「夫婦関係破綻後の不貞行為」判例タイムズ 996 号
中川淳「家庭破壊による配偶者とその子の慰藉料」判例タイムズ 383 号
中川淳「家庭破壊による配偶者・子の慰藉料請求」法学セミナー 1979 年 6 月号
中川淳「捨てられた子　婚姻家族の尊重」法学セミナー 1984 年 6 月号
中川善之助「『夫の貞操義務』に関する裁判に就て」法学協会雑誌 45 巻 2 号
賀集唱・松本博之・加藤新太郎編『基本法コンメンタール民事訴訟法 2 第 3 版補訂版』（日本評論社、2012）
二宮周平「不貞行為の相手方の不法行為責任」円谷峻・松尾弘編集代表山田卓生先生古稀記念『損害賠償法の軌跡と展望』（日本評論社、2008）
二宮周平＝榊原富士子『離婚判例ガイド〔第 3 版〕』（有斐閣、2015）
野川照夫「配偶者の地位侵害による損害賠償請求」中川善之助先生追悼現代家族法大系編集委員会編『現代家族法体系（2）婚姻・離婚』（有斐閣、1980）
林修三「親が浮気で家出した場合、残されたこどもは浮気の相手方に慰謝料の請求ができるか」時の法令 1039 号
平井宜雄『債権各論Ⅱ不法行為』（弘文堂、1992）
平野裕之「不法行為債権の消滅時効をめぐる立法論的考察（1）（2）」慶應法学第

12 号・第 13 号
平野裕之『民法総合 6 不法行為法〔第 3 版〕』（信山社、2013）
平野竜一「刑法の基礎」法学セミナー 126 号
前田達明「不貞に基づく損害賠償」判例タイムズ 397 号
前田達明『愛と家庭と―不貞行為に基づく損害賠償請求』（成文堂、1985）
前田雅英『刑法各論講義〔第 5 版〕』（東大出版会、2011）
牧野英一「夫の貞操義務に関する判例について――中川法学士に答ふ――」法学協会雑誌 45 巻 3 号
松川正毅「貞操義務と不法行為責任」松浦好治＝松川正毅＝千葉恵美子編『市民法の新たな挑戦』加賀山茂先生還暦記念（信山社、2013）
松坂佐一『民法提要債権各論〔第 5 版〕』（有斐閣、2001）
松本克美「『不貞慰謝料』の消滅時効の起算点」判例時報 1518 号
水野紀子「夫と同棲した女性に対して妻または子から慰謝料請求ができるか」民商法雑誌 98 巻 2 号
水野紀子「不倫の相手方に対する慰謝料」判タ 1100 号 64 頁
水野紀子「不貞行為の相手方に対する慰謝料請求」山田卓生先生古稀記念『損害賠償法の軌跡と展望』（日本評論社、2008）
水野紀子「不貞行為の相手方に対する配偶者および未成年子の慰藉料請求」民法判例百選Ⅱ債権〔第 4 版〕
宮本ともみ「ドイツにおける婚姻義務違反にもとづく損害賠償」円谷峻・松尾弘編集代表山田卓生先生古稀記念『損害賠償法の軌跡と展望』（日本評論社、2008）
宗村和広「配偶者の一方と通じた他方配偶者および子に対する不法行為責任」信州大学法学論集第 4 号
村上幸太郎「慰謝料の算定に関する実証的研究」最高裁判所事務総局『司法研修報告書 9 輯 6 号』
良永和隆「不法行為の相手方に対する配偶者及び子の慰謝料請求」みんけん 594 号
竜嵜喜助「不貞にまつわる慰謝料請求権」判例タイムズ 414 号
我妻栄『事務管理・不当利得・不法行為』（日本評論社、1989）

家事実務研究会編『家事財産給付便覧 2』（新日本法規、1977）
石川稔ほか編『裁判にみる金額算定事例集』（第一法規、1988）
「不貞行為と損害賠償（慰謝料）」（調停時報 139 号）

第１章

不貞慰謝料請求のいま

第１節　不倫の意義

1　男女間における法的紛争

離婚、不倫（不貞）、婚約の不当破棄、結婚詐欺、デート商法、美人局（つつもたせ）、愛人契約（妾契約）、セクハラ、貞操侵害、認知（その裏返しとしての親子関係不存在確認）、ストーカー、強姦、強制わいせつ、保険金殺人など、男女関係におけるトラブル・法律問題には多種多様の類型がある。

本書では、これらの中で、最近訴訟の数が増加していると言われる不貞慰謝料請求訴訟を主要なテーマとして、これまでの裁判例等を引用しつつできるだけ広く論点を拾い解説を試みたものである。

2　不倫の意義・名称

「不倫」というのは、法律用語ではなく、法律上は民法770条１項１号に離婚事由として規定されている「不貞（な行為）」のことである。不貞の意義としては、「一夫一婦制の貞操義務に忠実でない全ての行動であり、姦通的行為よりも広い概念」と広く捉える見解と「配偶者以外の者と性的関係を結ぶこと」と狭く解する見解とがある。この点に関して、⑩⓪最高裁第一小法廷昭和48年11月15日（判タ303号141頁）は、同条項の不貞行為の意義について、「配偶者ある者が、自由な意思にもとづいて、配偶者以外の者と性的関係を結ぶことをいうのであつて、この場合、相手方の自由な意思にもとづくものであるか否かは問わないものと解する」と判示し、これを読む限り後者の狭義説に立っていることが分かる（井田友吉・最判解民（昭和48年度）331頁以下）。

しかしながら、不貞訴訟における裁判例を見る限り、裁判所は不法行為と評価されるべき不貞行為の意味を、離婚訴訟におけるのとは異なって、このように限定的には捉えておらず、必ずしも性的関係（肉体関係）を要求していないものも数多く見受けられる。これは、不貞行為によって侵害される権利・利益が何であると理解するか（保護法益論）とも大きく関わってくると思われるので、この点については後に詳しく裁判例を紹介しながら検討することとしたい[1]。

このように、同じ「不貞行為」と言っても、それが離婚事由になるのかという局面と、それが不倫相手に対する慰謝料請求の根拠になりうるのかという局面によって、その意味が異なることになる[2]。

3　不倫の対外的効果としての不貞慰謝料請求

このように不貞行為は、民法上婚姻当事者間の離婚事由と定められているが、これは配偶者内部での問題である。他方、本書において主に扱う不貞訴訟の問題というのは、いわば不倫の対外的効果の問題であり、不貞行為をされた配偶者がその不貞の相手方（相姦者）に対して、どのような請求を行うことができるのかという問題である。

1　なお、「不倫」という言い方の他にこれを「浮気」・「よろめき」と言ったり「姦通」と言ったりすることもある。古く江戸時代には、「間男（まおとこ）」とも言っていた。その江戸時代に完成したと言われる古典落語の演目の中にも、この不倫（間男）をテーマにした噺が少なからずあり、例えば「紙入れ」、「風呂敷」、「町内の若い衆」等である。また、当時の川柳にも、「間男は亭主の方から先に惚れ」とか「町内で知らぬは亭主ばかりなり」というのがあったり、「歳は取っても浮気はやまぬ、やまぬはずだよ先がない」とか「人の女房と枯れ木の枝は、登り詰めたら命がけ」という都々逸（どどいつ）が残っていることからしても、不倫が昔から庶民の中に存在していたことがよくわかる。現代においても、ある芸能人が「不倫は文化だ」と言って話題になったり、ある検察高官が「浮気は捜査現場の活力になっている」と発言して問題になったこともある。また、有名人の不倫が発覚すればそれが恰好の週刊誌等のネタになることからしても、現代の人々も昔と同様、不倫に対して大きな関心を持っていることが窺える。

2　このように、法律では同じ語句でもそれが問題となる局面ごとにその意味が異なることがあり（概念の相対性）、たとえば、刑法上の「暴行」という概念についても、これが「暴行罪」（刑法 208 条）で問題となる場合には、「人の身体に対し不法に有形力を行使すること」を意味するのに対し、公務執行妨害罪（刑法 95 条１項）では、「公務員に向けられた有形力の行使」を意味するとされ、必ずしも暴行が公務員の身体に向けられることを要求していない。これは、公務執行妨害罪の保護法益が暴行罪のそれとは異なり、公務員の身体ではなく、公務そのものと考えられているからである。

現在の裁判所の考え方を前提にする限り、不貞行為は原則として民法上の不法行為（民法709条）に該当する違法な行為であると考えられている。しかしながら、ある行為が法律上許されない行為と定められているからといって、その行為が社会からなくなるということにはならない。また、不倫というのは、現行の法律が適用される遙か前から人間社会に存在していたはずであるし、多くの小説や芝居・テレビドラマ、流行歌等のテーマにもなっていることからしても、不倫は今後も決してなくなることはないと考えられる。

第２節　離婚の事由・件数等

1　離婚事由

不貞行為をはじめとして、離婚の理由・原因はさまざまであり[3]、この「何が離婚事由になるのか」という問題に関する裁判例も数多い。たとえば、「ポルノ雑誌にばかり興味を示し夫婦生活に応じない夫」（浦和地方裁判所昭和60年9月10日判タ614号104頁）とか、それとは正反対に、「人並以上に性慾が強く、家に居るときは妻をその身辺から離さず、絶えず妻の体に接触し、昼夜を問わず一日に数回も性交を求める夫」（大阪地方裁判所昭和35年6月23日判時237号23頁）等という事案において妻からの離婚請求が認められている（以上につき、角田由紀子『性の法律学』（有斐閣）135頁以下参照）。不倫もその離婚事由のうちの一つであり民法に明文化されている（民法770条1項第1号）。そして、ある夫婦が一方配偶者の不倫が発覚したことによって離婚に至るというケースがよくあるが、離婚の件数自体は昔と比べてどうなっているのだろうか。

2　離婚の件数等

厚生労働省の「人口動態統計年報（確定数）の概況」（平成24年）によれ

---

[3] 裁判所の考え方によれば、いわゆる「性格の不一致」というのも離婚理由になるのだが、夫婦の性格が一致すること自体が極めて稀であり、むしろ夫婦の性格が一致しないからこそ長続きするともいえよう。性格の不一致が離婚理由になるということ自体、離婚の理由になりうる事柄が非常に多いということを意味しているといえるだろう。

ば、平成24年度の離婚件数は23万5,406件であり、昭和45年度のそれは9万5,937件であるから、約40年間のうちに離婚の件数自体は約2.5倍になっている。他方平成24年度の婚姻の件数は66万8,869件であるから、これを単純に計算する限り離婚の割合は実に約35％ということになる。

ただし、国別で比較すると、日本の離婚率は先進諸国（アメリカ、イギリス、フランス等）に比べると低く、離婚率が最も高いのはロシアである。

3　不倫の件数

離婚の件数は上記のとおり厚生労働省が公表しているためその数を知ることができるが、不倫の件数となるとこの統計自体が存在するはずがないので、その件数を把握することは不可能である。

図１　婚姻件数・離婚件数

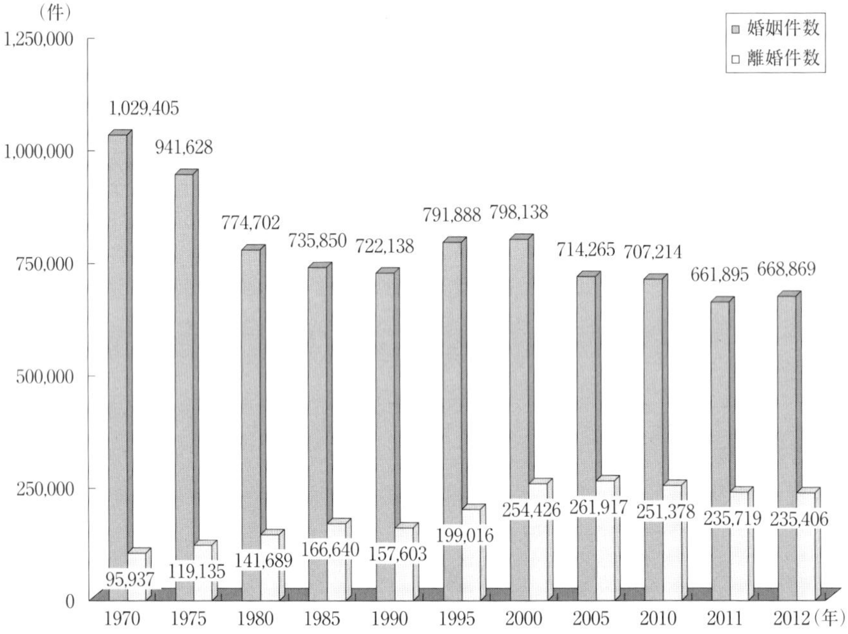

〈厚生労働省「人口動態統計年報（確定数）の概況」／平成24年〉
59歳までの年齢別有配偶離婚率（有配偶人口千対、平成17年）

しかしながら、1970（昭和45）年以来離婚の件数が増えていること、離婚の理由として配偶者の不倫（浮気）があること、不貞行為に基づく慰謝料請求訴訟が過払金返還請求訴訟、交通事故損害賠償請求訴訟に次ぐ主要な訴訟類型となっているとの指摘があることからすると、離婚の件数同様不倫の件数も以前と比べて増えていると思われる[4]。

この点に関連して、「月刊現代」（平成12年7月号164頁）には、俄には信じ難いが、男性の61.2％、女性の27.2％が不倫の経験があると回答したアンケート結果が掲載されている（岩上安身「『売買春と浮気・不倫』は膨張の一途」）。

第3節　不倫に関する法制度の変遷

1　総説

現行の日本の法律を前提にする限り、不倫を行っても、それが民事上の不法行為に該当し損害賠償義務を負うことはあっても、不倫は犯罪ではないので刑事上の責任は問われない。したがって、不倫それ自体を理由に警察に逮捕されることもない。

2　江戸時代における不倫

しかしながら、国によっては現在でも不貞行為を犯罪としているところもあるし（姦通罪）、日本でもかつてはそうであった。

例えば、江戸時代の日本では、不倫（間男）は重罪で死罪であったという。特に、自分にとっての主人の妻との姦通は罪状が重く、獄門による死刑であった（山口与八郎『貞操問題と裁判』193頁）。

しかしながら、この姦通罪は被害者が訴えない限り表沙汰にならないし、姦通の現場を押さえるなど明確な証拠がないと町奉行所での裁判を行うこと

4　安西二郎裁判官「不貞慰謝料請求事件に関する実務上の諸問題」判タ1278号45頁。なお、辻朗「不貞慰謝料請求事件をめぐる裁判例の軌跡」（判タ1041号35頁）には、「この種の訴訟提起が割に合わないとの現実が定着し、漸次この種の慰謝料請求事件が減少していく……ことが予想される」との記述があるが、現状を見る限りこの予測とは逆の結果が生じているというべきであろう。

も難しい。

そこで、実際には、当時の庶民はこの種の事件が起こるとお金を支払って終わりにする（示談）ことが多かったようである。しかも、その示談の額の相場も決まっており、江戸時代初期のそれ（「首代」とも言われる）は５両であったという。当時の川柳にも「その罪を許して亭主五両とり」というのがある。その後、その相場が５割増しとなり７両２分になった（江戸時代の貨幣は４進法で１両は４分であるため、５両の５割増は７両２分である）。当時の川柳にも、「間男は七両二分と値が決まり」というのがあり、庶民にもその相場の額は知れ渡っていたという。

現代でもそうであるが、不倫（間男）という民事事件が当事者間の示談によってお金で解決されるということになると、逆にこれを悪用してお金を得ようとする手口が現れるようになる。これがいわゆる美人局（つつもたせ）である[5]。

昔から「据え膳食わぬは男の恥」という諺があり、これは「せっかく女から誘っているのに男の側がこれを断るのは男の恥だ」という意味であるが、男がこの諺の通りに行動すると、上記のような美人局の手口に容易に引っ掛かってしまうであろう。これを戒めるものとして、「据えられて七両二分の膳を食い」という川柳があるところがまた面白い。

3　明治時代から戦前における不倫

明治時代になり、日本でも諸外国と同様に法律が整備されてくるが、戦前においてはまだ姦通罪が残っていた[6]。しかし、その内容は、妻の不倫のみ

5　これをアウトローの世界では、隠し言葉（隠語・符丁）で「つつ」ともいうらしい（例文として「つつでもやって金を稼げ」）。すなわち、予め夫がその妻と示し合わせて、妻が第三者を誘惑し、不貞の関係が生じた段階でその現場に夫（又は、夫と称する者）が出てきて、示談金（七両二分）を払わせようとする手口である。

このように、美人局は、不貞行為を恐喝ないしゆすりに使うものであるが、現代ではこれがいわゆる振り込め詐欺に使われることもある（平成９年９月12日付朝日新聞朝刊）。また、紳士録という名簿からアトランダムに抽出した上場企業の管理職に対して「あなたの不貞の証拠を握っている。口外されたくなかったら、指定の口座にお金を振り込め」という文書が送付され、多くの人がこれにだまされ振り込んだという（小川富之「夫婦関係と不法行為」小野幸二教授古稀記念論集『21世紀の家族と法』（法学書院、2007）341頁）。

が処罰され、夫の不倫は罪にならないというもので明らかに不平等であった(旧刑法第183条「有夫ノ婦姦通シタルトキハ二年以下ノ懲役ニ處ス」)。

旧民法上も第14条で妻には行為能力がないことが定められ、第801条1項は、「夫ハ妻ノ財産ヲ管理ス」と規定し妻の財産は夫が管理するとされ、同812条1項は、「協議上ノ離婚ヲ爲シタル者カ其協議ヲ以テ子ノ監護ヲ爲スヘキ者ヲ定メサリシトキハ其監護ハ父ニ屬ス」と定め、離婚の際の子の監護権は父と定められていた。そして、この規定は裁判上の離婚でも準用される(同819条)。

不貞(不倫)が離婚原因となるかという点についても、第813条が「夫婦ノ一方ハ左ノ場合ニ限リ離婚ノ訴ヲ提起スルコトヲ得」と定め、その第2号で「妻カ姦通ヲ爲シタルトキ」、第3号で「夫カ姦通罪ニ因リテ刑ニ處セラレタルトキ」と定められていた。これによれば、妻の不貞は直ちに夫にとっての離婚原因となる一方、夫の不貞は夫が姦通罪によって処罰されたときにはじめて妻にとっての離婚原因となるに過ぎなかった。要するに、夫の不倫相手が独身女性であれば離婚原因にはならないということになる。さらに、妻に子ができなければ、夫はいわゆる妾を作ることが許され、その場合には妾にも貞操義務が課されていたという[7]。

---

[6] 明治3年施行の新律綱領では、妻が姦通したとき、夫がその現場にて、自らその男女を即座に殺害しても罪に問わないものとされたという(石井良助『日本婚姻法史』379頁)。これを俗に「間男重ね切り」という。

[7] 参考までに、第768条は「姦通ニ因リテ離婚又ハ刑ノ宣告ヲ受ケタル者ハ相姦者ト婚姻ヲ爲スコトヲ得ス」と定め、離婚した後に不貞の相手方と結婚することはできなかった(相姦婚の禁止)。また、第749条は「家族ハ戸主ノ意ニ反シテ其居所ヲ定ムルコトヲ得ス」と定め、戸主には居所指定権が認められていた。

第２章

不貞行為に関する学説の整理

第１節　総説

戦後の民主化政策としてＧＨＱが示した５つの政策のうちの一つが「婦人の解放」であり、男女平等の理念に基づいた新憲法（憲法第24条・14条）が制定・施行されるにあたり、上記の規定はすべて見直され、妻を不平等に扱う規定は削除された[8]。

刑法上の姦通罪については議論があり、旧規定のままこれを残すことは男女平等に反するためできないが、これを男女平等に反しない形で直すとすれば、姦通罪を妻のみならず夫にも同様に適用されるとして残すか（両罰論）、姦通罪自体を廃止するかの２つしかない。当時の国会でもこのことは議論になったが、結局昭和22年の刑法改正によりこの姦通罪は廃止され現在に至っている[9]。

第２節　不貞に対する法律上の制裁

このように、不貞に関する当事者への法律上の制裁として考えられる制度としては、㋐不貞行為を理由とする離婚請求の権利を相手方配偶者が持つこ

8　ただし、新憲法に適合するか否かの審査を「上手に」潜り抜けた規定もある。例えば、法律婚ができる年齢（婚姻適齢）を男性は18歳、女性は16歳とする民法731条や女性のみ離婚後6か月間再婚を禁止する（待婚期間）民法733条等である（角田由紀子『性の法律学』10頁）。

9　なお、団藤重光『刑法綱要各論（増補）』（創文社）323頁には「夫婦の事実的――ことに経済的――平等が実現されないかぎり、両罰論も実際上は不平等な結果となる。わたくしは、この改正は妥当であったとおもう」との記述があり、この見解によれば、両罰論を前提にした姦通罪を刑法に規定するか否かは立法政策の問題であるとも考えられる。

と、㋑㋐の離婚の成否にかかわらず、不貞行為を行った配偶者及び相手方（相姦者）に対して、不貞行為自体に基づく慰謝料請求（民法709条）が認められること、㋒不貞行為を行った者を姦通罪として刑事処罰を与えること、㋓不貞が原因となって離婚した場合、不貞配偶者と相姦者が婚姻することを禁じること、の4つが考えられる。これらの制裁によって不貞行為の抑止を図るというのが目的と言えよう。

しかしながら、㋒、㋓については戦前に存在したものの現行法ではすでに削除され存在しないし、㋐についても、本書ではテーマとして扱っていないが、現在の最高裁判所は、いわゆる有責配偶者（不貞行為を行った配偶者自身）からの離婚請求を限定的ながらも認めているので（最大判昭和62・9・2民集41巻6号1423頁等）、これも不貞行為の抑止に働くのかどうかは疑わしい。したがって、不貞に対する法律上の制裁として残っているのは㋑だけと言える[10]。

㋑の問題に関するこれまでの裁判例の流れについては、第4章で説明するとして、大まかな流れとしては、戦前から現在に至るまで裁判所はこの不貞慰謝料請求を一貫して認めてきた。

第3節　相姦者の不法行為責任否定説

これに対して、民法の学説上は、不貞（不倫）を相姦者との関係においても民法上の不法行為とすることに否定的ないしは極めて消極的な見解もありむしろこちらの方が有力である。その論拠は、以下のとおりである。

第1に、不倫を不法行為としてその配偶者のみならず不倫相手に損害賠償請求できるとする考え方（肯定説）は、貞操義務を相手方配偶者に対して貞操を要求する権利でもあると捉え、この権利を物権的（排他的・対世的なもの）と理解することを前提にしている。つまり、夫婦は互いに相手方配偶者に対して排他的な支配権を持つことになるから、所有権侵害と同様に、不倫

10　樫見由美子「夫婦の一方と不貞行為を行った第三者の他方配偶者に対する不法行為責任について」金沢法学41巻2号140頁以下。

相手に故意・過失がある限り、当然に不法行為が成立すると考えていることになる。世間でいう「俺の女に手を出した」とか「私の夫を奪った」という言い方がこの考え方の表れである。しかし、夫婦であっても人格的には独立平等であるから、相手方配偶者を自己の所有物と見るという前提が不合理であり、これを根拠に不貞慰謝料請求を認めることはできない[11]。

第２に、不倫相手の民事上の責任を認めても、これによって一般的に不倫行為を防止できるかどうかは疑わしいのだから、不倫相手の責任を認めることは、一般的な婚姻の安定とは結びつかず、それは事後的に相手方を制裁することでしかない。

第３に、不貞行為は、一方配偶者と不倫相手の（必要的）共同不法行為である。したがって、婚姻が破綻に至らず継続している場合に、不倫行為をした当の配偶者の責任を問わず、不倫相手の責任だけを追及することはできないはずである。配偶者を許すのであれば、不倫相手も許すことになるからである。

第４に、不貞行為から離婚に至った場合には、離婚慰謝料あるいは財産分与によって配偶者の権利を守ることができるから、不倫相手の不法行為責任を認める実益は乏しい。逆に、金額はわずかでも、形だけでも慰謝料を認めるべきとすれば、配偶者のある人を愛しても、「金さえ払えばいいんだろう」という免責を与える結果になりかねない。愛情は金銭に換価できるものではあるまい[12]。

第５に、一般的に、もし婚姻がその理想どおりに夫と妻の相互の愛情と信頼を基礎としているならば、その愛情と信頼を裏切られた配偶者に対して、法の力を借りて多額の金銭を与えたとしても、失われたものは戻らず償うこ

11　この点に関連して、カントは、婚姻はある人間が他の人間の生殖器および性的能力について交互的な使用をすることであり、夫婦はこの点で互いに「物権のような対人権」を取得するとしたのに対し、ヘーゲルは「人は本来自由な人格者であって、他人の物権の対象となることはない。カントの考えは人格を冒瀆するものであり、恥ずべき思想である。」として猛反対したと言われている（島津一郎「不貞行為と損害賠償――配偶者の場合と子の場合」判タ 385 号 122 頁、前田達明『愛と家庭と』117 頁以下、明山和夫「貞操義務論」高梨公之教授還暦祝賀『婚姻法の研究（下）』210 頁）。このように、カントやヘーゲルなどの高名な哲学者でさえ、この問題について見解が一致しない。

12　二宮周平ほか『離婚判例ガイド〔初版〕』（有斐閣）189 頁。

ともできない。なぜなら、愛情と信頼において最も深く傷ついた者ほど、金銭による賠償から最も遠い所で傷ついているはずだからである。その意味において、最も慰謝されてよい者ほどむしろ法の力を借りて慰謝料を請求するということはしないのではないか。ここに慰謝料請求のむずかしさがある[13]。

第6に、以前西ドイツの判例が貞操を要求する権利は相対的な権利であり侵害不可能であるという理由で一貫してこのような損害賠償請求を否定している。夫の請求権だけ認められていたイギリスでも1970年には立法によって廃止されたこと、アメリカでも多くの州が立法をもってこのような訴訟を廃止する傾向にある[14]。その他オーストリア、フランス、オーストラリアでも相姦者の不法行為責任は否定されているという（二宮周平ほか『離婚判例ガイド〔第3版〕』171頁）。

そして、アメリカでそのような傾向にあることの理由としては、㋐訴訟の提起だけで既に被告の評判が傷つけられているので、この種の訴訟は復讐を目的とするものでブラックメール（恐喝）の機会を提供する結果となること、㋑賠償算定額の明確な合理的基準がなく、陪審員が過大な懲罰的な損害賠償を評決することも稀ではないこと、㋒良識のある人がこのような訴訟を提起することはないこと、㋓勝訴原告が損害賠償をもらえば、他方配偶者の愛情の強制売却と同じことになり、婚姻の本質に反すること、㋔姦通訴訟や愛情離間訴訟は間違った心理的仮説に依拠するもので、夫婦が結婚生活に満足し、夫婦関係が生きているときに、誘惑者が現れても健全な家庭が破壊されることはありえない。夫婦関係は複雑・多様な心的因子の働きによって破壊されるもので、姦通の相手方や誘惑者に対して損害賠償を課したところで婚姻の安定が確保されることにはならないこと、㋕個人の尊厳や性の自由が重視される現在においては、このような訴訟は姦通をした者とその相手方のプライヴァシーを侵害すること、などが挙げられている[15]。

第7に、不貞行為についての倫理的な評価と、不貞行為の相手方に対し

13　浅見公子『新版・判例演習民法5』13頁以下。

14　島津一郎「不貞行為と損害賠償―配偶者の場合と子の場合」判タ385号122頁、水野紀子「夫と同棲した女性に対して妻または子らから慰謝料を請求できるか」法協98巻2号301頁。

15　田中豊・最判解民（平成8年度）245頁以下、調停時報139号74頁以下。

て不法行為による慰謝料請求を許すかどうかという法的な問題とは、いったん切り離して考えるべきであるとの認識を前提に、不貞行為による精神的苦痛の賠償を相手方に対する慰謝料請求という構成で認めるべきではなく、たとえ婚姻が破綻にいたった場合でも、婚姻破綻は直接的には配偶者の意思決定によるものであり、それを不法行為として法的に評価することは夫婦間でこそできることであるので、婚姻破綻によってもたらされた窮状の救済は配偶者間でおこなわれるべきものである[16]。

第８に、任意の肉体関係は、男女関係の自由競争の一結果にすぎず、傍らにつねに自由市場が開かれている以上、既婚者といえどもこの自由原理から無縁でありえない。そして、この原理が働いて配偶者間が壊れた場合には、貞操義務違反者に責任をとらせることが基本であり、争いの醜い拡大に裁判所が手を貸すのは、むしろ非道徳的である[17]。

第９に、「守操請求権侵害」を根拠に愛人への慰謝料請求権を認めることは、結婚した男女の心身の自由や人格の独立性、さらにはそれらに基礎をおく性的自由をも否定しなければ成り立たず、「家庭の平和の侵害」を根拠に考えたとしても、愛人を妻に対する直接の加害者とすることは、夫の人格否定を前提としなければ成り立たない議論である。すなわち、この場合、家庭の平和を乱したのは夫である。愛人に対する慰謝料請求を認める考え方は、愛人を妻に対する直接の加害者とするわけであるから、夫がその自由意思で行動した結果として家庭の平和が失われたという事実は無視されている。夫は愛人の操り人形であり、自分の考えを持っている独立した人間であることが否定されている[18]。

第 10 に、不貞慰謝料請求原則否定説を採ることは、不貞行為を理由とする慰謝料請求ばやりの風潮に対して頂門の一針をさすことになる。それぞれ配偶者がある妻と夫が姦通して、またもとのさやにおさまったとしよう。姦通をした妻の悩める夫が姦通した夫を訴えると、今度は姦通をした夫の悩める妻が、姦通をした妻を訴える。夫婦の財布はひとつであるからこんなこと

16　水野紀子・法協 98 巻 2 号 301 頁。
17　伊藤昌司・判タ 499 号 141 頁。
18　角田由紀子『性の法律学』（有斐閣）123 頁。

になりがちであるが、まことに馬鹿げた不愉快な情景である。このようなことは早くなくした方がよい[19]。

第11に、これまで不貞の慰謝料は、妻にとっては、訴訟提起がきっかけで、夫と女性が別れることもあるし、何より不貞をした女性に対する制裁を示すことによって、妻の地位を確保する象徴的な機能を果たしてきた。また夫にとっては、妻の性を自己の支配下に置く意味をもっていたともいえる。しかし、夫と妻の関係について、お互いに自由な意思をもつ存在として、他方への屈服や従属ではなく対等な結びつきであることを確認し、これを実現していくことが婚姻法の課題だと認識する立場からは、夫・妻の意思や人格を無視するような法的処理はできない。この結果、不貞の慰謝料は、少なくとも第三者との関係では「非法化」される。しかし、それは「不倫の自由化」ではなく、不貞配偶者の自己責任の徹底である[20]。

以上のとおり、学説上では、不貞行為に基づく相姦者に対する（慰謝料）損害賠償請求の肯否という問題は否定説（ないしは原則否定説）が有力である[21]。

第4節　諸学説の整理・分類

上記のとおり、不貞慰謝料請求の肯否については、民法の学説上は否定説が有力であるが、この否定説の中にも例外的に請求を認める立場もあり、必ずしも一様ではない。そこで、この論点に関する学説を整理すると以下のようになる。

1　田中豊の6分類

田中豊によると次の6つの分類が可能とされる（ジュリ1095号168頁）。

（A）婚姻関係の破綻の有無、第三者の行為の態様にかかわらず、常に不

19　島津一郎「不貞行為と損害賠償――配偶者の場合と子の場合」判タ385号123頁。

20　二宮周平「不貞行為の相手方の不法行為責任」山田卓生古稀記念『損害賠償法の軌跡と展望』169頁以下参照。

21　内田貴『民法Ⅱ〔第2版〕』347頁、平野裕之『民法総合6』142頁等。

法行為の成立を認める見解（ただし、実際にこの見解を主張する者はいない）

（B）いわゆる事実上の離婚（届出をした法律上の夫婦が、離婚の合意をして別居し、両者の間に夫婦共同生活の実体が全然存在しなくなったが、離婚の届出はしていない状態）後は夫婦間の貞操義務は消滅するから、その後に夫婦の一方と肉体関係を持った第三者には不法行為責任は生じないとする見解

（C）離婚の合意をした上での事実上の離婚に至らなくとも、婚姻関係の破綻後は夫婦間の貞操義務が消滅するとし、その後に夫婦の一方と肉体関係を持った第三者には不法行為責任は生じないとする見解

（D）夫婦の一方の他方に対する貞操請求権（守操請求権）を侵害するか否かは、他方の自由意思に依存するものであるから、一方の被侵害利益は第三者からの保護という観点からは薄弱なものというべきこと等から、第三者が不貞行為を利用して夫婦の一方を害しようとした場合にのみ不法行為責任を負うとする見解

（E）貞操請求権（守操請求権）は、対人的・相対的権利であり、その侵害は第三者による債権侵害に準じて考えれば足りるから、暴力や詐欺・強迫など違法手段によって強制的・半強制的に不貞行為を実行させた第三者に限って不法行為責任を認めるべきであるとする見解

（F）いかなる場合にも第三者に不法行為責任を認めるべきではないとする見解

2　樫見由美子の３分類

樫見由美子は諸学説を３つのグループに分類している（『民法の基本判例〔第２版〕』（有斐閣、1999）167 頁)。

第１のグループは、不貞相手の責任を原則的に認める見解（原則肯定説）であり、１の（B）（C）説はこれに属するといえる。

第２のグループは、不貞相手の責任を原則的に否定する見解（原則否定説）であり、１の（D）（E）説はこれに属するといえる。

第３のグループは、不貞相手の責任を完全に否定し、不貞行為に基づく慰謝料請求は夫婦間の行使に限定するとともに、不貞相手が強制的に不貞行為を行った場合にも、直接の被害配偶者に対してのみ慰謝料請求を認める立

場（厳格説）であり、1の（F）説はこれに対応するといえる[22]。

第5節　相姦者の不法行為責任肯定説の根拠

他方、肯定説（ただし、上記のとおり、あらゆる不貞行為に常に不法行為が成立するという見解は存在しないので「原則肯定説」と呼ぶのが実体に合っている）の根拠は以下のとおりである。

(i)　婚姻家族の尊重は、いわゆる婚姻家族＝核家族における身分関係を基礎とする愛情的利益を尊重することであり、この愛情的利益は法の保護に値するもので、これを侵害や破壊から防がなければ婚姻家族を維持することはできない（中川淳・判タ383号6頁）。

(ii)　今日ではまだまだ、婚姻の安定（ないし婚姻の保護）のためには、不貞行為の相手方を婚姻破壊の共同不法行為者として法的責任を負わせるべきだとするのが支配的モラルであり、残された配偶者の精神的苦痛を慰謝すべしとするのが国民一般の法意識である（泉久雄・ジュリ718号91頁）。

(iii)　婚姻の効果として夫婦が互いに相手の姓を求める権利およびそれに応じる義務をも含んでいると解すべき民法752条を前提とする限り、今後不貞行為の態様を区別してゆかねばならないとしても、夫婦の一方と恒常的な同棲にまでいたった悪意の第三者が原則として不法行為責任を負うことは肯定せざるをえない（滝沢聿代「夫婦と姓」法セミ410号38頁）。

(iv)　男女の関係は、本来緊張関係にあり、法の力によって守ってもらうことを期待するのは間違っていると思うが、現在の国民意識を考えるとき、とにかく悪いことなのだということを公認する意味で、相手方（相姦者）の責任を認める必要があろう（竜嵜喜助「不貞にまつわる慰謝料請求権」判タ414号11頁）。

(v)　配偶者の不貞行為により他方配偶者が精神的苦痛を覚え、夫婦関係が破綻し、家族が崩壊したような場合、不貞行為の相手方はこの他方配偶者の

22　この論点に関する各学説の分類・整理については、片山英一郎「婚姻関係が既に破綻している夫婦の一方と肉体関係を持った第三者の他方配偶者に対する不法行為責任の有無」森泉章先生古稀祝賀論集『現代判例民法学の理論と展望』664頁も参照。

犠牲のもとに肉体的快楽、ひいては愛情競争での勝者という快楽を得ていたということができる。又、性に関するモラルが大幅に変化したとはいえ現代の一般社会常識に照らしても、配偶者のある者がそれと知って自由意思のもとに肉体関係を持つことが是認されているとは未だ思われない。従って当事者の公平という観点からするならば、他方配偶者の精神的損害は不貞行為を働いた配偶者のみならず、その相手方によっても填補されるべきであろう（菅原万里子「法律のひろば」平成８年９月号 45 頁）。

第６節　裁判所の立場

後に詳しく述べるとおり、裁判所はこの問題について戦前から一貫して肯定説を採用している。おそらく最高裁は、第５節(ii)、(iv)、(v)の理由と同じく、不貞行為をたとえ相姦者との関係においてもこれを正面から「不法行為ではない（悪い行為ではない）」と言い切ることに躊躇を感じているからではないかと思われる。

言い換えれば、最高裁判所が配偶者の不倫相手（相姦者）に対する慰謝料請求を否定するとの立場を採ると、法が正面から愛人関係や妾関係を肯定し、乱交を奨励する結果になりかねないことを危惧しているのかもしれない（田中豊・ジュリ 1095 号 169 頁）。

また、現時点での社会感情としてもその最高裁の立場は世論から概ね支持されているのではないかと感じる。ただ、そのような危惧感が本当にあるのならば、不貞行為を民事上の不法行為に留めておくのは却って中途半端であり（いわゆる違法の相対性）、戦前にあった姦通罪を両罰規定とした上で復活させなければ、立法政策としては一貫しないようにも思われる。

第3章

当事者の基本的関係図

本書では、説明・解説の便宜上当事者の関係を次の基本図のとおりとし、特に断りのない限り登場人物の関係はこの基本図にしたがうこととする。

X_1とAが婚姻関係にある夫婦であり、Aが不貞行為を行った配偶者（加害配偶者）であり、X_1は被害配偶者である。いずれが妻であるか夫であるかは問わない。X_2はX_1とAとの間の子である（X_2が登場しない事案では、X_1を単にXと言う）。Y_1はAと不貞関係にある者、すなわち、いわゆる不倫相手であり、「相姦者」と呼ばれることもある。Y_2はY_1の配偶者である（Y_2が登場しない事案においてはY_1を単にYと言う。）。

以上が不貞訴訟における基本的な登場人物である。ただし、実際の裁判例では、これ以外の人物、たとえばX_1の親、AとY_1の間で生まれた子（婚外

図2 当事者の基本的関係図

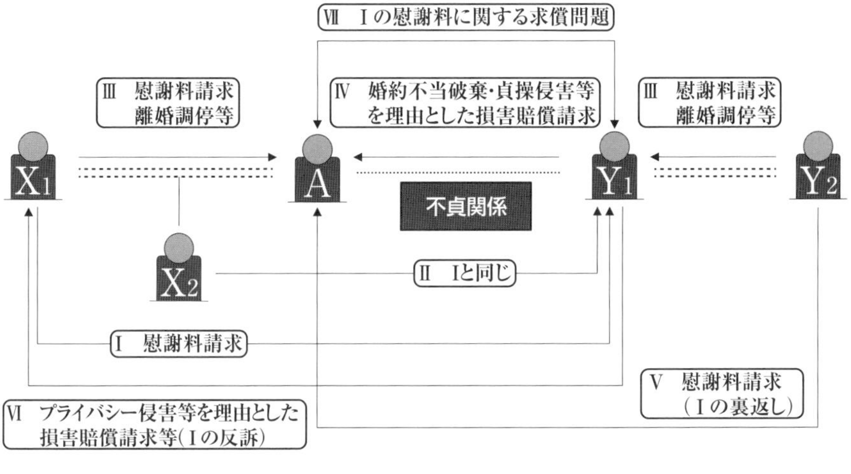

子、非嫡出子)、当事者の知人・友人などが出てくることもあるが、それはその事案を解説する際に個別に説明する。

《Ⅰの類型》

この基本図において、AとY_1との間で不貞関係があった場合に生じうる法的な問題としては、まずX_1のY_1に対する不貞行為に基づく慰謝料請求が考えられる。これがⅠの問題であり本書の主要なテーマである。

《Ⅱの類型》

Ⅱは、X_2（X_1とAの子）がY_1を訴える場面である。X_2にしてみれば、Y_1のためにAが子（自分）のことを顧みなくなった（と言いたい）のであるから、Aからの愛情を受けることができなくなった等の精神的苦痛を受けたとの理由でY_1を訴えたいと考えるのは当然であると思われるが、最高裁判所第二小法廷昭和54年3月30日判決（❿昭和51年（オ）第328号（東京ケース）、⓭昭和53年（オ）第1267号（大阪ケース））は、このような子（X_2）からの不倫相手（Y_1）に対する慰謝料請求を原則として否定した。

《Ⅲの類型》

Ⅲは、夫婦間の問題であり、Aが不貞を働いた以上、それはX_1にとっての離婚事由となる（民法770条1項1号）ことは勿論、それに加えて、X_1はY_1に対する慰謝料請求と同様にAに対しても慰謝料請求を行うことが可能である。このように、不貞行為はその行為の性質上単独で行うことはできない以上、それを民事上の不法行為と理解するならば、被害者X_1との関係で常に加害者は複数となり、いわば必要的共同不法行為と呼ぶことが可能である[23]。

そうすると、Ⅰの問題とⅢの問題は重なっており、X_1としては、AとY_1双方に対して同時に慰謝料請求訴訟を提起することが可能である。しかしな

23　この「必要的共同不法行為」という言葉は、㊐熊本地方裁判所山鹿支部昭和39年11月10日で既に用いられている。すなわち、「およそ姦通は有夫の婦と相姦者両者の性交によって成立する、いわゆる必要的共同不法行為（必要的共犯的なもの）たる性質を有する」と判示した。また、刑法の犯罪論では、たとえば、窃盗や器物損壊など単独で犯すことが可能な犯罪と、たとえば賄賂罪（賄賂を渡す者とそれを受け取る者）のように、犯罪の性質上常に複数の行為者が予定されているものがあり、後者を講学上「必要的共犯」という。現行法の下では不倫自体は犯罪ではないが、常に複数の行為者が予定されているという意味で後者と似通っており、通常の不法行為とは異なる特殊性がある。

がら、実際の裁判例を調べてみると、X_1がAとY_1双方を訴える例も確かにあるが、Y_1のみを訴えてAに対しては訴えない、それどころか、Aの不貞行為についてだけはこれを許す（宥恕する）という例が多いのである。この点についての詳細は裁判例を引用しながら後述する。

《Ⅳの類型》

Ⅳは、不倫関係にある（あった）当事者相互における争いであり、この問題が顕在化するのはたとえば次のような場合である。

AとY_1が情交関係に入るきっかけとして多いのが職場での上司（A）と部下（Y_1）という状況である。そして、AがY_1の歓心を得るために、「自分の家庭がうまく行っていない」とか「妻とは近々別れる予定だ」等と言って、これをY_1が真に受け交際（不貞行為）が始まる。その後、このAとY_1の関係がX_1の知るところとなり、結局AがX_1の元に戻ることになったとすると、収まらないのはY_1である。Y_1としては、Aの「妻とは別れて結婚する」等という言葉を信じて情交関係に応じたのであるから、Aに騙され貞操を奪われたということで、貞操侵害等を理由にAに対して慰謝料請求訴訟を提起することになる。そして、この類型の訴訟についても最高裁の判例があり、基本的にはY_1とAのいずれの不法性の度合いが大きいかという基準によって判断されることになる（➏最高裁判所第二小法廷昭和44年9月26日民集23巻9号1727号）。

《Ⅴの類型》

Ⅴの類型はⅠの裏返しであり、Y_1にも配偶者Y_2がいる場合である。AとY_1の不貞関係により、X_1がY_1に対して慰謝料の請求ができるのなら、Y_2もAに対して、これと同様の理由により慰謝料請求を行うことが可能である。実際の裁判例でも、X_1がY_1に対して起こした慰謝料請求訴訟において、Y_1の配偶者Y_2がその対抗措置としてAを相手に慰謝料請求訴訟を提起した上（当事者が異なるので反訴ではない）、両事件が併合されて処理されることが多い（106仙台地方裁判所昭和50年2月26日、㊷東京地方裁判所平成24年12月14日等）。

《Ⅵの類型》

Ⅵの類型は、X_1に対して加害者の立場にあるY_1が被害者の立場にある

X_1を相手にする損害賠償請求訴訟である。たとえば、ＡとY_1の不倫関係がX_1に発覚した後、X_1が不貞の事実を確認するためにY_1宅を突然訪れて暴言を言ったり、Y_1の職場を訪問してＡとの関係を暴露してしまったような場合である。このような場合、X_1としては、当然のことを行っただけで違法行為を行ったつもりが全くなくても、結果としてY_1のプライバシー権等を侵害したことになり、その行為態様や権利侵害の程度如何によっては、Y_1のX_1に対する慰謝料請求（反訴）が認められることもある。

このように男女関係のトラブルは往々にして当事者が感情的になることが多く、単なる口げんかが高じて刃傷沙汰になることもある。弁護士がこの種の事件においてX_1からの相談や依頼を受けるときには、その弁護士に相談に来る前に当事者間において事実として何があったのか、Ⅵのような反訴が起こる可能性がないか、弁護士自身が上記のような違法行為に加担したことにならないか等ということに注意しておく必要があるだろう。

この点に関連して、Ｘ（医師）が、自分の妻（Ａ）がその不倫相手（Ｙ）の子を妊娠していることを知り、Ｙに対して「ぶっ殺す」等といった脅迫的言辞を用いてＹをＸ宅へ呼び出したことに不法行為が成立するか否かが争われたという事例がある。そして、この事案について、❸⓬東京地方裁判所平成21年4月16日は、「その言動は穏当さを欠き不適切とは言えても、妻（Ａ）がＹの子を妊娠した事実を告げられた夫（Ｘ）の言動としては無理からぬものがある」などの理由により不法行為の成立を否定した。

《Ⅶの類型》

Ⅶの類型はⅠ（Ⅴ）の類型の事後処理の際に生じる問題である。すなわち、Ｘを不貞行為の被害者と見た場合、ＡとＹは共同不法行為者であり、ＡとＹはＸに対して連帯して慰謝料支払義務を負う（不真正連帯債務）。したがって、ＸはＡとＹのいずれに対しても慰謝料の請求をすることが可能である。そうすると、仮にＹがその全額をＸに支払った場合、ＹはＡの支払分も含めて払ったことになる以上、その後Ａに対して求償することが可能であるが、その求償できる範囲（金額）がいくらなのかという問題が生じることになる。要するにこれは、不貞行為（共同不法行為）におけるＡとＹとの責任割合如何という問題である。

第4章

不貞訴訟に関する裁判例の推移

第1節　戦前の不貞訴訟

1　3つの大審院判例

以上を前提に、上記Ⅰの類型に関する裁判例を主に最高裁判所（大審院も含む）の判例を中心に時系列に沿って説明すると次のようになる。

不倫訴訟に関する判例のリーディングケースとなったのは❶大審院明治36年10月1日（刑録9輯1425頁）であり、大審院は、「凡ソ夫ハ妻ニ対シ貞操ヲ守ラシムル権アルモノナレハＹカＸノ妻ト姦シタルハ即チ本夫タルＸノ夫権ヲ侵害シタルモノト云ハサルヲ得ス故ニ原院カ夫権ノ侵害ニ対スル賠償ヲ許容シタルハ不法ニアラス」と判示した。

その後、❷大審院明治40年5月28日（刑録13輯500頁）は、「不法行為ニ因リテ生シタル損害ハ金銭上ニ見積ルコトヲ得ヘキモノナルト否トヲ問ハス等シク之ヲ賠償スルノ責任ヲ有スル事ハ同法第710条ノ規定スル所ナルヲ以テ姦通ノ為夫権ヲ侵害シ之ニ因リテ夫カ精神上蒙リタル苦痛ノ如キ所謂無形ノ損害タリトモ之ヲ賠償セサルヘカラサルハ勿論」と判示し、❸明治41年3月30日（刑録14輯331頁）は、「人ノ妻ヲ姦シタル者ハ本夫ノ夫権ヲ侵害シタルモノニシテ之ニ因リ本夫カ名誉ヲ毀損セラレ精神上悲痛ヲ感スルニ至リタルトキハ姦夫ニ於テ慰謝料ヲ支払フヘキ義務ヲ有ス何トナレハ是レ不法行為ニ因ル損害賠償ニ外ナラサレハナリ」と判示し、これらはいずれも妻が不貞行為を働いた事件であり、大審院は夫権の侵害に基づく損害賠償請求を認めている。

❶の判示では、単に夫権の侵害に基づく損害賠償と述べるだけであるが、❷・❸の判示では、夫権の侵害によって夫が精神上被った苦痛（悲痛）に基

づく損害賠償と述べているのが特徴的である。

2　妻の不貞と夫の不貞

このように、上記３つの大審院判決は妻が不貞行為を行った場合に夫の「夫権」の侵害を認めたのだが、ではそれとは逆に、夫が不貞行為を行った場合には、これと同様に、妻の「妻権」あるいは「婦権」の侵害を果たして大審院は認めるのかどうかという疑問が生じる。当時の法制度についてはすでに説明したとおりであり、姦通罪は妻のみに適用され、妻の貞操義務違反のみが離婚事由になるなど、妻側が不平等に扱われる内容になっていたため、夫の貞操義務違反に基づく妻の相姦者に対する慰謝料請求は認められないのではないかと考えるのが当時では多数説であったはずだからである。

第２節　夫貞操義務判決

そしてこの疑問に答えたのが、夫貞操義務判決と呼ばれる❾大正15年7月20日の大審院判例（中間決定。終局判決は❿昭和２年５月17日）である。

1　事案

この事件自体は民事事件ではなく刑事事件であり、事案は、「Ａ（夫）がＹと同棲中のため、Ｘは３人の子（長男は15歳）の養育費がなく困っていた。ＸはＢ（第三者・被告人）に対して、Ａに養育費を払わせるべくその交渉を依頼したところ、ＢがＡとＹに対し、同棲は姦通罪になること、相当の金を払ってくれれば告訴を見合わせると持ちかけ、Ｙからは手切れ金として金100円、ＹとＡから子らの養育費につき毎月９円を５年にわたってＡが支払いＹがこれを保証する旨の誓約書を交付させた」というものであり、Ｂのかかる行為が恐喝罪に該当するかどうかが争われた。

2　問題の所在

現在の刑法の議論によれば、この種の事案では、厳密には「権利行使と恐喝」という論点が問題となる。すなわち、債権者の行う債権取立て行為が脅迫的言動を伴う場合、それが権利行使であっても恐喝罪や脅迫罪が成立しうるのではないかという問題である。ただし、ここでは単純に、そもそもX（妻）がY（相姦者）に対して金銭（慰謝料）の支払い請求権（本権）があるのかどうかということが問題となっており、Xにその請求権がある（それは夫の妻に対する貞操義務を認めたことを意味する）のなら、そのXから依頼を受けたBの行為は単なる権利行使なので恐喝罪とはならないが、逆にXにその請求権がない（それは夫の妻に対する貞操義務を否定したことを意味する。）のなら、そのXから依頼を受けたBの行為は恐喝罪を構成することになる。

3　大審院の判断

この事案において、一審、二審のいずれもBに対して有罪判決を下したが、これに対してBが上告し、大審院は次のように述べ恐喝罪にはならないとした。これが本決定が「夫（男子）貞操義務判決」と呼ばれる所以である[24]。

> 婚姻ハ夫婦ノ共同生活ヲ目的トスルモノナレハ配偶者ハ互ニ協力シテ其ノ共同生活ノ平和安全及幸福ヲ保持セサルヘカラス然リ而シテ夫婦カ相互ニ誠実ヲ守ルコトハ其ノ共同生活ノ平和安全及幸福ヲ保ツノ必要条件ナルヲ以テ配偶者ハ婚姻契約ニ因リ互ニ誠実ヲ守ル義務ヲ負フモノト云フ可ク配偶者ノ一方カ不誠実ナル行動ヲ為シ共同生活ノ平和安全及幸福ヲ害スルハ即チ婚姻契約ニ因リテ負担シタル義務ニ違背スルモノニシテ他方ノ権利ヲ侵害スルモノト謂ハサルヘカラス換言スレハ婦ハ夫ニ対シ貞操ヲ守ル義務アルハ勿論夫モ婦ニ対シ其義務ヲ有セサルヘカラス民法813条3号ハ夫ノ姦通ヲ以テ婦ニ対スル離婚ノ原因ト為サス刑法第183条モ亦男子ノ姦通ヲ処罰セスト雖是主トシテ古来ノ因襲ニ胚胎スル特殊ノ立法政策ニ属スル規定ニシテ之レアルカ為メニ婦カ民法上夫ニ対シ貞操義務ヲ要求スルノ妨トナラサルナリ。

---

[24] 参考までに本件の上告理由を紹介しておく。「事實上非妻ガ夫ト異體同心シ、互ニ根本的心力ノ上ニ合契シ、相愛シ、知覺シ、感應シ、眞善ナル情交ヲ結ビ、同棲シ、爾個ト見ルコトヲ得セシメズシテ實ニ一双ノ夫婦ノ生活ヲ營ミ、以テ茲ニ正妻ノ異體同心權ヲ行ワシメズ、合契權ヲ破壊シ、相愛權ヲ阻却セシメタルモノニシテ、正妻ノ同居權ヲ之ニ依リテ侵害シタルコト明ナリ」。

このように、大審院は夫の貞操義務を肯定した上、さらに、昭和２年５月17日の終局判決で「夫カ自ラ家ヲ出テ他ノ女ト内縁関係ヲ結ヒ妻ヲ顧ミラサル如キハ夫カ妻ニ対シテ負担スル貞操義務ニ違背スルモノトス」、「他ノ女カ男ニ妻子アルコトヲ知リテ情交ヲ通シ之ト同棲シタルハ妻ノ権利ヲ侵害シタルモノニ外ナラスシテ、妻ハ其ノ権利ヲ侵害セラレタルノ救済トシテ相当ノ慰藉料ヲ請求シ得ルモノトス」と述べ、妻の慰謝料請求権の行使を認め、恐喝罪も成立しないとした。

上記のとおり、その当時は、姦通罪の処罰規定（刑法183条）や妻の不貞行為のみを離婚事由と定めていた旧民法813条等が存在しており、夫が妻に対して貞操義務を負うことはないと考えられていた。しかしながら、大審院は、それらの規定を「古来ノ因襲ニ胚胎スル特殊ノ立法政策ニ属スル規定」と言い放ち、そのような解釈を否定し夫の妻に対する貞操義務を肯定したのであるから、本大審院判例の意義は極めて大きくまた画期的であったと言えるだろう。

4　中川・牧野論争

そして、これをきっかけにしてこの大審院判例の理解・評価について学者の間でも論争が起こり、特に中川善之助博士と牧野英一博士との間の論争がその代表的なものであった[25]。

この論争において、中川博士は、この決定が上告論旨の妻権に直接触れていないことや、共同不法行為か否かについても言及していないことに着目し、「斯くて、本件決定は未だ直ちに民法813條第３號を改廢するの力を有せず、……本決定の民事判例上に於ける影響は殆んど無きに近いと云ひ得るのである。」と述べ、この大審院決定があくまでも刑事事件についてのものであることを重視し民事判例上には影響はないとしたのに対し、牧野博士は、「夫の妻に對する貞操の義務を法律上のものと認めて、判例上之を明かに宣言するに至つたことは、大審院の仕事の展史上大に特筆せらるべきことである。

25　中川善之助「『夫の貞操義務』に関する裁判に就て」法協45巻２号、牧野英一「夫の貞操義務に関する判例について――中川法学士に答ふ――」法協45巻３号など。

さきには、内縁の夫婦関係を認めて之に法律的制裁を認め、又妻の借財能力に関して妻の自由な活動を保護することにしたわが大審院は、今や、更に進んで、妻に對する夫の貞操の義務といふことを明かにするに至つたのである」と述べ、この大審院決定により、夫の妻に対する貞操の義務が法律上のものと認められたとして、この決定を高く評価したのであった。また、我妻栄博士も同様に夫の妻に対する守操義務を認めた（我妻栄『事務管理・不当利得・不法行為』141頁）。

このように、この大審院判例が出たことにより、Xが夫であろうが妻であろうが、相姦者Yに対する慰謝料請求が基本的に認められるという判例実務が定着することになった。

他方において、❻大審院大正8年5月12日は、XA間が婚姻関係ではなくいわゆる内縁関係であったとしても、Xの不貞相手Yに対する慰謝料請求を認めた。

このようにして、戦前の大審院は広くXのYに対する不貞慰謝料請求を認めたのであった。

第3節　戦後の不貞訴訟

1　総説

戦後、最高裁判所の時代になってもこのXのYに対する不貞慰謝料請求を認める傾向は続き（❻❵昭和33年3月25日最高裁判所第三小法廷、❻❹昭和34年11月26日最高裁判所第一小法廷、❼❼昭和41年4月1日最高裁判所第二小法廷等）、下級審においてXのYに対する慰謝料請求を否定する裁判例も散見されるが、肯定する立場の下級審判例の方が多く、中には慰謝料請求にとどまらず、YのXに対する謝罪広告掲載義務を認めたものすらあった（❺❻高松地方裁判所昭和32年11月7日がそれであり、不貞をされた夫に対する謝罪文をその町役場掲示板付近に3日間掲示することを命じた。）。

また、次頁図3は昭和37年7月18日付朝日新聞のいわゆる三面記事であり、この前日に出た東京地方裁判所の判決（❼❵）についてのものである。その事案は、結婚後7年目にアメリカに単身赴任した夫が現地で女性と親しくなり、帰国後は妻子と別居してその女性と同居しつづけたというものであった。この記事には「妻が夫の愛人に対して行なった慰謝料請求が認められた例は珍しい。」とある。

たしかに、上記夫（男子）貞操義務判決（❾❿）が出され、かつ夫婦不平等であった諸法令が戦後改正された後も、妻から不貞相手に対してこのような訴訟が提起された事例は極めて少なく、夫から請求する事例の方が遙かに多かった。

しかしながら、この裁判例が妻からの夫の愛人に対する慰謝料請求を認めたという結論自体は、前述したとおり戦前の大審院（❾❿）が既に認めているのであるから特に目新しいことではない。むしろ、現代の目から見れば、この種の不貞訴訟はいわば日常茶飯事であり取るに足らないものであるにも

図3　朝日新聞昭和 37 年 7 月 18 日

夫の愛人に「慰謝料を払え」

東京地裁　妻の訴えを認める

「平和に暮していた家庭から、二児の父親である夫を奪った女性の行為は法律的にみても許せない」と、妻が夫の愛人を相手どって起した慰謝料請求の訴えに対し、十七日、東京地裁民事一部高井裁判長はそのいい分を認めて、相手方の女性に「三十万円を払え」との判決を言渡した。

妻が夫の愛人に対して行なった慰謝料請求が認められた例は珍しい。

この訴えは東京都[redacted]、会社員[redacted]氏(三八)の夫人[redacted]さん(三七)が目黒区に住むM子さん(三三)を相手どって起したもので、訴状によるとキヨさんのいい分は次の通り。

[redacted]さんは去る二十一年、[redacted]氏夫妻の仲人で[redacted]氏と結婚、その後二人の子どももできて平和な生活が続いたが、二十八年五月、[redacted]氏は[redacted]父[redacted]氏の[redacted]単身渡米した。そして在米中に、米会社社長の令嬢M子さんと親しくなり、三十年二月に帰国してからは、妻子と別居してM子さんと同居をはじめた。

[redacted]さん母子は昨三、[redacted]氏に帰ってきてくれるように頼んだが、[redacted]氏は離婚を主張して聞きいれず、さらに生活費も送らなくなってしまった。[redacted]さんは「家庭を破壊し、大きな苦痛を与えたM子さんの行為は許せない」として三十三年冬、同女を相手どり慰謝料の支払いを求める訴訟を起した。

判決理由は「妻があることを知りながら[redacted]氏と一緒になったM子さんの行為は、[redacted]氏がキヨさんに対して負っている貞操義務の違反に加担したもので不法行為である」としている。

かかわらず、この程度の不倫事件が新聞記事になってしまうほど、その当時の不倫訴訟の件数自体が現代とは比較にならないほど少なく社会的に珍しかったことや、当時の夫婦間における貞操観念が現代のそれとはおおきく異なっていることを意味しているのではないかと感じる。

いずれにせよ、この裁判例を紹介した新聞記事は、妻から夫の愛人に対して慰謝料を請求することが可能だということを世間に知らしめることになり、その後、妻が提起する不貞慰謝料請求事件が増大することになったという(野川照夫「配偶者の地位侵害による損害賠償請求」現代家族法体系（2）婚姻・離婚364頁、水野紀子・民法判例百選Ⅱ債権〔第4版〕196頁、角田由紀子『性の法律学』(有斐閣）120頁)。

2　不貞慰謝料請求を否定した裁判例

これに対して、ＸのＹ（Ａ）に対する不貞慰謝料請求を否定した裁判例を列挙すると、以下のとおりである。

⑲東京地方裁判所昭和37年5月23日（ＸがＡＹの不貞関係の現場を突止めんと努力しながらそれを果し得ず、不貞行為の立証がないとした)。

❽❸鳥取地方裁判所昭和44年3月31日（不貞関係においてＡの方が積極的であると認定)。

❽❺東京高等裁判所昭和44年7月17日（これはＸのＡに対する夫婦間の慰謝料請求の事案であるが、ＸＡの婚姻関係が既に全く破綻していたと認定)。

❽❽山形地方裁判所昭和45年1月29日（Ｙとの行為によりＸＡの婚姻関係が破壊されていないと認定)。

❾❹東京高等裁判所昭和47年12月22日（ＡＹの不貞がＸＡの内縁関係に破綻を来たさせたとは言えないと認定)。

❾❼横浜地方裁判所昭和48年6月29日（ＡＹ間の不貞行為が始まった時点でＸＡ間の婚姻関係はすでに他の原因によって破綻していたと認定)。

⑩①東京地方裁判所昭和49年3月19日（Ｘの主張するＡの外泊、家出等は専らＡ自身の意思に因るものと認定)。

⑩⑨東京高等裁判所昭和50年12月22日（ＡＹの関係は自然な愛情によって生じたもの、ＡとＹが同棲関係に入ったのはＸＡ間の婚姻関係が既に破綻した後

であると認定)。

⓱東京高等裁判所昭和52年8月25日（ＹがＡにＸという妻があることを知りながらこれと肉体関係を結び、同棲生活を続けていることは、不倫の誹りを免れないとはいえ、夫婦共同生活が正常に営まれていたような場合とは著しく事情を異にすると認定)。

⓳横浜地方裁判所横須賀支部昭和53年4月19日（Ｙは自然の愛情をもってＡを受け容れたと認定)。

⓵大阪高等裁判所昭和53年8月30日（ＸＡの子らがＹに対して慰謝料請求訴訟を提起した。ただしＡは既に死亡。裁判所は法律の保護に値する権利ではないと認定)。

⓶大阪高等裁判所昭和53年9月29日（ＡＹ間の関係がその発端においてほとんどＡに強制されたものでありＸもそれを概ね黙認していたこと、Ａが死亡してから2年有余も経ってから損害賠償請求をなすことは消滅時効制度の趣旨に照らし権利濫用であると認定)。

⓸名古屋地方裁判所昭和54年3月20日（AY間の不貞行為時においてＸＡ間の夫婦関係は既に形骸化していたと認定)。

上記ＸのＹに対する慰謝料請求を否定した裁判例において、当該事案の特徴を類型化すると、主に㋐ＡＹ間の不貞行為においてＡの側が積極的であったこと（❽❸鳥取地方裁判所昭和44年3月31日)、㋑ＡＹの不貞関係によってＸＡ間の夫婦関係に格別の波風が立たなかったこと（❽❽山形地方裁判所昭和45年1月29日)、㋒ＡＹ間の不貞行為が始まった時点でＸＡ間の婚姻関係がすでに破綻していたこと（❾❼横浜地方裁判所昭和48年6月29日等)、㋓ＡＹの関係は自然な愛情によって生じたものであること（⓽東京高等裁判所昭和50年12月22日等）等を指摘することができる。

問題は、上記各下級審判例のこれらの特徴を持つ事案において、ＸのＹに対する不貞慰謝料請求を否定することが妥当なのか否かということであり、この点についての最高裁判所の判断が待たれることになった。

第４節　昭和54年３月30日の最高裁判例

１　新聞記事

そして、上記㊁の特徴を持つ事案については、広中俊雄教授が昭和51年8月３日付朝日新聞夕刊に「姦通と『自然の愛情』の間」と題する判例評釈を寄稿しているのが注目される（次頁図4）。同教授によれば、ＡＹ間の不貞行為を「姦通」と表現すれば非難のひびきがあるのに対し、逆にこれを「自然な愛情」と表現すれば是認のひびきがあるというのである[26]。その上で、結論としては、不貞関係にあるＹとＡのいずれが誘いかけたか（積極的であったか）ということは決定的なことではなく、ＸのＹに対する慰謝料請求を認めるべきであるとの考えを示されている。

図5、6、7の新聞記事は、いずれも昭和54年3月30日に出された最高裁判所の２つの判決（⓫⓬⓭⓮⓯ 129・130）についてのものである。同日付読売新聞夕刊は「〝親の浮気〟に新判例」、「子供に慰謝料請求権ない」との見出しを付けた。同日付毎日新聞夕刊は「子供に冷たく」、「浮気、大人の問題」との見出しを付けた。同日付朝日新聞夕刊は「〝不倫の恋〟子は関係外」、「棄てられた夫・妻には認める」との見出しを付けた。

おそらく不倫訴訟に関する裁判例の中でこれほどまでにマスコミに大きく報道された判決はないだろう。

この最高裁判決での争点は、X_1のＹに対する慰謝料請求の可否という点と、X_2ら（X_1とＡの子）のＹに対する慰謝料請求の可否という点の２点であった。すなわち、本書17頁に示した「当事者の基本的関係図」（図2）におけるⅠとⅡの問題が同時に問題となったのである。

２　東京ケースの事案

この２つの最高裁判所判例の事案及び下級審での結論等は32頁の図8のとおりである。いわゆる東京ケースの事案（102）は、夫が不倫したものであ

26　考えてみれば、「不貞」や「不倫」という表現それ自体の中にも、すでに非難の意味がこめられているともいえる。したがって、そのようなマイナスのイメージを払拭するには、不倫や不貞行為ではなく、「配偶者のある者との交際」とでも表現した方が正確であろう。

図4 朝日新聞昭和51年8月3日夕刊

姦通と「自然の愛情」の間

広中　俊雄

性の自由と婚姻の法的保護

図5 読売新聞昭和54年3月30日夕刊

"親の浮気"に新判例

子供に慰謝料請求権ない

監護妨害しない限り

最高裁 バラバラ判決を"統一"

広中教授は、この記事の中で、東京高裁昭和50年12月22日の判決が姦通という言葉を使わず代わりに「自然の愛情によって情交関係が生じた」と述べたことに対し、「判決が性に関する新しい意識を根底にすえているとすれば、そこにあるのは結論の当否を超えた本質的な問題だ」とし、「婚姻、ひいては家族というものを、どのように考えるかということが……裁判の次元であらためて問題になりはじめている」と指摘している。

図6 毎日新聞昭和54年3月30日夕刊

子供に冷たく

波紋—最高裁新判断

「浮気、大人の問題」

養育義務 小法廷も意見割れる

"不倫"二つのケース

図7 朝日新聞昭和54年3月30日夕刊

"不倫の恋"子は関係外

慰謝料請求認めず

最高裁判決

棄てられた夫・妻には認める

最大の犠牲者は…

補償要求では賛否両論

り、「X_1とAは昭和23年7月に婚姻し、その間にX_2・X_3・X_4の三女が生まれた。Yは、アルバイトサロンのホステスをしており、昭和32年ころAと知り合い、Aに妻子があることを知りながら情交関係を持ち、昭和35年11月にB女を出産した。昭和39年2月にAYの関係やBの出生がX_1の知るところとなり、X_1から責められたAは同年9月に妻子の元を去りYと同棲しその状態が続いている。そこで、X_1及びX_2・X_3・X_4がYに対して不法行為に基づいて慰謝料請求訴訟を提起した。」というものであった。

3 大阪ケースの事案

これに対して、いわゆる大阪ケースの事案（116）は、妻が不倫したものである。

X_1とAは昭和29年12月に婚姻し、その間にX_2・X_3・X_4の三男が生まれた。Aは、昭和45年3月ころ勤務会社のメキシコ駐在員に命ぜられたYのために催された中学校の同級生の同窓会に出席して、久し振

図8 東京ケースと大阪ケース

		東京ケース	大阪ケース
事案の概要		夫が不倫した事案。X_1とAは昭和23年7月に婚姻し、その間にX_2・X_3・X_4の三女が生まれた。Yは、アルバイトサロンのホステスをしており、昭和32年ころAと知り合い、Aに妻子があることを知りながら情交関係を持ち、昭和35年11月にB女を出産した。昭和39年2月にAYの関係やBの出生がX_1の知れるところとなり、X_1から責められたAは同年9月に妻子の元を去りYと同棲しその状態が続いている。そこで、X_1及びX_2・X_3・X_4がYに対して不法行為に基づいて慰謝料請求訴訟を提起した。	妻が不倫した事案。X_1とAは昭和29年12月に婚姻し、その間にX_2・X_3・X_4の三男が生まれた。Aは、昭和45年3月ころ勤務会社のメキシコ駐在員に命ぜられたYのために催された中学校の同級生の同窓会に出席して、久し振りにYに会い、それ以来2人の交際が始まり（Yからの「あなたは中学時代から私の心の太陽だった。あなた以外の女性と結婚する気になれず、今も独身でいる」との手紙で愛を打ち明けられた）、手紙・電話の連絡が続き、昭和46年7月ころAはYに逢うため単身メキシコに渡り肉体関係を持つに至った。Aは、帰国後、X_1に対して別居を申し出た。Yは昭和47年末などに一時帰国したが、その際にも密会を重ねた。この関係を知ったX_1は、AにYとの関係を絶つように説得したが、Aはこれを聞き入れず、昭和49年10月ころメキシコに渡り、Yと同棲し現在に至っている。そこで、X_1及びX_2・X_3・X_4がYに対して不法行為に基づいて慰謝料請求訴訟を提起した。
第一審	裁判所・判決日	(102)東京地裁・昭和49年6月28日	(116)大阪地裁・昭和52年6月6日
	X1（配偶者）の請求	300万円の限度で認容	300万円の限度で認容
	X2（子）らの請求	X_2（成年者）については30万円、X_3・X_4（未成年者）については各50万円の限度で認容	請求棄却
控訴審	裁判所・判決日	(109)東京高裁・昭和50年12月22日	(122)大阪高裁・昭和53年8月8日
	X1（配偶者）の請求	請求棄却	500万円の限度で認容
	X2（子）らの請求	請求棄却	子ら3名に各100万円の限度で認容
最高裁	判決日	(129)(130)昭和54年3月30日	
	X1（配偶者）の請求	破棄差戻し	上告棄却
	X2（子）らの請求	上告棄却	破棄差戻し

りにYに会い、それ以来2人の交際が始まり（Yからの「あなたは中学時代から私の心の太陽だった。あなた以外の女性と結婚する気になれず、今も独身でいる」との手紙で愛を打ち明けられた）、手紙・電話の連絡が続き、昭和46年7月ころAはYに逢うため単身メキシコに渡り肉体関係を持つに至った。Aは、帰国後、X_1に対して別居を申し出た。Yは昭和47年末などに一時帰国したが、その際にも密会を重ねた。この関係を知ったX_1は、AにYとの関係を絶つように説得したが、Aはこ

れを聞き入れず、昭和49年10月ころメキシコに渡り、Yと同棲し現在に至っている。そこで、X_1及びX_2・X_3・X_4がYに対して不法行為に基づいて慰謝料請求訴訟を提起した。

4　両ケースについての地裁・高裁の判断

両ケースは、法律的な争点では共通であるものの、Aが夫か妻か、及びX_2～X_4が男子か女子かという点で極めて対照的な事案であった。

そして、東京ケースの(102)第1審（東京地方裁判所）は、X_1及びX_2らの請求をいずれも認めたが、(109)第2審（東京高等裁判所）はこれとは正反対にいずれの請求も認めなかった。

これに対して、大阪ケースの(116)第1審（大阪地方裁判所）は、X_1の請求を認めたもののX$_2$らの請求は認めなかった。そして、(122)第2審（大阪高等裁判所）は、X_1及びX_2らの請求をいずれも認めた。これらの高裁判決に対する上告審がこの(129)(130)昭和54年3月30日最高裁判決であった[27]。

27　なお、東京ケースにおける上告理由の骨子は次のとおりである。

(1) 妻子ある男と不倫関係に陥り、その家庭を破壊した者は、妻のみならず子に対しても不法行為責任を負うというべきである。

(2) 妻子ある男と不倫関係に陥り、その家庭を破壊した者は、その年齢・不倫関係の期間などからみて、之を抑止すべき反対動機・機会の十分にあるばあい、どちらが積極的に誘ったかということは問題ではない。

(3) 不倫関係において敢えて非嫡出の子供を生むこと、およびその認知を求めることは正妻と嫡出子に対する不法行為となるというべきである。

(4) 夫婦別居後の同棲であっても、その別居の原因がそれまでの不倫関係に起因し、それが妻にばれたことが理由になっているばあいには、その後の同棲も妻子に対する引続く不法行為であり、男女いずれが誘ったかということは重要な問題ではないというべきである。

(5) Yの行為が、X_1ら妻子に対する関係で、不法行為となり、その形態はAとの共同不法行為であって（Aに対する責任追及は目下検討中）、その責任がAのみにあり、Yの責任がゼロであるとする原判決は暴論というほかはない。もしかかる判決が是認されるのならば、世論はこれを妾関係の肯定、乱交の奨励と受けとめること必定である。かくては健全な家庭生活秩序の崩壊をもたらすであろう。憲法24条は婚姻が『相互の協力により、維持されなければならない』と明定している。またその13条は幸福追求の権利を明定する。すべからくこの理念に従って、原判決を破棄し、一審判決を活かして、健全な家庭秩序の尊重・維持を目指した明確な裁判例をお示しいただき、最高裁の存在価値を世上に明示していただきたい（前田達明『愛と家庭と』8頁以下）。

5　最高裁の判断

このように、いずれの地裁・高裁の判断もまちまちであり、また上述のとおり、下級審の裁判例の中にもX_1の慰謝料請求を否定したものが散見されたこと等から、最高裁はこの点に関する統一的な判断を下す必要があると考えたのだと思われる。そして、最高裁は東京ケースにおいて、上記上告理由に対して以下のとおり判示した。

> X_1の請求については、「夫婦の一方の配偶者と肉体関係を持つた第三者は、故意又は過失がある限り、右配偶者を誘惑するなどして肉体関係を持つに至らせたかどうか、両名の関係が自然の愛情によつて生じたかどうかにかかわらず、他方の配偶者の夫又は妻としての権利を侵害し、その行為は違法性を帯び、右他方の配偶者の被つた精神上の苦痛を慰藉すべき義務があるというべきである」と判示し、
>
> X_2らの請求については、次のとおり判示しこれを否定した。「妻及び未成年の子のある男性と肉体関係を持つた女性が妻子のもとを去つた右男性と同棲するに至つた結果、その子が日常生活において父親から愛情を注がれ、その監護、教育を受けることができなくなつたとしても、その女性が害意をもつて父親の子に対する監護等を積極的に阻止するなど特段の事情のない限り、右女性の行為は未成年の子に対して不法行為を構成するものではないと解するのが相当である。けだし、父親がその未成年の子に対し愛情を注ぎ、監護、教育を行うことは、他の女性と同棲するかどうかにかかわりなく、父親自らの意思によつて行うことができるのであるから、他の女性との同棲の結果、未成年の子が事実上父親の愛情、監護、教育を受けることができず、そのため不利益を被つたとしても、そのことと右女性の行為との間には相当因果関係がないものといわなければならないからである。」

このように、最高裁判所は、結論として、X_1のＹに対する請求のみを認め（破棄差し戻し）、X_2らのＹに対する請求は原則として認めないという立場（上告棄却）を採用した。

また、大阪ケースの最高裁の判断は、X_1のＹに対する慰謝料請求の可否については、これを認めた原審を維持し（上告棄却）、X_2らのＹに対する慰

謝料請求の可否については、東京ケースの最高裁の採った一般論を示した上で、これを認めた原審を破棄し差し戻すことにより、上記東京ケースの最高裁と同様の結論を採った。

6　大阪ケースの結末

なお、念のため、大阪ケースの結末に触れておくと、最高裁が原審の大阪高裁に差し戻した後、その大阪高裁での審理の中において、当事者間に和解が成立し、YがX_2らに対して合計100万円を支払うという形で決着したことがこの図9の新聞記事で分かる。この見出しが「最高裁に負けて〝勝つ〟」となっているのはこの意味である。Yとしては、和解せずに判決を求めればおそらくX_2らに対する支払はせずに済んだ可能性が高いが、当事者が早期の決着を望んだためか、自らは譲歩して和解による解決を選んだのではないかと思われる。

図9　毎日新聞大阪版
1980年1月22日

最高裁に負けて〝勝つ〟

「請求権なし」とされたけど

慰謝料600万で和解

母の浮気相手が支払う

大阪高裁

このように、この最高裁判決により、X_1のＹに対する不貞慰謝料請求を肯定するという結論が示され、それまで下級審の裁判例においてバラバラであった結論が統一されることになった。そして、前記図５の読売新聞夕刊が「最高裁バラバラ判決を〝統一〟」との見出しを付けたのはこの意味においてであった[28]。

第５節　昭和54年最高裁判例の意義と問題点

１　総説

昭和54年最高裁判例（⑫⑬）が出たことにより、X_1のＹに対する不貞慰謝料請求が判例上広く認められることになったが、その一方で、次の関心事は、かかるX_1のＹに対する不貞慰謝料請求が常に認められるわけではないのではないか、ＡＹ間の不貞行為が存在したとしても例外的にＹがX_1に対して不法行為責任を負わない場合というのはいかなる場合なのか、ということになってくる。

第４章第３節（25頁）で説明したとおり、この最高裁判決が出る前の下級審判例の中には、主に前記㋐ないし㋓の４つの各特徴を持つ事案（28頁）において、X_1のＹに対する慰謝料請求を否定する裁判例が存在した。そのうち、㋐の「ＡＹ間の不貞行為においてＡの側が積極的であったこと」（❽❸鳥取地方裁判所昭和44年３月31日）及び、㋓の「ＡＹの関係が自然な愛情によって生じたものであること」（⑩⑨東京高等裁判所昭和50年12月22日等）という事案については、この最高裁判例が「夫婦の一方の配偶者と肉体関係を持つた第三者は、故意又は過失がある限り、右配偶者を誘惑するなどして肉体関係を持つに至らせたかどうか、両名の関係が自然の愛情によつて生じたかどうかにかかわらず……」と判示したことからすれば、少なくとも上記㋐と㋓の事案においてＹのＸに対する不法行為責任を否定することはできないということを上記最高裁は明らかにしたと言える[29]。

28　なお、ここではX_1のＹに対する請求の可否という問題（Ⅰの類型）を中心に解説しているため、X_2らのＹに対する請求の可否という問題（Ⅱの類型）については、項目を改めて後述することとしたい。

したがって、この最高裁判所の判決により、X_1 のＹに対する慰謝料請求はより広く認められるに至ったのである。

しかしながら、ＸのＹに対する不貞慰謝料請求を否定した下級審判例における２つの事案、すなわち、㋑ＡＹの不貞関係によってＸＡ間の夫婦関係に格別の波風が立たなかったこと（❽❽山形地方裁判所昭和45年1月29日）、及び、㋒ＡＹ間の不貞行為が始まった時点でＸＡ間の婚姻関係はすでに破綻していたこと（❾❼横浜地方裁判所昭和48年6月29日）等の事案において、最高裁は X_1 のＹに対する慰謝料請求を否定するのか否かということについては、この最高裁判所の判決によっても未だ明確になっていない。ただし、㋑は当該事案に特有のもので、ＡＹの不貞関係によってＸＡ間の夫婦関係に格別の波風が立たないということは通常はあり得ないだろうし、また仮にそうであったとしたなら、そもそもＸがＹを訴えることはしないであろうから、この事案はそれほど重要だとはいえない（この裁判例自体も「本件は…特殊な事例である」と述べている）。したがって、実質的には主に㋒の事案における不貞慰謝料請求の肯否という問題が残ったことになる。

この昭和54年最高裁判例が出た後は、それ以前のように、ＸのＹに対する不貞慰謝料請求を否定する下級審判例は少なくなるが、上記㋒の特徴を持つ事案においては、ＸのＹに対する慰謝料請求を否定する下級審判決は依然として存在した（⓮❽東京高等裁判所昭和60年10月17日等）。

29　この「自然の愛情」との関係で問題となるのが、Ｙがいわゆるホステスとして A との情交関係に応じていた場合（いわゆる「枕営業」）、これが不法行為を構成するのかという点である。この点について、⑯⑥東京地方裁判所平成26年4月14日は、「（Ｙが）…売春婦の場合と同様に、顧客の性的処理に商売として応じたに過ぎ（ない）」ことなどを理由に不法行為の成立を否定した。これに対し、❹⓪⓪東京地方裁判所平成22年9月3日は、Ｙがホストクラブに勤めていたという事案であるが、「（Ｙがホストクラブに勤めていたことは）、Ｘの与り知らない事情であって、むしろＸを愚弄するものであると評することもでき、また、Ａにも大いに責められるべき面があることを意味するものではあるが、その相手方であるＹの責任を軽減するものであるということはできない。」と判示し不法行為の成立を認めており、両裁判例で結論が分かれている。

上記最高裁の判示によれば、後者の判断が正当と思われるが、今後も前者のような裁判例が出るのか否か注目される。

２　高額慰謝料認容事件

他方、昭和59年から昭和60年にかけて、それまでの水準に比べて法外と思われる程の高額な不貞慰謝料請求が認容される裁判例が目立つようになる。たとえば、⓮浦和地方裁判所昭和59年３月５日、前橋地方裁判所高崎支部昭和59年９月19日（⓳東京高等裁判所昭和60年11月20日の原審）⓱浦和地方裁判所昭和60年１月30日、51同裁判所昭和60年12月25日等があり、いずれも500万円という高額慰謝料が認容されている。とりわけ、⓮浦和地方裁判所昭和59年３月５日の事案は、いわゆる美人局の事案と評価できるようなものである。その事案の概要は以下のとおりである。

　ＸとＡは昭和41年11月に婚姻し、その間に長女が昭和42年３月に生まれ、Ａは○○電機に勤務していた。Ｘは、トラックの運転手として働き、Ａは昭和54年ころから○○電機に勤めて家計を支えてきたが、家計が苦しいので、Ａの親から苦干の援助を受けて親子３人で暮していた。

　Ａの証言によれば、Ａは、Ｘが殴つたり乱暴することや、家計が苦しいので悩んでいたが、Ｘから「キャバレーとかトルコに勤めろ、男を５、６人作つて金を持つてこい。○○電機なんか安給料だからもつと金になるところへ行け」などと毎日のように言われて独りで夫婦と家庭のことで悩み、夫婦仲が悪化していた。Ａが○○電機に勤務して１年位経過したころ、右○○電機に出入りしていたＹと知り合い、Ｙに夫婦間の悩み事を相談する程親密な交際関係に発展した。その後、ＸはＡの男性関係についてＮから聞き、更にＡの毎日の帰宅時間が１時間位遅くなつたことからＡの行動に不審を抱き、Ａの行動を調査するため、Ｃ調査事務所等に依頼した。

　Ｙは昭和56年５月１日、６日から９日まで及び11日の夜に、人気のない所で、ＡとＹ車の中で会つていた。同年５月11日にＸがＳと自動車でＡを尾行して△△工業団地の農道付近で長時間停車していたＹ車に近づいて車内を見たところ、ＡとＹが抱き合つていたのを目撃した。ＸはＡの行動調査を前記Ｃ調査事務所に依頼し、同調査事務所のＰが同年７月４日、７日、11日、12日及び19日（いずれも午後５時30分ころと午後6時30分ころから午後8時ころまで）にそれぞれ自動車で尾行して調査したところ、7日と12日を除いて右調査時にいずれもＡとＹが各自の自動車を運転して行動を共にしていた（ただし、12日は午後5時23分ころ、Ａの自動車にＹが乗車して運転した）。

Ｘが Ａの行動調査をＤ調査事務所に依頼し、同調査事務所のＱが同年8月18日から同月20日及び同年9月17日から同月19日（毎日午後5時ころから午後8時ころまで。ただし、9月17日は午後9時45分ころまで）にそれぞれＡを自動車で尾行調査したところ、右各調査時にＡがＹ車に同乗していた。同年9月17日午後9時21分ころ、Ａの実家近くの舗装工事中の道路にＹ車が約25分間消灯して停車していたが、Ｑは月明りのため近付けなかつたので、Ｙ車が現場を去つた後、右Ｙ車の停車場所に行くと、くしやくしやになつた使用後のテッシュペーパー4枚と空になつたテッシュペーパー入れが落ちているのを見つけた。

Ｘら3名が、Ａの行動調査のため、同年9月22日の夜、自動車でＡを尾行したところ、月明りもなく消灯したＹ車の中でＹが上に、Ａが下に重なり合つているのを目撃した。Ｙが同年5月12日、Ａの勤めていた○○電機の社長を立会人としてＸの代理人と本件について慰藉料500万円をＸに支払う旨及びＹがＸに謝罪する旨などを内容とする示談が成立したことを認めるに足る証拠はない。

Ａは卵巣機能不全のため久喜市内の○○○病院に昭和53年12月27日から昭和56年6月1日まで通院治療を受け、同病院の医師から基礎体温表をつけるように指示されて右体温表を作成しており、同表の1月26日、29日、2月3日の各備考欄に「小池」と記載されている。しかし、右体温表の下欄に「小池」と記載されていることだけから直ちにＡがＹと性交渉があつたと認定することはできず、かえつて、右「小池」の記載は、Ａが右○○○病院に通院のためにＹから自動車に乗せてもらつた事実を記載したものと認めるべきである。

上記の事案において、裁判所は次のとおり判示した。

以上の事実によれば、ＹはＡとしばしば性的関係をもつていたことを推認することができる。Ｙは、このようにＸに多大の精神的苦痛を与え、かつXとA夫婦の関係をより悪化させ破綻させたのであり、これはXの結婚生活における幸福を追求し保持する利益を著しく侵害する行為であるから、これによつてXが受けた精神的苦痛を慰藉する責任を負わなければならない。以上の諸事実を総合すると、Xの慰藉料として金500万円が相当であるとした（請求額は700万円）。

このようにXから度重なる虐待を受けていたAに同情し情交関係に入ったYがXに対して500万円もの高額慰謝料を支払うべき義務があるのか極めて疑わしい[30]。学説の多くが不貞慰謝料請求の肯否という問題について否定的ないし限定的な立場を採っているのは、このような不当と思われる判決が出されることを慮っていることもその理由の一つではないかと思われる。

3　相姦者の責任はAと同等かそれとも副次的か

これに対して、⑭東京高等裁判所昭和60年11月20日は、一般論として次のように述べている。これは重要な指摘であり、かつ不貞訴訟の特質を的確に捉えていると思われる。

　合意による貞操侵害の類型においては、自己の地位や相手方の弱点を利用するなど悪質な手段を用いて相手方の意思決定を拘束したような場合でない限り、不貞あるいは婚姻破綻についての主たる責任は不貞を働いた配偶者にあり、不貞の相手方の責任は副次的なものとみるべきである。けだし、婚姻関係の平穏は第一次的には配偶者相互間の守操義務、協力義務によつて維持されるべきものであり、この義務は配偶者以外の者の負う婚姻秩序尊重義務とでもいうべき一般的義務とは質的に異なるからである。

要するに、不貞行為は民事上AとYの共同不法行為と評価される行為ではあるが、特別の事情がない限り、AとYとの責任は対等ではなく、主たる責任はAにありYの責任は副次的だというのである。この東京高等裁判所判決は、原審（前橋地方裁判所高崎支部昭和59年9月19日）が認めた500万円も

30　むしろ、この事例は、後に紹介する⑯最高裁判所第三小法廷平成8年6月18日と同様に、権利濫用としてXの請求を棄却するか、あるいは、XA間の婚姻関係が円満ではなかったことを理由に慰謝料の額を減額すべきであったと考える。

の慰謝料を大幅に削り、200万円をもって相当と判示したのであった。また、⓰東京地方裁判所平成4年12月10日も、これと同じ一般論を展開した上で、「婚姻関係破綻の危機によりXが被った精神的苦痛に対しては、第一次的には配偶者相互間においてその回復が図られるべきであり、その意味でまずAがその責に任ずべきところ、……Aの負担割合は少なくとも2分の1以上」としている。

ただ、上記⓮東京高等裁判所昭和60年11月20日が示した一般論が具体的な事案処理においてどのように適用されているのかは不明であるし、その後の下級審判例の中には、この一般論自体を否定するものもあるため極めて不透明かつ流動的である[31]。

第6節　消滅時効に関する最高裁判例

1　問題の所在

平成6年1月20日には、不貞訴訟（ＡＹ同棲型）における消滅時効に関する最高裁判所第一小法廷の判断が示された（⓰）。

前提として、傷害事件や交通事故等の典型的な不法行為とは異なり、不貞訴訟におけるＡＹ間の不貞行為（不法行為）が1回限りということは稀であり、多くの場合反復かつ継続的である。したがって、不貞慰謝料請求訴訟は、不法行為が断続的に行われるという意味において、いわゆる公害訴訟や騒音訴訟等と類似している。他方、民法724条は、「不法行為による損害賠償の請求権は、被害者又はその法定代理人が損害及び加害者を知った時から3年間行使しないときは、時効によって消滅する。不法行為の時から20年を経過したときも、同様とする」と定めているので、ＸのＹに対する慰謝料請求権の消滅時効期間は基本的に3年である。

31　なお、この種の訴訟においては、ＡがＸ・Ｙいずれに対してもどっちつかずの態度を採ることがある。そのような態度を採るＡの供述の信用性を否定した裁判例として、㊷東京地方裁判所平成25年4月26日があり次のように述べる。「Ａは、その場限りの言い逃れと迎合的な言動を繰り返しては、ＸとＹという2人の女性の間を行き来していた不誠実きわまりない者であり、同人が、…Ｙと肉体関係を持ったことを認める趣旨の発言をしたからといって、どれほどの真実が含まれているか極めて疑わしいといわざるを得ない。」

それでは、不貞行為がＡＹの同棲というように一定期間継続して行われている場合、この消滅時効の起算点をどの時点と解するべきであろうか。

2　最高裁の見解

この点について、上記最高裁判所は、「夫婦の一方の配偶者が他方の配偶者と第三者との同せいにより第三者に対して取得する慰謝料請求権については、一方の配偶者が右の同せい関係を知った時から、それまでの間の慰謝料請求権の消滅時効が進行すると解するのが相当である。けだし、右の場合に一方の配偶者が被る精神的苦痛は、同せい関係が解消されるまでの間、これを不可分一体のものとして把握しなければならないものではなく、一方の配偶者は、同せい関係を知った時点で、第三者に慰謝料の支払を求めることを妨げられるものではないからである」と判示した。この判示によれば、Ｘが ＡとＹの同せい関係を知った時点から３年の消滅時効期間の起算が始まるということになる。

3　原審の見解

これに対して、この最高裁判決の原審（東京高等裁判所平成２年12月20日）は、「継続した同棲関係が全体としてＸに対する違法な行為として評価されるべきものであって、当初の情交関係、その後における日々の同棲を逐

図10　同せいを知った時と消滅時効の起算点

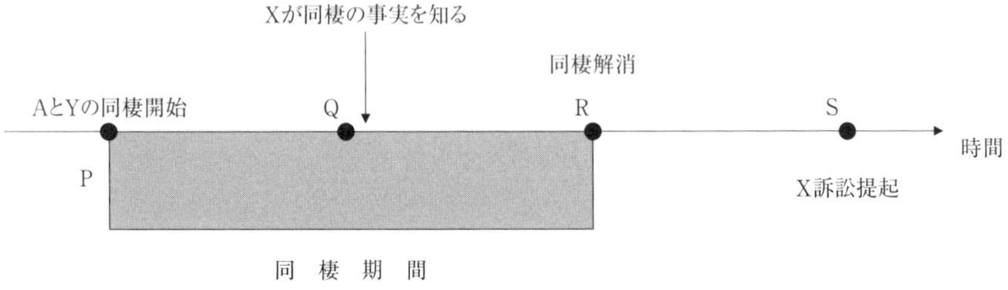

ＡＹの同棲の開始時期をＰ、同棲の終了時期をＲとし、ＸがＡＹの同棲の事実を知った時をＱとすると、この最高裁の考え方を前提にした場合、ＱとＳの期間が３年を経過していれば、Ｘの慰謝料請求権の一部（ＰＱの期間に対応する不貞行為に基づく損害賠償請求権）は既に時効により消滅していることになるのに対し、原審の考え方を前提にすると、ＲとＳの期間が３年を経過していない限り、Ｘの権利は時効消滅していないということになる。

一個別の違法な行為として把握し、これに応じて損害賠償債務の発生及び消滅を日毎に定めるとするのは相当ではなく、本件損害賠償債務は、全体として、同棲関係が終了したときから消滅時効が進行する」と判示して、消滅時効の起算点を同棲関係の終了した時点としていた（なお、本件の第１審では消滅時効の成否は争点とはなっていなかった。）。

4　最高裁と原審の判断の相違点

原審と最高裁の考え方のいずれが被害者Ｘにとって有利であるかと言えば、言うまでもなく原審の方である。すなわち、消滅時効の起算点は遅ければ遅いほど被害者（権利者）にとって有利であるところ、原審の判示を前提にすれば、ＸがＡＹの同せいを知っただけではＹに対する慰謝料請求権の消滅時効の起算は始まらず、ＡＹの同せいが終了した段階（前頁図10におけるＲの時点）において起算が始まるということになるからである。

要するに本件は、Ｒを消滅時効の起算点とすると消滅時効が完成しないが、ＸがAY 間の同棲の事実を知った時であるＱを起算点とすると消滅時効が完成するという事案であった。

不貞行為に基づく慰謝料請求を否定ないしは限定すべきとする学説の中には、この最高裁判例や上記⓳東京高等裁判所昭和60年11月20日判例をそのような観点から積極的に評価するものもある（辻朗「不貞慰謝料請求事件をめぐる裁判例の軌跡」判タ1041号33頁以下）。

第７節　免除の効力に関する最高裁判決

1　問題の所在

図11　不真正連帯債務

平成6年11月24日には、ＸＡ間の離婚の際になされた「名目の如何を問わず金銭の請求を互いに行わない」旨の合意（免除）の効力がＹにも及ぶのかという問題点に関する⓰最高裁判所第一小法廷判決が出た。

仮に、被害者Ｘとの関係において、共同不法行為者Ａ及びＹ双方の負う責任（本件では慰謝料300万円と認定された）がいわゆる連帯債務の関係にあり、かつＡとＹとの責任割合が対等（1：1）であると仮定すると、ＸがＡに対してなした免除の意思表示は、Ａの負担割合の限度でＹにも及ぶことになる（絶対効）。すなわち、民法437条は「連帯債務者の一人に対してした債務の免除は、その連帯債務者の負担部分についてのみ、他の連帯債務者の利益のためにも、その効力を生ずる」と規定しているからである[32]。

2　原審の判断とその問題点

そして、この平成6年最高裁判決の原審（大阪高等裁判所平成4年7月15日）はまさにこの考えに則り、Ｘが被った精神的苦痛を慰謝するための本来の慰謝料は300万円であるものの、上記ＸＡ間の合意（免除）の効力がＹにも及び、Ａの負担割合（Ｙとの責任割合が1：1なので150万円である。）の限度で慰謝料の額が減少し、結論として慰謝料は150万円であるとしたのであった。そして、それ以前には、❻❸高知簡易裁判所昭和34年6月4日もこの考え方を採用していた（これに対して、❻❽東京地方裁判所昭和37年3月1日はこれとは逆に免除の絶対効を否定していた。）。

ところが、このような考え方には、次の2つの疑問が生じる。すなわち、第1の疑問は、多くの学説が指摘するように、ＡとＹとの責任の関係を連帯債務と解した上でＸのＡに対する免除の意思表示に絶対効を認めている点であり、被害者保護の見地からこれを不真正連帯債務と解するべきではないかという点である。そして、上記最高裁判所もそのような結論を採っている。

第2の疑問は、原審がＡとＹの責任割合を結果的にせよ対等と見ているという点である。すなわち、前記⓮⓽東京高等裁判所昭和60年11月20日が、

32　なお、これが免除ではなく、たとえば債権の満足を得る弁済であった場合には、これに絶対効があることは争いがない。例えば❸❾❸東京地方裁判所平成22年7月5日や❹⓪❷同裁判所平成22年9月3日等も、ＸのＡに対する慰謝料請求において、ＹがＸに対して支払った慰謝料がそれに充当されることを認めている。逆に、❽❾札幌地方裁判所昭和45年12月16日や❷❼⓪東京地方裁判所平成19年8月30日、㊻東京地方裁判所平成25年1月29日、㊸東京地方裁判所平成25年5月14日等は、ＡがＸに対して支払った慰謝料がＹの支払うべき慰謝料に充当されることを認めている。

ＡとＹの責任は質的に異なっており、主たる責任は配偶者Ａにあり、Ｙの責任は副次的なものとみるべきであると判示していることや⓰東京地方裁判所平成４年12月10日が「Ａの負担割合は少なくとも２分の１以上」としていることと、この原審の考え方とは必ずしも整合しないのではないかという点に疑問が生じる。

⓮東京高等裁判所昭和60年11月20日及び⓰東京地方裁判所平成４年12月10日を素直に読めば、ＡとＹとの具体的な責任割合が２：１なのか３：１なのかということまでは分からないものの、十分な検討のないままＡの負担割合を単純に２分の１とみて、Ｙとの責任割合を対等（1：1）とみることはできないのではないかと思われる。

それとも、原審はＡとＹの「質的」な責任というのを「量的」な責任と区別しているのだろうか。しかしながら、不貞慰謝料請求訴訟において決定的に重要なのは、結論として賠償すべき慰謝料の額がいくらになるかという「量」の問題であるから、ＡとＹの責任の性質が「質的」に違うと言っておきながら、慰謝料の額（量）は同じというのでは合理性に欠けるように思われる。

3　最高裁の立場と残された問題点

いずれにせよ、上記⓰最高裁判所平成６年11月24日判決は、「民法719条所定の共同不法行為者が負担する損害賠償債務は、いわゆる不真正連帯債務であって連帯債務ではないから、その損害賠償債務については連帯債務に関する同法437条の規定は適用されないものと解するのが相当である。……Ｘは、本件調停において、本件不法行為に基づく損害賠償債務のうちＡの債務のみを免除したにすぎず、Ｙに対する関係では、後日その全額の賠償を請求する意思であったものというべきであり、本件調停による債務の免除は、Ｙに対してその債務を免除する意思を含むものではないから、Ｙに対する関係では何らの効力を有しないものというべきである」と判示し、ＡとＹとの責任を連帯債務ではなく、不真正連帯債務と理解し、免除の絶対効を否定したため、上記第２の問題点についてはそもそも議論する実益がなくなってしまった。

以上のとおり、⑯平成６年11月24日の最高裁判決は、ＸのＡに対する免除の意思表示の効力はＹには及ばないことを明らかにし、それを肯定した原審及び㊸高知簡易裁判所昭和34年６月４日等の考え方を否定した。

そして、その後の下級審判例においても、Ｘが不貞を働いた配偶者Ａを宥恕しているにもかかわらず、Ｙに対してのみ慰謝料請求訴訟を提起するという事例が多い[33]。

もちろん、この最高裁判所の考え方によれば、ＸのＡに対する免除の効力をＹに及ぼすことができないこと自体ははっきりしているのだが、ＸがＡを許しているという事情を不貞慰謝料の額の算定の際に考慮すべきか否かということについては下級審判例において大きく判断が分かれている。この点については後述したい。

第８節　平成８年３月26日の最高裁判決

１　最高裁判例の内容とその新聞記事

図12は平成８年３月26日付朝日新聞の夕刊である。この日、最高裁判所が不貞訴訟に関する重要な判断を下した（⑱）。この記事の見出しは「婚姻関係破たん状態なら不倫の償い無用　最高裁判断」となっている。また、同日付毎日新聞（図13）は「夫婦関係壊れていれば　不倫、責任問えず　最高裁判断」と報じ、同日付読売新聞（図14）は「不倫相手賠償責任なし　最高裁初判断　夫婦関係破たんなら」との見出しを付けた。

要するに、平成８年３月26日最高裁判所第三小法廷は、ＡＹ間の不貞行為が開始された時点において、ＸＡ間の夫婦関係が破綻状態にあるのならば、原則としてＹはＸに対して不法行為責任を負わず、ＸのＹに対する慰謝料請求は認められないと判示したのである。これを比喩的に説明するならば、ＡＹ間の不貞行為が開始された時点でＸＡ間の婚姻関係がすでに壊れていたのであれば、「すでに壊れていたものをさらに壊すことはできない」ので、Ｙ

[33] 「夫婦喧嘩は犬も食わない」という諺はこのような場面にも表れている。

図12 朝日新聞平成8年3月26日

婚姻関係、破たん状態なら
不倫の償い無用
最高裁判断

別居中の妻（五六）が、夫（五五）と関係をもった女性（三六）に一千万円の慰謝料を求めた訴訟の上告審で、最高裁第三小法廷（可部恒雄裁判長）は二十六日午前、「婚姻関係がすでに破たんしていたときは、特別な事情がない限り、相手の女性には損害賠償責任はない」とする初の判断を示し、妻の上告を棄却した。

これまでの最高裁判例は、法律婚を保護する立場から、夫婦の一方と不倫関係をもった人は、基本的に相手の配偶者に対し賠償責任を負うとしてきた。関係の破たんを条件にしているとはいえ、最近の家族観の変化などを踏まえ、不倫で賠償責任を問われないケースがあることを明言した判断として注目される。

判決によると、夫婦は一九六七年に結婚し、二子をもうけたが、性格などの違いから夫婦関係が悪化。夫は離婚調停を家裁に申し立てたが不調に終わり、八二年に夫が家を出て別居。その後、スナックでアルバイトをしていた女性と同居し、子どもも生まれた。このため、妻が女性を相手取って提訴。一、二審とも請求を退けられたため、上告していた。

判決は、不倫の関係をもつことが、相手の配偶者に対する不法行為となるのは、婚姻生活の平和の維持という利益を侵すことによって成立する、と指摘。「夫婦の婚姻関係がすでに破たんしていた場合には、こうした法的に保護される利益があるとはいえない」と結論づけた。

図13 毎日新聞平成8年3月26日

夫婦関係壊れていれば
不倫、責任問えず
最高裁判断

夫（五五）と不倫した女性（三六）を相手に、妻（五六）が一千万円の損害賠償を求めた訴訟で、最高裁第三小法廷（可部恒雄裁判長）は二十六日、「結婚関係が破たんしていたときには、不倫相手に責任はない」との初判断を示して、妻側の訴えを退けた一、二審を支持、上告を棄却した。最高裁はこれまで「夫婦の一方と関係を持った第三者は、夫婦であることを知らなかったなどの場合を除いて、他方の精神上の苦痛を慰謝すべき義務がある」としており、判決は初めて「例外」を設ける形となった。

この日の判決は、不倫を「結婚生活の平和を維持するという権利を侵害する不法行為」と位置付けた。そのうえで「夫婦関係が破たんしている場合には、このような権利を保護すべき利益があるとはいえない」と判断した。

この夫婦は一九六七年に結婚し、二人の子供がいたが、八〇年ごろから夫婦関係が悪化し、八七年に別居した。夫は八六年にスナックでアルバイトしていた女性と知り合い、女性は夫が「妻とは離婚する」などと聞かされていたため、同年秋から同棲し、女性は八九年に出産した。

一、二審とも「二人が関係を持ったときにはすでに夫婦関係は破たんしており、女性が妻の権利を違法に侵害したとはいえない」として妻の請求を棄却したため、妻が上告していた。

図14 読売新聞平成8年3月26日

不倫相手 賠償責任なし
最高裁初判断 夫婦関係破たんなら

夫に浮気をされた妻が不倫相手の女性を相手に損害賠償を求めた訴訟で、最高裁第三小法廷（可部恒雄裁判長）は二十六日、夫婦関係が破たんしている場合は不倫相手の女性に賠償責任はないとの判断を示し、妻の上告を棄却する判決を言い渡した。最高裁はこれまで、法律に基づく結婚を重視し、不倫相手に慰謝料の支払いを命じる判断が定着していたが、今回の判決は夫婦関係の現実に即した初めての判断となった。

判決によると、埼玉県内のこの妻（五六）は、一九六七年五月に結婚、二人の子供を産んだ。しかし、夫（五五）の帰りが遅いことや、夫が取締役を務める会社の資金調達のために自宅を担保に入れようとしたことから、夫婦関係は次第に悪化。夫の帰宅時に妻が包丁をちらつかせたこともあり、夫婦は八七年五月から別居状態となった。

このころ、夫は、スナックでアルバイトをしていた女性（三六）と知り合い、同年秋から同棲を始めた。その後、女性が産んだ子供を夫は認知した。

最高裁判決は夫婦の平和な生活を崩し、夫婦の利益を侵害するような不倫は不法行為に当たるが、破たんした夫婦関係は「法的に保護する利益と言えない」と述べ、こうした不倫相手は不法行為責任を負わないとした。今回のケースはこれに当てはまると認め、一、二審同様、訴えを退けた。

はＸに対して原則として不法行為責任を負わないということである。

2　事案の概要

平成８年３月26日の最高裁判決の事案は以下のとおりであった。

ＸとＡは昭和42年５月婚姻届出をした夫婦であり、昭和43年５月に長女が、昭和46年４月に長男が出生した。ＸとＡとの婚姻関係は、性格の相違や金銭に対する考え方の相違等が原因になって次第に悪くなっていったが、Ａが昭和55年に身内の経営する婦人服製造会社に転職したところ、残業による深夜の帰宅が増え、Ｘは不満を募らせるようになった。Ａは、Ｘの右不満をも考慮して、独立して事業を始めることを考えたが、Ｘが独立することに反対したため、昭和57年11月に株式会社Ｂに転職して取締役に就任した。Ａは昭和58年以降、自宅の土地建物をＢ社の債務の担保に提供してその資金繰りに協力するなどし、昭和59年４月には、Ｂ社の経営を引き継ぐこととなり、その代表取締役に就任した。

しかし、Ｘは、Ａが代表取締役になると個人として債務を負う危険があることを理由にこれに強く反対し、自宅の土地建物の登記済証を隠すなどしたため、Ａと喧嘩になった。Ｘは、Ａが右登記済証を探し出して抵当権を設定したことを知ると、これを非難して、まず財産分与をせよと要求するようになった。

こうしたことから、ＡはＸを避けるようになったが、ＸがＡの帰宅時に包丁をちらつかせることもあり、夫婦関係は非常に悪化した。Ａは、昭和61年７月ころ、Ｘと別居する目的で家庭裁判所に夫婦関係調整の調停を申し立てたが、Ｘは、Ａには交際中の女性がいるものと考え、また、離婚の意思もなかったため、調停期日には出頭せず、Ａは右申立てを取り下げた。その後も、ＸがＢ社に関係する女性に電話をしてＡとの間柄を問いただしたりしたため、Ａは、Ｘを疎ましく思っていた。

Ａは、昭和62年２月に大腸癌の治療のため入院し、転院して同年３月初旬に手術を受け、同月中旬にＢ社名義でマンションを購入した。そして、入院中にＸと別居する意思を固めていたＡは、同年５月、自宅を出て右マンションに転居し、Xと別居するに至った。Yは、昭和61年2月ころからスナックでアルバイトをしていたが、昭和62年4月ころに客として来店したAと知り合った。Yは、Aから、妻とは離婚することになっていると聞き、また、AがXと別居して右マンションで一人で生活するようになったため、Aの言を信じて、次第に親しい交際をするようになり、同年夏ころまでに肉体関係を持つようになり、同年10月ころ右マンションで同棲するに至った。そして、Yは平成元年2月にAとの間の子を出産し、Aは間もなくその子を認知した。

3　一審・二審の判断と上告理由

【問題の所在】

上記の事案において、XがYに対して不貞慰謝料請求訴訟を提起した。この事案から分かるように、AYの不貞行為が始まった時点でAX間の婚姻関係は破綻していたのである。かかる場合に、XのYに対する不貞慰謝料請求が認められるのか否かということが漸く最高裁判所においても問題となった。

【一審と二審の判断】

本件における第一審（浦和地方裁判所川越支部平成3年5月15日）は「YがAと肉体関係を持つようになった当時、XとAとの婚姻関係は既に形骸化しており、Yはそれを信じていたのであるから、Yの行為に違法性があるとはいえない」と判示し、二審（東京高等裁判所平成4年5月28日）も「YがAと肉体関係を持ったのは……XとAの別居後のことであり、その当時、XとAとの夫婦関係は既に破綻し、形骸化していたと認めることができる。……Yの行為がXとAとの婚姻関係を破綻したとはいえず、Xの権利を違法に侵害したとはいえない」と判示して、いずれもXが敗訴したので、Xが上告した。

【上告理由の要旨】

X（訴訟代理人弁護士）が上告の理由としてその拠り所としたのは昭和54年3月30日の最高裁判例（⑫⑬）であった。その上告理由の一部を抜粋すると以下のとおりである。

「右（昭和54年3月30日の最高裁）判例によれば、第三者の家庭破壊による慰謝料請求は、婚姻関係破綻の有無にかかわらず、また第三者の行為態様にかかわりなく、故意または過失によって夫または妻の権利を侵害すれば不法行為が成立することになる。現に、右最高裁判例が出された後は、これに従う下級審判例がほとんどである（東京高裁昭和56年12月9日、同高裁昭和60年11月20日判例等）。」

つまり、本件上告審におけるＸの主張（上告理由）の骨子は、昭和54年の最高裁判例が「夫婦の一方の配偶者と肉体関係を持つた第三者は、故意又は過失がある限り、右配偶者を誘惑するなどして肉体関係を持つに至らせたかどうか、両名の関係が自然の愛情によつて生じたかどうかにかかわらず、他方の配偶者の夫又は妻としての権利を侵害し、その行為は違法性を帯び、右他方の配偶者の被つた精神上の苦痛を慰藉すべき義務があるというべきである」と判示しているだけで、ＡＹの不貞行為の時期とＸＡ間の婚姻関係が破綻した時期との先後関係等については全く触れずに不法行為の成立を認めている以上、当然本件の場合にも不法行為が成立し、ＸのＹに対する慰謝料請求が認められて然るべきという点にある。

そしてかかるＸの主張は決して特異のものではなく、過去の裁判例の中にも、例えば、㊻東京高等裁判所昭和48年３月９日が「妻としての法律上の地位はその性質上放棄に親しまないものであり、……夫婦関係がすでに事実上ほとんど破綻していたとしても、ＸはＡに対して夫としての貞操を……求め得る」と判示している。したがって、Ｘの訴訟代理人がＸの利益を図るべく上告したのは、むしろ当然とも言える。

４　最高裁の判断とその意義

Ｘのかかる上告理由に基づく上告に対して、最高裁判所は上告を棄却し次のように判示した。

「Ｘの配偶者Ａと第三者Ｙが肉体関係を持った場合において、ＸとＡとの婚姻関係がその当時既に破綻していたときは、特段の事情のない限り、ＹはＸに対して不法行為責任を負わないものと解するのが相当である。けだし、ＹがＡと肉体関係を持つことがＸに対する不法行為となるのは、それがＸの婚姻共同生活の維持という権利又は法的保護に値する利益を侵害する行為ということができるからであって、XとAとの婚姻関係が既に破綻していた場合には、原則として、Xにこのような権利又は法的保護に値する利益があるとはいえないからである。」

そして、Xが上告理由書の中で指摘した昭和54年3月30日の最高裁判例（本書第4章第4節29頁）との関係については、「(昭和54年3月30日の最高裁判例は）婚姻関係破綻前のものであって事案を異にし、本件に適切でない」と判示した。

この⓰⓼平成8年3月26日の最高裁判例が示した「AY間の不貞行為が始まった時点でXA間の婚姻関係がすでに破綻していた場合には不法行為の成立を否定する」という考え方は、前に説明したとおり、❾❼横浜地方裁判所昭和48年6月29日や⓾⓽東京高等裁判所昭和50年12月22日等の裁判例においてすでに採用されていたものであったが、最高裁判所はこれらの判断を漸く正面から是認したのであった。また先に紹介した各説の分類（13頁）に従えば、この最高裁の考え方は、前記（C）説及び原則肯定説に近いと言えるだろう。

第9節　不貞慰謝料請求が権利濫用となるとした最高裁判例

1　事案の概要

最後に⓰⓽平成8年6月18日最高裁判所第三小法廷判例を見ておくこととする。この事案は以下のとおりである。

> XとAは昭和59年1月16日に婚姻届出をした夫婦であり、同年5月に長女が、同61年6月に長男が出生した。Yは、昭和45年11月にBと婚姻の届出をし、同46年8月に長女をもうけたが、同61年4月に離婚の届出をした。
>
> Yは、離婚の届出に先立つ同60年10月ころから居酒屋の営業をして生計をたて、同62年5月ころには自宅の土地建物を取得し、Bから長女を引き取って養育を始めた。Aは、昭和63年10月ころ初めて客として上記居酒屋に来、やがて毎週1度は来店するようになったが、平成元

年10月ころから同２年３月ころまでは来店しなくなった。この間、Ａは、月に１週間程度しか自宅には戻らず、上記居酒屋の２階にあるスナックのホステスと半同棲の生活をしていた。Ｘは、Ａが上記居酒屋に来店しなくなったころから毎晩のように来店するようになり、Ｙに対し、Ａが他の女性と同棲していることなど夫婦関係についての愚痴をこぼし、平成２年９月初めころには、「Ａとの夫婦仲は冷めており、平成３年１月にＸの兄の結婚式が終わったら離婚する」と話した。

Ａは、平成２年９月６日にＹをモーテルへ誘ったが、翌７日以降毎日のように上記居酒屋に来店し、「本気に考えているのはお前だけだ。付き合ってほしい。真剣に考えている。妻も別れることを望んでいる」などと言って、Ｙを口説くようになった。Ｙは、当初Ａを単なる常連客としてしかみていなかったが、毎日のように口説かれた上、膵臓の病気になって精神的に落ち込んでいたこともあって、Ａに心が傾いていたところ、同月20日、病院で待ち伏せていたＡから、「妻とは別れる。それはお前の責任ではない。俺たち夫婦の問題だから心配することはない。俺と一緒になってほしい」と言われ、また、病気のことにつき「一緒に治して行こう。お前は一生懸命に病気を治せばよい」などと言われたため、その言葉を信じ、同日、Ａと肉体関係を持った。Ｙは、その後もＡと肉体関係を持ったが、平成２年10月初めころ、Ａから、「妻が別れることを承知した。妻は○○家を捜して住むので、自分たちは○△のアパートに住もう」などと結婚の申込みをされたため、Ａと結婚する決心をし、長女の賛成を得てＡの申込みを承諾した。

Ａは、平成２年10月10日から11月24日までの間に、Ｙの結婚相手としてその母、長女及び姉妹らと会ったりしたのに、Ｘとの間で離婚に向けての話し合いなどは全くしなかった。一方、Ｙは、Ａの希望を受けて、自宅の土地建物を売却することとし、長女のためのアパートを捜すなどＡとの結婚生活の準備をしていた。

同年12月１日、ＸにＡとＹとの関係が発覚し、ＹとＸは、同日午前７時半ころから翌２日午後２時ころまでＸ宅で話し合った。その際、ＹにおいてＡがＸと離婚してＹと結婚すると約束したためＡと肉体関係を持つようになった経緯を説明したところ、Xが「慰謝料として500万円もらう。500万円さえもらったら、うちのジョウくんあげるわ。うちのジョウくんはママ引っ掛けるのなんかわけはないわ」などと言ったため、Yは、Aに騙されていたと感じた。

Y、X及びAの3人は、平成2年12月2日午後8時半ころから翌3日午前零時ころまで話し合った。Xは、Aに対して子の養育料や慰謝料を要求し、Yに対して慰謝料500万円を要求したが、Aは、Xの好きなようにせよとの態度であり、Yは、始終沈黙していた。

Aは、同月3日午後10時ころ上記居酒屋に来店し、他の客が帰って2人きりになると、Yに対し、Xに500万円を支払うよう要求し、Yがこれを拒否すると、胸ぐらをつかみ、両手で首を絞めつけ、腹を拳で殴ったりなどの暴行を加えたが、翌4日午前3時ころYの体が冷たくなり、顔も真っ青になると、驚いて逃走した。Xは、同月6日午後10時ころ上記居酒屋に来店し、Yに対し、他の客の面前で「お前、男欲しかったんか。500万言うてん、まだ、持ってけえへんのか」と言って、怒鳴ったりした。また、Xは、同月9日午後4時ころ電話で500万円を要求した上、午後4時20分ころ来店し、満席の客の面前で怒鳴って嫌がらせを始め、Aも、午後4時40分ころ来店し、嫌がらせを続けているXの横に立ち、「俺は関係ない」などと言いながらにやにや笑っていたが、Yが警察を呼んだため、2人はようやく帰った。

Aは、平成3年3月24日午前5時30分ころ、自動車に乗っていたYに暴行を加えて加療約1週間を要する傷害を負わせ、脅迫し、車体を損壊したが、Yの告訴により、その後罰金5万円の刑に処せられた。

Xは、Yに対し平成3年1月22日に本件不貞慰謝料請求訴訟を提起した（請求額は500万円）。他方、Yは、同年3月にAに対して損害賠償請求訴訟を提起したが、右損害賠償請求訴訟については、同6年2月14日に200万円と遅延損害金の支払を命ずるY一部勝訴の第一審判決が出され、控訴審の同年7月28日の和解期日において200万円を毎月2万円ずつ分割して支払うことなどを内容とする和解が成立した。

2　裁判所の判断

本件訴訟の一審（奈良地方裁判所葛城支部）はＸの請求を棄却したが、原審（大阪高等裁判所）は、Ｘの慰謝料請求権の請求が権利濫用であるとのＹの抗弁を退け、ＹがＡに妻がいることを知りつつＡとの間で肉体関係をもったこと、また、ＡとＸとの間の婚姻関係はなお破綻していなかったことを理由に100万円の慰謝料等を認めた。これに対してＹが上告したのが本件である[34]。

最高裁判所は原審を破棄し「これらの事情を総合して勘案するときは、仮にＸがＹに対してなにがしかの損害賠償請求権を有するとしても、これを行使することは、信義誠実の原則に反し権利の濫用として許されないものというべきである」と判示した[35]。

3　昭和54年3月30日最高裁判例との関係

本件は、事案から明らかなように、Ｙに慰謝料を支払わせるべくＸとＡが結託しており、かなり悪質な美人局類似の事件と言えると思われる。また、本件は先に紹介した⓮浦和地方裁判所昭和59年３月５日の事案（本書38頁）よりもさらに悪質と言えよう。

しかしながら、前記⑫⑬昭和54年３月30日最高裁判例及び⑯平成８年３月26日最高裁判例が示した判断枠組みを形式的に適用する限り、ＡＹの不貞行為時においてＸＡ間の婚姻関係が破綻していない以上、Ｙには不法行為が成立し、ＸのＹに対する慰謝料請求が認められるということになってしまうであろう。本件原審の大阪高等裁判所はそのように判断したと思われるし、上記最高裁が「仮にＸがＹに対してなにがしかの損害賠償請求権を有すると

34　参考までにＹの上告趣意書の末尾の部分を紹介しておく。「Ａは慰謝料の支払いの和解を成立させたものの、遅れながらわずか２回の和解金の支払いをしただけで、Ａの代理人を通じての催促にも応じず、Ｙの強制執行（給料差押）に対しても職場を辞めるというかたちで対応し、現在では何らの連絡ももちろん、和解金の支払いもない、不誠実きわまりない態度である。不誠実な人間が逃げ、人間のことばを信じて行動してきたＹだけが辛い思いをしなくても済むように、最高裁判所の人間味ある誠実な判断を仰ぐ次第である。」

35　この事案と同様に、権利濫用論を用いてＸの請求を棄却した裁判例として⑫東京地方裁判所平成26年９月29日がある。これは、ＸがＡとの婚姻期間中少なくとも２回不貞行為に及んでいたという事案であった。

しても……」と述べているのも、その趣旨であろう。

結論として、本件においてXのYに対する慰謝料請求を認めなかったのは妥当であったと思われる。ただし、その結論を導く理由として、最高裁が正面からYに不法行為は成立しないと明言することができず、権利濫用というわば例外的な法論理を使わざるを得ない点において、不倫訴訟において最高裁がこれまで構築してきた判断枠組みに危うさがあることは否定できないと思われる。

第10節　不貞慰謝料請求訴訟における基本的な判断枠組み

1　特に注目すべき裁判例

以上のとおり、不貞訴訟（主にIの類型）に関する代表的と思われる裁判例の流れを明治時代から見てきたが、特に注目すべき裁判例は、❾大正15年7月20日の大審院判例（中間決定、終局判決は❿昭和2年5月17日）（夫貞操義務判決）、⑫⑬昭和54年3月30日の最高裁判決（東京ケースと大阪ケース）、及び⑯平成8年3月26日の最高裁判決であり、これらにより不貞慰謝料請求に関する裁判所の基本的な判断枠組みが形成されたと言える。すなわち、戦前において夫の妻に対する貞操義務が法律上認められるかについて疑義があったにもかかわらず大審院はこれを認め（❾❿）、戦後の最高裁もそれを基本的に踏襲したが（⑫⑬）、ただし、XのYに対する不貞慰謝料請求が常に認められるわけではなく、一定の限界があることを⑯が示したということになろう。

2　不貞慰謝料請求訴訟における基本的な判断枠組み

そして、これらの大審院・最高裁判例が示した不貞訴訟における不法行為（民法709条）の成否に関する判断基準をまとめると、Xが夫であると妻であるとにかかわらず、Yに故意又は過失がある場合、AY間の不貞行為開始時においてXAの夫婦関係が破綻していない限り、原則としてYに不法行為が成立し、XはYに対して慰謝料を請求できるということになり、これが我が国における不貞訴訟における判例法理であると言える。

第 11 節　最高裁が示した基準の問題点

1 「破綻」の判断の困難性

たしかに、⑱平成８年３月 26 日最高裁判所判決の基準は一般論としては分かりやすいし、単純明快とも言えるかもしれない。

しかしながら、個々の具体的な事案においてこの基準を使って不法行為の成否を決定することは意外と難しい[36]。とりわけ、ＡＹ間の不貞行為が始まった時点においてＸＡ間の婚姻関係が「破綻」していたか否かということが裁判の争点になることが実に多いのだが、この「破綻」という概念が非常に曖昧であり、何をもって「夫婦関係が破綻していた」と言いうるのか、「破綻」という概念の内包と外延、その必要条件や十分条件等についての議論が十分になされておらず、その後の下級審判例を見ても、とても統一的・平等な判断がなされているとは思えない。この点については、個々の裁判例を引用しながら具体的に検討してみたい。

2 判断基準自体の正当性の問題

また、この判断基準自体の正当性如何という問題もある。すなわち、この種の裁判例の事案をいくつも見ていると、ＡＹ間の不貞関係は当事者のまさに自然の愛情（または「人間の本性」と言った方が適切かもしれない）によって始まっていると考えられる事例が多く、不貞行為開始時点においてＸＡ間の婚姻関係が破綻していたか否かということは、Ａにとっては相応の意味があるのかもしれないが、その自然の愛情によってＡと情交関係に入ってしまったＹにとってはいわば偶然の出来事であり、また、どうでも良いことなのではないか。その「どうでも良いこと」が、ＸがＹに対して不貞慰謝料請求訴訟を提起したその瞬間から突如として裁判上の大きな争点になるということが筆者には極めて不自然に思えてならない。言い換えれば、ＡＹ間の行為

---

[36] 法律相談等においても、不倫に関する相談や質問を受けることが少なくない。その際に、相談者（ＸまたはＹ）から聞かれる質問として多いのが、㋐「不貞（不倫）」というのは、具体的にはどのようなことを言うのか、自分の行為は不倫なのか、㋑破綻というのは具体的にはどのような状態なのか、㋒慰謝料の金額はいくらくらいなのか等である。

は世に言う不貞行為であり、その不貞行為開始時においてＸＡ間の夫婦関係が破綻していたか否かといういわば偶然の事情により、その不貞行為に違法性が認められたり認められなかったりすることになるからである。

実際に、ＸがＹに対して不貞慰謝料請求訴訟を提起すると、多くの場合Ｙは「ＡＹの不貞が始まった時点ですでにＸＡ間の婚姻関係は破綻していた」と反論し、それに対してＸは、「ＡＹ間の不貞行為の前はＸＡの婚姻関係は破綻しておらず、不貞行為が原因でＸＡ間の婚姻関係が破綻した」と再反論することになる。

このように、ここでは、「現時点（ＸのＹに対する訴訟提起時点）においてＸＡ間の夫婦関係が破綻している」という事実自体は当事者間において争いがなく、問題となっているのは、そのＸＡ間の婚姻関係の破綻時期とＡＹの不貞開始時期の先後関係なのである。現に、㉕3東京地方裁判所平成19年5月10日も「Ｙの不法行為の成否は、ＸとＡの婚姻関係が破綻した時期とＹとＡが親密になった時期の先後により判断されるべき」としている。しかしながら、夫婦関係が破綻に至る原因は内的・外的要因等極めてさまざまであり、ＡＹ間の不貞行為以外にも当該夫婦でしか分からない事情もありうるし、ましてや、ＡＹ間の不貞行為が「因」でＸＡ間の婚姻関係の破綻が「果」なのか、それともその逆なのかという先後関係の認定は極めて困難であろう。

そもそも、そのような極めて私的な領域に裁判所という国家権力が踏み込んで判断すること自体の当否も問題であろうし、その認定を求められる裁判所にとっても極めて酷な判断を強いられる結果になるだろう[37]。加えて、ヨーロッパでは、古代ローマ法時代からの沿革として『法は家庭に入らず』という法諺があり、これは『法律は家族間の問題には関与しない（家庭内で解

37　水野紀子は、「不貞行為は深刻で重大な婚姻義務違反ではあるが、それに到る過程にはさまざまないきさつがあろう。破綻に至った原因を第三者が正確に認識することは困難である。また、裁判官という判定者自身のかかえる価値観の偏りの問題も大きい。……また破綻以後の不貞行為は不法行為とならないという判例によって、過去の夫婦仲の善し悪しが争点となることになったため、原告の配偶者の精神的負担も大きく、民事訴訟の事実認定になりにくいこのような事実を争点としたことの問題性は大きい」という（「不貞行為の相手方に対する慰謝料請求」山田卓生古稀記念『損害賠償法の軌跡と展望』139頁以下参照）。

決させる)』という意味である。すなわち、家庭内の問題については、法(裁判所も含む)がその中に入って判断・解決することは困難であり不適当でもあるから当該家庭内にて解決すべきであるということをこの法諺は意味しているとも言える。そうすると、上記最高裁の示した判断基準は、この法諺の趣旨に必ずしも合致しないとも言えるだろう。

3　不貞慰謝料請求を広く認めることの弊害

また、Xが妻の場合には、仮にＡＹ間に子ができたとすると(その子はいわゆる非嫡出子・婚外子である)、ＹがXから不貞慰謝料請求訴訟を提起されることを恐れる結果、本来であれば可能であるはずのＹのＡ(生まれた子の実父)に対する認知請求や養育費の請求を躊躇してしまうという弊害(その結果ＡＹ間の子には父がおらずＹは養育費も受け取れないということになる)も生じ得る。

逆にXが夫の場合には、前記⓺⓽平成８年６月18日最高裁判例の事案のように金銭目当ての美人局類似の行為を誘発することにもなりうる[38]。

さらには、この⓺⓽平成８年６月18日最高裁判例が不貞慰謝料請求を権利濫用論により認めないという結論を出したことにより、当該事件が実際には美人局類似の事案でもないにもかかわらず、Ｙが「本件訴訟は美人局である」とか「訴訟詐欺である」等の主張を行い、その主張に対して、さらにXが「そのＹの主張は名誉毀損である」との反論を行うことになり、争いが果てしなく大きくなり長期化してしまうこともある(❹⓪❸東京地裁平成22年９月６日はまさにそのような事案であった)。

以上述べたとおり、不貞訴訟における上記判例法理が必ずしも絶対的に正しいとは筆者は考えていないが、実際の不貞慰謝料請求訴訟では、この判断基準によって裁判の勝敗が決まるということもまた厳然とした事実である。

そこで、以下ではこの判例法理を前提にして個々の問題点について裁判例を紹介しながら検討することにしたい。

38　この美人局に該当すると評価できる裁判例として⑮東京地方裁判所平成23年10月３日があり、「……Xが、Ｙに対し、Ａの陰部を舐める行為等を強いたことが認められるから、Xは、Ｙに対して不法行為責任を負う」と判示した。

第5章

不貞訴訟における保護法益論

1　保護法益の意味

このように、ＡＹ間の不貞行為がＸとの関係において、原則として不法行為を構成するとして、被害者たるＸは、具体的にどのような権利・法的利益が侵害されたと考えるべきなのであろうか。法がある行為を禁止するとき、それは法によって守られるべき利益がそこにあるからである。この「法によって守られるべき利益」のことを講学上保護法益（または単に法益）という[39]。

そして、不法行為に関する民法709条は、「故意又は過失によって他人の権利又は法律上保護される利益を侵害した者は、これによって生じた損害を賠償する責任を負う。」と規定しており、不法行為が成立するためには、「他人の権利又は法律上保護される利益」の侵害という事実が必要である（ただし、平成16年の民法の口語化前は単に「他人の権利」と規定しており、「法律上保護される利益」という文言はなかった）。

2　違法性と相関関係説

また、この条文の文言には明示されていないものの、不法行為が成立するには行為自体の違法性も必要とされている。これはかつての大審院時代の裁判例が「権利」の概念を厳格に捉え、不法行為の成立範囲が狭められたため（いわゆる大学湯事件。大審院大正14年11月28日民集4・670）、「権利侵害」という要件よりも柔軟な概念である「違法性」によって不法行為の成立範囲を画そうという見解が有力になったからである。

39　この点に関連して、刑法学者の平野龍一博士は、「法は、個人の生活利益を保護するために存在するのであって、個人に『立ち居振舞い』を教えるために存在するのではない。」と法と道徳を区別するべきことを明快に述べている（法セミ126号39頁）。

すると、その違法性の有無をどのようにして判断するべきかということが問題となるが、ここでは我妻栄博士が提唱した「相関関係説」と呼ばれる立場が伝統的通説である。

相関関係説というのは、その名前のとおり、違法性の判断を被侵害利益の種類と侵害行為の態様との「相関関係」によって判断するべきという見解である。

すなわち、たとえば、対世的権利と言われる所有権など被侵害利益の要保護性が強い権利が被侵害利益となる場合には侵害行為の不法性の程度が低くても違法性が認められるが、逆に対人的権利に過ぎない一般債権が被侵害利益となる場合（いわゆる債権侵害の場合である）には、侵害行為の不法性の程度が強くないと（たとえば、加害者において積極的な加害意図がある場合など）違法性が認められず不法行為が成立しないことになる（図15参照）。

このように、不法行為の成立要件としての権利侵害は、「権利侵害から違法性へ」という標語で語られるのが一般的であり（民法の各教科書でも「権

図15

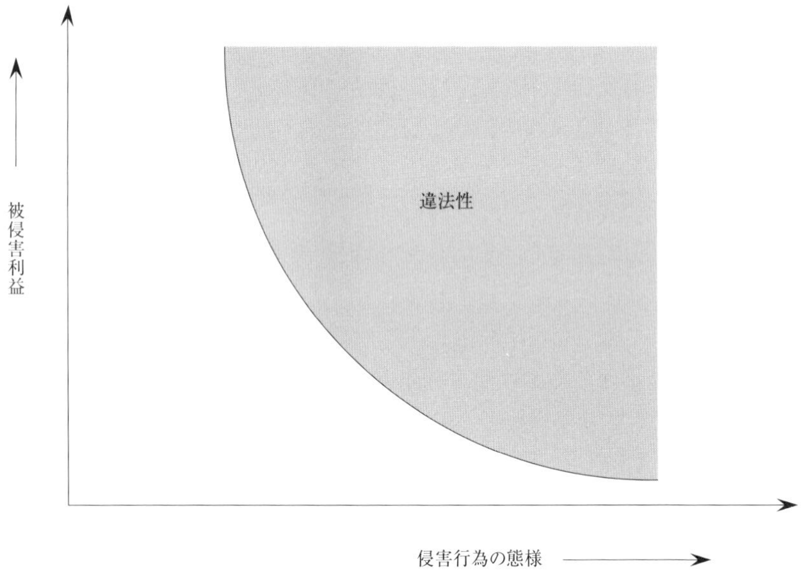

「民法Ⅱ」（第３版）内田貴　359頁

利侵害」という要件を「違法性」の要件に置き換えて解説しているものが多い)、あたかも権利侵害という要件は重要ではないかのような印象を受けるが、決してそのようなことはなく、上記相関関係説によって違法性の有無・程度を考えるには、やはり被侵害利益（これが法益のことである）が何かということを検討しなければならないのである。そして、実際の不貞訴訟における裁判例でも、被侵害利益が何かということについて言及しているものが多い。

3　不貞訴訟における保護法益は何か

そこで、次に不貞訴訟における保護法益について検討する。

大審院判例をはじめとする初期の裁判例の多くは、不貞訴訟における保護法益を「夫権」とし、いわゆる夫貞操義務判決の終局判決でもこれを「妻ノ権利」と表現している。❶❷❾❶❸⓿最高裁昭和54年3月30日も「夫又は妻としての権利」としている。また、この「夫（妻）権」ないしは「夫（妻）としての権利」という言葉は現在の裁判例でも使われることがある（❶❼❼東京地方裁判所平成13年4月10日、❸❽❸東京地方裁判所平成22年4月20日等）。

しかしながら、この「夫（妻）権」ないしは「夫（妻）としての権利」の具体的な内容は必ずしも明らかではない。「親権」というのは法律用語であるが、「夫（妻）権」というのは法律用語ではないからである。

「夫（妻）権」とは、不貞をされた被害配偶者の名誉やプライドのことなのか、それとも各家庭内にそれぞれ固有にあると思われる精神的平和とでも呼ぶべきものなのか等と考えると、「夫（妻）権」、ないしは「夫（妻）としての権利」の実体的な内容如何という問題は意外と難しい。

4　貞操請求権を保護法益とする見解

この問題について、たとえば、⓯大阪地方裁判所昭和15年7月2日は、「妻が夫に対して貞操を守ることを請求する権利を侵害したものだ」といい、❺❸仙台地方裁判所昭和32年5月31日は「夫権即ち妻に対し貞節を要求しうる権利」と述べ、❾❼横浜地方裁判所昭和48年6月29日も「妻において貞操を守るべく期待する夫としての権利」と言っている。そうすると、これらの裁判例は、「夫（妻）権」ないしは「夫（妻）としての権利」の中身を他方配偶者に対する貞操請求権と理解していることになる。そしてこの見解は、「夫（妻）権」ないしは「夫（妻）としての権利」を他方配偶者に対する貞操請求権と明確に定義しているという点では非常にわかりやすい[40]。

そして、この見解に依拠していると思われる裁判例としては、例えば、⑱⑨東京地方裁判所平成15年6月24日があり、一般論として次のように述べている。

> 貞操義務（民法752条）は、婚姻の基本であるが、それは、本来、夫婦間の問題であり、価値観の多様化した今日にあっては、性という優れて私的な事柄については法の介入をできるだけ抑制して、個人の判断、決定に任せるべきであるし、その貞操義務は婚姻契約によって生じ、一方配偶者の他方配偶者に対する一種の債務不履行の問題であって、貞操請求権は対人的、相対的な性格を有し、夫婦の一方の他方に対する貞操請求権を侵害するか否かは、他方の自由意思に依存するものであるから、一方配偶者の被侵害利益を第三者による侵害から法によって保護すべきであるというのは、些か筋違いと謂うべきであるし、学説上も、一方配偶者から、不貞の第三者に対する賠償請求は制限すべきであるというのが有力説又は多数説となっている。

しかしながら、このように不貞訴訟における保護法益（被侵害利益）を「他方配偶者に対する貞操請求権」（貞操義務）と言い切ってしまうことは疑問である。すなわち、貞操請求権というのは配偶者当事者間でのみ拘束力のあるもので、物権とは異なりいわば一種の債権（対人的権利）であるから、前記相関関係説を前提にする限り、不貞行為に不法行為が成立するためには、不貞相手の加害態様に極めて強い違法性（たとえば、ＹがＡに対してＸとの離婚を無理強いする等）が認められなければならないところ、この結論はこれまでの大審院及び最高裁判例が示してきた立場（原則肯定説）と整合しないからである。ただし、学説上は原則否定説の方が多数説である以上、むしろ

40　四宮和夫も守操義務違反が不法行為であるという（四宮和夫『事務管理・不当利得・不法行為（上）』現代法律学全集527頁）。なお、この貞操義務については、民法には直接の明文規定はないものの、重婚が禁止され（刑法184条前段）、同居協力扶助義務も規定されている（民法752条）こと等から夫婦は相互にこの貞操義務を負うと考えられている。

このような見解の方が合理的であると評価することもできる（以上について、水野紀子「不貞行為の相手方に対する慰謝料請求」山田卓生古稀記念『損害賠償法の軌跡と展望』147頁参照）。

5　貞操信頼権が保護法益なのか

また、この貞操請求権というのを貞操信頼権と置き換えて考えてみると、貞操信頼権の被害とは、独占的な性関係を有していると考えていた夫婦間の信頼が不貞によって裏切られた結果として、配偶者に生じるさまざまな心理的苦悩のことである。その内容は、嫉妬、憎しみ、怒り、悲しみ、屈辱感、劣等感といった感情が複雑にからみ合って、それらが極度に進行すると殺人や自殺等の異常行動に走ることもあるという[41]。

また、島津一郎は「では、性的嫉妬とはなにか。スピノーザは有名なエティカのなかで述べているところによれば、夫は妻と男との性器のからみ合いの状況を想像して嫉妬を覚えるのだという。もしそうだとすれば、そのような嫉妬はそう永続きするものではないであろう。時がやがて嫉妬を和げ、鎮めてくれるはずである。それだけならば、名目額の損害賠償で十分である。」という（「不貞行為と損害賠償――配偶者の場合と子の場合」判タ385号123頁）。

しかしながら、このような事態は婚姻関係にある配偶者相互のみならず、恋愛（恋人）関係にある当事者においても生じるし、むしろ後者において生じる上記精神的痛手の方がより遙かに大きいのではなかろうか。

したがって、この貞操信頼権を保護法益と理解するのならば、それは配偶者の不貞のみならず、婚姻を前提として交際中の、恋愛関係にある当事者における不貞（浮気）の局面においてもその相手方に不法行為が成立することにしなければ一貫しないことになる。

6　いわゆる二股行為の違法性

そして、実際にそのような事例における不法行為の成否が問題となった裁判例もある（㉜東京地裁平成21年8月24日）。同裁判例は、一般論として次

41　竜嵜喜助「不貞にまつわる慰謝料請求権」判タ414号18頁参照。

のように述べ不法行為の成立を否定している。

> およそ誰とも婚姻又は婚約の関係を有していない独身の男女が、特定の女性又は男性とのみ交際するのではなく、複数の女性又は複数の男性と、同時期に性的関係を伴う交際をするということは、それが道義上、倫理上の非難にさらされる行為であることは別として、世の中にはままあることであり、しかもそのようないわゆる『二股行為』が、直ちに法的な違法行為になるということもできないのである。

先に刑法学者の平野龍一博士の「法は、個人の生活利益を保護するために存在するのであって、個人に『立ち居振舞い』を教えるために存在するのではない」という一文を紹介したが、これはこのような局面において意味を持つ。すなわち、道徳的に悪い行為を行ったとしても、実際に法益の侵害がなければ不法行為は成立しないと考えられる。「二股行為」が道徳的にいかに悪い行為であったとしても、法と道徳・倫理とは峻別されなければならず、「二股行為」に法益侵害はない以上、法が個人に対し、「二股行為を行ってはいけない」という立ち居振る舞いを教えることはできないということである。

このように、ＸＡ間が婚姻関係、内縁関係、婚約関係の場合には、Ａの不貞はＸとの関係で不法行為となりうるが、上記裁判例を前提にすると、単なる恋愛関係にあるにすぎない場合におけるＡＹの不貞行為は「二股行為」として道徳的な非難には値するとしても、民法上の不法行為とはならないことになる[42]。

以上より、不倫訴訟における保護法益を貞操請求権や貞操信頼権のみと考えることはできない。

7　保護法益に関する最高裁平成８年３月26日判決の見解

かかる観点から⓱⓼最高裁平成８年３月26日を改めてみてみると、最高裁

42　なお婚約とは、将来、真実夫婦として共同生活を営む確定的な合意のことであり、結納や婚約指輪の交換の事実は婚約が成立したことの証明手段となるとされている。㉑⑤東京地方裁判所平成17年10月31日では婚約の成否が問題となり、「結婚の具体的時期が示されておらず、結納について話題となった形跡や婚約指輪ないしこれに代わって婚約の証となるべき品の交換ないし授受が行われた形跡がないこと、ＡがＡの母親に対しＸを婚約者として紹介したこともない」等の理由から婚約の合意があったとは認められないとした。

は不貞訴訟における保護法益（被侵害利益）を上記貞操請求権や貞操信頼権ではなく、「婚姻共同生活の維持という権利又は法的保護に値する利益」と理解していることが分かる。

すなわち、最高裁は、第三者が婚姻共同生活に違法に介入して、これを破壊に導くような行為について不法行為の成立を認めるべきであるとの立場に立ち、第三者が配偶者の一方と肉体関係を持つことは、婚姻共同生活を破壊に導く典型的行為の一つとして違法の評価を受けるものと考えているものと思われる。言い換えれば、不法行為の被侵害利益というコンテクストにおいて、法的な保護に値する利益ということができるのが実体を有する婚姻共同生活の平和の維持（安定と存続）であることに着目すると、いわゆる事実上の離婚の状態に至っている婚姻関係はもとより、離婚の合意は成立していなくても、既に破壊してしまっている婚姻関係も法的な保護に値する利益ということができないということになる（以上につき、田中豊・ジュリ 1095 号 169 頁参照）。

この点に関連して、㉑⑯東京地方裁判所平成 17 年 11 月 15 日は「婚姻関係にある配偶者と第三者との関わり合いが不法行為となるか否かは、一方配偶者の他方配偶者に対する守操請求権の保護というよりも、婚姻共同生活の平和の維持によってもたらされる配偶者の人格的利益を保護するという見地から検討されるべきであり、第三者が配偶者の相手配偶者との婚姻共同生活を破壊したと評価されれば違法たり得るのであって、第三者が相手配偶者と肉体関係を結んだことが違法性を認めるための絶対的要件とはいえないと解するのが相当である」と述べており、上記見解に依拠していると思われる。

8　学説の見解

これに対して、学説がこの点をどのように理解しているかということについてみてみると、たとえば加藤一郎は「配偶者たる夫または妻の精神的平和をみだしたこと」に違法性があるとする（加藤一郎『不法行為〔増補版〕』（法律学全集）130 頁）。幾代通は「配偶者が互いに享受すべき人格的な利益ないし精神的な平和」という（幾代通『不法行為』（現代法学全集）85 頁）。内田貴は、「身分権」（夫婦・親子といった、身分上の地位に基づいて与えられる権利であり人格的利益の一種）として説明している（内田貴『民法Ⅱ〔第 2 版〕』347 頁）。

また、水野紀子は、特定個人に帰属する「家庭の平和」などの抽象的な法益については、より慎重に考える必要があるとした上で、身体や生命の侵害による「精神的苦痛」は当然のことであり、精神的暴力やハラスメントによる精神的加害も加害行為が立証できれば賠償の必要はあろうが、それに至らない愛情や信頼の自然な喪失による「精神的苦痛」までを不法行為の保護対象とするのは、あまりに過大であると指摘している（水野紀子「不貞行為の相手方に対する慰謝料請求」山田卓生古稀記念『損害賠償法の軌跡と展望』146 頁参照）。

このような観点からすると、ＡＹ間の不貞行為によりＸの被った被害が精神的苦痛にとどまらず、たとえば残された子をＸにおいて監護養育していかざるを得なくなったなどの具体的な事実が発生したことが重要なのではないかと思われる（268東京地方裁判所平成 19 年 8 月 27 日、314東京地方裁判所平成 21 年 4 月 23 日等）。

9　まとめ

このように、不貞訴訟における保護法益論と不法行為と評価されるべき不貞行為の意義との間には密接な関係がある。すなわち、不貞訴訟における保護法益を純粋に夫婦間における貞操請求権と解するならば、不貞行為の内容としても、その貞操請求権を害する行為であるから、性行為や肉体関係が要求されることになる。また、この立場からは、子の慰謝料請求も理論的に否定されることになる。すなわち、貞操請求権は夫婦相互間に存在するものであり、親子間には存在しないからである。

これに対して、不貞訴訟における保護法益を貞操請求権とは理解せずに、「婚姻共同生活の維持という権利又は法的保護に値する利益」と理解するならば、その権利または利益を害する行為が不法行為と評価されるべき不貞行為であるから、必ずしも性行為や肉体関係は要求されないことになる。むしろ、性行為や肉体関係がなくても、「婚姻共同生活の維持という権利又は法的保護に値する利益」を侵害する行為（例えば配偶者を誘拐する行為等）は広く不法行為と評価されることになり、その点では被害者の保護には厚いが、却って不法行為の成立する範囲が不明確になるという難点も生じうる。そして、現時点での裁判例の趨勢は後者の流れにあると理解して良いであろう。

第6章

不貞行為が不法行為になるための要件

第1節　加害行為

1　総説

ＡＹ間の不貞行為の典型的な行為が性行為・肉体関係であり、これが加害行為となることははっきりしているが、前記㉑⑯東京地方裁判所平成17年11月15日が述べているように、「第三者が相手配偶者と肉体関係を結んだことが違法性を認めるための絶対的要件とはいえない」のであって、性行為・肉体関係を伴わない行為であっても、婚姻共同生活を侵害・破壊に導く可能性のある行為は加害行為になりうると理解するべきであろう。㊸①東京地方裁判所平成22年12月21日（平成22年（ワ）第17240号）も「継続的な肉体関係がなくとも、第三者の一方配偶者に対する行為が、他方配偶者の婚姻共同生活の平和を毀損するものであれば、違法性を有するものというべきである」としている。

例えば、この点に関連して、㉙⑤東京地方裁判所平成20年12月5日は、「Ｙは、Ａとの間で、婚姻を約束して交際し、Ａに対し、Ｘとの別居及び離婚を要求し、キスをしたことが認められ、これらの事実は、……Ｘに対する不法行為を構成するというべきである」としているし、①東京地方裁判所平成23年4月26日は、「ＹとＡは……ホテルに行き、一緒に風呂に入ったり、ＡにおいてＹの体に触れるなどの性的行為を行っていた」としている。

そうすると、性行為・肉体関係以外にも、たとえば性交類似行為、同棲などの行為が考えられ、これ以外にもＸＡ間の婚姻関係を破綻に至らせる可能性のある異性との交流・接触も不貞行為に該当することがある（安西二郎裁判官「不貞慰謝料請求事件に関する実務上の諸問題」判タ1278号45頁）[43]。

2　性的不能との主張の当否

かくして、上記裁判例の考え方を前提にすると、AやYが不法行為と評価されるべき不貞行為の存在を否認するために、自分が性的不能であることを主張してもそれは認められないことになる。

この点に関連して、⑺東京地方裁判所平成25年3月25日では、Yが、自らは性的能力がないためAとの不貞関係がなかったと主張したが、裁判所は、次のように判示し不法行為が成立するとした。

> 結局のところ、合理的な理由なくラブホテル等を継続的に利用するということは、不貞行為が存在するものと社会的に推認されるべき事情であるし、仮に不貞行為が存在していなかったと仮定しても、異性とラブホテルで一緒に過ごすこと自体が、婚姻の継続を著しく困難にする事情に当たると解するのが相当であるから、本件においては、いずれにしても不貞行為の存在と同視すべき不法行為が成立するというべきである。

また、㊸東京地方裁判所平成25年5月14日も、次のように判示し、同様の判断を下した。

> 確かに、Aは持病の糖尿病のため性的不能であったから、AとYとの間に性交がなかったことは認められる。しかしながら、AとYが性交に至らなかったとしても、AとYとの間には、…（筆者注：下着姿で抱き合うなどの）行為が認められ、かかる行為は、Aの配偶者であるXの婚姻共同生活の平和維持という権利又は法的保護に値する利益を侵害するものと認められる。

以下、これを前提に不貞行為に該当するか否かが裁判で問題になった行為を具体的に検討してみる。

3　人工授精は不貞行為（不法行為）か

まず、YがAから精子の提供による人工授精を受けた行為が不貞行為に該当するかどうかが問題となった裁判例がある（㊲東京地方裁判所平成24年11

---

[43] たとえば、㊹東京地方裁判所平成24年12月21日は、抱擁や接吻もXに対する不法行為になるとする。ただし、④東京地方裁判所平成23年5月19日は、「Yがアメリカ人であることからすれば、抱擁やキスをもって不貞行為と評価することもできない」と言う。

月12日）。

いうまでもなく人工授精は、その外形的行為だけを取り出せばＡＹ間には何らの肉体関係が存在しないことは明白である。

しかしながら、上記裁判所は次のように述べ、不法行為が成立することを認めている。本件では、慰謝料200万円が認容された（請求額は8,000万円）。

> Ｙは Ａからの精子の提供による人工授精を受けているが、人工授精は不貞行為とは外形的にも質的にも異なる要素があるとしても、ＡがＹとの間で自身の子をもうけるだけの関係を築き、実際にも子が生まれる可能性のある行為に及ぶことは、いわば夫婦同様の関係があるといえるのであって、婚姻共同生活の維持を求める権利を有するＸにとって、不貞行為に等しいか、これを超える大きな苦痛を生じたというべきである。

なお、この事件では、Ｘは人工授精を担当した医師にも共同不法行為が成立するとして訴えているが、これについては、Ｙが担当医に対してＡを配偶者として申告し人工授精による治療を依頼したのだから、その担当医とＹが共謀したとは言えないとして、担当医に対する訴えは棄却している。

4　愛情表現を含むメールを送信することは不貞行為（不法行為）か

【肯定事例】

次に、ＹからＡに宛てた「逢いたい」、「大好きだよ」等の愛情表現を含む内容のメール（これらはＸに読まれる可能性がある。）を送ること自体が不法行為となるかが争われた事例がある（㊵東京地方裁判所平成24年11月28日）。

これについて上記裁判所は、「このようなメールは、性交渉の存在自体を直接推認するものではないものの、ＹがＡに好意を抱いており、Ｘが知らないままＹと会っていることを示唆するばかりか、ＹとＡが身体的な接触を持っているような印象を与えるものであり、これをＸが読んだ場合、Ｘらの婚姻生活の平穏を害するようなものというべきである。」として、不法行為の成立を認めた。ただし、その行為の違法性は軽微と見たためか、その慰謝料は30万円と低額であった（請求額は500万円）。

【否定事例】

これに対して、これと逆の結論を採った裁判例もある。㊺東京地方裁判所平成25年3月15日がそれである。その事案は、ＡＹ間の「愛してる」、「大好き」等の親密な男女間でしかあり得ないような愛情表現を頻繁に交わしていることをもって、これがXとの関係で不法行為とならないかが争われたものであった。

裁判所は次のように述べ不法行為の成立を否定した。

> たしかに、性交又は性交類似行為には至らないが、婚姻を破綻に至らせる蓋然性のある他の異性との交流・接触も、当該異性の配偶者の損害賠償請求権を発生させる余地がないとはいえない。しかしながら、私的なメールのやり取りは、たとえ配偶者であっても、発受信者以外の者の目に触れることを通常想定しないものであり、配偶者との間で性的な内容を含む親密なメールのやり取りをしていたことそれ自体を理由とする相手方に対する損害賠償請求は、配偶者や相手方のプライバシーを暴くものであるというべきである。また、ＹがＡに送信したメールの内容に照らしても、Ｙが、ＸとＡとの婚姻生活を破綻に導くことを殊更意図していたとはいえない。したがって、Ｙの行為は、Ｘの損害賠償請求を正当化するような違法性を有するものではないとみることが相当であり、不法行為の成立を認めることはできない。

このように、ＡＹ間の親密なメールのやり取りがXとの関係で不法行為が成立するか否かという問題については、下級審において結論が分かれている。

筆者としては、不法行為と評価されるべき不貞行為の意義について「婚姻共同生活を侵害・破壊に導く可能性のある行為は加害行為になりうる」と解する以上、上記のメールのやり取りもこれに該当するといわざるを得ないのではないかと考える。ただし、慰謝料の額は低額に押さえるのが妥当であろう。

なお、これと似て非なる事例として、メールのやりとり自体ではなく、ＡＹ間でやりとりしたメールの内容からＡＹ間の不貞行為があったことが推認される場合がある。

例えば、362東京地方裁判所平成22年1月28日（「あの旅は本当にステキなものでした」とのメール）や429東京地方裁判所平成22年12月21日（ＹとＡ

は、インターネットのサイトを通じて知り合い、交際期間中にやりとりされた電子メールには、性的交渉の存在を前提とした内容が複数含まれている）などである。

5　手をつないで歩くことは不貞行為（不法行為）か

ＡとＹが手をつないで歩いていたという事実が不貞行為として不法行為となるかが争点になったこともある。

この点について、㉑⑥東京地方裁判所平成17年11月15日は、「狭い一室に男女が数日間にわたり同宿し、戸外に出た際には体を密着させて手をつないで歩いていたこと等からして、ＹとＡとの間には肉体関係があったと認めるのが相当」としてこれを肯定した。

これに対して、㉘⑧東京地方裁判所平成20年10月2日は、「Ｘは、関係者の目撃状況をいうが、仮に、関係者の目撃したＡと一緒にいた女性がすべてＹであり、Ｘの主張するようにＡがその女性と手をつないでいたとしても、そのことから当然に不貞関係の存在が推認されるものではない。」として否定した。

ただし、上記2つの裁判例は必ずしも矛盾するものではなく、問題は手をつなぐ行為そのものではなく、その状況等によって不貞行為があったと推認できる場合とできない場合があるということであろう。

6　面会行為が不貞行為（不法行為）となるか

さらに、ＡがＸに内緒でＹと会ったり、メールのやり取りをしていた行為を違法な交際だと主張して争った裁判もある（㉙④東京地方裁判所平成20年12月4日）。しかしながら、同裁判例は、「これらの行為が不法行為を構成するとはいえず、主張自体失当である。」としてＸの主張を排斥しており、これは当然の判断であると思われる。

なお、㉜⑧東京地方裁判所平成21年7月16日も、次のとおり不法行為の成立を否定した。

【事案】

Ｙ（アルバイトのホステス）は、Ａに妻がいることを知りつつ、同伴出勤やアフターを頻繁に行ったほか、勤務時間外にしばしば２人で会った。すなわち、週に３、４回は昼間に会って昼食を共にし、週に３回は夕食を共にしたほか、映画を一緒に鑑賞し、喫茶をするなどした。

【判旨】

これら各行為は「ＸとＡとの婚姻関係を破綻に至らせる蓋然性のある交流、接触であるとは認め難く、婚姻共同生活の平和を侵害する蓋然性があるとはいえないから、不法行為に当たらない。」

ただし、事案によっては、面会行為自体が不貞行為となる場合もある。⑳東京地方裁判所平成25年４月19日がそれであり、その事案は、かつてＡと不貞関係にあったＹが深夜の時間帯にＡと面会していたというものであった。裁判所は、「深夜の時間帯に○○等においてＡと面会していたＹの行為は、ＹがＡと再び不貞関係を再開したのではないかとの疑いを抱かせるのに十分な行為であり、ＸとＡの婚姻関係を破綻に至らせる蓋然性のある行為であると認められるから、かかるＹの行為は、Ｘに対する不法行為に該当するものと認めるのが相当」と判示した。

このように、単なる面会行為も状況によっては不法行為を構成することがありうるということである。

7　子を妊娠・出産することやその子の認知請求をすることは不貞行為（不法行為）か

Ｙ女がＡの子を妊娠したこと及びＹが出産した後Ａに対してその子の認知の請求を行うこと自体がＸとの関係で不法行為となるかが争われたこともある。

この点について、㉞大阪高等裁判所昭和44年６月24日は、次のように判示し、妊娠についての不法行為の成立を肯定したのに対し、認知請求についての不法行為の成立を否定した。

> Ａとの深い関係は、昭和35年１月９日に再会したときから始まり当初はＡがＹに妻子のあることを打明けなかつたが、その次頃からはこれを知つたのであり、当時既に年齢31歳を超えていたＡと肉体上の

交渉をもつには同人が既に妻子のある身かどうかをよく確かめ、いやしくも妻子ある男性と不倫な関係をもつたら、それが相手の家庭に及ぼす影響、特に妻に与える精神上の苦痛がどのようなものであるかはAと全く同年齢（Yの方が5日早い出生である）であり、当時公務員として○○局に勤め、社会的経験常識からいつて十分これを認識していたYが敢てかかる関係を深め、而もY自ら主張するように、ひとり子供の生涯に暗い悲痛な苦難を与えるに止まらず、Aの妻子に影響を及ぼさずには措かない非摘出子を分娩したことは、男性のAの不当なことはいうに及ばず、同人が妻たるXに対して負つている守操義務、健全な家庭生活の育成に努むべき義務の違反に加担した権利侵害であり、これがXに与えた精神上の苦痛に対しYが慰藉料を支払うべき義務のあることは当然といわねばならない。本訴におけるXの請求原因は、YがAと情交関係にあつたことと子を生んで認知を求めたことにあり、前者は問題ないが後者は、既に生れた子供が認知を求めるのは法律上当然であり、子供を生むことも人間の自由であるから、これが直ちにXに対する不法行為となるかどうか些か疑問の余地はある。女性が一旦懐妊すれば正当な事由なき以上堕胎することは法の許さざるところであるが、妊娠するかどうかは母親の責任において支配できるところであるから、これをもって不法行為の原因となすことは差し支えなきものと解する。

また、⑱東京地方裁判所昭和56年8月26日も、同様の立場をとった。

　Xは……子の懐妊、出産、認知請求が不法行為を構成すると主張する。なるほど、妻のある夫であることを知りながら、これと肉体関係を結ぶ者は、受胎調節が容易にできる現在においては、これによって非嫡の子を懐胎しないように、事前に避妊の措置を講じて受胎を回避すべき義務があり、これを講じないで懐胎するに至った場合には、不貞行為とは独立に、子の懐胎自体について不法行為責任が成立すると解すべきであるが、右義務に違反していったん子を懐胎してしまった以上、……一般に人工妊娠中絶をすることが禁じられているわが法制下において、子の出産自体をとらえて不法行為責任を負わすことはできず、また、認知制度が設けられている趣旨に照せば、いったん非嫡の子を生んでしまった以上、その認知を求めうるのはいわば子及びその親権者などの権利であるというべきであるから、認知請求それ自体をとらえて不法行為責任を負わすことはできないものと解すべきである。

要するに、これらの裁判例によれば、ＹがＡの子を懐胎した行為自体はＸとの関係で不法行為を構成するが、認知請求は不法行為とはならないというのである。

8　高等裁判所判例

これに対して、後者の裁判例の控訴審（⓵⓸⓵東京高等裁判所昭和 57 年 9 月 30 日）は、「Ｙとしても、妻のあるＡの子を懐胎、出産したことは、受胎調節が容易に可能な状況のもとにおいては、Ｘに対するＡの守操義務違反に加担する度合いが大きいといわざるをえないが、右はいずれもＹの不法行為責任の範囲、程度の大小にかかわる問題であって、別個独立の不法行為自体が生ずるものとみることはできない。そして、一たん非嫡の子が出生した以上、父に対して認知を求めることはその子の権利であるから、Ｙが子の親権者として同人を代理して、Ａに対して認知請求をした行為を違法な行為とみることもできない。」とし、懐胎・出産も独立した不法行為とならないとした。

したがって、上記⓵⓸⓵の高裁判例を前提にすると、認知請求はそもそも不貞行為に該当せず、子を懐胎する行為自体については、全体の不貞行為の一部を構成するものの独立した不法行為とは見ないということになる。

なお、懐胎行為を不貞行為の一部として理解するか、それともこれを独立した不貞行為とみるかという争いの実益は、後に触れる消滅時効の起算点をいつと解するべきかという点に関わってくるという点にある（懐胎行為自体を独立した不法行為と見ると、その行為のみが消滅時効にかからず不法行為責任が認められる可能性があるということである）。

以上のとおり、ある行為が加害行為（不貞行為）に該当するかどうかが争われる裁判例も少なからず存在するのである。

第２節　故意・過失

1　民法の過失責任の原則

民法709条によれば、不法行為が成立するためには加害者に故意・過失があることが必要である以上、不貞行為が不法行為を構成するためには、Yに故意又は過失があることが当然必要となる。そして一般的に、故意とは、「自己の行為により一定の結果が発生すべきことを認識しながら、その結果発生を認容して、その行為をあえてするという心理状態」であり、過失とは、「自己の行為により一定の結果が発生すべきことを認識すべきであるのに、不注意のためその結果の発生を認識しないでその行為をするという心理状態」であると説かれる（注釈民法（19）21頁）。これによると、故意と過失は段階的に理解され、故意よりも過失の方がその要件を充足することが容易となる。しかも、不法行為が成立するためには、故意か過失のいずれかがあれば足りることから、民法上は「過失責任の原則」が採用されることになる。

2　刑法の故意犯処罰の原則

これに対して、刑法の犯罪論においては、刑法第38条1項が「罪を犯す意思がない行為は、罰しない。ただし、法律に特別の規定がある場合は、この限りでない」と定め、いわゆる故意犯処罰の原則を採用している。したがって、窃盗罪（刑法235条）や器物損壊罪（刑法261条）などの犯罪類型は行為者に故意がなければ当該犯罪は不成立である。そして、一旦犯罪が成立すれば、その効果として国家の刑罰権が発動され、その結果被告人の身体の自由などの人権が著しく制約されることになるため、刑法においては、故意の有無・内容等に関する議論は極めて重要なのである[44]。

そして、民法においても、理論的には刑法の議論のように故意に関する同

44　このように、刑法においては、行為者の故意の有無がまさに犯罪成否の分水嶺となることが多いため、この故意論に関しては実に多様な論点があり、それぞれに関して極めて精緻な議論が展開される。たとえば、違法性の意識は故意の要件なのかという争いとか、故意は認識なのかそれとも認容なのかとか、違法性阻却事由に関する錯誤は故意を阻却するのかそれとも責任を阻却するのか、などといった類である。

様の論点が存在するはずであるが、過失責任の原則がとられる民法においては、行為者に故意がなかったとしても過失さえあれば不法行為自体は成立することになるため（故意か過失かという問題は、損害賠償の額の算定において考慮すれば足りるとも言える）、民法の各体系書や基本書を見ても、各論点についてそれほど深い議論がなされているわけではない。

3　故意・過失の対象

さて、不貞行為における不法行為の成否を考えるにあたって加害者（Ｙ）の故意・過失の対象は何であろうか。

この点については、端的に不貞行為時においてＡに配偶者がいることであり、かつそれで足りるとする見解がある。そして、この見解に従って処理している裁判例は多い（❸❺❺東京地方裁判所平成21年12月25日、㊸東京地方裁判所平成24年12月19日、㉑東京地方裁判所平成25年7月10日等）。

これに対して、不貞行為時においてＡに配偶者がいることだけでは足りず、ＸＡ間の婚姻関係が破綻していないことであるとする見解もある。すなわち、この見解によれば、ＹがＡに配偶者がいることを知っていたとしても、ＸＡ間の婚姻関係が破綻していたと思っていた場合は故意がないということになる。これに従ったと思われる裁判例としては、❷❺⓿東京地方裁判所平成19年4月24日や❷❾❷東京地方裁判所平成20年10月28日等があり、前者は「Ｙの責任を認めるためには、Ａと交際することが、いまだ破綻していない婚姻関係を破綻させるものであることを認識し、又はこれを認識しなかったことに過失があることを要する」とし、後者は「Ｙにおいては、ＸとＡとの婚姻関係が破綻していないことを半ば知りながらも、Ａとの情交におぼれたという事実が窺われるのであって、Ｙの故意又は過失が推定される」としている。

いずれの見解が理論的に正しいかはにわかには決しがたいと思うが、❶❻❽平成8年3月26日最高裁判例が示した判断枠組（ＡＹ間の不貞行為時にＸＡ間の婚姻関係が破綻していたときは不法行為は成立しない）を前提にすると、後者の見解も十分成り立つのではないかと考えられる。

すなわち、この最高裁の考え方に従うと、ＡＹの不貞行為はＸとの関係で原則として不法行為となるが、例外的に不貞行為の時点でＸＡ間の婚姻関係が破綻していたときは不法行為とならないことになる。そしてこの後段の「ＸＡ間の婚姻関係が破綻していたときは不法行為とならない」ということの具体的意味が刑法上のいわゆる違法性阻却事由と同じだとすると、違法性阻却事由が存在しないことの認識、すなわち、「ＸＡ間の婚姻関係が破綻していないこと」を故意の認識対象とすることは可能と思われるからである[45]。

4 「ＸＡ間はうまくいっていないと思っていた」とのＹの主張の当否

次に、この故意・過失の有無がどのような事例・局面で問題になるかという点について具体的に見ていくことにする。

(1) 総説

この種の訴訟において、Ｘから訴えられ被告となったＹからよく出てくる主張（弁解）としては、「不貞行為開始時においてＡから『Ｘとはうまくいっていない』という話を聞かされこれを信じていたのだから自分には故意がなく（過失もない）不法行為は成立しない」というものがある。いわば「恋」はあっても「故意」はないという類の主張である。

(2) Ｙの主張を排斥した裁判例

しかしながら、裁判所はこのようなＹの主張（弁解）をほとんど認めないと言ってよい。

たとえば、❸⓪⑧大阪家庭裁判所平成21年3月27日は、「Ｘと同じ職場でホ

45　この点に関連して、④⑤⑥東京地方裁判所平成23年4月7日は、「ところで、婚姻中の夫婦の一方が第三者と性的関係を持った場合に、その行為の違法性が阻却されるのは、婚姻関係が既に完全に破綻し、その修復の見込みがない場合に限定され、また、有責配偶者が一方的に婚姻関係を維持する意思を喪失したとしても、このことを理由に上記行為の違法性が阻却されることはないものと解するのが相当である」と述べ、「不貞行為開始時にＸＡ間の婚姻関係が破綻していたこと」が違法性阻却事由であることを明言している。⑨⑥東京高等裁判所昭和48年3月9日、⑨⑦横浜地方裁判所昭和48年6月29日、①①⑦東京高等裁判所昭和52年8月25日、①②⑧名古屋地方裁判所昭和54年3月20日の各判決も同趣旨であると思われる。他方、「不貞行為開始時にＸＡ間の婚姻関係が破綻していた場合」には、不貞行為自体の違法性は認められても損害が発生していないので不法行為は成立しないと考えることも可能であろう。⑧⑧山形地方裁判所昭和45年1月29日はこのような処理をしていると思われる。また、田中豊・最判解民（平成8年度）249頁は「不法行為責任阻却」と説明しているが、不法行為の成立要件のうち何を阻却するかはあえて明確にしていないと思われる。

ステテスとして勤務していたＹが、ＡとＸとの婚姻の事実を当時知らなかったとはにわかに信用し難いところであるが、仮にそれが事実であったとしても、平成15年ころには婚姻の事実を知るに至ったというのであるから、その後も夫婦関係が破綻しているとのＡの説明を鵜呑みにして漫然と不貞関係を継続したことは、Ｘに対し不法行為となるというべきである」としている。

㊳①東京地方裁判所平成22年4月15日は、「ＸとＡとの婚姻関係が継続され、これが破綻していたとは認められないその以前の状況下においては、Ａに妻（Ｘ）があることを知りながら関係を結び、これを継続したＹには、妻との婚姻関係が破綻したとの説明をＡから受け、Ａがゴルフに頻繁に参加するなどしていたにしても、過失があったというべきことになる」と判示している。

❹❸❹東京地方裁判所平成22年12月24日も、「Ｙが、Ａが婚姻していたことを認識しつつ、Ａの説明を鵜呑みにして、その婚姻関係についての事実関係を確認していなかったことに照らすと、Ｙが本件不貞行為について、少なくとも過失があったことは明らかというべきである」と判示している。

また、「ＡとＸが離婚した」とのうわさ話をＹが信じＡが離婚したと思っていたとの主張を排斥した裁判例もある。❹⓪❼東京地方裁判所平成22年9月9日は、かかる事例において、ＹがＡ自身に離婚の有無を直接確認していないことをもって過失責任を免れることはできないとした。

さらに、㊼東京地方裁判所平成25年9月27日は「Ａが、Ｘと『別れる』、『必ず離婚する』と言明したので、Ｙは、ＡとＸとの夫婦関係は完全に破綻しており、離婚してもおかしくない状態に至っていると信じて疑わなかったと主張するが、Ｙの主張する状況において、ＹがＹの主張のとおり認識していたことを前提にしても、Ｙとしては、Ａの言葉から、ＸとＡは別れておらず、離婚もしていないと認識していたものであり、ＸとＡとの婚姻関係が破綻していたと認識していたとまではいえず、そのおそれがあるという程度の認識で、破綻していることを希望していたにすぎないというべきであるから、Ｙは、Ｘに対して、不貞行為による不法行為責任を負うというべきである」と判示した。

⑩①東京地方裁判所平成25年12月17日も、「Ｙは、Ａから、長期間にわ

たってＸとの不和が続いていた旨を聞かされたこと、Ａが心筋梗塞を患ったことから、Ａに対して同情の念を抱いた旨主張し、その旨の供述をする。しかしながら、婚姻関係にある一方当事者が、異性に対して自らの家庭が不和であることを告げたとしても、そのことが真実であるとは限らないのであり、Ｙが、そのようなＡの言い分を無批判に受け入れたということもにわかに信用できない。Ｙの供述する上記事情ないし経緯は、Ｘに対する損害賠償の算定に当たって考慮する一事情にとどまるというべきである」と述べ、やはりＹの責任を肯定している。

㊺東京地方裁判所平成25年1月28日は、「Ｙは、Ａから、Ｘとは別居中であると聞いていたものの、ＸはＡとの離婚には応じず、たびたびＡ宅に来て泊まることがあり、その間、子らの面倒を見ていることも、Ａから聞いていたというのである。そして、その内容は、非監護者と未成年子との面会交流にとどまらず、夫婦が共同して未成年子の養育監護を行っている事実があることを疑わせるものというべきであるから、仮に、Ｙが、本件不貞行為の当時、ＸとＡとの婚姻関係が既に破綻しているものと信じていたとしても、そう信じることについての相当の理由があったとは認めるに足りず、したがって、Ｙに過失がなかったとは認められないというべきである」と判示し、ここでもＹの責任が認められている。

⑶　まとめ

以上のとおり、ＹがＡの話を信用したことから直ちに、Ｙの過失責任が否定されるわけではない。ただし、⑩東京地方裁判所平成25年12月17日が言うように、そのような事情は慰謝料算定の際の減額事由として考慮されるということになろう。

⑯東京地方裁判所平成26年3月17日も「Ｙは、Ａから、Ｘが金銭トラブルを抱えており、少なからぬ額の借金があることなどから夫婦仲は不和となっている旨告げられたり、平成20年8月ないし同年10月頃にはＸとは離婚して、Ｙと結婚したいなどとも言われていたことがうかがわれ、ＹはＡの言を受けて、Ｘ・Ａ夫婦の関係が必ずしも円満でないとの認識を有していたものと認められる」と述べ、この事情を慰謝料減額の事由として考慮していることが窺われる。

5　Ｙが不貞行為の途中からＡが既婚者であることを知った場合

⑴　総説

次に、ＹはＡとの不貞行為開始時において当初は確かにＸＡ間の婚姻関係を知らなかったが、Ａとの不貞関係を継続していく過程でその事実を知るということがある。

⑵　不貞行為を続ける場合

この場合において、Ｙがその事実を知った後もＡとの不貞関係を続ければ、その続けた行為について不法行為が成立することになる。

㊽東京地方裁判所平成24年12月27日の事案がまさにそれであり、「Ｙは、法テラス等で調べるなどしているが、違法性がないか確認している時点で、法的な問題が存する可能性があるとの認識を抱いていたというべきであるし、ウェブサイト等で情報を集めたとはいえ、婚姻関係にある一方配偶者と交際した場合において、具体的な事実関係の検討を経ずに不貞行為に該当せず違法性がないと判断することは困難であって、結局のところ、Ｙにおいて違法でないと軽信したにすぎず、免責されるものではない。したがって、平成24年6月22日（ＹがＸＡ間の婚姻関係を知った日）以降に交際を続けた点において不貞行為があると認められ、不法行為が成立する」と判示した。

⑶　不貞行為を止めた場合

逆に、Ａが既婚者であることをＹが知った時点でＡとの関係を絶ってしまえば不法行為は成立しない。

㊾東京地方裁判所平成22年9月24日はこのような事案であり、「Ｘから、内縁関係の侵害により損害賠償請求する旨の内容証明郵便が届くなどしたことから、その後は、ＹはＡと男女として交際することをやめたことが認められ、これを覆すに足りる証拠はない。そうすると、Ｙは、ＸとＡの内縁関係の侵害について、故意や過失があるとまでは認められず、結局Ｙは、不法行為に基づく損害賠償責任を負わない」と判示し、Ｙの責任を認めなかった。

⑷　まとめ

これらの事例を踏まえてＸの側から考察すると、ＸがＡＹ間の不貞関係を知った場合に、Ｘとしてまずなすべきことは、Ｙに対してＡとの不貞関係をやめるべく通知することであろう。すなわち、Ｘがその旨の通知を行うことにより、少なくともそれ以降はＹに故意があると主張しやすくなるし、Ｙがその通知書の受領後もＡとの関係を続けるのであれば、その事実自体が少なくとも不法行為を構成すると主張することが可能となるからである。

6　ＸＡ間が内縁関係の場合

⑴　内縁の意義

また、ＸＡ間が婚姻関係ではなく内縁関係である場合には、一般的にはＹの故意・過失の成立が認められにくいと言えるだろう。すなわち、婚姻関係の場合には戸籍にその旨記載がありそれにより婚姻関係の有無は明らかとなるが、内縁関係の場合にはそのような公的かつ明確な証明手段がないからである[46]。

⑵　裁判例について

たとえば、⓳東京地方裁判所平成15年8月27日は、ＸＡ間が内縁関係の事案において、次のように判示しＹに不法行為は成立しないとした。「Ｙは、ＡがＸと同居していること、ましてや内縁関係にあることは知らず、ただ単に交際している女性がいるという認識しかなかったこと、しかも、Ａから、交際している女性とは別れたと告げられたことから、Ａと性交渉を持ったものと認められ、これを覆すに足りる証拠はない。……そうすると、ＹがＡと性交渉を持ったことにつき、故意又は過失があったとはいえないから、ＸのＹに対する不法行為に基づく損害賠償請求は認められないというべきである。」

また、㉘東京地方裁判所平成24年6月22日も、「Ｙは、Ｘについて、Ａと長年同居していることは知っていたものの、Ａからの説明等から、Ａとは

---

[46] ここで内縁とは、社会一般においては夫婦としての実質がありながら、婚姻の届出を欠いているために法律上の夫婦と認められない関係のことを言い、事実婚と言われることもある。したがって、いわゆる愛人関係は内縁とは言わない。そうすると、ある男女が内縁関係にあるか否かをどのような基準によって判断するのかということが問題となるが、たとえば、①結婚式を行っているか、長期間同居しているか（一般的には3年以上の同居）、②近所から夫婦と思われていたか、法事など相互の親族の行事へ出席していたか、③住民票において未届の妻（夫）として登録されているか、④各種契約書の記載がどうなっているか（例えば、賃貸マンションに同居している場合で、賃貸借契約書や公営住宅の申込書等に内縁の妻などと記載してある場合）などの事情を総合的に考慮して決することになる。

単なる同居人以上の関係ではないとの認識を有していたことが認められるところであるから、Ｙについては、実際にはＸと内縁関係にあったＡとの間で上記交際を行ったことについて、故意があったものと認めることはできず、また、その際にＸとＡとが長年同居していることを知っていたとしても、……そのことをもって直ちに過失があったものと認めることもできないというべきである」と判示し、Ｙの不法行為責任を否定した。

7　Ｙの故意・過失を否定した裁判例

このように、ＸＡの関係が婚姻関係の場合に、Ａと不貞関係を持ったＹに故意・過失がないからＹに不法行為は成立しないという事例は少ないが、たとえば、ＡがＹに終始独身と偽っていたという事例において、Ｙの故意・過失を否定した裁判例もある（㊽東京地方裁判所平成25年7月10日）。そして、この裁判例では、Ａが「婚姻届を提出することは可能だが反対する親族が納得するまで待ってほしい。」と言った（弁解した）ことを重視して、ＹがＡを独身と信じたことはやむを得ないと判示し、Ｙの故意・過失を否定した。

また、❹❻❷東京地方裁判所平成23年4月26日は、ＹがＡとお見合いパーティーで知り合ったという事案において、Ｘの請求を棄却した。

> 本件で認定した事実経過（とりわけ、Ｙは、通常は独身者が参加すると考えられているお見合いパーティーでＡと知り合ったこと、Ａは、Ｙとの交際期間中、Ｙに対し、氏名、年齢、住所及び学歴等を偽り、一貫して独身であるかのように装っていたこと等）に照らすと、通常人の認識力、判断力をもってしてはＡが婚姻していることを認識することは困難であったというべきであり、Ｙが、Ａの実母に会って同人からＡが既婚者であることを聞かされるまでの間、Ａが独身であると信じて交際を続けていたことについて、過失があると評価することはできない。以上のとおり、ＹがＡと交際し性交渉を持ったこと等がＸに対する不法行為を構成するということはできない。

その他、❸⓪❸東京地方裁判所平成21年3月12日（Ｙは…Ａが父親の自宅を出て、父親の用意した別の家にＸと同居しているという認識を有していた事実は認められるが、当初別の家に住んでいたという認識は、ＡとＸが夫婦ではないとの認識を強く持たせるに十分なもの等）や、㉞東京地方裁判所平成24年8月29日（Aが、ホステスとして深夜まで勤務し、Yと深夜電話で会話するなどし、Yに対して、前夫と離婚して現在は独身であるなどと述べていたこと、YがAの自宅を訪れたことはなかったことなどからすると、YがAと交際していた当時同人に夫がいないと信じたことに過失があったとはいえないものというべきであるとする）、㊺東京地方裁判所平成24年12月25日（YがAから別れ話をされた際に見合いをするつもりであると聞かされた等）もYの故意・過失を否定している。

これらの裁判例の共通点は、いずれもYの故意の対象をAが婚姻していることと捉えており、XA間の婚姻関係が破綻していないこととは捉えていないという点が特徴的であるが、これはそもそもAがYに対して「婚姻していない」と信じさせている以上、当然であろう。

8　故意がある場合と過失がある場合の違い

なお、Yに故意がある場合と故意はないが過失がある場合とでは、いずれもYに不法行為が成立することに違いはないが、その効果としての賠償すべき慰謝料額には差が生じる。

このことに関連して、❸❾❾東京地方裁判所平成22年8月25日は、Yに「故意があったわけではない」ことを慰謝料の減額事由として考慮していると評価できる。❷❺❷東京地方裁判所平成19年4月24日も、「Yには、Aに配偶者がいることについての認識はなく、YがAと交際するようになったのは、Aが『バツイチ』であると自己紹介したため、Aが独身であると信じた結果である」として、これを慰謝料の減額事由として考慮している。

第3節　結果・損害・因果関係

1　不貞慰謝料請求訴訟における「結果」の意義

(1)　総説

違法な行為によって、常に損害が生じるとは限らない。不法行為が成立するには、損害が発生することが必要であり、かつその発生した損害と加害行

図16　ＡＹの不貞関係開始前後のＸＡの婚姻関係の状態

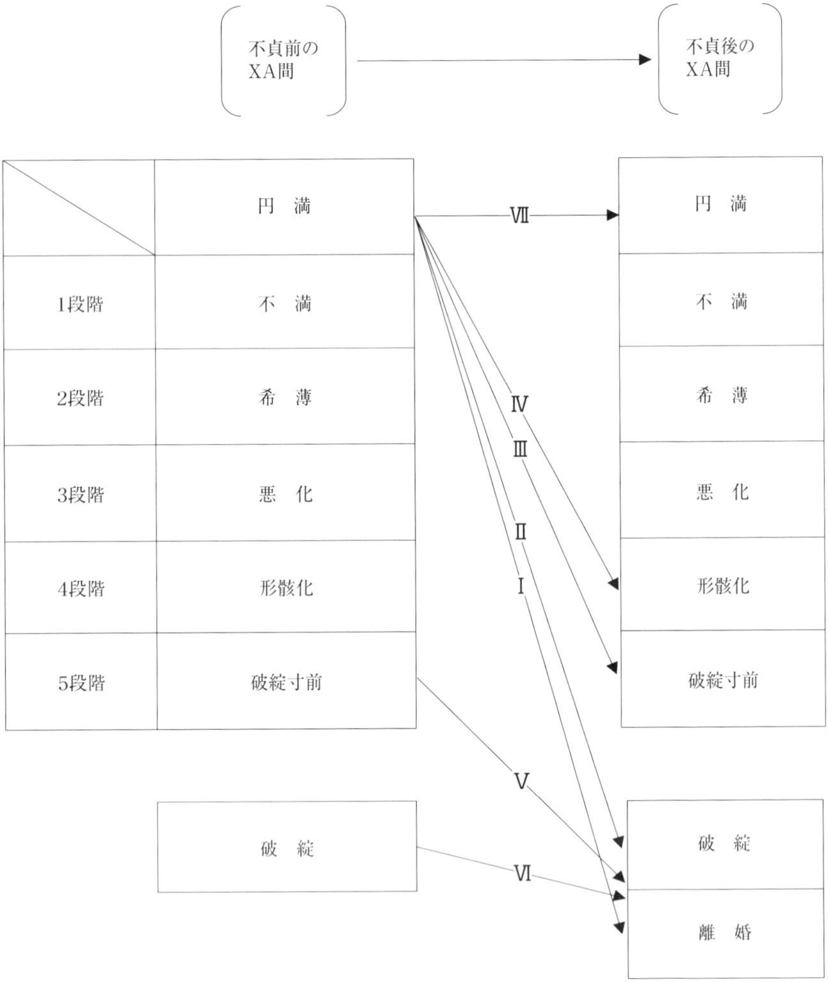

為との間に（相当）因果関係が認められなければならないのであり、このことは不貞行為に基づく損害賠償請求においても同様である。

前述したとおり、ＸＡ間の婚姻共同生活を侵害・破壊に導く可能性のある行為を加害行為と理解するとすると、その結果としての損害は主に婚姻共同生活が侵害・破壊されたことによるXの精神的苦痛ということになる。

この図16はあくまでも理解の便宜上、筆者の主観に基づいて作成したものであるが、ＡＹの不貞行為開始前後のＸＡの婚姻関係の状態を模式図的に示したものである[47]。

⑵ 各類型の説明

【Ｉについて】

この図において最も理解しやすいのはＩの類型であり、これは不貞慰謝料請求訴訟の典型的な事例である。すなわち、ＡＹ間の不貞行為開始前は円満な夫婦関係であったのが、ＡＹ間の不貞行為後にXAが離婚に至ったということになれば、Xはその不貞行為の前後のＸＡ間夫婦の状態の落差に対応する精神的苦痛を被りその慰謝料を請求することができるということになる[48]。

【Ⅱ、Ⅲ、Ⅳについて】

Ⅱ、Ⅲ及びⅣは、Ｉと異なり、ＡＹ間の不貞によりＸＡが離婚するまでには至っていないものの破綻・破綻寸前・形骸化という状態になったという事案である。これについても当然不法行為が成立するが、Ｉの場合と比べて落差がそれぞれ小さいので慰謝料の額も低くなると考えられよう。このことから分かるように、XのYに対する慰謝料請求が認められるための必要条件は、「ＡＹ間の不貞行為開始時にＸＡ間の婚姻関係が破綻していないこと」であ

47　ＸＡ間の婚姻状態の程度を良好な順から「円満」→「不満」→「希薄」→「悪化」→「形骸化」→「破綻寸前」→「破綻」→「離婚」に並べてみた。いずれの表現も下級審の裁判例に出てくる語句から引用したものであるが、この順番に並べることが正確なのかどうかは分からない。いずれにせよ、ここで言いたいことは、「円満な夫婦関係」と「破綻した夫婦関係」との間にはいくつかの段階があるということであり、各段階のネーミングの当否はともかくとしてこれは感覚として理解して頂けると思う。

48　ただし、その場合でも、因果関係が否定されて不法行為が成立しないこともあり得る。たとえば、ＸＡの離婚の原因がＡＹの不貞行為ではなくXやAの暴力によるものであった場合等である。そして、㉙⑨東京地方裁判所平成21年1月16日はまさにそのような事案であった。

るが、逆に、「ＡＹ間の不貞行為開始後にＸＡ間の婚姻関係が破綻したこと」は必要条件ではない。

要するに、理論的には、ＸＡ間の婚姻関係の状態が不貞行為開始前よりも不貞行為開始後の方が悪くなっていれば、原則としてＸのＹに対する慰謝料請求は認められることになる。

この点に関して㊳㊳東京地方裁判所平成22年6月10日も一般論として次のように述べており、妥当であると思われる。「第三者が配偶者の一方と不貞行為を行った場合には、その結果として婚姻関係が破綻しなかったとしても、他方配偶者の夫又は妻としての権利は侵害されたとみるべきであるから、他方配偶者は第三者に対して慰謝料を請求し得るものと解するのが相当である（婚姻関係が破綻しなかったという事情は、慰謝料額の算定に当たって考慮すべき事情であるにとどまる）。」

結局、ここでの「結果」というのは、ＡＹ間の不貞行為によってＸＡ間の婚姻関係に何らかの悪影響を与えることであると理解すべきということになる（片山英一郎「婚姻関係が既に破綻している夫婦の一方と肉体関係を持った第三者の他方配偶者に対する不法行為責任の有無」・『現代判例民法学の理論と展望：森泉章先生古稀祝賀論集』665頁参照）。

㉜⓪東京地方裁判所平成21年6月4日も、「約2か月余りにわたって狭い部屋にＡを受け入れて同居生活を継続したＹの行為は、修復可能性の残されていた夫婦関係をさらに悪化させ、ＸとＡを離婚に至らせる重大な契機となったものと認められるから、Ｘの婚姻生活の平和維持という法的利益を侵害した違法なものであって、継続した同居関係が全体として違法な行為として評価されるべきである。」と判示しており、上記見解と同様であると言えよう。

【Ⅴについて】

Ⅴは、ＡＹ間の不貞行為開始前においてＸＡの婚姻関係が破綻寸前であったのが、ＡＹ間の不貞行為後に破綻ないし離婚に至ったという事案である。

これも前記⑯⑧平成8年3月26日が示した考え方に従う限り、ＸＡ間の婚姻関係の状態が「破綻寸前」とはいえ、少なくとも「破綻」はしていなかったのであるから不法行為が成立することになる。ただし、その場合の慰謝料の額は低く抑えられることになろう（㉕②東京地方裁判所平成19年4月24日も同様である。そして、この裁判例では、請求額1000万円に対し、200万円を認容している。）。

また、「破綻寸前」と「破綻」との違いは極めて微妙であり、これらをどのように区別・判断するのかという点も非常に重大な問題であるが、この点については、上記の事例も含めて後に慰謝料の算定の項目において裁判例と共に具体的に説明することにする。

【Ⅵについて】

Ⅵは、ＡＹ間の不貞行為が始まった時点ですでにＸＡ間の婚姻関係が破綻していたのであるから、Ｘには原則として保護されるべき法益がなく不法行為は成立しないという結論になる。

【Ⅶについて】

Ⅶは、ＡＹ間の不貞行為の前後においてＸＡの婚姻関係が終始円満であったという事例である。極めて少ない事例かもしれないが、あり得ないとも言えない。そしてこの場合には婚姻共同生活が侵害・破壊されていない以上、不法行為は成立しないと解すべきである（㉔東京地方裁判所平成24年5月8日は、不法行為の成立を否定した。）。

2　各損害項目

このように、ＡＹ間の不貞行為の前後におけるＸＡの婚姻関係の状態がどうであったかということによって、不法行為自体の成否及び成立するとした場合の慰謝料の額が変わってくるということになるが、その慰謝料額の問題に入る前にそれ以外の損害項目等について解説しておく。

⑴　弁護士費用

まず、弁護士費用については古くは請求すること自体を行っていなかったようであるが、昭和40年頃から慰謝料とは別に請求するようになったようである（❽❶横浜地方裁判所川崎支部昭和43年7月22日等）。

そしてその額も認容額の約1割ということで定着しているようであるが、これは実際の訴訟代理人と依頼者との間で交わしている委任契約に基づく着手金・報酬金に比べると低額であることが多い。

なお、認容判決であるにもかかわらず、弁護士費用の請求を相当でないとして認めなかった裁判例もある（㉗①岡山地方裁判所倉敷支部平成19年9月7日）が、その事案の詳細・理由は明らかではない。

⑵　調査費用

⒤　総説

不貞慰謝料請求事件においては、XがAY間の不貞行為の事実を突き止めるため、興信所等の調査会社を使ってその報告書等を証拠として裁判所に提出することがある。この場合、Xとしては、当然それに掛かった費用もAY間の不貞行為と因果関係のある損害であるとして、X自身が被った精神的苦痛に伴う慰謝料とは別に請求することになるが、この調査費用についての裁判所の処理の仕方は事案等によってもさまざまである。

(ii)　肯定した裁判例

まず、⑳⑥東京地方裁判所平成16年8月31日は、「この調査費用は、それ自体は本件不貞行為と相当因果関係がある損害と評価することはできないが、Xがそのような出費をしたことは、慰謝料算定の一事由として斟酌すべきである」としている。

㉙⑥東京地方裁判所平成20年12月26日は「Xが自らの判断により、多額の調査費用を支出した場合、そのすべてが直ちにYの不法行為に起因するXの損害となるというのは不合理というべきであって、通常必要とされる調査費用の限度でYの不法行為と相当因果関係のある損害となると認めるのが相当である」としている。

㉑⑨岡山地方裁判所倉敷支部平成17年12月13日や㉚⑥東京地方裁判所平成21年3月25日も同様に相当因果関係があると認められる限度で調査費用を損害と評価している。

㊴⑧東京地方裁判所平成22年7月28日は、「Xが○○に支払った16万9290円の調査費用について検討するに、この調査がなければYによる不貞行為を立証することは事実上不可能であったと認められるし、その額も相当であるから、相当因果関係を認めるのが相当である」とした。

(iii)　否定した裁判例

これに対して、369東京地方裁判所平成22年2月23日は「Yは、当初から、本件調査の範囲外の時期における不貞行為の事実を認めており、本件調査が本件訴訟の立証に寄与した程度は低いものといわざるを得ないことを考慮すれば、Xが負担した上記調査費用（100万円）は、Yの不法行為と相当因果関係のある損害として認めることはできない」とした。431東京地方裁判所平成22年12月21日もこれと同趣旨であり、「Xは、Aによる男性との密会の様子についてのＳＮＳの書き込みの存在を認識していたというのであるから、Xが○○にAの行動の調査を依頼せざるを得なかったということはできず、その調査の必要性・相当性を認めることはできない。」と判示した。

282岡山地方裁判所平成19年10月5日も「本件での興信所の調査費用は、必ずしも支出せざるを得なかった費用とはいえず、本件不法行為と相当因果関係にあるとはいえない」とした。346東京地方裁判所平成21年11月26日も「Xは、Aの行動調査を依頼した調査会社へ支払った費用も損害であるとの主張をするが、かかる調査費用は不貞と相当因果関係にある通常損害とまでは認めがたい」とした。

(iv)　一部肯定した裁判例

また、⑰東京地方裁判所平成23年12月28日は、Xが調査費用として調査会社に対して157万5000円を支払ったという事案において、その一部を損害として認めた。

> 「Xがその立証のために探偵業者に調査を依頼することは、必要かつ相当な行為であったと認められ、本件訴訟においても、上記調査報告書は、Yが自白に転じなければ……不貞行為を立証する上で最も重要な証拠であったといえるほか、同不貞行為が行われた各日におけるAの手帳中の『Y』との記載と相まって他の不貞行為においても一応有益であったといえる。したがって、Xが支出した上記調査料金のうち100万円を、上記不法行為と相当因果関係のある損害と認めるのが相当である。

㉟東京地方裁判所平成25年5月30日も、Xが調査費用として調査会社に対して支払った207万9000円をYに対して請求した事案につき、「上記調査内容は、YやAを尾行することによりAの行動を調査し、書面（写真を

含む）により、Ｘに報告するというものであり、それほど専門性の高い調査とまではいえないことに鑑みると、上記調査費用のうち、10万円について、Ｙの不法行為と相当因果関係のある損害と認めるのが相当である」と判示した。

(v)　**まとめ**

このように、調査費用については、不貞行為の立証に必要であったか否か等によりその請求の可否が決まり（必要性）、仮に請求ができるとしても、それは相当な額に制限されるということであろう（相当性）。

(3)　休業損害等

(i)　**問題の所在**

ＡＹ間の不貞行為によりＸが精神的苦痛を受け、その慰謝料を請求できることは当然としても、それ以外にたとえば、その精神的ショックが原因でそれまで勤めていた会社を休まなくてはならなくなった（休業損害）とか、退職せざるを得なくなった（退職を余儀なくされたことの慰謝料）とか、病院に通院しなければならなくなった（治療費ないしは通院慰謝料）などといった事態に陥ったとＸが主張することもある。かかる場合に、それらを損害として賠償を求めることができるのであろうか。

これについても、先に調査費用の項目で述べたことと基本的に同じことが当てはまり、その必要性と相当性の有無が重要であり、相当か否かは社会通念によって判断されることになる。

ただ、一般論としては、裁判所はこれらを独立の項目として損害と認定することには消極的なようである。

(ii)　**休業損害を否定した裁判例**

まず、休業損害を否定した例としては、次の367東京地方裁判所平成22年2月3日がある。

> Ｘが不眠症に陥って心療内科を受診した事実や……うつ病を発症した事実を認めるに足りる証拠が見当たらないことに加え、平成18年9月15日から同年11月5日までの32日間にわたって仕事を休んだのが休職扱いにならなかったという事情等にかんがみると、Ｘの主張は、証拠関係上、直ちにこれを採用することができない。

⓵⓪東京地方裁判所平成22年9月28日も同様に否定している。

Xは、本件不貞行為があったことを知った後、顧客に生じたシステム障害に対応できず、代金の一部を払ってもらえなかったこと、別の顧客に対して期限までに成果物の検収を受けられず、ソフトウェア開発請負契約を合意解除するに至ったことが認められる。しかし、これらの業務上の損失が本件不貞行為によりXに生じた精神的苦痛に起因するものであるか否かは、およそ証拠により認定、判断し得る事項ではなく、また、不貞行為によりこのような業務上の損失が生じることを具体的に予見し得るとは認め難いから、本件不貞行為とX主張の経済的損失との間に相当因果関係があるとは認められない。

⑧東京地方裁判所平成23年6月16日も同様に否定している。

Xは、Yの不法行為により、仕事を辞めるなどの経済的損害を被った旨を主張する。なるほど、Xは、Aの不貞行為が発覚した後、平成20年10月17日には『うつ病』との診断を受け、平成21年9月9日には上記病名により自宅療養が必要と診断され、同年9月30日には休職していること、前年に比較して平成21年度の収入は約1300万円程度減少したことは認められる。しかしながら、その間、Aが長男を連れて別居し、Xは、AからＤＶ関係の申立てや婚姻費用分担を求める審判の申立てを受け、それらへの対応を余儀なくされ、さらに長男と会えなくなったことがXの症状を悪化させているものと考えられるところ（診断書には「平成21年10月頃より息子さんと会えなくなったことによりうつ状態が増悪」との記載がある）、それらは、Yの不法行為に基づくものではなく、妻であるAとの間の紛争に基づくものというべきであって、Yの不法行為との間に相当因果関係を認めることはできない。よって、経済的損害について、Xの主張は認められない。

(iii) 休業損害を肯定した裁判例

逆に、休業損害を認めた裁判例として、㊹大阪地方裁判所昭和39年6月29日があり、「Xは昭和37年6月13日から18日まで6日間欠勤しており、本件事実関係によれば、右欠勤はYのA同伴外泊による善後策等のためと考えることができるから、これにより失った利益もまたYの不法行為に起因する損害とすべき」と判示した。

(4)　退職・転職を余儀なくされたこと

退職を余儀なくされたことについての慰謝料に関しても、㉑東京地方裁判所平成20年10月8日は「Xは、退職に関する慰謝料を求めるが、離婚慰謝料とは別に考慮する精神的苦痛として相当因果関係があるものとは認められない。」として否定した。

Xが転職せざるを得なくなったことによる不利益も損害だとして争った事案において、㊳東京地方裁判所平成22年7月28日は、以下のように判示して因果関係を否定した。

> Xは、YとAの不貞行為によって、長女の面倒をみるため転職せざるをえなかった不利益も損害であると主張するが、Xがそれまで勤務していた株式会社○○を辞めたのは、平成20年5月9日であり、その当時、YとAが既に不貞行為をしていたと認めるに足りる十分な証拠がない上、Aが家に帰らなかった同年4月26日からみても、その間に連休があることも考慮すれば、あまりにも短期間に転職を決意したことになり、不自然であって、相当因果関係を認めることはできない。

また、㉕東京地方裁判所平成19年5月10日は、XがAと別居した後の家賃、退職によって失った収入相当額を慰謝料とは別に損害として請求した事案であるが、裁判所は「この点はAとの間の婚姻費用の分担ないし離婚給付（財産分与、養育費等）の問題として解決されるべきものである」と判示して、いずれの請求も認めなかった。

(5)　治療費等

Xの治療費については、㊵東京地方裁判所平成22年7月14日は「Xの主張する治療関係費については、Xのうつ病の罹患がYの不法行為によるものなのかAの自殺自体によるものか判然としないことから、独立の損害として認めるのではなくその支出を慰謝料の一事由として斟酌するのが相当というべきである」とした。

逆に、治療費等の賠償を認めた裁判例としては、㉙東京地方裁判所平成20年10月3日があり、次のように判示した。

> Xは、Aの書き込んだブログをインターネット閲覧履歴から偶然発見

し、Aを詰問したところ、AがYとの不貞関係を認めるに至ったこと、Xは、これによりショックを受け、家事ができなくなり、不眠症に陥り、自傷行為をするようになり、見かねたAに連れられて心療内科○○クリニックを訪れ約1年間○○クリニックに通院を継続し、『解離性障害を合併するうつ状態』との診断を受け、さらに××病院を受診したこと、Xが上記通院の際に治療費等として合計4万3920円、処方された薬代等として合計5万6830円、通院のためのバス代として合計1万2180円（1往復当たり420円×29回）をそれぞれ支出したことが認められ、上記合計11万2930円は、本件不法行為と因果関係のあるXの損害と認めるのが相当である。

これらの裁判例を見る限り、不貞慰謝料請求訴訟において、Xが休業損害や治療費等を独立の損害項目として請求することは一般的には困難ではあるものの、因果関係等をXにおいて立証することができれば請求できることになる。

3　子の慰謝料請求

この問題を考えるについては、次頁に再掲した当事者の基本的関係図を参照していただきたい。この基本図において、筆者は問題となる局面をⅠ～Ⅶに分類したが、ここではⅡの類型について解説する。

(1)　昭和54年最高裁判例以前の裁判例について

子（X_2）の不貞相手（Y）に対する不貞慰謝料請求の可否については、前記❶❷❾❶❸⓿最高裁判所昭和54年3月30日が出される前には、これを肯定する裁判例と否定する裁判例とがあった。

(i)　肯定した裁判例

肯定する裁判例は、❽❷東京地方裁判所昭和44年2月3日があり、「近代的家族関係は、一夫一婦制を根底とし、通常、夫婦とその未成年の子によって形成される親族共同生活から醸成される、各構成員の精神的平和・幸福感その他相互間の愛情利益というべきものは、その共同生活が客観的・社会性に定着されたものである限り、それ自体独立して、法の保護に値する人格的

図2 当事者の基本的関係図（再掲）

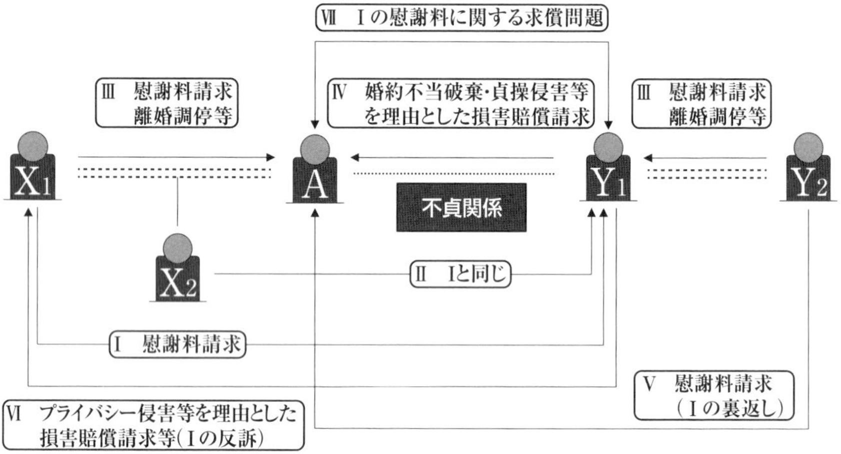

利益である（から：筆者注）……夫を親族共同生活から離脱させ」た者は、妻に対してはもちろん、子に対しても不法行為責任を負うとした。

❾❾広島地方裁判所昭和48年9月21日も、母と不倫な関係を継続して夫婦を離婚に導いた男性に対する未成熟子の慰謝料請求について「X_2らは、Yの行為によってAから母としての愛情を受けることができず父母との共同生活において得られる精神的平和を乱され、その人格的利益を侵害されたものということができる。」と判示して認容した。❶⓪❷東京地方裁判所昭和49年6月28日も、X_2らは、YがAと同棲した当時、いずれも未成年者であってAとX_1の共同親権に服しているものであり、父AをYに奪われて以来、父との親子共同生活が破壊され、父に対する身上監護を求める権利の一部すなわち父との共同生活により有形無形に享有することのできる愛情的利益が侵害されたとして、同様の結論を採用した。❶❷❷大阪高等裁判所昭和53年8月8日は、第三者が妻と不倫な関係を結んで当該平和な家庭を破壊したときは、「夫の守操請求権、未成熟子の身上監護請求権の侵害を理由とするだけでなく」、夫または未成熟子の「他の家族と共に平穏に幸福な家庭生活を営むべき法の保護に値する利益」に対する侵害として、不法行為の成立を認めた。

もし被害が不貞行為だけならば、「宥恕」や「時の経過」によって他方配偶者の受けた苦痛は軽減されるのが通常であるから、大人は立ち直ることができよう。しかし子どもの場合は、「未成年の子の人格形成」にかかわることであって、子どものあづかり知らない大人の世界の事情や、第三者の介入によって、両親との愛情ある生活が断ち切られることは、子の将来にかかわる大事件であり、被害はむしろ大きいのであるから、上記裁判例の採った結論には説得力がある（以上につき、島津一郎「不貞行為と損害賠償——配偶者の場合と子の場合」判タ385号121頁参照）。

(ii) **否定した裁判例**

これに対して、否定する裁判例としては、㊽東京地方裁判所昭和37年3月1日があり、次のように述べる。

> 第三者が未成年の子をもつ夫婦の一方と情交関係を結び又はこれと同棲し、その結果その夫婦の一方が未成年の子を夫婦の他方の監護教育に委ね自らはこれをつくさなくなった場合、右第三者は、右未成年の子の当該親から監護教育を受ける権利を違法に侵害したというべきか否かといえば、未成年の子とその親との関係は、たんに前者が後者に対し扶養、身上監護を要求する権利を有するにすぎず、又後者が前者に対し右義務を尽くすか否かは専らその意思のみに依存し、たとえ後者が第三者と前記のような肉体関係を結んだからといって、そのことにより後者に対する右身上監護義務を履行しえなくなるというものではないから、右問題は、通常は消極に解すべく、ただ第三者が当初から未成年の子に対し、苦痛又は損害を加える意図の下に行動したとか、積極的に誘惑的な挙措を用いて親の無知又は意志薄弱などに乗じて親と未成年の子との間の親子的共同生活を破壊したといいうるような特別の場合にのみ、未成年の子に対する不法行為が成立するものと解する。

また、⑩東京高等裁判所昭和50年12月22日は、「ＹがＡに同棲を求めたものではなく、Ｙに直接の責任があるということも、同棲をもってＹに違法があるとすることもできないし、これは、一にＡの不徳に帰することであって、Ｙに直接責任があるとすることはできず、したがって不法行為とならなない」とした。

⓰大阪地方裁判所昭和52年6月6日も、妻を「奪った」男性の行為は、夫との関係で不法行為になるが、未成熟子との関係では「その母との同棲行為たるに止まるから、特別の事情がない限り不法行為を構成するものとは解し難く、特別の事情として認めるべきもののない本件においては、X_2らの請求は……理由がない。」とした（以上につき、沢井裕・家族法判例百選〔第3版〕52～53頁、判タ383号54頁参照）。さらに、⓳大阪高等裁判所昭和53年8月30日も、「A（父）が自らの意思で家庭を去り他の女性と同棲するようになったため、X_2らはAの愛情、協力を身近に受けることができず、その結果平和感、幸福感を損なわれたとしても、これら愛情協力を受ける利益をもって法律上保護されるべき利益とまではいうことができない。」と判示して、X_2らの請求を棄却した。

(2)　昭和54年最高裁判例の見解

以上のとおり、下級審レベルにおいては、この問題についての結論が分かれていたが、最高裁判所は、YのX_1に対する不法行為の成立は認めたものの、YのX_2に対する不法行為は成立しないとの結論を採用した。念のため、その判旨を再掲しておく[49]。

> 妻及び未成年の子のある男性と肉体関係を持つた女性が妻子のもとを去つた右男性と同棲するに至つた結果、その子が日常生活において父親から愛情を注がれ、その監護、教育を受けることができなくなつたとしても、その女性が害意をもつて父親の子に対する監護等を積極的に阻止するなど特段の事情のない限り、右女性の行為は未成年の子に対して不法行為を構成するものではないと解するのが相当である。けだし、父親がその未成年の子に対し愛情を注ぎ、監護、教育を行うことは、他の女性と同棲するかどうかにかかわりなく、父親自らの意思によつて行うことができるのであるから、他の女性との同棲の結果、未成年の子が事実上父親の愛情、監護、教育を受けることができず、そのため不利益を被

49　なおこの最高裁判決の解説については、榎本恭博・最判解民（昭和54年度）167頁以下が参考になる。

つたとしても、そのことと右女性の行為との間には相当因果関係がないものといわなければならないからである。

要するに、最高裁判所は、ＡＹ間の不貞行為（加害行為）とX_2が事実上Ａからの愛情、監護、教育を受けることができなくなることとの間にＡ（親）の自由意思が介在することを重視し、両者の間に相当因果関係がないことを理由にして、X_2のＹに対する慰謝料請求を否定した。

これがこの最高裁判所の多数意見であったが、これに対して補足意見と反対意見が付されているので、これも紹介しておきたい。

(3) 大塚裁判官の補足意見

まず、大塚喜一郎裁判官の補足意見は次のとおりであった。

妻及び未成年の子のある男性と肉体関係を持つた女性が妻子のもとを去つた右男性と同棲するようになれば、右未成年の子が事実上父親の監護等を受けられなくなり、そのため不利益を被る場合があることは、否めないことである。この場合に、問題は、右の事実上の不利益を法的に評価して原因行為と相当因果関係にあるものであるとしうるかどうかである。

本林裁判官は、右の不利益は本件のような場合には、女性の同棲行為によつて通常生ずるのであるから、相当因果関係があるとされるのである。なるほど、不法行為における行為とその結果との間に相当因果関係があるかどうかの判断は、そのような行為があれば、通常はそのような損害が生ずるであろうと認められるかどうかの基準によつてされるべきであり、私は、一般論として同裁判官と意見を異にするものではないけれども、本件のような場合においては、家に残した子に対し、監護等を行うことは、その境遇いかんにかかわらず、まさに父親自らの意思によつて決められるのであるから、相当因果関係の有無の判断に当たつては、この父親の意思決定が重要な意義を持つものと考えるべきである。

そして、右父親の意思決定のいかんによつて未成年の子が監護等を受けられるか、又は受けられないかの結果が生ずるものであるところ、多数意見摘示にかかわる原審の確定した事実関係のもとにおいては、相手方の女性の同棲行為によつて未成年の子が不利益を受けることが通常であるとはいゝ難く、右不利益は、あくまでも事実上もたらされたものにしかすぎず、それを法的に評価して原因行為と相当因果関係にある結果であるということはできない。なお、本件のような事案において、子が父親に対しては損害賠償の請求を行わず、その同棲の相手方となつた女性に対してだけ損害賠償の請求をする事例が一般的であるところ、その請求者の態度は心情的に理解できないわけではないが、この一般的事実及びその背景にある法解釈論は、本件相当因果関係の判断に関する考慮要素とすることができる。

さらに、本林裁判官は、子が被る不利益が法の保護に価する法益であるといわれるので、この点について附言すると、右判示は、つまり不法行為における加害者の行為の違法性の問題を指摘したものと解されるところ、違法性の有無の判断に当たつても、子が父親に対しては損害賠償の請求をしないという前記一般的事実及びその法解釈論は、十分に考慮されるべきであると考える。」

(4)　本林裁判官の反対意見

これに対して、本林讓裁判官の反対意見は次のとおりであった。

私は、多数意見とは異なり、Ｙの行為とX_2らが被つた不利益との間には、相当因果関係があるとすべきものと考える。すなわち、多数意見は、Ｙが、X_2らのもとを去つたその父親のＡと同棲するに至つた結果、X_2らが父親から愛情を注がれ、監護、教育を受けることができなくなつて不利益を被つたとしても、Ｙの右行為とX_2らが被つた不利益との間には相当因果関係はないとし、その理由として、Ａは、他の女性との同棲の有無にかかわりなく、X_2らに対して自らの意思によつて監護等を行うことができるのであるから、それを行うかどうかは、Ｙとの同棲とは、関係がないというのである。

なる程、父親が未成年の子に対して行う監護及び教育は、父子が日常起居を共にしなければできないものではなく、他の女性と同棲していたとしても、父親が強靱な意思をもつて行えば行えなくはないものであろう。しかし、私は、未成年の子を持つ男性と肉体関係を持ち、その者の子供を出産し、妻子のもとを去つた右男性と同棲するに至つた女性がたとえ、自らその同棲を望んだものでもなく、同棲後も、男性が妻子のもとに戻ることに敢えて反対しないのであつても、同棲の結果、男性がその未成年の子に対して全く、監護、教育を行わなくなつたのであれば、それによつて被る子の不利益は、その女性の男性との同棲という行為によつて生じたものというべきであり、その間には相当因果関係があるとするのが相当であると考えるのである。けだし、不法行為における行為とその結果との間に相当因果関係があるかどうかの判断は、そのような行為があれば、通常はそのような結果が生ずるであろうと認められるかどうかの基準によつてされるべきところ、妻子のもとを去つて他の女性と同棲した男性が後に残して来た未成年の子に対して事実上監護及び教育を行うことをしなくなり、そのため子が不利益を被ることは、通常のことであると考えられ、したがつて、その女性が同棲を拒まない限り、その同棲行為と子の被る右不利益との間には相当因果関係があるというべきだからである。

更に、日常の父子の共同生活の上で子が父親から日々、享受することのできる愛情は、父親が他の女性と同棲すれば、必ず奪われることになることはいうまでもないのであり、右女性の同棲行為と子が父親の愛情を享受することができなくなつたことによつて被る不利益との間には、相当因果関係があるということができるのである。したがつて、私は、本件において、Ｙの同棲行為とX_2らが日常生活上、父親からの愛情を享受することができなくなり、監護、教育を受けられなくなつたことによつて被つた不利益との間には、相当因果関係があるものと考えるのであり、この点において多数意見に同調することができないものである。

このように、Ｙの行為とX_2らが被つた不利益との間に相当因果関係が認められるとすれば、次に検討されなければならないのは、Ｙの行為によつてX_2らが被つた不利益は、はたして不法行為法によつて保護されるべき法益となり得るかの問題である（この問題については、多数意見は、論理的帰結として当然ながら論及していないのである）。民法820条は、親権を行う者は、子の監護及び教育をする権利を有し、義務を負うと規定する。右監護及び教育の義務が国家、社会に対する義務なのか、子に対する私法上の義務なのか、又はその両方の性質を有するものかは、にわかに決し難いものがあるが、いずれにしても、少なくとも親が故意又は過失によつて右義務を懈怠し、その結果、子が不利益を被つたとすれば、親は、子に対して不法行為上の損害賠償義務を負うものというべきであるから、右不利益は、不法行為法によつて保護されるべき法益となり得ると考えられるのである。また、未成年の子が両親とともに共同生活をおくることによつて享受することのできる父親からの愛情、父子の共同生活が生み出すところの家庭的生活利益等は、未成年の子の人格形成に強く影響を与えずにはいられないものであり、かつ、人間性の本質に深くかかわり合うものであることを考えると、法律は、それらへの侵害に対しては厚い保護の手を差し延べなければならない、換言すれば、右利益等は、十分に法律の保護に価する法益であるというべきである。

　このように考えると、ある女性が未成年の子を家に残して来た男性と同棲することによつて、右子が父親からの愛情、監護、教育を享受し得なくなるような結果が生じた場合には、右女性は、故意又は過失がある限り、未成年の子に対し、不法行為責任を負うものといわざるを得ないわけである。そうすると、原審が本件事実関係の下においては、Yは、X_2らに対し、不法行為責任を負わないとしたのは、法令の解釈適用を誤つたものであり、その誤りは、判決に影響を及ぼすことが明らかである。論旨は、この点において理由があり、原判決中X_2らに関する部分も、破棄を免れず、更に、審理を尽くさせるため右部分についても本件を原審に差し戻すのが相当であると考える。

なお、島津一郎も、上記多数意見の考え方（とりわけ、「父親の自らの意思」という箇所）に対しては批判的であり次のように述べている（「不貞行為と損害賠償――配偶者の場合と子の場合」判タ385号120頁）」）。

　（多数意見のいう）『未成年の子に対し愛情を注ぎ、監護、教育を行うことは、女性と同棲するかどうかにかかわりなく父親の意思によって行うことができる』とは一体どういうことをいうのであろうか。監護とは、寒い日は重ね着をさせ、弁当をつくってやり、叱り、ほめてやる日常のケアーのことである。父あるいは母のいずれか一方が子と別居した場合、その者が毎日子どものところへ帰ってくることでもしないかぎり、離れた同棲先からでは、どう考えても監護を行うことはできない。例えば『大阪ケース』の場合、外国と日本との間を往ったり来たりして毎日監護を行うことは不可能である。

(5) 多数意見と反対意見との相違点

結局、最高裁判所の多数意見と反対意見を述べる本林裁判官との結論の違いは、ＡＹ間の不貞行為（加害行為）とX_2が事実上Ａからの愛情、監護、教育を受けることができなくなることとの間の相当因果関係の有無ということにある。すなわち、多数意見（補足意見）はその相当因果関係が「ない」と考え、本林裁判官はその相当因果関係が「ある」と考えているのである[50]。

(6) 相当因果関係説の問題点

このような結論の違いが生じることからも分かるように、伝統的な通説である相当因果関係説は、最終的な結論を導くのに最も重要な「相当か否か」を判断する際に、最高裁判所の裁判官でさえ結論が分かれてしまうという欠点がある。それほどまでにこの相当因果関係説は、具体的事件においてそれをどのように適用して結論を下すのかが困難な説なのである。

本件に即して言えば、多数意見は、Ａ（親）の自由意思が介在していることを重視して、ＹのＡとの不貞行為（加害行為）とX_2が事実上Ａからの愛情、監護、教育を受けることができなくなることとの間に相当因果関係がないというのであるが、そのようなＡの自由意思の介在はX_2のみならずX_1との関係でも全く同じと見なければ不合理であるとも言える。

すなわち、X_1からＹに対する慰謝料請求の可否の局面においても、実際にはＡの自由意思が介在しており、その意思によって不法行為の成否は左右されるのだから、Ｙには因果関係はないと考えなければ辻褄が合わないとも言えるのである。例えば、ＡがＹと不倫関係に陥ったとしても、ＡがＸのことを顧みなくなるか否かは、本人（Ａ）の自由意思としか言いようがないのではないか。逆に、ＹのＸに対する責任を肯定することは、Ａのかかる

50　ここが法律の難しいところで、ここでの「ある」か「ない」かの問題は自然科学的な問題ではない以上、実験して確認したり、目で見て確認できるような性質のものではなく、「あると評価すべきなのか」それとも「ないと評価すべきなのか」という規範的な問題なのである。

自由意思を否定し、ひいてはその人格自体をも否定することにつながるとの指摘がある。多くの学説が不貞慰謝料請求について否定的な立場を取る理由はこのようなことも考慮しているからなのであろう[51]。

また、このような「自由意思の介在」は、たとえば、犯罪論における教唆犯（ＡがＢに対して窃盗や殺人などを教唆しＢがそれを実行に移した場合、発生した結果に対して正犯者Ｂのみならず教唆者Ａにも刑法第61条により共犯者として犯罪が成立する。）におけるＡの教唆行為と犯罪結果との間には常に正犯者Ｂの自由意思が介在していることは明らかであるにもかかわらず、理論的には容易にその相当因果関係が認められている。したがって、民事上の相当因果関係の有無の判断の際に、「自由意思の介在」を因果関係の中断事由と解することについては疑問である。このように相当因果関係説は、その適用の仕方が曖昧であり、論者によっても結論が異なることがある。皮肉を込めて言えば、相当因果関係説は「相当いい加減な説」とも言いうるのである[52]。

(7)　子の慰謝料請求を否定することの当否

先にこの最高裁判所の判決が出た日（昭和54年3月30日）の同日付各新聞社の夕刊の見出しを紹介したが、最高裁判所がX_1のＹに対する請求のみを認めX_2らのＹに対する請求を認めないという結論を採ったことに対して各紙とも批判的であったことが分かる。

前述したとおり、一般論として、Ａの不貞行為によって、子（X_2）が受ける損害は夫または妻（X_1）が受ける損害よりも大きいと言える以上、上記最高裁判所の下した結論は子に酷であるとともにバランスが悪いように思えるからであろう。すなわち、X_1のＹに対する慰謝料請求を認めるのであれば、X_2らのＹに対する請求はなおさら認められて然るべきではないかと考えるのが素直であると言えるし、その結論は一般の法感情にも合致するのではないか（中川淳・判タ383号10頁）。

また、中川善之助博士は、上記㉟東京地方裁判所昭和37年7月17日が

51　以上につき、二宮周平「不貞行為の相手方の不法行為責任」・山田卓生古稀記念『損害賠償法の軌跡と展望』169頁以下参照。

52　この相当因果関係説に対する批判については、平井宜雄『債権各論Ⅱ』109頁以下等が参考になる。

図17 各説の整理

	X_1のYに対する慰謝料請求	X_2のYに対する慰謝料請求	備考
Ⅰ説	○	○	配偶者及び子の相姦者に対する慰謝料請求を肯定する点で一貫している。
Ⅱ説	○	×	判例の立場である。AY間の不貞行為との因果関係をX_1についてのみ認め、X_2については否定することが一貫しているのかとの疑問がある。
Ⅲ説	×	○	親よりも子の方が被害が大きいとみるのであろう。
Ⅳ説	×	×	論理的に一貫している。この種の問題はXA夫婦間において解決すべきということであろう。

(注) ここでの「○」や「×」はあくまでも原則であり、常に「認める」「認めない」という意味ではない。

X_2のYに対する慰謝料請求を原則として否定したことに対して次のように述べる(判例評論52号・判時312号1頁)。

> 判決は、他処で女と同棲していても、子の身上監護はできるといっているが、私にはその意味が飲みこめない。身上監護というのは、何も生活費を送るだけのことではなかろう。むしろそれは愛護とでもいうべき性質をもっているものと思う。もっとも、家を棄てず、妻子ともども一緒に暮らしていても、子を愛護しない親もあるにはある。しかしかかる親の行為は、本質的には、やはり不法行為である。……第三者が親のかかる不法行為的措置を誘発したとしたら、その第三者は一種の共同不法行為者として、子に対して責任をとらなければならないのではなかろうか。その誘発は、中傷欺罔などによることもあろうし、また性的関係を伴って、親の夫婦関係を破壊すると同時に、子に有形無形の損害を被らせる場合もある。……私は子に慰藉料を拒んだ判決の論理が承服できない。

逆に、X_1のYに対する慰謝料請求を原則として認めないとの立場(学説における多数説)からすると、その理由の内容にもよるが、X_2らのYに対する請求は、これを肯定する説と否定する説とに分かれる（沢井裕は前掲P92において前者の見解を採り、島津一郎・判タ385号124頁は後者の見解を採る）。

いずれにせよ、この昭和54年の最高裁判所判例が出されたことにより、子（X_2）らのYに対する慰謝料請求は否定されることになった。

⑻　その後の裁判例

ところが、その後に出された⓯京都地方裁判所昭和62年9月30日判決は、「Yは、Aと情交関係をもちこれを継続したことによって、故意にAがXに対して負う貞操義務の違反に加担したものというべきであり、XはYの右行為により多大の精神的苦痛を受けたことが認められるから、YはXに対し、右精神的苦痛に対する慰藉料を支払うべき義務がある。……X_2らはAから父としての愛情、監護を受けられず、父母との共同生活によって得られる精神的平和を害され、その人格的利益を侵害されたものということができ、これによりX_2らは精神的苦痛を受けたことが推認される。したがって、YはX_2らに対し、不法行為に基づき相当の慰藉料を支払うべき義務がある」と判示し、結論としてX_2らのYに対する慰藉料請求を認めた。なお、AがYと同棲した当時すくなくとも成人に達していた2子については、「右女性と父が同棲を始めた当時既に成年またはほぼ成年に近い年齢に達していた子については、未成年の子の場合と異なり、その親との共同生活によって得られる精神的平和、幸福感その他の愛情利益をもって法の保護に値する人格的利益とまではいまだ認められないから、慰謝料請求権は認められない」とした。しかしながら、これは上記昭和54年の最高裁判所の立場と相容れないものであるから妥当ではないだろう。

これに対して、㉖東京地方裁判所平成24年6月12日は、X_2のYに対する慰謝料請求について、上記昭和54年の最高裁判所が示した規範をそのまま適用してX_2の請求を棄却するとともに、併せて「上記最高裁判所判決と結論を異にする下級審裁判例が存在するとしても、上記最高裁判所判決の先例としての拘束力が失われるものではない」と判示した。

㉟⑹東京地方裁判所平成22年1月14日や、⑪⑫東京地方裁判所平成26年5月19日も同様に相当因果関係がないとの理由で子の請求を認めていない。

以上のとおり、この昭和54年最高裁判所判例の先例としての拘束力は現在でも失われておらず、ＡＹ間の不貞行為についてX_2がＹに対して不貞慰謝料請求訴訟を提起してもそれは棄却されてしまうことになる。そうすると、この結論は一見すると、当時の新聞記事の見出し（特に毎日新聞夕刊の「子供に冷たく」との見出し）のように、裁判所は子に対して冷たい結論を採っているかのような印象を受けるが、実はそうとも言い切れない。

以下ではこのことについて考えてみたい。

(9) ＸＡ間の子の存在と慰謝料の額との関係

後に詳しく述べるとおり、慰謝料の算定は当該事件における諸般の事情を考慮して決することになるが、その中には慰謝料を増額する事由もあれば減額する事由もある。そして、この種の裁判例を見ていると、その諸般の事情の中で、ＸＡ間に未成熟の子がいるか否かということをＸのＹに対する具体的な慰謝料の算定の事情として考慮している裁判例が実に多いということに気づく。

(i) 未成熟の子の存在を慰謝料の増額事由とする裁判例

たとえば、❷❻❼東京地方裁判所平成19年8月24日、❷❾⓿東京地方裁判所平成20年10月3日及び❹❶❹東京地方裁判所平成22年10月7日は、「（ＸＡ間に）幼い子ども（未成熟子）が２人いること」を慰謝料を増額する事情の一つとしていることが分かる。

そして、❶❾❹東京地方裁判所平成15年9月8日は「ＸとＡとの間にも長女が誕生していて、夫及び父親としてのＡの存在を必要としているのに、Ｙがこれを妨害している」、❸⓿❷東京地方裁判所平成21年3月11日は「養育すべき長女の存在」と言い、❸❽❹東京地方裁判所平成22年4月27日も「（ＸとＡの）長女が本件離婚当時２歳と幼少であること」を挙げている。

また、❸❷❹東京地方裁判所平成21年6月22日は、「ＸがＡとの間で６歳と１歳の二人の子供をもうけていたことに鑑みると、突然に離婚を求められる事態になったことによりＸの受けた精神的苦痛は相当に大きいというべきである」と述べているし、❹⓿❺東京地方裁判所平成22年9月8日も「Ｘと子供ら（いずれも未成年）は、ＹとＡの不貞及びその後の別居状態が原因で、精神的に傷ついている」旨指摘し、⑩③岐阜地方裁判所平成26年1月20日も、

「ＸはＡ（妻）を失うとともに、同人との間にできた未成年の２人の子とともに家庭生活を営むことができなくなった。これにより、Ｘの受けた精神的苦痛は大きい。」と判示した。これらの裁判例は上記の事情を慰謝料の増額事由として考慮していることが窺われるのである。さらに、直近の裁判例においても、たとえば⑫③東京地方裁判所平成26年9月30日は、「ＸとＡとの間には未成年の長男及び長女がいること」を指摘し、これを慰謝料の増額事由としている。

(ii)　**未成熟の子ないし子がいないことを慰謝料の減額事由とする裁判例**

また、ＸＡ間に子がいないことを慰謝料の減額事由の一つとしている裁判例もあり、これらも上記(i)の一連の裁判例と同趣旨であると言える。例えば、㉖②東京地方裁判所平成19年7月26日は、「ＸとＡとの間には未成熟の子供がいない」、㉚⑨東京地方裁判所平成21年3月27日は「ＸとＡとの間に子がなかったこと」、㊱⑦東京地方裁判所平成22年2月3日も「ＸとＡとの間には子がいないこと」をそれぞれ摘示しており、これらを慰謝料の減額事由として考慮していることが窺われるのである。

さらには、㉜③東京地方裁判所平成21年6月17日は「ＸとＡとの間には、２人の子（長男と二男）がいるが、いずれも既に成人して独立していること」を慰謝料の減額事由として考慮していることが分かる。

これらの裁判例から容易に理解できるように、その事案の内容にもよるが、多くの裁判例はＸＡ間に未成年の子がいるか否かという事情を考慮に入れつつ、ＸがＹに対して有する慰謝料の額を算定しているのである。もちろん、その各事情に対応する金額が具体的にいくらなのかということまでは明示していないが、それは諸般の事情を総合的に考慮している以上やむを得ないというべきであろう。

⑽　まとめ

以上によると、⑫⑨⑬⓪昭和54年3月30日の最高裁判決は、X_2のＹに対する慰謝料請求を原則として否定するという結論を採ったが、実際にはその後のX_1のＹに対する慰謝料請求訴訟において、多くの裁判例は、X_2らの存在をも考慮することによってX_1の慰謝料の額を巧みに調節していると理解するのが正しいのではなかろうか。

このような観点から改めて当時の新聞記事を見てみると、図6の毎日新聞夕刊が「子供に冷たく」という見出しを付けたのはいささか表面的というべきであり、それ以降現在までのこの種の裁判例を見てみると、「意外と冷たくない裁判例もある」と見るのが正しいと思う。

したがって、X_1の側から依頼を受けた弁護士としては、X_1とAとの間に未成年の子（X_2ら）がいる場合、X_2を原告として立てて訴訟を起こすのは無謀であり、あくまでもX_1を原告としてYを訴え、X_2の存在は慰謝料の増額のための算定事情として考慮すべきことを強く主張するのが得策ということになろう。

第７章

請求原因に対する被告の抗弁

第１節　ＡＹ間の不貞行為時にはＸＡ間の婚姻関係が既に破綻していたとの主張（抗弁）

1　問題の所在

前述したとおり、この主張がＸからの慰謝料請求に対するＹ側の抗弁になることが最高裁判所ではっきりと認められたのは、⑯⑧最高裁判所第三小法廷平成８年３月26日が出されてからであるが、それ以前は、例えば⑨⑥東京高等裁判所昭和48年３月９日が「妻としての法律上の地位は、その性質上放棄に親しまないものであり、離婚その他の事由によって婚姻が解消したときはじめて失われることとなるのであって、たとい、……夫婦関係がすでに事実上ほとんど破綻していたとしても、ＸはＡに対して夫としての貞操を守り、妻…と同居すべきことを求め得る地位にあったものといわなければならない」と述べていたように、これをＹの正当な主張として認めていない裁判例もあった。

さて、Ｙ側の「ＡＹ間の不貞行為開始時においてＸＡの婚姻関係は既に破綻していたとの主張」が抗弁になるとしても、それはあくまでも理論的な問題にすぎず、現実の不貞慰謝料請求訴訟において問題となるのは、当該夫婦（ＸＡ）間の婚姻関係が破綻しているか否かの認定をいかにして行うのかということであり、ここが当事者の主張が大きく食い違う点でもある。そして、実はこの点が非常に難しく、また各裁判例を検討しても必ずしも統一的な基準を見いだすことは困難なのである[53]。

53　本書81頁において、内縁関係は婚姻関係に比べて公的かつ明確な証明手段がないと説明

2　別居の事実と婚姻関係破綻との関係

(i)　別居開始の事実を婚姻関係破綻の根拠とする裁判例

XAの婚姻関係が破綻しているかどうかの判断要素としてまず思いつく典型的な事情は「別居」であり、例えば、⑩東京地方裁判所平成23年6月30日は、「AとXの別居生活は、5年余りの長期に及んでおり、既にその婚姻関係は破綻していたと認めることができる」としている。

また、㉟東京地方裁判所平成24年9月10日も、「Xが、平成22年10月4日に自宅マンションに戻った際に、Yが自宅マンションに宿泊してAと不貞行為を行ったと思い込んで激怒し、Aに対して自宅マンションから出て行くよう申し渡し、以後、XとAは別居状態となって現在に至っていること、XがAを自宅マンションから出て行かせた直後の同月中旬には、Xは、Aに対して協議離婚届用紙に署名捺印するよう求め、Aもこれに応じていることを総合勘案すると、XとAが別居することとなった同月4日の時点において、XとAとの婚姻関係は、破綻するに至ったと認めるのが相当である」と判示している。また、㊶東京地方裁判所平成24年11月30日も「Xによれば、平成7年から8年には、AはXと別居を開始していることが認められ、Yは、別居開始の時期を平成19年1月頃とも主張していることからすると、XとAとの婚姻関係が破綻した後の不貞行為であり……損害賠償請求の基礎とはならない」と判示しており、別居開始の事実をもって婚姻関係破綻の根拠としているように読める。

(ii)　最高裁判所平成8年3月26日

これに対して、⑯⑧最高裁判所平成8年3月26日もXAが別居していた事案であるが、同判決は、婚姻関係の破綻の要件として必ずしも別居を要求しているわけではない。田中豊・最高裁判例解説民事編（平成8年度）249頁も「別居等の外形的事実は『破綻』を根拠付ける具体的事実の一部を成すものとして考えれば足りよう。現代の婚姻共同生活の態様の多様性を反映して、婚姻関係の破綻の態様又は破綻に至る経緯も多様であるばかりか、『家庭内

したが、婚姻関係の破綻もまた公的な証明手段がないという意味においてはそれと類似していると言える。

別居』という言葉が生まれているように、別居という概念の外縁（ママ）自体も不明確になりつつある。いわゆる別居にいたっていなくても、破綻を肯定すべき事案は存する」という。

逆に別居していても破綻には至っていないと認定される事例もある。たとえば、㉙東京地方裁判所平成20年12月26日は、「Ｘはいわゆる里帰り出産をしたものと認められ、Ｘが実家での滞在を始めた時点でＡとの婚姻関係が破綻していなかったことは明らかである」としているし、㉜東京地方裁判所平成21年６月４日は「ＸとＡとの間の夫婦生活にやや円滑さを欠くことがあったことは否めないが、両者間で真剣に離婚に向けた話合いが行われた事実はなく、ＸとＡとが別居するに至ったのも、Ｘ及びＡの両家の協議の上、両名に冷却期間を置いた方がよいとの判断からであって、離婚を前提にしたものではなかったものと認められ……いまだＸとＡとの間の婚姻関係が破綻していたものと認めることはできない」とした[54]。

このように、別居という外形的事実だけで婚姻関係が破綻したという判断はなされておらず、少なくともその別居に合理的な理由があれば婚姻関係が破綻したとは言えないことになる。

(iii)　別居という外形的事実の有無と破綻の認定

他方、㉗東京地方裁判所平成19年９月13日は、別居以前に「Ｘは、Ａとの間でいさかいを生じると、自宅内で包丁を持ち出すこともあった」という事実があったことなどを認定し、別居する前の時点で婚姻関係が破綻していたことを認定している。

また、㊷東京地方裁判所平成25年３月27日も、ＸＡが別居していない事案であるが、Ａが離婚の意思を表明した時点で婚姻関係が破綻したことを認めている。他方、ＸがＡから鍵を取り上げた時点で破綻を認めた裁判例（㉝東京地方裁判所平成21年９月25日）もあり、次のように述べる。

> 平成15年９月にＸがＡから鍵を取り上げて以降は、ＡはＸの意に反して自宅に帰ることはできなくなったのであって、……その時点では、

54　⑯東京高等裁判所平成７年１月30日は「別居後約２週間」では、未だ貞操義務が消滅していると解することはできないとした。⑨東京地方裁判所平成23年６月28日も、冷却のための別居について婚姻関係の破綻を認めていない。

AがXと生活を共にする意思を失い、Yとともに生活する意思であったこと明らかといわざるを得ないし、今後、AがXのもとに帰ることは、あり得ないと判断せざるを得ない。そうすると、平成15年9月の時点ではXとAの夫婦関係が破たんした。

この裁判例は、別居の徴表としての鍵の取り上げをもって婚姻関係の破綻を認定しているとも評価できる。

このように、ここでも別居という外形的事実の有無のみによって婚姻関係の破綻についての結論を導くことはできないことが分かる[55]。

以上を踏まえて、婚姻関係の破綻の有無が問題となった下級審判例をいくつか紹介する。

3　婚姻関係破綻の有無に関する一般論

(1)　総説

まず、婚姻関係破綻の有無の判断基準に関する一般論を展開した裁判例としては、⓲⓪東京地方裁判所平成14年7月19日があり、「そもそも、婚姻は、男女の性的結合を含む全人格的な人間としての結合関係であり、その結合の内容、態様は多種多様にわたるものであって、性交渉の不存在の事実のみで当然に婚姻関係が破綻するというものではなく、破綻の有無を認定するにあたっては、夫婦間の関係を全体として客観的に評価する必要がある」と述べた。

❹⓪⓻東京地方裁判所平成22年9月9日は「婚姻関係が破綻しているというのは、民法770条1項5号の『婚姻を継続しがたい重大な事情がある』と評価できるほどに、婚姻関係が完全に復元の見込みのない状況に立ち入っていることを指すものと解するのが相当であり、かかる状況になったかどうかについては、婚姻の期間、夫婦に不和が生じた期間、夫婦双方の婚姻関係を

55　他方において、例えば、㉒東京地方裁判所平成25年7月16日のように、別居していないことから直ちに婚姻関係が破綻していないとの結論を導く裁判例もあるし、②東京地方裁判所平成23年5月16日も、「AがX宅を出て別居するに至ったのは、平成20年8月21日のことであり、それまでの間、XとAは長男とともに同居を継続していたことに照らすと、その約1年3か月前の平成19年5月の時点において、XとAの婚姻関係が既に破綻していたということはできず…」として、別居の事実が重視されていることが窺われる。

継続する意思の有無及びその強さ、夫婦の関係修復への努力の有無やその期間等の事情を総合して判断するのが相当であるものと解する」と述べている。

このうち、後者の裁判例（❹⓪❼東京地方裁判所平成22年９月９日）は、婚姻関係の破綻の有無の判断要素を具体的に摘示している点が注目される。また、前者の裁判例が述べている中で大きなポイントは以下の２つである。

⑵　「破綻」の判断の客観性

第１に、この裁判例が「破綻の有無を認定するにあたっては、夫婦間の関係を全体として『客観的に』評価する」と述べている点である。すなわち、婚姻関係の破綻の有無の判断は、当事者の主観のみによってはなされないということである。例えば、有責配偶者のＡが一方的にＸとの婚姻関係を維持する意思を喪失していたとしても、それだけではＸＡ間の婚姻関係が破綻したということにはならない。

この点に関連して、❹❺❻東京地方裁判所平成23年４月７日は、「婚姻中の夫婦の一方が第三者と性的関係を持った場合にその行為の違法性が阻却されるのは、婚姻関係が既に完全に破綻し、その修復の見込みがない場合に限定され、また、有責配偶者が一方的に婚姻関係を維持する意思を喪失したとしても、そのことを理由に不貞行為の違法性が阻却されることはないものと解するのが相当である。」と判示しており、参考になる。

⑶　XA間の性交渉の有無と「破綻」との関係

第２は、ＸＡ間に性交渉がないという事実は婚姻関係の破綻を基礎付ける事実にはならないということである。ただこれはいわば当然のことであって、逆にこれが婚姻関係の破綻の事情となるのであれば、むしろ破綻している夫婦の方が多くなってしまうのではないかとも思われる。

しかしながら、実際に不貞関係が慰謝料請求訴訟という形で裁判の中で争われることになると、お金が絡むことになるため、Ｙとしては慰謝料請求を免れたい一心でさまざまな主張を展開するし、Ｘもまたそれは同様である。すなわち、Ｙとしては、Ａとの不貞開始時においてＸＡ間の婚姻関係が破綻していれば自らの責任はないことになるのだから、自己の主張を正当化するための論拠の一つとして「ＸＡ間の性交渉がなかったではないか」と主張することになり、Ｘはこれに反論するということになる。

夫婦生活という極めて私的な領域についてこのような争いを行うこと自体、及びその主張の真偽を裁判所が審理し判断することに一体どれほどの意義があるのか、またそのようなことが実際に可能なのかは極めて疑わしい[56]。

このように、ＸＡ間に性交渉が存在しないとの主張自体は直ちにそれがＸＡ間の婚姻関係が破綻したことには結びつかないのだが、実際の不倫訴訟ではこのような主張が出てくることが多いようである。

たとえば、❹❹❷東京地方裁判所平成23年2月17日は、約6年間（長期間）ＸＡ間に性交渉がなかったことをもって婚姻関係が破綻したとは言えないとしている。

> Ａは、ＸがＡの要望に従うことなく勤務を続けることにした時以降、Ｘに対して性交渉を求めなかったこと、Ｘは女性である自分から性交渉を求めることを恥ずかしいことと考え、自ら性交渉を求めなかったことがそれぞれ認められ、Ｘ及びＡ双方ともにいささか幼児性を帯びたこだわりを持ちすぎているきらいがあるものの、ＸとＡとの間に性交渉がなかったことにつきそれなりに理解することが可能な理由が存在し、ＸとＡとの間において約6年2か月にわたり性交渉がなかったことをもって、ＸとＡとの婚姻関係が破綻していたと認めることはできない。

❷❹❷岡山地方裁判所平成19年3月1日も、次のように判示する。

> Ｘ（夫37歳）とＡとの婚姻関係は、ＡとＹが不貞関係を結ぶ前ころ、夫婦間の会話も乏しくなり、性交渉も途絶えて疎遠な関係となっていたことが認められるけれども、当時、ＸとＡは、新築して間もない倉敷市の自宅に子どもらと同居して生活していたし、Ｘは、給与を全額Ａに渡し、生計も完全に同一にしていたことが認められ、しかも、この間、Ｘ

56　ただ、逆に、ＸＡ間に性交渉があったという事実は、ＸＡ間の婚姻関係が破綻していないことの判断材料にはなりうるだろう。❸❾❶東京地方裁判所平成22年6月28日もその点に着目し、「Ｘが平成21年4月初めころまでＡとの間に性的関係があった旨供述していること……、ＸとＡとの間の婚姻関係が同年7月11日の時点において、実質的に法的保護に値しない程度に至るほど破綻していたとは認めるに足り」ないと判示している。⑫⓪東京地方裁判所平成26年9月18日も同趣旨の判示をしている。また、Ｘが作った食事をＡが食べていたという事情も夫婦関係の破綻を否定する事情として指摘されることが少なくない。その例として❹❶❸東京地方裁判所平成22年10月4日等がある。

とＡの関係が険悪化して別居が問題となったり、夫婦喧嘩が繰り返されたなどといった事態が生じたことを認めるに足りる証拠はない。そうすると、ＸとＡの婚姻関係は、上記のとおりに疎遠な関係になっていたことは確かであるとしても、夫婦ないし家族の共同生活は保たれており、また、少なくとも表面的には平穏な家庭生活をおくっていたことが認められるのであるから、かかる状態をもって、Ｘらの婚姻関係が既に破綻し、あるいはその可能性が大であったということはできない。

以上のとおり、ＡＹ間の不貞行為時においてＸＡ間の婚姻関係が破綻していたか否かという判断はさまざまな事情を基礎にして総合的に決する以上、「この事情があればかならず破綻が認定される」とか「この事情があれば必ず破綻していないという認定がされる」ということはあまり多くはないと思われる。

4　婚姻関係破綻の認定の厳格性

⑴　総説

ただし、ここで重要なことは、多くの裁判例を見ると裁判所は「ＡＹ間の不貞行為開始時においてＸＡ間の婚姻関係が破綻していた」という結論を下すことに非常に慎重であるという点であり、これには相応の理由があると思われる。

すなわち、裁判所がいったん「ＡＹ間の不貞行為開始時においてＸＡ間の婚姻関係が破綻していた」という認定をしてしまうと、前記⑯⑻最高裁判所平成８年３月26日の論理に従う限り、原則としてＸのＹに対する慰謝料請求は棄却され、ＹのＸに対する賠償額は一律０円ということになる。

これに対して、ＡＹ間の不貞行為開始時においてＸＡ間の婚姻関係が「破綻していた」とまでは言えないが、「円満を欠いていた」、「希薄であった」、「悪化していた」、「危機的状況であった」、「破綻寸前であった」などと認定することによって（なお、これらはすべて下級審の裁判例で使われている語句である）、一応ＸのＹに対する慰謝料請求権があることを認めつつ、これらの事情を考慮して認容額を低額に抑えることにより個々の事案に応じた妥当な結論を導くことができる。

このような配慮もあるためか、裁判所が「ＡＹ間の不貞行為開始時においてＸＡ間の婚姻関係が破綻していた」と認定することは比較的少ないと言える。逆に、裁判所が「ＡＹ間の不貞行為開始時においてＸＡ間の婚姻関係が破綻していた」との認定を行う事案というのは、ＸＡ間の夫婦関係にそのように認定されてもやむを得ないような然るべき事情がある場合だと言うことができる。

⑵ 破綻を否定した裁判例

以下、具体的に裁判例を紹介する。

(i) 円満を欠いていた（円満・良好でなかった）」が破綻はしていないと認定した裁判例

「円満を欠いていた（円満・良好でなかった）」が破綻はしていないと認定した裁判例としては、

㉘283東京地方裁判所平成19年10月17日「XとAが寝室を別にし、XとAは肉体関係を持たなくなった等」、

337同平成21年9月28日「AのXに対する電子メール及びこれに対するXの返事の手紙に婚姻関係を終わらせることを前提としたかのような記載がある等」、

369同平成22年2月23日「XとAは、寝るベットを別々にするようになり、遅くともそのころ以降は両名間に性交渉はなかったこと等」、

371同平成22年3月4日「XとAは、婚姻当初の段階から、それぞれの成育歴、学歴、価値観などの違いから、共同生活における夫と妻の役割分担や家計について意見が相違しており、特に、AがXの家事や育児の方法、家計の内容について不満を持つ一方、Xは、Aの指摘をほとんど意に介さなかったことから、Aが不満を募らせていった等」、

374同平成22年3月23日「Aは、Xが美容整形することに反対していたところ、Xが目の美容整形手術をしたことが決定的になり、離婚を決意したことが認められ、Xも、まぶたの美容整形手術を受けたことにAを怒り、同人と大喧嘩をした等」、

399同平成22年8月25日「Xが数回にわたって離婚を口にするほど喧嘩が絶えなかった」、

㊾同平成23年4月15日「Aは、Yを含むテニススクールの友人らに、Xは家事をしないという趣旨の発言をしたり、Yに対してXがのみに出かけているために夕食に弁当を買ってきて食べているという趣旨のメールを繰り返し送信していた等」、

⑿同平成26年9月26日「夫婦の会話は減少し、一緒に食事をする機会もなくなっておりXとAの夫婦関係は良好とはいえない状況であった。」

等がある。

(ii)　当事者に「不満があった」が破綻はしていないと認定した裁判例

当事者に「不満があった」が破綻はしていないと認定した裁判例としては、

㉘東京地方裁判所平成20年10月3日「Aが家庭やXに関する不満を述べていたとしても、Aの言動を総合すれば、同人においても家庭生活の継続を考えていたことが分かる」、

㉛東京地方裁判所平成21年4月23日「Aは、本件不貞行為の以前から、Xとの間でときに不和を生じており、XがAに暴力をふるうなどしたこともあって、Xとの婚姻生活に不満を抱いていた」

などがある。

(iii)　婚姻関係が「危うい状態（危機的状態）である」が破綻はしていないと認定した裁判例

婚姻関係が「危うい状態（危機的状態）である」が破綻はしていないと認定した裁判例としては、

㊷東京地方裁判所平成22年12月14日「平成10年ころには、Xは、Aの子供らとの接し方や思いやり不足に不満を募らせ、夫婦関係が危殆に瀕していたこと、さらに、平成16年8月ころや平成17年12月においても夫婦関係が危殆に瀕していたことが認められるが、他方、XにはAの退職まではがまんしようとする決意がうかがえ、婚姻関係が破綻していたとまではいえない」、

㊷東京地方裁判所平成22年11月30日「Xは感情の起伏がはげしく、突然大声を出して騒いでいたかと思えば、沈み込んでしまい、Aが話しかけても無視するという状態になることがあり、Aは、それがいやで悩んでおり、夫婦関係が危うい状態にあった」、

❹⓿東京地方裁判所平成23年3月22日「Aの借金問題や暴力のために夫婦関係がかなり危うい関係にあったことは認められるものの同居生活は続いており、婚姻関係が破綻したのは、その後AがXから別居した後のことである」

などがある。

(iv) **婚姻関係が「形骸化していた」が破綻はしていないと認定した裁判例**

婚姻関係が「形骸化していた」が破綻はしていないと認定した裁判例として❷❹❻東京地方裁判所平成19年3月30日があり、次のように述べる。

> Xは、昭和60年ころ、E（Yとは別人）という女性と不貞関係にあり、そのために、XとAとの婚姻関係はそのころ破綻に瀕していたものであり、その後、別々の部屋で就寝するなど、家庭内では、精神的には形骸化した生活を続けていたこと、XとAとの間で、Xが自己の不貞行為をきちんと詫び、これをAが許すというけじめの機会はもたれていないことなどが認められるが、そのような期間中に、平成7年ころまでXとAとの間に肉体関係が営まれていたり、子供を連れて家族旅行に一緒に出かけるなど、表面的には、平穏な家庭生活が営まれていたと評価できる側面もあったのであるから、完全には回復したということは到底できないにせよ、XとAとの婚姻生活が破綻していたということもできない。

(v) **「破綻寸前」だが「破綻」していないとした裁判例**

婚姻関係が「破綻寸前」であるが未だ破綻はしていない、と認定した裁判例もある。

❷❺❷東京地方裁判所平成19年4月24日は、「Aが何度もXに対し離婚するように求めており、YがAと同棲生活を開始した平成17年8月の時点では、XとAとの婚姻関係は既に破綻寸前にあったと考えられる」としつつ、未だ婚姻関係が破綻したとまでは認めなかった。

❷❺⓿東京地方裁判所平成19年4月24日はXがAとYの双方を訴えた事案であるが、次のように判示し、XのAに対する請求は認めたがYに対する請求は棄却した。

> XとAとの婚姻関係は、主として金銭面での意見の食い違いが大きか

ったことが原因となって、同居中は口論が絶えず、平成13年９月以降は別居が続いているというのであり（ＸとＡが同居したのは、シンガポールで４か月、日本で約１年半の間にすぎない）、外形的には、ＡがＹと知り合う前から、破綻に等しい状況にあったということが可能である。しかし、ＸとＡは、長女の養育等を通じて日常的に接触があり、しばしば旅行にも出掛けていたのであって、両者のいずれから離婚を求める具体的な動きがあったとも認められないから、平成17年５月５日にＸがＡの家を訪ねるまでの時点では、婚姻関係が完全に復元の見込みのない状態に至っていたと認めることはできない。

……上記のとおり、ＸとＡとの婚姻関係は、ＡがＹと知り合う前から、いわば破綻寸前の状態にあったのであり、また、そのような状態になった原因は、金銭問題に関する考え方の相違など、Ｘ及びＡの双方の側にあったと解され、Ｘに比べてＡの側により大きな帰責事由があったとは認められないから、結局、Ａが不法行為責任を負うのは、破綻寸前にあった婚姻関係を完全に破綻させた部分に限られるということができる。

……Ｙは、Ａが婚姻していることを知りながら、Ａと親密な関係になったと認められる。しかし、Ｙの責任を認めるためには、Ａと交際することが、いまだ破綻していない婚姻関係を破綻させるものであることを認識し、又はこれを認識しなかったことに過失があることを要するところ、ＸとＡとの婚姻関係は、前述のとおり、長期間にわたり別居が続くなど外形上は破綻しているのと等しい状態にあったのであるから、Ｙにおいて、自己の行為がＸとＡの婚姻関係を破綻させることになると認識していたとは認められないし、そのことに過失があるともいえないと解するのが相当である。したがって、ＹはＸに対する不法行為責任を負うものではない。

この事案は相当に微妙である。ただし、結論として、ＸのＡに対する請求のみを認めＹに対する請求を棄却したのは妥当であったと思われる。⓮東京高等裁判所昭和60年11月20日等が述べているように、配偶者Ａと相姦者Ｙとではその負うべき義務に質的な差があると考えられるからである。

5　XA間の子の存在が婚姻関係破綻の判断に影響するか

前頁の㉕⓪東京地方裁判所平成19年4月24日がXA間の婚姻関係を「破綻に等しい状況にあった」としつつも、結論として「破綻寸前」に留め「破綻した」とまでは認めなかった最も大きな理由はXA間の長女の存在であると考えられる。

これと似た手法で婚姻関係の破綻の有無を判断した裁判例として㉒⑥東京地方裁判所平成18年9月8日があり、次のように述べている。「仮にXとAとの間に諍いがあったり、夫婦生活が途絶えてきた事実があったとしても、XとAとの間には長男をかすがいとした夫婦生活が存在していたことは明らかであり、したがって、XとAの夫婦関係がすでに破綻していたということはできない。」

この2つの裁判例から分かるように、XA間の子の存在が婚姻関係の破綻の認定の障害となり、その結果として、XのY（A）に対する慰謝料請求が認められやすくなっていることに気づく。このように、XA間の子の存在は、前述したXの慰謝料の増額事由になるばかりか、慰謝料請求自体を可能にする方向に働くということになる[57]。

6　「破綻」を認めない裁判例

また、「AがXとの婚姻生活に飽き、Xを同居人としか見ず、Xを『ばあさん』と呼称する（XはAよりも8歳年上である）ような状態に立ち至っていたとしても、そのことが直ちに婚姻生活が破綻していたことと同視できるものではない」とした㉔④東京地方裁判所平成19年3月23日や、「Aの金遣いの荒さや暴力により婚姻関係が脆弱になっていた」ことを認めつつ、婚姻関係の破綻は認めない裁判例（㊷①東京地方裁判所平成22年11月26日）がある。

さらに、「XがAの要求に応じて離婚届に署名押印したのは平成16年12

[57]　最近ではほとんど聞かなくなったが、日本の古い諺に「子は鎹（かすがい）」というのがある。これは「夫婦仲が多少悪くても、子供への愛情から夫婦の仲がなごやかになり、縁がつなぎ保たれる」といったような意味合いであろう。古典落語の演目の中にも同名の人情噺がある。ただし、現代ではこの「子は鎹（かすがい）」という諺は通用しないようで、夫婦が離婚する局面においては子は「鎹」であるどころか、単なる「奪い合い」の対象としてしか見ないような親が増えているとの印象を受けることがある。

月31日であるところ、それ以前のXの飲酒が度を超したもので、トイレ以外の室内等での放尿も非常識というほかないが、Aは、心身の変調を来しながらもそれに耐え、寝室を別にするなどしてもなお婚姻関係を続け、同年10月中旬ころの２度目のXの放尿後に泥酔していたXに離婚を求めて紙片に署名させた（これはXの離婚を承諾する意思表示とはいえない）ものの、同年12月31日に至るまで改めてXに離婚を求めることはなかったのであって、それ以前の時点において婚姻関係が完全に破綻していたとはいえない」と判示した❷❼❺東京地方裁判所平成19年９月26日がある。

その他、具体的な事情は列挙しないが、ＸＡ間の婚姻関係が「希薄であった」（❸❹❹東京地方裁判所平成21年11月18日、㉕東京地方裁判所平成24年６月８日、㊻東京地方裁判所平成24年12月25日等）、「相当程度傷つけられていた」（❹❺❽東京地方裁判所平成23年４月12日）、「相当に冷却化していた」（❸❸❸東京地方裁判所平成21年８月31日）、「相当程度円滑を欠く状態」（❸❻❻東京地方裁判所平成22年２月１日）、「かねてから円満さを欠いており」（㉙東京地方裁判所平成24年７月24日）、「相当に悪化していた」（❹⓿❶東京地方裁判所平成22年９月３日、⑭東京地方裁判所平成23年７月21日）、「完全に円満で安定したものであったとまでいえるかどうかには疑問の余地がある」（❸❶❸東京地方裁判所平成21年４月20日）、「完全に円満であったとまではいえない」（❸❻❺東京地方裁判所平成22年２月１日）、「亀裂が生じ始めていた」（❷❼⓿東京地方裁判所平成19年８月30日）、「修復困難なほどに破綻していたとはいえないものの、信頼関係は相当に揺らいでいた」（❹⓿❸東京地方裁判所平成22年９月６日）、「完全に破綻していたものであるとは認められない」（❹❹❺東京地方裁判所平成23年２月22日）と認定しつつも、いずれも結局、婚姻関係の破綻までは認めない裁判例が多い。

このように見てくると、裁判所は「ＡＹ間の不貞行為時においてＸＡ間の婚姻関係が破綻していた」と認定することに極めて消極的であるかのような印象を受ける。

7 「破綻」を肯定した裁判例

他方、これらとは逆に「ＡＹ間の不貞行為時においてＸＡ間の婚姻関係が破綻していた」ことを認めた裁判例を紹介する。

⑴ 離婚の意思を表明した場合

まず、離婚の意思を表明した時点で婚姻関係の破綻を認めた裁判例として⑫東京地方裁判所平成25年3月27日があり、「ＸとＡとの婚姻関係は修復不可能となって破綻に至っているが、その破綻の時期は、遅くとも、Ｘの不貞行為によりＡが離婚の意思を固めてこれを表明した平成24年7月2日であると認めるのが相当である。」と判示した。

また、㊾東京地方裁判所平成25年1月22日は、次のとおり判示する。

> Ａは、平成23年1月、Ｘとの信頼関係が失われ、婚姻関係の継続が困難であると考えいったん別居し、その後、同居を再開したものの、Ｘとの間で精神的・経済的な信頼関係を回復することができずに本件別居に及んでいるのであり、Ｘにおいても同年6月4日ころには、Ａに対して書面を交付して離婚に向けた協議をしたことが認められる。Ｘ及びＡが、その後、復縁に向けた協議を行う等、婚姻関係の維持ないし継続に向けて行動したことをうかがわせる事情はない。これらの事実ないし事情に鑑みれば、ＸとＡとの婚姻関係は、遅くとも平成23年6月4日ころまでには修復は著しく困難な程度に破綻していたということができる。

他方、⓲東京地方裁判所平成15年6月12日の判示は以下のとおりである。

> 平成12年12月以前に、ＸとＡが別居したことがあるとか真剣に離婚に関する話合いをしたとの事実を認めることはできず、その他婚姻関係が既に破綻していたことをうかがわせる事情も見あたらない。したがって、ＸとＡとの婚姻は、Ａの内心の思いはともかく、ＹがＡとの交際を始めた当時、破綻していたとは認められない。

これら3つの裁判例を見ると、ＸＡ間において離婚の意思を表明するとか離婚に向けた協議を行うことが婚姻関係の破綻の徴表になるかのように思える。

(2)　離婚調停と婚姻関係破綻との関係

また、⑲⑨岡山地方裁判所平成16年1月16日は、Xが離婚調停を申し立てたものの、結局子供が成人するまでは離婚しないということで調停を取り下げた事案で婚姻関係の破綻を認めていない。同じく⑳⑨岡山地方裁判所平成17年1月21日もAが離婚調停を申し立てたものの、その後それを取り下げたという事案でやはり婚姻関係の破綻を認めていない。そして、㉖⑤岡山地方裁判所倉敷支部平成19年8月16日は、Xが別居後離婚調停を申し立てた時点で遅くとも婚姻関係は破綻していたと認定している。

このように見てくると、XA間の離婚に向けての話し合いや家庭裁判所に対する離婚調停の申立があると、その申立が取り下げられない限り、XA間の婚姻関係が破綻したという認定がされやすいとは言えそうである。

これに対して、㉙東京地方裁判所平成24年7月24日は「（Aが）離婚調停の申立てをしたことは、夫婦の一方が離婚を望んでいることを意味するにすぎず、その時点で、離婚が成立するか否かは不明であり、婚姻関係が破綻しているとは限らない」と判示しており、これは上記一連の裁判例とは明らかに正反対の内容となっている。ただ、この㉙東京地方裁判所平成24年7月24日の事案では、他方においてAは、Xから非難されたり、同人と衝突したりして、家出することがあっても、最終的には、自宅に戻り、Xとの関係を修復しようとしていたことが認められるため、この事情が重視されたとも考えられる。

また、一般論としても、離婚調停の申立は当事者の一方が相手方の承諾なしで行うことができるものであるから、離婚調停の申立の時点で婚姻関係の破綻を認めるのは行き過ぎであるように思われる。この点に関して、⑩③岐阜地方裁判所平成26年1月20日も「婚姻関係の破綻は主観的な感情のみにより判断されるものではない」と述べている。

そして、このように考えてくると、離婚調停の申立という事情もまた離婚の意思の表明と同様のことが当てはまるのであるから、これのみによって婚姻関係の破綻を認めることはやはりできないように思われるのである。

むしろ、これらの事情は婚姻関係の破綻を基礎付ける一つの事情と理解するのが妥当であろう。

(3) 裁判例について

そして、52東京地方裁判所平成25年1月22日は、「Aは、平成23年1月、Xとの間の信頼関係が失われ、婚姻関係の継続が困難であると考えていったん別居し、その後、同居を再開したものの、Xとの間で精神的・経済的な信頼関係を回復することができずに本件別居に及んでいるのであり、Xにおいても同年6月4日ころには、Aに対して書面を交付して離婚に向けた協議をしたことが認められる。X及びAが、その後、復縁に向けた協議を行う等、婚姻関係の維持ないし継続に向けて行動したとをうかがわせる事情はない。これらの事実ないし事情に鑑みれば、XとAとの間の婚姻関係は、遅くとも平成23年6月4日までには、修復が著しく困難な程度に破綻していたということができる」と判示し、婚姻関係の破綻を認めている。

次に、判断が微妙な裁判例として210さいたま地方裁判所平成17年2月28日を紹介する。

【事案】

XとAは昭和61年に婚姻し2人の子がいる。長女の出産以後、些細なことにXが腹を立てて、Aに暴力を振るうなど夫婦関係は悪化し、平成11年頃には、離婚には至らなかったものの、Aの婚姻継続の意思はかなり希薄になっていた。

Aは平成8年頃からコンビニエンスストアで働くようになり、平成9年に、そこの客であったYと知り合い、平成11年6月には肉体関係を持つようになった。同年6月27日にAとXは別居し、Xに対して離婚調停を申立てたが、Xが離婚を拒否したためにAは調停を取り下げた。AとYは、Aが単身家出をして以来同棲を開始しており、平成12年4月には子が生まれたので、AはXに対して、親子関係不存在確認の訴えを提起し、同年この裁判が確定し、Yはこの子を同年9月に認知した。

Xは、平成12年5月にはAに家に戻るように求めたが、Aはこれに応じず、未だAとの離婚には至っていない状況にある。XはYに対して500万円の慰謝料請求訴訟を提起した。

【判決要旨】

「AがYと同棲したり、Yの子を出産したとの事情をもって、直ちにXとAとの婚姻関係が破綻したと認めることはできず、上記事情に加え、別居から3年が経過したことにより、平成14年6月末ころ、破綻するに至ったと認めるのが相当である。」と判示し、それ以前の平成13年5月から平成14年6月末までの同棲行為に対して、不法行為の成立を認め慰謝料100万円を認容した。

しかしながら、なぜ「別居後3年経過時」にXA間の婚姻関係が破綻したと言えるのかは不明である。これに対して、本事件の控訴審（㉑④東京高等裁判所平成17年6月22日）は原審を破棄して次のように述べる。

> Yは、XとAの婚姻関係が平成11年6月ころ遅くとも平成12年9月ころには破綻したと主張するので検討するに、Aは、長年にわたるXからの暴力に耐えかねて平成11年初めころに離婚届用紙を入手したり、家を出てアパートを借りる契約をして、Xに離婚を求め、Xも一旦離婚用紙に署名押印したものの提出までには至らなかったことが認められるが、そのころには、Aの婚姻継続意思は、かなり希薄になりつつあったというべきである。もっとも、AとXとの性的関係は、Aが家を出た日の1～2日前日が最後であったが、そのことによって上記認定が左右されるものではない。そして、Aは、悩み事の相談相手であるYと同年6月ころから性的関係を持ち始め、同月27日単身家出をして以来Yと同棲を開始継続しており、以後Xとは没交渉となり、平成12年4月5日にはYとの子を出産し、同年5月ころXからの修復要請を無視し、子について、Xを相手に親子関係不存在確認の訴えを提起し、同年9月2日には親子関係不存在確認の裁判が確定し、同月7日、Yが子を認知しY戸籍に記載したことが認められるのであり、以上の経過にかんがみると、遅くとも平成12年9月2日には、XとAとの婚姻関係は、完全に破綻したものと認められる。

なお、本件では消滅時効に関する議論も出てくる。この消滅時効については本章第2節（126頁）を参照されたい。

⑷　破綻したことが明確な事案

ＸＡ間の婚姻関係が破綻していることが当然と思われる事例として、㊳⑦東京地方裁判所平成22年5月28日を紹介する。これは婚姻関係が破綻していると認定されて然るべき事案といえる。

【事案】

ＡはＹとの間で、平成2年6月から平成13年1月まで10年間以上にわたり不貞行為を繰り返し（第1不貞行為）、Ｘも第1不貞行為の終了後まもなくその存在を知ったこと、Ａは、平成12年4月、米国Ｂ社の副社長に就任し、平成14年3月から、Ｘを同行することなく、単身で渡米したこと、Ａは、Ｆとも不貞関係を持ち、この関係は、Ａが米国に居住していた同月から平成17年1月までの間のみならず、帰国後も続いたこと、そして、Ａは、帰国後間もない同年8月、東京都千代田区所在のマンションの住居棟を賃借し、そこに居住して、以後、自宅にはほとんど帰宅しないようになったこと、Ａは、平成18年10月、Ｙに対し、子をもうけることまで提案して、交際を申し込んでいること、ＡがＸに対し、平成19年4月25日、本件離婚協議書に署名押印するよう求めたところ、Ｘはこれに応じて本件離婚協議書に署名押印をしたことなどが認められる。

【判決要旨】

上記認定事実によれば、ＹがＡと第2不貞行為を開始した平成18年10月の時点において、ＸとＡとの婚姻関係は既に破綻していたものと認められる。

また、㊵①東京地方裁判所平成22年9月3日は「ＹとＡが肉体関係を持った平成20年11月の時点において、ＸとＡは、少なくとも1年以上の間、完全な別居状態となっており、その時点においてＸとＡとの婚姻関係が修復可能であったことを示す特段の事情も見当たらないから、ＹとＡが肉体関係を持った時点において、ＸとＡとの婚姻関係は既に破たんしていたと認めるべきであり、少なくとも、その時点において、ＸとＡの婚姻関係が破たんしていたとＹが信じるに相当の理由があったと認めるべきである」と判示した。

8　婚姻関係破綻に関するまとめ

以上、さまざまな裁判例を引用し紹介してきたが、結局のところ、婚姻関係が破綻しているか否かについての統一的な基準を見いだすことは困難であり、個々の事案ごとに検討せざるを得ないことが分かる。

ただし、着眼点としては、「婚姻関係が破綻しているか」ということを直接考えるよりも、むしろ「婚姻関係の修復が著しく困難であるほどに至っているか」ということを考えた方が結論を導くのにはわかりやすいかも知れない。

永井尚子裁判官も、「ここに『破綻』とは、婚姻関係が完全に復元の見込のない状態に立ち至っていることをいい、別居等の外形的事実は破綻を根拠付ける具体的事実の一部と考えられるが、いわゆる家庭内別居の状態の中にも『破綻』を肯定すべき事案がある。夫婦間の慈しみが失われ、会話や食事等の日常的接触を避けるようになってからある程度の期間が経ち、さらに状況にもよるが、寝室や家計までが別々であれば、婚姻関係は既に破綻していると考えられるであろう」と述べており、参考になる（判タ996号42頁）。

そして、事件の依頼を受けた弁護士としては、「婚姻関係が破綻しているか否か」が争点になった場合には、当該事案に即してできる限りの事情を拾いつつ、類似の裁判例を引用しながら依頼者にとって有利な主張を展開することになろう。

第２節　消滅時効の抗弁（民法724条）

1　消滅時効の制度趣旨

この消滅時効については、第４章において、⓰平成６年１月20日の最高裁判例を解説する際に図10とともに概説した（41頁以下）が、ここで改めてまとめて解説しておく。

不貞行為に基づく損害賠償請求権は不法行為に基づく債権である以上、消滅時効にかかる。そして、不法行為に基づく損害賠償請求権について民法724条の短期消滅時効が定められた趣旨は、㋐不法行為による損害が発生して長期間を経過することによって損害賠償請求権の立証及び反証が著しく困難となること、㋑不法行為による損害を知りながらこれを長く放置していた被害者（債権者）は権利の上に眠る者として保護に値しないこと、㋒期間の経過によって通常は被害感情が沈静化すること、と説明されている（加藤一郎『不法行為〔増補版〕』263頁等）。

また、最高裁判所第三小法廷昭和49年12月17日（民集28巻10号2059頁、判時690号85頁）が、「民法724条が短期消滅時効を設けた趣旨は、不法行為に基づく法律関係が、通常、未知の当事者間に、予期しない偶然の事故に基づいて発生するものであるため、加害者は、損害賠償の請求を受けるかどうか、いかなる範囲まで賠償義務を負うか等が不明である結果、極めて不安定な立場におかれるので、被害者において損害及び加害者を知りながら相当の期間内に権利行使に出ないときには、損害賠償請求権が時効にかかるものとして加害者を保護することにある」と述べているのが注目される。

2　継続的不法行為の消滅時効の起算点

ところで、不貞行為が不法行為と認められるとき、その不法行為の内容は、加害行為が交通事故などの1回限りのものとは異なって、多くの場合反復・継続的である。不貞行為のかような特殊性が消滅時効の起算点を考えるに当たってどのような影響を受けるのかということがここでの問題である。

そして、この民法724条前段が定める消滅時効の起算点をいつに求めるかという問題については、以下のとおり損害の発生を類型化して考察するのがわかりやすい（松本克美・判時1518号197頁以下参照）。

⑴　単純型（損害が蓄積しない場合）

(i)単純顕在型（例えば、交通事故で骨折したという場合）

(ii)単純潜在型（例えば、交通事故後に生じた後遺症の場合）

⑵　蓄積型（損害が蓄積する原因が不法行為自体の継続にある場合）

(i)継続不法行為蓄積型（損害の蓄積の原因が不法行為自体の継続にある場合）

（ア）　可分蓄積型（土地の不法占拠等の場合において日々発生する賃料相当損害金がこれに当たる。）

（イ）　不可分蓄積型

不法行為の継続により損害が蓄積していくのであるが、その蓄積した損害を性質上日々の損害の蓄積として分けて評価する（例えば1日当たりいくら等）ことができない場合であり、ある不法行為の継続によって生じる精神的苦痛に対する慰藉料請求がこれに当たる。

(ii)　進行蓄積型

損害の蓄積が不法行為の継続に起因するのではなく、損害自体の進行性に基く場合であり、不法行為自体は終了しても損害は進行していくものをいう。例えば、鉱業被害について、鉱業法第115条1項は「損害賠償請求権は、被害者が損害及び賠償義務者を知つた時から3年間行わないときは、時効によつて消滅する。損害の発生の時から20年を経過したときも、同様とする」と定め、同条2項がそれを受けて「前項の期間は、進行中の損害については、その進行のやんだ時から起算する」と定めているのはその趣旨である。

3　離婚型と非離婚型

他方、ＸがＹに対して不貞行為に基づく損害賠償請求を行う場合の類型としては、ＡＹ間の不貞行為の結果ＸＡが離婚に至った場合（離婚型）と離婚に至らない場合（非離婚型）とに分けて考察することが可能である。これらを模式図で示すと図18の（a）と（b）のようになる。

(1)　離婚型について

(i)　総説

このうち、離婚型は、加害行為たる不貞行為自体は確かに継続的不法行為ではあるものの、それによって生じた損害は「離婚の成立」に凝縮されると考えることが可能である。したがって、上記の分類によると、単純損害潜在型（2(1)の(ii)）に分類されると考えることができる。したがって、この場合の消滅時効の起算点は離婚時（Ｒの時点）と考えることになる。

なお、最高裁判所第二小法廷昭和46年7月23日（民集25巻5号805頁）は、夫の暴行虐待等に基づいて妻が夫に対して不法行為に基づく慰謝料を請求した事案において、その消滅時効の起算点を「離婚が成立したとき」に求めており、不貞行為の場合もこれと同様に考えることができるだろう。

(ii)　Ｘが離婚後に不貞行為を知った場合

図18 離婚型と非離婚型

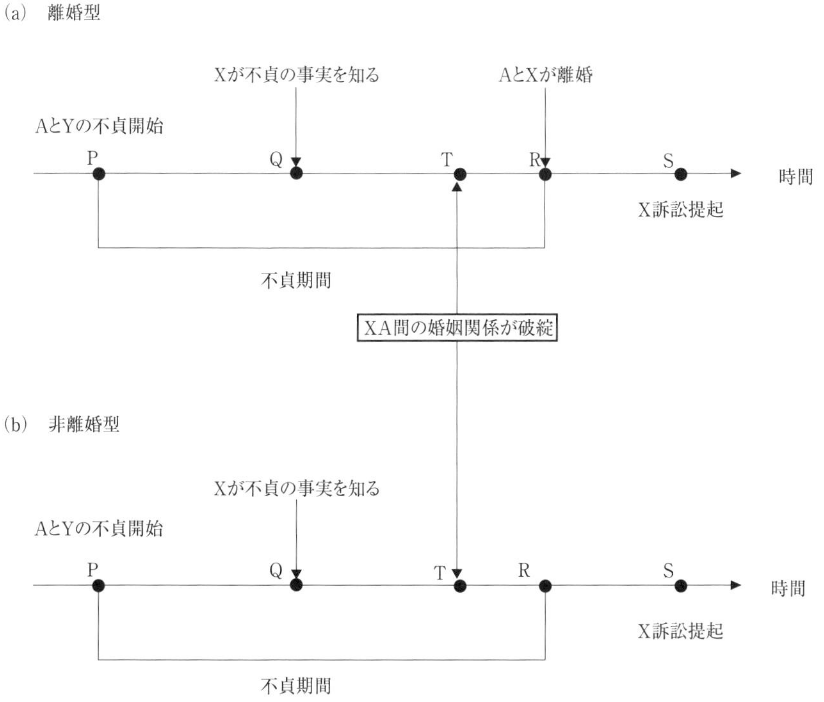

他方、㉒東京地方裁判所平成25年7月16日の事案は、分類としては離婚型であるが、XがAYの不貞関係を知ったのは離婚の後であったというものであった。図18の（a）離婚型で言えば、Qが線分PRの間ではなく、Rよりも右（後）にあるという事案である。この場合には、消滅時効の起算点をRに求めることはできない。

なぜなら、民法724条前段の法文は、債権者の認識を要求しているからである。したがって、この場合の消滅時効の起算点はQということになる。この裁判例の事案では、Xが依頼した興信所が作成した報告書によりAYの不貞の事実を知ったというものであるから、Xにおいてその報告書を受け取った時点が消滅時効の起算点ということになる。

ただし、この事例のようにAY間の不貞行為をXA夫婦の離婚の後にXが知った場合には、そもそも不法行為自体が成立しないのではないかということが問題となる（177 頁。第９章第２節４⑶ⅲ参照）。

ⅲ　**消滅時効の起算点を離婚時としない裁判例とその当否**

また、⓱東京地方裁判所平成 10 年７月 29 日は、次のような興味深い判断を下した。

> Ｘの妻としての権利の侵害としては、右侵害行為がされている間は、日々発生するものであるから、ＸはＡとの夫婦関係が破綻する前のＹの不法行為については、それを十分認識していたのであり、右不法行為に基づく損害賠償を求めることもできるから、破綻までの不法行為に基づく損害賠償は各行為時から消滅時効が進行する。
>
> なお、Ｘは、離婚訴訟による判決による離婚成立から、慰謝料請求権の時効は進行する旨主張する。確かに、婚姻関係の破綻した原因となった個別の違法行為を理由とするものではなく、離婚をやむなくされ精神的苦痛を被ったことを理由とする配偶者に対する慰謝料請求権であれば、離婚の成否が確定するまでは損害を知り得たものとすることはできないから、離婚が成立したとき初めてその不法行為及び損害の発生を確実に知ったことになる。しかしながら、本件の場合は、ＡとＹの不貞行為ないし同棲関係の継続によるＸの精神的苦痛による慰謝料請求権であるところ、右不法行為ないし同棲関係が不法行為となるのは、ＸとＡの婚姻関係が破綻するまでであるから、すでに、ＸとＡの婚姻関係が破綻してから 10 年以上を経過しており、その間においても、Ｘは、右不法行為に基づくＹに対する損害賠償請求権を行使できたのであるから、右離婚による慰謝料請求権とは同視できない。

この判示を前提にすると、上記のような離婚型と非離婚型の分類自体は意味を持たず、慰謝料の根拠・対象が離婚自体に対するものなのか、それとも不貞行為ないし同棲関係の継続に対するものなのかによって消滅時効の起算点も変わってくるということになるのだろう。

しかしながら、この判決に対する控訴審（⓭東京高等裁判所平成 10 年 12 月 21 日）は、前記最高裁判所第二小法廷昭和 46 年７月 23 日（民集 25 巻５号 805 頁）を引用し原審を破棄したうえで、次のように判示した。

確かに、夫婦の一方の配偶者が他方の配偶者と第三者との同棲により第三者に対して取得する慰謝料請求権については、一方の配偶者が右の同棲期間を知った時から、それまでの間の慰謝料請求権の消滅時効が進行すると解するのが相当であり（最高裁平成6年1月20日第一小法廷判決）、本件においても、XはAが昭和47年にYと同棲した事実をその数年のうちには知ったものと推認される。しかし、Xの本件慰謝料請求は、単にYとAとの肉体関係ないし同棲によって精神的苦痛を被ったことを理由とするのみならず、右肉体関係ないし同棲の継続により最終的にAとの離婚をやむなくされるに至ったことをもYの不法行為として主張していることは前示のとおりであるところ、このように第三者の不法行為により離婚をやむなくされ精神的苦痛を被ったことを理由として損害の賠償を求める場合、右損害は離婚が成立して初めて評価されるものであるから、第三者との肉体関係ないし同棲の継続等を理由として離婚を命ずる判決が確定するなど、離婚が成立したときに初めて、離婚に至らせた第三者の行為が不法行為であることを知り、かつ、損害の発生を確実に知ったこととなるものと解するのが相当である。

また、㊸東京地方裁判所平成24年12月19日は、次のように判示し上記裁判例と同様の見解に立っている。

本件は、第三者の不法行為により離婚をやむなくされ精神的苦痛を被ったことを理由として損害を求める訴訟であるところ、その場合、損害は離婚が成立して初めて評価されるものであるから、離婚判決が確定する等離婚の事実を確実に知ったときに初めて離婚に至らせた第三者の行為が不法行為であることを知り、かつ損害の発生を確実に知ったときというべきである。本件では、Xが離婚の事実を確実に知ったのは、平成20年3月24日の離婚の日であるから、これを消滅時効の起算点とすべきである。本件訴えの提起（平成22年9月21日）は、これから3年を経過しないうちになされたものであるから、未だ消滅時効（民法724条）は完成していない。

⑵ 非離婚型

(i) 総説

次に、非離婚型についてである。これは先にも紹介した⑯最高裁判所第一小法廷平成６年１月20日の事案であり、129頁の図18の（b）である。この最高裁の原審は消滅時効の起算点を不貞行為の終了時（R）としたのに対し、最高裁判所はＸがＡＹの不貞行為を知った時点（Q）とした。

この最高裁判所の考え方（日々進行説）を踏襲していると思われるのが214東京高等裁判所平成17年６月22日（「Ｘは、遅くとも平成12年９月には、ＹとＡの同棲関係を知っていたのであるから、そのころまでのＸの慰謝料請求権の消滅時効は、遅くとも平成12年９月から進行する」と判示した）や387東京地方裁判所平成22年５月28日であり、同裁判例は「Ｘは、平成13年、Ｙ関係者の手紙より、ＹとＡとの不貞行為の存在を知ったものであり……（その時点で）不貞行為を理由とする損害賠償請求権を行使することは可能であったものと認められる」と判示した。

この非離婚型については、前述したとおり、この最高裁の原審（東京高等裁判所平成２年12月20日）が、「継続した同棲関係が全体としてＸに対する違法な行為として評価されるべきものであって、当初の情交関係、その後における日々の同棲を逐一個別の違法な行為として把握し、これに応じて損害賠償債務の発生及び消滅を日毎に定めるとするのは相当ではなく、本件損害賠償債務は、全体として、同棲関係が終了したときから消滅時効が進行する」と判示し、消滅時効の起算点を遅らせる解釈をしていたが、最高裁はこの考え方を否定し前記の解釈を採用し、129頁の図18（b）のＱをもって消滅時効の起算点とした。

その結果、線分ＰＱに相当する不貞行為が消滅時効にかかる可能性を認めたのであった。そうすると、この最高裁は、本件のような慰謝料請求訴訟における慰謝料の額を制限するためにかかる解釈を採ったとも言えなくもない（辻朗「不貞慰謝料請求事件をめぐる裁判例の軌跡」判タ1041号33頁以下）。

しかし、逆にかかる解釈を採ってしまったために、Ｘが消滅時効の完成を阻止するために却って不貞慰謝料請求訴訟が増大してしまう可能性があり、否定説ないし原則否定説を支持する研究者等にとっては憂慮すべき事態ということになろう（以上につき、松本克美・判時1518号201頁以下）。

(ii)　⑯最高裁判所平成８年３月26日との関係

なお、多少細かい議論になるが、前記⑰東京地方裁判所平成10年7月29日が「本件の場合は、ＡとＹの不貞行為ないし同棲関係の継続によるＸの精神的苦痛による慰謝料請求権であるところ、右不法行為ないし同棲関係が不法行為となるのは、ＸとＡの婚姻関係が破綻するまでである」と述べていることには注目すべきであろう。

先の図18の(b)に基づいて説明すると、ＡＹの不貞行為の期間（線分ＰＲに相当する）の間には、ＸＡ間の婚姻関係が破綻した時点（これをＴとする）を観念することが可能である。時系列でいえば「破綻」→「離婚」と進むのが一般的であるし、離婚には至らなくても訴訟提起までには夫婦関係が破綻していることが多いと思われるからである。

そうすると、その場合⑯最高裁判所平成8年3月26日の理屈をここで当てはめると、不貞行為の期間が線分PRであるとしても、Ｔの時点ですでにＸＡ間の婚姻関係は破綻しているのであるから、それ以降の不貞行為（線分ＴＲに相当する期間）は不法行為とはならないことになる（前提として、ＴがＰよりも左にある場合にはそもそも不法行為が成立しないことになる）。

そして、前にも解説したように、線分ＱＳが3年を経過している場合には、線分ＰＱに相当する期間の不貞行為は消滅時効にかかっており、その間の不貞行為についてはＹは責任を免れることになる。そうすると、その場合ＡＹの不貞行為の期間は線分ＰＲに相当する期間であっても、結局不法行為責任が発生するのは線分ＱＴに相当する期間の不貞行為のみということになると考えることが可能である。

(iii) ⑯最高裁判所平成6年1月20日を踏襲した裁判例

このように、不貞行為に基づく損害賠償請求権の消滅時効の起算点に関しては、離婚型については最高裁判所昭和46年7月23日（民集25巻5号805頁）、非離婚型については⑯最高裁判所平成6年1月20日が根拠になっていると理解することが一応可能である。

㉓東京地方裁判所平成23年4月13日は、上記⑯最高裁判所平成6年1月20日の考え方を踏襲して次のように述べた。

Ａは消滅時効を援用し、本件訴え提起の3年前である平成20年6月29日以降の事実のみを基礎として慰謝料額を算定すべきである旨主張するので検討する。確かに、配偶者が被る精神的苦痛は、不貞関係が解消されるまでの間、これを不可分一体のものとして把握しなければならないものではなく、一方の配偶者は、不貞関係を知った時点で、不貞の相手方に慰謝料の支払を求めることを妨げられるものではないから、慰謝料の消滅時効は、不貞関係を知ったときから進行すると解するが相当である。そして、Xは、平成18年11月3日には、AとYが男女関係にあったことを知り、さらに、一旦は男女関係が解消されたと信じたとしても、平成19年8月7日、再度、AがYと男女関係を継続していたことを知ったのであるから、同日以前の男女関係にかかる損害賠償請求権は、すでに消滅時効が完成していると認められるが、同日以降も男女関係が継続していたことを知ったのは、平成22年8月7日と認められるから、平成19年8月7日以降の男女関係については、本件訴訟における慰謝料算定に加えるべき事実というべきである。

これに対し、⑱東京地方裁判所平成15年3月27日は、ＡＹ間の不貞行為が昭和57年から続き、Xがその全容を知ったのが平成9年であり、Xが訴えを起こしたのが平成14年であったという事案において、次のとおり述べて消滅時効の完成を認めてXの請求を棄却した。

Xは、遅くとも、Aがその経営する○○工事を閉鎖してから約3年が経ち、XとAが将来の二世帯住宅の話をして、それに関する資金の融通を依頼した平成9年中にはYとAの婚姻外の肉体関係の全経緯を知っていたものと推認でき、損害及び加害者を知っていたものと認められ、これに反する証拠はない。そうすると、Xがこれを知ったと思われる平成9年から本訴提起前6ヶ月の平成13年10月までに3年以上が経過していることは顕著な事実であり、Yが本件口頭弁論において、消滅時効を援用する旨の意思表示をした事実も顕著であるからYの消滅時効の主張は理由がある。

これは、本件において、ＸＡが平成13年11月に離婚しており、上記分類で言えば離婚型であるものの、離婚した当時にすでにＸが不貞の事実を知ったときから3年を経過していたことも考慮に入れたためではないかと思われる。

(iv) 最高裁の立場と合致しないと思われる裁判例

また、335東京地方裁判所平成21年9月25日は、XA間の婚姻関係の破綻した時点をもって不貞慰謝料請求権の消滅時効の起算点としているが、XA間の婚姻関係の破綻の有無は、不法行為の成否の問題であって、消滅時効の問題ではないから、このような考え方は妥当ではなかろう。

4 民法724条の「被害者が損害を知った時」の解釈

また、民法724条の「被害者が損害を知った時」の意味については、㉗東京地方裁判所平成24年6月19日は、最高裁判所第三小法廷平成14年1月29日判決（民集56巻1号218頁）が、「同条にいう『加害者を知った時』とは、加害者に対する損害賠償請求が事実上可能な程度な状況のもとに、その可能な程度にこれを知ったときを意味するものと解するのが相当である」と判示したことを引用しつつ、Xにおいて加害者（Y）の住所氏名を知った時点が消滅時効の起算点であるとした（加害者の住所氏名さえ分かればその者に対して提訴することが可能となる）。

また、279東京地方裁判所平成19年9月28日は、XがAの養育費不払に対し、給与を差し押さえるべくAの戸籍謄本を取り寄せ、そこで初めてAの不貞相手がYと判明したのであるから、それまでは消滅時効は進行しないとしている。そして、137東京地方裁判所昭和56年1月28日も、XがYの生んだAの子に対する認知の事実を取り寄せた戸籍謄本によって知ったという事案において、Xがこの戸籍謄本を取り寄せた時点をもって消滅時効の起算点としており、同趣旨であると思われる[58]。

5 時の経過に関するその他の問題点

なお、消滅時効そのものではないが、Aの死亡後2年有余経過後にXがYに対して提起した慰謝料請求訴訟を権利濫用として許されないとした裁判例として、124大阪高等裁判所昭和53年9月29日は、「XがYに対し、Aが

---

58 ⑽東京地方裁判所平成26年5月15日は、AとYの子らがXに対して親子関係不存在確認の申立を行った事案であるが、ここでも、その子らがAとYの子であることを知った時点をもって消滅時効の起算点とした。

死亡してから２年有余も経ったときに、今更のごとく、こと改めて、本件損害賠償請求をなすことは……本件における諸事情、並びに消滅時効制度の趣旨に照らし、権利の濫用にわたるものとして許されないとするのが相当である。」と判示した。

また、❸❷⓪東京地方裁判所平成21年６月４日も「本件訴えは、Ａとの裁判上の和解による離婚で一旦紛争の解決をみてから約２年後に提起されたものであること、その提訴の動機として、Ａが養育監護する長女との面接交渉がなかなか実施されないことへの不満があること」と判示し、時の経過を慰謝料の減額事由として考慮していることが窺われる。

6　まとめ

こうしてみると、不貞行為に基づく慰謝料請求権は、消滅時効の期間が短期であるし、提訴が遅れるとその事実により、慰謝料請求自体が認められなくなったり、慰謝料の減額事由として考慮される可能性もある以上、Ｘとしては可及的すみやかに訴えを提起すべきということになろう。

以上のとおり、不倫訴訟における消滅時効に関する問題点は多い。

そして、これまで不倫訴訟における請求原因と抗弁について簡単にまとめておくと、ＸがＡＹ間の不貞行為が不法行為を構成すると主張するために、ＡＹ間の不貞行為の存在、Ｙの故意・過失、損害（因果関係を含む）などを主張・立証（請求原因）すると、Ｙはそれに対する抗弁として、ＡＹ間の不貞行為がＸＡ間の婚姻関係が破綻した後に行われたものであること（❶❻❽最高裁判所平成８年３月26日）や消滅時効の完成等を主張することによって、不法行為責任を免れようとすることになる。もちろん、ＹがＡＹ間の不貞行為自体の存在を否定して争うことも多いが、これは抗弁ではなく否認である。

第8章

原告の再抗弁（特段の事情）

1　総説

⑱最高裁判所平成８年３月26日によれば、ＸがＡＹ間の不貞行為の立証に成功しても、Ｙにおいて、その不貞行為以前にＸＡ間の婚姻関係が破綻していることの立証に成功すればＹは不法行為責任を免れることができる。ただし、そこには下記のとおり「特段の事情のない限り」という限定が付いており、Ｘにおいてその「特段の事情」の立証に成功すれば、仮にＡＹ間の不貞行為以前にＸＡ間の婚姻関係が破綻していたとしても、ＸのＹに対する慰謝料請求は認められることになる。

> Ｘの配偶者Ａと第三者Ｙが肉体関係を持った場合において、ＸとＡとの婚姻関係がその当時既に破綻していたときは、特段の事情のない限り、ＹはＸに対して不法行為責任を負わないものと解するのが相当である。

2「特段の事情」の意味と想定事例

⑴　問題の所在

それでは、この「特段の事情」というのは具体的にどのような事情なのであろうか。これは非常に困難な問題であり、⑱最高裁判所平成８年３月26日自体もその内容について明確にしていない。ただ少なくとも言えることは、これはあくまでも特別で例外的な事態であるから、よほどの事情がないと認められないということである。

先に、Ｙ側の「婚姻関係の破綻」の主張・立証がなかなか認められにくいということを解説したが、それと同様もしくはそれ以上にこの「特段の事情」をＸにおいて主張・立証することは難しい。

この「特段の事情」に該当するかどうかが問題となりうる事例として、田中豊は次のような場合を挙げ、問題を提起している（判解民（平成８年度）250頁）。それは、ＸＡ間の婚姻関係の破綻に原因を与える行為をしたＹが、ＸＡ間の婚姻関係が破綻した後にＡと肉体関係を持った場合、ＹはＸＡの婚姻関係破綻後の行為についても不法行為責任を負うのかという問題である。言い換えると、例えば、ＹがＸＡ間の婚姻関係が破綻していない段階でＡとの交際を始め（第１不貞行為）、それによりＸＡ間の婚姻関係が破綻し、Ｙはその後もＡとの交際をやめずに続けた場合（第２不貞行為）、その交際を続けた行為（第２不貞行為）について不法行為が成立するのかという問題である。

⑵　特段の事情肯定説

まず、「ＸＡ間の婚姻関係破綻後にＹがＡと不貞行為を行った場合にはＹは不法行為責任を負わない」という判例法理（これは不貞慰謝料請求訴訟における一種の公式とも言える。）をこのケースに形式的に適用するならば、ＹとＡとの最初の交際（第１不貞行為）には不法行為が成立するが、破綻後のＹとＡとの交際（第２不貞行為）は不法行為は成立しないということになるだろう。

しかしながら、この判例法理は、いわば暗黙のうちに、ＸＡ間の破綻の原因がＹとは無関係な事情・事象（例えば、ＸのＡに対する暴力、子の教育方針や金銭感覚の違いによる不仲等）となっていることが前提となっていた。したがって、ＸＡ間の破綻の原因が当初の不貞行為の当事者であるＹによって引き起こされ、かつその後もそのＹ自身がＡと肉体関係を持った場合には、この第２不貞行為に関するＸからの不貞慰謝料請求に対してＹが「ＸＡ間の婚姻関係は破綻していたではないか」と主張して、破綻後の不貞行為についての責任を免れるのは明らかに不合理であるとも言える。そして、このように考えるならば、上記のような事例がまさに⓲最高裁判所平成８年３月26日がいう「特段の事情」が認められる事例と考えることが可能となろう（特段の事情肯定説）。

⑶　特段の事情否定説

他方において、ＸＡ間の婚姻関係が破綻した後には、Ｘには婚姻共同生活の平和の維持という、保護される権利又は法的保護に値する利益があるとはいえないというのがこの判例法理のまさに根幹をなしている。しかしながら、上記見解（特段の事情肯定説）によると、ＸＡ間の婚姻関係が破綻した場合のＸには、すでにそのような権利又は法的保護に値する利益は存在しないはずであるにもかかわらず、その破綻の原因を作った者との関係では未だそのような権利等が残っているということになる。すなわち、保護される権利等が相対化されてしまう（Ｘの権利等が加害者が誰であるかによってあったりなかったりすることになる）という難点が残ることになる。このように考えると、この事例においても「特段の事情」は認められず、原則どおり、ＸＡ間の婚姻関係破綻後のＹとＡとの交際については不法行為は成立しないということになる（特段の事情否定説）。

実は、この事例はすでに消滅時効の説明をした際に出てきている。129頁の模式図図18（a）を前提に説明すると、これは離婚型の消滅時効の起算点を解説したものである。この図において、線分ＴＲに相当するＡＹ間の交際に不法行為が成立するかという問題が上記の事例なのである。

3「特段の事情」に関する裁判例

(1) ⓱東京地方裁判所平成10年7月29日と⓳東京高等裁判所平成10年12月21日の考え方

そして、この「特段の事情」に関する問題について、前記⓱東京地方裁判所平成10年7月29日は「本件の場合は、ＡとＹの不貞行為ないし同棲関係の継続によるＸの精神的苦痛による慰謝料請求権であるところ、右不貞行為ないし同棲関係が不法行為となるのは、ＸとＡの婚姻関係が破綻するまでである」と述べている。したがって、この裁判例は上記特段の事情否定説に立ち、ＸＡ夫婦間の婚姻関係破綻後のＡＹの交際には不法行為は成立しないと考えていることが分かる。

これに対して、本判決を破棄した控訴審判例（⓳東京高等裁判所平成10年12月21日）は、この点について、「Ｘの本件慰謝料請求は、単にＹとＡとの肉体関係ないし同棲の違法を理由とするものではなく、ＹとＡとの肉体関係ないし同棲の継続によって、最終的にＡとの離婚をやむなくされるに至ったことにより被った慰謝料の支払をも求めるものであるところ、……ＹとＡとの肉体関係ないし同棲の継続により右離婚をやむなくされ、最終的に離婚判決が確定したのであるから、離婚に至らしめたＹの右行為がＸに対する不法行為となるものと解すべきである」と判示した。これを読む限り、ＸＡ破綻後にＹがＡとの関係を続けた行為についても不法行為の成立を認めており、その結論だけを捉えれば上記特段の事情肯定説を採ったかのようにも思えるが、この高裁判例は、さらに続けて「なお、平成8年3月26日第三小法廷判決は……事案を異にし、本件に適切でない」とし、結局、本件を上記特段の事情の有無の問題とはしなかった。

いずれにせよこの問題は難しく、上記田中豊も結論として「両説ありうるところである」としているし、樫見由美子もこの問題について「今後の裁判例の集積を待ちたい」という（「婚姻関係の破壊に対する第三者の不法行為責任について——最高裁昭和54年3月30日判決以降の実務の軌跡を中心として——」（金沢法学49巻2号208頁））。

⑵　⓱⓹東京高等裁判所平成12年11月30日の事案

その後、この特段の事情の有無が直接争点となった裁判例としては、⓱⓹東京高等裁判所平成12年11月30日がある。この事案を概説すると、ＡＹ間の最初の不貞行為について、ＸがＹに対して不貞慰謝料請求訴訟を提起し、これについての400万円の認容判決が出されそれが確定した後に、ＹがＡとの交際を続けたこと（「本件肉体関係」）がさらなる不法行為に該当するとして、ＸがＹに対して再度不貞慰謝料請求訴訟を提起したものである。その事案の詳細は以下のとおりである。

> Ｘ（昭和19年2月生）は会社員として働いており、昭和58年8月、看護婦をしていたＡ（昭和33年1月生）と婚姻し、長女及び二女の二子をもうけ、昭和63年1月に横浜市泉区の一戸建住宅に転居して同所に居住していたが、その後Ａとの夫婦仲が悪化し、Ａは、Ｘと寝室を別にするようになり、平成4年3月ころにはＸに対して離婚を申し入れた。しかし、Ｘはこれに応じなかった。内装業を営むＹ（昭和22年8月生）は、昭和63年ころにＸ方の内装工事をしたことからＡと知り合い、自己に妻子があったものの、平成4年6月ころにモーテルでＡと最初の肉体関係を持ち、以後これを継続していたが、Ａは、その後、不貞が発覚するのを恐れる気持ちも加わって、同年8月、子らを連れてＸ方を出て、

横須賀市田浦町の借家に転居した。Yは、その後も、援助を求めるA方に出入りしてAと肉体関係を継続していた。Aは、Xとの別居後、夫婦関係調整（離婚）の調停を申し立てたが、不調に終わったため、平成8年、Xに対し離婚訴訟を提起した。

横浜地方裁判所は、平成9年11月、Aが有責配偶者であることを理由にその請求を棄却する判決を言い渡し、この判決は確定した。

Yは、その間及びその後もA方に出入りしてAと肉体関係を持っていた。Xは、平成9年10月、Yに対し、Aとの不貞行為により婚姻関係が破綻したとして600万円の損害賠償請求訴訟を提起し、一審横浜地方裁判所は、平成10年8月、YがAとの不貞行為を継続したことによりXとAとの婚姻関係を破綻させたとして400万円の支払いを命じる判決を言い渡したが、これに双方が控訴した。

二審東京高等裁判所は、平成11年5月25日に終結した口頭弁論に基づいて、同年8月、双方の控訴を棄却する判決を言い渡し（前訴）、第一審判決が確定した。

右控訴審判決は、XとAとの婚姻関係は少なくとも平成4年に入ったころには既に円満であったとはとうていいえない状況にあったが、AとYとの不貞行為により右婚姻関係は決定的に破綻するに至ったものであると認定している。Yは、前訴の口頭弁論が終結した平成11年5月25日以降もA方に出入りしてAと肉体関係を持っていた（以下、これを「本件肉体関係」という）。Aは、この間の同年12月、他所に転居した。現在、AはXとの離婚を強く望んでいるが、Xはこれに応じる意思がない。

4　⑰⑤東京高等裁判所平成12年11月30日の判旨

この事案において、上記⑰⑤東京高等裁判所平成12年11月30日は次のように判示しXの請求を棄却した[59]。

59　なお、⑲③東京地方裁判所平成15年8月29日も上記「特段の事情」の有無については特に言及しないまま、XA間破綻後のAY間の関係について不法行為は成立しないと述べている。

Ｙが平成11年５月25日以降もＡ方に出入りしてＡと本件肉体関係を持っていたことがＸに対する不法行為を構成するか否かについて検討するに、『甲の配偶者と第三者丙が肉体関係を持った場合において、甲と乙の婚姻関係がその時既に破綻していたときは、特段の事情のない限り、丙は甲に対して不法行為責任を負わない』ものである（最高裁第三小法廷平成８年３月26日判決・民集50巻４号993頁）。前記認定の事実によれば、Ａは平成４年８月にＸ方を出てＸと別居を開始し、平成８年には離婚訴訟を提起しており、平成11年５月25日当時においてはその別居期間は６年９か月に及んでいたこと、Ａは右離婚訴訟で敗訴した後もなおＸとの離婚を強く望んでおり、両者の年齢は、平成11年５月25日当時においてＸが55歳、Ａは41歳であったこと等が認められ、これによれば、ＸとＡとの婚姻関係は遅くとも平成11年５月25日までには完全に破綻していたものと認められるから、そうとすれば、本件肉体関係はＸとＡとの婚姻関係が完全に破綻した後のものであって、ＹはＸに対して不法行為責任を負わないものというべきである。

もっともＹは、ＸとＡとの婚姻関係を決定的に破綻させた不貞行為の相手方であり、その相手方であるＹが婚姻関係を破綻させた後もなお継続してＡと肉体関係を持っている場合において、Ｙがそれについて不法行為責任を負わないとしてよいのか、本件肉体関係については前記最高裁判決のいう『特段の事情』があるといえるのではないか、との疑問もあるが（前訴判決は、ＸとＡとの婚姻関係が平成９年10月（訴えの提起時）ころまでには破綻していたと認定し、Ｙはその破綻に至るまでのＡとの肉体関係について損害賠償責任を負うべきであるとしている）、しかし、そもそも、婚姻関係が完全に破綻した後においてはもはやそこには法律によって保護すべき婚姻共同生活の平和の維持という利益又は権利は存しないのであるから、そうとすれば、たとえＸとＡとが戸籍上は夫婦としての形骸が残っているとしても、Ｘにおいて、Ａ及び第三者に対して、婚姻共同生活の平和を乱さないことを要求する利益又は権利はもはやないものというべきであり、Ｙに不法行為責任を負わせないことが信義則に違背し著しく正義に反すると認められるような例外的な場合に初めて『特段の事情』があると解すべきである。そして、〈1〉いわゆる有責配偶者であっても一定の条件が充たされれば離婚請求をすることができるところ、本件において、平成11年5月25日ころにはAとXとの別居期間は前記のとおり既に6年9か月に及んでいて、その間の未成熟子も13才と16才に達していたこと等を勘案すると、AがXに再度離婚請求をすることが全く許されないわけではないと考えられること、〈2〉また、XとAとの婚姻関係は少なくとも平成4年に入ったころには既に円満であったとはとうていいえない状況にあったのであるから、右婚姻関係の破綻については、AとYとの不貞行為が唯一の原因であるとか、あるいは、専らYに責任があるとはいえないこと、等を考慮すると、YがAとの間で持った本件肉体関係についてはなお前記の『特段の事情』がないものというべきである。

よって、Xの請求を棄却した原判決は相当であるから本件控訴を棄却する。

5　⑰⑤東京高等裁判所平成12年11月30日の意義

この裁判例は、結論として平成8年3月26日の判例法理をそのまま適用し、同最高裁が述べた「特段の事情」が本件では認められないとして、Xの請求を棄却した。ただし、この裁判例は、上記「特段の事情」が、「Yに不法行為責任を負わせないことが信義則に違背し著しく正義に反すると認められるような例外的な場合に初めて」認められるものであること、及び、その具体的な例として、XA間の婚姻関係の破綻について、㋐「AとYとの不貞行為が唯一の原因である」場合とか、㋑「専らYに責任がある」場合であることを明示したことに大きな意義があると言える。

しかし、前述したように、夫婦関係の破綻原因は内的・外的原因など多種多様であることからすると、Xが実際の訴訟において当該事案が上記㋐、㋑の場合であることを立証することは非常に困難ではないかと思われるし、本件の事案ですら「特段の事情」が否定されるのであれば、「特段の事情」が認められる事案というのはなかなか想定しがたいのではないかと思われる。

第９章

慰謝料の算定方法と算定要素

第１節　問題の所在

本章では、ＡＹ間の不貞行為に不法行為が成立してＸのＹに対する不法行為（民法709条）に基づく不貞慰謝料請求権が認められるとして、その金額をいかにして算定するのか、またその算定に当たって裁判所はどのような事情を考慮しているのか、また考慮すべきなのかということを検討していきたい。

本書の冒頭で説明した夫（男子）貞操義務判決（⑩大審院昭和２年５月17日）が「他ノ女カ男ニ妻子アルコトヲ知リテ情交ヲ通シ之ト同棲シタルハ妻ノ権利ヲ侵害シタルモノニ外ナラスシテ、妻ハ其ノ権利ヲ侵害セラレタルノ救済トシテ相当ノ慰藉料ヲ請求シ得ルモノトス」と判示しているとおり、不貞行為には民法上の不法行為が成立し、その場合ＸはＹに対して、「相当ノ慰藉料ヲ請求シ得ル」ことになるが、その「相当ノ慰藉料」とは一体どのようにして決められるのだろうか。

ここでは被害者の被った精神的苦痛を慰謝するための慰謝料額の算定が問題となる。しかしながら、精神上の苦痛（民法710条）は、本来金銭に換算できない性質のものであるから、慰謝料額の算定についての絶対的な基準はない。

第２節　慰謝料算定の具体的要素

そこで、従前の裁判例では、裁判所が諸般の具体的事情を斟酌して算定する事例が多い。

■諸般の具体的事情

1 XとAの身分関係等
(i) 年齢 (ii) 婚姻期間(結婚式の日、婚姻届出の日) (iii) 子の年齢及び養育状況 (iv) 学歴 (v) 職業・地位 (vi) 収入 (vii) 資産の有無、額
2 AがYとの不貞(情交)関係が始まった時点でのXとAとの夫婦関係
(i) XAは婚姻関係か内縁関係か婚約関係か (ii) XとAの夫婦関係が円満であったかどうか。 (iii) 事実上破綻していたか (iv) 事実上破綻とは言えないまでも相当程度冷却していたか (v) 同居か別居か (vi) Xも別人と不貞関係にあったか。
3 AとYとの不貞関係が始まった経緯
(i) Yが婚姻の意思があると偽りAに言い寄った (ii) AがYに「Xとは離婚する」と告げYがこれを信じた (iii) Aが自らに妻(夫)子があることをYに告げなかった。 (iv) Yが積極的にAを誘惑した (v) Aが上司と部下の関係を利用してYに言い寄った。
4 AとYとの情交関係の内容
(i) 期間・回数 (ii) AとYのいずれが主導的であったか。 (iii) AとYが同棲していたか、AがYの住居を借り受けたりしていたか。 (iv) AとYとの間に子が生まれたか、Aは認知をしているか。 (v) YがAの本妻(本夫)として振る舞っていたか。
5 XがAとYとの不貞関係を知ってからの態度
(i) XがYに対してAとの関係を絶つよう申し入れたか (ii) XがAに対してYとの関係を絶つよう申し入れたか (iii) AやYがXに対して「今後交際しない」などという念書を交付しているか (iv) XがAに対して離婚することを申し入れたか。 (v) XはAを許しているか。 (vi) XのYに対する報復行為の有無、内容 (vii) XがYを提訴するに至るまでの期間・事情
6 AとYとの不貞関係によってX・A夫婦及び子に与えた影響
(i) XとAは離婚したか (ii) XA間が悪化した原因がAYの不貞行為以外にもあるか (iii) 離婚したとしてその内容は(財産分与及び慰謝料等の内容) (iv) 子の親権者・監護者
7 Yの身分関係等
(i) 年齢 (ii) 配偶者・子の有無 (iii) 学歴 (iv) 職業・地位 (v) 収入 (vi) 資産の有無、額

そうすると、ここでの「諸般の具体的事情」を明らかにしないと適正な慰謝料を決めることができないことになるが、その事情をできる限り列挙すると概ね次のようになるだろう（前頁の表「諸般の具体的事情」は竹田國雄「名古屋家事調停会報」９号２頁以下を参照し、筆者がまとめたものである）。

上記の事情が慰謝料算定の判断資料になりうるとしても、それが増額事由なのか減額事由なのか、また、それを判断資料とすること自体の当否自体や個々の判断要素としての軽重の程度等も検討しなければならない。

この点については、上記各項目をいくつかのグループに分けた上で、これまでの裁判例を紹介しながら解説する[60]。

1　当事者の学歴・職業・地位・収入・資産の有無・額等

(1)　過去の裁判例の傾向

これらの事情は、昭和40年代までの裁判例では、慰謝料算定の直接の事情として考慮されることが多かった。

例えば、㊳鳥取地方裁判所昭和27年８月13日は、当事者双方の所有資産を明らかにした上で慰謝料の額を算定している。

> そこで慰藉料の額について按ずるにＸ及びＡが共に小学校卒業程度の学歴を有し初婚であることは当事者間に争なく、Ｘ家は不動産として宅地26坪及び木造藁葺居宅１棟を有し、Ｘの父は日雇人夫であり、母は鮮魚の行商を営みその収入は一ケ月約１万円であるが、Ａ家は田６反３畝余畑２反１畝余の外宅地167坪及び居宅を有する農家であることが認められるので以上の事実と前認定の離婚事情とを綜合して考量すればＡがＸに支払うべき慰藉料は金３万円を相当と思料する。

㊿津地方裁判所昭和32年11月８日も、慰謝料の算定に当たって当事者の学歴や社会的地位に注目していることが分かる。

60　判時1174号74頁は、「従前の裁判例によると、一般に不法行為による第三者の責任の範囲、慰謝料額の算定に当たって斟酌すべき事情としては、当事者双方の社会的地位、第三者の資力、不貞行為当事者の積極性の強弱、不貞行為前後における夫婦間の親疎の状況、被害配偶者の苦痛の程度であり、また不貞行為の回数・期間・同棲の有無などの態様、子の出産の有無、婚姻破綻か円満継続中かなども考慮されている」と指摘している。

> Xがと20年間に亘つて婚姻生活を継続して来た事実、Xが小学校卒業の学歴を有し、現在旅館業を経営している事実、Aが実科女学校卒業の学歴を有し、現在は実兄の経営するタオル工場で働き、収入もさほど多くはない事実、AがXと婚姻中、Xより虐待を受けたことが屡々あつた事実、Yが中等学校卒業の学歴を有し、本件姦通行為が行われた当時は、製箱業を営み、○○百貨販売株式会社の専務取締役に就任しており、又○○高等学校PTA会長等の公職についていたこと、そして現在は堺市において店員をしている事実、本件姦通行為がなされた時期、態容等、諸般の事情を総合して考えれば、右慰藉料の額は金10万円を以つて相当と認める。

㉜東京地方裁判所昭和47年3月18日も同様である。

> 現在、Xは無職であり、Aは月当り給料2万円位のところに勤務している。Yは、現在も○○建設株式会社に籍を置いて、前記のとおり同社営繕工事部の責任者をしている。Aらは遅くとも昭和41年1月19日には不貞な関係にあり、且つそのことがXとAの関係を最終的に破綻に至らしめた原因であること、一方YがAに夫がいることを承知のうえで不倫な関係を結んでいたことは明らかである。そうするとYらの右の行為はXの夫としての権利を共同して侵害したと認められるので、Yらはそれによって Xの蒙った精神的苦痛に対する慰藉料を連帯して支払わなければならない。ところでその額について勘案するに、前認定のとおり、XとAとの結婚生活の実態、その年令、収入等の事情、その他本件不貞行為の形ならびにA、Yの収入等の諸般の事情を考え合わせると、金80万円をもって相当と認められる（なお、請求額は300万円である（筆者注））。

(2) 近時の裁判例の傾向

しかしながら、近時の裁判例では、当事者の収入や社会的地位、学歴などを慰謝料算定の考慮事情に直接には入れないことが多い。これはむしろ当然のことであって、例えば、社会的地位のある者とそうでない者が行う不貞行為には何ら差異はないはずであり、また所有資産の有無・多寡という事実自体によって慰謝料の額が増えたり減ったりするということに合理性があるとは思えないからである。

この点に関連して、⑰東京地方裁判所平成23年12月28日も、「Ｘは、慰謝料額の算定においてＹの現在の役職（社会的地位の高さ）や財力を考慮すべきであると主張するが、これらのＹの属性に関する一般的事情は、上記不法行為によりＸに生じた精神的苦痛とは無関係であるから、慰謝料額の算定において考慮することはできない」と判示している。

これに対して、弁護士に対するアンケート結果では、ＸとＹの資産、収入、職業等は慰謝料の算定要素となると考えている弁護士が多いようである（二宮周平ほか「貞操概念と不貞の相手方の不法行為責任」ジェンダーと法10号103頁）。

(3) 当事者の職業が考慮される場合

ただし、現在でも、当事者の職業が慰謝料の増額事由として考慮されたと思われる裁判例もある。

◎Ｙが精神科医の事例

⑱東京地方裁判所平成13年8月30日は、Ｙが精神科医でＡがその患者という事案であり、次のように述べた上でＹに対して400万円もの高額な慰謝料の支払いを命じた。

> 本件の本質は、配偶者の不貞行為の相手方に対する損害賠償請求なのではなく、心を病む配偶者の治療を託した精神科医に、常識外の裏切られ方をした患者の親族による慰謝料請求事件なのである。Ｙは、この点につき、陳述書において、Ａ子がＹを誘った時点ではＡ子の症状は回復していたから病気の影響はなく、したがって、自分が誘惑に負けたことは自分の精神科医としての責任とは無関係である旨主張しているが、Ａ子の症状が改善されていたとしても、現にＡ子に対する治療を継続していたのはＹ自身であり、Ａ子がＹの患者であったことに何ら変わりはないのであって、Ｙの主張は余りに自己に都合の良い身勝手な理屈というほかなく、到底採用できるものではない。第三者はともかく、Ｘが、Ｙの医師としての資格を云々するのも当然の気持ちというべきである。Ｙが、精神科医というある意味で人の心の問題の専門家でありながら、これをＸによる強迫あるいは慰謝料を吊り上げる手段としてしか捉えるこ

とができず、過度に利己的な自己弁護とX批判に終始し、本件を、自己の医師としての資質とは無関係なことと言い切るその態度は、極めて遺憾であるというほかない。少なくとも現時点では、本件を精神科医として総括し、反省し、今後の自己の専門家としての責務を全うしていくかについて、その思索のほどを明らかにしてしかるべきであろう。

◎Yが弁護士・Aがその元依頼者の事例

㉔①東京地方裁判所平成19年2月27日は、Yが弁護士でAがその元依頼者という事案であり、次のように述べYに対して慰謝料300万円の支払を命じた。

Yは、平成6年の離婚交渉後もA子に好意を持ち、個人的にサポートするなど、その不満の相談にも乗っていたところ、…A子の心がXから離れていく過程で、親密な関係になっていったものと認められる。婚姻関係の破綻についてはX自身の問題点もあるにせよ、Yはひとたびは Xの紹介で○○や関連企業の支配権争いに関し民事保全事件、訴訟事件を受任するなどしており、その信頼を裏切る行為といわざるを得ない。

この2つの裁判例は、AYの不貞行為によってXとの信頼関係を害する程度が、Yの職業の内容によって著しく増加していると考えていると評価できるであろう。

また、Aが弁護士でYがその事務員という事例もある（386東京地方裁判所平成22年5月13日)。しかしながら、この裁判例では、AがYの上司であるとの指摘をしているだけで、Aが弁護士であるという事実自体は慰謝料の算定に反映されていない。また、94東京地方裁判所平成25年8月20日は、AとYのいずれもが弁護士という事案であったが、これについても上記と同様であり、職業が弁護士という事実自体を慰謝料の額の算定には直接反映させていない。

◎Xが税理士・Aが公認会計士の事例

323東京地方裁判所平成21年6月17日は、Xが税理士、Aが公認会計士で、XがAとYの双方を訴えたという事案である。この事例において、裁判所は結論としてA及びYに対して300万円の慰謝料の支払い（不真正連帯債務）を命じたが、その判断要素として、「Ｘは、自ら税理士として稼働しており、自立した経済力を有していること」、及び「Ａは、公認会計士として稼働しており、相当の資力を有しているものと考えられること」を挙げている。

いうまでもなく、Ｘが税理士であることは慰謝料の減額事由であり、Ａが公認会計士であることは慰謝料の増額事由として考慮されている。しかしながら、これは前記Ｙが精神科医や弁護士の事案とは異なり、直接職業の種類や資産の多寡に注目しており、先に紹介した昭和40年代ころまでの裁判例と基本的には同じ思考方法を採っているという意味において、妥当とは思われない。また、(339)東京地方裁判所平成21年10月28日もＹの資力を慰謝料算定の考慮事情としていることが窺われる。

◎ＡがプロXX騎手・Ｙがタレントの事例

また、珍しい職業としては、Ａがプロ騎手、Ｙがタレントという事案もある（(338)東京地方裁判所平成21年10月21日）。この事案では、ＡがＸと離婚するに当たってＡがＸに対して１億円の解決金を支払うとの合意があり（そのうち3375万円は支払い済み）、この合意には本件不貞行為に関する慰謝料を多分に含むものであったと認定されている。その上で、ＸのＹに対する慰謝料請求は200万円の限度で認容された。その慰謝料の算定要素として、「Ａは、高額の収入のある○○○競馬会のプロ騎手であり、Ａの離婚によってＸが被った経済的な不利益は著しく大きいものと考えられる」と指摘されている。

この事案も上記Ａが公認会計士の場合と同様の思考方法に基づいていると思われる。

◎当事者の学歴

今日の裁判例では、当事者の学歴は不法行為の成否及び慰謝料の額には影響しないと理解されていると思われる。

なお、古い裁判例、例えば(38)鳥取地方裁判所昭和27年8月13日、(50)東京地方裁判所昭和31年11月20日、(57)津地方裁判所昭和32年11月8日などは、当事者が「小学校卒業程度の学歴」を有していたことを指摘しているが、その趣旨は必ずしも明らかではない。おそらくその程度の学歴があれば

「不貞行為が悪いことであることは分かるはずだ」という意味合いなのかもしれない。

2　不貞（情交）関係が始まった時点でのXとAとの夫婦関係

(1)　内縁の場合

まず、XA間が夫婦関係である場合と内縁関係や婚約関係にある場合とで慰謝料に差があるのだろうか。

XAの関係が内縁関係であった事案として㉛⑮東京地方裁判所平成21年5月13日があり、「XとAの夫婦関係は事実婚にすぎなかったから、XのAに対する貞操請求権の権利性は、法律婚におけるそれに比して低いものにとどまるというべきである」という。この裁判例は、内縁関係の権利性を相対的に低く見ている点に特徴があるが、XのAに対する貞操請求権を保護法益と見ている点は気になるところである。

❸⑦⓪東京地方裁判所平成22年2月25日も、「そもそもXとAの関係は婚姻届することに障害は見当たらないにもかかわらず、内縁関係のまま止まっている」とし、これを慰謝料の減額事由として考慮している。

また、❹⑯東京地方裁判所平成22年10月28日の事案は、XAがいわゆる重畳的内縁関係であった。重畳的内縁関係というのは、Xに正妻BがいてAがXとの間で内縁関係にある場合をいう。この事例においても、裁判所は「内縁関係の相手に法律婚の配偶者があり、重婚に類する状態になっている場合に、その解消を待つ側の心情ないし行動として尤もな面があるので、内縁関係の要保護性といった意味で斟酌すべき」と判示しており、ここでも内縁関係の要保護性が低いという前提に立っていると評価できる。

これらとは逆に、❹④①東京地方裁判所平成23年1月25日は、XA間の内縁関係が8年続いていることを指摘し、これを減額事由とは評価していない。⑤⑥東京地方裁判所平成25年1月29日も欠席判決ではあるものの、XA間の内縁関係を特に考慮に入れていない。

それでは、XA間が内縁関係の場合におけるAY間の不貞に基づいてYがXに対して負う慰謝料は、XA間が婚姻関係の場合と比べて減額すべきなのであろうか。

上記㉛⑮東京地方裁判所平成21年5月13日は減額する立場に立っているようであるが、ここで考えなければならないのは、最高裁判所大法廷が平成25年9月4日に非嫡出子の相続分を嫡出子のそれの2分の1とする民法900条4号但書前段の規定を憲法14条に反し違憲であるとの判断を下した（民集67巻6号1320号）こととの整合性である。つまり、この最高裁の判断によれば、嫡出子と非嫡出子との差別が認められなくなった以上、法律婚と法律婚以外の男女の関係（内縁関係を含む）との差別も認められないのではないかとの疑問が生じるからである。

この点について筆者は、現行民法が法律婚を前提とした規定を置いている以上、ＸＡ間が内縁関係の場合には、それが法律婚である場合に比べて、慰謝料額が低くなることは必ずしも不合理ではないと考えるが、ここは当然異論もあろう。

また、㊷㉒東京地方裁判所平成22年11月30日は、「ＸとＡの結婚生活は同居を伴わないものであったこと」を慰謝料の減額事由として考慮している。同じ婚姻関係においても、同居している場合とそうでない場合とでは差があるということなのだろう。

⑵　婚約の場合

ＸＡ間の関係がいわゆる婚約の関係であった場合はどうか。なお、内縁関係の当事者間において婚約の合意がある場合には内縁関係と婚約が重なることになる。

(i)　大審院判例について

この点については、すでに❻大審院大正8年5月12日が下記のとおり判示し、ＸのＹに対する慰謝料請求自体が可能であることを認めている。

> ＹハＸカ訴外Ａ女ト婚姻ノ予約ヲ為シ婚礼ノ式ヲ挙ケ事実上ノ夫婦関係ヲ持続セルコトヲ知リナカラＸノ不在ニ乗シテＡ女ト私通シ一子ヲ挙ケタルモノトス故ニＹハＸヲシテ右私通以前ノ状態ニ於テＡ女ト婚姻ヲ為スコトヲ得サラシメＸノ婚姻ヲ為スコトヲ求ムル権利ヲ害シタルモノト謂フヘク之カ為メニＸハ其品位声誉ヲ傷ケラレ精神上ノ苦痛ヲ受ケタルモノト認メ得ラレサルニアラサルヲ以テ原裁判所カＸハ斯カル損害ヲ

被リタリト認メＹニ対シ慰藉料ノ支払ヲ命シタルハ相当ナリ。

(ii) 婚約当事者間において裁判となる場合

また、62佐賀地方裁判所平成25年2月14日では、婚約者の一方であるＸがＡに対して、その不貞行為を理由に、㋐新婚生活のために購入した家具・電化製品、新居への引越費用（総額約130万円）、㋑結婚式費用（約90万円）、及び慰謝料200万円等の損害賠償請求を認容した。

> Ｘと Ａは、婚約が成立したのであるから、正当な理由のない限り、将来結婚するという合意を誠実に履行すべき義務を負っているから、それぞれ婚約相手と異なる人物と性的関係を持たないという守操義務を負っていたというべきところ、Ａは婚約成立後、Ｙと性的関係を持ち、しかも、結納後も、Ｙに対し性的関係を持つことを執拗に求めていたのであるから、婚約相手であるＸのＡに対する信頼を裏切ったことは明らかである。Ｘが、Ａの不貞の事実を婚約中に知ったのであれば、Ａとの婚約を破棄し、結婚式を挙げることはせず、新婚生活を送るために準備もしなかったであろうこと、さらには、Ａの不貞により多大な精神的苦痛を被るであろうことは当然に予見し得たというべきである。そうすると、Ｘは、婚約中のＡの不貞を理由にして、不法行為に基づき、相当因果関係にある損害として、……損害の賠償を求めることができるというべきである。

30東京地方裁判所平成24年7月26日も、ＸＡの婚約当事者間の訴訟であり、ＸのＡに対する結納金や慰謝料の賠償義務を認めたものの、次のように判示して過失相殺を認めた。

> Ｘと Ａは、本件婚約成立時まで約1年間の交際を経ていたものの、互いに相手方の年齢、婚姻しているかどうか、婚約した場合の将来の婚姻の具体的成立や婚姻生活の具体的内容等を確かめないまま、安易に本件婚約を成立させていると認めざるを得ないのであり、当時のＸＡ間の年齢や社会的経験等を考慮すると、これは軽率極まりないものであり、ＸＡ間の本件婚約が実を結ばず、破綻したのは、Ａの異性関係が主なものであることは否定し得ないものの、この点も破綻の一因になったものとみられる。以上によれば、本件婚約を破綻させたことについてのＡの責

任割合は、全体の8割と評価するのが相当であり、残りの2割については、X自身によるものと解するのが相当である。

ただし、これらの裁判例は、あくまでも婚約当事者間での裁判であり、XはAのみを訴えYを訴えてはいないので、Yに対しても訴えた場合に裁判所がどのような判断を下したかは不明である。しかしながら、理論的には、YもAの不法行為に加担したもの（共同不法行為者）としてAと同様の責任を負わされる可能性もある。この点については後述する。

また、XA間が婚約関係であることが慰謝料の額の算定においてどのように考慮されているかについても不明である。一般論としては、XA間が婚姻関係である場合と異なり、不貞訴訟における保護法益たる婚姻共同生活自体が未だ存在していないのであるから、婚姻関係である場合と比べて慰謝料は減額されるべきではないかと考える。この点に関連して、❸⓼⓪東京地方裁判所平成22年4月14日は、婚約当事者間の訴訟であるが、「XとAとの婚約関係は、法的保護の必要性が低い」と判示しているのが注目される。

⑶　XA間の婚姻期間の長短

(i)　総説

一般的にはXA間の婚姻期間の長短は賠償すべき慰謝料の算定要素として考慮されており、婚姻期間が長いと慰謝料の額も増加すると考えられる。

その一方で、多くの場合、XA間の愛情というのは、婚姻初期（当然ながらその前段階も含む）が最も大きく、その後、徐々に低減していくものであり、そう考えるとむしろ婚姻期間が短い段階での不貞行為の方がXの被る精神的苦痛もそれだけ大きくなるのではないかとも考えられる。

しかしながら、実際の裁判例では、XA間の婚姻期間が短い場合、それは慰謝料の減額要素として考慮される傾向にある。家庭内の平和というのは、一朝一夕に構築されるものではなく、婚姻期間が長く続くことにより安定し強固になっていくと考えられているからであろう。このことからしても、不貞訴訟における保護法益は、XA間の愛情（貞操請求権や貞操信頼権）そのものではなく家庭内の平和と考えるのが合理的なのである。

(ii)　XAの婚姻期間が短いと判断された裁判例

裁判例の傾向としては、XA間の婚姻期間が概ね3年以下の場合には慰謝料の減額要素として考慮されうると言える。

例えば、㉚東京地方裁判所平成20年10月3日は「本件不貞行為が開始された当時、ＸとＡの婚姻関係が約2年半程度にすぎなかったこと」、㉚東京地方裁判所平成21年3月27日は「ＸとＡとの婚姻期間が3年余りと比較的短かったこと」、㊱東京地方裁判所平成22年2月3日は「ＸとＡの婚姻期間は、ＹとＡの不貞関係が始まった平成17年2月でいまだ3年を経過していなかったこと」、㊹東京地方裁判所平成23年2月24日も「ＸとＡとの婚姻関係は約1年9箇月」と述べ、これらを慰謝料の減額事由として考慮していることが窺われる。

(iii) **ＸＡの婚姻期間が長いと判断された裁判例**

他方において、㉑東京地方裁判所平成16年2月19日は、「Ａとの約19年に及ぶ婚姻関係の破綻を余儀なくされたＸの精神的苦痛は想像に難くない」と言い、⑳東京地方裁判所平成24年3月29日は、「Ｙが遅くとも平成20年2月8日に不貞関係を結び、その後も不貞関係を継続したことにより、平成5年ころ以降長期間にわたり続いたＸとＡの円満な婚姻関係は、遅くとも平成20年12月16日に破綻し、これにより、Ｘが相当の精神的苦痛を受けたことは想像に難くない」と述べており、約15年の婚姻期間をもって「長期間」と評価している（その他、⑰仙台地方裁判所平成13年3月22日の事案では婚姻期間が33年以上、㉘東京地方裁判所平成19年10月17日の事案では婚姻期間が20年を超えていると認定されている）。この点については異論はないであろう。

(4) 不貞行為開始時にＸＡ間の婚姻関係が円満であったか否か

⑯最高裁判所平成8年3月26日が述べるとおり、そもそもＡＹの不貞行為が始まった時点でＸＡの婚姻関係が破綻していれば、Ｙには不法行為は成立しない。しかしながら、裁判所はその「破綻」の認定を容易には行なわず、不法行為の成立を認めた上で、ＸＡ間の婚姻関係の状況を慰謝料の減額事由として考慮するという扱いをすることが多い。

したがって、例えばＸにも不貞相手（愛人）がいた場合には、これはＸＡ間の婚姻関係が円満でなかったことの一事情となり、慰謝料の減額事由として考慮されることになるだろう。この点に関連して、⑳東京地方裁判所平成

24年３月29日は、「Ｘは、Ａと婚姻後の平成３年10月ころ、他の女性と親密な関係になったことがＡに発覚し、Ａに対し二度と他の女性と親密な関係にならないことを確約したにもかかわらず、平成20年６月ころには、……Ａ以外の複数の女性……と親密な関係になり、これがＡに発覚するに至っており、このことをＸとＡの婚姻破綻の一因になっていることは否定することができない」として、かかる事情を慰謝料の減額事由として考慮している。

また、㉛東京地方裁判所平成24年７月31日も、「Ｘ自身、Ａに対する不貞行為を行っており、Ａがこれを許したと言っても、Ｘの同行為によるＡの心痛も大きかったことは推認されるのであり、これによるＡのＸに対する不満や不信がＡとＹとの不貞行為につながったことは容易に推認される」として、これも慰謝料の減額事由として考慮している[61]。

(5)　その他

その他、ＸＡ間に未成熟の子がいるということも慰謝料の増額事由になるが、この点については既に説明したとおりである。

(i)　ＸＡ間に浮気を了承する誓約書がある場合

ＸＡ間の事情として、珍しい事案と思われる裁判例として❷⓪❶東京地方裁判所平成16年２月19日がある。この裁判では、ＸがＡと婚姻するにあたり、Ａの浮気を了承する旨の誓約書を差し入れていたことを理由に、Ｙの責任が軽減されるとの主張が認められるか否かが争われた。

上記裁判例は、この点に関し、「本件誓約書は、Ａが結婚を切望するＸの弱みに付け入り交付させたものであり、Ｘの真意を反映したものとは解されず、その内容も、婚姻当時にあらかじめ貞操義務の免除を認めさせるものであって、婚姻秩序の根幹に背馳し、その法的効力を首肯し得ないばかりか、社会的良識の埒外のものである」と判示して、慰謝料の減額事由として考慮しなかった。

(ii)　ＡがＸに対して十分な生活費を支払わない場合

また、❸①⓪東京地方裁判所平成21年４月８日は、ＸがＡとＹの双方を訴え

61　これらの裁判例とニュアンスを異にするものとして、⑪④東京地方裁判所平成26年７月４日があり、「ＸとＡの生活が、一般的な夫婦関係よりも共同性が希薄であったとしても、主にＡの都合ないし責任であって、慰謝料減額の要素とはならない。」と判示した。

た事案であるが、AがYとの不貞関係が深まるにつれてXに対して十分な生活費等を渡さなかったという事情から、Xが「精神的に極めて辛い日々を送り、また、その間の経済的困窮も著しいものであったことは、想像に難くない」と判示し、この事情をYとの関係でも慰謝料の増額事由として考慮している。

ただし、この裁判例は、本来渡すべきであった生活費等の額そのものを慰謝料に上乗せしているのではなく、XがAから生活費等を渡されなかったことに基づく精神的苦痛に対応する慰謝料として考慮されているにすぎない。

(iii) AがXに対して養育費を支払わない場合

これに関連して、AがXに対して決められた養育費を支払わないという事情が慰謝料の増額事由として考慮されたものとして❸⓰東京地方裁判所平成21年5月13日があり、「Aは、平成17年9月29日にXと離婚した際、長女の養育費として、長女が成人に達するまで毎月8万円をXに支払う旨約したにもかかわらず、Aが実際に支払った金額は月額3万円にすぎなかったばかりか、Aは、Xが本訴を提起した後、正当な理由もなくその支払を履行していない。これらの事情に照らせば、XはYの不法行為により多大な精神的苦痛を被っただけではなく、極めて逼迫した経済状態に置かれる至ったことが明らかである。」と判示している。

これらの裁判例があることから分かるように、一般的に裁判所は不誠実な態度をとる者に対しては厳しいのである[62]。なお、AがXに対して養育費の請求をしないことが、XがYから受領すべき慰謝料の減額事由になるかという問題点について、❸④⑦東京地方裁判所平成21年11月26日はこれを否定した。

3　AとYとの責任の差の有無・程度

(1)　問題の所在

---

[62]　この不誠実な態度として、その他に考えられる例は、不貞行為の開始時期についてYが虚偽の事実を述べたということが挙げられる。⑩③岐阜地方裁判所平成26年1月20日も同様の事案で慰謝料の増額を認めている。

ＡＹ間の不貞行為が始まる経緯及び不貞が始まった後の情交関係における双方の関係についてはそれこそ千差万別であり、個々の事件によっても異なっているが、例えば、職場の上司であるＡがその部下であるＹを誘ったことがきっかけで始まり、情交関係においてもＡの側から誘うなど積極的であることが少なくない。すると、ＹがＸから不貞慰謝料請求訴訟を提起された場合、Ｙとしては、すんなり自己の責任を認めることはできず、自ずから自己の防衛本能が働きこの経緯について触れざるを得なくなる。つまり、「自分はＡとの不貞行為に積極的ではなかったのだから、自分は悪くなく悪いのは自分を誘ったＡである」との言い分である。

そして、実際の不貞慰謝料請求訴訟の裁判例を見てみると、Ｙからその趣旨の反論がなされることが非常に多い。例えば、「自分はＡから誘われ断われなかった」、「自分はＡに対して終始従属的であった」等の類の主張である。このような主張がなされた場合、裁判所はこれをどのように扱っているのか、また扱うべきなのかということをここで考えてみたい。

そもそも、過去の裁判例においては、❽❸鳥取地方裁判所昭和44年３月31日のように、Ａの側が積極的であることを理由にＹの不法行為責任それ自体を否定した裁判例すら存在していた（なお❾❼横浜地方裁判所昭和48年６月29日も参照）。その後、この考え方は❶❷❾❶❸⓿最高裁判所昭和54年３月30日によって実質的に否定され、かかる事情はＹの不法行為責任自体を否定するための事情にはならないことは明らかになっている。

そうすると、ここでの問題は、不貞行為の開始時点ないし不貞行為の継続中の局面においてＡが積極的であったという事情が、Ｙの責任それ自体を否定するための理由にはならないにしても、せめてＹの責任を軽減するための理由にはならないかという点である。

⑵　ＡとＹの責任の関係（不真正連帯債務）

前述したとおり、不貞行為に基づく慰謝料請求訴訟において、ＡとＹはＸとの関係において共同不法行為者の関係に立ち、両者の負う責任はいわゆる不真正連帯債務である（❶❻❻最高裁判所第一小法廷平成６年11月24日）。そして、共同不法行為においては、いわゆる「一部実行全部責任」という原則が働き、加害者は不法行為の一部にでも加担すれば原則として発生した結果全部について責任を負うべきということになる。したがって、この考え方を前提にすれば、AとYとの間には責任の軽重はなく、Aが積極的であったという事情は少なくともYがXに対して賠償すべき慰謝料を減額する事由にはなり得ないということになる。

その一方で、前に紹介した⑭東京高等裁判所昭和60年11月20日は、一般論として「合意による貞操侵害の類型においては、自己の地位や相手方の弱点を利用するなど悪質な手段を用いて相手方の意思決定を拘束したような場合でない限り、不貞あるいは婚姻破綻についての主たる責任は不貞を働いた配偶者にあり、不貞の相手方の責任は副次的なものとみるべきである。けだし、婚姻関係の平穏は第一次的には配偶者相互間の守操義務、協力義務によつて維持されるべきものであり、この義務は配偶者以外の者の負う婚姻秩序尊重義務とでもいうべき一般的義務とは質的に異なるからである。」と明快に述べている。

そして、この考え方を前提にすると、まず一般論としてAとYの責任は質的に異なりYの責任は副次的なものなのであるから、当該事案においてAが積極的であったという事情は、なおのことYが賠償すべき慰謝料の減額事由として考慮するべきであると思われる。

以上を前提にこれまでの裁判例を見てみると、この問題についていずれの処理をするかは裁判所・裁判官によって一様ではないことが容易に分かる。

(3) Ⅰ説に立つ裁判例

まず、前者の見解（便宜上これを「Ⅰ説」という）を採っていると思われる裁判例を紹介すると以下のとおりである。

㊽東京地方裁判所昭和32年11月11日

> Yは、YとXの妻Aとの不倫の所為はAの誘惑によって生じたものであり、且つXは目下病気療養中であり、Aの種々策謀により退職のやむなきに至ったものであるから、この事実は慰藉料の算定につき斟酌せられるべきものであると主張するが、かかる事実はAに対する関係としてはともあれ、XのYの慰藉料請求に対しては斟酌せられるべき事由とはならない。

⑳東京地方裁判所平成16年4月23日

そもそも、ＹとＡとの不貞行為は、双方によるＸに対する共同不法行為を構成するものであるから、ＡとＹとのどちらにより重い責任があるかを議論する実益はないものというべきである。

㉑東京地方裁判所平成18年3月31日

不貞行為による損害賠償請求は、第三者が婚姻共同生活に介入して、夫婦としての実体を有する婚姻共同生活の平和の維持（安定と継続）を破壊に導くような違法行為について不法行為の成立を認めるものであり、不貞行為は、一方配偶者と第三者とのいずれが欠けても行うことができないものであること、また一方配偶者と第三者のいずれも、自らの意思においてその関係を絶つことができる性質のものであることに鑑みると、第三者（Ｙ）の責任を副次的なものとみることはできない。

㉓東京地方裁判所平成18年6月12日

Ｙは、Ｙの損害賠償責任について、第二次的、補充的なものにすぎないなどと主張するが、Ｙの行為がＸに対する不法行為を構成することは多言を要しないところであり、ＸとＡとの離婚や慰謝料額の決定を待たなければＹの負担すべき慰謝料額を決定し得ないものではないことはいうまでもない。

㉖東京地方裁判所平成19年7月25日

ＹとＡのいずれが不貞行為について積極的であったか否かは、両者が共同不法行為の関係にある以上、これまた斟酌すべき事情とはいえない。

㊷東京地方裁判所平成22年12月9日

本件不貞関係は、ＡとＹいずれか一方の暴力その他相手方の意思を制圧する不当な手段により開始されたなどといった事情が窺われない以上、ＡとＹとの相互的な働きかけと受容の結果として開始され、維持されたと見るほかない。そうである以上、Ｘとの関係では、ＡとＹとは等しく共同不法行為責任を負うべきものであり、いずれがより積極的であったかを確定する意義は乏しいというべきである。

⑩岐阜地方裁判所平成26年1月20日（㊹東京地方裁判所平成23年2月21日も同旨）

Y とAは共同不法行為者であり、不貞の主導者が誰かという事情は共同不法行為者間の内部求償における問題であるから、慰謝料額と直接関係しない。

また、㉔③東京地方裁判所平成19年3月19日、㉔⑧東京地方裁判所平成19年4月16日はいずれも、XがAとYの双方を訴えた事案において、AとYが賠償すべき慰謝料額を150万円として差をつけなかった。

㉛⓪東京地方裁判所平成21年4月8日も同様にAとY双方に対して800万円の慰謝料の支払いを命じた。

そして、㊴⑥東京地方裁判所平成22年7月15日は、当該事案に即して、AとYのいずれか一方が他方を誘惑したとは評価できないので両者の責任はほぼ対等なものであったと認定した。

⑤東京地方裁判所平成23年5月30日は、「Yは、Aとの交際は、Aが執拗に言い寄ったことによって始まったものである旨主張するが、そのような事情は、AとYとの内部負担の調整ないしYからAへの求償の際に問題になることであって、Xとの間での賠償額を左右するものではないというべきである」と判示した。

⑧⑨東京地方裁判所平成25年6月26日も「共同不法行為者間の責任割合の問題は、被害者に対する賠償責任を否定ないしは軽減するものではない」と判示している。

これらの裁判例は、Yの責任をAのそれと基本的に差異がないと見ており、上記⑭⑨東京高等裁判所昭和60年11月20日の採る立場を採用していないことが分かる。

結局、このI説に立った場合は、当該不貞慰謝料請求訴訟において、AY間の不貞行為においてAとYのいずれが積極的であったのかという事情自体は基本的にYがXに対して賠償すべき慰謝料の算定要素にならないということになり、具体的な訴訟においてYがこのような主張を行ってもそれはいわゆる主張自体失当（法的に見て意味のない主張）ということになる（I説によれば、このような事情はAY間の内部的な求償関係における求償割合において問題になりうるにすぎないと考えていることになる。）。

⑷　Ⅱ説に立つ裁判例

これに対して、後者の見解、すなわち上記東京高等裁判所の立場と同じように、Ｙの責任をＡとの比較において副次的と見て、Ａが積極的であった等の事情を単にＡＹ間の求償関係の局面にとどまらずＹがＸに対して賠償すべき慰謝料額の減額事由として考慮している裁判例も以下のとおり数多くある（便宜上この見解を「Ⅱ説」という）。

まず、⑳大阪地方裁判所昭和43年２月22日は「Ａも夫であるＸについての不満をしばしば勤め先の会社の上司、同僚等に告げ、Ｙとの関係を継続するについてむしろ自らも積極的な態度を示すなど、夫や子どものある者として著しく軽率であった」と指摘し、これを慰謝料の減額事由として考慮している。

そして⑲東京地方裁判所平成15年11月26日は次のとおり述べる。

> 婚姻関係の平穏は、第一次的には配偶者相互の守操義務、協力義務によって維持されるべきものであり、配偶者以外の者の負う婚姻秩序尊重義務ともいうべき一般的義務とは質的に異なるから、不貞についての主たる責任は、原則として不貞を働いた配偶者にあり、不貞の相手方の責任は副次的なものというべきである。また、具体的な不貞行為について、不貞行為を行った配偶者の関与がその相手方との関係で、より積極的であった場合には、違法性が減ずるものというべきであり、具体的慰謝料の額の算定の上で考慮すべきである。

㉔東京地方裁判所平成19年２月26日も同様である。

> 多様な生き方や多様な男女関係のあり方が展開されている現代社会では婚姻という男女の結びつきもかつてのような一義的なものではありえず、婚姻のあり方も多様化することを止めることはできない状況にあって、婚姻当事者の人格の独立性やそれに基礎をおく性についての自由意思の尊重が志向されているところである。このような状況に鑑みれば、婚姻関係の平穏は第一次的には、自らの意思で選択した相手である配偶者相互間での守操義務、協力義務の遵守によって維持されるべきものであり、不貞あるいは婚姻関係破綻についての主たる責任は不貞を働いた配偶者にあるというべきであって、不貞の相手方が悪質な手段を用いて、

> 不貞配偶者の自由な意思を拘束したなどの特段の事情が存在する場合を除き、不貞の相手方の責任は、不貞を働いた配偶者の責任に対して副次的なものにとどまるというべきである。

その他、【127】東京地方裁判所昭和54年1月31日、【196】東京地方裁判所平成15年11月6日、【286】東京地方裁判所平成20年6月17日、【320】東京地方裁判所平成21年6月4日、【330】東京地方裁判所平成21年7月23日、【453】東京地方裁判所平成23年3月23日、(39)東京地方裁判所平成24年11月22日、(64)東京地方裁判所平成25年3月11日及び(99)東京地方裁判所平成25年10月21日もほぼ同旨である。

なお、(99)東京地方裁判所平成25年10月21日は、「ＸがＡを宥恕しているにもかかわらずＹのみを訴えるのは権利濫用である」とのＹの主張は認めていない。さらに【176】仙台地方裁判所平成13年3月22日は、「ＡＹらの有責性の程度（特に、ＡはＸに対して配偶者としての貞操義務を負っている）」を指摘し、【422】東京地方裁判所平成22年11月30日は「一般に不貞行為はその相手方よりも配偶者の方が責任が重いと言える」、【455】東京地方裁判所平成23年3月28日は「このような不貞について第一に責任を負うべきなのは、Ｘの配偶者でありながらＹと不貞に及んだＡであり、Ｙの責任は副次的なものというべき面がある」、【426】東京地方裁判所平成22年12月9日は「ＸとＡの婚姻関係が破たんした最も大きな原因は、なによりもＸの配偶者でありながらＸに対する貞操義務を顧みずにＹとの間で不貞を働き、さらに積極的にＹとの関係にのめり込んだＡの不道徳な行いにあるというべき」等と各判示している。

これらの裁判例は、明らかにⅡ説に立脚していると考えられる。

(5)　Ⅰ説とⅡ説との対比とその問題点

このように、Ⅰ説に立つ裁判例とⅡ説に立つ裁判例の両者を対比して読んでみると、これらがみな同じ東京地方裁判所等で下された判決なのかと思うほどに、両者は180度考え方が違うということが分かる。

そして、ここでの大きな問題は、このⅠ説とⅡ説のいずれが正当なのかという問題もさることながら、この論点に関する裁判所自体の判断が定まっていないということなのである。例えば、ＡＹ間の不貞行為においてＡが積極的であったという事案を処理するに際し、ある裁判官はⅠ説に立ち、この事情を慰謝料の減額要素とはしない一方、別の裁判官はⅡ説に立ち、この事情を慰謝料の減額事由として考慮する結果、両者の間では慰謝料の具体的な金額に差が生じ得るということである。そして、この訴訟の委任を受けた弁護士にとっては、Ｙ側から依頼を受けた場合にはⅡ説に立つ裁判官の方が有利であるし、逆にＸ側から依頼を受けた場合にはⅠ説に立つ裁判官の方が有利である。

憲法第14条が保障する「法の下の平等」の最低限の要請は、法の内容が平等であること以前に、法が国民に対して平等に適用されるということであり（法適用の平等）、まさにそれこそがいわゆる「法の支配」の根幹をなすとも言いうる。しかるに、この不貞行為に基づく慰謝料請求訴訟においては、その根拠条文たる民法709条が国民に対して平等に適用されているのかということが、これら一連の裁判例を見る限り疑わしい。

⑹　Ⅱ説を前提としたその他の裁判例

不貞慰謝料請求訴訟の裁判例の中には、上記Ⅱ説を前提に、「Ｙが受動的であった」、「Ａが積極的であった」、「Ｙが積極的とはいえない」（これらはみなＹの賠償すべき慰謝料の減額要素である）こと等を指摘しているものが目立つ（なお、当然のことながら、仮に上記Ⅰ説に立つのであれば、ＡとＹのいずれが積極的であったか等ということはそもそも問題にする必要がないのであるから、このような指摘をする裁判例は、その前提としてⅡ説に立脚していると評価できる。）。

(i)　Ｙが受動的であったことを指摘する裁判例

「Ｙが受動的」であったことを慰謝料の減額事由として考慮しているものとして、㊹東京地方裁判所平成23年２月21日「ＡとＹとの交際は、Ａが持ちかけたものであり、Ｙの立場は受動的なものであった」等がある。また、㊴東京地方裁判所平成23年１月25日は、「当該期間の交際はＹにとって自分の希望を聞き入れずに自宅に訪問してくるＡを受け入れるという受動的消極的なものであったと認められる」と判示し、Ｙの行為に違法性を認めることができないとしてＸの請求を棄却している。

(ii)　Ａが積極的・主導的であったことを指摘する裁判例

「Aが積極的・主導的」であったことを慰謝料の減額事由として考慮しているものとして、㉝東京地方裁判所平成24年8月29日、⑬東京地方裁判所平成25年3月28日、⑰東京地方裁判所平成25年4月15日等をはじめとして以下の裁判例がある。

161東京地方裁判所平成4年12月10日

YとAとの関係は、職場における同僚であるが、AはYの上役にあったものであって、YにおいてAの自由な意思決定を拘束するような状況にあったものとは到底認められず、……むしろ、右両名が不倫関係に至り、これを継続した経緯においてはどちらかといえばAが主導的役割を果たしていたものと認められる。

206東京地方裁判所平成16年8月31日

本件不貞行為については、その期間は比較的短いが、いずれもAが積極的に誘ったものであり、Aが主導的役割を果たしている。

300東京地方裁判所平成21年1月19日

このような不貞の継続について第一に責任を負うべきなのはXの配偶者でありながら積極的にYに働きかけたAであり、Yの責任は副次的なものというべきである。

312東京地方裁判所平成21年4月16日

Aの方から相当程度積極的にYとの不貞の関係を望んだ経緯がうかがわれる。

317東京地方裁判所平成21年5月28日

AのYに対する送信メールを見ると、Aが積極的にYを誘ったことをうかがわせるのであって、営業社員であるAと派遣社員としてAの配下にあるYの関係に照らすと、AとYが男女の関係になったことについては、YよりもAの責任の方がはるかに大きいと見るべきである。

340東京地方裁判所平成21年10月29日

AとYとの交際が継続したことについては、Aが積極的であったこと、及びYはAからの暴力や仕事に関する圧力を受けていた。

361東京地方裁判所平成22年1月27日

Aが主導的な役割を果たしたものであり、Yは専ら従属的な立場にあったものというべきである。

❸⓻⓪東京地方裁判所平成22年２月25日

　不貞関係の形成にはＹに比してＡの方がより積極的に働きかけている。

❸⓻⓵東京地方裁判所平成22年３月４日

　ＹとＡとの関係は、Ａの主導によるものである。

❸⓽⓪東京地方裁判所平成22年６月24日

　ＸとＡとの婚姻関係が破たんした責任は、何よりもＸの配偶者でありながらＸに対する貞操義務を顧みずにＹとの不貞な交際に及ぶことに躊躇しなかったばかりか、積極的にそれに突き進んだＡにある。

❹⓶⓵東京地方裁判所平成22年11月26日

　ＹがＡに妻子がいることを知った後にＡに交際をやめることを申し出たがＡからＸ署名捺印済みの離婚届を示されて不貞に当たらないと強く交際を求められた。

(iii)「主たる責任はＡにある」旨指摘する裁判例

「主たる責任はＡにある」ことを慰謝料の減額事由として考慮している裁判例として、❹⓸⓽東京地方裁判所平成23年３月17日「本件不貞関係は、主としてＡのＹに対する詐言を原因としている」、⑤①東京地方裁判所平成25年１月18日「Ｙは、Ａから、いずれＸと離婚すると言われて不貞関係を継続してきており、不貞行為を長期間にわたって継続したことの主たる責任はＡが負うべきであると考えられる」等がある。

(iv)　Ｙが積極的・主導的とはいえないことを指摘する裁判例

「Ｙが積極的・主導的とはいえない」ことを慰謝料の減額事由として考慮している裁判例として、❷⓺⓸東京地方裁判所平成19年７月31日「Ｙが９歳年上であるＡに対して積極的に誘惑したとは考えにくい」、❹⓪⓺東京地方裁判所平成22年９月９日「Ｙは、Ａとの不倫関係を自ら積極的に始めたものではない」、❹⓪⓼東京地方裁判所平成22年９月13日「Ｙが、Ａとの不貞関係において主導的役割を果たしたと認めるに足りる証拠はない」、⑩⓪東京地方裁判所平成25年12月４日「Ｙから積極的にＡを誘ったとまでは認められない」等がある。

(v)　その他Ａの落ち度を指摘する裁判例

その他、㊻東京地方裁判所平成21年11月26日「ＹがＡと不貞に至ったのは、Ａから、ＸＡ夫婦の関係につき、虚実をないまぜにしたもっともらしい説明を受けたことが原因であり、Ｙがかかる説明を信じたとしてもやむを得なかったような事情も窺える」、⓰東京地方裁判所平成22年10月28日は「現在もまだ紛争を解決できない責任はすべてＡにある」と述べ、これもＹの慰謝料の減額事由として考慮されている。

(vi)　**Ｙが積極的である等と指摘する裁判例**

以上とは逆に、「Ｙが積極的であった」とか「Ｙが消極的とはいえない」として、Ｙの慰謝料の増額事由（ないしは減額しない事由）として考慮したことが窺われる裁判例として、③東京地方裁判所平成23年5月19日「ＹはＡが虚偽の離婚届を提出するに際して積極的に荷担するなど……ＡとＸとの婚姻関係に積極的に介入する行動をとっており……」、㉘東京地方裁判所平成20年6月17日「ＹがＡに対して不貞な交際を肯定する内容のメールを送り、積極的に関係を求めている」、㉙東京地方裁判所平成20年12月5日「Ｙに積極性があると認める」、⑯東京地方裁判所平成25年9月12日「Ａとの関係を維持するに当たってＹも積極的に振る舞っていたといえる」等がある[63]。

(vii)　**まとめ**

以上のとおり、不貞行為の開始時点ないし不貞行為の継続中の局面においてＡが積極的であったという事情等をＹがＸに対して賠償すべき慰謝料の算定要素（減額要素）とするべきか否かについてⅠ説とⅡ説との対立があり、それぞれの裁判例を紹介した。

両説いずれが理論的に正当なのか否かはにわかには決しがたいものの、筆者としては、㋐一般論としてこの種の訴訟における原因を作り出しているの

63　なお、⑯東京地方裁判所平成25年3月18日は、「ＡＹは、いずれもその交際について積極的な姿勢を示していることもうかがわれる」とし、⑱東京地方裁判所平成25年3月21日も、「ＡＹの不貞行為はいずれかが主導したといったものではなく、相互に積極的に関与したものというべき」と判示した。これらの事例では、ＡＹのいずれがより積極的とは言えない以上、慰謝料の増減事由にならないという趣旨と思われる。逆に言えば、これらの裁判例も暗黙のうちにⅡ説に立っているものと評価できるだろう。Ⅰ説に立っているならば、そもそもこのような指摘をする必要もないからである。

はＹではなくＡであることが多いこと、㋑⓮東京高等裁判所昭和60年11月20日がＡとＹのそれぞれ負う責任の性質が異なることを述べており、その違いを慰謝料の額にも反映させるべきことや、㋒学説が述べるように、この種の訴訟には種々の弊害もあり賠償額はできる限り名目額に抑える必要があると考えられること等からするとⅡ説が妥当なのではないかと考える。

また、Ⅱ説の理論的根拠については、樫見由美子「婚姻関係破綻に対する第三者の不法行為責任について」（金沢法学49巻2号179頁）が示唆しているように、最高裁判所第一小法廷昭和51年3月25日民集30巻2号160頁が示した、いわゆる被害者側の過失の理論を援用する法律構成が綺麗であると思われる。

この見解は、不貞行為という共同不法行為を上記夫婦が同乗する自動車の交通事故（これも共同不法行為である）と同じと見立てた上で、加害者の一方が被害者の配偶者であるという点に共通点を見いだし、被害者側の過失という考え方を不貞慰謝料請求訴訟にも類推するのである。

このように見てくると、Ⅰ説は、不法行為制度の制度趣旨である「被害者救済」を強調するのに対し、Ⅱ説は、不法行為制度のもう一つの制度趣旨である「損害の公平な分担」を強調していると理解することが可能である。

ただし、筆者が見た限り、不貞慰謝料請求訴訟において、この被害者側の過失の理論を正面から使って慰謝料を減額した裁判例は見あたらなかった。しかしながら、将来的にはそのような裁判例も出されるのではないかと思われる。

いずれにせよ、この論点については、下級審判例がそれぞれ異なる判断を下しており、法的安定性が害されているので、今後上級審において統一的な判断が下されることを期待したい。

⑺　具体的な事案の処理方法

さて、仮にⅡ説が妥当であるとして、ＡＹ間の不貞行為においてＡが積極的であった事案を具体的にどのように処理するべきかということを次に考えてみたい。

ⅰ　具体例とＡとＹの求償関係

例えば、ＸがＡとＹ双方に対して不貞慰謝料請求訴訟を提起した場合を考える（なお、ＸＡ夫婦間の固有の問題である財産分与・養育費等の問題は別論で

図19　XがAとY双方に訴訟を提起した場合

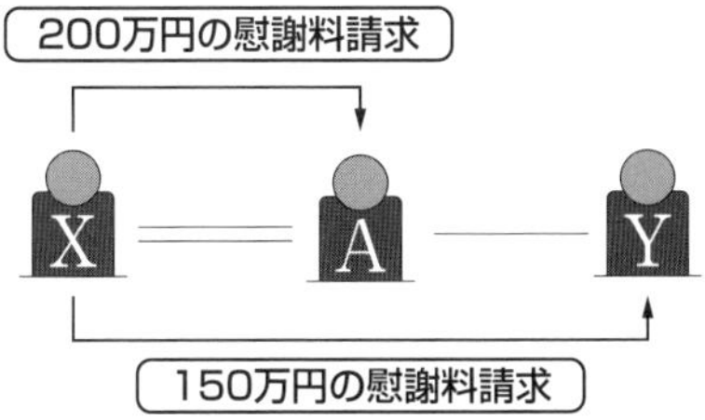

ありここでは考慮しない。純粋に不貞慰謝料のみがここでの問題である)。仮にXが被った精神的苦痛に伴う慰謝料が200万円であるとすると、基本的にAはXに対して200万円を支払えという判決が下されることになる。

他方、Yについては、Ⅱ説に立つ限りここからAが積極的であったという事情を減額要素として考慮することになる。そして、その減額分が仮に50万円だとするとYに対しては150万円を支払えという判決が下されることになる。したがって、AはXに対して200万円、YはXに対して150万円の慰謝料を支払う義務があり、両者が重なる150万円の限度で不真正連帯債務の関係に立つということになろう(図19参照)。

これをXから見れば、XはAに対して200万円、Yに対しては150万円を請求できるが、Xが受領できる上限は200万円であり、それを超えて受領した場合にはXの不当利得になる。

その結果、仮にYがXに対して150万円を支払った場合には、YはAに対して75万円を求償できるし、逆にAがXに対して200万円を支払った場合には、50万円についてはそもそも自らが単独で負っている債務であり求償の問題は生じないため、Yに対してやはり75万円を求償できるにとどまることになる。

他方、この事例において、YがXに対して75万円を支払ったにすぎない場合には、Yは自己の負担割合分を支払ったのみであるからAに対して求償することはできないことになる(㊇東京地方裁判所平成25年6月19日もこれと同様の考え方である。)。

また、㉛東京地方裁判所平成25年4月24日は、XとAとの間で離婚慰謝料を180万円と定めているという事案において、XのYに対する慰謝料請求権を150万円と認定し、両者が部分的に重なり合う150万円の限度で不真正連帯債務になるとした。そして、この事案において既にAがXに対して80万円を支払い済みであったため、その80万円の充当関係については、まずＡが単独で負っている債務（30万円分）に充当され、残り50万円が150万円の不真正連帯債務に充当されることになる結果、ＹがＸに対して負う債務は100万円になると判示しており、参考になる裁判例である。

往々にして、ＸＹ間の不貞慰謝料請求訴訟の結果、ＡＹ間の関係がおかしくなり、Ｘに対して支払うべき慰謝料をＡＹのいずれが払うのか、一方が払ったのに他方がその求償に応じないなどの二次的な紛争がＡＹ間で起こり、さらにこれが訴訟に発展することにもなりかねない（これが本書17頁図２で示した「当事者の基本的関係図」のⅦの問題である。）。そのような事態に備えておくために、この判決の時点でＡＹの負担割合を予め裁判所が決めておくことは相応の意味があると考えられる。

(ii)　ＸがＡ・Ｙの双方を訴えた場合

実際の過去の裁判例を見てみると、ＸがＡとＹの双方に対して不貞慰謝料請求訴訟を提起することは比較的珍しく、Ｙのみを訴える事例の方が多いが、ＡとＹの双方を訴えた場合においては、Ⅰ説の立場に立ちＡとＹに対して同額の賠償を命じる裁判例が目立つ。先に紹介した㉔㉓東京地方裁判所平成19年３月19日と㉔㉘東京地方裁判所平成19年４月16日は、いずれもそのような処理をしている。

これに対して、先に紹介した⑰⑥仙台地方裁判所平成13年３月22日は、Ⅱ説を前提にＡに対しては慰謝料として500万円、Ｙに対しては300万円の支払を命じている。ただし、この判決文の主文において、この両者の債務の関係（不真正連帯債務）が明示されていない点は気になるところである[64]。

(iii)　ＸがＹのみを訴えた場合

（イ）　Ⅰ説に立つ裁判例とその問題点

以上が、ＸがＡとＹの双方を被告として不貞慰謝料請求訴訟を提起した場合であるが、ＸがＹのみを被告として不貞慰謝料請求訴訟を提起した場合も同様であると考えるべきである。すなわち、この場合もＸが被った精神的苦

64　⑪④東京地方裁判所平成26年７月４日は、Ａに対しては300万円、Ｙに対しては200万円（200万円の限度で連帯責任）の支払いを命じた。同裁判所は、Ａの慰謝料の方が多額である理由として、Ａには有責配偶者として離婚に伴うＸの精神的苦痛を慰謝する義務があることを指摘している。

痛に伴う慰謝料額を算定し、そこからAが積極的であった事情等を減額要素として考慮して、最終的にYが負担すべき慰謝料を命じれば良いと解する(先に図19で示した事例でいえば、Yに対して150万円の支払を命じることになる)。

これに対して、先に紹介した㉓東京地方裁判所平成18年6月12日はⅠ説に立つことを前提に、「Yは、Yの損害賠償責任について、第二次的、補充的なものにすぎないなどと主張するが、Yの行為がXに対する不法行為を構成することは多言を要しないところであり、XとAとの離婚や慰謝料額の決定を待たなければYの負担すべき慰謝料額を決定し得ないものではないことはいうまでもない」と判示している。また、同じくⅠ説に立つ⑩岐阜地方裁判所平成26年1月20日が「YとAは共同不法行為者であり、不貞の主導者が誰かという事情は共同不法行為者間の内部求償における問題であるから、慰謝料額と直接関係しない」と述べていることは疑問である。要するに、Ⅰ説では、Xに対してAとYの負うべき慰謝料の額には差がないことが前提になっているから、このような考え方に至るのであろう。

しかしながら、Ⅱ説が妥当とする立場からは、このような処理の仕方には疑問が残る。また、上記裁判例の処理に従うとすると、AYの求償割合を定めないまま判決が下されることになり、AY間の求償問題がその後に残ってしまうことになる。そのような問題が後に残らないようにしておくためにも、この時点での判決の中で不貞の主導者が誰であるかということ(つまり、AとYとの責任割合)を裁判所が判断しておいた方が良いし、その判断自体はさほど困難なこととは思えない。この点に関連して、⑮東京地方裁判所平成25年4月11日は、「YはAに対する慰謝料等の請求訴訟を予定し、本件訴訟において認められた損害賠償責任についても、Aに対し求償訴訟を行うことが予想される」ことを認定し、これを慰謝料の減額事由として考慮していることが注目される[65]。

(ロ) ㉞東京地方裁判所平成21年10月30日とその判断の構造

他方、㉞東京地方裁判所平成21年10月30日は、XがYのみを訴えている事案ではあるが、AとYとの責任割合を明らかにしつつ慰謝料額を算定している。

この裁判例は、まず次のように述べてＸの被った精神的苦痛に伴う慰謝料を認定する。

> 本件は不貞行為が約22年間もの長きにわたって継続されていたこと、その間にＡは２度妊娠堕胎していること、Ｘは保険契約等を通じてＹと面識があったこと、これらの事実がＸに非常に強い衝撃や憤りを与えていること、しかしながら、そうであっても、Ｘにおいて、いまだ妻であるＡに対する愛情を捨て難く、そうしたＸの複雑な心情が、Ｘ自身に過度の精神的苦痛を与えている側面があること等を考慮し、その他本件で現れた一切の事情を斟酌すると、本件不貞行為によってＸの被った精神的苦痛を慰謝するに相当な額としては、400万円を相当とする。

このように、本裁判例は、Ｘ自身の被った精神的苦痛に伴う慰謝料を400万円であると認定した後に、次のようにＡとＹとの関係に言及し、その400万円を減額して最終的にＹが支払うべき慰謝料額についての結論を出している。なお、Ｘの請求額は1500万円であった。

> 本件不貞行為については、妻であるＡがその自由意思において夫であるＸを長年にわたり裏切った面が多分にあり、このことを過小評価することはできない。この点について、本件不貞行為の経過の中で、ＹがＡに対して関係継続を強く要求した事実も存在したが、その要求内容はＡに深刻な畏怖心を具体的に抱かせるものとは認められず、かえって上記要求の後においても、ＡがＹとの接触を拒絶しようとしたこともなく、２人の自由意思でドライブに出かける等しているのであって、仮にＡの内心においてそれ以前よりもＹとの関係に対する想いが冷めてきた面があったとしても、ＡがＹの意向に支配されていたとは到底評価できないのであって、一方的にＹが負担割合を負うべきとするような関係にあったとは認められない。そうすると、本件の共同不法行為におけるＹの負

65　なお、ＡＹ間における求償関係は、ＡとＹいずれかがＸに対して不貞慰謝料を現実に支払った場合において問題になるのであって、その支払を行う前にはＡＹ相互間には求償関係は生じない。この点に関連して、368東京地方裁判所平成22年２月９日も「共同不法行為者は、被害者に対し損害を賠償した場合には、他の共同不法者に対し、その負担部分に応じて求償できるが、事前求償できるものとは解されていない」と述べている。

担割合としては、6割と認めるのが相当である。よって、Yの負担金額は、240万円が相当である。

このように、この裁判例は、XがYのみを訴えている事案であるにもかかわらず、まずAが負担すべき慰謝料の総額を認定した後に、AとYの負担割合を認定し、最終的にYが賠償すべき慰謝料額を算定するという手法を採用しており、前記Ⅱ説を妥当とする立場からは大いに参考にされるべき裁判例であろう。

なお、この裁判例の読み方として誤解が生じやすいと思われるのが、Yの負担割合を6割としているという点である。すなわち、ここを交通事故の過失割合と同様に考え、「Yの負担割合が6割ならAの負担割合は4割である」と理解するのは誤りである。このように考えてしまうと、XはAに対しては160万円、Yに対しては240万円の慰謝料を請求できることになるが、これではAよりもYの責任の方が重くなってしまい、前記⑭⑨東京高等裁判所昭和60年11月20日と矛盾するし、またAとYの負うべき債務が不真正連帯債務の関係に立つこととも矛盾してしまうからである。したがって、本件不貞行為によってXの被った精神的苦痛に相当する慰謝料はあくまでも400万円なのであるから、AがXに対して負う債務が400万円、Yのそれが240万円であり、両者は240万円の限度で不真正連帯債務の関係に立つと理解するのが正しいと思われる。

逆に言えば、このような誤解が生じないようにするためにも、「Yの負担割合を6割」とするという表現よりも、Yの負うべき慰謝料の減額分を160万円と認定し、総額400万円からその160万円を減額して240万円が最終的なYの負担するべき慰謝料であるというように、具体的な金額を明示した方がわかりやすかったのではないかと思う。

(ハ) 参考になる裁判例(㉟⑧東京地方裁判所平成22年2月9日)

Ⅱ説を前提にしている裁判例の中で、次に挙げる㉟⑧東京地方裁判所平成22年2月9日の判決文が、筆者が見た限りでは、上記の難点も克服されており、うまく整理されていると思われる。この裁判例は次のように述べる。

……事情を考慮すると、Xの慰謝料として300万円が相当であるところ、YとAの各損害賠償債務はいわゆる不真正連帯債務の関係になるが、婚姻共同体の平和は第一次的には配偶者相互の守操義務、協力義務によって維持されるものであって、不貞行為又は婚姻関係破綻の主たる責任は不貞行為を働いた配偶者にあり、その不貞行為の相手方の責任は副次的なものにとどまると解される。しかし、本件では、不真正連帯債務の関係にあって主たる責任を負うＡが、Ｘから慰謝料請求を受けていないにもかかわらず、副次的な責任しか負わないＹが高額な慰謝料債務を負担するのは公平とはいえない。これらの事情を考慮すると、Ｙは、慰謝料300万円のうち200万円の限度でＡと連帯して賠償責任を負い、残余は主たる責任を負うＡの個人責任に属すると解するのが相当である。

要するに、この裁判例は、上記㉞東京地方裁判所平成21年10月30日と同様に、まずＸに対して賠償すべき慰謝料の総額を算定し、その後ＡとＹの責任の性質の違い（⓮東京高等裁判所昭和60年11月20日参照）に言及した上で、Ｙの負担するべき慰謝料を300万円から相当額を減額し最終的な結論を導いている。この判決の手法も参考にされるべきである。

⑻　まとめ

以上のとおり、ＡＹ間の不貞行為においてＡが積極的であった等の事情がＹの負うべき慰謝料債務の額に影響するのかという問題点については、これはＡとＹとの求償関係での責任割合の問題に過ぎずＸとの関係では一切考慮しない見解（Ⅰ説）と、Ｘとの関係でも考慮すべきとする見解（Ⅱ説）との対立があり、裁判所・裁判官によっていまだ統一的な扱いがされていないことが分かる。

前記のとおり、筆者としてはⅡ説が妥当であると考えるが、いずれにしても統一的な処理が期待される。そうしないと、同じ慰謝料請求訴訟において、担当した裁判官の考え方の違いによって認容される慰謝料額に差が生じることにもなりかねず、法の下の平等（憲法第14条）に反する疑いがあることや、あたかもこの訴訟がルーレットを回すかのような不確実性や偶然性を帯びることになるからである。

4　ＡＹ間の不貞行為の期間・回数・内容等

(1)　総説

上記２の(3)において説明したように、ＸＡ間の婚姻期間が長ければそれだけ法益侵害の程度も大きくなりＸの被る精神的苦痛も大きくなるのだからそれに伴う慰謝料の額も増加することになる。

このことはＡＹ間の不貞行為についても同様に当てはまる。すなわち、ＡＹ間の不貞期間が短ければ、Ｘの被る精神的苦痛もそれに応じて小さくなり慰謝料の額も減少することになり、その逆もまた然りである。この点については異論はないと思われる。

(2)　ＡＹ間の不貞行為の期間

では、どの程度の不貞期間であれば「短い」・「短期間」といえるのだろうか。

(i)　不貞期間が短いと判断された裁判例

㉘⓪東京地方裁判所平成19年９月28日「ＹがＡと交際していた時期は、２か月ないし３か月程度の短期間」、㊱⑤東京地方裁判所平成22年２月１日「Ｙは、当初はＡに配偶者がいることを知らずに交際を開始しており、その交際期間も合わせて２か月程度に過ぎなかったこと」、㊸⑨東京地方裁判所平成23年１月25日「交際期間は１か月余りにとどまる」、㉙東京地方裁判所平成24年７月24日「不貞行為の期間も、わずか２か月足らずと短期間である」、㊁東京地方裁判所平成25年４月24日「本件不貞行為が継続した期間がわずか２か月程度と短い」、とそれぞれ認定して、慰謝料の減額事由としている。これらを見る限りＡＹの不貞期間が数ヶ月程度であれば短期間として、慰謝料の減額事由として考慮される余地があることになる。

(ii)　不貞期間が長いと判断された裁判例

これに対して、不貞行為が長期間と判断され、慰謝料の増額事由として考慮された裁判例としては以下のような例がある。

例えば、⑱③東京地方裁判所平成14年10月21日は「ＡとＹとの不貞行為の期間は、平成元年８月から本件口頭弁論終結時まで14年間という長期間にわたっている」と判示し、㉛⓪東京地方裁判所平成21年４月８日の事案は不貞期間が約17年間であり、それぞれ慰謝料の増額事由としているが当然であろう。また、❸❻❼東京地方裁判所平成22年２月３日「ＹとＡの不貞関係が、Ｙの自認するところに従っても、１年以上の比較的長期間にわたって継続していたこと」、❸❾❻東京地方裁判所平成22年７月15日「ＹとＡとの関係が、約１年７か月という長期間にわたり継続的に繰り返された」、❹❷❾東京地方裁判所平成22年12月21日「ＡとＹの不貞関係が、平成18年５月ころから平成21年４月ころまでの約３年間という長期間にわたる」、❶❾❹東京地方裁判所平成15年９月８日「ＹとＡとの交際期間は５年間に及び、またＡとの同棲期間も３年以上に及んでいる」、❹⓿⓿東京地方裁判所平成22年９月３日「ＹがＡと交際していた期間は約６年半もの長期間に及ぶ」、❸❾❹東京地方裁判所平成22年７月６日「ＹとＡの不貞期間も、Ｙが自認する期間でも８年以上に及んでいる」、❷❽❸東京地方裁判所平成19年10月17日「ＹとＡの交際期間が８年以上に及んでいる」とそれぞれ認定し、慰謝料を増額する事情として考慮していることが窺われるが、これも妥当であろう。

長期間か短期間かということが微妙な事案としては、❸❼❻東京地方裁判所平成22年３月25日があり、「ＹとＡの不貞の期間は、Ｙが渡米するまで約５ヶ月に及んでいた」として、これを慰謝料の増額事由として考慮していることが窺われる。この裁判例を是とするならば、不貞期間が半年程度でも長期間ということになるだろう。

⑶　ＸがＡＹ間の不貞行為を知った時期等

ⅰ　総説

❶❾❷東京地方裁判所平成15年８月29日は、ＡＹ間の不貞期間だけを捉えれば昭和34年から平成13年まで（約42年間）という極めて長期間であった事案において次のように判示した[66]。

> Ｘが、長年に亘り、Ａと築き上げてきた夫婦関係を一瞬にして失い、それまで裏切られたことに気づいた苦しみ、悔しさは察するに余りあるところではあるが、同種事案において、妻が夫の不貞行為を知りながら、

[66] ＸがＡＹの不貞行為をＸの妊娠中から出産前後の時期に知ったという事案において、㊻東京地方裁判所平成25年９月12日は、「（Ｘの）精神的負担は大きい」として、これを慰謝料増額の事由としている。

その状態を長年受忍しなければならなかった場合と比較した場合には、Xが受けた精神的苦痛は低く評価せざるを得ない。

この裁判例の考え方を前提にすると、不貞期間が明らかに長くても、Xがそれを知った時期によって精神的苦痛の度合いが違うということになる。いわば「知らぬが仏」との諺の如くであり、ＡＹ間の不貞行為が長く続いている途中でXがそれを知りその後の不貞行為を堪え忍ぶのと、不貞行為の終了時にその全体の不貞行為を知らされその瞬間に精神的苦痛を被るのとでは、前者の精神的苦痛の方が大きいというのであるが、この点は異論もあり得るところだろう。

(ii) Xの知情時期と因果関係論との関係

そして192東京地方裁判所平成15年8月29日の言うように、XがＡＹ間の不貞行為を知った時期によってXの被った精神的苦痛の程度が変わるというのであれば、XがＡＹ間の不貞行為を知った時期が、ⓐＸＡ間の婚姻関係が破綻した後であった場合や、ⓑＡが死亡した後であった場合は一体どうなるのか、ということが当然問題になりうる。

(iii) 婚姻関係破綻後にXがＡＹの不貞行為を知った場合

ⓐについての裁判例として、383東京地方裁判所平成22年4月20日があり、次のように述べXの請求を棄却した。「XがＡとＹとの間に関係があったことを知ったのはＡから離婚調停を申し立てられた後であったことが認められ、…Ｙが、Ａと不貞行為をしてXの夫としての権利ないし法律上保護される利益を害したものとは認められない。」（なお、この事例では、ＸＡ間の婚姻関係の破綻時期は、Ａが離婚調停申し立てを行った平成20年4月4日よりも前のＡがXから暴力をふるわれ自宅から出てXと別居した平成19年11月13日と認定されている。）

要するに、この裁判例は、XがＡＹ間の不貞行為を知ったのがＸＡ間の婚姻関係が破綻した後であれば、もはやXには保護される利益がないので慰謝料請求は認められないというのである。

そうすると、この裁判例の考え方に従うならば、168最高裁判所平成8年3月26日が示した「ＸＡ間の破綻前にＹがＡと不貞行為を行った場合にＹは不法行為責任を負い、ＸＡ間の破綻後にＹがＡと不貞行為を行った場合には

Ｙは不法行為責任を負わない」という基本的なテーゼを次のように読み替えなければならなくなるだろう。すなわち、「ＸＡ間の破綻前にＹがＡと不貞行為を行った場合においてＸがそれを破綻前に知った場合に限りＹは不法行為責任を負い、ＸＡ間の破綻後に㈠ＹがＡと不貞行為を行った場合及び㈡ＸがＸＡ間の破綻前の不貞行為を知った場合にはＹは不法行為責任を負わない」ということになる。

しかしながら、このような考え方が妥当とは思われない。もしこの考え方に従うならば、先に示した不貞期間が約42年の事案（⑲東京地方裁判所平成15年8月29日）においても、Ｘがそれを知った時点ですでにＸＡ間の婚姻関係が破綻していたと認定されれば、Ｘの請求は棄却されてしまうことになるし、不貞行為を行っているＡにしてみれば、Ｙとの不貞行為をＸに隠し続け、いよいよＸとの婚姻関係が破綻したと思われる頃合いを見計らってＸに対して自らの不貞行為を告白することにより自己及びＹの責任を免れさせることも可能となり、これではＸにとってあまりにも酷だからである。

むしろ、㊳東京地方裁判所平成22年4月20日の事案において、Ｘの請求を棄却する結論を導くのであれば、その理由付けとして、Ｘの知情時期を問題とするのではなく、そもそもＡＹの不貞行為に基づいてＸＡ間の婚姻関係が悪化したという結果（損害）ないしそれらの間の因果関係がないということを指摘する方が合理的なのではないかと思われる[67]。

ⅳ　Ａが死亡後にＸがＡＹの不貞行為を知った場合

そして、上記㈡に関する裁判例としての㉔東京地方裁判所平成24年5月8日はまさにその損害論に注目しており正当である。これはＸがＡと離婚しＡが死亡した後にＡＹ間の不貞行為を知ったという事案であるが、裁判所は、そもそもＸＡ間の離婚がＡＹ間の不貞行為が原因ではなく、「ＸがＡの債権

67　これと類似した裁判例もある。先に紹介した㉒東京地方裁判所平成25年7月16日がそれであり、その事案は、ＡＹ間の不貞行為をＸがＡと離婚した後に知ったというものであった。同裁判例は、「Ｘは、離婚の時点でＡＹの不貞関係を認識していたとは認められないが……ＡとＹが不貞関係にあった時点でＸとＡの婚姻関係が破綻していたものとは認められないことに照らすと、ＡＹの不貞関係がＸとＡの離婚の原因となっていることは明らかである」と述べ、不法行為の成立を認めたのである。なお、この裁判例の事案では、ＸがＡＹ間の不貞を調査報告書によって具体的に知り、その時点で初めて権利行使が可能となったと判断している。

者からの支払請求に対し道義的にもこれを拒絶することによって、ＸとＡの二人の共同生活のための費用を何とか維持確保していくためであった」と認定し、Ｘの妻としての権利、ＸとＡとの婚姻共同生活平和維持の権利が害されたとは認められないとしてＸの請求を棄却した。つまり、ここではＡＹ間の不貞行為によりＸの具体的な権利が侵害されておらず損害が発生していない以上、Ｘの請求が棄却されたのはいわば当然であろう。

なお、この裁判例は最後に次のように述べており、これは非常に参考になる。

> 本件において、Ｘは、Ａの死亡後に、ＸとＡが婚姻中に、ＹとＡが長期間にわたり不貞関係にあったことを知ったこと自体によって精神的苦痛を被ったとして、かかる精神的苦痛に対する慰藉料をＹに対して請求する趣旨であるとも考えることもできる。しかしながら、この場合に、Ｘのいかなる権利が侵害されたといえるのかが明らかではなく、また、Ｘの精神的苦痛の具体的内容も明らかではなく、かかる精神的苦痛を法的保護に値する損害として位置付けることも困難というべきである。

要するに、例えば、ＸＡ間の婚姻関係が破綻していない状態でＡが死亡し婚姻関係が終了した場合において、Ａが生前書いていた日記やＡ宛てに来ていた手紙、メールのやりとりなどを見たＸが、Ａが生前Ｙと不貞行為を行っていたことを知り、精神的苦痛を受けたとしても（このような事例は実際にも少なくないのではないかと思われる）、それによってＡの生前にまで遡ってＸＡ間の婚姻関係が悪化・破綻したということにはならないのだから、ＸのＹに対する慰謝料請求は認められないということになる。

確かに、この事例においてＸは嫌な思いをし精神的苦痛を受けるということは当然あり得るだろうが、そこには婚姻共同生活の維持という法益の侵害がない以上、この結論はやむを得ないだろう。ただし、105千葉地方裁判所昭和49年12月25日は、「Ｘは、Ａのメモ等を発見するまで、ＹとＡとの異性関係を知らなかったのであるから、ＹとＡとの異性関係がＸを家庭生活の破壊へと導いたということはできない。」としつつも、結論として30万円の慰謝料請求を認めている。

(v) 不貞行為との因果関係の有無の重要性

このように、ＡＹ間の不貞行為があっても法益侵害が発生していない場合には不法行為自体が成立しないし、法益侵害が発生していても、そのすべての法益侵害と不貞行為との間の相当因果関係が認められなければ、理論的には因果関係が認められない部分については慰謝料から減額されることになる。

この点に関連する裁判例を列挙すると、以下のとおりである。

㉕③東京地方裁判所平成 19 年 5 月 10 日

　ＸとＡとの婚姻関係は、ＹがＡと知り合う前の平成 10 年ころから、良好とはいえない状態が続いていたこと、その原因の一つはＸとＡの価値観の相違等であり、Ｘの側に落ち度がなかったとはいい難い。

㉖⑧東京地方裁判所平成 19 年 8 月 27 日

　不貞行為が、Ｘらの婚姻関係破綻に及ぼした影響の程度、特にＹの不貞行為が、Ｘら夫婦が離婚した主たる原因とはいえない。

㉗⑨東京地方裁判所平成 19 年 9 月 28 日

　ＸとＡの婚姻関係破綻の理由が、ＹとＡとの交際を原因としていることまでの証拠は存在しない。

㉙⑨東京地方裁判所平成 21 年 1 月 16 日

　別居の主たる原因は、Ｘ及びその子がＡの家庭内暴力に耐えられなくなったことにあった……Ｙの上記不貞行為は別居の直接の原因ではない（請求棄却の事例）。

㉛⑦東京地方裁判所平成 21 年 5 月 28 日

　現時点においてＸとＡの婚姻関係が破綻するに至ったのは、ＡがＸに無断で離婚届を提出し、Ｘをして別居のやむなきに至らしめ、その後長期間別居状態が継続したことによるものと認められる…結婚当初からＸとの性格の不一致に起因する喧嘩が絶えなかったこと、Ｘの非礼な発言なども大きな影響を及ぼしていると認められるので、婚姻関係の破綻については、Ｘにも責任があり、そのことを十分に勘案する必要がある。

㊽東京地方裁判所平成 25 年 3 月 11 日

　ＸとＡは現在Ａから申し立てた離婚調停中であるが、Ａが離婚を求める理由は、必ずしもＹとの不貞行為のみではなく、従前からのＸとの関係ないし長男の素行等が大きなウエイトを占めていることが窺われる。

㊾東京地方裁判所平成 25 年 3 月 22 日

Ａ とＹとの不貞関係がＸとＡとの夫婦共同生活を破綻させた原因であるとはいえ、上記破綻の原因がそれのみであると認めることには疑問があるといわざるを得ない。

⑪東京地方裁判所平成 26 年 5 月 16 日

Ａ作成の陳述書によると、ＡからＹに同居を働きかけたものであり、他方で、別居する当日まで、Ｘとの間では円満な婚姻関係があるように装い、別居すると同時に離婚を求めたのであるから、ＸとＡとの婚姻関係が破綻した原因は、Ｙとの不貞行為よりは、Ａの行動そのものによるところが大きいものというべきである。

⑬東京地方裁判所平成 26 年 6 月 9 日

Ｘは、Ａから暴力をふるわれたことがあり、Ａが経済的に堅実ではなくＸの親族からの借入金を返済しないなどの問題があったことからすると、ＸとＡとの婚姻関係が破綻し、離婚に至った原因がＹとＡとの不貞関係のみにあったとはいえない。

⑲東京地方裁判所平成 26 年 9 月 11 日

Ｘが、Ａが心身に不調を来たしているのに精神科への受診を許可しなかったため、占いに興味がなかったＡが、Ｘとの婚姻関係を相談するために占い師であるＹと知り合い、Ｙとの不貞行為を開始したものであることからすると、Ｘの言動がＡとＹとの不貞行為を誘発した主要な原因である（請求棄却の事例）。

なお、この議論は、⑵で解説した、ＡＹ間の不貞行為時におけるＸＡ間の婚姻関係がどうであったか（円満であったか、円満を欠いていたか等）ということと重なり合う部分があると考えられる。

⑷ 除斥期間（民法 724 条後段）との関係

(i) 総説

ＡＹ間の不貞期間に関して、民法 724 条後段の除斥期間（20 年）との関係についても言及しておく。ＡＹ間の不貞行為の期間が長期間に及ぶ場合、消滅時効とは別に除斥期間の問題も出てくる。

すなわち、除斥期間の起算点は、権利発生時からであり、消滅時効のように権利行使が可能となった時点からではない。そして、最高裁判所第一小法廷平成元年12月21日民集43巻12号2206頁が述べているとおり、除斥期間は、消滅時効とは異なり、当事者が「期間の経過により請求権が消滅した」旨の主張（援用）がなくても、この期間の経過により当該請求権は消滅したものと判断されるので実務上極めて重要である。

(ii)　**関連する裁判例**

この点に関連して、❷❻❸東京地方裁判所平成19年７月27日は以下のように判断している。

> Ｘのに対する慰謝料請求権のうち、本訴提起の日である平成18年８月11日から20年前である昭和61年８月11日より前の部分は除斥期間の経過によりもはや行使し得ないものと解される。

⑯東京地方裁判所平成25年４月15日も同様に判断した。

> 夫婦の配偶者が他方の配偶者と第三者との不貞行為により第三者に対して取得する慰謝料請求権については、一方の配偶者が同不貞行為を知ったときから、それまでの慰謝料請求権の消滅時効が進行すると解するのが相当であるところ（最高裁判所平成６年１月20日判決集民171号１頁参照）、本件においては、……昭和39年秋ころと昭和45年９月の２回、ＡとＹの不貞関係がＸに発覚しているから、昭和45年９月までの不貞行為に関するＸのＹに対する慰謝料請求権は、遅くとも３年後の昭和48年９月に時効により消滅しているものということができ（民法724条前段）、ＡＹが同時効を援用したことも認められる。さらに、本件訴訟提起は平成24年２月21日に行われているところ、平成４年２月20日以前の不貞行為に関するＸのＹに対する慰謝料請求権は、不法行為のときから訴訟提起までに20年を経過することにより消滅しているというべきである（民法724条後段）。以上によれば、ＸのＹに対する不法行為に基づく損害賠償（慰謝料）請求権のうち、消滅せずに残存しているのは、平成４年２月21日以降の不貞行為に関するもののみということになる。

(iii)　**除斥期間の果たす意義**

そして、この考え方を前提にすると、前記不貞期間が約42年の事案（❶❾❷東京地方裁判所平成15年８月29日）においても、慰謝料請求の対象となる不貞行為は本訴提起時点から20年前以降のものに限られ、それより以前の不貞行為についてはもはや慰謝料請求権を行使し得なくなるのではないかと思われる。そうすると、不貞期間が長ければ長いほど慰謝料の額も大きくなるとの理解は必ずしも常に正しいとは限らないということになろう。

(5) ＡＹ間の不貞行為の回数

これまでＡＹ間の不貞期間について見てきたが、次に不貞行為の回数についても見ておく。これも当然のことながら回数が多ければ多いほど違法性が高くなり、慰謝料を増額する方向に働くことになる。そしてその逆も又然りである。

(i) 不貞行為の回数が少ないと判断された裁判例

不貞行為の回数が少なくこれを減額事由として考慮したことが窺われる裁判例として、⑱東京地方裁判所平成25年3月21日「ＡＹの不貞行為は1回にすぎない」、❷⑳東京地方裁判所平成20年10月3日「ＹとＡが肉体関係を持った回数は、合計3回にとどまる」等がある。

(ii) 不貞行為の回数が多いと判断された裁判例

他方、不貞行為の回数が多くこれを増額事由として考慮したことが窺われる裁判例として、⑩⓪東京地方裁判所平成25年12月4日「本件の不貞期間は少なくとも8か月程度であり、Ｘ宅におけるものを含めて、継続的に少なくとも20回程度の性交渉」、⑩③岐阜地方裁判所平成26年1月20日「ＹとＡは、平成24年1月10日から同年6月末ころまで本件不貞関係を継続し、本件不貞関係における性交渉は、1か月に少ないときで2、3回、多いときで4、5回くらいであり、本件不貞関係は同年6月末ころまで続いた（性交渉は20回程度）」等がある。

ただし、これらの回数は客観的な証拠に基づいて認定されることはほとんどないと思われるので、どこまで実体的真実に合致しているかは疑問である。

(6) 不貞行為が不当に継続されている場合

(i) 総説

ＡＹ間の不貞期間及び回数とは別に不貞行為の態様が問題になることがある。特に、ＡＹ間の関係がＸの本訴提起後も続いているとか、ＸがＹに対してＡとの不貞行為を止めるように申し入れていたり、ＸとＹとの間でＹが

「Ａとはもう会いません」等の約束をしているにもかかわらず、Ｙがなお関係を続けているという場合である。そして、その合意がＸＡ間でなされる場合（「Ｙとはもう会いません」等）もあるのでここでまとめて説明する。これらのうちとりわけ、そのような合意がある場合でＡやＹがＸとの約束を破るなど信義に悖るような態度を採った事例においては、一般に裁判所・裁判官は厳しい判断（慰謝料の増額）をするようである。

以下、具体的な裁判例を挙げながら説明する。

(ii)　訴訟係属後も不貞行為が続いている場合

Ｘからの訴訟が提起されているにもかかわらず不貞行為が続いていることが慰謝料の増額事由として考慮されているものとして、以下の裁判例がある。

(331)東京地方裁判所平成21年７月23日

> Ｙは、本件訴状の送達後、Ａとの交際を絶った旨主張するところ、現実には、Ａとの関係を継続している。

(386)東京地方裁判所平成22年５月13日

> 交際を解消して自宅に帰ったＡ宅に赴き、不貞行為を再開させ、本件訴訟が提起された後も継続していることからすると、Ｙの行為は、欲望の赴くまま結果を顧みずにした身勝手な振る舞いであったといわざるを得ず、Ａが勤務先の上司であることを考慮しても、強い非難に値する。

(371)東京地方裁判所平成22年３月４日

> ＹとＡとの不貞関係は現在も継続中であり、その期間は４年半近くになっており、ＡにＸとの婚姻関係を継続する意思はない。

(414)東京地方裁判所平成22年10月７日

> Ｙは、Ｘとの離婚等について、Ａに少なからず助言を行っているほか、Ａの不貞相手であることが明らかにならないようにするため、自らの特徴を偽ることなどを画策しつつ、自らの行為がＸの慰謝料請求権を発生させうることを認識した上で、Ａとの不貞関係を継続し、しかも、本件訴訟係属後も、Ａとの関係が恋愛の自由市場における結果に過ぎないなどと主張して不貞関係を継続していた。

(115)東京地方裁判所平成26年７月11日

> Ｙが、高額な慰謝料の支払を承知の上で、本件訴訟係続中にも不貞行

為を継続していること……を斟酌すると、その苦痛を慰謝するためには300万円をもってするのが相当である。

⑪⑦東京地方裁判所平成26年9月3日

Y とAは、平成24年12月に不貞行為がXに発覚した後も、不貞行為を継続し、平成25年2月にXとAが別居した後も、同棲するなどして不貞行為を継続した。

(iii) 不貞行為を止めるよう申し入れているにもかかわらず続いている場合

YがXからの申し入れを聞かずに不貞行為を続けたことが慰謝料の増額事由として考慮されたものとして、以下の裁判例がある。

❷❸❾東京地方裁判所平成19年2月21日

Yは、AにXという夫がいることを知りながら、Aを繰り返し誘って頻繁に密会するなどの交際を続け、肉体関係を持つに至ったのであり、その間、それに気付いたXから何度も、Aと別れるよう申入れがあったにもかかわらず、Yは、自分からは別れる気がないことを告げ、Aに対して自己を選ぶよう積極的に求め続けた。これにより、XとAの夫婦関係は悪化し、Xは食欲不振、睡眠不足等に陥り、精神的肉体的に疲労した結果、離婚を決意するに至ったものである。

❷❹❼東京地方裁判所平成19年4月5日

Yは Xから再三にわたり夫であるAと別れるよう求められたにもかかわらず、これを拒絶し続けた。

❸❽❹東京地方裁判所平成22年4月27日

Yは本件通知によりXからの申出を受けながら更に継続させた。

⑪①東京地方裁判所平成26年5月19日

本件は、Yにおいて、妻子がいることを知りながらAと同居を継続し、現時点においてもその状況が改まらないという事案であるから、仮りにYが主張するとおり、交際の原因がAにあり、Aの懇請等により現在の両者の関係が継続しているとしても、なお、Yの責任が軽減されるものとはいい難い。

(iv) 違約金の定めと民法132条との関係

以下では、AやYがXとの約束を破って不貞行為を行ったり、いったんは終了した不貞行為を再開させたことについての裁判例を紹介する。まずその前提として、ＸＹ間の「再び不貞行為を行った場合には金10万円を慰藉料として支払う」旨の合意が公序良俗に違反して無効なのではないかということが争われた裁判例（㉜浦和地方裁判所昭和26年10月26日）を検討する。ここでの問題は、民法132条が「不法な条件を付した法律行為は、無効とする。不法な行為をしないことを条件とするものも同様とする」と定めているところ、不貞行為は不法であり、かつ前記合意は「不貞行為を行うこと」を条件としているのだから、同条によりかかる合意自体が無効なのではないかという点である。

しかしながら、同裁判例は次のように述べてかかる合意自体は無効ではないという。

> 元来民法132条に所謂不法の条件とは条件の内容である事実が法律行為に不法の性質を与える場合を指称し、条件の内容である事実が不法であつても、その事実を以て不法条件付法律行為となすことができないところ、……慰藉料10万円という額はＹが再びＡと醜関係を生じないようにＹの当時における資産状況並びに社会的地位を考慮し、その責任を重からしめるためＹに対する威嚇的及び制裁的な意味を持ち且慰藉料の予約の趣旨で、定められたことが窺われるのであつて、右調停条項は、ＹにおいてＸの妻Ａと再び醜関係を結ばない旨の不作為債務を負担し、若しかかる醜関係を生じたときは、Ｘの夫権即ちＸが妻Ａに対し貞節を要求し得る権利を侵害したもので、Ｘはこれにより精神上の苦痛を蒙るので、その制裁としてＹはＸに対し損害賠償の一種である慰藉料の額の予定として金10万円を支払うことを内容とするものであり、その条件である醜関係を結ぶことは不倫の行為であり不法であるが同条項に不法の性質を与えるものではなく、又公の秩序善良の風俗その他強行法規に違反するものでもない。

この裁判例を前提にするならば、かかる合意は有効ということになり、以下の裁判例もそのような立場に立っている[68]。

(v)　約束に違反して不貞行為が続いている場合

そしてかかる約束違反が慰謝料の増額事由として考慮されたものとして、

以下の裁判例がある。

⑰⑥仙台地方裁判所平成13年3月22日

Aは、XからYとの関係を責められるようになって、Yとの関係を終わりにする旨の念書を平成11年4月6日と同月8日に書いたが、同月12日頃からはそれを翻してYとの交際を継続したいという態度に変わり、Yとの不貞関係を続けた。

㊲②東京地方裁判所平成22年3月11日

不貞関係がXに発覚した平成15年には、Yは、Xに対し、Aとの不貞関係を解消する旨約束しておきながら、結局、その不貞関係を復活させている。

㊷②東京地方裁判所平成22年11月30日

Yは、いったん話し合い等により（Aから解決金100万円受領）、Aとの不貞関係を終了させたにもかかわらず、平成18年4月10日から不貞関係を再開させ、現在もこれを継続していることからすると、Yの責任は重いといわざるを得ない。

㊸③東京地方裁判所平成22年12月22日

Yは、AとYが平成10年春ころから継続的に不法行為を行っているとXが主張して慰謝料の支払いを求めた前回訴訟において、慰謝料を支払うとともに、Xに対し、不適切な行動をしたことに謝罪の意を表し、さらにXやその家族に一切接触しないことを約束しておきながら、漫然と不貞行為を継続したものであって、その違法性は大きなものがある。

㊳東京地方裁判所平成25年2月27日

Yは、Xに30万円を支払って、Aといったん別れたにもかかわらず、Aとの交際を再開させた。

68　かかる合意がＸＹ間でなくＸＡ間でなされた場合、例えば「浮気をしたら100万円を払います」との夫婦間の合意は有効なのか否かという問題もありうる。この点については、これをＸＹ間の合意とパラレルに考えれば、有効と考えることもできようが、民法754条は「夫婦間でした契約は、婚姻中、いつでも夫婦の一方からこれを取り消すことができる。」と規定していることからすると、実際上はこの取消の意思表示により合意は無効ということになろうか。山口与八郎は、「2年間浮気をしなかったら5000円を贈与する」との夫婦間の合意の効力について、上記と同様の結論を採った裁判例を紹介している（『貞操問題と裁判』67頁以下）。

また、㊲㊳東京地方裁判所平成22年３月12日は、ＡがＸに対し、今後は毎日帰宅すること、Ｙとの女性問題を解決すること、Ｙを会社内に出入りさせないと同時にＹと連絡しないことを約する書面を提出したにもかかわらず関係を継続した事案であったが、これも慰謝料の増額事由として考慮されている。

⒱　**違約金の支払い請求の肯否**

次の㉑⑦東京地方裁判所平成17年11月17日は、かなり特殊な事例である。

【事案の概要】

Ｘの度重なる注意・抗議にもかかわらず、Ａと不貞行為を繰り返した事業経営者のＹが、Ｘに対して、今度不貞行為をしたら5000万円を支払う旨了承したが、Ｙがその誓約に違反したというものである。なお、Ｙは配下の者をしてＸを襲撃させるという殺人未遂事件も惹き起こしていた。

【判断の要旨】

不貞行為についての損害賠償として、5000万円全額の支払をＹに命ずるというのは高額に過ぎ、Ｙの不貞行為の態様、資産状況、金銭感覚、その他本件の特殊事情を十分に考慮しても、なお相当と認められる金額を超える支払を約した部分は民法90条によって無効であるというべきである。本件では、……Ｙが本件殺人未遂行為に及んでいることからして、Ｙの行動が悪質ではあることは明らかであるが、それは後記殺人未遂行為に係る慰謝料の算定に当たって評価すべきであって、あくまで不貞行為についての慰謝料という観点から損害賠償の予定として相当と認められる金額を認定すべきである。

しかるところ、5000万円という金額は、Ｙが自ら提示したものであること、Ｙは会社の代表者を務め、本件殺人未遂行為の報酬として数千万円もの大金を拠出するなど、かなりの資力があり、金銭感覚も通常人とは異なっているとうかがわれること、不貞行為の内容をみても、Ｙは、先に誓約をしながら、平然とこれを破り、Ａを唆して家出させて同棲に及び、さらにその後の誓約の後も、すぐにＡと不貞行為を再開し、入院中ですら逢瀬を重ねるなどその態様も大胆不敵で違法性は強いというべきこと、その他本件の各事情を勘案すると、Ｙに対して不貞行為に関する損害賠償額の予定として支払を命ずるべき金額としては1000万円を限度とするのが相当と認められる。

⑩東京地方裁判所平成25年12月4日も誓約書に基づく請求の可否が問題となった裁判例である。

【事案の概要】

YがXとの間で、Yが「今後、Aに会うことはもちろん、一切の電話・メール・手紙・面会等で連絡をとることはしない。職務上においても必要最小限以外のコンタクトをとらないことを約束する。万が一違反した場合には、別途違約金として1000万円を支払う」との誓約書を交わし、この誓約書に基づく1000万円の請求の可否が問題になった。この事案において裁判所は150万円の限度でその請求を認めた。

【判断の要旨】

本件違約金条項は、面会・連絡等禁止条項違反について、違約金を課すものであると認められるところ、違約金は損害賠償額の予定と推定されるから(民法420条3項)、その額については、面会・連絡等禁止条項が保護するXの利益の損害賠償の性格を有する限りで合理性を有し、著しく合理性を欠く部分は公序良俗に反するというべきである。

そこで検討すると、面会・連絡等禁止条項は、YにAとの不貞関係を確実に断ち切らせ、Xの精神的安定を確保し、Aとの婚姻関係を修復するという正当な利益を保護するためのものであって、その目的は正当であると認められる。そして、……Xとしては、面会・連絡等禁止条項の履行を確保することが、本件違約金条項を定める大きな目的だったことが認められるが、上記正当な目的を有する面会・連絡等禁止条項の履行を確保するために、その違反行為に違約金を定めることも、上記目的を達成するための必要かつ相当な措置であると認められる。しかしながら、本件違約金条項による違約金額1000万円は、メールや面会等による接触にとどまらず不貞関係にまで至った場合に認められる損害額に照らすと、損害賠償額として著しく過大であるというほかない。……そして、面会・連絡等禁止条項に違反してAと面会したり電話やメール等で連絡をとったりした場合の損害賠償（慰謝料）額は、その態様が悪質であってもせいぜい50万円ないし100万円程度であると考えられるから、履行確保の目的が大きいことを最大限考慮しても、少なくとも150万円を超える部分は、違約金の額として著しく合理性を欠くというべきである。したがって、本件違約金条項のうち、150万円を超える部分は、著しく合理性を欠き、公序良俗に反し無効である。

(vii)　関係を絶とうとしている場合

逆に、㉚東京地方裁判所平成21年７月23日は、「Ｙは、本訴提起を受けた後は、Ａに対して損害賠償請求訴訟を提起するなど、Ｙから関係を絶とうとしている」と判示して、これを慰謝料の減額事由として考慮している。

これらの裁判例から分かるように、ＸがＡＹ間の不貞関係を知った場合には、Ｙに対して速やかにその不貞関係を止めるよう通告するのがよい。逆に、これを受けたＹとしては、慰謝料が高額になることを防ぐために、できるだけ早くＡとの関係を清算した方が良いということになろう。

(viii)　いわゆる手切れ金との関係

特殊な事案として、ＡＹの不貞行為についてＹがＸからいわゆる手切れ金として250万円を受取ったにもかかわらず、その後もＹがＡとの関係を絶たなかったという裁判例がある（377東京地方裁判所平成22年３月29日）。裁判所は、次のように判示して、その250万円を不貞慰謝料（150万円）とは別に、Ｘに対して不当利得として返還するように命じた。

> Ｙは、上記250万円がＹとＡとの関係を断つに際してＸがＹに与えるいわゆる手切れ金であることは十分に理解していたはずであって、それにもかかわらず、Ａがこれを持参した平成20年12月10日過ぎ以降もＡと不貞関係を続け、その結果、ＸとＡは離婚のやむなきに至ったものであるから、Ｙにおいて上記250万円を保持することは、法律上の原因を欠くというべきである。

(7)　ＡＹ間の子の有無

(i)　総説

ＡＹ間の不貞行為の結果として、ＡＹ間に子が生まれたか否か、Ｙが中絶したか否か等という事情もまた慰謝料算定の要素である。

ＸＡ間に未成熟子がいる場合、それが慰謝料を増額する事由になりうることはすでに説明したが、ＡＹ間に子ができ生まれた場合にも、結論としてＸ

が受くべき慰謝料を増額する方向に作用する。Ｘの被る精神的苦痛がそれだけ大きくなる一方でＹに対する非難可能性も高まる以上、これは当然というべきである。

(ii) **関連する裁判例**

この点に関する裁判例を見てみよう。

⑲²東京地方裁判所平成15年8月29日は、ＹがＡとの交際において、昭和35年と昭和42年頃にＡの子を身ごもり、いずれも中絶したという事案であるが、判旨を読む限り、この事情は慰謝料の算定要素には直接掲げられていない。時間がかなり経過しているためではないかと思われる。

⑲⁴東京地方裁判所平成15年9月8日は、Ｘが平成12年1月5日に長女を出産し、Ｙが同月27日に男児を出産したという事案において、結論として500万円（うち弁護士費用は50万円）の慰謝料の支払いを命じている。

> 第一子が誕生して人生最大の喜びに包まれるべきときに、夫に愛人がいて、しかも、自分とほぼ同じ時期に子供が誕生していることを知らされたＸの衝撃は、計り知れないものがあるといわなければならない。したがって、Ｘにとって、そのような耐え難い苦痛は、どれだけ金銭的な損害賠償を得たとしても癒されるものではなく、そのような気持ちが本件の高額の損害賠償の請求になったことも容易に推測できるところではある。

次の3つの裁判例はいずれもＹ及びＡの態度を厳しく非難し、これを慰謝料の増額事由として考慮している。

⑳¹東京地方裁判所平成16年2月19日

> Ｙは、Ａとの肉体関係を継続し子を懐胎、出産し、以後も同人に生計を依存しているのであり、このように解消困難で恒久的な不貞関係の形成、継続に加担した点でＹの責任は軽視し難いものがある。

㉒⁴東京地方裁判所平成18年8月31日

> Ｙは、ＡとＸとの夫婦の間に2人の子供がいることを承知しながら、子供は双方が望んでいたとして、Ａに妊娠・出産させている。子供が欲しいなら、相手の夫や子供たちを無用の混乱に陥れないためにも、双方の夫婦関係をきちんと精算してから子供を作ろうと考えるのが筋である。

そのような手続を踏まず、安易に妊娠させたのは非難を免れない。

㉘東京地方裁判所平成19年9月28日

Aは、Xとの婚姻期間中に守操義務に違反して、Yとの間で子供を作ったうえ、Xやその間の2人の子の将来などにつき、何ら責任ある態度をとらず、その責任は極めて重いと言わねばならない。

㉚東京地方裁判所平成21年1月26日は、Yの身勝手な行動に対して結論として550万円（うち弁護士費用は50万円）の支払を命じている。

Yは、平成14年1月ころから、AとXとが婚姻関係にあることを知りながら、Aと性的関係を持つようになり、その後もAとの性交渉を続け、平成16年1月下旬ころAより本件子どもを妊娠しそれがYの子であることを告げられると、父親の名前を隠すことを条件に、その出産に同意した。その後、平成17年12月12日に本件子どもの生物学上の父親がXではなくY自身であることを知った後も、法律上の父親であることを否定し続けた。

㉞東京地方裁判所平成21年3月25日は、AYに対する非難可能性よりもXの被った精神的苦痛の大きさを強調し慰謝料額400万円を認容した。

AとYは、AがXと別居する前から不貞関係を続け、それが原因で、Aは、Xに対する理不尽な言動に出た上、一方的に別居して、離婚が成立していないにもかかわらず、Yと同居して重婚的内縁関係に入り、YはAYの子を出産したというものであって、2人の子と共にAに捨てられた形となったXが、AYの不貞行為によって被った精神的苦痛は極めて大きいといわざるを得ない。

㉛東京地方裁判所平成21年4月8日

Aは、遅くとも平成4年ころから現在に至るまでの約17年間、Yとの不貞関係を継続し、その間にYとの間に2人の子までもうけたというのであるから、Aが、不法行為による損害賠償責任に基づき、Xに対する慰謝料を免れるものでないことは、いうまでもない。

㉜東京地方裁判所平成21年4月16日は、A自身が妊娠を望んだとのYの反論を全く認めていないところに特徴がある。

Yは、Aに自身の子を妊娠させており（Yは、その妊娠自体、Aが望んだことであるかのように主張するが、仮にそれが事実だったとしても、不貞の関係にある男女の間柄で婚外子の妊娠を望んだり、少なくとも避妊に十分な気を遣わないということ自体、非常識極まりないことというべきであるし、Xの心情を極めて害する行為と言うべきである）、これら一連の行為がXの夫としての気持ちを著しく傷つけ苦しめ、また当然ながらその対面やプライドをも傷つけたことは明らかである。

㊲㊁東京地方裁判所平成22年3月11日も、Yが子どもをもうけていることを慰謝料の増額事由として考慮している。

379東京地方裁判所平成22年4月5日はAがYに4人の子を生ませた事案であり、慰謝料300万円が認容されている。

XとAは昭和63年8月の婚姻以来……21年以上にわたる同居の婚姻生活を続けてきたところ、Yは、遅くとも平成12年12月ころ以降Aとの交際を始め、平成16年4月の時点でその関係がXに発覚し、謝罪したにもかかわらず、その後もなおその関係を清算することなく、平成18年6月までに4人の子供をもうけ、Aからその生活の援助を受けるといった、まさに継続的な愛人関係を営んできたものであり、最終的にXがAとの離婚を決意し別居生活に入ったのも、YとAとの不貞の関係が主たる要因となったことは明らかというべきである。

この事案では、不貞が発覚した後も関係を継続しており、これも慰謝料の増額事由として考慮されていると見るべきであろう。

397東京地方裁判所平成22年7月23日は、Yの出産をXA間の婚姻関係の破綻原因そのものと見ているのが特徴的である（慰謝料200万円が認容されている）。「XとAとの婚姻関係は、AとYの不貞行為及びこれに対するYの出産を原因として破綻し……Xは著しい精神的苦痛を被ったことが認められる」と判示した。444東京地方裁判所平成23年2月21日は、YはAの子を2度にわたり妊娠しその都度Aの希望により中絶したという事案においてこれを慰謝料の増額事由として考慮していることが窺われる。

㉒東京地方裁判所平成24年4月12日は、下記のとおり判示し、慰謝料の増額事由として260万円の慰謝料を認めた。

AがYとの間の子を妊娠し、その後AYの不貞行為がXに発覚し、A

が平成22年にＹとの間の子を出産し、同年９月２日にＸとＡが離婚するに至っていることにかんがみると、ＡＹの不貞行為を原因として、ＸとＡが離婚するに至ったと認められる。また、Ａは、ＡＹの子をＸとＡとの間の子として出生届を出したため、Ｘの戸籍にその旨の記載がなされたこと、Ｘは、親子関係不存在確認の調停の申立てを余儀なくされ、同年９月２日に親子関係不存在確認の審判を得たこと、Ｘは、同年３月19日に、心因（ストレス）反応、抑うつ状態を病名とする少なくとも約３か月間の療養を必要とする旨の診断を受けていることが認められる。

㊷東京地方裁判所平成24年12月14日は、ＡとY_1との性行為により３回妊娠したという事案であったが、ＸがY_1を、Y_2がＡを訴えており（17頁の「当事者の基本的関係図」のⅠとⅤを参照）、裁判所は両者の事件とも慰謝料250万円を認容した。

㊸東京地方裁判所平成25年１月23日は、ＡがＡとＹとの間の３人の子供を認知したことを慰謝料の増額の事由として考慮し300万円の慰謝料を認めている。

㊾東京地方裁判所平成25年８月22日は、Ａが２度人工中絶手術を受けたことをＸが知ってショックを受けたとしてこれを慰謝料の増額事由としている。

以上のとおり、ＡＹ間で子ができた場合にはＸの慰謝料は比較的大きくなる。

(8)　Ｙの「ＡにはＹ以外にも不貞相手がいる」との主張

ＸがＹに対して、不貞行為に基づく慰謝料請求訴訟を提起した場合、Ｙとしては様々な主張（反論）をするが、Ｙとしては、Ａには自分以外にも不貞相手がいるとの主張をすることによって、自らの不貞行為の違法性を低減させ、これを慰謝料の減額事由として考慮すべきとの主張をすることもある。

この点について言及した裁判例としては、以下のものがある。

❶❾❻東京地方裁判所平成15年11月６日は、次のように判示した。なお、Ｚというのはではなく Ｙとは別のＡのもう一人の不貞相手である。

Ｚの行為は、本件婚姻関係の破綻をもたらしたＡの行為を、Ｘに対する一連の不法行為と見るとき（ＹとＡとＺとの間には当然ながら意思の連絡はないし、Ｘの主観面にも明白となったのは、ＡとＹとの不貞行為発覚後であるが）、客観的にはその一部といえるから、Ａを介して、Ｙの行為とも共同不法行為の関係にあるものということができる。

要するに、この裁判例は、Ａの二人の不貞相手（ＹとＺ）には意思の連絡がないのにもかかわらず、両者の不法行為責任はＡを介してＸとの関係で共同不法行為の関係に立ち、不真正連帯債務になると判示していることになる。

㉞394東京地方裁判所平成22年7月6日は、次のように判断した。

Ｙは、Ａが他の女性とも不貞に及んでいたことを主張するが、そのことを前提としても、他の不貞相手（及びＡ自身）に対するＸの損害賠償請求権は、Ｙに対する本訴請求に係る損害賠償請求権と不真正連帯債務の関係にあるから、Ｘとの関係でＹの責任を何ら減少させるものではなく、Ｙの主張を採用することはできない。

この裁判例は、前記196東京地方裁判所平成15年11月6日の考え方を前提にしていることが分かる。

したがって、これらの裁判例を前提にすれば、「自分以外にも不貞相手がおり、これは自らの不貞行為の違法性を低減させ、自らの慰謝料の減額事由として考慮すべきだ」とのＹの主張は認められない。

ただし、これとは逆に、㊾東京地方裁判所平成25年4月17日は、「Ａは、数年の間に、Ｙとの関係を含め、複数回、女性と不倫関係になっていた」とし、この事情を慰謝料の減額事由として考慮していることが窺われる。

(9) ＹがＡから相応の経済的利益を得ていたという事情

(i) 総説

ＡＹが不貞関係にありＹが女性の場合、特にこれを愛人関係（妾関係）ということがある。この場合、ＹがＡから何らかの経済的恩恵を受けていることが少なくない[69]。Ｘにとっては、そのような事実そのものが精神的苦痛の原因となることもあろう。そこで、Ｘとしては、ＹがＡから経済的利益を受けていたことを慰謝料の増額事由として主張しうるかが問題となる。406東京地方裁判所平成22年9月9日は、かような事情をＸの受領する慰謝料の増額事由として考慮すべく「Ｙは、…Ａと約5年半にも及ぶ不倫交際を自らも継続する意思を有し、これにより相応の経済的利益を得ていたものであるから、不貞行為の態様は軽いものとはいえず、…これによってXが被った精神的苦痛は小さくない」と判示した。

また、㉜東京地方裁判所平成21年6月10日も同様の趣旨といえる。

ところで、本件では…Aが、Yとの交際中に総額1000万円程度の支出をしていることが認められるが、仮にこれが夫婦財産を減少させる行為であり、Xの財産分与額に影響を与えることがあるとしても、その経済的不利益自体が、ただちに本件不貞行為に基づく損害といえるものではない。ただし、Yは、Aが自己と交際する中で多額の金員を支出していることを十分認識しながら交際を続けており、そのことにより、Xがさらなる精神的苦痛を被ったことも否定し得ない。その意味においては、上記事情についても、Xの慰謝料額を算定する際の一事情として考慮されるべきである。

(ii)　Yに対するAの経済的利益の交付と民法708条との関係

しかしながら、他方において、このようなAのYに対する経済的利益の交付は、その目的（不貞関係の維持・継続）において不法であるため、AがYに対してその返還を求めたとしてもいわゆる不法原因給付として民法708条により認められない性質のものであるから、かかる事情をXの慰謝料の増額事由として考慮するということは、結局その返還請求を認めたのと同じことにならないかという問題点がある。

この問題意識に触れた裁判例として、⑳東京地方裁判所平成16年1月28日があり、次のように述べている。

AがYに高額な金品を贈与したことをあまり評価すると、XAが生計

69　石井良助によれば、「妻」に対応する言葉は「夫」であり、「妾」に対応する言葉は「主人」であるとの説明があり、興味深い（『日本婚姻法史』246頁）。また山口与八郎は『貞操問題と裁判』74頁で、「人の妾となり日陰の花と咲き、世間から後ろ指を指されても、遊んで楽に生活し、又虚栄心を充たして満足して居ればそれでよいと言う様な女性は、大概相場の決まった女性ではあるが、その当事者の間においてなされた種々の約束は約束で、外部から文句の言い様はなく、その内容は、例えば女の一生生活費をやるとか、あるいは家を建ててやるとか、金を何幾やるといった風に妾の満足する様な条件で契約してある場合が多い様である。」と指摘する。本書は戦前に出版された書籍であるが、その当時の裁判例が豊富に紹介されており、こちらも興味深い。

を同一にしている本件において、AがYの歓心を買い、不貞関係を継続させる目的で贈与したことで、本来不法原因給付として返還を求め得ない金品の返還を間接的に実現せしめることになり、相当でないというほかない。

また、この裁判例では、AY間の不貞行為が継続している間にAがYに貸し付けた1000万円の返還をAがYに対して求めることの可否も問題となったが、裁判所はこれも不法原因給付に該当し、不法性の程度がAの方が大きいと判断しAの請求を認めなかった。

なお、AY間のこのような金銭のやりとり等が、後にAY間の関係が破綻してしまった場合に別の法律問題として顕在化することもある。これは本書17頁で示した図2当事者の基本的関係図におけるⅣの類型である。このAY間の訴訟については、第11章で裁判例とともに詳しく検討したい。

⑽ AY相互間における嫌がらせ等について

(i) YのAに対する嫌がらせ等

まず、YのAに向けられた嫌がらせがXの精神的苦痛を増大させた事例として❸⓪❹東京地方裁判所平成21年3月18日がある。

これは、YがAに対して自殺を示唆するメールや電話で、「あなたの嫌がることをしてあげるから、待っててね」、「法に触れない程度に嫌がらせする。子供の学校にビラを撒く」などと告げたり、YがAの勤務中に職場に電話を架けてきて、Aの上司に不倫を暴露し、Aに対し、「あなたの子供にいやがらせしてあげる」などと述べた事案であるが、裁判所はこれらの事情をXの側の慰謝料の増額の事情として考慮していることが窺われる。

(ii) AのYに対する嫌がらせ等

逆に、AがYに対して執拗な嫌がらせを行う場合もある。例えば、YがAとの関係の解消を望んでいるにもかかわらず、Aがこれに納得せず関係を続けるために嫌がらせを行うといった場合である。

❸❽❾平成22年6月11日はこのような事案であり、AのYに対する嫌がらせが度を超しているということでXの請求を棄却しているのが特徴的である。

YがAとXの婚姻継続を知った後については、Yは、Aとの関係を断ち切ろうと努力していたのであって、Aと性交渉を伴う関係が続いたの

> は、ＡがＹ又はその長女（Ａとの子）に対して執拗に暴力や脅迫を続け、また、Ｙの勤務先に対しても電話をし、又は訪問するなどして、脅迫、営業妨害等の嫌がらせを継続したため、やむを得ないことであったと見るのが相当である。また、Ｙ本人は、ＡがＸと婚姻関係にあることを知った後のＡとの肉体関係は、Ａに強要されてのものであって、合意に基づくものではないと供述しているところ、……その供述は信用することができる。Ｙのように職業を持ち、弁護士に相談することができる立場にある女性であったとしても、自己又は娘の生命、身体、財産等に対する攻撃や自己の職業生活の基礎となっている勤務先に対する攻撃にさらされた場合に、完全な抵抗をすることができずに、攻撃者との関係を受け入れてしまう可能性があるのは、ことさらに不自然なことではなく、当然攻撃者に配偶者が在るときであっても、これにより当該攻撃者との不貞行為が当該配偶者に対する違法な侵害行為になることはないというべきである。そうすると、ＡとＸとの婚姻の事実を知った後のＡとの関係においても、Ｙの行為がＸに対する不法行為を構成することはないというべきである。

そして、㉝㊱東京地方裁判所平成21年９月25日も次のように判示してＸのＹに対する請求を棄却した。

> Ｙは、ＡがＸと結婚したことを秘して平成18年４月終わりころＹに交際を求めたこと、同年６月にＡがＹから問いつめられて結婚していることを認めたこと、そのためＹが交際の誘いに応じなかったこと、同年６月29日ころにはＡとＸとの婚姻関係がＡの借金問題等から破綻状態にあり離婚届が両名により作成されたこと、そのころＡがＹに対しＡ及びＸの署名捺印のある離婚届の写メールを見せかつカードローン等の金銭問題で夫婦関係がうまくゆかず婚姻関係が破綻していて離婚する話になっていると告げたこと、そのためＹが離婚の話を本当であると信じたこと、Ａが交際を迫るためＹ宅のインターフォンを鳴らし続けたり同年８月にはＹ宅の近くにマンスリーアパートを借りて住んだり、Ｙ宅で包丁を突き立てて暴れるなどしてＹを恐怖に陥れたこと、Ｃ（Ｙの夫）が同年11月にＹ宅から退去して別居するとＡがたびたびＹ宅に押しかけい

やがらせをエスカレートさせてインターフォンを鳴らし続けたりドアを叩いたり寝室の窓を物干し竿で叩いてYが起きるまで続けるなどし、さらには破壊的な他傷自傷行為に及ぶなどによりYの抵抗を奪いYを妊娠させたこと、Yが妊娠中絶手術に及んだことが認められるから、YのAとの関係は、当初はAの欺罔的行為により後には暴力的脅迫的な行為により形成されたもので、当該関係におけるYの行為がXの婚姻関係を破綻させるものであるとかXの権利を侵害する違法なものであったとは認められない。

この事案では、もはやAY間の不貞行為という範疇を超えており、AのYに対する強姦とも言える。したがって、Xの請求が棄却されたのは当然であろう。

また、YがAから嫌がらせ（ストーカー行為等）をされたことを慰謝料の減額事由として考慮した裁判例として、㉗東京地方裁判所平成24年6月19日があり、慰謝料の減額事由として考慮している。

　Yが、平成19年11月16日から平成22年6月1日までの間、Aとの間で性的関係を継続したのは、Aから、同関係を継続するよう懇願されたり脅迫的言辞を用いられたりしたためであるという面もあること、Yは、Aから、勤務先への来訪、自宅周辺での待ち伏せ、携帯電話等への執拗な架電といった被害を受けており、精神的にも相当疲弊していた。

5　AY間の不貞行為が発覚した後のXAの関係

⑴　Xによる宥恕等

（i）問題の所在

AY間の不貞行為をXが知った際、XがAを宥恕したり、Yのみを訴えてAに対しては訴えないという態度を取ることがある。このような事情をYのXに対する慰謝料の算定においてどのように考慮すべきであろうか。

まず、XがAに対して慰謝料請求権を免除しても、この効力がYに対して及ばないことは⑯⑯最高裁判所平成6年11月24日が認めているので、ここでの問題は、Xのかかる態度自体がYがXに対して負うべき慰謝料支払債務の減額事由になるか否かという点である（なお、㊲東京地方裁判所平成25年

6月19日も「ＡとＹは、Ｘに対する共同不法行為者といえ、Ａ及びＹがＸに対して負う損害賠償債務は不真正連帯債務であるから、民法437条の規定は適用されず、本件和解における免除の効果は、当然にはＡには及ばず、Ｙが内部的負担を超えてＸに対して支払った部分について、ＹはＡに対して求償できるものと解される」と判示し、上記最高裁と同趣旨である）。

(ii)　関連する裁判例

この点に関連する裁判例を見てみると、この問題意識を持ったものが意外と多いことに気付くと同時に、そのいずれもがこのような事情をＹがＸに対して支払うべき慰謝料の減額事由として考慮していることが窺われる。

例えば、⓲⓺東京地方裁判所平成15年3月27日は、「Ｘは共同不法行為者であるＡに対しては訴訟を提起していないこと」を慰謝料の減額事由としているし、⓲⓽東京地方裁判所平成15年6月24日は、「Ｘは、第一次的に責任を負うべきＡに対して、賠償請求をしないと陳述しており、配偶者に対して宥恕しながら、第三者であるＹにだけ賠償請求するものであり、不均衡の感を否定できない」と述べ、⓴⓺東京地方裁判所平成16年8月31日も「Ｘは、本件不貞行為の主導的役割を果たしたＡに対しては損害賠償を求めておらず、宥恕していることがうかがわれる」と判示し、これらはいずれもＹの責任はＡに比べて副次的であることを前提にしている。

また、㉓⓻東京地方裁判所平成19年2月8日は「Ｘは、現在においてもＡを完全に許すという気持ちにはなれず、Ａとの間に生じたしこりが残ったままであるものの、Ｙとの関係を告白したＡを宥恕し、長女とともに、一つ屋根の下で家計を共にし、従前のとおり、夫婦生活及び家族生活を送っている。かかる事情は、Ｙが賠償すべきＸの精神的損害の額を認定するにあたって斟酌しなければならない事情であるといえる」とし、㉖⓷東京地方裁判所平成19年7月27日も「Ｘは、Ａのことは宥恕しているものと解される」として、慰謝料の減額事由としている。

その他、㉛⓶東京地方裁判所平成21年4月16日は「Ｘ自身、現段階ではＡに対する損害賠償を求めてはいないことが認められる」と言い、㉓⓺東京地方裁判所平成19年2月1日は「ＸはＡに対し、不貞行為に基づく損害賠償請求をしていない」、㉚⓹東京地方裁判所平成21年3月25日も「Ｘは、Ａ

との離婚調停において、同人に対し慰謝料の支払を求めていない」と各判示し、XがAに対して請求していないことを考慮要素としている。

さらに、❸⓴東京地方裁判所平成21年6月4日も「不真正連帯債務の関係にあって主たる責任を負うAが、Xの債務免除により慰謝料債務を免れているにもかかわらず、副次的な責任しか負わないYが高額な慰謝料債務を負担するのは公平ではない」と言い、AとYとの間の不公平感に言及している。

❸❸❾東京地方裁判所平成21年10月28日は「Xは、本件発覚後に、Aの子を妊娠するなど、XはAを宥恕しているとも窺われる事実が認められる」として、Xの妊娠の事実等をもってAを宥恕したと評価している。

㉑東京地方裁判所平成24年3月29日は、「XがAに対して損害賠償を求める意思はないと認められる。このことにより、XがYに対する損害賠償請求権を免除する意思を有しているとまでは認められないものの、慰謝料の額の算定に当たっては、考慮しなければならない事情であるというべきである」と判示しているし、㉓東京地方裁判所平成24年4月13日は「Xは、Aに対して、直ちに慰謝料を請求する意思を有していないと認められる」と述べ、慰謝料の減額事由として考慮している。

㊴東京地方裁判所平成24年11月22日も、「XがAに対する請求をする意思はないことは、慰謝料の算定に当たり、考慮しなければならない事情であるというべきである」と述べており、Xが明確にAを宥恕するという意思を示していないが、Aに対して請求する意思がないという事実をもってこれを慰謝料の減額要素としている。

また、⑺⑸東京地方裁判所平成25年4月11日は「Xは未だにAに責任があるとは認めてはいない」とし、やはり慰謝料の減額事由として認めている。

最後に、❶❻❶東京地方裁判所平成4年12月10日は、Aが反省している事案において、慰謝料の額を50万円とした上で、次のとおり判示した。

> なお、付言するに、本件においては、現在、本件訴訟の提起を契機としてYとAの関係は解消されており、YにおいてはもはやAとの交際の再開をまったく考えておらず、Aにおいても、Yと関係を持ったことを反省して、Xとの夫婦関係を修復してこれを維持していくことを強く希望していることが認められるものであるから、Xにおいても過去におけ

るＹとＡとの関係に徒らに拘泥することなく、今はむしろ、Ａとの間の夫婦関係を速やかに修復して、ふたりの間の信頼関係の構築に努め、今後夫婦関係を平穏・円滑に発展させていくことが、強く望まれるところである。

これら一連の裁判例から分かるように、ＸがＡを許した（宥恕した）場合はもちろんのこと、そうでなくとも、ＸがＡに対して慰謝料を請求する意思を示していなかったり、ＸがＡに責任があると認めていない場合であっても、慰謝料の減額事由として考慮している裁判例が存在する。

したがって、前記⑯平成６年11月24日の最高裁判決は、ＸのＡに対する免除の効力がＹには及ばないことを確認したが、その一方で実際上は、そのようなＸの態度そのものが慰謝料の減額事由として考慮されているという扱いになっているとも評価できる。

⒤　**上記裁判例の問題点**

なお、このようにＸがＡを宥恕すると慰謝料を減額されるのだから、Ｘとしてはそれを阻止するために意図的にＡを許さないという態度に出ることも考えられるが、これは一つの弊害であろう。

また、ＡがＸに対して謝罪したり反省していることを慰謝料の減額事由としているものもある。例えば、㉚東京地方裁判所平成20年10月３日は「Ａが不貞関係を認めてＸに謝罪し、本件訴訟においてＸに協力して証言」していることを重視し、㉜東京地方裁判所平成21年７月９日は「Ａは真摯に反省していることがうかがわれる」として、これらを慰謝料の減額事由として考慮していることが窺われる。

⑵　ＸＡ間の婚姻関係が悪化した程度等

（ⅰ）**総説**

次に、ＡＹ間の不貞行為によってＸＡの夫婦関係がどのような影響を受けたのかという事情も重要であり、仮に全く影響を受けなかったということであれば、何ら損害が発生していない以上不法行為は成立しないことになる。先に紹介した㊳東京地方裁判所平成22年４月20日などはそのような事例であったといえるだろう。

本書84頁の図16を元に説明するならば、ＡＹ間の不貞行為の前のＸＡ

間の婚姻関係の状態と不貞行為の後のそれとの落差がXの被る精神的苦痛であるということができる。したがって、その落差が小さい場合、すなわちそれはＸＡ間が離婚や別居に至っていない場合には、その分慰謝料の額も減額されるということである。

⒤ **関連する裁判例**

例えば、⑳⓪東京地方裁判所平成16年1月28日は、「ＸとＡが、経済的側面もあってか、現在も離婚及び別居をしていないことは、高額な慰謝料額を算定するには消極要素とせざるを得ない」と判示している。⑳⓪東京地方裁判所平成19年9月28日や㉞⑧東京地方裁判所平成22年6月10日は「ＸとＡとの婚姻生活は未だ破綻していない」と判示し、㉜⑦東京地方裁判所平成21年7月9日も「ＸとＡとは離婚に至っていない」と言い、いずれもこれらを慰謝料の減額事由として考慮していることが窺われる。また、⑥⓪東京地方裁判所平成25年2月6日もこれと同旨である。

⒥ **X自身が破綻していないと主張した場合**

では仮にXが「Ａとの婚姻関係は未だ破綻していない」と裁判において主張したとした場合、これをどのように評価すべきであろうか。これは⒤で紹介した3つの裁判例の事案とは若干ニュアンスが違う。すなわち、この場合には、ＡＹ間の不貞行為の結果、「ＸＡ間の婚姻関係が破綻していない」という事実ではなく、「ＸＡ間の婚姻関係が破綻していないとXが主張していること」が問題となっているからである。

そして、この場合も結論としては慰謝料の減額事由と考えて差支えないと思われる。その理由は以下のとおりである。

一般に、自己に不利益な内容の供述というのは信用性が高いと言われている。そして、この種の不貞訴訟において、「ＡＹ間の不貞行為の結果ＸＡ間の婚姻関係は破綻していない」という内容の供述はXにとっては不利な内容である。その不利な内容の供述をXが自ら行っている以上、この供述は信用性が高い。そして慰謝料を請求している当の本人のXがそのように言っている以上、その被った精神的苦痛も相対的には低いだろうし、高額な慰謝料をあえて認める必要はないと思われる。そして、⑳⓪東京地方裁判所平成19年9月28日や、㉑東京地方裁判所平成25年2月13日は、これと同様の考え方に立っていると思われる。

ⅳ　Ｘが離婚を求めていない場合

また、ＡＹ間の不貞行為後にＸがＡに対して離婚を求めていないことは、ＸＡ間の婚姻関係が破綻していないことのひとつのあらわれともいえるので、通常は慰謝料の減額事由と考えられる（例えば、⑲東京地方裁判所平成25年10月21日も同様の判断をしている。）。しかし、❸⓪❼東京地方裁判所平成21年３月26日は次のように述べて逆の結論を導いた。

> Ｘが離婚を求めていないのは、自らの負担によってＹとＡとが交際できる状態になることをよしとしない心情に基づくものであって、Ａとの関係が修復する可能性があるからではないことが認められる。したがって、ＸとＡが、現在も婚姻関係にあることをもって、慰謝料の減額事由として考慮することはしない。

この裁判例からすると、Ｘが単に離婚を求めていないという事実だけから慰謝料を減額するという結論を導くことはできないこととなろう。

ⅴ　Ｘが婚姻関係の修復の努力をしていない場合

Ｘ自身にＡとの婚姻関係の修復の努力が見られないことを理由にこれを減額事由として考慮しているものもあり、❹❶❷東京地方裁判所平成22年10月１日がそのひとつの例である。

同裁判例は、「Ｘが不信を抱いてからＡ及びＹの尾行調査を探偵社に依頼するのみで何ら婚姻関係の維持回復に努力をしていない」と判示し、これを慰謝料の減額事由としている。

⑶　ＸＡ間の金銭の授受

ⅰ　総説

ＡＹ間の不貞行為は被害者Ｘとの関係で共同不法行為となり、両者の責任は基本的にはいわゆる不真正連帯債務であるから、ＡとＹのいずれか一方が、Ｘに対して弁済などその債権を満足させる行為を行えば、その効果は他方の負う債務にも及ぶことになる（絶対効）。このことを是認した裁判例として、❸❾❸東京地方裁判所平成22年７月５日や❹⓪❷東京地方裁判所平成22年９月３日（Ｙ→Ｘへの支払）、及び❷❼⓪東京地方裁判所平成19年８月30日（Ａ→Ｘへの支払）がある。

なお、⑱東京地方裁判所平成22年11月4日も「Aの本件離婚調停に基づくXへの600万円の支払は、もっぱら、Yとの不貞行為により婚姻破綻に至ったことに対する慰謝料に係る損害賠償債務の弁済としてされたものと認められるから、共同不法行為として同債務と不真正連帯債務の関係に立つ、YのXに対する前記慰謝料200万円の損害賠償債務も、これを上回る同弁済により消滅したことになり、同弁済のうち、Yの負担部分の限度で、AとYの求償関係が生じるにすぎない」と判示しており、上記裁判例と同趣旨である。

また、AがXに対して慰謝料として330万円を支払ったが、実際にはその原資は、Yの母を介して、Yが拠出していると認定し、すでに慰謝料の支払いは完了していると判断した裁判例（㉕東京地方裁判所平成19年5月28日）がある。そして、⑪東京地方裁判所平成26年9月5日は、Aの父がXに対して300万円を交付しており、Xが作成した領収書には「慰謝料」と記載されていたという事案において、上記と同様の結論をとった。

ここではその他の問題点について触れてみたい。

⒤　**明確な名目のない金員の支払い**

まず、AがXに対して支払った金員がXのYに対する慰謝料請求に影響しないとの結論を採った裁判例として、㉗東京地方裁判所平成19年5月31日及び㉝東京地方裁判所平成21年10月21日がある。

㉗東京地方裁判所平成19年5月31日は、以下のように述べた。

> Xが……離婚調停事件に伴い、解決金700万円の一部弁済として、Aから200万円の支払いを受けたこと、その余の解決金については10万円ずつの分割払いを受けることが定められたことは認められる。しかし、この解決金が、Yの本件不貞行為による損害賠償債務を免れさせたり、軽減させたりする性質を有することを認めるに足りる証拠はない。

㉝東京地方裁判所平成21年10月21日は、次のように判示した。

> Aが既にXに対して支払った……3375万円の解決金内金のうち、いかなる金額がYとの不貞関係を有したことによる慰藉料に充当すべきかが判然としない以上、YがXに対して負うべき200万円の損害賠償債務については、現時点において、まったく損害の填補がなされていないもの

として取り扱うのが相当である。

この両者の裁判例が言わんとしていることは共通しており、「ＡがＸに対して支払った金員がＡＹ間の不貞行為についての慰謝料なのかどうかが不明だからそれによりＹの責任を軽減することはできない」ということであろう。

したがって、この種の事件の訴訟代理人としては、ＡＸ間の和解の際に「解決金」という曖昧な語句は使用せず、ＡがＸに対して支払うべき金員のうちどれが「不貞行為の慰謝料」なのかということを明記しておくべきということになる。

◎「解決金」として支払われたケース

逆に、ＡからＸに対して単に「解決金」として支払われた金員であったとしても、諸般の事情からこれが不貞慰謝料であると認定された裁判例もある。それが㊿354東京地方裁判所平成21年12月22日であり、次のように述べる。

> Ｘは、夫婦関係解消の調停を申し立てた際、Ａに対して財産分与を求めたものの、Ａには預貯金等はなく、自宅マンションの売却代金も、住宅ローンや借入債務等の返済に充てられてほとんど残っていなかったことから、ＡとＹの不貞関係によって離婚に至ったことについての慰謝料という趣旨で50万円の支払を受けることで合意し、『Ａは、Ｘに対し、離婚に伴う解決金として50万円の支払義務があることを認める』旨の調停を成立させたというのであるから、上記50万円の解決金は、ＹとＡの不貞行為によるＸの精神的苦痛を慰謝する趣旨のものであったというべきである。

また、⑩104東京地方裁判所平成26年2月24日は、Ａが所有するフェラーリの売却代金のうち少なくとも1800万円をＸに対して渡していたという事案において、ＸＡ間の話し合いの経過など諸般の事情からこれを不貞行為の慰謝料名下に支払われたものであると認定した。

他方、以上とは逆に、ＡからＸに対してなされた名目のない金員の支払いという事実自体を慰謝料の減額事由として考慮したと思われる裁判例もある。それが㊷428東京地方裁判所平成22年12月21日であり、次のように述べる。

> Ｘは、Ａとの調停離婚に際し、財産分与としてＸとＡが居住していた

マンションのＡ共有持分の分与をうけたほか、解決金として実質額150万円の支払を受けることとなったこと、上記マンションはその後売却を余儀なくされたが、かかる事情によってＸの……精神的損害は一定程度慰謝されたものと解するのが公平であるが、Ｙが主張するように、財産分与が過大であり、これによりＹ及びＡがＸに与えた精神的損害が全て慰謝されたことまでは認めるに足りない。

このように、ＡがＸに対して「解決金」など明確な名目がない金員の支払がなされた場合に、それがＹに対して請求できる慰謝料の額に影響するか否かという問題についても下級審においては必ずしも統一的な判断がなされていないことが分かる。

◎「慰謝料」名下での合意と未払

また、これは補足であるが、仮にＡからＸに対する支払の名目が「慰謝料」となっていたとしても、それが単に支払の約束にとどまり現実の支払が未だなされていないという場合には、これを減額事由として考慮すべきではないと考える。なぜならば、慰謝料の支払はそれが現実になされてこそ意味があるのであり、単なる約束ではそれが守られるとは限らないからである。

この点に関連して、㊸東京地方裁判所平成23年1月13日は、その趣旨は必ずしも明確ではないが、ＡＸ間の慰謝料の支払い約束という事実をもってこれを慰謝料の減額事由として考慮しているのであれば妥当でないと思われる。

382東京地方裁判所平成22年4月19日は、ＹがＸに対して不貞慰謝料として500万円を支払うとのＸＹ間の合意があることをもって、その金額の多寡がＡがＸに対して固有に負う慰謝料の金額に影響を及ぼすものではないとしている。

337東京地方裁判所平成21年9月28日も、「ＸとＡとの間で一定の金員の支払を定める調停条項が定められたとしても、実際の金員の支払等がなければ、損害の填補がされたと認めることはできない」としている。

ただし、支払がなされていない段階でも支払が確実といえる状況であれば、支払があったのと同じに扱っても良いだろう。361東京地方裁判所平成22年

1月27日も「Aは、Xに対し、離婚調停において、離婚に伴う慰謝料として200万円の支払を約し、その準備が完了していることも認められる」として、これをYがXに対して支払うべき慰謝料の減額事由として考慮している。

ⅲ　財産分与との関係

ＸＡ間における離婚の際に、ＡからＸに対して財産分与がなされる場合となされない場合があり、それがなされる場合でもその内容がどのようなものであるか等によってYがXに対して支払うべき慰謝料の額に影響を受けるのかどうかということを次に考えてみたい。

◎財産分与の法的性質

前提として、離婚に伴う財産分与の性質については、例えば、㊾大阪地方裁判所昭和48年1月30日が次のように述べている。

> 財産分与の制度は、夫婦が婚姻中に有していた実質上共同の財産を清算分配し、かつ、離婚後における一方の当事者の生計の維持を図ることを目的とするものであり、ただ裁判所が財産分与を命ずるかどうか、分与の額および方法を定めるに当っては当事者双方の一切の事情を考慮すべき関係上、相手方において、有責行為により離婚に至らしめたことにつき請求者の被った精神的損害、すなわち慰藉料を賠償すべき義務を負うものと認められるときには、これが賠償のための給付をも含めてその額および方法を定めることができるものと解すべきである。以上の如く慰藉料的要素は財産分与に包括的不可分の関係で含まれているものではないのみならず、慰藉料請求権は財産分与請求権とその性質を必ずしも同じくするものではないから、財産分与に右慰藉料的要素を包含する等特段の事情のない限り財産分与と別個に慰藉料の請求をなすことを妨げるものではない。

このように、財産分与には、不貞慰謝料が含まれる場合とそうでない場合があるということである。以上を前提に問題点を整理してみる。

◎財産分与と（不貞）慰謝料名下での支払

まず、ＸＡ間の離婚の際に財産分与はなされたものの慰謝料の支払いがないことをもってこれを慰謝料の増額の事由として考慮していると思われる裁判例がある。それが❸⓰東京地方裁判所平成21年5月13日であり、「Xが、Aと離婚するに当たり、同人から財産分与として自宅マンションの共有持分2分の1の譲渡を受けたものの、慰謝料については全く支払を受けていないこと」と判示している。

他方において、上記❹㉘東京地方裁判所平成22年12月21日は、Xが財産分与を受けたという事実を慰謝料の減額事由としていることが分かる。

> Xは、Aとの調停離婚に際し、財産分与としてXとAが居住していたマンションのA共有持分の分与を受けたほか、解決金として実質額150万円の支払を受けることになったこと、上記マンションはその後売却を余儀なくされたが、住宅ローンを精算した残額として約1100万円がXの手元に残されたことが認められるところ、かかる事情によってXの精神的損害は一定程度慰謝されたものとみるのが公平である。

また、⑿①東京地方裁判所平成26年9月26日も、「XとAとの間の自宅マンション等の財産分与は、当然に慰謝料の支払の趣旨も含むものと解することはできず、これらの経緯は、慰謝料算定の一事情として考慮するのが相当である。」と判示した。⑽①東京地方裁判所平成25年12月17日も同旨である。

結局、財産分与については、その中に不貞慰謝料が含まれている場合には、その限りでYにもその効力が及ぶ（絶対効）が、不貞慰謝料が含まれていない場合には、Xが「財産分与を受けている」という事実を重視するか、又は、Xが「財産分与は受けているものの慰謝料は受け取っていない」という事実を重視するかによって結論が変わってくるということであろうか。

いずれにせよ、AY間の不貞が原因でXA間が離婚し、財産分与がなされる場合には、その財産分与の中に不貞慰謝料が含まれるのか否か、含まれるとしてその額がいくらなのかということをできる限り明確にしておくことが大事であろう。

(iv) 生活費（婚姻費用）との関係

AY間の不貞行為の後、AがXに対して生活費を入れないという事情が慰謝料の増額事由となるとした裁判例があることは説明したとおりである（❸⑩

東京地方裁判所平成21年４月８日）。

ここではその逆の場合、すなわち、ＡがＸに対して生活費（婚姻費用）を負担している場合に関する裁判例を紹介する。

素直に考えれば、生活費（婚姻費用）と不貞慰謝料とは全く異質のものなのであり、また、生活費（婚姻費用）というのはＡの不貞行為の有無とは無関係にＡＸ間の婚姻関係が続く限りＡに課せられている法律上の義務なのであるから、生活費（婚姻費用）をＡが負担していたという事情をもってこれを慰謝料の減額事由として考慮すべきではないと考えるのが合理的なようにも思える。

しかしながら、❸❼❶東京地方裁判所平成22年３月４日は「ＸとＡとの婚姻関係は、ＹとＡの不貞以前の段階でも、必ずしも円満・良好なものではなく、その原因が専らＡにあるともいえないこと、ＹとＡの不貞関係は、Ａの主導によるものであったこと、Ａは、Ｘに対して月額55万円の婚姻費用を負担していること…」と判示し、ＡがＸに対して婚姻費用を支払っている事実を慰謝料の減額事由として考慮していることが窺われる。

ただ、この裁判例を一般化することはできないだろう。なぜならば、月額55万円の生活費（婚姻費用）というのは、通常の家庭に比べてかなりの高額であり、そのような高額と思われる生活費をＸが受けているからこそ、Ｙに対する慰謝料が減額されてもやむを得ないと考えられるからである。したがって、例えばこれが55万円ではなく５万円であったとしたらむしろ逆の判断になるのではないかと思われる。

したがって、ここではＡがＸに対して生活費（婚姻費用）を支払っているという事実に注目するのではなく、その額が相場と比べてどの位なのかということが重要であると思われる。

(v)　**その他の問題**

ＡがＸに対して一定の金員を支払っていたとしても、それがＡＹ間の不貞行為が発覚する前に成立した合意に基づく支払いであれば、それはＸのＹに対する慰謝料請求には一切影響を及ぼさない。

このことを確認する裁判例として、❸❵❾東京地方裁判所平成21年３月27日がある。

Xは、離婚に当たってAから比較的多額の財産分与及び慰謝料を受け取っている。しかしながら、この財産分与及び慰謝料は、YとAとの不貞行為がXに発覚する前に合意されたものである上、第三者に対する不貞行為による夫権侵害に基づく慰謝料請求権は、妻に対する離婚それ自体による慰謝料請求権とは別個独立に観念し得るものであるから、Xの精神的苦痛が既に慰謝されている旨のYの主張は、理由がない。

この結論自体については異論はないであろう。

6　不貞行為発覚後のXA間及びXY間相互の態度・やりとり

⑴　総説

AY間の不貞行為がXに発覚した際、Xとしては当然冷静ではいられなくなり、Aに対して詰問したところ、Aが開き直ってXに対して報復行為を行ったりする等、一線を越えてしまう場合があり得る。また、逆にたとえば、XがAに対してのみならず、その不貞相手であるYの自宅や職場まで押しかけていったり、Yの行動を調査したり尾行や張り込みをしたりすることもある。これは本書の冒頭で示した「当事者の基本図」におけるⅣの問題である。

これらの事情が、XのYに対する不貞慰謝料請求にどのように影響するのかということを過去の裁判例を参考にしながら考えてみたい。

⑵　XA間の問題点

(i)　総説

まず、AがXに対して、十分な生活費を渡さないとか、決められた養育費を払わないという態度を取った場合に（これはAのXに対する嫌がらせと評価できる行為類型である）、これが慰謝料の増額事由になる（❸⓾東京地方裁判所平成21年4月8日及び❸⓰東京地方裁判所平成21年5月13日参照）ことは前述のとおりである。

(ii)　XがAに対して嫌がらせを行った場合

AY間の不貞行為が発覚した後、XがAに対して嫌がらせを行い、それが不法行為を構成するとして、AのXに対する損害賠償請求が認められた事例がある。

⑯東京地方裁判所平成23年12月26日がそれであり、事案は概ね次のよ

うであった。

> 妻Ｘは夫Ａに宛てて、平成20年１月以降、『どうか一日も早く死んで下さい』などと記載した電子メールを繰り返し送信し、Ａの勤務先の代表取締役に宛てて、Ａが不倫をしたという内容の手紙を同年４月21日に、『このままのうのうと○○（Ａの警備派遣先である○○）に勤務させてはまた従業員に手を出すことは確実です』などという内容の手紙を同年５月30日にそれぞれ送付し、同年６月11日には『従業員にすぐ手を出す警備員…』などと書いた封筒をＡの勤務先に持参した。その後も、Ｘは、Ａに対し、同年７月11日、同月12日、同月17日及び同月24日にも『潔く職場を辞めるのは当たり前』、『潔く舌を噛むしかないでしょう』などと記載した電子メールを送信し続けた。Ａの訴訟代理人弁護士が、Ｘに対し、同月24日、Ａの勤務先に対する前記行為を中止するよう求める文書を送付した後も、Ａに対し、同年12月14日、同月21日、平成21年１月３日、同月９日、同月10日、同月23日、同月28日、同月30日、同年２月16日、同月20日に『早いとこ死んでくれ』（平成21年１月３日分）、『一族共々血奉りだ』（同月28日分）、『お前の弟じゃなくてお前が死ねば良かったのに』（同月30日分）、『死ね　死ね…』（同年２月20日分）などと記載した電子メールを送信した。

この事案において、上記裁判所は、「本件メール送信等行為が、……Ａが行った本件不貞行為をＸが知るに至ったことを原因とする結果であることを考慮しても、Ａにおいて受忍すべき限度を超える精神的苦痛を与えたものとして、不法行為を構成する」と判示し、ＡのＸに対する慰謝料請求を認めた（認容額は100万円）。これは当然の結論であろう。

(iii)　特殊な事案について

次に紹介する㉛東京地方裁判所平成18年12月18日の事案は、いわゆる不倫訴訟そのものではないが、Ａの不倫を原因とするＸＡ間の離婚事件においてもこれと同様のことが起こりうると思われるので参考のためここで紹介しておく。

> ＸとＡ（妻）の離婚交渉中に、Ａ及びその父（Ｂ）がＸの職場に内容証明郵便を送りつけたり、職場に押しかけたりしたこと等の行為、及び、

Ａが離婚交渉について委任したＹ（弁護士）及びＺ（Ｙ弁護士の勤務弁護士）がＸの職場にＸを誹謗するような内容の内容証明郵便（その手紙には「夫婦は対等ですから、夫の優越感は一切認められません。妻の荷物一切には勝手に手をつけないこと。大事に自分の荷物と同様に保管責任があるので、これに反することがあれば、その責任を追及します。覚悟してください。弁護士に聞いたなどと生半可な知識を振り回した独善的行為は許しません」などと記載されていた。）を郵送した行為が不法行為を構成するとしてＸがＡらに対して損害賠償を求めた。

この事案において、裁判所は、Ｘに対するＡ、Ｂ及びＹの不法行為責任を認めた。その理由として、裁判所は、喫茶店など職場以外の場所でＸと会うことが不可能ではなかったし、内容証明郵便をＸの職場に送付する行為についても、Ｘが相談している弁護士を聞き出してその弁護士に送付するなどの別の方法を検討することができたはずであるのにそれをしなかったこと、などを指摘している。

このように、交渉の手段が行きすぎてしまうと、それがまた別の法的問題に発展することがあり得るし、実際にもこのようなことが起きている以上、依頼を受けた弁護士としては十分に注意することが必要と思われる。

(iv)　相殺の抗弁の肯否

ＸがＡＹ間の不貞行為について、ＡとＹの双方に対して不貞慰謝料請求訴訟を提起した場合において、Ａが「Ｘも不貞を働いており、その不貞行為について不法行為が成立するのだから、その損害賠償請求権をもって相殺する」との主張を行ったとしても、これは主張自体失当として認められない。

これは㊼津地方裁判所昭和32年11月8日で実際に問題となったが、同裁判例は、「不法行為によって生じた損害賠償債権に対しては債務者は相殺を以つて対抗し得ないこと、民法509条の明定するところであるから、Ａの相殺の抗弁は、ＡがＸに対して慰藉料請求権を有するや否やを審案するまでもなく、失当としてこれを採用し難い」と判示した。

したがって、このような場合、Ａとしては相殺の抗弁を主張するのではなく、Ｘに対して不貞慰謝料請求訴訟の別訴（反訴）を起こすべきであったと言える。

(3)　ＹのＸに対する謝罪

(i)　総説

AYの不貞行為が発覚した場合、Ｙの取るべき行動として最も穏当で望ましい行為は、当然のことながらＸに対して謝罪することである。言うまでもなく、不貞行為が日本の現行法上犯罪ではなく、民法の学説上は不法行為にはならないという説が有力であるとしても、不貞行為が少なくとも褒められた行為ではないことは明らかであるし、一般的にＸを傷つけていることもまた事実である以上、ＹがＸに対して謝罪するというのは、わが国における一般常識に適った行為だからである[70]。

(ii)　謝罪を減額事由とする裁判例

裁判例においても、ＹがＸに対して謝罪したことを慰謝料の減額事由としているものが多く、また逆に、ＹがＸに対して謝罪していないことをもって、慰謝料の増額事由とするものも目立つ。

まず、ＹのＸに対する謝罪をもって慰謝料の減額事由としている裁判例として、㉔岡山地方裁判所平成19年３月１日及び㉕東京地方裁判所平成19年５月28日があり、これはいずれも裁判所における尋問の際に、ＹがＸに対して謝罪した（陳謝した）という事案であった。また、㊻東京地方裁判所平成23年２月24日は、次のように判示している。

> Ｘとの婚姻期間は約１年９箇月であり、本件不貞行為が行われるまでの期間でいえば、約１年３箇月程度の比較的短期間であったこと、Ｙは本件不貞行為について自己の非を認め、一応Ｘに陳謝していることをもしんしゃくすれば、本件不貞行為による慰謝料としては70万円をもって相当であると認められる（なお、訴状での請求額は300万円であった）。

㉑東京地方裁判所平成24年３月29日も、「Ｙは、Ａの同意を得ないで性行為をしたとの事実関係は争うものの、Ｙの主張する事実関係を前提としても、Ｘとの関係では不貞行為に当たることは、当初から自認し、謝罪の意思

70　筆者も、Ｙの側から法律相談や訴訟委任を受けた場合、不貞行為の事実関係に争いがない事案であれば、Ｘに対して謝罪することを勧めることにしている。

を表明している」として、慰謝料の減額事由として考慮している。

(iii) **謝罪しないことを増額事由とする裁判例**

これに対して、ＹがＸに対して謝罪をしない、それどころか、尋問の際にＹがＡとは別れる意思がない旨述べたという事実は、慰謝料の増額事由となる。

ＹがＸに対して謝罪していないことを指摘しているものとして、例えば、㉑291東京地方裁判所平成20年10月8日は「Ｙは不貞行為について未だＸに対して謝罪をしていないことを考慮」すると述べている。また、371東京地方裁判所平成22年3月4日は、「ＡにＸとの婚姻関係を継続する意思はないが、ＹからＸに対する謝意は表されていない」、449東京地方裁判所平成23年3月17日は、「ＹからＸに対する謝意は表されていないこと」、376東京地方裁判所平成22年3月25日は、「本件訴訟においては、Ｘから客観的証拠が提出されるまで、自らの不貞の事実を否認する態度に出て、Ｘの精神的苦痛を増大させたと認められる」、408東京地方裁判所平成22年9月13日は「Ｙは、不貞行為の存在を否定するため、不自然な弁解を弄しておりＸに対する謝意を表していない」ことをそれぞれ慰謝料の増額事由として考慮している。

また、㊿東京地方裁判所平成25年1月17日は、「ＹはＸに対して謝罪をしていないことが認められ……Ｘは……多大な精神的苦痛を被ったと認められる」とし、94東京地方裁判所平成25年8月20日も「Ｙ及びＡのいずれも、Ｘに対し、不貞関係について謝罪の意を示したことはない」としてこれを慰謝料の増額事由としている。また、364東京地方裁判所平成22年1月29日も、ＹがＸに対して素直に謝罪を表していないことを慰謝料の増額事由として評価している。

(iv) **Ｙが不貞行為を否認するなどした場合**

また、下記のとおり、Ｙが謝罪しないどころか、不貞関係を否認したり、不合理な弁解をしたり、果てはＡとは別れる気はない旨証言したという事例もある。これらは当然に慰謝料の増額事由として考慮される。

例えば、221東京地方裁判所平成18年3月31日は、「ＡとＹとが、今後も不貞関係を自ら積極的に止めるつもりはない旨明言しており、これはわが民法の定める一夫一婦制の婚姻制度に対する重大な挑戦とも受け取れる。」と判示し、㊻東京地方裁判所平成22年12月9日は「Ｙは、本件においてもＡとの肉体関係を否定するなど、Ｘに対して不誠実な対応に終始している」と述べ、㊸東京地方裁判所平成23年1月13日は「ＹらからＸに対する謝意は表されておらず、かえって、不自然・不合理な主張を繰り返している」と判示し、②東京地方裁判所平成23年5月16日は「Ｙは、本件訴訟において、Ａとの不貞関係を否定し、不自然な弁解を弄している」と言い、さらに、㊽東京地方裁判所平成24年12月27日「Ｙは、平成23年6月以降現在に至るまで、Ａと交際を続け、本人尋問の段階でもＡと別れる意思はないと断言した」と認定し、㊾東京地方裁判所平成25年7月16日では、「Ｙは、Ｘに対して、謝罪することはなく、Ｘからのインターネット上の書き込みの削除の要望にも対応せず、本件弁論準備手続に出頭することを予定されたが、出頭もしない……Ｙは、Ａとの関係を解消する意思はなく、ＡがＸと離婚した場合には、Ａと婚姻する意思である」ことをやはり慰謝料の増額事由として考慮しておりこれらは当然の判断であろう。

(v)　まとめ

このように、これらの裁判例を見る限り、Ｙの態度は正反対であるが、それぞれが慰謝料増減の算定事由となりうるという意味においては非常にわかりやすい処理であると言える。

(4)　ＸのＹに対する言動の違法性

通常の場合、Ｘが妻であればＹは女性であり、Ｘが夫であればＹは男性である。そして、ＡＹ間の不貞行為をＸが疑ったりそれを確信したりした場合、ＸとＹとの間でも様々なことが起こりうる。ここでは過去の裁判例を紹介しながらこの点について考えてみる。

(i)　留守番電話への録音

ＸのＹに対する行為の違法性が認められた事例として、⑱東京地方裁判所平成14年10月21日があり、同裁判例では、ＸがＡＹ間の不貞発覚後、Ｙに対して、留守番電話に「どろぼう。鬼。悪魔」というメッセージを入れたり、Ｙ宅の隣家の郵便受けに「Ｙは未婚の母、子供は不倫の子」と書いた便箋を入れたりした行為の違法性が争われた（ＹはＸに対して反訴を提起した。)。裁判所は、この行為を社会通念上許容される範囲を逸脱したものとして不法行為の成立を認めた(慰謝料50万円)。

(ii) **大量のファックス送信**

㉞東京地方裁判所平成21年9月10日では、XがYの勤務先に大量のファックスを送信するなどの嫌がらせを行ったことが問題となり、「XとAとの夫婦関係がここまで悪化したのは、XがAを厳しく追及し、精神的に追い込んだことも一因となっていると思料される上、Xは、Yの勤務先に本件不貞行為に関する文書を大量にファックス送信し、Yが勤務先を退職するに至っているという事情も認められる」と判示し、かかるXのYに対する嫌がらせ行為(Yに対する不法行為が成立するとも言えるが、本件ではYはXに対して反訴を提起していない)について、慰謝料の減額事由として考慮していることが窺われる。

㊱東京地方裁判所平成22年1月29日は、「不貞関係が発覚後のXの言動には、強い衝撃と憤りによる情緒不安定からくるものであろうとはいえ、脅迫的言動を行い、また、職場やYの実家にも頻繁に電話をかけ、職場の関係者にYとAの関係を知らしめるなどしてYを苦境に追いやった等、社会的相当性を欠く行き過ぎな点があったと評せざるを得ない。」として、これを慰謝料の減額事由として考慮している。

(iii) **携帯電話への不穏当な内容のメッセージ**

㉟東京地方裁判所平成22年1月19日では、XがYの携帯電話に不穏当な内容のメッセージを入れたことが問題となり、YがXに対して反訴を提起した。同裁判所は、以下のとおり判示して、Xに対して慰謝料5万円の支払を命じた。

> Xは、平成19年6月ころ、Yの携帯電話に架電し、留守番電話に『結婚している立場で何考えてるの。弁護士を立て、あなたの身の回りをすべて調べてa社(Yの派遣先)にすべて報告してあなたをクビにしてやりますから』、『何回うちの主人とセックスしたのよ。a社で洗いざらいバラけてやるから。あんたも辞めなさいよ』などというメッセージを入れたこと、Yが、それを聞いて、Xに架電したが、その際、Yは、Aと不貞行為に及んだことを否定したこと、Xは、平成20年1月ころ、

> 報復として、Ｙに関する派遣契約を解消させようとして、Ｃ（ａ社の部長）に架電し、ＡとＹが不貞行為に及んでいることを告げた上、Ｙの派遣元企業（ｃ社）の連絡先を聞き出したこと、Ｘは、更に、ｃ社のＤに架電し、自己の夫とＹが不貞行為に及んでいる、受付にそのような女を置いておいてよいのか、他の男も誘惑しているはずであるなどと告げたこと、そのため、Ｙは、Ｃ、Ｄのほか、ｃ社の関係者から事情を聴取されたことなどが認められる」とした上で、「Ｘは、Ｘの上記行為は違法性が阻却されると主張するが、Ｘは、ＡとＹが不貞行為に及んだことを知って、いわば、報復措置として、Ｙの社会的評価を低下させて、派遣契約を解消させる目的で上記行為に及んだものであるから、その目的や方法において、社会的相当性を逸脱しているものといわざるを得ず、正当な権利の行使とはいえない。

⒤ 不穏当な内容を記載したハガキの送付

⑰東京地方裁判所平成23年12月28日は、ＸがＹに対して、「あなたは、昔から若い女性との噂が絶えず、お盛んな男として有名でしたよね？昔の合コンであなたの乱痴気ぶりも未だに忘れられません。天誅が下されるべきです」などと記載したはがきを送付したという事案であった。

同裁判所は、かかるはがきの送付行為は、Ｙに対する脅迫に該当し不法行為を構成するとした上で、ＹのＸに対する慰謝料請求（反訴）を認めた（認容額は50万円、請求額は300万円）。

> 　Ｙは、本件はがきの送達を受け、その文面に強い衝撃を受けるとともに、これを見た妻から責められ、家庭内での信頼を失うなどして、大きな精神的苦痛を被ったことが認められる。本件はがきの記載内容やその体裁、ＸがこれをＹ及びその妻に宛てて郵送していることからすれば、上記不法行為は、Ｙに対する悪意をもってなされたものと認められ、極めて悪質な嫌がらせ行為というべき…。

(vi) 明確な証拠に基づかずになされたＹに対する通知

また、㊹東京地方裁判所平成24年12月21日の事案は、ＸのＹに対する不貞慰謝料請求訴訟において、Ｙは「Ｘが明確な証拠がないにもかかわらず、代理人弁護士を通してＹがＡと不貞行為をしたなどと告げて、Ｙに対して損害賠償を求め、これに応じなければYの勤務先に通告すると言い、その後、実際にYの勤務先にその旨通告したため、Yが退職を余儀なくされた」などと主張してXに対して反訴を提起した。

同裁判所は、この反訴について以下のように述べてYの反訴請求に理由があるとし、退職を余儀なくされたことに伴う逸失利益として6か月分の給与（約145万円）及び慰謝料30万円等の賠償を認めた。

> X代理人弁護士によって作成された通知書の内容は、Yの反論の有無、内容が明らかではない交渉の初期段階において、明確な資料がないにもかかわらず、YがAと不貞行為を行ったと断定し、それをYの勤務先に通知することを予告しつつ、慰謝料の支払と誓約書の提出を強制するに等しいものといえ、実際、同通知書において提示した支払期限の日に、X代理人弁護士が、順次、a社に電話をして、Yに慰謝料の支払を求めるなど、同通知書に記載された予告を実行する意向を示していることが認められる。そうすると、このような交渉の態様は、社会常識に裏打ちされた合理的な対話を進めるものとはいい難く、許容範囲を超えるものというべきである。したがって、X代理人弁護士による上記のような通知行為は、Yに対する不法行為になるものと認めるのが相当である。

(vii)　勤務先への電話

㊾東京地方裁判所平成25年1月17日では、XのYに対する不貞慰謝料請求訴訟において、XがYの勤務先に対して電話した行為等がYのプライバシー権の侵害等になるとして反訴を提起したという事件であった。

同裁判例は、次のように述べてXの行為に不法行為が成立するとし、慰謝料を10万円とした。

> Xが（1）平成23年4月17日頃、○○ストアのお客様相談室へ架電し、YとAが不貞関係にあることを告げたこと、（2）同年5月2日頃にも○○ストアのお客様相談室へ架電したこと、（3）同月頃、Yが勤務する○○ストア××店のお客様の声ボックスへ、YとXの妻とが不貞行為をしていることがわかる内容の投書をしたこと、（4）同年8月6日頃、Yの勤務する○○ストア××店に架電したこと、（5）同年10月17日頃、同店に赴き、買い物をして、レジの店員に対し、Yが同日同店にいるか

どうかを尋ねたこと、(6) 同年12月29日頃、○○ストア本社に架電し、Ｙに裁判所へ出頭するよう伝言を要求したことはＸも認めており、この範囲で争いはない。……そうすると、前記 (1)、(3) の行為は、Ｙが不貞行為をしていることを不特定の者に告知するもので、少なくともＹの名誉を毀損する行為であるといえる。また、前記 (6) の行為は、前記 (1)、(3) の行為と相まって、Ｙが不貞行為を理由に訴えを提起されていることを通知するものであって、前記 (1)、(3) の行為と併せて不法行為を構成するものといえる。

ⅷ　Ｙの配偶者に対する通知

⑱東京地方裁判所平成26年5月14日では、ＸがＹの夫に対して、ＹとＡが不倫関係にあることを通知する書面を送付した（本人限定受取郵便）ことの違法性が問題となったが、裁判所は、「穏当ではないが、その回数が1回であること及び通知の内容に照らすとＹの権利を侵害する行為であるとまではいえない。」と判示した。

以上の裁判例から分かるように、ＡＹ間の不貞行為が発覚した後のＸの言動にも問題がある場合には、そのＸの行為について逆に不法行為が成立し、Ｙからの反訴請求が認められることがあるということになる。

そして、かかる事例においてＹがＸに対して反訴を提起していないときには、㉞東京地方裁判所平成21年9月10日のように、ＹがＸに対して負担すべき不貞慰謝料の減額事由として考慮されることになる。

ⅷ　慰謝料の減額事由としない裁判例

ただし、これとは逆の結論を採用した裁判例もある。㉖東京地方裁判所平成21年7月1日がそれである。

Ｙは、Ｘから、Ｙが店長を務めるＡ経営の会社の漫画喫茶の階段から突き落とされたり、Ｙの自宅の部屋の中を滅茶苦茶にされるなどの行為を受けたと主張するところ、…Ｙが主張する機会にＸが少なくともＹの頬を叩くという行為に及んだことは認められるものの、ＸがＹに対してそれ以上の物理的な危害を加えたかどうかについては必ずしも明らかではなく、また、仮にＸがＹに対して物理的な危害を加えたことがあるとしても、それは本件とは別のXのYに対する不法行為の問題として処理されるべき事柄であって、そのことから直ちに、本件においてYがXに対して支払うべき慰謝料の額を減ずることはできない。

これは㉞東京地方裁判所平成21年9月10日の考え方とは相容れないと思われる。

⒤ **上記裁判例から学ぶべきこと**

筆者としては、慰謝料の算定の事情にはさまざまなものがある以上、このような事情を慰謝料の算定要素として考慮して何ら差し支えないと思われる。逆に、上記㉖東京地方裁判所平成21年7月1日の考え方に従うとすれば、YはXに対して別の訴訟を提起しなければならないことになり、最終的な解決に至るまで相当な時間を費やすことになる。そしてそれに伴い、当事者の負担も大きくなり不合理であると思われるからである。

Xの言動に問題があった場合の裁判例は概ね以上のとおりである。これらの裁判例から学ぶべきことは、Xの言動等にも問題がある不貞慰謝料請求訴訟において、Yの側から依頼を受けた弁護士としては、それを不貞慰謝料の減額事由として主張するだけでは不十分であろう。上記㉖東京地方裁判所平成21年7月1日のような判断をされる可能性があるからである。

したがって、かかる場合には「攻めは最大の防御なり」との諺の如く、Xに対して積極的に反訴を提起するのが最善なのではないかと思う。

なお、この場合Yの代理人として絶対にやってはいけないことは、Xの言動等に不法行為が成立することを前提に、その損害賠償請求権を自働債権として本訴の対象となっている不貞慰謝料請求権との相殺を主張することである（相殺の抗弁）。これは、従前XA間夫婦の事案において説明した㊼津地方裁判所昭和32年11月8日が述べているのと同様に、かかるYの主張は民法509条により許されず主張自体失当となってしまうからである。

⒳ **Xの言動に不法行為が成立しないとした裁判例**

以上に対して、Xの言動等について不法行為が成立しないと判断された事例についても検討しておく。

㋐ **Xの張り込み**

㉘東京地方裁判所平成19年2月15日では、XがY及び元夫Aの住むア

パートを張り込む等した行為の違法性が争われた。裁判所は、以下のとおり判示し、不法行為の成立を否定した。

> これらは、Ｘが、当初は別件離婚訴訟、後には本訴の準備のために行ったものであると認められ、ＹとＡとの間の以前からの不貞行為を疑っていたＸが、別件離婚訴訟の応訴……の準備ために上記の程度の調査活動を行ったことをもって、直ちにＹのプライバシー侵害として不法行為を構成するとは解しがたい。

㋑　探偵会社を使った調査

また、㉕③東京地方裁判所平成19年5月10日は、Ｘが探偵社に対しＡの行動調査を依頼し、旧Ｙ宅の周辺の調査等を行わせたことが不法行為に該当するか否かが争われたが、Ｘの行為について不法行為は成立しないとした。

> 旧Ｙ宅が探偵社による調査の対象となったのは、ＸがＡの行動調査を依頼したところ、Ａが深夜に旧Ｙ宅に赴いたことによるものであり、また、探偵社による調査は、Ａを尾行し、旧Ｙ宅があるマンションの共用部分に立ち入り、旧Ｙ宅の玄関を外側から写真撮影するなどの方法で行われている。そうすると、Ｘが調査を依頼したことには相応の理由があったということができるし、調査の方法も格別不相当なものとは認められない。これに加え、Ｙが旧Ｙ宅に連日のようにＡを招き入れるなどの親密な関係になったことがＸに対する不法行為と評価されることを考慮すると、Ｘの上記行為に違法性があるということはできないと解するのが相当である。

㋒　勤務先の訪問

㉖⑥東京地方裁判所平成19年8月22日は、ＸがＹの勤務先に押し掛けてくる等して、Ｙの名誉感情及び精神的自由を侵害されたとして、ＹがＸに対して、不法行為に基づく慰謝料請求訴訟（反訴）を提起したという事案である。

> Ｘが平成17年10月31日午後2時30分ころ、Ｙの勤務先である○○株式会社を訪れ、Ｙに対し、内容証明郵便を受け取ったか否かを確認したり、Ｘからの内容証明郵便を受け取ったＹに対し、『きちんと対応して下さい。証拠は揃っていますから』などと述べたことは確かであるが、

Ｙは、上記のようなＸの行為が嫌がらせ行為として不法行為となる旨主張するのであるが、その内容、程度等に照らし、妻たるＸが夫の不貞行為の相手であるＹに対し、面会を求めたり、差し出した内容証明郵便を受け取って読んだか否かの確認のために勤務先会社に電話をしたりした行為が、Ｙに対する違法な嫌がらせ行為として不法行為を構成するとまでは認めることができない。

㊟　ＸがＹに対して住所等を教えるよう求めた行為

⑯東京地方裁判所平成25年9月12日も、ＸのＹに対する不貞慰謝料請求訴訟において、ＹがＸに対して反訴を提起したものであった。事案は次のとおりである。

　ＡＹ間の不貞行為が発覚した後に行われた当事者らの話し合いの席上、ＸがＹに対し、Ｘが妊娠して不安定な時期にＡが失踪したことで精神的に病んでしまったこと、探偵費用に700万円かかったこと、出産費用に100万円かかること、Ｘが精神的にショックを受けたため、無事出産できるか分からないこと、万が一のことになったら1000万円では足りないことなどを述べた。また、Ｘは、Ｙに対し、その現住所及び実家の住所、電話番号、母の名前、学校名、学部、学科、その場にいた友人の名前、電話番号を教えるように求め、Ｙはこれに応じた。このとき、Ｘは淡々とした口調で述べていた。

この事案において同裁判例は下記のとおり述べてＹの反訴請求を棄却した。

　（Ｘがかかる）言動を行ったときの状況は、Ｙも自認するとおり、声を荒げるなど特段威圧的なものでなかったことからすると、ＸがＹに対して告げた内容が、当時19歳であり社会的に未成熟であったＹにとって、不貞関係が発覚した直後のやりとりであって、不貞行為を働いた当事者であるという立場上いささか厳しい内容であったとしても、その内容はＸが不貞行為の相手方であるＹに対して社会的責任を自覚させるために述べたものとみることができ、未だ社会的に許容されない程度の害悪を告知したものとはいえない。よって、Ｘの言動をもって違法な脅迫行為であると評価することはできない。

㋔　ＸがＹの現住居に立ち入り写真を撮影した行為

⑪東京地方裁判所平成26年５月19日は、「Ｘが現住居に立ち入ったのはＡの案内によるもの……であり、もともとＹの現住居はＡの賃借する社宅であることを併せ考えれば、Ｘがその家に立ち入り、夫の生活をする室内等を撮影し、その際、Ｙの私物をも撮影したとしても社会通念上許容されるべき」と判示した。

以上のとおり、ＸのＹに対する言動等について、これに不法行為が成立する場合とそれが成立しない場合とに分けて説明したが、その境目は極めて微妙であるという印象を受ける。

⑸　ＹのＸに対する言動の違法性

これに対して、ＹのＸに対する言動に問題があった場合の裁判例について検討する。これは本来不貞行為という不法行為を行っているＹがさらにＸに対して不穏当な態度を取る場合であり、以下のような裁判例がある。

ⅰ　匿名電話

㉙⑧東京地方裁判所平成21年１月14日は、「Ｙが、自ら匿名でＸに電話をかけ、Ａとの不貞関係や本件子どもの存在を告げたことや、その後Ｘの感情を逆撫でするような本件メールを送信したことは、たとえＡに対する意趣返しや本件子どもに対するＡの責任を追及しようとしたためであったとしても、Ｘに精神的苦痛を与えたことは明らかであるから、慰謝料額を算定する上で考慮すべき事情に当たる」と判示した。

ⅱ　ブログに中傷記事を記載

⑱東京地方裁判所平成24年３月21日は、Ｙが自身のブログにＸを中傷する記事を載せたという事案である。

> 「巷では二重顎で顔と首の境目のわからないことを、ヒムラインっていうみたいです」「先日、知人の奥様とお会いする機会がありました。この奥様、独身時代には国内線ＣＡで結構人気があったという話（知人談）」「実際にお会いしたところ（略）どうみてもオバサンっぽく見える。よーくお顔、姿を拝見してみるとやっぱり彼女もヒムラインだった！」「悪いことに髪の毛を一つにまとめているのでなんとか生活苦のオバチャンにみえちゃってる」「笑えることにこの知人『ウチの奥さんは元Ｃ

> Aだから髪をまとめているんだ』とか言っている」「彼女、年齢も私よりも1つ下だけに、考えちゃいましたよ」。

裁判所は、「Yは、自身のブログにXを中傷する記事を掲載したことが認められる」として、この事情を慰謝料増額の事由として考慮した。

(iii) 親密な交際を誇示

316東京地方裁判所平成21年5月13日は、次のような事実を認定している。

> Yは、Aとの間で継続的に不貞関係を有するようになってから、事ある毎に、自分とAとの親密な交際ぶりをXに対して誇示するかのように嫌がらせをするようになり、XとAの夫婦仲を引き裂こうとしたこと、そのため、Xは抑うつ状態となって頑固な不眠や自殺念慮が生じるようになり、平成12年11月以降、精神科医による診療を受けるようになったが、AがXと別居するに至った直後の平成16年12月ころには就労することも困難となって、平成17年2月以降、経済的に逼迫して、いまだ中学生であった長女を抱えて生活保護を受給するまでに追い詰められたこと……そのようなYの言動は、厳しい道義的・倫理的非難を免れないというべきである。

(iv) 無言電話等

392東京地方裁判所平成22年6月29日は、次のとおり判示した。

> YがXに対して多数回にわたって行った無言電話や電子メールの送信は……いずれも、Xをことさら困惑させる内容のものであったというほかなく、Yが主張し供述するYの内心の複雑な感情、特に、自分だけを被害者と考え、Aとの間の最終的な関係解消を実現するためにはXにも事実を知ってもらいたいとの気持ちを検討してみても、Yの上記行為がXに対して違法に精神的苦痛を与えるものであったことは明らかであり、これらの行為についても不法行為が成立するというべきである。

このような事例の場合、Xとしては、かかるYの言動を単に不貞慰謝料の増額事由として主張するよりも、Yのこれらの言動についてのYに対する非難を明確にするために、AYの不貞行為とは別個独立の不法行為として主張するのが良いのではないかと思われる。

(6) ＸＹ間で交わされた合意書等の効力

さて、これまで不貞行為発覚後のＸ及びＹの言動を見てきたが、それとは別に不貞行為発覚後にＸとＹとの間で交わされた合意書等の効力が争われ、それが否定された裁判例もあるので、これを紹介する。

㉗⓪東京地方裁判所平成19年8月30日は、次のように判示した。

> Ａ Ｙ間の不貞行為に関して　ＸＹ間において「慰謝料200万円、調査料等150万円の合計350万円」という合意がなされたが、その同意書は、Ｙ宅において、Ａの代理人と称するＢらから約6時間以上にも亘り、その署名及び押印を迫られた末にＹが疲労困憊の末に仕方なく署名押印したものであること、Ｙは、本件同意書に署名押印する際、誰かに相談したりできる状態でなかったこと、Ｂから、Ｙに対し、本件同意書の署名押印を迫った態様、Ｙがその後警察に相談したり、弁護士に相談したりしていること等に照らすと、ＢがＹに対して本件同意書に署名押印を求めた行為はいわゆる強要罪（刑法223条）に該当しかねないものと認められるから、Ｙの本件同意書への署名押印はＹの意思を欠くものであり、少なくとも本件同意書に基づく請求を法的に認めることは信義則上許されない。

また、㉘⑥東京地方裁判所平成20年6月17日は、次のとおり判示している。

> 一般に、不貞行為者は、自己の不貞の交際相手の配偶者との直接の面談には心理的に多大な躊躇を覚えるものであり、一刻も早くそれを終わらせたいと考えることが自然であると認められるから、慰謝料を請求されてもその支払には抵抗せず、また、高額な慰謝料額を提示されたとしても、減額を求めたり、その支払可能性等について十分に考慮することなく、相手方の言うがままに条件を承諾し、とにかく面会を切り上げようとする傾向が顕著であると考えられる。加えて、本件合意における1000万円という慰謝料額は、一般の社会人にとって極めて高額な金額といい得るばかりでなく、不貞相手の配偶者に対する慰謝料額としても相当に高額であることは明らかである。したがって、本件念書作成時にお

いて、その内心の真意としてはXに対して1000万円の慰謝料を支払うつもりはなかったと認めるのが相当である。この念書の意思表示は、心裡留保（民法93条但書）として無効である。

さらに、㊶東京地方裁判所平成22年9月28日は、YがXに対して、自分とAとの不貞行為を認めた上で慰謝料として600万円を支払う旨の書面について、次のように述べて信用性が認められないとした。

> Yは、本件訴訟において、一貫してAとの不貞関係を否認しており、平成21年6月25日、Xと目黒叙々苑で会った際にも、Yは、Xに対し、Aとの不貞関係を否認し、XとAとの婚姻関係が破綻したことについて自らに責任はない旨を述べたのに対し、Xは、Yが不倫を認めて謝罪しない態度に憤りを覚え、Yを厳しく詰問するとともに、Yの会社や親戚にもYのした行為について連絡する旨を申し向け、2時間以上にもわたってその責任を問うた上で、本件書面を作成させた経過が認められる。そうすると、本件書面は、Yが、Xの詰問に畏怖、困惑した結果として作成されたもので、自発的に、自らが認める事実を記載したものということはできないというべきである。

このように、AYの不貞行為発覚後にX及びYとが会って、Yをして念書などの書面に署名・捺印させる場合には相当慎重な段取りを組んだ上でそれを行う必要があると言えるだろう。

いずれにせよ、このような不貞慰謝料請求訴訟を受任することになる弁護士の立場からすれば、AY間の不貞行為の発覚後に当事者が独断でさまざまな行動に出ることはできるだけ控えて、速やかに弁護士に対して相談することが望ましい。そうすることにより、紛争が拡大する危険性をより小さくすることができるのではないかと思うからである。

(7) XがAYの不貞行為を容認していた旨のYの主張

AY間の不貞行為が存在した場合であっても、その被害者たるXがその不貞行為を容認していた場合には不法行為は成立しない。被害者自身がその保護されるべき法益を放棄したと考えられるからである。これを講学上「被害者の承諾」というが、不貞訴訟においてもこの主張の当否が争われた裁判例もある。それが㊿東京地方裁判所平成25年1月18日であり、次のように述べる（なお、❽❽山形地方裁判所昭和45年1月29日も参照）。

「Ｙは、平成12年６月、Ｘが、Ａの不貞関係を容認するかのような発言をしたから、ＸとＡが離婚するものと信じていたと主張するところ、……同月頃、ＸがＹと話し合った際、Ａについて『こんな男でよければ差し上げます。』と言ったことが認められる。

しかし、これは、Ｘが、Ａの不貞行為を疑い、その相手と考えるＹを前にしての発言であって、その状況から冷静な判断の下での発言であると解することはできない。

よって、Ｘがこのような発言をしたからといって、Ｙが、ＸにおいてＡとＹとの不貞関係を容認しているものと信頼していたとは認められない。」

このように、この裁判例からすると、Ｘの『こんな男でよければ差し上げます。』との発言があっただけでは不法行為の成立の妨げにはならないが、その他の事情と相まってＸが真摯にＡＹ間の不貞行為を容認していたと認定されれば、理論的にはＹの不法行為責任は発生しない余地があるということになろう。また、この点に関連して、❸❼❾東京地方裁判所平成22年4月5日が次のように述べており注目される。「そもそも、およそ現代社会において、夫が単に浮気をしていたのみならず、その不貞の相手方との間に二人の子供をもうけていた事実を突如知らされ、その子らを連れて見せられた妻が、夫やその不貞の相手と相対した場合に、特段これを責めたり、抗議することを一切しないなどということ自体が余りにも不自然、不合理なことである。」

7　まとめ

不貞慰謝料の算定方法・算定要素について、以上のとおり各項目に分類して可能な限り裁判例を紹介しながら解説を試みたが、同じような事情であっても、裁判所によってその扱い方の軽重は勿論のこと、その見方が正反対になるような事柄もあり興味深いところである。

訴訟委任を受けた弁護士としては、依頼者の利益を図るべく可能な限り当該事件の事情を幅広く拾って依頼者にとって有利になるような主張を展開するということになろう。

第10章

不貞訴訟における特殊な事例と問題点

以上のとおり、不貞慰謝料請求訴訟における一般的な問題点について、個々の裁判例を整理しながら解説してきたが、ここではその解説の中で触れることができなかったやや特殊な事案を紹介してみたい。

1　使用者責任（民法715条）

ＡＹ間の不貞行為がＡとＹの共通の職場等で行われることがある。その場合、Ｘとしては、Ｙ個人のみならずそのような不貞行為が行われた会社にも責任があるとして、Ｙの使用者である会社等に対しても損害賠償責任を追及するための訴訟を提起する場合がある。

しかしながら、裁判所はかかるＸの主張を基本的に認めていない[71]。

以下この種の事案に関する裁判例を紹介する。

(1)　訪問看護師の事例

❸❺❻東京地方裁判所平成22年1月14日の事案は、Ｙが訪問看護師として介護サービス等を行う株式会社に雇用されており、Ａはその会社との間で「○○訪問介護」における訪問看護サービス契約を締結した医師というものであった。同裁判所は、Ｘが主張するＹとＡとの性的な身体的接触が持たれたのは、訪問看護中ではないし、その身体的接触を、その外形から客観的に観察して訪問看護師の職務行為の延長又は密接に関連する行為と評価することはできないとして、Ｘの会社に対する請求を棄却した。

71　およそ不倫というのは純粋に個人間の問題であって、仕事とは無関係である以上、その勤務している会社等の法的責任など考える余地もない、とも言える。しかしながら、現実には、本文で紹介するとおり、会社等も訴えられることがある。会社経営者にとっては、煩わしい問題であろう。このことからしても、企業を経営していくことの難しさを感じさせられる。

(2) 刑務官の事例

㉘⑦東京地方裁判所平成20年6月25日の事案は、Ｙが刑務所の刑務官であり、Ｘが同刑務所に服役していた受刑者というものであった。Ｘは、その妻ＡがＹと不貞関係があったとして、Ｙのみならず使用者である国に対しても国家賠償請求訴訟を提起したのであった。同裁判所は次のように述べてＸの国に対する請求を棄却した。

> Ａは、その自由意思でＹとの交際を始め、肉体関係を持ち、その関係を継続したものであり、Ｙが、刑務官としての地位を背景に、受刑者の妻であるＡに交際を迫った事実を認めることはできず、ＹとＡとの間の不貞行為が、Ｙの職務執行行為でないことはもとより、職務行為に密接に関連する行為であるとも認められない。したがって、被告国は、ＹとＡとの不貞行為について、Ｘに対し、国家賠償責任を負うことはない。

これは至極当然の判断であったと思われる。

(3) 道場主の事例

㊹⓪東京地方裁判所平成23年1月25日の事案は、Ｙがある道場の道場主、Ａはその生徒という事案であり、ＸはＹのみならずその道場に対しても不貞行為（不法行為）に基づく損害賠償請求訴訟を提起したというものであった。

この事案についても、裁判所は、個人的な交際をする中で行った不貞行為についてまで「事業の執行について」行った不法行為であるとはいえず、不法行為責任を負わせることはできないと判示した。これも当然の判断であろう。

(4) 警備器機点検会社の事例

⑩②東京地方裁判所平成25年12月25日は、警備機器点検会社に勤めていたＹがＸ宅を担当・訪問するうち、Ａと不貞関係に至ったため、ＸがＹのみならずその勤務する会社に対しても提訴したという事案である。

この事案についても、裁判所は、使用者責任の主張を認めていない。

> Ｙの不法行為の原因である不貞行為が外形的にみて被告会社の職務の範囲内の行為であると認めることができないことは当然である。また、警備機器の設置や点検等の職務執行のために本件Ｘ宅の警備等を担当していた期間において、警備機器の点検等の職務遂行のために本件Ｘ宅を

訪問した機会にAと不貞行為に至ったと認めるに足りる証拠はなく、仮にX宅において不貞行為がなされたとしても、……そもそもYとAとの不貞行為は、被告会社の事業とは離れたYとAの自由な意思に基づくものと認められることから、被告会社の事業と密接関連性を有するとも認められない。

以上のとおり、AY間の不貞行為は極めて私的なものであるので、XがYの勤務先に対して使用者責任を根拠にして損害賠償請求訴訟を提起しても、それが認められることは少ないであろう。

(5) XのYの勤務先に対する対応

このように、XがYの勤務先の会社に対して訴訟を提起することは無理であるとした場合、Xとしては会社に対しては何も言えないのであろうか。

この点については、民間会社の多くはいわゆる就業規則を定めており、そこには通常「勤務中は職務に専念し、みだりに勤務の場所を離れないこと」等のいわゆる職務専念義務が規定されているのが普通である。他方、社内で不貞関係にある当事者は、業務時間中に会社のパソコン等を使って連絡を取り合ったりすることもあるだろうから、かかる職務専念義務を全うしているとは通常考えられない。また、会社によっては、いわゆる社内不倫を禁止するという明文規定を置いているところもあるのではないか。そうだとすると、XがAの配偶者としての立場で、AY間の不貞行為の有無を調査して欲しい旨会社に対して申し入れをすること自体は特に問題がないようにも思う。ただ、この点についてはその行為の相当性などが問題になる余地があるだろう。

2 AY以外に不貞行為に関与した者に対する責任追及の可否

A及びYが不貞行為の当事者であるとしても、Xとしては、例えば、Aの親がその不貞事実を知っていながらそれをやめさせなかったということなどを理由に、AのみならずAの親に対しても不法行為に基づく損害賠償請求訴訟を提起することもある。

⑲東京地方裁判所平成24年3月22日は、そのような事例であり、裁判所は次のように判示し、XのB（Aの母）に対する請求は認めなかった。

Xは、B（Aの母）は娘であるAの不貞行為を制止しないばかりか同人と共謀してXの家から家出してYとの同居生活を開始させ、自らも同居したと主張する。BはAの母親であり、AとともにYのマンションに転居し同居していることは認められるが、これにとどまらず、BがAとYの不貞行為を積極的に助長したことを認めるに足りる証拠はなく、また、上記事実をもって不法行為と評価されるべき違法性があるともいえない。

この考え方を前提にするならば、不貞行為者ＡＹ以外の者に対する不貞行為に基づく不貞慰謝料請求が認められるためには、その者がＡＹ間の不貞行為を積極的に助長したとの主張・立証が必要ということになろうが、実際にはその主張・立証は困難ではないかと思われる。

3　X（夫）のA（妻）に対する養育費の不当利得返還請求

⑴　事案

これは、㉟①東京高等裁判所平成21年12月21日の裁判において実際に問題となった。事案の概要は以下のとおりである。

XとAは元夫婦である。Aは婚姻後、不貞相手Yの子Zを出産したが、Xはこれを知らされないままZを自己の実子として養育し、20年近く経ってからZが実子ではないことを知った。XはAに対し離婚訴訟及びこれに伴う損害賠償請求訴訟を提起し（前訴）、前訴では、XのAに対する慰謝料3700万円及び経済的損害1800万円の請求のうち、慰謝料600万円のみが認められた。本件では、前訴確定後、XがAに対し、①嫡出子として養育してきたZが不貞相手の子であったこと自体について、不法行為に基づく慰謝料1500万円の賠償及び②20年間にわたってXがAに対して交付したZの養育費1800万円の不当利得返還を求めた。

原審（東京地方裁判所平成21年3月18日）は、①については前訴と訴訟物が同一であるとして、②については権利の濫用に当たるとして、いずれの請求も棄却した。Xがこれを不服として控訴したのが本件である。

⑵　裁判所の判断

そして、上記②の問題について、本判決は以下のように述べてやはりXの請求を認めなかった。

Xが相当額の上記養育費を支出したことは事実であり、これをすべて否定することはできないのであるが、そうであるとしても、かかる養育費相当額を目的とする不当利得返還請求は法規範の要請と相容れないというべきものであり、かかる請求を容認することはできない。すなわち、まず、XがZの養育費を支払ったのはAとの婚姻関係の継続中のことであるところ、法律上Xは、妻であるAと嫡出子の推定を受けるZに対し婚姻費用を負担し（民法760条）、上記養育費用もその一部として支払われていたのであるから、これはA及びZのいずれとの関係でも法律上の原因に基づいて支払われていたものであり、ここに不当利得の概念を入れる余地はなく、上記養育費相当額について不当利得にかかわる損失ないし利得を観念することができない。また、Xの主張に照らしても、上記費用は専らZの養育に投じられたものというべきであり、したがってAがその利得を得たものではないことは明らかであるから、この点からしてもAにXが支払った養育費相当損害に対応する利得を得ていることを観念することはできない。そして、何よりも、不当利得の法理は、公平の理念に基づき、法律上の原因なく生じた利得者と損失者間の均衡を図ろうというものであるが、それは一方が利得し他方がその結果損失を被っている状態を放置しておくことを正当としない状態、すなわち、全法秩序が是認しない違法状態とみてこれを是正しようとするものと解される。このような不当利得における違法状態があるかを本件についてみる。

……XとZの関係は、少なくとも同人が実子ではないことが発覚するほぼ成人に達する年齢までは父と息子として良好な親子関係が形成されてきており、その間Xは、実子という点を措いてみても、Zを一人の人間として育て上げたのであり、その過程では経済的費用の負担やその他親としての様々な悩みや苦労を抱えながらも、これらのいわば対価として、Zが誕生し乳幼児期、児童期、少年から大人への入り口と育っていく過程に子を愛しみ監護し養育する者として関わりながら、その成長の日々に金銭には代えられない無上の喜びや感動をZから与えられたこと

> は否定できるものではあるまい。
> 　また、養育を受けたことにつきＺには何らの責任はない。このように見てみると、ＸがＺに養育費を投じた結果に是正をしなければ法規範の許容しない違法な不均衡状態があるなどとは解することはできない。むろん、自らの不貞行為よりもうけた他人の子をそうとは知らせないままいわば騙してＸにわが子として育てさせたＡの責任は軽くはないが、これによりＸに与えた精神的、財産的損害の回復を図る民事法上の法理としては不法行為法理が用意されているのであり、これにより責任を取らせるべきものである。
> 　そして、上記不法行為責任については、既に前訴控訴審判決により解決済みであり、Ｘがその内容に不満を残しているとしても、法制度上はこれを蒸し返すことは許されない。
> 　以上、いずれの観点から検討してみても、ＸのＡに対する養育費相当額の不当利得返還請求は理由がないというべきである。

　この結論はＸに酷なようにも思えるが、不当利得制度の趣旨・目的からするとこの裁判例が述べるとおりであろう。判決文の表現も極めて的確で参考になる裁判例である。

4　期待可能性

⑴　期待可能性の意義

「期待可能性」というのは、刑法上の法律用語であり、行為の当時、行為者が適法行為を行うことを期待できることを意味する。言い換えると、ある違法な行為を行った者について、その行為を行った時点で適法な行為を選択できる可能性があったという意味であり、「適法行為の期待可能性」ともいう。この期待可能性は、刑法の犯罪論では、責任要素の一つとされ、適法な行為を行なうことが期待できないような場合においては、違法な行為をあえて選択したとは言えず、責任が阻却され犯罪が成立しないと説かれる。

　具体的な事例としては、強制された行為（例えば、銀行強盗をしないと殺すと脅迫されてやむなく犯罪を行う場合）などがある[72]。

(2) 事案の概要と判旨

このように、期待可能性の議論は、本来刑法の犯罪論においてなされるのが通例であるが、不法行為の成否に関する民事の裁判例（不法行為の成否）でもこの期待可能性の有無が問題となったと評価できる事案がある。

それが㊱横浜地方裁判所昭和48年8月29日であり、父娘間の継続的肉体関係を秘匿して結婚することが、相手方男性に対して、父および娘の不法行為を構成するか否かが争われた事案であった（相手方男性は妻とその父に対して慰謝料300万円その他結納金等の財産上の損害の賠償を求めた）。「事実は小説より奇なり」というが、本件はまさにそのような事案であり、本件では、妻が結婚（内縁）前に父と肉体関係をもっていた事実を秘匿していたことがやむを得ないものであり、その事実を正直に相手方男性に対して事前に開示することを期待することができない（期待可能性がない）として、父娘に不法行為責任が成立せず相手方男性の請求を棄却した。

> 娘は昭和17年生れで、相手方男性との結婚当時は満25才であり、父娘ともによき男性との結婚を望んでいたのであつて、結婚を契機として、肉体関係を断絶し、父娘ともに人間として蘇生しようとしていたことをうかがい知ることができるのである。この場合、父娘にとつては、従前の肉体関係は絶対に秘しておきたい事柄であり、結婚当事者間にあつては表面化することなく埋没されるべき事柄である。このような人倫をはずれた醜行関係に陥つた父娘が、結婚に当つて事前に相手方男性にその事実を打明けることは、本件父娘以外の通常人についても、現前の結婚成立による幸福を失う危険に対する恐怖によつて強度の心理強制を受け、秘匿せざるを得ず、経験則上、開示は不可能である。
>
> 父は、娘の結婚による幸福の獲得に対する祈念と情愛から、結婚適齢

---

72 この期待可能性に関する議論では、いわゆる「カルネアデスの板」というのが教室事例としては有名である。すなわち、古代ギリシアの哲学者カルネアデスは、「洋上で船が難破した際、漂流者が、1人しかつかまれない板を他の漂流者から奪い取って生き延びた場合、この行為は正当といえるか」という設例を考えたのである。ある行為が、そもそも違法性がない行為なのか、それとも違法な行為ではあるが他の行為を選択できる可能性がない、すなわち期待可能性がないとして責任が阻却されるのかということが議論される際にこの設例が引用されることが多い。

期の娘は一箇の独立の人格の尊厳の自覚と結婚による人間幸福の追求の至情から、そして父娘ともに、人間としての蘇生への光明を求める切情から、常識上、秘匿は必然であつて、事前の開示を法的義務として期待することは不能である。Xが、その法的義務ありとしてその遵守を要求するのは、客観的事態の反倫理性と暴露されたことによつて自己の蒙つた主観的精神的打撃の深刻（そのこと自体は、まことにそのとおりであつて同情に堪えない）を強調するの余り、法的に期待可能性ありと確信して父娘らに強要するに他ならない。

つまり、本件では、妻が結婚（内縁）前に、実父と肉体関係をもっていた事実を秘匿していたことがやむを得ないものであり、その事実を正直に相手方男性（原告）に対して事前に開示することを期待できない（期待可能性がない）として、父娘に不法行為責任が成立せず相手方男性の請求を棄却した。この「請求棄却」という結論が正しいのかどうかは当然のことながら異論があるところであろう。本件を担当した裁判官も相当に悩んだのではないか。このような裁判例を見るたびに、裁判というのは本当に難しいということを実感する。

5　同棲等の差止請求の可否

ＡＹ間の不貞行為があった場合、ＸはＹに対して損害賠償（慰謝料）請求を行うのが通常であり、これまでの解説もそれを前提にしていた。

しかしながら、Ｘとしては、Ｙに対して慰謝料の支払を希望しているのではなく、Ａとの交際を止めて欲しいと思う場合も多いであろう。

そして、⑭大阪地方裁判所平成11年3月31日は、ＸがＹに対して同棲等の差止を求める裁判を提起したというものであった。その事案の概要は以下のとおりであった。

ＸとＡは昭和50年に婚姻したが、Ａは昭和54年ころから20年近くにわたってＹと交際するようになった。その後Ｘもこれを知ることとなったが、平成10年ころになってからＹとの関係の解消を巡りＸとＡとの間で話がこじれ、Ａは家を出て、居住先を告げないままＸと別居するようになった。そこで、ＸはＹに対し、損害賠償とＡとの同棲や面会の差止を求めて提訴した。

この事案において、同裁判所は次のように述べてXの差止請求については認めなかった。

> 差止めは、相手方の行動の事前かつ直接の禁止という強力な効果をもたらすものであるから、これが認められるについては、事後の金銭賠償によってはXの保護として十分でなく事前の直接抑制が必要といえるだけの特別な事情のあることが必要である。
>
> そこで、本件におけるそのような事情の有無についてみると、XとAは婚姻関係こそ継続しているものの、平成10年5月ころからAは家を出てXと別居しており、Xに居所を連絡してもいない。……両者間の婚姻関係が平常のものに復するためには、相当の困難を伴う状態というほかない。そして、XもまたAの離婚やむなしと考えてはいるものの、AがYと同棲したりすることはこれまでの経緯から見て許せないということからAとの離婚に応じていないのである。
>
> そうすると、今後YとAとが同棲することによって、XとAとの平穏な婚姻生活が害されるといった直接的かつ具体的な損害が生じるということにはならない。同棲によって侵害されるのはもっぱらXの精神的な平穏というほかない。このような精神的損害については、同棲が不法行為の要件を備える場合には損害賠償によっててん補されるべきものであり、これを超えて差止請求まで認められるべき事情があるとまでは言えない。

この裁判例を前提にする限り、この種の事案においては、同棲の差止めを実現したからといって、直ちにXAの婚姻関係が原状に回復することは考えにくいし、差止めによって保護されるのはX側の精神的平穏くらいであることからすると、XのYに対するかかる差止め請求が認められる場合というのは極めて少ないのではないかと思われる。

6　XのYに対する訴え提起が不当訴訟となる場合

不貞行為に関するトラブルでは当事者が互いに感情的になるケースが多く、XがAY間の関係を確たる証拠もないのに不貞関係があると思い込み訴訟を提起してしまうような場合もありうる。このような場合、Yとしては、Xのかかる訴え提起自体が不法行為を構成するとして反訴を提起し、それが認められることもある。

例えば、㊳東京地方裁判所平成24年11月14日は、この種の事案において次のように述べる。

> 訴えの提起が相手方に対する違法な行為といえるのは、当該訴訟において提訴者の主張した権利又は法律関係が事実的、法律的根拠を欠くものである上、提訴者が、そのことを知りながら、又は通常人であれば容易にそのことを知り得たといえるのにあえて訴えを提起したなど、訴えの提起が裁判制度の趣旨目的に照らして著しく相当性を欠くと認められるときに限られるものと解するのが相当である（最高裁昭和60年（オ）第122号同63年1月26日第三小法廷判決・民集42巻1号1頁、最高裁平成7年（オ）第160号同11年4月22日第一小法廷判決・裁判集民事193号85頁参照）。
>
> …Xは、AとYが不貞関係にあるとする具体的な根拠を有さずに、本件訴訟を提起したものというべきであり、事実的、法律的根拠を欠いているといえる上、本件の証拠関係に照らせば、そのことを知り、あるいは通常人であれば容易に知り得たものといえるから、本件訴訟の提起は、裁判制度の趣旨目的に照らして著しく相当性を欠くと認められ、不法行為が成立するというべきである。そして、本訴提起により、Yは応訴を余儀なくされ、また、訴訟資料を夫にみられたことが一因となって自身も離婚に至ったことからすると、その精神的苦痛を慰謝するには50万円を相当と認め、また、応訴に要した弁護士費用として10万円を相当と認める（請求額は240万円）。

7　仮執行宣言

仮執行宣言とは、財産権上の請求権に関する判決において、判決確定前であってもその判決に基づいて、仮に強制執行をすることができる旨の宣言（裁判）である（民事訴訟法259条）。不貞慰謝料請求訴訟もこれに該当するので、原告が勝訴した判決においては、多くの場合仮執行宣言が付されることになる。

しかしながら、原告勝訴の判決の場合でも仮執行宣言が付かない裁判例もある。

❶152東京地方裁判所昭和61年3月24日は、300万円の慰謝料を認容した上で「仮執行宣言の申立ては相当でないので却下」した。❶161東京地方裁判所平成4年12月10日は、50万円の慰謝料を認容した上で、「仮執行宣言は相当でないのでこれを付さない。」とした。❷221東京地方裁判所平成18年3月31日は、500万円の慰謝料を認容した上で「事案の内容に照らし、仮執行の宣言については相当でないからこれを付さない」とした。

❸325東京地方裁判所平成21年6月30日は、150万円の慰謝料を認容した上で「仮執行の宣言については相当でないので、付さないこととする」とした。

❸348東京地方裁判所平成21年12月15日は、100万円の慰謝料を認容した上で「仮執行の宣言は相当ではないから付さない」とした。

❹412東京地方裁判所平成22年10月1日は、77万円の慰謝料を認容した上で「仮執行宣言は相当でないからこれを付さないこととする」とし、㊵東京地方裁判所平成24年11月28日も、30万円の慰謝料を認容した上で「（XA間に）調停が成立していること等を考慮すると、仮執行宣言は、必要性に疑問があり、相当でないから、これを付さない。」とした。

㊾東京地方裁判所平成25年10月21日は、180万円の慰謝料を認容した上で「仮執行宣言は相当でないのでこれを付さない」とした。

これらの裁判例のうち、❹412東京地方裁判所平成22年10月1日は認容額が比較的少なかったことが理由のひとつであろう。それ以外の裁判例については、当該事案における原告勝訴という判断が裁判所にとって微妙であったということなのか、詳細は不明である。

8　不貞慰謝料請求権は非免責債権か

XがYに対して不貞慰謝料請求訴訟を提起して勝訴判決を受けた後、Yが破産宣告を受けた場合、Xの有する不貞慰謝料請求権は破産免責の対象となるのかという問題もある。

この点について、❶190東京地方裁判所平成15年7月31日は、次のように判示して非免責債権ではないとした。

> 破産法 366 条の 12 但書は「悪意をもって加えたる不法行為」に基づく損害賠償請求権（現在の破産法 253 条 1 項 2 号「破産者が悪意で加えた不法行為に基づく損害賠償請求権」）は破産による免責の対象とならない旨を規定するが、正義及び被害者救済の観点から悪質な行為に基づく損害賠償請求権を特に免責の対象から除外しようとするその立法趣旨、及びその文言に照らすと、「悪意」とは積極的な害意をいうものと解される。故意とほぼ同義という原告の解釈は採用できない。
>
> 本件の場合、不貞関係が継続した期間は少なくとも約 5 年にも及び、しかもＡの離婚を確認することなく結婚式を挙げたという事情もあるから、不法行為としての悪質性は大きいといえなくもないが、本件における全事情を総合勘案しても、Ｘに対し直接向けられたＹの加害行為はなく、したがってＹにＸに対する積極的な害意があったと認めることはできないから、その不貞行為が「悪意をもって加えたる不法行為」に該当するということはできない。
>
> したがって、Ｙの不貞行為すなわち不法行為に基づく損害賠償責任は免責されたということになる。

㉚319東京地方裁判所平成 21 年 6 月 3 日も次のように述べて同様の結論を採っている。

> 破産法 253 条 1 項柱書及び 3 号は、破産者が故意又は重大な過失により加えた人の生命又は身体を害する不法行為に基づく損害賠償請求権は、免責許可の決定が確定したときであっても、破産者がその責任を免れるものではない旨を定めているが、破産者の不法行為に基づく損害賠償請求権は、たとえそれが故意又は重大な過失によるものであるとしても、上記の「人の生命又は身体を害する不法行為に基づく損害賠償請求権」と同視すべきものであると解することまではできない。そのほか、Ｙが破産法 253 条 1 項 2 号の悪意、すなわち積極的な害意をもってＡの不貞行為に加担したことを認めるべき証拠は存在しない。

以上より、これらの下級審の裁判例による限り、不貞慰謝料請求権はいわゆる非免責債権ではないということなる。

9　不貞慰謝料請求訴訟の審理のあり方

ここでは、不貞慰謝料請求訴訟の審理等のあり方について検討してみる。

(1)　現状の審理の問題点

この種の訴訟において、X（原告）とY（被告）との間で最も大きく主張が対立するのは、XA間の婚姻関係の破綻の有無の他にAY間の不貞行為が本当に存在したのかという点である。

当然のことながら、Xはこの不貞行為が存在したと主張し、Yはその事実は存在しないと反論することになるが、そのような主張だけではいわば水掛け論であるから、最終的には法廷において尋問（本人尋問）を行い、裁判官がいずれが真実を述べているかを見極め、不貞行為の有無の事実認定を行った上で結論を下すことになる。

そして、その法廷における本人尋問では、まさに不貞行為の有無が最大の争点なのであるから、Y及びAに対する尋問においては、Xの訴訟代理人弁護士がこの点を集中的に質問することになる。

その質問事項としては、たとえば、「AとYはどこで知り合ったのか」、「いつ知り合ったのか」、「一緒に旅行に行ったことはないか」、「このホテルの領収書に見覚えはないか」、「○年□月△日に××に一緒に行ったのではないか」など枚挙に暇がないが、このような質問が集中的に浴びせられることになる。

他方、Xに対しては、Yの訴訟代理人弁護士が、仮にAY間の不貞行為が存在したと認定されることに備えて、XA間の夫婦関係が既に破綻していたことを立証するために、XA間の夫婦関係の内情等について詳しく質問することになる。

もちろん、このような尋問は、訴訟代理人の興味本位で行われるのではなく、あくまでも依頼者の利益を図るため（裁判において良い結果を得るため）であるが、それにしても、かような極めて私事性の強い事項の尋問を公開の法廷の場で矢継ぎ早に行うことは、当事者にとって相当の心理的な負担になるだろう。

すなわち、実際の不貞慰謝料請求訴訟では、性的関係も含めて三角関係にまつわるプライベートな出来事が法廷で露骨に暴露される。Xにとっては、

Ｙの責任を追及するために提訴したのに、Ｙからは不貞よりも破綻が先であると激しく争われたり、夫婦関係の問題やＸの落ち度や人格まで非難されることもありうる（二宮・前掲書 167 頁）。

逆に、訴訟におけるこのような心理的負担を避けるために、Ｘから訴えが提起される前段階において、Ｙにおいてかなり高額の慰謝料を支払うことによって示談してしまうということも現実には存在するだろう。

しかしながら、このような解決の仕方が正しいとは思えない。すなわち、これでは裁判制度の意味が無くなってしまうし、Ｙにしてみれば、本来なら支払う必要の無い高額な慰謝料を裁判外で支払わされるということになりかねないからである。

そうすると、不貞慰謝料請求訴訟における当事者にかような心理的負担を負わせるような訴訟の進め方にはやはり問題があるというべきである。

⑵　付調停制度の活用

かかる問題意識を踏まえて、実務家や学者の中には、不貞慰謝料請求訴訟を公開の法廷においていきなり審理することをせず、これを家庭裁判所の調停に付すべきことを提唱する見解があり妥当であると思われる。すなわち、田中恒朗は、ジュリスト 550 号（1973 年 12 月 15 号 123 頁）において、「この種の事件は、慰藉料請求権の存否の判断のみによっては解決に至るべきものではないから、やはり家庭に関する事件として家事調停の対象とし、家庭裁判所の機能を活用して三者の間の調整をはかることが望ましく、地方裁判所に訴訟が係属している場合には、家事審判法 19 条により職権でその事件を家庭裁判所の調停に付すことが相当である。」と述べており、竜嵜喜助も同旨のことを述べている（判例タイムズ 414 号 21 頁）。

ただし、上記家事審判法 19 条は現在は存在せず、これに相当する現行の条文は、家事事件手続法第 274 条第 1 項であり、同条は「第 244 条の規定により調停を行うことができる事件についての訴訟又は家事審判事件が係属している場合には、裁判所は、当事者（本案について被告又は相手方の陳述がされる前にあっては、原告又は申立人に限る。）の意見を聴いて、いつでも、職権で、事件を家事調停に付することができる。」と定めているので、この付調停に関する規定を活用すべきということであろう。これにより、公開法廷での審理という当事者の負担を軽減することが可能となると思われる（なお、民事調停法20条も参照されたい。)）。

(3) 個々の裁判における慰謝料の高低・ばらつきの問題の克服

たとえば、自動車等の交通事故に基づく損害賠償請求訴訟における損害賠償額は、損害項目の類型化や各損害項目における賠償額の算出がほぼ画一的になされており、最終的に認められる損害賠償額にばらつきが生じるという問題点は生じていない。

これに対して、不貞行為に基づく慰謝料請求訴訟においては、そのような類型化や賠償額の算出が画一的になされているとは言えず、それどころか、すでに解説したように、ある事情についてこれを慰謝料増額の事由と見るべきか、それとも減額の事由と見るべきかの判断が異なっていたり、AとYとの責任の質の違いの有無についても統一的ではない裁判例が数多く存在する。

そもそも、この不貞慰謝料請求訴訟は、不貞行為それ自体やそれにまつわる性道徳に関する価値観についての個々の裁判官の考え方が如実に表れる傾向にあり、それが認容される慰謝料の額にも反映されることがその原因であろう[73]。

そこで、このようなばらつきが可能な限り生じないようにするための方策を考える必要があるが、第1の方法としては、東京地方裁判所等が交通事故に基づく損害賠償請求訴訟において専門の担当部（交通事故専門部）を作っているのと同様に、不貞慰謝料請求訴訟についてもこれと同様に専門部（不貞慰謝料専門部）を作り、この種の訴訟はすべてその専門部に配点するということが考えられるだろう。

第2の方法としては、この不貞慰謝料請求訴訟において裁判所が認容する慰謝料の額を低額化することである。すなわち、裁判所によって認容される慰謝料の額が小さくなれば、個々の裁判における認容額の差も自ずから小さくなるからである。

73　唄孝一教授は、研究会の席上において、不貞問題についての判断は各人の価値観のいわば「リトマス試験紙」であると発言したとのことであるが（水野紀子・法学協会雑誌98巻301頁)、現代でもその傾向は続いていると言える。

第11章

相姦者の不貞配偶者に対する損害賠償請求訴訟

1　問題の所在

次に、ＹのＡに対する貞操侵害や婚約不履行等に基づく損害賠償請求訴訟の類型について検討する。

これはＸＹ間の不貞訴訟のいわば事後的な問題であって、本書17頁の当事者の基本的関係図のⅣの類型の問題である。すなわち、これは不貞関係にあった当事者相互間における問題であって、多くは不貞関係がＸに発覚した後にＡＹの関係がうまくいかなくなり、主にＹがＡに対して貞操侵害等を理由にして損害賠償を請求するための訴訟を提起するというパターンである。

2　大審院判例

このような紛争形態は古くからあり、⓰大審院昭和15年7月6日もその類型であり、次のように述べる[74]。

> 凡ソＹ女カ正妻アルＡ男ト事実上ノ夫婦関係ヲ結ヒタルハ正妻（Ｘ）カ他ノ男子ト姦通シテ出奔シ離婚手続ノ準備中ニシテ且Ａニハ真実Ｙト婚姻スル意思ナキニ拘ラス之アルモノノ如ク装ヒテＹヲ欺罔シタルニ因ルカ如キ場合ト雖モ右事実上ノ夫婦関係ヲ結ヒタルハ公序良俗ニ反スル行為ニシテＡニ正妻アルコトヲ知リナカラ之ヲ為シタルＹカ其ノ結果貞操ヲ蹂躙セラレ精神上苦痛ヲ受クルコトアルモ其ノ損害ノ賠償ヲ請求スルハ畢竟自己ニ存スル不法ノ原因ニ因リテ生シタル損害ノ請求スルモノ

74　これよりさらに古い裁判例としては、関東州地方法院昭和3年7月5日があり、これはＡの妾ＹがＡに対して貞操侵害等を理由に損害賠償を請求した事案であったが、裁判所は、「いわゆる妾は最初よりその貞操を蹂躙せらるることを承諾したものと認むべく……」等と判示し、結論はやはり請求棄却であった（山口与八郎『貞操問題と裁判』73頁以下)。

ニシテ斯ル請求ニ対シテハ民法708条ニ示サレタル法ノ精神ニ鑑ミ敢テ保護ヲ与フヘキ限リニアラス

要するに、この大審院は、AとYは双方とも不貞行為という民事上公序良俗違反と評価される行為を行っており、かように自ら公序良俗に違反する行為を行っている者が法の力を借りて損害賠償請求を求めるのは、不法原因給付物の返還請求を認めない民法708条の精神に鑑み許されないと言うのである。

図20 貞操侵害に基づく慰謝料請求

Ⅰの事案は、AにXという正妻がおらず独身であったと仮定して、Yに対して結婚する気もないのにその旨偽ってYと肉体関係を持った場合には、YのAに対する損害賠償請求は全く問題なく認められるであろう。そうすると、これをAから見た場合、Yに対する詐言の内容は全く同じであるにもかかわらず、AにXという正妻がいる場合（Ⅱの事案）には、前記の大審院判例を前提とするとYのAに対する請求は認められないが、Aが独身である場合（Ⅰの事案）にはYのAに対する請求は認められることになる。

すなわち、Aにとっては、Yから損害賠償請求訴訟が提起されても、Xという妻の存在があたかも「盾」となっているような印象を受ける（人見康子・判例評論108号）。そうすると、この大審院判例を前提にする限り、この種のYのAに対する請求は一律に認められないという結論になりそうだが、実はそうではない。それは次の一連の裁判例によって明らかになる。

3 ㊱最高裁判所第二小法廷昭和44年9月26日

(1) 事案の概要

㊱最高裁判所第二小法廷昭和44年9月26日の事案は次のとおりである

（判タ240号141頁、沢井裕・家族法判例百選〔新版〕58～60頁参照）。

Y女（原告・被控訴人・被上告人）は高校卒業後1年目の昭和35年3月から在日米軍司令部経理課に事務員として就職して10日目頃から、上司で米国国籍を有し、妻と3人の子を持つA（被告・控訴人・上告人）と知り合い、親交を深めた。

Aは妻と同居しているものの不仲で、長らく寝室を共にしない状態であったので、Yと結婚する意思がないにもかかわらず、昭和35年5月頃この状態を告げて妻と別れて結婚する旨の詐言を用いたため、Yはいずれは Aが妻と離婚して自分と結婚してくれるものと信じ、昭和35年5月11日から36年9月までの間数十回の情交関係をもった。

ところが、AはYから妊娠した旨の相談を受けると、出産をすすめ、翌日頃からYと会うのを避けるようになり、昭和37年1月Yが分娩した際にはその費用の相当部分を負担したほかは交際を絶ち、他女と情交関係をもつ有様なので、YはAに対し貞操侵害を理由として慰謝料200万円と遅延損害金を請求した。もっとも、昭和38年7月26日Aは妻からYとその前の女性との不貞を理由に離婚訴訟が申し立てられ、同年8月16日に離婚判決を受けている。

(2)　一審の判断

この事案において、第一審（東京地方裁判所昭和40年2月24日）は、Aは結婚する意思をもたないのに甘言を弄し不法にYの貞操を弄んだといえるが、YはAに正妻のあることを知りながら情交関係を結んだことを理由に請求を棄却した。

すなわち、「配偶者のある男子と情交関係を結ぶことはその配偶者との婚姻関係が事実上の離婚又は相手方の長期間に亘る行方不明等これに類する状態になっている等特別の場合を除き、我国の公の秩序善良の風俗に反する行為」であり、その損害賠償を請求するのは自己に存する公序良俗に違反する行為によって生じた損害の賠償請求することとなるから、かかる請求に対しては民法708条の法意に鑑み、保護を与えるべきではない、とする。この考え方は、上記⓰大審院昭和15年7月6日を素直に踏襲したものと言えるだろう。

(3) 二審の判断

これに対して、原審（❼❽東京高等裁判所昭和42年4月12日）は、上記一審の判断を覆し次のように判示した。

> 女性が既婚男性と知りながら情交関係を結ぶのは一般的にいえば、公序良俗違反であり、これにより貞操等を侵害された精神上の苦痛の賠償を請求するのは不法原因給付による損害の賠償を請求するものであり、民法708条の類推により法的保護を拒むべきであるが、事実上の離婚状態が生じている場合とか、事実上の離婚状態にまでいたらなくても、情交関係を結ぶについての「双方の動機ないし目的、欺罔手段の態容、男性に妻があることに対する女性の認識の有無等諸般の事情を斟酌して双方の不法性を衡量してみて、公序良俗違反の事態を現出させた主たる原因は男性に帰せしめられるべきであると認められるときは、民法708条但書により同条本文の適用は排除され、女性の精神的損害の賠償請求は許容されるべきものと解するのが相当……である。」

Aはこの控訴審に対して上告し、その上告理由として控訴審の判断は前記⓰大審院昭和15年7月6日の判例に違反する等ということを指摘した[75]。

(4) 最高裁の判断

❽❻最高裁判所昭和44年9月26日は次のように述べてAの上告を棄却した。

> 思うに、女性が、情交関係を結んだ当時男性に妻のあることを知つていたとしても、その一事によつて、女性の男性に対する貞操等の侵害を理由とする慰藉料請求が、民法708条の法の精神に反して当然に許されないものと画一的に解すべきではない。
>
> すなわち女性が、その情交関係を結んだ動機が主として男性の詐言を

---

[75] 具体的な上告理由は、本文に指摘した以外に次の3点であった。
(a)不法の原因が受益者と給付者の双方にあるときには、民法708条但書の適用はない。(b)Y女の不法性（反倫理性）は一夫一婦制を根底からくつがえし、これに敵対するもので、その不法性は小とはいえないから、但書は適用されない。(c)仮に、不法性の衡量の原理を適用するとするならば、保護されるべき正妻の地位が犠牲に供されるだけではなく、夫たるA男の損害賠償義務が発生する結果、事実上その共同生活者たる正妻にも損害賠償義務履行の共同責任を負担せしめることになり不当である。

> 信じたことに原因している場合において、男性側の情交関係を結んだ動機その詐言の内容程度およびその内容についての女性の認識等諸般の事情を斟酌し、右情交関係を誘起した責任が主として男性にあり、女性の側におけるその動機に内在する不法の程度に比し、男性の側における違法性が著しく大きいものと評価できるときには、女性の男性に対する貞操等の侵害を理由とする慰藉料請求は許容されるべきであり、このように解しても民法 708 条に示された法の精神に反するものではないというべきである。

このように、この種のＡＹ間の訴訟においては、ＹとＡの双方の不法性を比較した上で、Ｙの請求の可否が決められるということになる。

このＡＹ間の問題（貞操侵害に基づく損害賠償請求権）と本書の主要なテーマであったＸのＹに対する不貞慰謝料請求訴訟とを対比して考えてみると、後者については、学説上はこれを否定ないしは肯定するにしても制限すべきだという見解が有力であるのに対し、裁判所（実務）は原則として不法行為の成立を認める立場であることを説明してきた。

そして、前者の問題について、この❽最高裁判所昭和 44 年 9 月 26 日がＡとＹ、不貞当事者双方の不法性を比較した上で結論を出すという手法を採用しているということは、そもそもＡＹ間の不貞行為が違法行為であるという前提に立っているということを意味している。このことからしても、ＡＹ間の不貞行為は違法なのであり、最高裁判所の考え方はその点において一貫しているとも言える。

さて、以上を踏まえてＹのＡに対するかかる訴訟類型についてのその後の裁判例の動向を検討してみる。

4　Ｙの請求を棄却した裁判例

❾東京地方裁判所昭和 46 年 7 月 19 日の事案は次のとおりであって、Ｙの請求を棄却した。

> Ｘとの間の結婚後 11 年余、四児をもうけ、クリーニング業を営むＡが、キャバレーのホステスＹと親しくなり、ＡはＹとの同棲を望むあまりクリーニング店舗とその営業をすべてＸに委譲し、妻子を捨てて、Ｙ

との同棲生活に入った。それから15年近く、美容院、次いでクリーニング業、不動産仲介業を営んで財産もできた頃、Aは、Yの病弱を不満に思い、飲酒の上暴行を加え、Yを家出に追いやった。

YはAに対し、内縁の不当破棄を理由とする慰藉料（200万円）請求の訴訟を提起した。

裁判所は、次のように判示した。

> 以上に認定した事実に依れば、AYの同棲後におけるYのAに対する内助の働きが、正式の妻のそれに劣らないものであったこと及びAYの同棲生活を破綻にみちびいたものが、主としてAのいわれのない暴行（しかしその程度はAY間の同棲生活を考慮するとこれのみで独立して損害賠償を求めうる程のものではない）に存することが窺われるのであるが、そもそもAY間の同棲生活は、その経過と帰結はともあれ、ことの発端において、Aには、そのYとの同棲という暴挙に極力反対しつつなかば諦観の境地でその細腕に四人の幼児を抱え、ひたすらAの翻意を願っていた本妻Xのあることを Yにおいて十分に知りつつ開始されたものであると認められるのであるから、このようなYA間の同棲生活は法律の保護をうけるべき生活関係ということはできないし、たとえその破綻についてAにその責められるべき所為があったとしても、Aに対し右同棲生活の破綻を理由として精神的損害の賠償を請求することはできないものというべきである。

これを読む限り、この事案では、上記❽❻最高裁判所昭和44年9月26日が示したAとYの相互の不法性を衡量するという手法が採られておらず、むしろそれより以前の⓰大審院昭和15年7月6日の示した考え方に形式的に従って結論を出しているような印象を受ける。沢井裕も、この裁判例については「（Yにとって）ややきびしすぎる感じをぬぐえない」と述べている（家族法判例百選〔新版〕60頁）。

5 ❾❶仙台高等裁判所昭和46年11月10日

(1) 事案の概要

❾❶仙台高等裁判所昭和46年11月10日の事案は次のとおりであった。

Yは、昭和12年7月生で、昭和34年3月○○音楽短期大学を卒業後、青森県の市立中学校、同県内の町立小中学校等の教諭を歴任した上、昭和39年6月退職し、爾来、ピアノ教室を開いてピアノ教師をしていた。昭和40年頃においてピアノ教室による収入は1ヶ月13万円を下らなかった。他方、Aは昭和8年1月生で、尋常高等小学校卒業後、家業の農業の手伝、土方などをした末、昭和32年9月頃から市営バスの運転手として勤務していたもので、同年、妻X（昭和9年11月生）と結婚し、Xとの間に長女（昭和33年生)、次女（昭和35年生）の二子を儲け、一ヶ月約4万5000円（本給約3万円、時間外手当約1万5000円）の収入を得て妻子三人とともに生活していた。

Yは、前記××中学校に勤務していた昭和38年10月、同校の秋のレクリエーションで十和田湖に旅行した際、たまたまYの引率するクラスがA運転の市営バスに乗ったことからAを知るに至り、その後、Aの運転する市営バスに乗り合せた際にはAと挨拶を交わすようになったところ、昭和39年11月、バス運転中のAから「来週の火曜日の夜七時にはジュネーブに来て下さい」と言われ、約束の日時に市内の喫茶店ジュネーブでAと会い、爾来YとAとの交際が始まり、間もなく両者が肉体関係を結ぶに至った。その約1週間後にYはAに妻子があることを知ったが、Aの「妻とは離婚するばかりになっている」との言を軽信し、Aの妻から再三の関係を断つようにとの懇願も聞き入れず、2年10ヶ月間Y方において同棲生活を続けた。Yは、その後次第にAとの同棲生活に嫌悪の念を抱くに至り、このままAとの関係を継続するにおいては自己を傷つけるばかりか出世の妨げになると考え、Aとの関係を清算し音楽の勉強をし直して作曲家になることを決心し、昭和43年1月中旬頃Aに別れを告げ上京し、Aに対して、婚姻予約の不当破棄・貞操侵害に基づく不法行為を理由とする慰謝料請求訴訟を提起した。

(2)　裁判所の判断

これに対する裁判所の判断は以下のとおりであった。

YとAとは昭和40年2月頃から昭和42年12月末頃までの間、事実上の夫婦関係にあったものであるが、YはAに妻子のあることを知りな

> がら右の如き関係を結んだものであるのみならず、当時Aもその妻との婚姻関係が事実上の離婚状態にあったものではないから、YとAとの右関係は公序良俗に反するものとして法律上の保護を受け得ざるものといわなければならない。したがって、右の如き公序良俗に反する関係が、たとえYの恣意に基づいて破毀せらるに至ったとしても、これをもって婚姻予約の不当な破毀であるとしてAに不法行為上の責ありとなすことはできないものというべきである。
>
> Y及びAの年令、学歴、経歴、YとAとが情交関係を結ぶに至った動機とその後の経過事情、Aの用いた詐言の内容程度、Aの妻Xが再三に亘りYに対しAとの関係を断つよう懇願したのにYにおいて聞き入れなかった等の諸事情を考慮勘案するときは、YがAと情交関係を結んだのは、YにおいてAの詐言を信じたことに因るものではあるが、右情交関係誘起の責任が主としてA側にのみあったものとは断定しがたいのみならず、情交関係継続についてのYの反倫理的不法性に比し、A側における違法性が著しく大であったものと認めることはできない。
>
> YとAとの情交関係が右の如きものであった以上、Yの貞操侵害を理由とする慰藉料の請求は、結局自己に存する不法の原因によって生じた損害の賠償を請求するものであって、民法708条の法の精神に反するものとして許されないものといわなければならない。

本件の事実経過からすると、この結論は妥当であったと思われる。

(3) この裁判例に対する評価

なお沢井裕は、この裁判例に関して、一般にこのような情交関係に基づく慰謝料請求事件では、論理的にはＡＹのいずれが積極的・主導的であったかという事情を結論を導く基準とせざるを得ないが、「実質的価値判断は、この直接的事情のほか、男性、女性それぞれの資力、情交関係継続における誠実性、さらには破棄の事情も考慮されるべきである（これらは情交関係の反良俗性の問題とからんで正面から評価することは困難かもしれないが）。これらは慰謝料額算定のしんしゃく事情であることはいうまでもないが、賠償請求の可否に当たっても考慮すべきである。とくに男性の資産情況からみて、正妻・子らの生活に深刻な悪影響を及ぼさない場合には、一夫一婦制への配慮は軽くみて、男性のために傷つけられた女性の保護をはかるべきであろう。一夫一婦制への配慮は、妻子から情交関係ある女性への慰謝料請求という形で処理すべきである」という（家族法判例百選〔新版〕60 頁参照）。

この見解に従うならば、やはりXのYに対する不貞慰謝料請求訴訟の類型は認めざるを得ないのではないかと思われる。このように、本書 17 頁図 2 当事者の基本的関係図において示したⅠとⅣの類型は密接に結びついているのである。

6　Yの請求を認容した裁判例

また、最近でもこの種の訴訟は起こっており、例えば㊼東京地方裁判所平成 24 年 11 月 29 日がある。事件の概要及び裁判所の下した判断は以下のとおりであった。本件は、訴訟の係属中にAの妻が自殺するという凄惨な事件であり、Aの責任が認められて然るべき事案と言える。

Y（昭和 52 年生）は、千葉県八千代市の病院に看護師として勤務しているときに、同じ病院の医師であったA（昭和 32 年生）と知り合い、メールのやり取りをしているうちにしだいに親しくなり、平成 19 年 1 月頃、Aが宿直をしている医局にYが来て、初めて性的関係を持ち、その後も性的関係を伴う交際を続けていた。Aには、その当時も高知県に赴任した後も、3000 万円前後の年収がある。

Yは、Dと婚姻関係にあったが、平成 20 年 4 月 9 日に調停離婚した。その離婚の前後頃から、Aは、Yに対し、「必ず一緒になろうね」、「必ず、ずーっと一緒にいられる日がくるから」、「二人が本当に一緒になれるように頑張っていくよ。愛しているよ」などと記載した手紙を手渡した。

YはAがXと婚姻中であることは知っており、また、Xが精神的に不安定ですぐに離婚することもできないため、いつまでにということもできないが、いずれAがXと離婚の上、Yと婚姻をすることができるものと思った。平成 20 年 7 月か 8 月に、Yは妊娠に気づいた。

Aは、Yに対し、子供を堕ろさないように述べ、Yは出産することを決心し、同年 8 月 16 日、母子手帳の交付を受けた。その上で、Aは、

Ｙの両親に会い、両親に対し、責任を取ることと認知をすることを約した。Ｙは、平成21年にＥを出産し、出産当日、Ａは面会に訪れ、Ｙに対し「おめでとう。がんばったね」と声をかけた。また、出産後、Ａは、認知届に署名、捺印したものの、その認知届は提出されることなくＹの手元に残った。Ｙは、出産に際し、看護師の仕事を退職しており、経済的に不安定であったことから、Ａに対し、Ｅの養育費等の支払の約束を確実に履行してもらえるよう書面の作成を求めた。Ａは、平成21年4月30日付けの書面に、Ａは、毎月末日にＹに15万円を手渡すことや、1年以内にＥを認知することを約束する旨記載し、これをＹに渡した。

また、Ａは、同年6月付けの「公正証書」と題する書面においても、Ｅが3歳になるまでに認知すること及び養育費他として平成21年4月から25年間、毎月15万円を支払う旨記載して、Ｙに手渡した。Ｙは、Ｅが生まれ、外でＡと会うのが難しくなったことから、平成21年6月12日に、Ｙ、Ｆ（先夫との子)、Ｅの3人の住居としてアパートを賃借し、Ａは、Ｙの連帯保証人となるとともに、定期的にそのアパートを訪れ、Ｅに対し父親としての愛情を示していた。Ａは、Ｙに対する手紙においても、「Ｙと赤ちゃんへいつも愛している。苦労をかけてごめんね。早く一緒に暮らせる日がくるといいんだけど」と記載している。なお、その後、Ｙは復職しているが、従前の収入を得るには至ってはいない。

ところが、Ａは、Ｙとの関係がXに発覚することを恐れ、上記の養育費等の支払を行わなかったことから、Ｙはしだいにaに対する不信感を募らせ、平成21年秋には、精神的にも不安定となってリストカットなどの行為に及び、A宅に血染めのガーゼや抗鬱薬を送りつけるなどの行為を行うようになった。さらに、Ａが平成22年4月に高知県の病院に赴任することとなったことから、Ｙは、同年1月か2月頃から一時的にＡとの連絡に応じなくなった後、同年4月5日にＡに連絡し、Ａの携帯電話の着信履歴から折り返し電話をしたXに対し、Ａには婚姻外の子がいることなどを告げた。さらには、Ｙは、翌6日にはA宅を訪れ、あるいは同月11日の電話で、Ａの子らに対し、ＡがＥに対する責任を果たすように求め、Ａが連絡して来ない場合は、警察沙汰になるなどと脅迫する行為まで行った。

その後、東京家庭裁判所の調停を経て、提起された本件訴訟において、Aは、Yには他の複数の男性との交際があったことを主張してEとの親子関係を認めず、前記調停の際に行われた親子鑑定についても信用性を争ったため、再度の鑑定を行わざるを得なくなった。

そして、Y、A各本人尋問後に提出された鑑定人の鑑定の結果により、AとEとの父子関係が改めて確認された。また、平成21年6月付けの前記「公正証書」については、Aは、Yに交付した印鑑証明書の印影を利用してYが偽造したものである旨の主張をしたことから鑑定を行わざるを得なくなった。そして、Y、A各本人尋問後に提出された鑑定人の鑑定の結果によれば、同一の印章によって押印されたことが認められる。

他方、Aの妻は、事実を告げられて衝撃を受け、精神的に不安定な状態になり、本件訴訟の係属中、Y、A本人尋問が予定されていた平成24年3月22日の前に自殺した。Aは、態度を急に翻し、Xに発覚することを恐れて養育費を支払わないばかりか、Yが複数の男性と関係していた旨主張してEとAとの親子関係についても争い、再度の鑑定を求め、さらには、月額15万円の支払を約束する書面が偽造されたものであるとの主張をしたのである。

このようなAの態度は、Eの父親としての責任を果たしてもらえるものとのYの信頼に著しく反するものであるが、そのような信頼は、Eを産むか否か、看護師としての仕事を続けるかなどの重要な決定を行う際の前提となったもので、法的に保護されるものというべきである。そのため、Aは、その信頼に故意に反したことによってYが受けた精神的苦痛を賠償すべき不法行為責任を負うというべきである。Yの受けた上記精神的苦痛を慰謝するに足る金額は、上記のとおりのAの行為態様や、そのために被ったYの苦痛の程度、Aの年収など、本件における諸般の事情を考慮して、200万円と認めるのが相当である。

7　Yの落ち度を考慮してYの請求を棄却した裁判例

次に、㊾東京地方裁判所平成25年2月6日の事実認定は以下のとおりである。これもYが看護師、Aが医師という事案であった。

Y（昭和39年生）は、短大卒業後、民間企業に勤務した後に看護師の資格を取得し、現在まで看護師としての勤務を継続している。YはA（昭和47年生）と交際を開始した当時（平成21年5月13日）45歳で婚姻歴、離婚歴を有していた。

Yのブログには、Yが、「言葉が、いかに信用できないか、世の中には『絶対』なんてないとか知ってる。今は恋愛に浮かれているから熱い事言ってるんだというのもわかる。奥さんと別れるなんて言ってるけど、無理でしょ」などの記載があり、また、別の日のブログにも、Aが「年が明けたら、動きだして（離婚に向けて）一日でも早く離婚して、Yと結婚する」などと言っていることについて、「嘘でも、こんな事言われるのって、女冥利につきます」とか「そんな簡単に離婚がうまくいくとは、サラサラ思っていない、彼が考えているようにはいかないはず」などと記載しているから、Yが上記のとおり、社会的経験が豊富な女性であることを併せて考えると、Yは、Aが「婿養子になる」、「5年以内に離婚する」、「幸せにするし一生面倒をみさせてほしい」、「僕はYちゃんを愛しているから結婚する」などと言ったり、メールを送信するなどの言動やメールは、AがYの歓心を惹き、不倫関係を継続するために述べた甘言であることは十分理解していたと言うことができる。

AのYに対する結婚をほのめかす言動は、その態様が執拗であり、妻と離婚する、両親に相談したなどとの言動は虚偽の事実であるものの、Yに結婚への期待を抱かせる発言であるということができるから、Aの言動がYの歓心を惹くための甘言であるということを、交際当初は、Yも理解していたという事情を考慮しても、交際の途中からは、YがAとの結婚を期待するようになったとしても無理からぬものがあり、Aの上記言動は、AがYとの関係を継続するためにした甘言であったということができる。Aは、Yとの交際を継続するため、詐言によって、違法にYの貞操を侵害したと言うことができる。

しかし、AとXとの夫婦関係は、平成11年9月の結婚以来変化はないことが認められ、YとAが、交際を開始した平成21年5月当時から、交際を止める平成22年12月までの間、AとXの婚姻関係が事実上破綻していたことを認めるに足りる証拠はない。

Yは、Aとの交際を、Aに妻がいることを承知で始め、当初は、Aと結婚するまでの意思はなく、AとXとが離婚することは無理であろうとさえ考えていたのであるから、YとAとの交際は、法的に保護されない不倫の関係であることを十分に理解しながら、交際を開始し、継続したということができる。

破綻しているとは認められない婚姻関係があるのに、AがXと離婚することにYが期待し、Aに協力することは、婚姻秩序に反し、倫理性に欠ける行為である。Aは、Yに対して、その意思もないのに結婚をほのめかし、執拗に甘言を用いてその歓心を得ようとし、その手段として、いずれ妻と離婚して結婚できるかのような言動あるいはメールの送信を行うことで、交際後次第にYに結婚への期待を持たせた点で、違法にYの貞操を侵害したと評価できることは上記説示のとおりであるが、Yには、婚姻歴、離婚歴もあり、現在、看護師として稼働するなど社会的経験が豊富であって、AがXと離婚すると言っても、それが困難であることは承知で交際を継続してきたことは上記認定のとおりである。

以上の事案について裁判所は、以下のとおり判示した。

そうすると、Aとの不倫関係を開始、継続しながら、Aとの結婚を期待するというYにおける婚姻秩序に反し、倫理性に欠ける行為の違法性の程度と、Aによる詐言を弄してYに結婚への期待を持たせた行為の違法性の程度を比べると、Aにおける行為の違法性の程度がYのそれと比較して著しく大きいものとまでは評価できない。上記認定のAの執拗な言動やメールの送信、虚偽の事実の告知などの詐言によって、Yが次第にAとの結婚を期待するようになったという事情を考慮しても、民法708条の趣旨に照らしてYの本訴請求を認容することはできない。

本件は、Aの側にも相応の落ち度があるというべきであるが、Yの側の事情を考慮すると、Yの慰謝料請求を認めなかった判断は妥当であったと思われる。

8　Aの落ち度を考慮してYの請求を認容した裁判例

⑴　⑱東京地方裁判所平成25年4月17日

これとは逆に、⑱東京地方裁判所平成25年4月17日は、次のとおり判示してYのAに対する慰謝料請求を認めた。

> Yが、婚姻中のAと不貞関係に至ったことについては、そのこと自体法的保護に値せず、Aの妻Xに対する不法行為を構成することはいうまでもない。また、Yは、本件当時30代後半の年齢の女性であり、安易にAの言動を信じ、長期に渡ってAとの不貞関係を継続したことには、相当程度の落ち度がある。
>
> しかしながら……Aは、Yとの交際当初から、Yに対し、AがXとの離婚協議をしているという虚偽の事実や、離婚を成立させた後にはYと婚姻する意思があることを繰り返し伝え、妊娠を希望するYとの間で避妊することなく性交渉を行い、Aの虚偽の言辞により、独身女性であるYにAと婚姻してAとの間の子供を養育するという期待を抱かせ続けながら、性交渉を伴うYとの交際を継続したものと認めることができるのであって、このようなAの行為自体、虚偽の事実を告げてYを欺罔し、真実に基づく意思決定を阻害して多大な精神的苦痛を与えた行為として違法の評価を免れず、Yに対する不法行為を構成するというべきである。
>
> ただし、……Aがその妻子とともに渡米した行為は、Aのそれまでの言動と客観的に相反する行為であり、Yとしては、その時点では、Aのそれまでの言動が虚偽であったと認識すべきであるといえ、それをなお信じていたとしてもYの落ち度は甚だしいといわざるを得ない。
>
> したがって、Aの行為が不法行為を構成するのは、交際当初である平成19年12月頃から平成21年10月頃までの1年10か月間と認められる。…Aの上記不法行為によって、Yが精神的苦痛を受けたと認められ、上記認定のAの行為の態様に照らせば、Yが安易にAの言動を信じて長期に渡ってAとの不貞関係を継続したことに同等程度の落ち度があることを考慮しても、Yが受けた精神的苦痛を慰謝するにたりる慰謝料としては、70万円をもって相当と認める。

この事案において、YのAに対する請求が認められたということは、Aにおける行為の違法性の程度がＹのそれと比較して著しく大きいと判断されたということであろう。

9　㊿長野家庭裁判所諏訪支部平成 23 年 12 月 13 日

また、㊿長野家庭裁判所諏訪支部平成 23 年 12 月 13 日も、Ａの不法行為責任を認めた。

> Ａは、Ｙに対し、全くの虚偽の事実やエピソードを交えて、Ｘとの夫婦関係が破綻しており、離婚必至であるとの詐言を弄して、その歓心を惹いた上、避妊を求められた際にも、結婚を考えているし、子供も欲しいといった甘言を用いて、避妊しないでの性交渉に応じさせ、Ｙを妊娠させている。また、その後も、Ａは、Ｙに対し、実際にはＸとの間で離婚の話など一切していないのに、全くの虚偽の事実やエピソードを交えて、夫婦関係は既に破綻しており、離婚してＹと結婚し、子供を一緒に育てるなどと妊娠前の言動を繰り返して、Ｙとの交際を継続させた上、再三のＹからの中絶の提案も拒否し、出産を積極的に後押ししている。
>
> このような一連の経過に鑑みれば、ＹがＡとの男女の関係を継続させたのは、Ａの詐言を信じたためであり、その詐言の内容程度も全くの虚偽の事実やエピソードを含むなど著しいといえるから、情交関係を結び、継続させたことに関してＹの違法の程度に比べて、Ａの違法性が著しく大きいと評価できる。したがって、ＹのＡに対する慰謝料請求は、貞操権等侵害を理由として許されるべきである。

10　まとめ

以上検討したとおり、この訴訟類型は不貞行為という違法行為（公序良俗違反の行為）を行った当事者同士の争いであるため、当事者双方に相応の落ち度・責められるべき事情があることが多い。したがって、それらの事情をどのように評価するかによって結論が分かれることになる。

訴訟の委任を受けた弁護士としては、類似の裁判例を参照しつつ、依頼者にとって有利な事情をできる限り拾い、それらを主張することになるだろう。

訴　　状

平成　　年　　月　　日

○○地方裁判所　民事部　御中*1

原告訴訟代理人弁護士　　　　　　　　印

〒　　　　住所

原　　　告*2　　　X

〒　　　　住所

（送達場所）

原告訴訟代理人弁護士

電　話　○○—○○○○—○○○○

ＦＡＸ　○○—○○○○—○○○○

〒　　　　住所

被　　　告*3　　　Y

損害賠償請求事件（不貞慰謝料）

訴訟物の価額　　　　　　　円

貼用印紙額　　　　　　　　円

第１　請求の趣旨

１　被告は、原告に対し、金　　円及びこれに対する平成　　年　　月　　日から*4支払済みまで年５分の割合による金員を支払え

２　訴訟費用は被告の負担とする。

との判決並びに第１項について仮執行の宣言を求める。

第２　請求の原因*5

１　当事者*6

2　責任原因（AとYとの不貞行為）*7

3　原告に生じた損害

(1)　慰謝料*8

(2)　調査費用*9

(3)　弁護士費用*10

4　関連事実*11

5　結　論

よって、原告は被告に対し、民法第709条に基づき損害賠償として金　　万円及びこれに対する平成　　年　　月　　日から支払済みまで民法所定の年5分の割合による遅延損害金を支払うことを求める。

以　上

証　拠　方　法

甲第1号証　　戸籍謄本
甲第2号証　　調査報告書
甲第3号証　　……
甲第4号証　　……

付　属　書　類

1　訴状副本　　　1部
2　甲号証（写）　各2通
3　訴訟委任状　　1通

注1） 管轄裁判所を記載する。民事訴訟法第4条第1項が「訴えは、被告の普通裁判籍の所在地を管轄する裁判所の管轄に属する。」と規定しているので、これを根拠にすれば、被告の住所地を管轄する裁判所となる。また、この訴訟は「財産上の訴え」であるため、同法第5条第1号の「義務履行地」を管轄する裁判所でもよい。そうすると、この「義務履行地」の意義が問題となるが、民法484条は「弁済をすべき場所について別段の意思表示がないときは、特定物の引渡しは債権発生の時にその物が存在した場所において、その他の弁済は債権者の現在の住所において、それぞれしなければならない。」と規定し、いわゆる持参債務の原則を定めているため、債権者（原告）の住所地を管轄する裁判所となる。さらに、不貞慰謝料請求訴訟は不法行為に基づくものであるから、同法同条第9号により「不法行為があった地」を管轄する裁判所でも良いことになる。ここで、「不法行為があった地」とは、不貞行為が行われた場所と解することもできるし、「損害の発生地」すなわち原告が自宅において精神的苦痛を受けたということであれば、やはり原告の住所地を管轄する裁判所ということになる。結局、本件訴訟の管轄は、原告・被告いずれの住所地を管轄する裁判所でもよいということになる。なお、訴額が140万円を超えない場合には、簡易裁判所が管轄権を有する（裁判所法第33条第1項第1号）。

注2） 原告となるのはAYの不貞行為によって精神的苦痛を受けたAの配偶者（X_1）である。本文でも解説したとおり、現在の最高裁の考え方による限り、XAの子（X_2）を原告としてもその請求が認められる可能性は低いであろう。

注3） ここでは、相姦者（Y）のみを訴える場合の記載例となっているが、YのみならずAも訴える場合には「連帯して」と記載することになる。その際の根拠条文は民法第719条となる。

注4） 不法行為による損害賠償義務は、損害の発生とともに遅滞に陥ると説明される。この点について、裁判例の中には、遅延損害金の起算点を「訴状送達の翌日」とするものもあるが、不貞慰謝料請求訴訟の場合は、XがAYの不貞行為を知ったときに精神的苦痛（損害）が生じるのであるから、その時点を遅延損害金の起算点として記載してよいと思われる。また、その損害には弁護士費用も含まれるのであるから、その遅延損害金の起算点を別異に扱う必要はないであろう。

注5） 民事訴訟規則第53条第2号は「訴状に事実についての主張を記載するには、できる限り、請求を理由づける事実についての主張と当該事実に関連する事実についての主張とを区別して記載しなければならない。」と規定している。したがって、不貞慰謝料請求の訴状を作成するにあたっては、請求を理由づける事実についての主張、すなわち、AYの不貞行為の内容と、それには直接含まれない間接事実とを分けて記載することになろう。

注６）当事者の記載は必須である。すなわち、不貞慰謝料請求訴訟における登場人物は、少なくともX、A及びYの３名であるから、基本的な事実関係として、XAの関係（夫婦か内縁か等）、婚姻（同居）期間、年齢、子の有無などをできるだけ詳しく記載することになる。

注７）「責任原因」とは、AYの不貞行為の存在及びそれが民法第709条が規定する不法行為に該当することである。この記載が本件訴状の記載の根幹をなす部分であるから、AY間の不貞行為の内容を時系列に沿ってできるだけ具体的に記載することが求められる。

また、本文でも解説したとおり、Yの態度が悪質であるなど、慰謝料増額事由がある場合には、それも合わせてここに記載することになろう。

なお、AY間の不貞行為時においてXA間の婚姻関係が破綻していなかったことは、必ずしも訴状の段階で主張する必要はないであろう。それは被告の抗弁であるから、被告の主張をまってから反論すれば足りると言える。

注８）原告（X）が被った損害の中で最も大きいものがこの慰謝料である。これについては、類似の裁判例における認容額を比較検討しながら相当と思われる金額を記載することになろう。

注９）本文でも解説したとおり、調査費用については常に認められるとは限らないが、実際に支出した費用であるならば記載しておくべきであろう。その他、治療費や休業損害等についても本文で解説したとおりであり、事案によっては認められる可能性はあるだろう。

注10）弁護士費用は現実にXが当該弁護士に支払った着手金・報酬とは必ずしも一致しない。「相当因果関係」の範囲内という制限があるからである。実務では概ね認容額の約１割という扱いが多いようなので、これを前提とした記載になるだろう。

注11）関連事実の記載である。主に、AYの不貞行為が発覚した後の当事者間の交渉や弁護士とのやりとりや訴訟提起するに至った経緯などを記載することになるだろう。

裁判例一覧1（分析編）

判決			事案の基本要素						請求額 ⬇ 裁判所の認定額
番号	裁判所	判決日 出典	当事者等 X	当事者等 A	当事者等 Y	婚姻日 婚姻期間	婚姻関係の帰趨	不貞開始時及びその期間	
平成23年									
①	東京地裁	4.26 WLJ	妻 （原告）	夫 H21.8.26 死亡	女 （被告）	S40.3.17 約44年	不変	H17～ 約4年半	500万円 ⬇ 100万円
②	東京地裁	5.16 WLJ	夫 （原告）	妻	男 （被告）	H11.10.11 約11年	H20.8.21 別居 H22.11.25 離婚可能	H19.5.12～ 20.8.21 約1年3か月	550万円 ⬇ 150万円
③	東京地裁 （H21（ワ） 30965）	5.19 WLJ	妻 （原告）	夫	女独身 （被告）	S50.5.6 約35年	H7.1 別居 H22.7.10 離婚	H16.3～ 約5年	500万円 ⬇ 300万円
④	東京地裁 （H21（ワ） 34266）	5.19 WLJ	夫 （56歳） （原告）	妻 （53歳）	男 （被告）	H元2.7 約22年	H23.1.27 離婚	認められず	330万円 ⬇ 0円
⑤	東京地裁	5.30 WLJ	妻 （44歳） （原告）	夫 （40歳）	女 （40歳） 既婚者 （被告）	不明	H22～ 離婚調停	H20.12.20～ 21.9.10 約9か月	500万円 ⬇ 150万円

〔略記〕WLJ：ウエストロー・ジャパン
TKC：TKC 法律情報データベース

慰謝料算定の要素					
XA 間の事情		AY 間の事情		XY 間	その他事案の特殊性等
子の有無	不貞行為当時の状態等	交際の経緯・積極性等	AY 間に子ができたか	YのXに対する謝罪の有無等	
長女（44 歳） 長男（40 歳）	破綻はしていない。	職場にて知り合う。H16.10.10、職場のOB 会にて再会した。 性交は認められないが、性的行為を行っていた。	なし		共同不法行為としてAに対して認められる責任は、Aの死亡により相続人に承継されている。Yに対してはY固有の責任によって生ずる範囲での支払いが求められた。
長男（12 歳）	家計・家事・育児を巡って諍いが絶えず、Xが暴力をふるい、関係は悪かったが、破綻はしていない。	オンラインゲームにて知り合う。	なし		YはAとの不貞行為を認めず、YはAとその恋人とのメールを仲介しただけである、という不自然な弁解を弄している。
子３人	Aが家出をしたことにより別居したが、破綻はしていない。	幼馴染である。 H16.3、同居する。その後、Aは虚偽の離婚届を提出して戸籍上の離婚成立を図った。また、同一世帯として住民登録をした。	なし		YはAの虚偽の離婚届作成に加担する、また、Aが大金を取得する際にXからの差押えを妨害するために債権譲渡することを指示するなど、婚姻関係に積極的に介入している。
長男（22 歳） 二男（20 歳） 三男（16 歳）	Xが不貞行為により婚外子をもうけ、それをもってAは婚姻関係は破綻に瀕していると認識した。	国際支援サイトを通じて知り合う。 抱擁やキスは認められるが、Yがアメリカ人であることから、それをもって不貞行為とは評価できない。 同じ部屋（事務室）にて２～３時間二人きりで過ごしたからといって不貞行為を推認することはできない。	なし		婚姻関係は破綻していると認識していたAは、男女関係も含めて、お互い自由に行動しても差し支えないと考え、複数の男性と交際していた。
長女（10 歳） 長男（8 歳） 二女（5 歳）	H20、AがXの浮気を疑ったが、誤解であったとして関係を修復した。	小、中学校の同級生で、H18.8、同窓会にて再会した。 お互いに配偶者がいる事を知った上で交際し、Yは交際がXに発覚しないように注意していた。	なし		AがXの浮気が誤解だと認識した後直ぐにYと交際したこと、AYのメールの内容から、AYは真摯な交際をしたのではなく、婚外の男女関係を楽しんでいたものと認められる。 Aは積極的だが、それはAY間の求償関係で問題になるのみ。Xとの関係では減額事由にならない。

⑥	東京地裁	6.7 WLJ	夫 （54歳） （原告）	妻 （53歳）	男 （53歳） 既婚者 （被告）	S58.12.17 約27年	H22.6.1 別居	H21夏～ 約2年	300万円 ⬇ 150万円
⑦	東京地裁	6.14 WLJ	妻 （46歳） （原告）	夫 （51歳）	女 （被告）	H7.6.4 約16年	不変	認められず 不貞の立証無	100万円 ⬇ 0円
⑧	東京地裁	6.16 WLJ	夫 （原告）	妻	男 （被告）	H17.7.4 約3年	H20.5.6 別居	H19.12.24～ 20.4 約5か月	2200円 ⬇ 165万円
⑨	東京地裁	6.28 WLJ	妻 （37歳） （原告）	夫 （47歳） （カナダ人）	女 （38歳） 独身 （被告）	H15.6.29 約7年	H22.6.4 別居 H22.7～ 離婚調停	H22.6.6～ 11約半年	500万円 ⬇ 200万円
⑩	東京地裁	6.30 WLJ	妻 （45歳） （原告）	夫 （46歳）	女 （46歳） （被告）	H3.4.17 約13年	H16.7 別居	H21.11～	300万円 ⬇ 0円
⑪	東京地裁	7.6 WLJ	妻 （34歳） （原告）	夫 （37歳） （被告）	女	H20.3.17 約1年	H21.4.27 離婚	認められず 不貞の立証無	454万 6000円 ⬇ 0円
⑫	東京地裁	7.11 WLJ	夫 （原告）	妻	男 （被告）	H19.10.28 約2年	H22.1.25 離婚	H21.9 約1カ月	300万円 ⬇ 150万円

長男（26歳）	破綻はしていない。	学生時代に知り合い、H21.3、Yからの連絡で再会した。	なし		Xは不貞関係を継続しているAに対し、婚姻関係は破綻していないとして帰還を強く求めており、本件不貞行為によって婚姻関係が破綻したとは即断できない。
長女（18歳）	破綻はしていない。	仕事にて知り合う。H13.8.8～11に韓国旅行をした。	なし		旅行後、YはAに交際を迫られ、上司に相談した上で配置転換をしてもらい、接触を断っている。メール等からは、AのYに対する一方的な好意を窺わせる。 一審東京簡裁。控訴棄却。
長男（5歳）	H18から夫婦関係は悪かったが、H20春以降、Xは関係修復に向けて努力していた。	H19.12、異業種交流会にて知り合う。	なし		Xのうつ病はAとの紛争に基づくものであり、Yの不貞行為によるものではない。また、Xが仕事を辞めたことも不貞行為との因果関係はない。
長男（7歳）	必ずしも円満ではなかった。別居は冷却期間を置くためのものと言えるので、破綻はしていない。	H22.4.10頃、知り合う。 YはAが既婚者であると知り、Xから電話を受けてもAと別れず、Aの引っ越しの手伝いもした。	なし		H22.11.14の離婚調停期日において、カナダ人であるAの通訳としてYが法廷に出席した。Yは、Aに妻子があることを知った後も交際をやめなかった。
子3人	H16.7、Aが他の女性と不貞行為をなしたことが発覚し、Aは家を出され、それ以来別居している。	学生時代に知り合う。 H21.11に再会し、親密な関係になる。Aは Yとの再会後、不貞関係にあった女性と別れている。	なし		H16.7の別居後、XA間には子ら家族の行事等を通じた交流しかなく、別居が長期に亘ったことと合わせ、夫婦関係が修復に向かっていたとは言い難い。 最高裁平成8年3月26日を踏襲。
1度流産	破綻はしていない。	職場にて知り合う。比較的親密な関係を築き、メールを多数やりとりした。	なし		AはXが浮気を絶対に許せないと思っていることは理解しており、その上で親密なメールを送るのは、Yとの関係を恋愛に発展させることを意図したと理解できる。またAは虚偽や一貫しない説明を繰り返し、Xの信用を失わせ、結果婚姻関係は破綻へと至った。
長男（4歳）	AはXの家計の収支管理に強い不満を持っていたが、破綻はしていない。	職場にて知り合う。親密な交際を続け、Y宅に頻繁に出入りし、AはXに好きな男性がいるから離婚したいと明言した。	なし		Xとその長男の平穏な家庭生活が侵害された。

⑬	東京地裁	7.20 WLJ	妻 （43歳） （原告）	夫 （46歳）	女 （被告）	H17.2.11 約4年	H21.6 別居	H18.3～ 約3年	330万円 ↓ 110万円
⑭	東京地裁	7.21 WLJ	妻 （43歳） （原告）	夫 （42歳）	女 （被告）	H3.3.6 約19年	H22.2.20 別居 離婚調停	H21.9.26 約半年	450万円 ↓ 120万円
⑮	東京地裁	10.3 WLJ	夫 （原告）	妻	男 （被告）	不明	不変	認められず	475万円 ↓ 0円
			夫 （被告）	妻	男 （原告）				255万円 ↓ 58万円
⑯	東京地裁	12.26 WLJ	妻 （原告）	夫 （被告）	女	H16.11.1 約3年	H20.1.3 別居 離婚調停 離婚訴訟	H19.9～ 約半年	300万円 ↓ 50万円
			妻 （被告）	夫 （原告）	女				150万円 ↓ 100万円
⑰	東京地裁	12.28 WLJ	夫 （49歳） （原告）	妻 （44歳）	男 （63歳） 既婚者 （被告）	H17.11.3 約5年半	H22.10.16 別居 H23.3.15 離婚	H22.1.13～ 約9カ月	2357万 5000円 ↓ 275万円
			夫 （49歳） （被告）	妻 （44歳）	男 （63歳） 既婚者 （原告）				300万円 ↓ 50万円
平成24年									
⑱	東京地裁	3.21 WLJ	妻 （42歳） （原告）	夫	女 （44歳） （被告）	H13.12.25 約6年	H19.11.10 別居 12.26 離婚調停	H18.11～ 約1年	1100万円 ↓ 385万円
⑲	東京地裁	3.22 WLJ	夫 （54歳） （原告）	妻 （41歳） （被告）	男 （37歳） （被告）	H16.8.12 約5年	H21.7.28 離婚調停 H21.8.1 別居	遅くとも H21.8末～ 約3年	1000万円 ↓ 150万円

	通常の夫婦喧嘩程度の諍いはあったが、破綻はしていない。	H7、スキー教室にて知り合う。H17頃、YがAの携帯電話に電話し再会した。 Aが旅行に誘った。	なし		H18.9.11、Aは、自分は既婚者だが、Xとは家庭内別居状態で、交際には問題ないと伝えた。Yはその言葉を鵜呑みにし、躊躇せず交際を続けた。
子２人	H21.9.5にAが家出をしたが、Xは　その行方を積極的に探すこともなく放置するほど関係は悪化していた。破綻はしてないが危機的状況にあった（減額事由）。	Aが通っていた風俗店にて知り合う。AがXとは婚姻関係が破綻している、離婚すると言い、H21.9.26、同居した。	なし		YがAの言い分だけを信じてXAの関係が破綻したと信じたのは過失がある。 Yが、家出中のAの誘いに応じて同棲を開始した。
長男 二男 ………… 長女 二女	破綻はしていない。	長男が通うサッカー教室で知り合う。	なし	慰謝料として合計25万円を支払った。	慰謝料支払いを記した誓約書はXが暴力等を用いた脅迫を行ったために交わされたものであり、無効である。美人局の一種。Xが不貞を強要した。Yの反訴を認容。25万円の返還請求も肯定。
不明	破綻はしていない。	職場にて知り合う。	なし	H21.8.18、真摯に謝罪し、150万円を支払うことで和解した。	XはAやAの勤務先代表取締役を含む関係者６名に宛て、Aの退職を求めるなどのメールを送り続けた。その結果、H22.5.20、Aは退職を余儀なくされたと認められる。
なし	Xの不妊治療に関する心ない言動、他の女性との関係を疑わせて顧みない態度等から、婚姻関係は希薄であった。	職場にて知り合う。Aは積極的にYとの性交渉に及んでいる。	なし		YはXの上司であり、XAが夫婦で、不妊治療をしていることを知っているにも関わらず、避妊をせずに性交渉を行ったのは、強い非難に値する。 XがYに郵送したはがきはYを脅迫するものであり、極めて悪質な嫌がらせである。 Yの資力は無関係。調査費用の一部は肯定する。
不明	破綻はしていない。	H17.12頃知り合う。 YはAが既婚者であることを知りながら不貞関係を持った。	なし		Yは自身のブログにXを中傷する記事（「プライドの高い『勘違い女性』がいるのですが、地元に帰ってしまいました」等）を掲載した。
長女（8歳）	破綻はしていない。	職場にて知り合う。H21.8、同居する。	子（2歳）		AYと同居したA母は、AYの不貞行為を積極的に助長したとは言えず、不法行為をなしたとはいえない。 子のYに対する請求を否定。 破綻の原因が他にもある。

⑳	東京地裁 （H22（ワ） 13314）	3.29 WLJ	夫 （51 歳） （原告）	妻 （48 歳）	男 （52 歳） 既婚者 （被告）	H 元 6.20 約20年半	H20.7.21 別居 H22 離婚訴訟	H20.2.8 ～ 約 2 年	1000 万円 ⬇ 200 万円
㉑	東京地裁 （H22（ワ） 43382）	3.29 WLJ	夫 （原告）	妻 （原告）	男 （被告）	H20.11.8 約 4 年	不変	H22.10.11 1 日	（Xに対して） 600 万円 （Aに対して） 700 万円 ⬇ （Xに対して） 50 万円
			夫	妻 （被告）	男 （原告）				770 万円 ⬇ 110 万円
㉒	東京地裁	4.12 WLJ	夫 （47 歳） （原告）	妻 （35 歳） （被告）	男 （被告）	H16.2.9 約 8 年半	H22.9.2 離婚	H21.6 ～ 約 1 年	1 億 2000 万円 ⬇ 260 万円
㉓	東京地裁	4.13 WLJ	妻	夫 （43 歳） （被告）	女 （40 歳） 独身 （原告）	H12.11.18 約 12 年	不変	（H18.5.3 ～ 消滅） H19.8.7 ～ 22.10.5 約 3 年	177 万円 ⬇ 80 万円
			妻 （原告）	夫 （43 歳）	女 （40 歳） 独身 （被告）				330 万円 ⬇ 80 万円
㉔	東京地裁	5.8 WLJ	妻 （72 歳） （原告）	夫 （享年 72 歳）	女 （59 歳） （被告）	S41.6.9 約 42 年	H20.10.20 離婚	S62.10 ～ H10.7 約 11 年	1000 万円 ⬇ 0 円

長女（18歳） 長男（14歳）	H19秋頃は会話が減り、H20.3以降は次第に疎遠になった。 H20.12.16、離婚に応じ、破綻。	事業の関係でXの友人から紹介され、知り合う。	なし		XはH3.10、他の女性と親密な関係になったことがAに発覚し、二度と他の女性と親密にならないことを確約したが、H20.6に複数の女性と親密な関係になり、Aに発覚している。破綻原因は本件不貞だけではない。
不明	破綻はしていない。	Yの勤務先でAが実習をし、知り合う。 Aが積極的にYとの性行為に及んだ。 その後のAの連絡を負担に感じたYが終わりにしたいと言うと、AはYを非難した。	なし	当初から謝罪の意思を表明している。	AYの関係は一時的なもので、XAの関係は現在も破綻しておらず、XはAに対して損害賠償請求の意思はない。
なし	H20.10末に、Aの母への嫌悪感から別居した。破綻はしていない。	H21.5、マラソン大会にて知り合う。	子（2歳）		AはYとの子を希望していたが、婚姻関係と子供を持つことは別であるとの考えも示している。 AはYとの子をXの子として出生届を出したため、Xは親子関係不存在確認の調停申立を余儀なくされた。 AとYの賠償額に差をつけなかった。
長女（10歳）	破綻はしていない。	お見合いパーティーにて知り合う。 Aが独身と偽り、結婚前提でYに交際を申込んだ。 H19.6.3、ペアリング贈呈、7.7、写真結婚式を挙げる等、頻繁かつ濃密な交際をし、婚約成立。	なし	H18.11.3、H19.8.7にXに不貞行為が発覚した後、Yは謝罪し、今後会わない旨を約束した。	AYの婚姻の約束は法的保護に値しないが、Aの行為は極めて違法性が高く、不法行為を構成する。 YはAと必ずしも婚姻できるとは限らないとわかった上で、自らの意思で交際を継続したと認められる。 XはAに対して直ちに慰謝料請求をする意思を有していない。
長男（43歳） 二男（40歳）	婚姻中も離婚後も、平和な共同生活を送っていた。	友人を通じて知り合う。 親密でかつ経済的にも贅沢な交際をした。	なし		XAの離婚はXがAの債権者からの請求を道義的に拒絶するためのもので、婚姻実態の破綻のためではない。 XはA死亡後に不貞行為を知り、精神的苦痛を被ったとするが、Xの侵害された権利や精神的苦痛の具体的内容が明らかでない。不貞はあったが、妻としての法的保護に値する利益が著しく害されたとは認められないとして棄却。

㉕	東京地裁	6.8 WLJ	妻 （原告）	夫	女 （被告）	H5.1.18 約19年	不変	H19.4～ 約4年	500万円 ↓ 50万円
㉖	東京地裁	6.12 WLJ	夫 （原告 法定 代理人）	妻	男 既婚者 （被告）	H16.6.22 約4年	H20.9 別居 H21.12.25 離婚	H20.3～ 約半年	3000万円 ↓ 0円
㉗	東京地裁	6.19 WLJ	妻 （44歳） （原告）	夫 （47歳）	女 （46歳） （被告）	H13.6.15 約11年	協議離婚 話し合い	H18.11.2～ 19.7.29 約9カ月	440万円 ↓ 187万円
㉘	東京地裁	6.22 WLJ	女 （41歳） 内縁の妻 （原告）	男 （39歳） 内縁の夫 （被告）	女 （47歳） （被告）	H17.10.10 約4年	H21.9.23 内縁関係 破棄	H21.6.23～ 7.18 約1カ月	（Aに対して） 1248万 3019円 （Yに対して） 440万円 ↓ （Aに対して） 55万円 （Yに対して） 0円
㉙	東京地裁	7.24 WLJ	妻 （40歳） （原告）	夫 （40歳） （補助参 加人）	女 （30歳） （被告）	H9.8.4 約13年半	H23.4.4 別居	H22.2.19～ 4.2 約2カ月 （短期間）	500万円 ↓ 150万円

		長女（18歳） 二女（14歳）	H18.5.26に別居し、関係は希薄だったが、夫婦としての感情的な交流はあり、対外的にも夫婦として振舞っている。	職場にて知り合う。Aに交際を申込まれ、離婚後ならと断ると、Aは離婚することで話がついていると言い、交際へ至った。	なし		XAはH16に既に離婚に関するメールを送り合った。 Yは交際にあたり、Aから離婚する意思を確認しており、本件不法行為は故意であると認めるのは困難である。 H21.2.4以降、YはXがAと離婚する意思はないことを知ったが、別れることを拒絶している。
		長男（8歳） （原告） 二男（5歳）	破綻はしていない。		なし	YはXに対して謝罪し、150万円を支払った。	子のもとを去った親から子が愛情、監護養育を受けるには親の意思があれば可能であり、それを害意を持って阻止した等という事情はYにはない。また、Aから養育費を受け取れないのは、Aが生活保護を受給しているからであり、Yに責任はない。
		長女（9歳） 二女（6歳）	破綻はしていない。	職場にて知り合う。YはAから婚姻関係が破綻しており、家庭内別居状態であること、離婚するつもりであることを聞き、交際を始めた。 そのような事実がないことに気付いた後も、Xに嫉妬しながら関係を続けた。	2度中絶		YはAから関係を継続するよう懇願・脅迫をされた。また、勤務先への来訪、待ち伏せ・携帯への執拗な架電等により、精神的に相当疲弊していた（ストーカー行為）。Yは自分ばかりが苦しめられるのが許せず、Xに執拗かつ悪質な嫌がらせをした。消滅時効の起算点は、氏名住所を知った時である。
		なし	飼い猫中心の生活を強制するXにAは苦痛を感じ、関係は徐々に希薄になった。	職場にて知り合う。Yは、XAはただの同居人であると聞き、交際を始めた。 H21.9.23、同居する。	なし		YはXからの電話によりXAがただの同居人ではないのではないかと疑問に思い、XAの関係解消まで距離を置いており、故意・過失はない。 XAは婚約誓約書を作成しているが、作成してから8年間、具体的な行動や話し合いはなく、婚約が成立したとみなすのは困難である。
		長男（7歳）	通常の夫婦喧嘩の範囲の諍いによってAが家出したが、自宅に戻り、関係を修復しようとした。	職場にて知り合う。H22.2、家出したAにXとの生活やX本人に対する苦情を聞いて同情し、離婚調停を申立てると聞いたことから交際をした。	なし		XAの婚姻関係は喧嘩とAの家出が絶えず、円満さを欠いていた。 離婚調停を申立てただけでは破綻とは言えない。

㉚	東京地裁	7.26 WLJ	男 （52歳） 婚約者 既婚者 （原告）	女 （40歳） 婚約者 既婚者 （被告）	男	H21.3.11 婚約 約1年	H22.5.31 同居解消	H20.12末～ 約1年	1865万円 ⬇ 399万 9320円
㉛	東京地裁	7.31 WLJ	夫 （原告）	妻	男 （被告）	H5.12.13 約17年半	H24.4.23 離婚	H23.4～ 約1カ月	330万円 ⬇ 110万円
㉜	東京地裁	8.21 WLJ	夫 （30歳） （原告）	妻 （32歳）	男 （32歳） 独身 （被告）	H20.11.18 約2年半	離婚保留	H23.8.16 1日	500万円 ⬇ 150万円
㉝	東京地裁 （H23（ワ） 917）	8.29 WLJ	妻 （28歳） （原告）	夫 （28歳）	女 （被告）	H17.5.27 約5年半	H22.12.24 離婚	H21秋～ 約1年	300万円 ⬇ 150万円
㉞	東京地裁 （H23（ワ） 18774）	8.29 WLJ	夫 （43歳） （原告）	妻 （43歳）	男 既婚者 （被告）	H10.12.25 約14年	不変	認められず （H17夏～ 21.11）	300万円 ⬇ 0円

なし	結納の儀式を執り行った（結納金300万円、結納返しとして時計約50万0850円）。 AはH21.3.11に前夫と離婚、XはH15年から離婚の合意があったものの、H21.12.15に前妻と離婚した。 XはAに対して指輪等360万円相当を贈った。	XAの婚約成立前から交際していた。 H22.8、同居する。	なし		Xと前妻との婚姻関係の実態は失われており、婚約時の同年12月には離婚が成立していることから、本件婚約は公序良俗違反とまでは言えず、有効である。 本件婚約は婚姻成立や生活について具体的内容等を確かめないまま成立させた軽率極まりないものであり、破綻の一因として2割の責任が認められる。
長女（16歳） 二女（9歳）	H23.5初旬、AがXに対して離婚を申し入れ、離婚届を見せた。	職場にて知り合う。 H23.6.20までに、YはAに対して夫の欄に署名押印した婚姻届を交付した。	なし		H20、Xは不貞行為を行ったが、Aは慰謝料請求もせず、許した。しかし、Xは本件Aの不貞行為に対して、暴行や激しい非難等によりAを精神的に苦しめる行動をとった。
不明	円満であった。AがXに対して支払った150万円をもって不起訴の合意が、成立したとはいえない。	従前からサイトで電子メールのやり取りをしていた。 不貞後もAはYを非難する様子はなく、H23.10上旬に初めてYに謝罪を求めた。	なし		YがAを強姦したか否かが争われたが、本件不貞行為はAの同意がないとは認められない。 事実を知ったXはパニック状態になり、適応障害の診断を受け、うつ病に転じた。
長男（7歳） 二男（5歳）	円満であった。	H21春、Aは自分が独身であると告げ、Yと交際を始めた（Aが積極的）。 H21秋、Aが既婚者であると知ったYは交際を中止したが、Aが頻繁にYに連絡し、Xと離婚することになったと伝え、交際を再開した。	なし		XAの婚姻関係が解消されたか否かを客観的に知る方法があるのに、Aの言動のみを安易に信じ、交際を再開させたことに過失がある。
不明	破綻はしていない。	Aがホステスとして勤務するクラブにて知り合う。 AはYに対して自分は独身であると告げていた。	なし		Aはホステスとして深夜まで勤務し、Yと電話で会話した。YはA宅を訪れたことはなかった。Aは自分は独身であると言っていた。以上から、YがAを独身であると信じたことに過失はない。

㉟	東京地裁	9.10 WLJ	妻 （36歳） （原告）	夫 （35歳） （被告）	女 （被告）	H15.12 約7年	H22.10.4 別居 H22.12.28 離婚	認められず （H22.10 第2週以降）	各300万円×2 ⬇ 0円
㊱	東京地裁	10.18 WLJ	夫 （原告）	妻	男 （被告）	H17.6.19 約6年	H23.7.14 別居	認められず 不貞の立証無	1000万円 ⬇ 0円
㊲	東京地裁	11.12 WLJ	妻 （59歳） （原告）	夫 （69歳）	女 （45歳） （被告）	S52.210 約30年	H19.10 別居	H19.10～ 約3年	8000万円 ⬇ 200万円
㊳	東京地裁	11.14 WLJ	妻 （原告）	夫 （被告）	女 既婚者 （被告）	H21.2.2 約2年半	H23.9.15 離婚	不貞関係は認められない	300万円 ⬇ 0円
㊴	東京地裁	11.22 WLJ	夫 （45歳） （原告）	妻 （36歳）	男 （被告）	H10.5.5 約13年	H23.2.15 離婚 慰謝料に関する定めなし	H18.12～ 約2年	1100万円 ⬇ 165万円 （慰謝料150万円、弁護士費用15万円）

不明	XがAYの浮気を疑ったことで関係が悪化。H22.9から別居までに婚姻関係は破綻した。	Yは英語教師をしていたAの生徒として知り合う。H22.10.4、同居する。	なし	H22.12.10頃、AYはそれぞれX宛に謝罪の手紙を郵送した。	AY間の不貞行為開始前にXA間の婚姻関係は破綻していた。XがAに対して協議離婚届用紙に署名押印するよう求め、Aもこれに応じていたことが重視された。
長男（7歳） 長女（5歳）	円満ではない。	職場にて知り合う。毎週末、共に通訳の勉強をし、通訳学校のクラスメイトも含め、食事もしていた。	なし		Y及びAは海外生活により欧米の文化に理解があり、友人としてつきあうのならば、性別や既婚・未婚であることは特に大きな問題ではないとの価値観を共有している。
長男（34歳）	破綻はしていない。	Yの勤務するクラブにて知り合う。H19.10、同居する。	長女 （1歳） 人工授精		人工授精のために精子提供を受ける場合、提供者の配偶者（妻）の承諾がない限り、婚姻関係の維持を困難にさせる蓋然性が高い。YはAと自身の子をもうけるだけの関係を築き、子を望む行為に及ぶという夫婦同様の関係をもったといえ、不貞行為と同等、若しくはそれ以上の精神的苦痛をXに与えた。なお、人工授精を行った医院の医師は、精子提供者を配偶者と認識していたのであるから共同不法行為は成立しないとした。
長女（3歳）	Aの暴力的な言動により、婚姻関係は危機を迎えていた。	Yの職場にて、出入り業者のAと知り合う。 H23.7頃、Aの相談に乗り、その後金銭トラブルが起きた。	なし		AY間にあったのは不貞関係ではなく金銭貸借のトラブルであり、そのことをXは知り得るものであった。よって、Xの提訴は法的根拠を欠く、正当性のないものとして、Yに対する提訴に不法行為の成立することが認められ、Yの反訴請求が認容されXはYに60万円を支払うよう命ぜられた。
長女（13歳） 長男（10歳）	H17年から悪化し、H21.3に、XはAの求めに応じて離婚届に署名した。したがってH21.4には、実質的には破綻していた。	YがX宅のリフォームに関わり、知り合う。 YはAとの交際に積極的であった。	なし		不貞行為による婚姻関係の平穏の侵害に対する責任は、第一次的には不貞行為に及んだAである。XはAに対しては損害賠償請求する意思はない。その事実は、慰謝料の算定に当たり考慮しなければならない事情である。

㊵	東京地裁	11.28 WLJ	妻 （原告）	夫	女 （被告）	H14.2.2 約10年	H24.7.30 調停離婚 離婚に伴う慰謝料は300万円	H21頃～ 約2年	500万円 ⬇ 30万円
㊶	東京地裁	11.30 WLJ	妻 （原告）	夫	女 （被告）	S55以前 30年以上	別居時期についてXは平成7年～8年、Yは平成19年1月と主張している。 H23.5.25 離婚	認められず	1000万円 ⬇ 0円
㊷	東京地裁	12.14 WLJ	夫 （原告X）	妻 （A）	男 既婚者 （被告Y1）	H4.6.15 約20年	不変	H14.2～ 23.6 約9年 AもY1も相手に配偶者がいるのを知っていた。	500万円 ⬇ 250万円
			妻 （原告Y2）	夫 （Y1）	女 既婚者 （被告A）	H8.11.1 約16年	不変		300万円 ⬇ 250万円
㊸	東京地裁	12.19 WLJ	夫 （52歳） （原告） 医師	妻 （49歳） （被告）	男 （52歳） （被告）	H2.5.13 約18年	H17.9.30 別居 H20.3.24 離婚	H16.11.7～ 10	550万円 ⬇ 220万円 （慰謝料200万円、弁護士費用20万円、ただしAに対してのみ、Yに対しては棄却）

長男（9歳） 二男（6歳）	破綻はしていない。 Aが、Xに対して支払った慰謝料と本件不貞慰謝料とは無関係。	友人に誘われた花火大会にて知り合う（Yの主張）。	なし		AY間のメール（「俺の彼女はYちゃんでYちゃんの彼氏は俺なんだから」等）はXにとって不快な感情を抱くものではあるが性的な行為の存在を推認させるものではない。しかし、AY間の親密なメールはお互いの行為や密会を示唆し、身体的接触を持っている印象を与えるものであり、YがそれをXの閲覧を想定できるアドレスに送付したことはXらの婚姻生活の平穏を害し不法行為と認められる。仮執行宣言は付さない。
長男（29歳）	遅くともH19.1破綻した。	職場の宴会にて知り合う。 S55、Xが職場の旅行から帰宅すると、Yが部屋に隠れていた。 Aは長期に外泊を繰り返し、帰宅しなくなった。 H21末、Y、Yの父、Aは伊豆高原ホテルに宿泊した。H23.8.10、YとAは婚姻した。	なし		S55の出来事については、XとAとの間にS58に長男が出生しており、仮に不貞行為があるとしてもXは宥恕しており、損害賠償請求の基礎となる不貞行為とは言えない。また、H21の出来事については、婚姻関係が破綻した後のことであり、また、それ以前の不貞行為については、その具体的主張立証がないため、不法行為の存在は認められない。
長女（20歳） 長男（18歳）	破綻はしていない。	知り合ってから2週間程度で肉体関係をもつ。どちらかの主導・強制は見受けられない。 別れ話が出ても、どちらも行動に移せずに関係が続いた。	AはY1との性行為により3回妊娠し、いずれも人工妊娠中絶し、水子供養に行ったことが数度ある。		Xに不貞行為が発覚したのはAの2年分の日記が発見されたためであったので、AY1は、不貞行為は2年間であると偽ろうとした。 Xは強い怒りを示している。 遅延損害金の発生時期はAとY1との関係が終了した後。
子（12歳）	破綻はしていない。				Y2は精神的に不安定になっている。
長女（19歳） 長男（17歳）	破綻はしていない。	美容室で知り合う（YはAの担当美容師）。 Aが旅程の殆んどを手配して、同じパックで沖縄旅行に行った。	なし		YはAが既婚者であると認識していたとは認められず、よって故意も過失も認められない。 消滅時効の起算点については、損害は離婚が成立して初めて評価されるものであるから、離婚判決が確定する等離婚の事実を確実に知ったときである。

㊹	東京地裁	12.21 WLJ	夫 （原告）	妻 （台湾国籍）	男 （被告） 平成23年3月10日、会社に退職届を提出し退職	H18.1.10 約5年	離婚調停	H23.1～ 約半月	360万円 ⬇ 33万円
㊺	東京地裁 （H23（ワ）6439）	12.25 WLJ	妻 （原告）	夫	女 （被告）	H21.12.14 約3年	不変	H21.12.14～22.2 約2か月	300万円 ⬇ 0円
㊻	東京地裁 （H24（レ）910）	12.25 WLJ	妻 （31歳） （原告被控訴人）	夫 （40歳） （被告控訴人）	女	H13.12 約10年	H22.8 別居 H24.1.24 調停離婚	平成22年8月12日夜	140万円 ⬇ 100万円
㊼	東京地裁 （H24（ワ）2104）	12.25 WLJ	夫 （38歳） （原告） 中国籍 平成16年頃来日	妻 （30歳） （被告） マレーシア国籍 平成16年頃来日	男 （被告） 中国国籍 平成16年来日	H17.6.27 （中国で婚姻届） 約4年	H21.7.9 中国にて離婚届	H18末～21.7 約2年7か月	300万円 ⬇ 180万円 （認定された慰謝料は200万円だが、そのうち20万円は支払い済）

子	Aが育児や家事に非協力的なXに対して不満を持っていたというにとどまるから破綻はしていない。ただし、Xが隠しカメラを設置するなどしてAの生活態度を監視したことが、XAの婚姻関係が破綻した原因の一つである。	H21、YがXA宅に食材を配達し、知り合う。 H22.12.20、関係を疑ったXに警告されたにも関わらず、情を通じあうようなやりとりをした。	なし		AY間に不貞行為があったとまでは認められないが、情を通じ合うようなやりとりをし、その際、接吻したり抱擁したりした(半月程度の間に数回)。 X代理人が明確な資料がないにもかかわらず、不貞行為ありと断定し、それを勤務先に通知することを予告する内容の通知書をYに対して送付した行為は不法行為を構成し、その損害賠償等としてXはYに対して193万3998円（給料6ヶ月分と弁護士費用）を支払うよう命ぜられた（反訴)。
不明	破綻はしていない。	AY間にはAがXと婚姻する前から性交渉があった。 A婚姻後は、ホテルへはAの運転する自動車で赴いていた	なし		H21.10以降、AY間の交際の仕方、Aの服装等に変化はあったが、YはAから見合いをするかもしれない、東京に行く、という話を聞いており、それがその変化の理由であると考えていたものであり、婚約・婚姻の事実を認識するに至らなかったことに過失はない。
長男（10歳） 二男（8歳）	H22.6.7に女性関係があることをAが自認し婚姻関係が希薄になりつつはあったが、破綻はしていない。	AYは高校在学時からの友人であった	なし		夫婦間の事案、控訴棄却。 Aは不貞行為の不存在を主張するも認められず。
なし、XはYA間の子供を自分の子供だと思い、養育した。	破綻はしていない。回数は少ないながらも性交渉はあった。	職場にて知り合う。XとAが離婚した後婚姻。	子（5歳）子（3歳)、XとAは両者の子として届け出たが、DNA鑑定の結果、Xは子らの父親ではないこと、Yが子らの父親である可能性が99.9999％以上であるとの鑑定結果が出た。	H21.9.9及び12.28、YはXに対して、慰謝料の一部として各10万円、合計20万円を支払った。	Aは、子らとXとの間に親子関係がないことの確認を求める訴えを提起し、平成24年6月27日、請求認容判決が出た。 Xは中国籍、Aはマレーシア籍であり、両者の本国法は同一ではない。 XA間の離婚による慰謝料については通則法27条本文、25条、個々の不法行為による慰謝料請求の問題は同法17条本文により準拠法を決める。 XY間の問題も通則法17条によって準拠法が決まる。両者が離婚時に日本に居住し、日本において不貞を行っており、Xの被った精神的苦痛という損害は日本で生じたと言えるため、日本法を準拠法とした。

㊽	東京地裁	12.27 WLJ	妻 （原告）	夫	女 （被告）	H19.5.1 約4年半	H23.11末 別居	H23.6.22～ 約1年半	550万円 ⬇ 275万円 （慰謝料250万円、弁護士費用25万円）
平成25年									
㊾	東京地裁 （H23（ワ）37087）	1.17 TKC	夫 （原告）	妻	男 既婚者 （被告）	H2.11.25 約20年半	H23.4 別居	H21.9～ 約1年半	500万円 ⬇ 150万円
㊿	東京地裁 （H24（ワ）26434）	1.17 TKC	夫 （原告）	妻	男 （被告）	H18.4 約5年	離婚協議	H23.12～	550万円 ⬇ 220万円 （慰謝料200万円、弁護士費用20万円）
51	東京地裁	1.18 TKC	妻 （原告）	夫	女 独身 （被告）	S56.3.26 約29年	H22.4.18 別居	H12～22 約10年	330万円 ⬇ 150万円 （慰謝料130万円、弁護士費用20万円）

不明	破綻はしていない。	飲み会にて知り合う。 H23.6.5、AはYに対し、自分はバツイチで籍は抜いていると話し、交際を申し込みYはこれを信じた。	なし		Yは平成23年6月22日にXの知人からAが既婚者であることを電話で知ったがその後も交際を続けた。Yは裁判の本人尋問において、今後もAと別れる意思はない、と断言した。
長女（21歳）	AはXに対し、H23.3.11に離婚を申し入れるまでは、離婚を申し入れておらず、破綻はしていない。	職場にて知り合う。	なし		Xのうつ状態と記載された診断書があるものの、不貞行為との因果関係が不明。反訴で、XがYの勤務先のお客様相談室に架電しAとYとの不貞関係を告知した等の行為は名誉毀損にあたり、不法行為であるとして、11万円の支払いが命じられた。
不明	良好であった。	職場にて知り合う。	なし	YがXに対して謝罪していない事実を慰藉料増額の事情としている。	欠席判決。 YがAとの交際をネット上で宣言したため、本件不貞関係はXの勤務先や取引先にも知られ、仕事に影響が出た。
子２人	AはXと共に日常生活を送っており破綻はしていない。	職場にて知り合う。 AはYに対して、いずれXと離婚する、と言って交際を続けたのであり、不貞期間が長期間にわたって継続したことの主たる責任はAが負うべきである。	なし	H22.4.22、XがYに対して慰謝料500万円を要求した後、Yは150万円を支払うと回答したが、Xは応じなかった。	Yは独立したAの画商で働いたが、業績が悪く、Yに払われるべき給料はAが受取り、XAの家庭を支えていた。その間、Yは貯蓄を切り崩して生活していた。

㉜	東京地裁	1.22 TKC	夫 (54歳) (原告)	妻 (50歳)	男 (被告)	S63.5.7 約23年	H23.6.4 別居 H24.8.20 調停離婚	認められず(H23.7には2人で食事をする程度の交際、同年8月23日には手をつないで歩くなど、相当程度に親密な間柄になっていることは認められるものの、不貞を疑われるほどに交際が進展していたとは認められない。)	330万円 ⬇ 0円
㉝	東京地裁	1.23 TKC	妻 (原告)	夫	女 既婚者 (被告)	H3.11.26 約17年半	H21.5 別居	H17～ 約2年半、遅くとも平成18年10月上旬には肉体関係あり。	550万円 ⬇ 330万円(慰謝料300万円、弁護士費用30万円)
㉞	東京地裁	1.25 TKC	夫 (原告)	妻 (被告)	男 (被告)	H3.10.1 約15年半	H19.3 別居 H21.5.11 協議離婚	認められず	各200万円×2 ⬇ 0円
㉟	東京地裁	1.28 TKC	夫 (原告)	妻	男 (被告)	H14.12 約6年	H20.8 別居 (行き来有) H23.8.25 別居 (行き来無)	H23.5.14～ 約3か月	500万円 ⬇ 140万円
㊱	東京地裁	1.29 TKC	男 (43歳) 内縁 (原告)	女 内縁	男 (被告)	H21.12 婚約、同居約2年、H23.10に事実上の婚姻関係	H24.2.11 別居、翌月には婚約指輪をXに返却	H23.10～ 約4か月	300万円 ⬇ 慰謝料は150万円が相当だが、AがXに対して同額を払っているので請求棄却。

長男（25歳） 二男（20歳）	H23.6.4ころ、XはAに対し、離婚に向けて、①Aの両親の認識、②負債の有無と返済予定、③所持品の搬出、④子らとの関係等について協議し、離婚届書の作成以後はAの要望に応じない旨記載した書面を交付した。遅くともこの時点では、回復か著しく困難な程度に破綻していた。	職場にて知り合う。	なし		H23.1、XA間で精神的・経済的な信頼関係が失われ、その後も回復しなかった。
長女（20歳） 長男（19歳） 二男（17歳）	破綻はしていない。	知人を介して知り合う。 H21.5同居する。	長女 (6歳) 長男 (5歳) 二男 (5歳)		H23.7.13、AはYとの子供3人を認知している。Xが適応障害と診断されているが、これは特別損害であり、Yがこれを予見しまたは予見することを得べかりしとは認められない。
なし	性格の不一致により、H18.4に家庭内別居、H19.3には離婚を前提とした別居をした。	XとYは大学サークルの後輩と先輩で、卒業後も付き合いがあったため、Aとも知り合った。	なし		Xは、夫として、Aの連れ子の親として十分責任を果たしていたか疑問がある。離婚の原因は専ら両名の性格の不一致。不貞関係も認められない。
長男（12歳） 二男（10歳） 三男（9歳）	円満とはいえないものの破綻していない。 H20.8に別居しているが、夫婦が共同して未成年子の養育監護を行っていた。	職場(生命保険会社)にて知り合う。YはAの上司。	なし		AはH20.8の別居の時点で離婚の意思を明確にしているが、その後、A宅に頻繁にXが通い、家事・育児を分担していこなしており、夫婦共同生活が再開したと認められる。Yにおいてそれを知らなかったことに過失がないとは言えない。
中絶 （内縁前）	入籍はしていなかったが、円満な夫婦同様の生活をしていた。	職場にて知り合う。	なし		H24.11.27、XA間で和解が成立し、同12.11、AはXに対して150万円を支払った。本件での慰謝料は150万円と認められるので、Xの本件に対する請求権はAの支払いにより消滅したと認められる。

㊼	東京地裁（H23（ワ）39454）	1.30 TKC	夫（原告）	妻	男 既婚者（被告）	不明	H23.9.7 離婚（裁判上の和解、離婚慰謝料としてAがXに対し100万円を支払うなどの合意あり）	認められず	300万円 ⇩ 0円
㊽	東京地裁（H23（ワ）2315）	1.30 TKC	妻（原告）	夫	女 既婚者（被告）	H10.12.24 約11年	H22.3.13 別居	H21.6～ 約9か月	700万円 ⇩ 150万円
㊾	東京地裁（H23（ワ）20352）	2.6 TKC	妻	夫（41歳）（被告）	女（49歳）（原告）	不明	不変	H21.5.13～H22.12、AはYに対し「5年以内に離婚する」、「幸せにするし一生面倒をみさせてほしい」などと言ったりメールを送信するなどした。	485万0873円 ⇩ 1万1419円（YがAのために立て替えた駐車場代金）
㊿	東京地裁（H24（ワ）31129）	2.6 TKC	夫（52歳）（原告）	妻（49歳）	男（49歳）（被告）	H3.12.31 約22年	不変	H23.7～12 約5か月	440万円 ⇩ 220万円（うち、弁護士費用20万円）
61	東京地裁	2.13 TKC	妻（原告）	夫	女（被告）	H9.10.14 約16年	H23.12.21 離婚調停申立	H22.8～23.2.16 H23.12.21～ H24.2～11.14 約2年	800万円 ⇩ 150万円（第1ないし第3各不貞行為について50万円ずつ）

あり	不明	詳細不明	なし	H21.3.20、謝罪し、慰謝料として100万円支払った。	XA間の離婚訴訟において、Yが「ホテルには入ったが性的な行為はなかった」などと証言し、これが不実の証言としてXに精神的苦痛を与えたか否かが争点となった。 YがXに対して謝罪し、慰謝料を支払ったことは不貞行為の存在を疑わせるが、当初から性行為は明確に否定しており、証拠上も認定できない。よって、Yが自己の認識に反していることを知りながら偽証等をしたとは認められない。
子（14歳） Xとその前夫との間の子とは養子縁組。	H21.10には長女の誕生日を祝うなど、夫婦、家族として行動しており破綻はしていない。	職場にて知り合う。	なし		Xは、AとYとの不貞の証拠を掴むため興信所にAの調査を依頼し、少なくとも100万円以上の支払をしている。
不明	破綻していない	職場にて知り合う。	なし		YのAに対する貞操侵害に基づく損害賠償請求。AのYに対する結婚をほのめかす言動は執拗であるものの、これがYの歓心を惹くためであることや、Aが妻と離婚すると言っても、それが困難であることは承知で交際を継続してきており、Aの行為の違法性は、Yのそれと比較して著しく大きいとまでは言えない。民法708条の趣旨に照らして慰謝料請求は認められない。
子（17歳） 子（14歳）	平穏であった。	中学校の同窓会にて再会。 親密なメールのやりとりをした。	なし		YとAは、愛情を顕わに伝える親密なメールなどを送り合った。
長男（15歳）	Xの夫に対する暴力と暴言を伴う夫婦喧嘩はあったものの、同じ住居で共に食事を取り、就寝することが頻繁であった。夫婦の協力関係が存在し、破綻はしていない。	H24.2から11.14の間、YとAは同棲した。	なし		Xは未だ婚姻関係が破綻していないと主張している。

㊷	佐賀地裁	2.14 判例時報2182号・119頁	妻 （25歳） 原告	夫 （29歳） 被告	女	H22.8.29 婚約（結婚式場を予約した時点）、 H23.7.7 婚姻	H23.11.11 協議離婚	婚約後にAがYをホテルに誘うようなメールをXが発見した。	960万0024円 ↓ 357万7624円 （慰藉料は200万円、その他新居引越費用、結婚式費用など）
㊸	東京地裁	2.27 TKC	夫 （原告）	妻	男 既婚者 （被告）	H3.10.22 約20年	H23.10 別居 離婚訴訟	H20.2～ 約3年	330万円 ↓ 165万円 （慰藉料150万円、弁護士費用15万円）
㊹	東京地裁	3.11 TKC	夫 （48歳） （原告）	妻 （50歳）	男 （68歳） 既婚者 （被告）	H7 約16年	H23.4 離婚調停 （Aが申し立てた）	H22.8～23.3 約7か月	1000万円 ↓ 150万円
㊺	東京地裁	3.15 TKC	夫 （原告）	妻	男 （被告）	H5.7.7 約20年	不変	認められず	330万円 ↓ 0円
㊻	東京地裁	3.18 TKC	妻 （31歳） （原告）	夫 （32歳） （被告）	女 （33歳） （被告）	H20.3.24 約3年	H23.5 別居 H23.7.20 離婚	H20.11～23.4 約2年半	300万円 ↓ 160万円

なし	婚約の状態であり当然破綻していない。	不明	なし		XとAは、婚約が成立した以上、正当な理由のない限り、将来結婚するという合意を誠実に履行すべき義務を負っているから、それぞれ婚約相手と異なる人物と性的関係を持たないという守操義務を負っていた。Aの不貞により多大な精神的苦痛を被るであろうことは当然に予測し得た。
長男（19歳） 長女（8歳）	通常の夫婦間で交わす内容のメールを送っており破綻しているとは認められない。	Y、A共に、お互いと一緒になりたいと考えた。	なし	H22.2.15、不貞関係発覚時に30万円を支払う。	YはXに対して30万円を支払いながらも、Aとの交際を再開した。
長男（17歳） 二男（14歳）	円満であった。	Yが、知り合いから健康食品の営業をしているAを紹介され、知り合った。	なし		主たる責任を負うのはYではなくA。Yの責任は副次的。H23.3頃から長男の家庭内暴力が始まり、長男はAに傷害を負わせたほか、逮捕される事態になった。Aが離婚調停を申立てたのはその後である。離婚の原因は、不貞行為のみならず、従前からのXとの関係と長男の素行等が大きなウエイトを占めている。
長女（18歳） 二女（15歳）	円満であった。	小学校の同期会にて再会。 H23.8～10、性的な内容を含むメール、電話のやりとりをした（密会はない）。	なし		メールは往々にして過激な表現（「愛してる」、「大好き」等）になりやすい。メール自体から性行為等の存在を認めることはできない。また、私的なメールのやりとり自体を理由とする損害賠償請求は、AやYのプライバシーを暴くものであるから、不法行為は成立せず認められない。
不明	将来的にも続くことを前提として体裁を保っていた。	職場にて知り合う。	なし		AとYはお互いに交際に積極的であった。両者に対し同額の不真正連帯債務。XがAに加えた暴行について、Aからの反訴が認容された（10万円）。

㉗	東京地裁	3.19 TKC	夫 （38 歳） （原告）	妻	男 既婚者 （被告）	H18.3	H24.2 離婚協議 留保	H23.12.17 ～ 24.1.5 約半月	550 万円 ⬇ 110 万円 （慰謝料 100万円、 弁護士費 用 10 万 円）
			妻 （37 歳） （原告）	夫	女 既婚者 （被告）	H7.3.15	不変		550 万円 ⬇ 90 万円 （慰謝料 80 万円、 弁護士費 用 10 万 円）
㉘	東京地裁	3.21 TKC	夫 （原告）	妻 （被告）	男 既婚者 （被告）	H8.3.28 約 13 年	H21.4.5 別居	H20.12 ～ 21.4.5 約 4 か月 不貞行為は 1 回	1000 万円 ⬇ 80 万円
㉙	東京地裁 （H23（ワ） 17327）	3.22 TKC	夫 （原告）	妻 （被告）	男	H5.11.1 約 18 年	H23.4. 別居	H21.7.3 ～ 約 3 年	440 万円 ⬇ 150 万円 （慰謝料 130万円、 弁護士費 用 20 万 円）
㉚	東京地裁 （H24（ワ） 3343）	3.22 TKC	夫 （42 歳） （原告）	妻 （35 歳）	男 （29 歳） （被告）	H21.4 約 2 年	H23.5 別居 H23.11 離婚	認められず	552 万 4466 円 ⬇ 0 円
㉛	東京地裁	3.25 TKC	夫 （原告）	妻	男 既婚者 （被告）	H2.4.2 約 21 年	H23.4.26 別居	H22 頃～ 23.2 約半年	2500 万円 ⬇ 300 万円
㉜	東京地裁	3.27 TKC	夫 （41 歳） （原告）	妻 （36 歳）	男 （被告）	H14.9.3 約 10 年	H24.8.31 離婚訴訟	遅くとも H24. 7.29 ～約 1 か 月	500 万円 ⬇ 0 円

子（3歳） 子（1歳）	円満であった。	職場にて知り合う。 第1事件では、Y（上司）が積極的に働きかけ、交際する。 H24.12.24、第1事件でAは妊娠に気づき、関係の解消を告げた。	なし		Xの離婚の決意は固い。
子（18歳） 子（13歳）	円満であった。				第1子の健康状態が不安である中、Xは家庭生活が崩壊する不安に陥った。 離婚するに至る現実的危険は認められない。
長男（17歳） 長女（14歳）	AのXに対する不満はあったが、実質的な破綻を示すものではない。	モバゲータウンを通じて知り合う。 お互い頻繁にメールを交わし、H21.4.4に密会した。	なし		XはAの反対を押し切って複数のローンを負いながら、勤務先を退職したことなども婚姻関係破綻の原因。AとY、いずれも積極的。
長女（20歳） 長男（18歳） 2度中絶	夫婦関係は形骸化してはいないが、H17の段階で、円満な家庭生活を望むならば、原告自身の努力等が必要であるとされた。	ミクシィで知り合う。	なし		XとAとの夫婦関係が破綻した原因は、AYの不貞のみであるとは認めることには疑問がある。Xが受けた精神的苦痛を填補するための慰謝料の額は、やや控えめに算定されてもやむを得ない。
不明	H21.12以降、AがY以外の男性と不貞関係を持ち、XはAの行動調査をしていた。	居酒屋の常連客として知り合う。 親しい口調での会話、食事の誘い等があった。	なし		XによるAとYの不貞行為を目撃したとの供述があるが、主張が変容する等、不自然な点があり、信頼性がない。
長女（18歳） 二女（16歳）	外形的には仲睦まじい家族であった。	職場（病院）にて知り合う。 お互いに愛情を感じていた。	なし		Yは、性的能力がないため不貞関係ではなかったと主張するが、異性とラブホテルで一緒に過ごすこと自体が不貞行為の存在と同視すべき不法行為が成立する、とされた。
長女（9歳） 二女（7歳）	破綻していた。	ダンスサークルで知り合う。	なし		XはH23.10.17には不貞行為を行っていたことが認められる。それにより、AはH24.7.2に離婚の意思を表明しており、これにより婚姻関係は破綻している。別居していなくとも破綻を認める。

⑦③	東京地裁	3.28 TKC	夫婦 (原告)	夫婦	人 (被告)	H22.2.22 約2年	H24.4.27 別居	H24.1～ 約3か月	1185万8500円 ⬇ 110万円(慰謝料100万円、弁護士費用10万円)
⑦④	東京地裁	4.10 TKC	夫 (原告)	妻	男 (被告)	H11.9.4 約13年	H23.4.2 別居 Xが本件口頭弁論期日で婚姻破綻を主張したH24.12.12までに破綻したと認められる。	H23.1.14～ 約2年	300万円 ⬇ 200万円
⑦⑤	東京地裁	4.11 TKC	妻 (35歳) (原告)	夫 (37歳)	女 (31歳) 独身 (被告)	H18.4.24 約7年	不変	H22.4.6～ 約2年	550万円 ⬇ 165万円(慰謝料150万円、弁護士費用15万円)
⑦⑥	東京地裁 (H24(ワ)4812)	4.15 TKC	妻 (87歳) (原告)	夫 (82歳)	女 (74歳) 独身 H23.3.1 死亡	S34.3.25 約66年	家庭内 別居	S34.8～ H22.11 約51年 (本件訴訟提起はH24.2.21に行っている以上、H4.2.20以前の不貞行為に基づく慰謝料請求権は、不法行為の時から訴訟提起までに20年を経過することにより消滅しているので、残存しているのはH4.2.21以降の不貞行為のみ)	各700万円×3 ⬇ 各100万円×3

不明	円満であった。	職場で知り合う。 Aは、Xとの婚姻関係が破綻していると嘘を言い続け、Yとの交際を主導していた。	なし		Yは、Aの自宅を訪れて宿泊する際、Xの私物が残っていることを認識しており、YがXA間の婚姻関係が破綻していると信じたことに過失あり。
長男（10歳） 二男（6歳）	破綻はしていない。	職場にて知り合う。 H23.4.3から1週間、その1～2週間後に同棲する。	なし		別居後、実家に頼れるAがあえて一人暮らしのY宅へ身を寄せたことから、不貞関係が認められる。XがAに対して暴行を加えたとの主張については、Aが裁判所に対し、「配偶者からの暴力の防止及び被害者の保護等に関する法律」第10条所定の保護命令の申立てをした形跡がないことなどを理由に排斥した。
長女（5歳） 長男（3歳）	円満であった。	同じ病院の医師と助産師として知り合う。 AはYとの関係に積極的で、執着していた。 YはXA間が円満であることを認識しているにもかかわらずAと別れず、出産を決意した。	1度中絶 子（1歳） （Aは胎児認知している。）		AはYに対してAが出産した子が20歳になるまで養育費として月額5万8000円支払うことで合意している。Yは病気を抱えたAとの子を一人で育てなければならず、Aに対する慰謝料等の請求訴訟を予定しており、本件において認められた損害賠償責任についてもAに対して求償訴訟を行うことが予想される。
長女（66歳） 長男（65歳）	Y死亡後にAY間の不貞行為を知るまで、婚姻関係は平穏に継続していた。	YはXの姪であり、Xが経営する旅館の住込み従業員。AがYのもとに足繁く通い、金銭提供をするなど、親密な関係を築いた。	なし		不貞行為をしたY本人は死亡しており、相続人であるYの姉妹3名を被告として提訴された。 人生の晩年にAY間の長年の背信を知ったXの精神的打撃は大きいものと認められる。

⑺	東京地裁（H24（ワ）11226）	4.15 TKC	妻（原告）	夫	女（被告）	H17.11.28 約6年	H24.3.1 別居 3.15 離婚調停申立	H23.1～ 約1年	550万円 ⬇ 165万円（慰謝料150万円、弁護士費用15万円）
⑻	東京地裁（H23（ワ）36398）	4.17 WLJ	妻	夫（45歳）（被告）	女（43歳）独身（原告）			H19.12～21.10 約2年、その後Aは妻子と渡米	1216万6000円 ⬇ 132万円（慰謝料70万円、Aによる暴行による慰謝料50万円、弁護士費用12万円）
⑼	東京地裁（H24（ワ）8713）	4.17 TKC	妻（44歳）（原告）	夫（40歳）	女（37歳）独身（被告）	H15.6 約8年	H23.10.21 別居	H23.6～ 約2年	1000万円 ⬇ 180万円
⑽	東京地裁	4.19 TKC	夫（原告）	妻	男（被告）	H18.12.22 約5年	H24.1.28 協議離婚（AはXに清算的財産分与として979万3500円支払うとの合意）	H20.5～ 約4年	550万円 ⬇ 88万円（慰謝料80万円、弁護士費用8万円）

長女（3歳）	破綻はしていない。	AがYに対して交際を申し込み、その後も主導した。	なし		YはAとの交際開始直前にXが出産したことを知っていた。 Xは長女を出産する以前の平成19年秋頃、不妊治療を開始した。
あり	円満であった。	Aは、交際当初より、Xとは離婚協議中であり、Yと結婚する意思があると繰り返し告げ、妊娠を希望するYとの間で避妊することなく性交渉を行い、独身女性であるYにAと結婚してAとの子供を養育するという期待を抱かせ続けていた。	なし		YからAに対する貞操侵害に基づく損害賠償請求の事案。 「当時30代後半のYが安易にAの言動を信じて長期に渡ってAとの不貞関係を継続したことに相当程度の落ち度があることを考慮」した。
なし	破綻はしていない（XA夫婦だけで､あるいは、Aの両親や親族とともに食事や旅行､ドライブ､スポーツ等に何度も行っている)。	写真の撮影会で知り合う AはXと別居した後、Yと半同居状態	なし		AはYと交際しだして早々に結婚の約束までしている、Xとの関係修復の意思が見られない、数年の間にY以外の女性と複数回不倫関係になっている。以上の点から、XA間の婚姻関係の破綻の原因は、Yとの不貞以外の事情も認められる。
不明	完全に修復の見込みのない状態ではない。	卓球のクラブチームの試合で知り合う。 Xとの離婚に悩んだAの求めに応じて、YはAと面会したのであり必ずしもAとの面会に積極的であったわけではない。	なし	XはH21.11頃AYの不貞を知り、H22.2.26、YがXに対し慰謝料80万円を分割して支払う契約内容の公正証書を作成し、YはH24.1、その支払いを完了した。	H23以降のYとAの面会において、YがAと不貞行為を行ったとは認められないが、一度不貞関係にあった二人が深夜に面会するという行為はXに疑念を抱かせるには十分な行為であり、XAの婚姻関係を破綻に至らせる蓋然性のある行為であるからXに対する不法行為に相当する。

㉛	東京地裁	4.24 TKC	妻 （原告）	夫	女 （被告）	H20.6.16 約3年	H23.10.19 離婚 （AはXに対して離婚による慰謝料として180万円の支払義務あることを認め、これを毎月5万円ずつ払い、H25.2までに合計80万円を支払った。また、AはXに対しそれに先立ち120万円を支払った。）	H23.6.14～9.5 約2か月 （短い）	230万円 ⬇ 100万円 （認定額は150万円だがAがXに対して支払った80万円のうち50万円がYの債務に充当されたと考える。）
㉜	東京地裁	4.26 TKC	妻 （46歳） 原告	夫 （31歳）	女 （34歳） （被告）	H22.4.28 約2年	H24.3.30 離婚 （XはAから引越等に必要な資金として90万円を受領した）	認められず （H24.2頃～9頃、2人でライブハウスに出かけて一緒に食事する等の交際）	550万円 ⬇ 0円
㉝	東京地裁	5.14 TKC	妻 （原告）	夫 （75歳） （日本声楽界を代表するオペラ歌手）	女 （40歳位） （被告）	S42 約58年	引越先で同居	H21晩秋～22夏 （約1年弱）	700万円 ⬇ 0円 認定額は150万円だが、AからXに対して支払われた500万円によって慰謝されたと判断された。

長女（5歳） H23.9.20 中絶（第2子）	円満であった。	職場にて知り合う。Aが職場の先輩後輩関係を利用して誘った。	なし		本件不貞行為が発覚した後にXが中絶をした。 XがAとの離婚を決意したことには、H21のAのY以外の女性との不貞行為が影響しているともいえる。 AのXに対する慰謝料は180万円との合意があるので、YのXに対する債務とは150万円の限度で部分的な（不真正）連帯債務となる。その上で「共同不法行為者間の損害賠償責任が連帯債務となるのは、被害者保護の趣旨であるから、連帯額を上回る損害賠償責任を負う者が一部弁済した場合には、まず、他の共同不法行為者と連帯していない部分に充当され、その後に、連帯している部分に充当される」と判示した。
不明	破綻はしていない。	H23.12頃演奏の仕事を通じて知り合う。	なし		Aは、その場限りの言い逃れと迎合的な言動を繰り返し、XとYという女性の間を行き来していた不誠実極まりない者であり、同人が、Yと肉体関係を持ったことを認める趣旨の発言をしたからといって、どれほどの真実が含まれているか極めて疑わしい。対してYの不貞行為を否定する供述は不自然ではない。
不明	破綻はしていない。	研修所の講師と生徒として知り合う（個人レッスン）。 Aは持病の糖尿病のため性的不能であったためAY間に性交はなかったが、Yの自宅のベッドにおいて、YがAのマッサージを行った後、下着姿で抱き合い、身体を触るなどの行為を行っており、これはXの婚姻共同生活の平和の維持という権利または法的保護に値する利益を侵害するものである。	なし		H22.7.20、AはXに対して500万円を支払い、Xはそのうちの300万円を生活費として費消している。これにより、Xの精神的苦痛は慰謝されたと認められる。

㉞84	東京地裁	5.28 TKC	妻 (原告)	夫	女 (被告)	H13.7.7 約11年	H24.8.6 離婚 離婚慰謝料200万円とする和解が成立。子の親権者はX。	H21.11～ 約2年	220万円 ⬇ 165万円 (慰謝料150万円、弁護士費用15万円)
85	東京地裁 (H24(ワ)3273)	5.30 TKC	夫 (46歳) (原告)	妻 (41歳)	男 (59歳) 独身 (被告)	H8.6.6 約13年	H21.8.14 別居	H21.8～	807万9000円 ⬇ 210万円
86	東京地裁 (H24(ワ)16609)	5.30 TKC	妻 (38歳) (原告)	夫 (38歳)	女 (31歳) 独身 (被告)	H13.8.9 約11年	H24.2 別居	H23末～24.8 約1年	390万円 ⬇ 100万円
87	東京地裁	6.19 TKC	妻	夫 (被告)	女 独身 (原告)	不明	不変	H19.12～24.11 約5年	140万円 ⬇ 0円
88	東京地裁	6.21 TKC	夫 (原告)	妻	男 (被告)	H2.6.29 約23年	離婚はしていないが破綻した。	H21.7～24.5 約3年	500万円 ⬇ 200万円

長女（11歳） 長男（7歳）	破綻はしていない。	職場にて知り合う。	なし		AはXに対して66万円の慰謝料を渡している（和解金は200万円）。
長女（16歳） 長男（10歳）	円満ではなかったものの、破綻はしていない。	職場にて知り合う。 H21.8.14同棲する。	なし		調査費用207万9000円のうち10万円のみ認める。調査費用は立証方法の一つにすぎない。尾行はそれほど専門性の高い調査とは言えない。
長男（12歳） 長女（9歳）	破綻はしていない。	勤務先にて知り合う。 H24.2同棲する。	なし		Xは、H23.11.12、YとAとの関係を疑い、これを問い質す電話を直接Yにしているのだから、仮に、AからXとの婚姻関係が破綻していると聞かされていたとしても、それを信じるのはいかにも早計である。
不明	破綻はしていない。	YはXに対して、130万円を支払ったので、Aに対してその求償を求めた。	なし	H24.11.20に「YはXに対し本件解決金として260万円の支払義務あることを認め、このうち130万円を支払った場合には、Xは残債務を免除する」との合意が成立した。	AYによる不貞行為に基づく損害賠償債務は不真正連帯債務であり、かつ、AとYとの過失割合は5対5である。したがって、Yは自己の負担割合を超えた支払を行っていないのでYのAに対する求償権は認められない。
不明	円満であった。	職場にて知り合う。上司と部下の関係。 Aが早朝出社前にY宅を訪れ、Y宅にて肉体関係。	なし		H24.7頃AがXに不貞行為を告白した後、夫婦関係が破綻状態になった。

㉘89	東京地裁	6.26 TKC	妻 （原告）	夫	女 内縁の妻 （被告）	H14 約11年	不変	H22.12～ 約3年	400万円 ⬇ 110万円
90	東京地裁	7.4 WLJ	妻 （原告）	夫	女 （被告）	H20.12.24 約5年	不変	H23.2～9 約7か月	500万円 ⬇ 100万円
91	東京地裁	7.10 TKC	妻 （47歳） （原告）	夫 （48歳）	女 （39歳） 独身 （被告）	H元 約24年	H24.7.6 離婚	H22.2～ 約2年	300万円 ⬇ 0円
92	東京地裁 （H24（ワ） 2389）	7.16 TKC	妻 （53歳） （原告）	夫 （53歳） （被告）	女 （45歳） （被告）	S61.5.21 約21年	H19.4.30 離婚	H17.1～ 約2年	各2500万円 （連帯債務） ⬇ 各200万円 （連帯債務）
93	東京地裁 （H24（ワ） 33586）	7.16 WLJ	妻 （47歳） （原告）	夫 （34歳）	女 （被告）	H16.12.1 約8年	H24.10 離婚調停	H23.10～ 約1年	330万円 ⬇ 110万円 （慰謝料100万円、弁護士費用10万円）
94	東京地裁	8.20 WLJ	妻 （36歳） （原告）	夫 （35歳）	女 （被告）	H18.11.12 約5年	H23.9.9 別居 H24.1.6 離婚	H22.11～ 約1年	330万円 ⬇ 0円

長男（5歳）	破綻はしていない。	職場にて知り合う。Aから Y に対して積極的に接触を図る。	なし	H20～22.11のAとYの不貞行為については、H22.12.14付合意書（慰謝料20万円を支払うこと、及び万が一再び交際が発覚した場合には、罰金として200万円を支払う旨の記載あり）があり、Yはこの合意書に基づき合計15万5000円を支払った。	本件合意後の交際については、Xが合意書に反する行為をしたことにより、本件合意書に基づく慰謝料請求権のうち、未払いの部分及び本件違約金条項に基づく200万円の請求権は消滅した。不貞行為の相手方の責任は副次的な性質を有する点は否定できないものの、この点は、不貞行為を行った配偶者と不貞行為の相手方との間の責任割合の問題であって、不貞行為が他方配偶者に対する共同不法行為を構成する以上、上記性質から不貞行為の相手方の他方配偶者に対する責任を否定し、あるいはこれを軽減することはできない。
不明	XとAは同居しており、海外旅行やAの実家への帰省をするなどしていたので破綻はしていない。	H23.9.11、YはAの子を妊娠し、産むことを希望し、結婚を迫った。	中絶	YはXに対して、中絶を強要されたとして不法行為に基づく損害賠償請求訴訟を提起（反訴）するも棄却。	YはAに対して堕胎手術代20万円、将来不貞行為を訴えられた時の備えとして300万円の支払いを要求し、Aは支払った。
長女（24歳）		職場にて知り合う。Aから交際を深める。 H22.8 同居する。	長男(2歳)が平成23年に生まれAは認知した。		AはYに対して一貫して独身と詐称し続けており、YはAが既婚者であることを知っていたとはいえず、またそのことによる過失は認められない。
長女（26歳） 二女（23歳）	破綻はしていない。	Yの父がAと同僚。 H19春頃には同居する。	なし		消滅時効の起算点は、興信所による調査結果の報告書をXが受領したとき。
長男（8歳）	H22.8以降別居していたが、月に数度は会い家族の夫婦関係はあった。	社交ダンスで知り合う（Aが教師、Yが生徒）。 H23.10からYの自宅で同居する。	あり	YはXに対して謝罪せず、AがXと離婚した場合にはAと婚姻する意思を示す。	Yはインターネットに書き込んだXに対する誹謗中傷を削除せず、弁論準備手続に出頭を求められても出廷しない。 XA間の離婚調停は不成立に終わったが、その後、どちらも離婚訴訟を提起していない。
長女（6歳）	円満であった。	YとAはいずれも弁護士であり、XとAが婚姻した当時同じ渉外弁護士事務所に勤務していた。		Xに対する謝罪はない。	AはXに対し、離婚慰謝料として500万円を支払った。本件不貞行為によって発生する慰謝料は300万円と認められるが、上記500万円のうち不貞関係による慰謝料の額は300万円を下ることはない。

⑮	東京地裁	8.22 TKC	夫 （26 歳） （原告）	妻	男 （被告）	H22.3.22 約 2 年	H24.1.14 原告が家を出た	H23.6 ～ 約 1 年	1000 万円 ↓ 400 万円
⑯	東京地裁	9.12 WLJ	妻 （原告）	夫	女 （23 歳） 独身 （被告）	H20.7.13 約 3 年	H23.8.26 離婚	（H21.9 ～ 交際） H22.2.12 ～ 23.8.26 約 1 年半	200 万円 ↓ 100 万円
⑰	東京地裁	9.27 WLJ	妻 （30 歳） （原告）	夫 （38 歳）	女 独身 （被告）	H20.12.1 約 4 年	H24.9 別居	H23.8 ～ 約 1 年	550 万円 ↓ 160 万円
⑱	東京地裁	10.9 TKC	夫 （内縁） （47 歳） （原告）	妻 （内縁） （41 歳）	男 （40 歳） 独身 （被告）	（同居） H15.1 約 8 年	H23.8.15 別居	認められず	696 万 0270 円 ↓ 0 円
⑲	東京地裁	10.21 TKC	夫 （37 歳） （原告）	妻 （45 歳）	男 （53 歳） 独身 （被告）	H22.1.17 約 2 年	H24.7.12 別居	H24.4.14 ～ 約 3 か月	1000 万円 ↓ 180 万円
⑳	東京地裁	12.4 WLJ	夫 （47 歳） （原告）	妻 （31 歳）	男 （47 歳） 既婚者 （被告）	H22.8.14 約 3 年	H25.6.28 別居 離婚前提	H24.1 ～ 8.30 約 8 か月	1943 万 9125 円 ↓ 381 万 5000 円
(101)	東京地裁	12.17 WLJ	妻 （73 歳） （原告）	夫 （72 歳）	女 （65 歳） （被告）	S52.9.13 約 35 年	H24.7 別居 H24.8.17 離婚協議	H24.5 ～ 約 2 か月	300 万円 ↓ 160 万円

なし	破綻はしていない。	職場にて知り合う。	２度中絶		不貞行為と２度の人工中絶手術が行われたことを知り、Xが相当の精神的苦痛を受けたことが認められる。また、婚姻関係の破綻により、少なくともXのキャリアの選択肢が狭められた。Xが行った録音は、録音場所がXとAの自宅マンションであることなどから、著しく反社会的な手段によるとは言えず証拠能力は否定されない。
長男（3歳）	円満であった。	AはYに対して、自分は独身であると告げ、交際。 H22.6 同居する。 Aが既婚者であると認識した後も、Yは交際に積極的であった。	なし		AYの不貞期間中、Xは妊娠中から出産前後であり、Xの精神的負担は大きいものと認められる。
H21.12 流産	Xの不貞行為により関係は悪化したが、やり直していた。	XAの婚姻前から、Aと交友関係があった。 H23.4、AはYに対して、Xと離婚すると言い、交際を始めた。	子（0歳）		YはAの「Xとは必ず離婚する」等の言葉からXAの婚姻関係が破綻していたと認識していたと主張するも、それはYの希望にすぎない。
長男（10歳） 長女（11歳） 次男（6歳）	H23.10 末には内縁関係解消が認められる。	高校時代からの友人。 共に外出する。	なし		Xは前妻との離婚が成立したにもかかわらず、Aとの結婚を申し出なかった。また、H23.10 以降、Xは養育費を支払わなかった。 不貞の立証なし。
なし	破綻はしていない。	Aの友人であり、Yの同僚である人物の声掛けによる食事の席で知り合う。	なし		XはAと離婚する意思はなく、Aに対する請求を宥恕している。一方Yに対しのみ本件請求をすることは、男のプライドによるものであり、権利濫用に当たるとの主張は排斥した。仮執行宣言は付さない。
なし	破綻はしていない。	職場にて知り合う。	中絶	H24.8.30 に和解契約が成立しているが、違約金 1000 万円は高額に過ぎ、150 万円を超える部分は無効である。	本件不貞による慰謝料 150 万円、和解契約の違約金が 150 万円、再度の不貞の慰謝料は違約金による補填を考慮し、50 万円と認められる。
長男（48歳）	通常の夫婦と何ら変わりはない。	行きつけのカラオケ店のハロウィンパーティーで知り合う。 H24.7 同居する。	なし		Aは離婚の際、Xに対して財産分与をした（自宅を兼ねたアパート及び賃借権の４分の３を譲渡。同建物の建築資金や住宅ローンの支払いについては、X、Xの親族が一定の援助をしている。）。

⑽②	東京地裁	12.25 WLJ	夫 （原告）	妻	男 既婚者 （被告）	H9.4 約 15 年	H24.5 離婚	H20.3 ～ 22.8 約 2 年	2000 万円 ⬇ 275 万円
平成 26 年									
⑽③	岐阜地裁	1.20 WLJ	夫 （原告）	妻	男 既婚者 （被告）	H16.4.8 約 8 年	H24.3 別居 H24.7.22 協議離婚	H24.1.10 ～ 6 末 約半年 性交渉は約20回程度。	440 万円 ⬇ 352 万円 うち、弁護士費用は32万円
⑽④	東京地裁	2.24 WLJ	妻 （50 歳） （原告）	夫 （51 歳）	女 （46 歳） （被告）	H8.7.8 約 16 年	H24.8.10 離婚調停	H22 ～ 約 2 年	500 万円 ⬇ 0 円
⑽⑤	東京地裁	3.17 TKC	妻 （原告）	夫	女 （被告）	H12.7.7 約 9 年	H21.2.11 別居 H21.12.10 離婚	H20.6 ～ 約 1 年半	300 万円 ⬇ 120 万円
⑽⑥	東京地裁	4.14 判タ 1411 号 312 頁	妻 （原告）	夫	女 （被告）	不明	不変	H17.8 ～ 24.12 約 7 年 4 ヶ月 不貞行為とは認められず	400 万円 ⬇ 0 円

子３人	破綻はしていない。	Ｙが警備機器の点検等のためにＸ宅を訪問し、知り合う。 お互いに積極的に交際していた。	なし		ＸがＹの勤める会社も提訴した。本件不貞行為は事業とは離れた私的なものと認められるため、会社の使用者責任はない。
長男（8歳） 二男（5歳）	口論をしたり性交渉が少なくなっていたが、具体的な離婚の話はなく、子供の世話などを手分けして生活しており、破綻もしくは破綻寸前とは言えない。	H23.8、アマチュアバンドに所属し、知り合う。お互い既婚者と知っていた。 お互い恋愛感情をもって交際し、一方が別れを切り出しても一方が引き止め、関係が続いた。	なし	H24.7.14、土下座して謝罪したが、不貞開始日をH24.3と偽った。 また、8.14送付の回答書でも、不貞期間は3か月であると偽った。	Ｙが不貞期間について虚偽の事実を述べたのは、自身の責任を矮小化するためであり、これによりＸの精神的苦痛は増大したと認められる。
子あり	ＸＡはH23.11.26から話し合い、ＡＹ間の不貞疑惑に関して和解書を提案し、H24.1.8に合意されたと認められる。	職場にて知り合う。	なし		H24.1.8、ＸはＡからフェラーリ売却代金1800万円を受領した。生活費に関する合意は別途記載されたことから、1800万円は慰謝料と認められる。 本件不貞行為が事実であったとしても慰謝料は1800万円を超えることはなく、よって慰謝料債務は存在しない。
長男（4歳） 次男（2歳）	破綻はしていない。	ＸＡ夫婦は同じ御輿の同好会に所属しており、当該同好会のＹ所属の御輿の同好会との交流等を通じ、Ｙと知り合った。	H21.1.20 流産		Ｙは、Ａから、Ｘが金銭トラブルを抱えており、少なからぬ額の借金があることなどから夫婦仲は不和となっている旨告げられたり、Ｙと結婚したいなどとも言われており、ＹはＸＡ夫婦の関係が必ずしも円満ではないとの認識を有していた。Ｙは、Ｙが流産した原因はＸにあり、慰謝料算定に当たって考慮すべきと主張するが認められない。
不詳	破綻していない。	Ｙがホステスをしていた店にＡが来店し、知り合う。Ａは月に1、2回来店し、その後Ｙと性交渉をもっていた。	なし		ホステスであるＹが顧客であるＡと性交渉を反復・継続したとしても、それが「枕営業」と認められる場合には、売春婦の場合と同様に、顧客の性欲処理に商売として応じたに過ぎず、何ら婚姻共同生活の平和を害するものではないから、本件行為は不法行為を構成するものではないと解するのが相当である。

⑩⑦	東京地裁	4.30 WLJ	妻 （41歳） （原告）	夫 （41歳）	女 （50歳） （被告）	H10.11.9 約15年	不変	H24.6～25末 約1年半	500万円 ↓ 200万円
⑩⑧	東京地裁	5.14 WLJ	妻 （48歳） （原告）	夫 （50歳）	女 （43歳） 既婚者 （被告）	H6.9.1 約20年	H24.4 別居 本訴係属 中に離婚 調停申立	H22.4.30～ 約2年半	500万円 ↓ 200万円
			妻 （48歳） （被告）	夫 （50歳）	女 （43歳） 既婚者 （原告）				330万円 ↓ 0円
⑩⑨	東京地裁	5.15 WLJ	元夫 （68歳） （原告）	元妻 （55歳） （被告）	男 （被告）	H3.10.9 約11年	H14.9.2 協議離婚 済	婚姻期間中 少なくとも6年	2970万円 ↓ 0円
⑪⓪	東京地裁	5.16 WLJ	夫 （53歳） （原告）	妻 （48歳）	男 独身 （被告）	H13.3.20 約11年	H24.7.8 別居離婚 調停	H24.7.8～ 約5か月	1000万円 ↓ 200万円

長男（15歳） 長女（12歳）	円満であった。	職場にて知り合う。 YはAが既婚者であることを知っていたが、交際に積極的でり、訴訟提起後も関係を続けた。	なし		夫婦間の貞操義務は配偶者が相互に相手方配偶者に対して負担するものであるが、配偶者以外の者であっても、不貞行為の相手方となることによって、不貞行為をした配偶者の他方の配偶者に対する貞操請求権侵害の不法行為に荷担することができるため、不法行為の相手方も損害賠償義務を負う。
長男（14歳） 長女（10歳）	円満であった。	AはYが勤務している会社を傘下に収める交渉担当者になり、Yは相手会社の担当者の知人であったことから知り合う。	なし		XはYの母に対して、Yが不貞行為をしていると告げたが、これはXがYの不貞行為に対して抗議した後もYが偽名を使ってAと連絡をとり続けていた状況から判断すると、違法行為を止めさせる為の正当行為といえる。 また、XはYの夫に対し、本人限定郵便でYの不貞行為を通知した。この行為は穏当とはいえないが、その行為が1回であることと通知内容を考慮すると、Yの権利を侵害する行為であるとはいえない。
	破綻していない。	詳細不明	子（21歳） 子（15歳）		H22.9.22、Xが養育していた2人の子とXには親子関係が存在しないことを確認する審判がなされ、後日確定した。この事件により、2人の子はAY間の子であることが判明し、ひいてはXがAYの不貞行為を知ったと認められる。このことから本件時効の起算点は遅くともH22.9.22となり、よって本件におけるXの損害賠償請求権は時効によって消滅した。
不詳	H23.10頃、Xは不貞行為を働いたが、Aに謝罪し、Aも婚姻関係を継続することを選択した。外形的には円満な婚姻関係を営んでいた。	男女のマッチングサイトにて知り合う。 AからYに同居を働きかけた。 本件訴訟係属後も同居を続けていた。	なし		Aは自らYに同居を働きかけ、その一方で、Xとは別居する当日まで円満な婚姻関係にあるように装い、別居すると同時に離婚を求めた。XAの婚姻関係の破綻はYとの不貞行為よりAの上記行動によるところが大きい。

⑪1	東京地裁 （H25（ワ） 24067号）	5.19 WLJ	妻 （46歳） （原告）	夫 （47歳）	女 （42歳） （被告）	H9.10.23 約16年	H25.9 別居	H24.4～ 約2年	1000万円 ⬇ 300万円
⑪2	東京地裁 （H25（ワ） 21945号）	5.19 WLJ	元妻 （法定代理人） 子が原告	元夫	女 （被告）	H11.6 約8年	H19.6 協議離婚	H17半ば～ 18.7.6 約1年	300万円 ⬇ 0円
⑪3	東京地裁	6.9 WLJ	妻 （33歳） （原告）	夫 （41歳）	女 （28歳） （被告）	H21.3.27 約3年半	H24.8.30 別居 H24.10.3 離婚調停 離婚訴訟	H24.2～ 約半年	500万円 ⬇ 100万円
⑪4	東京地裁	7.4 WLJ	妻 （38歳） （原告）	夫 （42歳） （被告）	女 （33歳） （被告）	H23.8.8 約9か月	H24.5.18 協議離婚	H24.2.3～ 約3か月	6000万円 ⬇ 300万円 （200万円はAと連帯）
⑪5	東京地裁	7.11 WLJ	夫 （原告）	妻	男 （被告）	H20.11.1 約6年	不変	H23.2～ 約3年	1000万円 ⬇ 300万円

長男（16歳） 長女（14歳）	H24.2、Aは大阪に単身赴任し、以来Xと同居をしてない。 XA間の婚姻関係が破綻していたことを示す外形的事情や客観的証拠は存在しない。	職場にて知り合う。 YはAから離婚の意思は固いと聞かされ、交際した。	なし		H26.1.24、東京家裁においてAはXとの同居を命じる審判を受けたが、AYは現在も同居を続けている。XはAとの婚姻関係が完全に破綻していたとは認識していない。
長女（13歳） （原告） 長男（10歳）		H18.7に交際がXに発覚し、同月6日に交際を止めた。 XAが離婚した後、交際を再開し、H20.3、婚姻した。	なし	交際を断つことを誓約し、実践した。	AYの交際当時、長女は4歳であり、不貞行為の事実を理解して精神的苦痛を被ったとは考え難い。また、長女がAと別居してきたのは離婚の際に取り交わされた監護養育等の合意に基づくものであり、Yが積極的に交流を妨げた事実は認められない。
不詳	AはXに暴力をふるうことがあり、また経済的にも堅実ではなく、Xの親族からの借入金を返済しない等の問題があった。	Yが勤務してたキャバクラにて知り合う。 H24.4、YはXに、電話にてAとの交際を止めるようにいわれた。	なし		Yは、H24.4下旬にAの妻と名乗るXから電話を受けており、故意・過失があったというべきである。
長男（2歳）	円満であった。	職場にて知り合う。 YはXAの結婚披露宴にて歌を披露しており、また、AはXの妊娠ついて職場で盛んに話題にしていたため、YはXA間婚姻生活を認識していた。	なし		産後、長男が無呼吸発作の診断を受け、Xの体調も優れなかったが、AYはその後まもなくXに嘘をついて不貞関係を継続した。 Aは協議離婚の際に、Aが70～80万円を支出したと主張する不動産の名義をXに移転した。
不詳	破綻していない。	交際の経緯等は不詳	なし	H24.5.9、YはXから電話にてAとの交際の中止を求められたが、その求めに応じたように偽装し、本件係属中も不貞関係を継続させた。 交際の経緯等は不詳。	Xは、過換気症候群及び夫婦間のトラブルに起因すると推測される抑鬱状態と診断され、医療機関へ通院している。

⑯	東京地裁	7.15 WLJ	夫 （原告）	妻	男 （被告）	H15.10.28 約10年	不変	認められず	330万円 ⬇ 0円
⑰	東京地裁	9.3 WLJ	夫 （38歳） （原告）	妻 （32歳）	男 （被告）	H19.11.17 約5年半	H25.2 別居 H25.6.27 協議離婚	H24.10～ 約半年	300万円 ⬇ 200万円
⑱	東京地裁	9.5 WLJ	夫 （29歳） （原告）	妻 （28歳）	男 （被告）	H24.4.25 約1年	H25.5.19 離婚	H24.3～ 約1年	330万円 ⬇ 0円
⑲	東京地裁	9.11 WLJ	夫 （55歳） （原告）	妻 （46歳）	男 （60歳） （被告）	H6.10.25 約20年	不変	H23末～ 約1年半	550万円 ⬇ 0円
⑳	東京地裁	9.18 WLJ	妻 （44歳） （原告）	夫 （52歳）	女 （38歳） 独身 （被告）	H14.12.10 約11年	H25.10.14 別居	H23.1 約2年半	500万円 ⬇ 220万円 （慰謝料200万円、弁護士費用20万円）

長女（9歳） 二女（5歳）	破綻していない。	H24.2.11、DJバトルイベントにて知り合う。	なし		AY間の不貞関係を示すものはAの供述のみであり、Aの供述等は一貫性を欠く、信用性に疑問のあるものであった。よって不貞関係は認められない。
長男（6歳）	破綻していない。	職場にて知り合う。	なし	Yが出向を命じられ、収入が減少したことから、Xの精神的苦痛が慰謝されたとはいえない。	離婚の際、XAは自宅土地建物について、Aが有している共有持ち分権は、Aがローンを完済した後、Xが無償で取得することを合意した。本件はこれをもってXがAに対して慰謝料債務を免除したものとみることができる。しかし、当該免除が不真正連帯債務者をも免除する意図でなされたものでない限り他の不真正連帯債務者に免除の効力が及ぶものではない。
なし	H17.11頃から交際を開始。 H23.7頃にXがAにプロポーズし、同居を開始。 婚姻当初から性的関係がなく、円満とはいえない。	AYは高校の同級生。 AがY宅に通っていた。	なし		H25.4.20、XとAの父との間で慰謝料についての話し合いが行われ、同月30日、Xに対して300万円が支払われた。Xは上記支払は婚姻中の出費に対する清算と主張したが、領収書には「慰謝料」とのみ記載されており、Xの主張は認められない。
長男（18歳） 二男（16歳） 長女（12歳） 二女（11歳）	Xの肉体的暴力及び精神的暴力によってAは心身に不調を来すようになっており、H23より前に婚姻官益は破綻に瀕していた。しかし、破綻はしていない。	精神的に追い詰められたAが占い師であるYに相談をもちかけ、知り合う。	なし		Xの行為がXAの婚姻関係を破綻に瀕する状況にしており、婚姻関係が継続されていたのは、Xの不適切な言動によってAが離婚を躊躇したからに過ぎない。よってYの不貞行為によりXの法的保護に値する利益を侵害されたと認定することはできない。
なし	平穏であった。 子を望み、不妊治療も行っていた。	ワインのサークルにて知り合う。	なし		Yは否認するも、宿泊を伴う旅行や、双方の交信の内容から明らかに性交渉があったと認められる。

⑿1	東京地裁	9.26 WLJ	夫 （原告）	妻	男 （被告）	H20.12.24 約4年 4か月	H25.4.4 離婚	H25.3.13～ 約1か月	660万円 ⬇ 135万円
⑿2	東京地裁	9.29 WLJ	夫 （43歳） （原告）	妻 （36歳）	男 （30歳） （被告）	H18.12.25 約6年半	H23.11 別居 H25.10.24 離婚判決	H23.11.2～ 約1か月	300万円 ⬇ 0円
⑿3	東京地裁	9.30 WLJ	夫 （原告）	妻 （被告）	男 既婚者	H11.4.12 約12年 4か月	H23.7.13 別居 H23.8.30 離婚	H22.9～ 約9か月	330万円 ⬇ 55万円 XはAから既に200万円を受領

なし	H25.2 頃から会話が減少する等、婚姻関係は悪くなっていたが、共同生活上の協力関係は維持されており、修復が著しく困難であったとはいえない。	テニスサークルにて知り合う。	なし		X は離婚の際、A から財産分与を請求しない旨の書面を受けており、自宅マンションを取得して利益を得ている。この件は慰謝料支払いを前提とした上での話ではないため、慰謝料算定の一事情として考慮するに止まる。
	X は借金問題のほか、女性問題及び過度の飲酒などの問題を度々起こし、堪えかねた A は H23.10 以降、外泊を繰り返した。	職場にて知り合う。A が Y を誘った。	なし		A が不貞関係を持つに至った原因は X の引き起こした問題にあることは明らかである。 A は X が婚姻中に少なくとも 2 度行った不貞行為を宥恕している。 X の請求は信義則違反。
長男（14 歳） 長女（11 歳）	破綻はしていない。	不詳	なし		H23.1 に A が X に対して離婚を申し出ているが、結局、不貞行為を X に責められるまで別居もせずに同居生活を継続した。

裁判例一覧２（事案・判旨編）

番号	事案・判旨・特徴等
❶	**◎大審院明治36年10月1日　刑録9輯1425頁** 夫権の侵害。 「凡ソ夫ハ妻ニ対シ貞操ヲ守ラシムル権アルモノナレハＹカＸノ妻ト姦シタルハ即チ本夫タルＸノ夫権ヲ侵害シタルモノト云ハサルヲ得ス故ニ原院カ夫権ノ侵害ニ対スル賠償ヲ許容シタルハ不法ニアラス」
❷	**◎大審院明治40年5月28日　刑録13輯500頁** 夫権の侵害。 「不法行為ニ因リテ生シタル損害ハ金銭上ニ見積ルコトヲ得ヘキモノナルト否トヲ問ハス等シク之ヲ賠償スルノ責任ヲ有スル事ハ同法第710条ノ規定スル所ナルヲ以テ姦通ノ為夫権ヲ侵害シ之ニ因リテ夫カ精神上蒙リタル苦痛ノ如キ所謂無形ノ損害タリトモ之ヲ賠償セサルヘカラサルハ勿論」
❸	**◎大審院明治41年3月30日　刑録14輯331頁** 夫権の侵害。 「人ノ妻ヲ姦シタル者ハ本夫ノ夫権ヲ侵害シタルモノニシテ之ニ因リ本夫カ名誉ヲ毀損セラレ精神上悲痛ヲ感スルニ至リタルトキハ姦夫ニ於テ慰謝料ヲ支払フヘキ義務ヲ有ス何トナレハ是レ不法行為ニ因ル損害賠償ニ外ナラサレハナリ」
❹	**◎大審院大正4年1月26日　民録21輯49頁** 「正当な事由なく婚約不履行した者は、被害者である相手に対し、婚姻費用等の賠償、精神的損害に対しては慰謝料等を支払う義務がある。」
❺	**◎神戸地方裁判所大正6年5月16日　法律新聞1271号29頁** 　　野川照夫「配偶者の地位侵害による損害賠償請求」 夫権の侵害。夫が妻を侮辱したうえ悪意で遺棄した結果として妻が姦通を行った。 「夫カ其ノ妻ニ与ヘタル重大ナ侮辱又ハ悪意ノ遺棄ノ事実ハ其ノ妻ノ離婚請求権ヲ与フルニ止マリ、之ニ因リ夫ハ夫権ノ行使ニ制限ヲ受クルモノニ非サレハ、夫ハ其ノ夫権ノ作用トシテ其ノ妻ニ対シテ絶対ニ貞操ヲ守ラシムル権アルト共ニ、其ノ妻ト姦シタル者ニ対シ夫権侵害を理由トシテ之カ損害賠償ヲ請求シ得ヘキモノトス」、「妻カ姦セラレタルニヨリ夫タルＸハ其社会上ノ地位ヲ毀損セラレ精神上苦痛ヲ感スルニ至ルヘキヲ以テ之ニ対シ慰謝料支払ノ義務アルヤ明ナリトス」
❻	**◎大審院大正8年5月12日　民録25輯760頁** 内縁の妻が他男と私通したことにより、内縁の夫は将来婚姻を求める権利を害され、その結果内縁の夫は精神的苦痛を受けた。 「ＹハＸカＡ女ト婚姻ノ予約ヲ為シ婚礼ノ式ヲ挙ケ事実上ノ夫婦関係ヲ持続セルコトヲ知リナカラＸノ不在ニ乗シテＡ女ト私通シ一子ヲ挙ケタルモノトス故ニＹハＸヲシテ右私通以前ノ状態ニ於テＡ女ト婚姻ヲ為スコトヲ得サラシメＸノ婚姻ヲ為スコトヲ求ムル権利ヲ害シタルモノト謂フヘク之カ為メニＸハ其品位声誉ヲ傷ケラレ精神上ノ苦痛ヲ受ケタルモノト認メ得ラレサルニアラサルヲ以テ原裁判所カＸハ斯カル損害ヲ被リタリト認メＹニ対シ慰藉料ノ支払ヲ命シタルハ相当ナリ」
❼	**◎大審院大正13年11月29日　法律新聞2337号22頁** Ｘが自分の妻と姦通したＹから名誉毀損による損害賠償をとるため、日本刀を抜き放ち、猟銃に弾丸をこめ銃口をその胸元に向け射殺するように装い、Ｙを畏怖させて自白させ100円を交付させたことについて、権利行使だから恐喝罪にならないとした。
❽	**◎長崎控訴院大正14年4月18日　評論14巻民法352頁**

	「自由名誉ノ侵害其他其精神上ノ苦痛ニ対スル無形ノ損害ノ賠償ヲ求ムル」
❾	◎**大審院（中間決定）大正15年7月20日　刑集5巻318頁** その当時法定されていなかった夫の貞操義務を肯定し妻からの請求を認容。 「婚姻ハ夫婦ノ共同生活ヲ目的トスルモノナレハ配偶者ハ互ニ協力シテ其ノ共同生活ノ平和安全及幸福ヲ保持セサルヘカラス 然リ而シテ夫婦カ相互ニ誠実ヲ守ルコトハ其ノ共同生活ノ平和安全及幸福ヲ保ツノ必要条件ナルヲ以テ配偶者ハ婚姻契約ニ因リ互ニ誠実ヲ守ル義務ヲ負フモノト云フ可ク配偶者ノ一方カ不誠実ナル行動ヲ為シ共同生活ノ平和安全及幸福ヲ害スルハ即チ婚姻契約ニ因リテ負担シタル義務ニ違背スルモノニシテ他方ノ権利ヲ侵害スルモノト謂ハサルヘカラス 換言スレハ婦ハ夫ニ対シ貞操ヲ守ル義務アルハ勿論夫モ婦ニ対シ其義務ヲ有セサルヘカラス 民法813条第3号ハ夫ノ姦通ヲ以テ婦ニ対スル離婚ノ原因ト為サス 刑法第183条モ亦男子ノ姦通ヲ処罰セスト雖是主トシテ古来ノ因襲ニ胚胎スル特殊ノ立法政策ニ属スル規定ニシテ之レアルカ為メニ婦カ民法上夫ニ対シ貞操義務ヲ要求スルノ妨トナラサルナリ」
❿	◎**大審院（終局判決）昭和2年5月17日　法律新聞2692号6頁** 「夫カ自ラ家ヲ出テ他ノ女ト内縁関係ヲ結ヒ妻ヲ顧ミラサル如キハ夫カ妻ニ対シテ負担スル貞操義務ニ違背スルモノトス」、「他ノ女カ男ニ妻子アルコトヲ知リテ情交ヲ通シ之ト同棲シタルハ妻ノ権利ヲ侵害シタルモノニ外ナラスシテ、妻ハ其ノ権利ヲ侵害セラレタルノ救済トシテ相当ノ慰藉料ヲ請求シ得ルモノトス」
⓫	◎**熊本地方裁判所昭和4年10月26日　新聞3064号5頁** 内縁における不貞。Xの内縁の妻A女が以前に奉公していた料理屋の主人Yが、A女を呼びよせて同棲させた。 「当事者ハ将来夫婦タル身分ヲ取得スヘキ社会上ノ価値即チ名誉ヲ有スルト同時ニ何人ヨリモ其予約上ノ権利ヲ謂ハレナク攪乱セラレサルヘキ権利即チ人格権ヲ有スヘク……内縁ノ夫トシテノ名誉権並ニ人格権ヲ侵害セラルヘク之カ為ニ精神上多大ノ苦痛ヲ蒙ルコト固ヨリ当然」
⓬	◎**東京控訴院昭和7年2月27日　新聞3397号13頁** 妻子があるのに拘らず之を秘し妻にすると偽って情交を通じた者は故意に女の貞操の飜弄しその名誉を毀損したものである。
⓭	◎**大審院昭和12年4月8日　民集16巻7号418頁** 「家族タル女子カ其ノ他近親者ノ承認ヲ得テ男子ト事実上ノ婚姻ヲ為シ同棲スル場合假令其ノ男子ニ妻アルモ事実上ノ協議離婚等ニ因リ既ニ別居ヲ為シ居ルモノナルニ於テハ戸主カ其ノ同棲ヲ止メシムル為居所ヲ指定スルモ之ヲ以テ正當ノ理由アルモノト為スコトヲ得サルモノトス」
⓮	◎**東京控訴院昭和13年9月29日　新聞4344号16頁** 貞操侵害。 Yハ昭和9年9月頃Aノ子ヲ懐胎シ昭和10年6月10日子ヲ分娩シタリ然ルニAハ其ノ後言ヲ左右ニシテYノ入籍及ヒ同棲ノ要求ニ應セサリシカ同年11月頃ニ至リAハ其ノ父母ノ不承諾ヲ理由トシテYトノ婚姻ヲ拒絶シ昭和12年4月頃ニ至リ他ノ女ト婚姻ヲ為シタル事實ヲ認メ得ヘク之レニヨリテ考フレハAハYト婚姻スル意思ナカリシニ拘ラス之アル如ク同人ヲシテ誤信セシメ因テ其ノ貞操ヲ弄ヒタルモノト認ムヘク従テYカ之レカ為メ蒙リタル精神上ノ苦痛ニ對シテハ相當ノ慰藉料ヲ支拂フヘキ義務アルモノト謂ハサルヘカラス
⓯	◎**大阪地方裁判所昭和15年7月2日　新聞4608号4頁** 妻の夫の不貞相手に対する慰謝料請求を肯定「抑々婚姻は夫婦の共同生活を目的とするものなれば配偶者は互いに協力して其の共同生活の平和安全及幸福を保持せざるべからざるものにして従て婦は夫に対し其の貞操を守る義務あるは勿論夫も亦婦に対し其の義務を負はざるべからざるものなりさればYがXの夫Aに対して有する貞操を守るべきことを請求する権利を不法に侵害したるものに外ならざるによりYがXに対しXが之に因りて蒙りたる精神上の苦痛を慰謝すべき義務を負担するものと謂はざるべからず」
⓰	◎**大審院昭和15年7月6日　民集19巻14号1142頁**

	Y → A の貞操侵害に基づき慰謝料を請求。 「凡ソ Y 女カ正妻アル A 男ト事実上ノ夫婦関係ヲ結ヒタルハ正妻（X）カ他ノ男子ト姦通シテ出奔シ離婚手続ノ準備中ニシテ且 A ニハ真実 Y ト婚姻スル意思ナキニ拘ラス之アルモノノ如ク装ヒテ Y ヲ欺罔シタルニ因ルカ如キ場合ト雖モ右事実上ノ夫婦関係ヲ結ヒタルハ公序良俗ニ反スル行為ニシテ A ニ正妻アルコトヲ知リナカラ之ヲ為シタル Y カ其ノ結果貞操ヲ蹂躙セラレ精神上苦痛ヲ受クルコトアルモ其ノ損害ノ賠償ヲ請求スルハ畢竟自己ニ存スル不法ノ原因ニ因リテ生シタル損害ノ請求スルモノニシテ斯ル請求ニ対シテハ民法 708 条ニ示サレタル法ノ精神ニ鑑ミ敢テ保護ヲ与フヘキ限リニアラス」
⑰	**◎福岡地方裁判所昭和 25 年 1 月 19 日　下民 1 巻 1 号 31 頁、司法研修報告書 9 輯 6 号・家事財産給付便覧 2** AY 情交し庶子を生んで入籍、XA 婚姻継続。Y は A に妻があることを知り乍ら同人との関係を続けたものであることは Y の認めるところであるから Y は X の妻の権利即ち夫に対し貞節を要求しうる権利を侵害したものであつて、これにより X が蒙つた精神上の苦痛を慰藉する義務があること勿論である。認容額 1000 円（請求額 3 万円）。
⑱	**◎熊本地方裁判所玉名支部昭和 25 年 1 月 31 日　司法研究報告書 9 輯 6 号** A は XA 間の離婚届を偽造した上、A と Y は婚姻届を提出し同棲した。XA 間の婚姻期間 4 年。AY 間に子一人出生。認容額 5 万円（請求額 15 万円）。
⑲	**◎福岡地方裁判所甘木支部昭和 25 年 2 月 16 日　司法研究報告書 9 輯 6 号** Y（小学校教員 25 歳）は A と恋愛関係に陥り、XA は不和となり離婚した。XA の婚姻期間は 2 年余で一子あり。X は A より 2 万 5000 円を受領した。認容額 2 万円（請求額 20 万円）。
⑳	**◎札幌地方裁判所昭和 25 年 2 月 28 日　司法研究報告書 9 輯 6 号** X が応召中 Y は A と情を通じ X が帰還するや共に出奔し同棲している。XA 間の婚姻期間は 20 年、幼い 2 児を残され難渋している。認容額 3 万円（請求額 10 万円）
㉑	**◎岡山地方裁判所昭和 25 年 7 月 24 日　司法研究報告書 9 輯 6 号** 他女と婚約中の A は Y と結婚する意思がないのに Y に求婚し、情交関係を結び同棲した。認容額 5 万円（請求額 15 万円）。
㉒	**◎松山地方裁判所昭和 26 年 1 月 23 日　司法研究報告書 9 輯 6 号** Y は X 宅に同居中 A と姦通し X は A と離婚した。Y は現在 A と同棲。X には A を十分監督しなかった過失あり。認容額 3 万円（請求額 10 万円）
㉓	**◎徳島地方裁判所昭和 26 年 2 月 12 日　司法研究報告書 9 輯 6 号** Y は X が出稼ぎ中、X の婚姻予約者 A と情交関係を結び X がこれを知り憤激するや Y は出奔。行方不明となった。Y は妻子 4 人生活苦しい。Y が謝罪状を差し入れ陳謝するも X 聞き入れず。認容額 3 万円（請求額 10 万円）。
㉔	**◎大阪地方裁判所昭和 26 年 3 月 20 日　司法研究報告書 9 輯 6 号** Y は X の妻 A とかねてから姦通していた。その後 X との間に示談が整い A は X 方に復帰するに至ったが、関係を絶たず X は離婚するに至った。XA の婚姻期間は 11 年、前の示談契約により 5000 円受領するも未払い金 5000 円あり。認容額 1 万円（請求額 15 万円）。
㉕	**◎浦和地方裁判所昭和 26 年 3 月 28 日　司法研究報告書 9 輯 6 号** Y は買い出しに来た X の妻 A を自宅に泊まらせる等して篭絡した上貸金の返済を迫って情交を余儀なくさせ、果てはその腕に自分の姓を入墨させ、A の返戻を求めた X を侮辱脅迫し、X が貸金を返済した後もなお、A を連れ出し A をして家出の止むなきに至らせた。XA の婚姻生活 16 年、子供 4 人。認容額 15 万円（請求額 30 万円）。
㉖	**◎松山地方裁判所西条支部昭和 26 年 4 月 20 日　司法研究報告書 9 輯 6 号** Y（母妻子 6 人家族）は、近隣の関係から X の妻 A と知り合い、互いに好意を持ち合い情交関係を結ぶに至ったため、X は離婚した。XA の婚姻期間は 3 年、1 子あり。X は現在後妻を迎える。認容額 6 万円（請求額 10 万円）。

㉗	**◎東京高等裁判所昭和 26 年 7 月 20 日　司法研究報告書 9 輯 6 号** 夫婦間の事案。A は X と入夫婚姻したものであるが、X の妹と私通妊娠せしめたため不和別居するも、妹との関係を断つことを約して再び同棲した。しかし、間もなく私通関係を復活させ離婚した。婚姻生活は 10 年。認容額 3 万円。
㉘	**◎長野地方裁判所松本支部昭和 26 年 7 月 31 日　司法研究報告書 9 輯 6 号** Y は X の応召中 X 方に入り込みその妻 A と醜関係を結び、X が帰還するや A と X の一子を連れて出奔。X をして離婚の止むなきに至らしめた。XA の婚姻期間は 1 年半、1 子あり。X は間もなく他女と再婚した。認容額 3 万円（請求額 5 万円）。
㉙	**◎大阪地方裁判所昭和 26 年 9 月 6 日　判タ 18 号 61 頁** XA 夫婦間の事案。 「X は初婚で、大阪府立生野高等女学校を卒業後、家庭にあつて裁縫、生花、茶、家事等女としての一般教養を修めており、A も初婚であると信じていた。婚姻に際し五荷の荷物を持参したが、この荷物の大半は A が家庭を顧みないため 2 児の出産費養育費その他生活費等に充てるために売却し、現在財産とみるべきものがなく、X の弟妹等の世話になつているけれども、年令 36 才にして子供 2 人を抱え早急に自活の道を立てねばならない窮境にある。一方 A は昭和 24 年 12 月以後は一定の職業に就いておらず、A 名義の財産もないが、その居宅は A の父の所有であつて、A の父は他に貸家 4 軒を所有しており、その相続人は A 外 3 名である。A は関西大学を卒業しており、現在年令 42 才の働き盛りである。以上の事実に A と某女との関係が既に早く X と結婚以前からあつたのを秘して X と結婚したものであること等を考え合せ、右慰藉料の額は金 50 万円を以つて相当と認める。」
㉚	**◎神戸地方裁判所姫路支部昭和 26 年 9 月 13 日　司法研究報告書 9 輯 6 号** Y（当時、X 主宰会社の取締役で元陸軍少佐）は X の妻 A と幼友達で情交関係もあったところ、たまたま A を訪ね世間話の末 X との間がうまくいっていなかった A と情交するに至る。XA の婚姻期間は 3 年余、Y の親より陳謝するも X は不当な主張をして応じない。認容額 5 万円（請求額 20 万円）。
㉛	**◎大阪地方裁判所昭和 26 年 9 月 18 日　司法研究報告書 9 輯 6 号** Y は X と共に会社を経営していたが種々不満あり、X の妻 A また X と円満ならず互いに同情し合ううち域を越え肉体関係を結び X は A と離婚した。XA の婚姻期間は 10 数年余、2 子あり、認容額 5 万円（請求額 30 万円）。
㉜	**◎浦和地方裁判所昭和 26 年 10 月 26 日　下民 2 巻 10 号 1245 頁** **〔誓約書と民法 132 条との関係〕** 「X は前記成立した調停の『Y が誓約に違反し X の妻 A と再び醜関係を生じたときは即時に Y は X に対し金 10 万円を慰藉料として支払う』旨の条項に依り慰藉料 10 万円を請求するに対し、Y において右条項は公序良俗に反して無効であると抗争するので、この点について検討するに元来民法 132 条に所謂不法の条件とは条件の内容である事実が法律行為に不法の性質を与える場合を指称し、条件の内容である事実が不法であつても、その事実を以て不法条件付法律行為となすことができないところ、証人 O の証言によると前記調停条項の慰藉料 10 万円という額は Y が再び A と醜関係を生じないように Y の当時における資産状況並びに社会的地位を考慮し、その責任を重からしめるため Y に対する威嚇的及び制裁的な意味を持ち且慰藉料の予約の趣旨で、定められたことが窺われるのであつて、右調停条項は、Y において X の妻 A と再び醜関係を結ばない旨の不作為債務を負担し、若しかかる醜関係を生じたときは、X の夫権即ち X が妻 A に対し貞節を要求し得る権利を侵害したもので、X はこれにより精神上の苦痛を蒙るので、その制裁として Y は X に対し損害賠償の一種である慰藉料の額の予定として金 10 万円を支払うことを内容とするものであり、その条件である醜関係を結ぶことは不倫の行為であり不法であるが同条項に不法の性質を与えるものではなく、又公の秩序善良の風俗その他強行法規に違反するものでもない」
㉝	**◎金沢地方裁判所昭和 26 年 11 月 22 日　司法研究報告書 9 輯 6 号** Y は X の近所に勤務するうちその妻 A と知り合い、金員を貸与等して歓心を買い情交した。X は A と一旦別居するもその後同居した。認容額 4 万円（請求額 10 万円）。
㉞	**◎前橋地方裁判所昭和 27 年 1 月 14 日　司法研究報告書 9 輯 6 号**

	料理屋のY（28歳）は、Xの亡夫Aと私通した。一旦Xの求めにより絶縁したが再び復活しXとAとの仲を悪化せしめ、XにAの看護もなし得ない状態に至らしめた。XAの婚姻期間は28年、3子あり、Aはわがままで素行修らずXとの仲は必ずしも円満でなかった。AY間の贈与契約によりYはAに対し10万円の支払請求権あり。認容額5万円（請求額10万円）。
㉟	**◎大阪地方裁判所岸和田支部昭和27年3月3日　司法研究報告書9輯6号** Yは、X（町会議員）が内縁の妻Aにさせている喫茶店に出入りするうちAと懇意になり再三の注意に拘わらず度々戸外でAと密会、遂に情交した。認容額3万円（請求額10万円）。
㊱	**◎釧路地方裁判所帯広支部昭和27年5月9日　司法研究報告書9輯6号** Xは妻子の生活を顧みず他女と同棲していたので、Xの妻Aは居宅の一部を事務所に貸していた。AはY（Aの雇主）の手伝いをするうち同人と接近し温泉宿等にて同宿した。XAの婚姻期間は17年、2子あり。認容額3万円（請求額100万円）
㊲	**◎富山地方裁判所昭和27年6月7日　司法研究報告書9輯6号** XとYは隣人で親友であったのに、YはXの応召不在中Xの妻Aと情交関係を生じ、Xの帰還後もこれをつづけ、かつAがX名義を冒用して借り入れた多額の金員の交付を受けた。XはAのなした借財70万円を支払う。他から注意をうけながら考慮を払わなかった過失あり。XAの婚姻期間20年、2子あり。認容額30万円（請求額80万円）。
㊳	**◎鳥取地方裁判所昭和27年8月13日　下民3巻8号1132頁** **〔慰謝料算定にあたり当事者の資産状況を考慮〕** AY間の関係はXAの婚姻前から続いていた。長男はXにおいて引き取る。XはAに対し離婚慰謝料請求。 Aは昭和23年秋頃Yを知るに至つたが、その後互に友情を超えた愛情を以て結ばれるようになり、Xと婚姻後においても屡々鳥取市内等で同女と情交関係を重ねていたので、Xの母及び媒酌人等から数回同女との関係を絶つよう厳重に戒告されたにも拘らず依然としてYとの関係を絶つことができず、紛紜を重ねた末やむなく、昭和26年5月協議上の離婚をなし、且長男はXにおいて引取りこれを養育していることが認められるが、このような事実は畢竟Aの責に帰すべき事由によつてXとAとの離婚を招来したものと解すべきであつて、同人はXに対しXがAの不貞行為並に離婚によつて精神上受けた損害に対し慰藉料を支払うべき義務あるものと謂わねばならない。 そこで慰藉料の額について按ずるにX及びAが共に小学校卒業程度の学歴を有し初婚であることは当事者間に争なく、X家は不動産として宅地26坪及び木造藁葺居宅1棟を有し、Xの父は日雇人夫であり、母は鮮魚の行商を営みその収入は一ケ月約1万円であるが、A家は田6反3畝余畑2反1畝余の外宅地167坪及び居宅を有する農家であることが認められるので以上の事実と前認定の離婚事情とを綜合して考量すればAがXに支払うべき慰藉料は金3万円を相当と思料する。
㊴	**◎奈良地方裁判所昭和27年8月29日　司法研究報告書9輯6号** Y（65歳）はX（58歳）の妻Aと共同風呂等で親しくなり5年間に亘り情交。その間Aはいずれの子とも分からない子2人を分娩し、XはAと離婚した。XAの婚姻期間15年、Yは上記1子を扶養する旨約しながら履行せず。認容額10万円（請求額20万円）。
㊵	**◎東京高等裁判所昭和28年7月18日　司法研究報告書9輯6号** YはX（町会議員）の妻Aと情交関係を結び、XはAと離婚した。XAの婚姻期間10年。認容額5万円。
㊶	**◎大分地方裁判所（昭和28年（ワ）第429号）昭和29年　司法研究報告書9輯6号** Y（65歳）はX（65歳、小学校長等歴任）と懇意であったのにXの不在中その妻Aに挑み、拒否にも拘わらず強いて情交し、以後2年余に亘って継続。そのためにXはAと離婚した。XA間の婚姻期間は10年。認容額10万円（請求額10万円）
㊷	**◎大分地方裁判所（昭和29年（ワ）第153号）昭和29年　司法研究報告書9輯6号** Y（師範高卒）は、夫たるX（33歳）が教養低く粗暴なる上母との折り合いも悪いため家庭

	に不満を抱いていたＸの妻Ａに同情し、数回情交したので、ＸはＡと離婚した。XA 間の婚姻期間は５年、１子あり。認容額７万円（請求額 40 万円）。
㊸	**◎千葉地方裁判所八日市支部昭和 29 年　司法研究報告書９輯６号** ＸとＹは通信士として同じ所に勤めていたがＹは後輩でもあり独身でもあったので、Ｘは何かとよく世話をしてきたのに、ＹはＸの妻Ａと親しくなり遂に情を交わすに至り、二年余続く。XA の婚姻期間８年、１子あり。ＹはＡと結婚を約しながら他女と結婚した。認容額５万円（請求額 30 万円）。
㊹	**◎水戸地方裁判所昭和 29 年５月 11 日　司法研究報告書９輯６号** ＹはＸの妻Ａに懸想して言い寄り誘惑して情交関係を結んだ上Ａを誘って出奔し夫婦気取りで遊山旅行した。ＹはＸの隣家に居住。XA の婚姻期間は７年、２子扶養。認容額 15 万円（請求額 20 万円）。
㊺	**◎旭川地方裁判所昭和 29 年７月　司法研究報告書９輯６号** Ｘの夫Ａと他男の妻Ｙとは、Ｙの夫が抑留中邪恋に陥りＹ方で同棲し、その後ＡはＸ方に復帰する旨の調停が成立したのに履行せず、Ｙの夫の帰還の報に接するや共に出奔同棲して１子をもうけた。XA の婚姻期間７年、２子あり。認容額 20 万円（請求額 25 万円）、ただし、ＹとＡの双方が被告。
㊻	**◎宮崎地方裁判所都城支部昭和 29 年８月４日　司法研究報告書９輯６号** Ｙ（家畜商、妻子６人）はＸ（63 歳）方に出入りするうちその妻Ａと情交関係を結び、以来２年継続した。Ｘは 63 歳でＡとの婚姻期間は 13 年、２子あり。ＹはＡに１万円以上交付している。認容額６万円（請求額 60 万円）
㊼	**◎和歌山地方裁判所田辺支部昭和 29 年８月　司法研究報告書９輯６号** ＹはＸ方に出入りするうち、その妻Ａと姦通、服毒情死を図るに至ったため、ＸはＡとの感情疎隔し協議離婚した。認容額 20 万円（請求額 20 万円）。
㊽	**◎神戸地方裁判所竜野支部昭和 31 年１月 26 日　不法下民８頁（昭和 31 年度）** 〔Ｙが不貞事実を否認〕 Ｘには先妻があつたがこれと離別した上Ｘは昭和 10 年頃Ａと婚姻しその間に４人の子を設け、20 年位その間特に夫婦喧嘩をしたという程のこともなく普通の夫婦仲でその所有の農地８反位と３畝余の山林とで農業を営みかたがた下駄等の修繕をして、さきには隣保長もしたことがあつてその老母や妻子と共に月平均計１万余円位の収入を得て居村部落内では中流位の生活をして来たところ、Ｙは昭和 28 年８月Ｘの当時の妻たりしＡ（当時 40 歳位）をその人妻たることを知つてＸ主張のように強姦したが、もとよりＡにおいて貞操観念の薄い女というわけではなくむしろその観念は強い方であつたこと、Ｙがその后その隣人に面白半分に右の事実を漠然と洩したことから、昭和 30 年になつてからは誰か人妻が強姦せられたそうだという噂がＸ居住部落内に立ちはじめ、Ｘが同年７月末Ｂより前示強姦の事実の告白を受け、はじめてこれを知り、翌月２日にはＡと離婚してこれをＸ家から追い出してしまつたのであるが、その前頃には右人妻はＸの妻であつたとの噂も右部落中に広がり出していたこと及びＸが右強姦の事実を知つてＹの右仕打に憤激しＹにＹがＸの妻を犯したものであることを卒直に認めて謝罪するよう談判したのに、Ｙが右事実を卒直には認めようとせず唯重々悪かつたということを繰り返えすに過ぎずＸは右強姦の事実を知るやＹを告訴したが、該強姦事件はその発生后日を経ているとのことでそのままになつている。はたして然らばＹはＸの夫権を侵害しその名誉を毀損したものというべくＹはＸに右損害の賠償をなすべきところ右額は前段認定せる諸般の事実下において金５万円をもつて相当と思料する。
㊾	**◎仙台高等裁判所昭和 31 年 10 月８日　下民集７巻 10 号 2862 頁、前田「愛と家庭と」** **〔協議離婚における財産分与が損害に含まれるか〕** 妻の不貞行為が原因となつて協議離婚が成立した場合において、夫がした財産分与が右不貞行為の相手方である情夫の不法行為による通常の損害に属するかどうかが争われたが、裁判所は相当因果関係なしとして否定した。不貞についての慰謝料は７万円を認容。
㊿	**◎東京地方裁判所昭和 31 年 11 月 20 日　不法下民５頁（昭和 31 年度）、前田「愛と家庭と」** AY が情交関係を結んで、Ｘの夫権を侵し、且つＸの家庭を不和に陥れてＸに精神的苦痛を

	与えたことは、AYのXに対する共同不法行為であるから、AY両名はXに対し連帯して慰藉料を支払わなくてはならない。その慰藉料額について考えると、Xの学歴は小学校卒業で、財産はなく、月収は1万円乃至1万5千円であること、成年に達した2人の子供（いずれも男子）と、未成年の子があること、Aは財産なく、家政婦として働いているが月収はA1人の生活を支えることができる程度であること、Yは、寺小屋で学んだ外小学校へ行つたこともなく、財産収入はなく、成年の子（男）から仕送りを受けて生活していることが認められるので、これとAYの前記行為の内容その他諸般の事情を考慮して金10万円を相当と認める。そこでXのAYに対する金20万円の請求中、金10万円の連帯支払を求める部分は正当と認めてこれを認容し、その余は理由ないものとしてこれを棄却する。
51	**◎津地方裁判所昭和32年5月1日　家事財産給付便覧2、前田「愛と家庭と」** Xが昭和8年5月Aと婚姻し、昭和22年10月末頃から、肩書地において「……」の屋号で旅館等を営むものであること、Yが昭和24年頃から、しばしば、宿泊客として、右旅館に投宿し、また飲食したりしてXと親しくしていた間柄であつた。Yは、昭和27年11月20日の前後頃、津市丸之内殿町の待合「藤田」方でAと同宿した事実があることが認められるから、その間不倫関係があつたものと推認できる。XがAと昭和28年4月16日調停により離婚したが、その家庭の平和を害され、その夫婦関係を破壊せられ、ついに、右の離婚の止むなきに至つたことについては、Yの所為もその一原因をなしているものと解せられ、これによつて、Xが多大の精神上の打撃を蒙つたことは、推測に難くない。Yは、Xに対し、その精神上の損害を慰藉すべき不法行為上の責任を免れない。Yは、昭和31年11月から、現在に至るまで肩書居村の村会議員の職にあり、二町歩に余る山林を所有し、また小型貨物自動車の所有名義人であることも認められるので、これら事情を考慮の上、XがYに請求し得べき本件慰藉料は金5万円をもつて相当とすべく、その限度でXの請求を認容した（請求額30万円）。
52	**◎津地方裁判所昭和32年5月22日　前田「愛と家庭と」** **〔慰謝料算定にあたり当事者の資産状況を考慮〕** Xは、Yが昭和30年4月3日午前11時頃、当時のXの居宅であつた三重県多気郡三和町のX実家の玄関脇6畳の部屋で、折柄、X等他出不在中、その留守をして針仕事中のXの妻Aを強いて姦淫したと主張し、Yは、右AとYの間で、その時、姦淫行為の行なわれたことは認めるが、それは合意によるものであつたと争うので、按ずるに、当事者等尋問の各結果によると、Yは、Aが針仕事中の前示6畳の間に立ち入つて、話しこみ、そのうち、話題をあえて情事にうつして、Aを誘惑せんとし、一旦、性交を拒絶されたにかゝわらず、ついに、Aをその場に押し倒して、強いて前示姦淫をとげた事実が認められる。そして、Xのうけた精神上の打撃が並々ならぬものであることは、当裁判所の推測するに難くないところでもある。そうすると、Yは、故意に、XがAの夫として有する権利を侵害したものというべく、これによる損害を賠償する責任を免れないものであるから、その損害額を算定する。Xの実家は、家屋敷の他田畑山林等約8反歩許りを所有するが、それらは、X末弟のひき継ぐところとなり、Xは、前示事件後、右実家から肩書地に居を移し、前示居町三和町の役場吏員をひき続き奉職し、その給料収入月額約1万3千円を有する他何らの資産を有しないものであり、前示事件当時には、妻Aの他に、某女の面倒をみて、しばしば、その許に寝泊りしていたことが認められ、また、Yが田畑1町4反3畝余を有することが認められるところ、Yが右田畑の他家屋敷等を所有耕作し、その長男は、すでに給料生活に入り、町内中流の生活を営むことは、当事者間に争いがないので、XY双方の資産、社会的地位、Xの蒙つた損害等前示諸般の事情を考慮して、XがYの前示所為によつてうけた夫権の侵害に基く慰藉料は、金5万円を相当と認定する。
53	**◎仙台地方裁判所昭和32年5月31日　家事財産給付便覧2、前田「愛と家庭と」** Yは、昭和30年2月ころ、Aが借金に訪れた際、Aが近所に居住するXの妻であることを十分知りながら、「それ程金が必要なら自分の自由になれ、金でも米でも貸す。」などと言つて情交を迫つたが、Aに拒絶され、その後同年5月14日午前8時30分過ころ、Y方居宅東方近くの畑でとうもろこし苗の移植に従事していたAに対し「聞きたいことがあるからうちの小屋の前まで来てくれ。」と口実をもうけてAを呼び寄せ、Y方馬小屋と棟続きの物置小屋内に同人を連れ込み、情交をいどみ、折り重なりまさに情交を始めようとしたおり、たまたま同所に来合せたYの妻に発見され、邪欲を遂げるに至らなかつた。してみれば、Yは、右所為に因り、Xの妻Aを誘惑し夫権即ち妻に対し貞節を要求し得る権利を侵害したものというべく、これによつてこうむつたXの精神上の苦痛を慰藉すべき義務がある。他人の妻に情交を強要しその目的を遂げなかつた場合でも、他人の妻を誘惑して夫権を侵害したもので

	あるから、夫の被つた精神上の苦痛を慰謝すべき義務がある。認容額20万円。
54	**◎広島高等裁判所昭和32年7月3日　民集13巻12号1569頁、前田「愛と家庭と」** 最高裁昭和34年11月26日の原審。一審は山口地方裁判所下関支部。 AY数回以上旅館で情交、XA協議離婚。XはAと恋愛結婚をし夫婦生活は円満であつたが、昭和27年春頃下関市に帰つてXの両親と同居するようになつてからは、AはXとの家庭生活に不満を覚えるようになつたのであるが、YがAを誘惑して姦通しなければ、XとAとが離婚する如き事態は生じなかつたものと認められる。認容額40万円（請求額50万円）。
55	**◎東京地方裁判所昭和32年7月31日　家事財産給付便覧2、前田「愛と家庭と」** YはAにXなる夫があることを知りながら同人と情交関係を結び、その後も引続き千代田区飯田橋の某旅館に3回位宿泊してAと肉体関係を結び、因つてYは故意にAの夫であるXの夫権を侵害したこと、Aはその後、Xに対し右事実を告白し、Xはこれを聞いて憤慨し、且つ同人を殴打するなどして詰責し、その上右不貞が原因となつてXとAとは前記のとおり協議離婚するに至り、ためにXの家庭は破壊せられた。認容額20万円（請求額50万円）。
56	**◎高松地方裁判所昭和32年11月7日　家事財産給付便覧2、前田「愛と家庭と」** YはXの妻Aを誘惑して情交を結び、Aをして若年の子女4名を放置したまま家財道具類を持出して家出させた場合は、Xの名誉を毀損したものとしてAと連帯してXに慰謝料を支払い、かつ謝罪広告をなすべきである。認容額12万円。
57	**◎津地方裁判所昭和32年11月8日　家事財産給付便覧2、前田「愛と家庭と」** **〔Yの相殺の抗弁を失当として排斥〕** AY数回以上情交、XA調停離婚。XがYとAの両者に対して慰謝料請求の訴訟を提起した。 XとAは昭和8年5月婚姻し昭和28年4月16日調停によつて離婚した。……等の証言によればAとYは昭和26年4月頃津市栄町〇目〇番地〇〇方において情交関係を結んだことが推認される。AYは前記姦通行為によつて、XがAに対して有する貞操を守るべきことを要求する権利を侵害したものというべきであるから、AY両名は共同不法行為者として、右姦通によつてXが蒙つた損害を連帯して賠償する義務がある。 XがAと20年間に亘つて婚姻生活を継続して来た事実、Xが小学校卒業の学歴を有し、現在旅館業を経営している事実、Aが実科女学校卒業の学歴を有し、現在は実兄の経営するタオル工場で働き、収入もさほど多くはない事実、AがXと婚姻中、Xより虐待を受けたことが屡々あつた事実、Yが中等学校卒業の学歴を有し、本件姦通行為が行われた当時は、製箱業を営み、〇〇百貨販売株式会社の専務取締役に就任しおり、又〇〇高等学校PTA会長等の公職についていた。 そして現在は堺市において店員をしている事実、本件姦通行為がなされた時期、態容等、諸般の事情を総合して考えれば、右慰藉料の額は金10万円を以つて相当と認める。 なお、Aは、XもAと婚姻中〇〇子と情交関係を結び、Aが妻としてXに対して有する貞操を守ることを要求する権利を侵害したから、Xに対し慰藉料として金50万円を請求し、これと、本件慰藉料請求権とを対当額において相殺すると主張するが、不法行為によつて生じた損害賠償債権に対しては債務者は相殺を以つて対抗し得ないこと、民法第509条の明定するところであるから、Aの相殺の抗弁は、AがXに対して慰藉料請求権を有するや否やを審案するまでもなく、失当としてこれを採用し難い。
58	**◎東京地方裁判所昭和32年11月11日　家事財産給付便覧2、前田「愛と家庭と」** **〔Yが下宿人〕** AY約2年間情交関係、XA婚姻継続中、X病気療養中、Y下宿人。 Yは財産は殆んどなく、一昨年住宅金融公庫から金を借りて建てた家がある程度である。右の事実によれば、XはYの本件不法行為によつていわば家庭と教育者の誇とを同時に破壊されたことが認められXの精神的打撃はけだし甚大なものであると思料せられる。要するに以上認定したX、Yの経歴、社会的地位、家族資産状態、人格等とYの本件不法行為の経緯その他諸般の事情を綜合考察すればXの精神的苦痛に対する慰藉料は金50万円を以て相当と認められる。
59	**◎千葉地方裁判所八日市場支部昭和32年11月12日　家事財産給付便覧2、前田「愛と家庭と」**

	X が昭和 11 年頃独立して八街町に呉服商を開き努力の結果相当な店にまでなつていたこと従つて同町において X の社会的地位も高まつていた事実が認められ、Y が X の妻 A と情を通じてから A が家出し子女三人はその母を失い X 経営の八街町における呉服商もその信用を失い廃業の止むなきに至つた事実従つて X の資産信用、地位は一朝にして一切これを失う事態に追いこまれ子女三人はそれぞれ他に生活を求め X は飯岡町の救助をうけて現に病気療養中である事実が認められる。 以上の事実から考えてみると Y が X の妻 A と情を通じその家庭を破壊に導いた事実はこれを認めなければならない。認容額 100 万円（請求額 100 万円）。
⑥⓪	**◎最高裁判所第三小法廷昭和 33 年 3 月 25 日　裁判集 30 号 999 頁、前田「愛と家庭と」** 一審：富山地裁昭和 27 年 6 月 7 日、二審：名古屋高裁金沢支部昭和 31 年 4 月 30 日。 原判決は、「Y が X の妻 A と不貞行為を継続した事実を認定した上、右は X の夫たる権利（妻に対し貞節を要求する権利）を侵害したものであるとして、Y に不法行為責任があると判断したのである。而して、X において妻に対し右侵害行為を暗黙に承認しあるいは挑発したことは原審の認定しないところであり、たとえ X に妾があつたとしても、かような事実ならびに同人において前記不貞行為につき必要な調査措置をとらずかつ事業上の経理および家計についての監督を怠つたとの事実のごときは、損害賠償額を定めるにつき考慮されれば足り、Y の不法行為責任を否定する根拠となるものではない。したがつて、この点に関する原審の判断は正当である。」とした。
⑥①	**◎東京地方裁判所昭和 33 年 12 月 25 日　判時 174 号 23 頁** **〔慰謝料算定にあたり当事者の社会的地位等を考慮〕** X は昭和 22 年に A と知り合い、更に翌 23 年、夫と離婚した A は積極的に X に接近し、同年 10 月頃には X は A 方に同居するに至つた。翌昭和 24 年 4 月頃、X の父と相会した結果 X と A との結婚が了承されたが、両者は共に長子であり、且つ A は前夫と離婚して間もなくであつた関係上届出はなされなかつた。然しこの頃より両者間には肉体関係を生じ、その夫婦的関係は双方の親も黙認する形となつた。更に昭和 25 年 A 会社が設立されて X がその監査役として A を助けるようになった。 併し乍ら X は A の母とは折合悪く、又 A との関係もやや冷却するに至り、更に X の父から学業復帰への要請もあつたので、昭和 27 年 3 月頃 X と A と合意の上一時別居することになり、両者の間は一層疎遠となつた。別居の 2 ヶ月程前、AY は X の紹介を機に知り合い、同年 5 月頃には肉体関係を生じ、その為 X と A との間は全く離反した。 惟うに、X と A とが双方の親の了承の下に、約 3 年半の間同居し肉体関係を継続し而も共同して事業を営んだことが認められる以上、かかる状態はいわゆる内縁関係であるといわざるを得ない。 而して、Y が X と A との間の内縁関係を承知し乍ら A と情交を結んだことは、X の内縁の夫としての精神的利益を違法に侵害したものというべく、更にこれを機として X の A に対する関係を全く断絶せしめるに至つたことは、X が A との夫婦関係を基として社会的に活動せんとする期待を侵害したものというべく、この点で A、Y の両名は X に対し共同不法行為の責を負わなければならない。 併し乍ら更に進んで慰謝料の額について考究すると、前示認定の諸事実特に X と A との関係は、Y が A に紹介された頃には既に可成り疎遠となつて居り、特に AY 両名間に情交関係が生じたのは X と A とが別居して約 1 年余を経過した頃のことであり、而も別居後は X と A との間には殆んど実質的に夫婦としての関係がなかつたことを省みる時は、たとえ X と A との間に未だ全く内縁関係が断絶したわけではなく、又 Y がこの事を知つていたのが事実であるにせよ、Y らの責任を或る程度軽減するものと言い得るし、又 X が蒙つた精神的損害もさほど甚大ではないと考えられるから、A は前代議士を母とする資産家であり、又 Y も医学博士で雑誌社等の経営者である事情を考慮し AY 両名が連帯して X に支払うべき慰藉料の額は金 10 万円と定めるのが相当である。
⑥②	**◎高松高等裁判所昭和 34 年 3 月 19 日　前田「愛と家庭と」** 原審は⑤⑥高松地方裁判所昭和 32 年 11 月 7 日。認容額 12 万円。
⑥③	**◎高知簡易裁判所昭和 34 年 6 月 4 日　判時 197 号 19 頁、家月 11 巻 11 号 115 頁、家事財産給付便覧 2、前田「愛と家庭と」** AY 数ヶ月情交関係、XA 調停離婚。 共同不法行為者である Y と A との X に対する損害賠償債務の負担部分について按ずるに、

他に特別の事情のない本件においては、両者平等というべきであるから、結局Ｙの負担すべき債務額は、Ａに対する右負担部分の免除によつて、その免除が共同不法行為者の一人であるＹとの利益のためにも効力を生ずる関係上、右の金10万円より、Ａの負担すべかりし半額５万円を控除した残額、金５万円というべきである。
【筆者注。AYの負う債務を連帯債務と理解し、免除の絶対効を認めているがこの判断は疑問である。】

64 ◎**最高裁判所第一小法廷昭和34年11月26日　民集13巻12号1562頁、家事財産給付便覧2・昭和34年度「民事最高裁判例解説」253頁**

〔**慰謝料算定にあたりＸの落ち度を考慮**〕
原審は54広島高裁昭和32年7月3日。
不法行為による損害賠償額の算定につき被害者の過失を斟酌すると否とは裁判所の自由裁量に属するとして上告棄却。Ｘは、昭和23年7月Ａ女と恋愛結婚し、その間に同月25日長女を儲け、円満な家庭生活を営んでいた。昭和27年4月頃、ＸらはＸの両親のすすめによりＸの両親の許に帰り、これと同居してその家業を手伝うこととなったが、ＡとＸの両親との折合が悪く、Ｘ夫婦は両親と別居した。一方ＡはＸとの家庭生活に不満を懐くようになり、偶然Ｘ方の近所に住むＹと知合となるや、これにＸとの夫婦生活の愚痴などの話をして、次第に同人の仲は親密となった。Ｙは、ＡがＸの妻であることを知りながら同女を誘惑し、昭和29年に入ってから、旅館で同女と数回情交関係を結ぶに至った。Ｘは、近隣の噂により疑惑を抱き、Ａを問い責めた結果、同年8月8日同女より右のようなＹとの情交関係を告白され、その許しを請われて、一時は同女の過去の罪を許した。しかし、右不倫を知ったことによってＸの受けた精神的苦痛は余りにも甚大であったため、Ｘは神経衰弱となり、夫婦の間柄がうまくゆかなくなったので、Ａより進んで離婚の申出をし、遂に同月30日ＸとＡとは協議上の離婚をするに至った。
原審は、このような事実を認定し、結局、Ｙは、ＸのＡの夫としての人格的利益を不法に侵害したものであるから、Ｘの被った精神上の苦痛及び損害に対し慰藉料を支払うべき義務があるとし、なお、ＹがＡを誘惑して姦通しなければ、ＸとＡが離婚するような事態は生じなかったものと考えられるのであって、これと上記認定の諸事情とを合せ考えれば、慰藉料の額は、Ｘ請求の50万円のうち40万円を認めるのが相当である。因みに、第一審では、前記原審認定の事実とほぼ同様の事実を認定したが、更に、Ｘ居宅はその両親の居宅の直ぐ裏側の別棟であり、Ｘの母は、昭和29年春頃からＡの服装も派手になって、子供を残し出行不明のまま度々外出することを知り、不審に思いつつあった事情が認められるとし、従って、Ｘにおいて、相当の注意をすれば、本件のような不祥事を惹起しないよう適当な手段を取り得た筈であるのに近隣の忠告に接して初めて、而もぬきさしならぬ破局に至って漸く解決に苦慮するに至った消息をも考慮すべきであるとして、慰藉料の額を７万円と認定した。そこで、Ｘ、Ｙ双方より控訴したものである。

65 ◎**神戸家庭裁判所姫路支部昭和35年2月18日　家月12巻4号96頁、前田「愛と家庭と」**

Ｙ（申立人）の主張は「相手方Ｘと利害関係人Ａは正式の夫婦で、両名の間には３歳の長男もある。そしてＹとＸとは隣家で長く交際をして来ていたところ、昭和34年5月たまたまＹとＡとが○○○市内の映画館で出会したのがきつかけで肉体関係を生じ、6月大阪市内に駈落したが、同月神戸市内でＹの兄に発見されそれぞれ家庭に連れ戻された。そしてその後ＹとＡの交渉はない。Ｙは両親や兄と共にＸ宅におもむき、種々わびを入れて穏便な解決方を懇請したのであるが、Ｘから『指をつめろ』とか『片腕をくれ』とか言われ、困惑しているので円満な解決法調停を求める。」というものであった。家庭裁判所では、昭和34年8月以来同年12月に至る間前後6回にわたり種々調停を試みたが、当事者の互譲を見るに至らず調停は成立しなかつた。そこで、家事審判法に基づき、「申立人Ｙは相手方Ｘに対しこの審判確定の日より10日以内に慰藉料として金５万円を支払え。」との審判を下した。

66 ◎**東京地方裁判所昭和36年12月1日　法曹新聞169号18頁**

〔**捜索費用を損害として認めず**〕
ＸがＡとＹの双方を訴える。Ｘ（夫）の主張は以下のとおり。
Ｘは印刷工場に勤める者である。Ａは昭和22年6月Ｘと婚姻届をした妻であり、Ｙはその肩書地においてＡと同棲している者である。Ｘは昭和31年2月頃、勤務先であった○○印刷株式会社が不況のため人員整理され、有志と共に××印刷会社なるものを設立したがこれも１年余りで倒産し、昭和33年1月頃からは肺結核となって病床に伏し、自宅加療をしていたが、その間、親子4人と病父（昭和35年3月死亡）をかかえての苦しい生活を補助するため、Ａと協議の上、昭和31年10月頃から東京都新宿区戸塚町においてバーを始めたところ、Aは客として来ていたYと関係を結び、Yの下宿にも度々出入りして情交を通じ、このようにして1年余り経過した昭和33年5月7日、突然Yと共に行方を晦してしまった。爾来、XはAらの知人関係を頼り行方を探したが判らず、果ては大阪、神戸あるいはAの郷里である広島にと、多大な時間と体力と費用を使って探索し、かつまたはAの写真1万枚を作製して警察に提供し、捜索を依頼するなどの努力を重ねた。かくて満2年を経た昭和35年4月、Aらが福山市新馬場町のアパートにおいて同棲していることを発見し、AY両名に会いAの姉夫婦にも立ち会って貰ってAに対しXの許へ帰りX及び2人の子供と同居するよう要請したがAは頑としてこれに応じなかった。
XはAとYに対して連帯して慰藉料として50万円、また2年間に亘る捜索費用として10万円の支払を請求すべく本訴を提起した。これに対して、AYは裁判に欠席し何ら反論をしなかった。
裁判所は、慰謝料として30万円を連帯して支払うよう命じたが、捜索費用については、明細が判らず、したがってそれがAらの共同不法行為と相当な因果関係があるものと直ちに判断できないとして棄却した。

67 **◎佐賀地方裁判所昭和37年2月28日　下民13巻2号317頁**

〔渉外事件〕
Xが不貞を行った内縁の夫A及びそのAをかばったY（Aの父）双方に対して損害賠償請求訴訟を提起した（当事者は韓国人）。
裁判所の判断の要旨は次のとおり。
内縁の不当破棄による損害賠償請求の準拠法について考えてみると、内縁関係の効力については、婚姻の効力についての法例第14条（現行「法の適用に関する通則法」第25条）を準用して準拠法を決定してよいと考える。
但し、これに準拠した場合でも、内縁関係の特殊性に鑑み婚姻と全く同様の効力を認めることができない場合がある。ところが右のような準婚姻関係が事実上解消してしまい、その解消が一方当事者の責に帰すべき場合、これをどのように法律構成し、有責当事者に対する相手方の損害賠償が許されるとすれば、どのような場合にどのような方法で、どの限度においてなされるかというような責任の態様、程度については、それがすべて婚姻関係に準じた身分関係から生ずる直接の効力として直ちに同条を準用すべきかは問題である。
少くとも、右を準婚の効力と考えないで不法行為と考えうる場合には法例第11条（現行「法の適用に関する通則法」第17条）の適用があるといいうるからである。ところでXの本訴請求はAに対してはAの責に帰すべき内縁関係の破棄の原因が内縁という法律上保護さるべき生活関係を侵害して、これによつて相手方たるXに精神的損害を加えたとして不法行為を理由とするものであつて、これは充分に理論構成ができうるところであり、Y（Aの父）に対してはAの不法行為に加担したことを理由とするものであるから、いずれも本件については法例第11条により原因たる事実の発生した地の法律即ち日本国民法に準拠すべきである。
Aの慰謝料は10万円。
他方Yについては、「XとAとの結婚生活を破綻せしめたような積極的なものは見当らないし、XがAとの結婚生活を断念するに至つたのはむしろAの仕打にあることは明らかである」として請求を棄却した。

68 **◎東京地方裁判所昭和37年3月1日　判時295号33頁、判タ132号62頁、家事財産給付便覧2**

〔免除の効力〕
AY約4年間情交継続、XA婚姻継続中。Xは大正14年生れで昭和25年○○大学を卒業したのち私立高等学校の教師をしていること、右結婚当時Xは右大学の学生、Aは満17歳であり、両名の生活は貧しかつたが少くともYが現われるまで順調な家庭生活を営んできたことが認められ、他方Y本人尋問の結果及び本件弁論の全趣旨によると、Yは年令43歳で今日まで未婚であるが、昭和16年○○大学を卒業してから○○に入社し現在同社貿易第二部電力機械課々長をしていることが認められ、右年令及び経歴に照しYは相当の思慮分別を有するものと窺われるのに前記のごとく人妻の精神的動揺に乗じ且つ之を不誠実に利用し長期間右不倫行為を継続した責任は誠に重大であるというべく、その他本件証拠上認められるXY双方の経済事情、社会的地位など諸般の事情を考慮すると右慰藉料は金30万円をもつて相当である。
共同不法行為者相互間には不真正連帯関係が存するに止まり、従って民法437条の免除に関する規定のごときはその適用がないと解すべきであるから、仮にXがAに対し右損害賠償債務を免除したとしてもその効力はYに及ぶものではない（請求額30万円）。

69 **◎東京地方裁判所昭和37年5月23日　法曹新聞173号3頁**

	請求棄却、不貞の立証なし。 「探偵の業務にあるＸがＡとＹとの不倫関係の現場を突止めんとして努力しながらそれを果しえなかったのが本件の真相である。」とした。請求額は20万円。
70	**◎東京地方裁判所昭和37年7月17日　判タ135号57頁及び同136号57頁、家事財産給付便覧２** **〔子の慰謝料請求を原則として否定〕** Ｘ→Ｙに対する請求は次のように述べ肯定。 「Ｙは故意に、ＡがＸに対し負つている貞操義務の違反に加担したものというべく、しかしてＸがこれによつて多大の精神的苦痛を蒙つたことはＸ本人尋問の結果によつて明かであるから、ＹはＸに対して相当の慰藉料を支払うべき義務がある。」 子の慰謝料請求については積極的な害意を要求。「第三者が未成年の子をもつ夫婦の一方と情交関係を結び又はこれと同棲し、その結果その夫婦の一方が未成年の子を夫婦の他方の監護教育に委ね自らはこれをつくさなくなつた場合、右第三者は右未成年の子の当該親から監護教育を受ける権利を違法に侵害したというべきか否かといえば、未成年の子とその親との関係はたんに前者が後者に対し扶養、身上監護を要求しうる権利を有するにすぎず、又後者が前者に対し右職務をつくすか否かは専らその意思のみに依存し、たとえ後者が第三者と前記のような関係を結んだからといつて、そのことにより後者に対する右身上監護義務を履行しえなくなるというものではないから、右問題は通常は消極に解すべく、ただ第三者が当初から未成年の子に対し苦痛又は損害を加える意図の下に行動したとか或いは積極的に誘惑的な挙措を用いて当該親の無知又は意思薄弱などに乗じて当該親と未成年の子との間の親子的共同生活を破壊したといいうるような特別の場合にのみ、未成年の子に対する不法行為が成立するものと解するのが相当である。」 認容額は妻に30万円、子らの請求は棄却（請求額は、妻に60万円、子らに20万円）。
71	**◎最高裁判所第三小法廷昭和37年10月23日　判タ146号82頁、家月15巻2号94頁** **〔内縁の不当破棄に加功〕** 一審：神戸地方裁判所昭和34年4月23日、二審：大阪高等裁判所昭和35年4月28日。 ＸとＡは昭和30年5月に結婚式を挙げ、Ａ等家族と同居した。ＢはＡの父、ＣはＢの妻である。ＣはＸの衣服を引裂くなどの暴挙を働き、Ｘに対する侮辱的排他的言動も多かった。Ａ等家族もＣに習い、Ｘを冷遇した。Ｂは当初Ｘに好意的であったがＣの態度に影響されたのみならず、個人会社の運営を依頼したＸの父がＢの希望通りに事を運ばなかったため、同人を、ひいてはＸをも快からず思うに至った。ＡはＸが結婚早々に懐妊するとＸの貞操に疑を抱き、他方未だ経済的に両親に依存していた関係からＸと両親の間をとりなす努力をしなかったため、XA間の愛情は薄れて行った。ＡはＸに対して妊娠中絶を要求し、Ｘ及びその実家は、Ａにおいて手術後速やかに、ＸとＡはBC等と別居すること、ＡとＸとの婚姻届をすること等を約束したので、妊娠中絶手術を受けた。しかしＡはこれを実行しなかったのみならず、「両親と絶縁してまでＸと婚姻することはできない。この際Ｘと離婚したい。」旨申し入れ、BCからも、Ｘが経済観念に乏しいこと、身体が虚弱であること、Ａ等の家族に融和せず、長男の嫁として不適当であることを理由としてＸとＡとの内縁関係を解消する旨の申し入れがあった。Ｘの両親は到底納得できなかったが、Ａが正しい信念に欠けていること、Ｘが心身とも疲労しきっていた等の事情から、Ｘを実家に連れ帰った上これを納得させ、本件内縁関係の解消を見るに至った。 以上の事実に徴すれば、Ｃは故なくＸを嫌悪していたところ、Ｂはこれに同調するに至り、ここに右両名がＡに対しＸとの本件内縁関係の解消を勧めたのに対し、Ａは自己が未だ経済的に父母に依存している身であり、且つＸが前記手術以後病弱となり、いつまでも家族との間がしっくりいかないことを考え、両親の言に動かされてＸとの内縁関係を解消することを決意し、何等正当な理由がないのにＸとの婚姻の意思を放棄し以て本件内縁関係を不当に破毀したものと推定することができる。 以上の次第でＢ等は共同してＡのＸに対する内縁関係の不当破毀に加功したものであり、叙上認定事実に原審及び当審でのＸ本人尋問の結果並びに弁論の全趣旨に徴すれば右内縁関係の破毀によりＸは甚大な精神的苦痛を蒙ったことが明かである。 「原判決認定の事実によれば、原審が本件内縁不当破棄にＡら３名（Ａの両親）が共同加功したものと認めたことを肯認しうる。」認容額は50万円。
72	**◎金沢地方裁判所昭和38年6月29日　下民14巻6号1303頁** **〔ＡとＹの連帯責任を肯定〕**

XとAは、昭和3年6月頃事実上の婚姻をなし、翌昭和4年3月婚姻届を了した。XとAは昭和4年6月に長女、同7年7月次女が出生し、平穏な夫婦生活を送つていたが、昭和16年頃AはYが経営する飲食店へ出入りする中、Yと不倫関係を結ぶに至つた。当時YはAに妻のいることは知つていた。かくするうちYはAの子を身ごもるに至り、昭和17年2月頃AYは同棲するに至つた。XはBの世話でAYを探し尋ね、そこでYが出産した場合、Aが子供を引き取ることを条件にYの許からAを連れ戻した。昭和22年頃Aは再びYとの関係を復活させ、同年3月頃再びYらは同棲するに至り、爾来YはXに対し全く音信も送金も絶つた。AY間には昭和22年10月第2子が出生した。
昭和35年頃Aは、Yとの間に生れた第2子の戸籍問題を解決するべく金沢家庭裁判所に離婚の調停を申立てたが、慰藉料の額で折合いがつかず、調停不成立となつた。前記認定の事実関係に明らかなとおり、XはAの責に帰すべき事由によつて離婚のやむなき悲境におかれたものである。そしてXがこれがため甚大な精神的苦痛を蒙つたことはX本人尋問の結果によつて明白であるから、AはXの苦痛を慰藉すべき義務がある。他方またYも、AにXという妻のいることを熟知して不倫関係を結び、あまつさえ同棲までしてXをして離婚のやむなきに至らしめたものであるから、Yは故意にAがXに対し負つている貞操義務の違反に加担したものというべく、且つこれによつてXが多大の精神的苦痛を蒙つたことも、X本人尋問の結果によつて明かであるから、Yは共同の不法行為者であるAと共に慰藉料を支払うべき義務がある（大判昭和2年5月17日判決参照）。
Yは、AがXと離反し、Yと同棲するようになつたのは、根本的にはAとXとの性格の不一致に抑々の原因があるから、Yには損害賠償義務がないなど主張し、本件に表れた全資料と弁論の全趣旨を併せ考えると、XとAとは性格的に不一致の点があつたことはこれを窺知するに難くないが、それが本件婚姻破綻の主たる動因とは到底認めることは出来ず、畢竟右破綻はAY両名の共同の不法行為（姦通）によることが明らかであるから、前記Yの主張は到底排斥を免れない。前記慰藉料の額は前叙事実関係その他諸般の事情を合せ考慮すると、30万円をもつて相当と認められる。従つてYらはXに対し連帯して右金員の支払をなすべき義務がある（請求額50万円）。

73 **◎神戸地方裁判所昭和38年8月21日　家事財産給付便覧2、判時347号51頁**

〔慰謝料算定にあたりXの落ち度を考慮〕
XとAは婚姻以来、正常な夫婦生活を営んでいた。AYの情交後間もなく、Aが懐妊し、女児を出産したことが認められ、Yは右情交当時、○○運輸株式会社の会計係事務員として、Aと一緒に勤務していたものであることを認めることができる。Aは昭和36年6月会社に入社した当初同会社の関係者に対し、Xと婚姻関係にあることを秘し、むしろ、Xが同女の兄であると称していたこと、YとAとは、Aの入社直後より親しく交際し、誘合わせて野球見物や喫茶に出かけ、とくに同年8月ごろには、Yが2回にわたり、しかもXの不在中を選んで、神戸市のX方自宅にAを訪問していること、さらにAは、右情交後も、Aがその事実をXに告白した同年11月3日ごろに至るまで、従前どおり右会社に通勤、Yと一緒に仕事をしていたことが認められるのであり、これらの事実と右情交の日時、場所の関係からすれば、YとAとは、双方合意のうえ、右情交関係を結んだのではないかとの疑いも否定することができない。しかも、Aによれば、Xは、右情交以前に、YとAとが前記のごとく、親しく交際し、とくにXの不在中、かつ夜間、X方自宅にAを訪問した事実を知つていたことが認められるのにかかわらず、これに対し、適切な注意や措置をしていたとの事実は認められない。
以上の各事情を総合して判断すれば、YとAとの右情交によりXの蒙つた精神的苦痛を慰藉するためには、YがXに対し金10万円を支払うべきが相当である。XA婚姻継続中。認容額10万円。

74 **◎大阪地方裁判所昭和39年6月29日　判時395号38頁、前田達明「愛と家庭と」家事財産給付便覧2**

XAの結婚生活10年。2児の父であるタクシー運転手Xの妻Aが、勤め先の衣料品店主（Y）と1年余にわたって情交関係を持ち、遂に家出をするに至ったという事案。Aはかつて Xの実弟とも関係を持ったことがある。YはAと話し合って関係を絶つに至った。XA別居中。認容額20万円（請求額50万円）。Xの休業損害の一部も損害賠償として肯定。

75 **◎熊本地方裁判所山鹿支部昭和39年11月10日　家事財産給付便覧2、判時399号41頁**

〔Yが未成年者〕
XA夫婦がYに対して各20万円の慰謝料を請求した訴訟である。
およそ姦通は有夫の婦と相姦者両者の性交によつて成立する、いわゆる必要的共同不法行為たる性質を有するものであり、これはたとえ両者の間にそのいずれかが能動的もしくは積極的で、他は受動的もしくは消極的であるというような差違があつたり、一方が他方を誘惑し、他方は一方の誘惑に陥つたに過ぎないというような関係があつたとしても、それが全く片面的な不法性交（強姦もしくは責任能力のない男子を相手とする有夫の婦の性交行為等）となるものでない限り、右共同不法行為性には消長がなく、いずれか一方による単独の不法行為となるものではない。
夫婦間に和解ができた場合、Ｘは A に対してはその守操義務違反による不法行為責任を免除（宥恕）し、これが賠償請求権も抛棄したものと推定するのが相当であるが、Ｙに対してはＸにおいて明示的な責任免除ないし賠償請求権抛棄の意思表示をなさない限り寧ろ反対に解すべきことはこの種不法行為による被害者の意思解釈上当然の帰結であると考える。
およそ姦通の当事者に対する不法行為責任については、被害者たる本夫が事前に該姦通行為を縦容した場合は別として、事後において妻と和解し円満な夫婦共同生活に復帰したとしても一旦成立した右不法行為たる姦通行為の違法性は阻却されるものではない。Ｙと A との本件姦通行為により、Ｘは精神上甚大な打撃を受けた。夫婦仲は一時深刻な危機に陥つたが、A の深い反省とＸの自制によつて漸次平静に向い、現在は概ね円満な状態に復している。Ｙは本件不法行為当時は性経験のない満 17 歳の未成年者で、A との情交も人妻として性経験のある A の方に多分にＹの情念をそそるような言動のあつたことが看取される。Ｙは最近漸く運転手として就職したが、未だ生活に余裕はない。Ｙは本件姦通の事実がＸ等に判明後Ｘ宅に呼び出され、同人ならびにその親族数名の者に取り囲まれて難詰され、慰藉料として 80 万円の支払方を要求されたが、不可能であるとこれを拒絶するや、Ｘ等に集団暴行を受け一時意識を失う程度の重篤症状に陥り、頭部打撲挫傷、項部、右手関節打撲挫傷、脳震盪により 75 日間入院し、退院後も 11 日間通院して治療を受けた。この受傷に因る治療費も現在猶全額未払である。ＸのＹに対する請求を 6 万円の限度で認容し A の請求は棄却。

76 **◎東京高等裁判所昭和 39 年 12 月 23 日　東高民時報 15 巻 12 号 265 頁**

〔Ｘの夫たる地位の侵害〕
一審：横浜地方裁判所横須賀支部。Ｘと A とは昭和 25 年 12 月婚姻したが、Ｘが些細なことで A に暴力を振うことがあり、1 週間ほど医者の手当を必要とする怪我をすることもあつた。昭和 30 年初め頃、A は新聞の外交員をしていたＢと親密となり、情交関係を結んだ。このことを知つたＸは離別を決心し、一方 A も同年 3 月頃実家に帰つた。しかし、まもなく、A が実家から謝罪の手紙をよこしたりしたため、Ｘは A を許すこととし、同年 10 月頃から再び A と同居生活を始めた。ところが、その後も暴力を伴った夫婦げんかが続いたため、A はＸと別れて働こうと考え、同年暮頃工場警備係のＹに家庭事情などを打明けて、就職のあつせんを頼んだ。Ｙは昭和 31 年から A が自宅に出入りすることを許し、宿泊までさせたので、両者が不貞関係にあつたことを疑わせるに十分であり、A がＹ宅に同居するに至つた同年 12 月以降は、両者間に情交関係が生じたと認めざるをえない。
昭和 31 年春頃Ｘと A との仲は既に破綻していて、A が離婚の意思をもつていたことは明らかであるが、Ｘはなお A の夫であり、Ｙがそのことを知りながら A との間に前記の関係をもつたことは、Ｘの夫たる地位を不法に侵害したものである。Ｙは、Ｘと A との婚姻関係は昭和 28 年 4 月頃までに破綻しており、昭和 31 年 9 月当時には夫婦ともに離婚の意思が確定的であつたから、両者の離婚にＹが介入する余地などはなかつた旨主張する。昭和 31 年 9 月当時Ｘも A も離婚の意思が確定的であつたことは明らかである。しかしＸが昭和 30 年春頃における A の不貞行為を許して同年 10 月頃から再び同居生活を続けたことは前認定のとおりであり、そして、Ｘが昭和 31 年 9 月当時 A を離別する意思を固めていたのは、A が同年春頃からＹと通常でない関係を持つに至つたことに起因すること先に認めたところによつて容易に推測できるのであるから、Ｙの主張するような理由でＹの責任を否定することはとうていできない。
本件の事実関係に基づき、Ｘの受けた精神的苦痛に対する慰藉料について考えるに、Ｙが A と特殊な交渉をもつに至つた昭和 31 年春頃には、Ｘと A とが婚姻関係が破綻して事実上離婚状態にあつたことは上記によつて明らかであるから、この事情を重視し、なおＸと A との夫婦生活の実状および本件にあらわれたすべての事実関係を参酌考慮して、Ｘの受けた精神上の苦痛に対する慰藉料の額は金 5 万円が相当であると認める。

77 **◎最高裁判所第二小法廷昭和 41 年 4 月 1 日　裁判集民 83 号 17 頁、前田達明「愛と家庭と」**

原判決は、Ｙにおいて、A がＸの妻であることを知りながら、A と情交関係を結び同女と同棲生活に入つたこと、Ｙと A との右不貞行為によつてＸと A との婚姻生活が破壊され、Ｘをして婚姻解消を決意するに至らしめたことを認定判示していて、右認定は原判決挙示の証拠関係に徴して肯認できるところ、原判決は、右事実関係から、Ｙは故意にＸの夫権を侵害したものというべく、これによつて蒙つたＸの精神上の苦痛を慰藉すべき義務がＹにある旨を判示しているのであつて、右判断は首肯できる。

78

◎東京高等裁判所昭和42年4月12日　東高民時報18巻4号49頁、判タ208号115頁、判時486号43頁

〔貞操侵害と民法708条〕

原審：東京地方裁判所昭和40年2月24日判時416号75頁。Aは、昭和35年5月頃、Yが19歳余で思慮不十分であるのにつけこんで、その意思もないのに、Yに対し、「妻Xと別れてYと結婚する」と述べ、Yをして、Aはいずれは X と離婚してくれると誤信させ、昭和35年5月21日以降10数回にわたりYと情交関係を結んだ。ところが、Aは、昭和36年7月頃、Yから妊娠したことを知らされるや、Yと会うことを避け始め、Yが出産した際、その費用の相当部分を支払つたほか、Yとの関係を絶った。

女性が男性に妻のあることを知りながら、男性と、長期間にわたり継続的に情交関係を結ぶ行為は、男性の、妻に対する貞操義務違反に加担する違法な行為であるのみならず、男性と共同して、夫婦共同生活を支配する貞潔の倫理にもとる行為に出たことにもなつて、民法第90条にいう公序良俗に反するものとの非難を免れず、女性がこれにより貞操等を侵害され、精神的苦痛を被ることがあつても、その損害の賠償を請求することは、結局自己に存する不法の原因により損害賠償を請求するものであり、民法第708条本文の規定の類推適用により、法的保護を拒むべきである。

しかしながら、夫婦が事実上の離婚状態である場合には、夫と性的関係をもつた妻以外の女性が、これにより貞操等を侵害され、精神的苦痛を被つたとして、その損害の賠償を請求するのに対し、民法第708条本文の規定を類推適用して法的保護を拒否することは必らずしも適当でない。

さらにまた、夫婦が事実上の離婚状態になつていなくても、夫が妻以外の女性に対して欺罔手段を用いて情交関係を結び、女性の貞操等を侵害した場合において、情交関係を結ぶについての双方の動機ないし目的、欺罔手段の態容等諸般の事情を斟酌して双方の不法性を衡量し、公序良俗違反の事態を現出させた主たる原因は男性にあると認められるときは、民法第708条但書により同条本文の適用は排除され、女性の精神的損害の賠償請求は許容されるべきものと解する。

本件では、YがAに妻のあることを知りながらAと情交関係を結んだ行為が公序良俗に反することは否定できないが、不法性は明らかにAの方が大きく、公序良俗違反の事態を現出させた主たる原因はAにある。してみると、本件においては、民法第708条但書の規定により同条本文の規定の適用は排除され、Yの慰藉料請求は是認される。AがYに支払うべき慰藉料の額は60万円をもつて相当とすべきである。

なお、原審は「民法第708条に示された法の精神に鑑み、容認を得ない。」としてXの請求を棄却していた（請求額200万円）。

79

◎大阪地方裁判所昭和42年7月15日　判時503号56頁、家事財産給付便覧2

〔慰謝料算定にあたりXの落ち度を考慮〕

YがAと同人にXという妻があることを熟知しながら情交関係を継続しXらの家庭の平和を侵害したことは明らかで、これによりXが多大の精神上の苦痛を蒙ったことは容易に推認し得るところであるから、Yの所為が不法行為となることはいうをまたない。従って、YはXに対し慰藉料を支払う義務がある。

そこで、その慰藉料の額について考えるに、Xは現在42歳であり女子商業卒業後10年ほど勤めに出てからAと見合結婚したものであることが認められ、Yは現在36歳で前夫とは協議離婚しその間の14歳の子を養育しているもので定職にはついておらずAからの送金とバーやお茶漬屋で内職程度に働いて得る月2万円程度の収入とで生活していることが認められるので、これとXとAとの婚姻継続期間、Yの不法行為の内容殊にYとAとの不倫な関係の持続についてはAの恣な愛欲によるところ大だとしてもこれを抑止し自ら関係を絶たうとしないYの安易な生活態度にも責任の一半を帰せしめ得ること、その他本件に現われた一切の事情を綜合して、金10万円が相当であると考えられる（請求額50万円）。

80

◎大阪地方裁判所昭和43年2月22日　判時523号59頁、家事財産給付便覧2

〔YがAの上司〕

AY2年間ほど情交継続、XA婚姻継続中。

Xは、昭和24年6月、Aと結婚し、昭和25年2月、婚姻の届出をし、Aとの間に同年6月、長女を、その後次女をもうけた。Aは、昭和32年○○会社に入社し、当初から上司にあたるBに対してXについての不満をもらし、Bとの間に2、3回肉体関係を結んでいた。Yは、昭和36年頃Aの上司となり、職場での接触が多くなったため、互に誘い合って食事を

	ともにするようになり、昭和37年9月7日、Aと肉体関係をもった。Yは、その後もAには夫があることを知りながら、昭和39年9月頃まで月に2、3回Aを誘って肉体関係を続けていたが、その間AもYに対し、Xの道楽が激しいため自分は別居して実家に帰っており、Xとは別れて自活したいなどと話して、Yとの関係に積極的な態度を示し、同僚であるCにも上司であるYとの交際をもらしてむしろこれを得意にするような態度であった。Xは、同月10日頃、AがYと情を通じていることを知り、心痛の余り同月末頃から2週間位勤め先の会社を欠勤した。 以上の事実によれば、YがXの妻であるAと肉体関係を結び、2年間この関係を継続した行為はXの家庭生活の平穏を侵害する不法行為であり、これによってXが蒙った精神的損害に対する慰藉料を支払うべき義務があるものというべきである。 そこで慰藉料額について考えると、Xは、Aとの間に2女をもうけ、昭和42年10月2日当時長女は高校2年生、次女は小学校2年生となっていること、Aは、昭和39年10月頃、○○会社を退職し、以後勤めに出ていないが、XがYとAとの関係を知って以来、XとAとの夫婦の生活は円満を欠くに至っていること、Yは、妻と長男、次男及び実父とともに家庭生活を営んでおり、月収金15万円を得ていることを認めることができる。YとAとが肉体関係を結び、この関係を継続するに至ったについては、Yが妻子もあり、かつAの上司として責任ある地位にありながらAを誘った点など大いに責められるべき事情が存する反面、Aも夫であるXについての不満をしばしば勤め先の会社の上司、同僚等に告げYとの関係についてむしろ自らも積極的な態度を示すなど、夫や子供のある者として甚しく軽卒であり不身持な態度であったことその他Yの不法行為についての一切の事情を合わせ考えると、YがXに対して支払うべき慰藉料額は金10万円が相当である（請求額50万円）。
81	**◎横浜地方裁判所川崎支部昭和43年7月22日　判タ227号217頁** **〔不貞行為に加担した者の責任を肯定〕** X（妻）とA（夫）とは、昭和34年5月婚姻をした。Aは、昭和38年5月頃、勤務先で事務員をしていたY1と親しくなり、Xとの家庭生活をかえりみなくなつた。 Y1は、AがXと円満な家庭生活を営んでいることを知りながら、情交を重ね、しばしばその居室にAを宿泊させるうち、同39年11月頃懐妊した。出産が近づくと、AおよびY2のすすめに従つてY2方に転居し、同年8月出産し、その後同42年7月まで引き続きY2方に居住して、しばしばAを来訪させた。Y2は、昭和40年6月頃、Xに対して、Y1が出産した後は、AはY1母子とともに生活し、XはAと別居して同人から毎月金2万円ずつの生活費をもらつて生活することとしてはどうかと提案し、もつてAとY1との間の不倫の関係を容認し、XとAとの婚姻の解消を迫る態度を示した。同40年11月XがY2方にAを訪ねた際には、Xに対し、「いいかげんに諦めろ」と言つて、XとAとの間の婚姻の継続を阻害する態度を示した。 AとXは、同41年5月以来別居し、Aは翌42年4月までは家賃および生活費として毎月約金6000円をXに給付したが、その後は給付をしていない。 以上のA、Y1、Y2の行為により、Xは深刻な精神的苦痛を受けた。右に認定した事実によれば、Aは、妻であるXに対して不貞行為を働き、それによつてXとの婚姻の継続を不可能にする結果を招いたものであるから、両者間の婚姻には、Aの責に帰すべき離婚原因があるということができる。してみれば、Aに対して離婚を求めるXの請求はすでにこの点において正当である。各事実によれば、まずAおよびY1が意思を共同してXに対する不貞行為をし、次いでY2がAY1両名の行為を容認し、その後は右3名が共同して、XとAとの間の婚姻の継続を阻害し、遂にこれを破綻させるにいたつたものということができる。 3名の共同不法行為によつてXの受けた精神的苦痛に対する慰藉料は、前記認定事実および諸般の事情を考慮して金100万円を相当と考える。当裁判所は、不法行為にもとづく損害賠償の請求について、不法行為者が誠実に賠償しようとするのを無視して被害者が訴訟手段に訴えた等の特段の事情がない限り、そのために要する相当額の弁護士費用をも右不法行為にもとづく損害として賠償の請求をすることができ、その額は金10万円が相当である。
82	**◎東京地方裁判所昭和44年2月3日　判時566号71頁、判タ234号202頁、家事財産給付便覧2** Aは収入の大半を妻（X）子に送金し、作家として経済力のあるY（女性）はむしろそれを援助しているという事案。 「近代的家族関係は、一夫一婦制を根底とし、通常、夫婦とその未成年の子によって形成される親族共同生活を中核とする。その親族共同生活から醸成される、各構成員の精神的平和・幸福感その他相互間の愛情利益ともいうべきものは、その共同生活が客観的・社会的に定着されたものである限り、それ自体独立して、法の保護に値する人格的利益であると考える。したがって、そのような家族関係を知りながら、夫と不倫関係に入って、夫を親族共同生活

	から離脱させることによって家庭を破壊した第三者は、妻に対しては勿論のこと、未成年の子に対しても、不法行為者としての責任を負わなければならない。」 認容額は、妻に200万円、子ら3名に各30万円（請求額は、妻に対して300万円、子らに各70万円）。
83	**◎鳥取地方裁判所昭和44年3月31日　判タ235号240頁、家事財産給付便覧2** **〔Aが積極的であるが故に請求棄却〕** Xとその夫Aとは、もともと性格の相違から、その夫婦生活が必ずしも円満ではなかったのであるが、後記のようにAがYと肉体関係をもつようになり、一方、Xも気が強く、興奮しやすい性格で（尤もXが興奮する原因についてはもとよりAがその責任の一端を負うべきである）、興奮するとAにつかみかかつたり、大声で同人を面罵することが度重なつたのでAの心はますますXから離れていくようになつた。 昭和40年7月頃Aは教え子の小学生達を連れてYが住込みで勤務している老人ホーム長者寮の老人の慰問をしにいつたのがきつかけとなつてYと知りあい、両名は互に共鳴しあうところがあつて親しくなった。AはYに対しYを好きだからXと別れるといい、YもAの情にほだされて交際を始め、同年10月頃両名の間に肉体関係が生じた。Aは、同年12月19日、前夜Xに無断で外泊した（Yと温泉地に宿泊）ことをXからなじられ、かつ、AがXに対し年末賞与のほんの一部しか渡さなかつたことをXから問責されてXと口論し、このことをきつかけに、X方を飛出し、下宿しながらYとの前記関係を続けた。 同年12月末頃XはAとYとの関係を感知するにいたり、Aに右関係をたつて家に戻るよう迫つたが、Aはこれを肯んぜず、また、昭和41年11月になされた鳥取家庭裁判所の審判により命じられたXに対する婚姻費用の分担金の支払についてもこれを満足にXに支払わない状態にあるのみならず、昭和42年2月頃から、Y所有の鳥取市吉方にある家屋に移り住み、前記長者寮から時たま帰つてくるYと関係を続けた。Aは現在もXとの夫婦生活を復活する気はなく、むしろXとの離婚を希望している。Yも、Aとの関係を清算しきつていない状態にあるが、AにおいてX方へ戻るというのであればAをあえて引きとめる気持は持つていない。 以上の事実関係の元でXの請求棄却。「AとYとの関係によりXが精神上苦痛をうけたことがわかるけれども、一方、YがAに対し、詐術、詭計等その他不穏当な方法を用いて同人を誘惑したとみることは未だ困難であるのみならず、右関係についてはむしろAの方が積極的な態度でYに対し働きかけていることがわかるから、XにおいてAに対しその不貞を問責するのは格別、右の関係についてのYの行為をXに対して向けられた違法な行為とみることすなわち右行為がXに対する不法行為を構成すると評価することは困難である。」
84	**◎大阪高等裁判所昭和44年6月24日（一審：大阪地方裁判所昭和43年2月29日）　判時586号66頁、判タ254号313頁、家事財産給付便覧2** **〔認知請求の不法行為性を否定〕** AとYとの深い関係は、昭和35年1月9日に再会したときから始まり、当初はAがYに妻子のあることを打明けなかつたが、その次頃からはこれを知つたのであり、いやしくも妻子ある男性と不倫な関係をもつたら、それが相手の家庭に及ぼす影響、特に妻に与える精神上の苦痛がどのようなものであるかはAと全く同年齢であり、当時公務員として勤め、社会的経験常識からいつて十分これを認識していたYが敢てかかる関係を深め、而もY自ら主張するように、ひとり子供の生涯に暗い悲痛な苦難を与えるに止まらず、Aの妻子に影響を及ぼさずには措かない非嫡出子を分娩したことは、男性のAの不当なことはいうに及ばず、同人が妻たるXに対して負つている守操義務、健全な家庭生活の育成に努むべき義務の違反に加担した権利侵害であり、これがXに与えた精神上の苦痛に対しYが慰藉料を支払うべき義務のあることは当然といわねばならない。本訴におけるXの請求原因は、YがAと情交関係にあつたことと子を生んで認知を求めたことにあり、前者は問題ないが後者は、既に生れた子供が認知を求めるのは法律上当然であり、子供を生むことも人間の自由であるから、これが直ちにXに対する不法行為となるかどうか些か疑問の余地はある。女性が一旦懐妊せば正当な事由なき以上堕胎することは法の許さざるところであるが妊娠するかどうかは母親の責任において支配できるところであるから、これを以て不法行為の原因となすことは差支えなきものと解する。そこで、慰藉料の金額であるが、慰藉料は、本件当事者双方の一切の事情を斟酌して算定すべきものであり、本件当事者双方の言分を見るに、Xは、それが自分と一番関係のある夫が犯したことであり、非嫡出子に対する扶養料は、同人の責任であつてX直接の負担でないのにこれを強調する等自分のことのみを強調する憾があり、Yの主張は、如何なるものにも三分の理の喩えのごとく、自らの慾望に負けて理性を忘れた不倫な行為がそもそもの原因であり、それによる結果は当初から予期できたことを他人の責任のごとく主張し、Yのかかる行為、主張が女性の地位を低くし軽視されるものであることを知らない憾み

	がある。しかしながら、昨今の貨幣価値を考慮するとき 8 万円は低額に過ぎるので、Y が X に支払うべき慰藉料は金 20 万円を以て相当と認める（請求額は 100 万円）。
85	**◎東京高等裁判所昭和 44 年 7 月 17 日（一審：浦和地方裁判所）　東高民時報 20 巻 7 号 156 頁** 夫婦間の事案。 A は実家が貧しかつたので、長女を抱えて生計に苦しみ飲食店等の下働きをすることによつて辛じて糊口を凌いでいるうち K（X との結婚の媒酌人）から離婚の手続がとられた旨を告げられたので適法に離婚が成立したものと考えたこと及びその後 N の経営する西新井駅前の寿司屋で働きながら身の振り方を案じているうち N 夫妻から N の妻の実弟である Y との縁談が持出されたのでこれを承諾し、N 夫妻の媒酌によつて Y と事実上の婚姻をしたのであつて、X との婚姻関係は既に全く破綻していたものである事実が認められる。 以上の事実関係によれば、A が Y との内縁関係に入つた原因はひとえに X の同居に堪えない仕打にあるといわなければならないところ、かようにその原因を与えた X において A の Y との内縁関係に入つた行為を目して自己に対する不貞行為に問擬し、これを理由に慰藉料を請求することは信義則に照して許されない。
86	**◎最高裁判所第二小法廷昭和 44 年 9 月 26 日　民集 23 巻 9 号 1727 号** 原審：78 東京高等裁判所昭和 42 年 4 月 12 日。 思うに、女性が、情交関係を結んだ当時男性に妻のあることを知つていたとしても、その一事によつて、女性の男性に対する貞操等の侵害を理由とする慰藉料請求が、民法 708 条の法の精神に反して当然に許されないものと画一的に解すべきではない。すなわち女性が、その情交関係を結んだ動機が主として男性の詐言を信じたことに原因している場合において、男性側の情交関係を結んだ動機その詐言の内容程度およびその内容についての女性の認識等諸般の事情を斟酌し、右情交関係を誘起した責任が主として男性にあり、女性の側におけるその動機に内在する不法の程度に比し、男性の側における違法性が著しく大きいものと評価できるときには、女性の男性に対する貞操等の侵害を理由とする慰藉料請求は許容されるべきであり、このように解しても民法 708 条に示された法の精神に反するものではないというべきである。
87	**◎山形地方裁判所昭和 44 年 11 月 6 日　判時 584 号 95 頁** **〔不貞が原因で X が長男を殺害〕** X は A からの不貞の事実の告白に世を儚み自殺を図った後の長男の幸福に思いを至した結果、長男殺害行為に及んだ。その動機、原因はすべて A の不貞に帰するところ、不貞と愛児殺害とは程度において隔絶の差があるため、愛児殺害をもって不貞に対するは、その手段として、著しくその域をこえるものとの批難を免れないであろう。しかしながら、その目的は X の純粋な自殺と浅慮であるが長男の将来を慮ったことにある上、具体的には X にとって本件不貞はその愛児を殺害するに至らせる程度に、甚大な衝撃等、影響性をもつ重大なものであったと言え、従って殺害行為が結果的に大であっても、これにより、原因である不貞を消去させるものでなく、反ってむしろ不貞をより先に、より大に批難して然りとするのが妥当である。 斯様に殺害行為をその原因である A の不貞と相関的に考察すると、A と X の離婚原因はそのうち A に存するそれがその破綻につき主位的なものであり、自ら原因を作出した者において、それによる結果のみ止揚し、これを援用して自己の利に帰せしめようとする態度は著しく信義則に反し、許されないので、A との関係において、Y に存する本件不貞行為は、婚姻を継続し難い重大な事由とはなり得ず、反って A 一方に離婚原因が存するものと言うべきである。 従って A の離婚請求は失当であり、X のそれは理由がある。離婚原因が A の不貞行為に存する以上、離婚により X が精神的打撃を受けたことは推定に難くないから、A には不法行為に基づく X の精神的苦痛を慰藉すべき義務のあることが明白である。 しかして、前認定の如き、X の A に対し有した愛情と、平素の貞節な態度、A の不貞の態様、X が本件不貞により受けた苦衷の程度、殊にそれにより自殺と、愛児を殺害するまでに至らざるを得なかった窮境、殺害後における X の改悛の度合、刑事被告人とされるに至る等、諸々の事情により受けた苦痛並びにそれに伴い損われた体調により、将来の見通しもたたず、更には X 本人訊問の結果認められる X は無資産で現に母の厄介になっている事実等に、殺害についてはそれ自体から X が負担すべき亡長男や社会に対する責任（刑事責任を除く）の存在、A の不貞を感得していながら直接 A に対し、反省を促す積極的挙に出ず、一途に自殺と長男殺害に及んだ X の浅慮、軽卒な態度等を併せ総合的に考察すると、X の苦痛を慰藉するには金 70 万円をもって相当と認める（請求額 200 万円）。

88	◎**山形地方裁判所昭和 45 年 1 月 29 日　判時 599 号 76 頁、家事財産給付便覧 2** **〔XA 間に格別の不和が生じなかった事例〕** 請求棄却。 A は近隣の娼婦 Y と情交関係を続けていたが、結局双方の縁者に察知されその関係は終了し、その後は A と妻 X 間においては A の不貞を原因とした夫婦間の軋轢はなく、現に円満な夫婦生活を維持している。X の本訴は、Y から A に対する、A が Y を強姦、若くはこれに類する方法をもって姦淫したものであるとして、これを原因とした不法行為（貞操侵害）に基づく損害賠償請求事件に対抗して提起されたものであって、X 自身、当初から Y に対し、損害賠償を請求する事実の認識若くはその意思を有していなかった。 Y は A と、同人に妻があることを知りながら、すべて、その間の自由な合意により、肉体関係を結んだもので、その誘起及び継続の過程における責任は、両者相等しいものと認めるのが相当である。 斯様に、片面的不法性交（強姦等）に該らない肉体関係をもった Y は、A と共同して、X が A に対して有する守操義務を要求しうる権利を故意に侵害したものと言うべきである。 ところで、本件は、男女、若くは夫婦関係に関する特殊な事例であるから、右の如き権利の侵害が、即、損害（不法行為の一般的成立要件としての損害）に結びつくか否かは問題であり、以下この点について検討する。 Y と A の肉体関係に対し抱いた、X の意思、観念、右肉体関係により X と A 間に格別の風波が生ぜず不和が醸成されず、かつ、右不倫関係発生時から現在まで、終始円満な夫婦関係が維持されていて、X 及びその子も、A を宥恕し、特に上記 Y から A に対する訴訟に対処するため、A には不法性交の事実は存しないとして、X 及びその子ら、A を中心に協力関係が樹立されており、A 自身右肉体関係に関し、その家庭内はもとより地域社会から格段の責を受けていない。 斯様に Y と A の肉体関係により、X と A 間の夫婦、若くはその家族関係を危機に陥れ、若くはこれを破壊する如き格段の事情の生じていないことに加え、肉体関係の誘起及び継続の過程における責任がその当事者にとり相等しいこと、及び前記 AY 間の訴訟において、Y がその請求を棄却されたこと、その他諸般の事情を併せ、信義則、若くは公平の観念にてらし、Y と相対的に考察すると、本件に限り、X に、損害賠償債権の発生を認容するは当を得ない。**【筆者注：守操義務を要求しうる権利の侵害が直ちに損害に結びつくとは限らない。権利侵害を認めつつ損害の発生を否定した点に特徴がある。】**
89	◎**札幌地方裁判所昭和 45 年 12 月 16 日　判時 627 号 83 頁、家事財産給付便覧 2** **〔弁済の絶対効〕** 結婚して一男をもうけたばかりの A（トレーラー運転手）が、Y（年上の女性）と懇意になり、結婚の約束までして情交関係をもつようになった。XA は調停離婚。認定した慰謝料 60 万円。 共同不法行為者の責任は不真正連帯債務の関係にたつから、共同不法行為者の一人に対してなした債務の一部免除は他の共同不法行為者の責任に消長を及ぼさない。しかしながら、共同不法行為によって生じた損害に対し、共同不法行為者は、その相互間には連帯債務の関係がなくても、被害者の損害を賠償するという客観的な目的に関しては同一の地位にたつから、その一人が損害賠償義務を履行した場合、他の共同不法行為者は被害者が満足を受けた限度において責任を免れるものであるところ、A が離婚の調停において X に対し本件離婚に伴う慰藉料として金 48 万円の支払を約したこと、この支払義務の履行として A が X に対し昭和 45 年 11 月 20 日までに金 36 万 8000 円を支払った事実は当事者間に争いがないから、X は前認定の慰藉料 60 万円から 36 万 8000 円を差し引いた残額 23 万 2000 円についてのみ Y に支払を求めうべきものであり、この点に関する Y の抗弁は理由がある（請求額 60 万円）。
90	◎**東京地方裁判所昭和 46 年 7 月 19 日　判時 647 号 68 頁** **〔貞操侵害に基づく損害賠償請求を否定〕** Y → A の請求。 AY の同棲後における Y の A に対する内助の働きが、正式の妻（X）のそれに劣らないものであったこと及び AY の同棲生活を破綻に導いたものが、主として Y のいわれのない暴行（しかしその程度は AY の同棲生活を考慮するとこれのみで独立して損害賠償を求めうる程のものではない）に存することが窺われるのであるが、そもそも AY の同棲生活は、その経過と帰結とはともあれ、ことの発端において、A には、その Y との同棲という暴挙に極力に反対しつつなかば諦観の境地でその細腕に四人の幼児を抱え、ひたすら A の翻意を願っていた本妻 X のあることを Y において十分に知りつつ開始されたものであると認められるのであるから、このような AY 間の同棲生活は法律の保護をうけるべき生活関係ということはできな

いし、たとえその破綻についてＡにその責められるべき所為があったとしても、Ａに対し右同棲生活の破綻を理由として精神的損害の賠償を請求することはできないものというべきである（請求額は200万円）。

91 **◎仙台高等裁判所昭和46年11月10日　判時669号75頁、家族法判例百選新版60頁**

原審：青森地方裁判所八戸支部昭和46年3月21日。
Ｙ→Ａの請求。ＹがＡと情交関係を結んだのは、ＹにおいてＡの詐言を信じたことに因るものではあるが、右情交関係誘起の責任が主としてＡにのみあったものとは断定しがたいのみならず、情交関係継続についてのＹの反倫理的不法性に比し、Ａ側における違法性が著しく大であったものと認めることはできない。ＹとＡの情交関係が右の如きものであった以上、Ｙの貞操侵害を理由とする慰藉料の請求は、結局自己に存する不法の原因によって生じた損害の賠償を請求するものであって、民法第708条の法の精神に反するものとして許されないものといわなければならない。

92 **◎東京地方裁判所昭和47年3月18日　判時677号83頁**

〔慰謝料算定にあたり当事者の収入等を考慮〕
Ｘは職場でＡと知り合い、昭39年9月初めころ婚姻した。同40年3月ころ、Ａは他部署に移り、同部の主任であったＹと知り合った。その後Ａは、婚姻前より入会していた創価学会に関する活動に熱が入り、同じく創価学会の会員であるＹを賛美するようになり、Ｘは不愉快な思いをした。一方、Ａは、Ｘの経済的につましく質素な生活を嫌い、Ｘが家事に協力しないことなどに不満をもった。その結果、Ａは家を空けたり、勤務先の旅行の外に創価学会会員との旅行などに出かけたりすることが多くなった。
昭和41年11月、Ａが家出をして行方が分からなくなり、ＸとＡは事実上夫婦としての関係はなくなった。Ａは無断でＸとの協議離婚届書を届出した。Ｘは転出証明書を取る際に離婚届が提出されていること及びＡの所在を知り、かつ、ＡＹの関係について噂があったこともあり、弁護士などに相談した結果、Ｂに対し、ＡとＹの関係を調査することを依頼した。
Ｘは、ＢからＡとＹがＡの部屋に2人でいる連絡を受けてＡのアパートに直行し、居合わせたＹに対し殴りかかるなどの暴行をした。Ｘは同42年1月中に弁護士らを代理人として、Ｙに対し損害賠償請求をしたが、Ｙは示談金として金50万円ないし70万円を支払うことを考えてみる、という態度をとり、Ｘは、その金額で和解することは了承しなかった。その後、ＡＹは同年2月10日付書面をもって、千葉中央警察署長に対し、Ｘが前記暴行をしたことを告訴した。
ＸとＡはともに勤務先を退社し、現在、Ｘは無職であり、Ａは月当り給料2万円位のところに勤務している。Ｙは、現在も同社に籍を置いて、前記のとおり同部の責任者をしている。
Ａらは遅くとも昭和41年1月19日には不貞な関係にあり、且つそのことがＸとＡの関係を最終的に破綻に至らしめた原因であること、一方ＹがＡに夫がいることを承知のうえで不倫な関係を結んでいたことは明らかである。
そうするとＹらの右の行為はＸの夫としての権利を共同して侵害したと認められるので、Ｙらはそれによって Ｘの蒙った精神的苦痛に対する慰藉料を連帯して支払わなければならない。ところでその額について勘案するに、前認定のとおり、ＸとＡとの結婚生活の実態、その年令、収入等の事情、その他本件不貞行為の形ならびにＡＹの収入等の諸般の事情を考え合わせると、金80万円をもって相当と認められる（請求額は300万円）。

93 **◎東京高等裁判所昭和47年11月30日　判時688号60頁、判タ291号329頁、家事財産給付便覧2**

〔慰謝料算定にあたり当事者の社会的地位等を考慮〕
第一審：横浜地方裁判所昭和45年9月11日。ＡのＹ宅への出入りは度を過すものがあり、両者の関係は相当密着の感があるとはいえ、右両者間に不純な情交関係があったものと認めるには十分でなく、原審証人らの各証言、原審ならびに当審におけるＸ本人尋問の結果、両者の間に右の如き不純関係があったことを認めるべき的確な証拠とするには足りない。もとより事は男女間の機微に属する関係であるから、これを証する決定的資料を当の当事者以外から求めるのは不可能を強いる感がないではないが、本件にあらわれたすべての証拠によっても右両者の間は怪しい、或いはＸ主張の如き交情があるのではなかろうかとの推測を示すに止まるのみであって、一方Ｙの性格、生活態度、交遊関係等からすれば、そのような関係はないのではないかとの合理的疑いを解消しえず、結局においてＡがＹとの間に不貞の関係を有するとの事実はこれを認定するには不十分であるとせざるをえないのである。
しかし、ＡとＹとの関係が独立の離婚事由の一たる不貞というべきものでなく、たんに右認定の如きものであるとしても、さきに判示したごとく、Ｘは右両者間の関係に対し払拭し難

	い疑惑の念を抱いているのであって、通常の家庭に育った初婚のXとしては右の如き疑惑をもつのはむしろ自然であって、かかる場合夫たる者はよろしくその疑惑を解き妻の不信を回復するよう百方誠意を尽しその生活態度を改めるべきであるのに、Aはなんらそのことなく、依然Yとの交際を変更しないまま終始している。Yの行為はその作為不作為をあわせて総じて健全な社会通念にてらし社会的妥当性の範囲を逸脱する違法のものたる評価をさけえないものであり、Yの行為が究極のところXに対する関係において、Xを苦しめ、Aとの間の婚姻生活に破たんを来たさせるべき一要因となることはYの察知しもしくは察知しうべかりしものであることは明らかであるから、結局においてYはXに対し不法行為責任を免れるものとはいえないと解すべきである。 そして前記認定の当事者双方の社会的地位、行為の程度その他諸般の事実に鑑みれば、これがためXが蒙った精神的苦痛に対する慰藉料としては金50万円が相当と思料される。
94	**◎東京高等裁判所昭和47年12月22日　判時692号46頁** 第一審：横浜地方裁判所昭和47年6月9日。Yは、Xに対して相当悪感情を抱くようになり、Xらを離別させようと策していたことは考えられるが、それによってAに本件内縁関係解消の決意を誘発させるに足らなかったというべきで、他にYに社会観念上許容さるべき限度を超えた不当な干渉をして、これにより本件内縁関係に破綻を来たさせたものと認めるに足る証拠はない。よってXのYに対する主張は理由がない（請求額300万円）。
95	**◎大阪地方裁判所昭和48年1月30日　判時722号84頁、判タ302号233頁** **〔財産分与と慰謝料請求との関係〕** XA夫婦間での裁判。 財産分与の制度は、夫婦が婚姻中に有していた実質上共同の財産を清算分配し、かつ、離婚後における一方の当事者の生計の維持を図ることを目的とするものであり、ただ裁判所が財産分与を命ずるかどうか、分与の額および方法を定めるに当っては当事者双方の一切の事情を考慮すべき関係上、相手方において、有責行為により離婚に至らしめたことにつき請求者の被った精神的損害、すなわち慰藉料を賠償すべき義務を負うものと認められるときには、これが賠償のための給付をも含めてその額および方法を定めることができるものと解すべきである。 以上の如く慰藉料的要素は財産分与に包括的不可分の関係で含まれているものではないのみならず、慰藉料請求権は財産分与請求権とその性質を必ずしも同じくするものではないから、財産分与に右慰藉料的要素を包含する等特段の事情のない限り財産分与と別個に慰藉料の請求をなすことを妨げるものではない。そして、右両者が併列的に請求された場合には、財産分与の請求は右の清算、扶養の趣旨においてのみこれを求めているものと解する。 XはAの責に帰すべき事由によりAと離婚せざるをえないことになったものである。これによりXが精神的苦痛を被ったことはX本人尋問の結果により明らかであるから、Aは右苦痛を慰藉すべき義務がある。そして、その慰藉料額は前認定の諸事実および本件記録に現われた一切の事情を考慮すると金200万円が相当である。
96	**◎東京高等裁判所昭和48年3月9日　判時703号37頁、判タ306号198頁、家事財産給付便覧2** 第一審：90東京地方裁判所昭和46年7月19日。 AY情交して同棲中、XA離婚訴訟中。 妻としての法律上の地位は、その性質上放棄に親しまないものであり、離婚その他の事由によって婚姻が解消したときはじめて失われることとなるのであって、たとい、…夫婦関係がすでに事実上ほとんど破綻していたとしても、XはAに対して夫としての貞操を守り、妻…と同居すべきことを求め得る地位にあったものといわなければならない。…AとXとはいまだ正式に離婚の手続を経ておらず、又、すでに離婚の見込が十分に立っていたというわけでもないのに、Yは、右の事情を知りながら、第三者の女としてAとの同棲生活をしたことはともかくとして、Aの本妻ででもあるかのような振舞をするに至ったのであるから、XはAの本妻としての地位に基づく名誉を侵害されたものというべく、特段の事情の認められない本件にあっては、Yの不法行為の違法性が阻却されるものともいえない…。 認容額20万円（請求額120万円）。
97	**◎横浜地方裁判所昭和48年6月29日　判タ299号336頁、家事財産給付便覧2** 請求棄却。 XがAと情交関係を結んだ時点ではXAの婚姻関係はすでに他の原因によって破綻していたものと推認できるので、Xは、Aにおいて貞操を守るべく期待する夫としての権利を、もは

	や失ったものと解するのが相当。 XA 間の婚姻関係が破綻後は夫があることを知りながら妻と情交関係を継続しても不法行為とはならない。A は Y に対し、当初から、自己に夫・子供があることを告げたことはなく、同人から金３万円位の借金をしてこれが返済に困ったので、むしろ A の方から積極的に誘って情交関係を結んだものであり、しかも A は Y と情交関係を続けている間も、他の男性と同様の関係をもっていた。
98	**◎横浜地方裁判所昭和 48 年 8 月 29 日　判タ 301 号 232 頁** **〔期待可能性がないとされた事例〕** 父娘間の継続的肉体関係を秘匿して結婚することが、相手方男性に対して、父および娘の不法行為を構成するか否かが争われた事案。 娘は昭和 17 年生れで、相手方男性との結婚当時は満 25 歳であり、父娘ともによき男性との結婚を望んでいたのであつて、結婚を契機として、肉体関係を断絶し、父娘ともに人間として蘇生しようとしていたことをうかがい知ることができるのである。この場合、父娘にとつては、従前の肉体関係は絶対に秘しておきたい事柄であり、結婚当事者間にあつては表面化することなく埋没されるべき事柄である。 このような人倫をはずれた醜行関係に陥つた父娘が、結婚に当つて事前に相手方男性にその事実を打明けることは、本件父娘以外の通常人についても、現前の結婚成立による幸福を失う危険に対する恐怖によつて強度の心理強制を受け、秘匿せざるを得ず、経験則上、開示は不可能である。 父は、娘の結婚による幸福の獲得に対する祈念と情愛から、結婚適齢期の娘は一箇の独立の人格の尊厳の自覚と結婚による人間幸福の追求の至情から、そして父娘ともに、人間としての蘇生への光明を求める切情から、常識上、秘匿は必然であつて、事前の開示を法的義務として期待することは不能である。 X が、その法的義務ありとしてその遵守を要求するのは、客観的事態の反倫理性と暴露されたことによつて自己の蒙つた主観的精神的打撃の深刻さ（そのこと自体は、まことにそのとおりであつて同情に堪えない）を強調するの余り、法的に期待可能性ありと確信して父娘らに強要するに他ならない。本件秘匿行為はそもそも違法性はなく（もとより、適法行為になるものではないが、）不法行為を構成しないと解するのが相当である（請求額 361 万 1000 円）。
99	**◎広島地方裁判所昭和 48 年 9 月 21 日　判時 726 号 80 頁、家事財産給付便覧２** **〔子の慰謝料請求を肯定〕** X_1 は、A と昭和 29 年 2 月婚姻し、一男三女をもうけた。昭和 46 年 12 月頃 A は Y と知り合ったが、その頃 A には X_1 との結婚生活を嫌うようになっており、家出した後、昭和 47 年 1 月頃に、Y に対し事情を告げて Y の会社に雇傭してくれるよう懇請した。 X_1 は、昭和 47 年 1 月 24 日、A が Y と一緒にいるのを発見し、Y に対し、自分は A の夫であること、子供のためにも自宅に戻るよう A に勧めてほしい旨依頼したが、Y は取り合わなかった。同年 3 月頃 Y は A と肉体関係をもつに至った。 X_1 は A との同居を求める趣旨で夫婦関係調整の調停申立をしたが、同年 6 月 2 日の期日に A は離婚を求めたので、X_1 もやむなくこれに応ずることとなり、その結果離婚の調停が成立した。その後 Y は A と同棲している。 なお、夫婦の間は必ずしも円満ではなかったが、X としては調停において A が離婚を求めるまで全く離婚の意思がなかったことが明らかであるから、Y が A と肉体関係をもつに至った当時 X_1 と A とが事実上の離婚状態にあったと認めることはできない。 以上の事実によれば、Y は、A に夫及び子があることを知りながら同女と肉体関係をもち不倫な関係を継続して X_1 を A との離婚に導いたもので、故意に A が X_1 に対して負う貞操義務の違反に加担したものというべく、また XA の子らは、Y の行為によって A から母としての愛情を受けることができず父母との共同生活によって得られる精神的平和を乱され、その人格的利益を侵害されたものということができる。 しかして、X_1 らとしては多大の精神的苦痛を受けたであろうことが容易に推測されるので、Y は X_1 らに対し相当の慰藉料を支払う義務がある。そこで、慰藉料の額について検討するのに、X_1 は現在建築大工として働きながら、4 人の子を養育しており、生活が必ずしも豊かでないことが認められ、他方、Y は従業員 15、6 名を擁して土木建築業を営む会社の専務取締役をしていることが認められ、また、Y が A と不倫な関係に入った経緯については、必ずしも Y の積極的な誘惑によるものではないことが認められるのであって、これらの事実およびその他本件に現われた諸般の事情を総合すると、Y の支払うべき慰藉料は、X_1 について 70 万円、4 人の子らについて各 10 万円をもって相当と認められる（請求額：夫に対して 200 万円、子らに各 30 万円）。

100	◎**最高裁判所第一小法廷昭和48年11月15日　判タ303号141頁** 第二審：名古屋高等裁判所昭和47年12月23日、第一審：津地方裁判所四日市支部昭和47年3月24日「民法770条1項1号所定の『配偶者に不貞の行為があつたとき。』とは、配偶者ある者が、自由な意思にもとづいて、配偶者以外の者と性的関係を結ぶことをいうのであつて、この場合、相手方の自由な意思にもとづくものであるか否かは問わないものと解するのが相当である。」
101	◎**東京地方裁判所昭和49年3月19日　判時749号82頁、家事財産給付便覧2** **〔Aの家出等はAの意思によるものとして否定〕** 請求棄却。 Xは暴力を振い、結局夫婦喧嘩となる等、XとAとの夫婦仲は次第に破局への一途を辿り、昭和44年12月ころからは、Xは経済封鎖と称して生計費を殆ど全く渡さず、Aは暴力を避けると称して母妹知人方を泊り歩き、辛うじて女児の登校・登園のために早朝帰宅することが常例となり、そのころAの弟をも交え、Xとの間に離婚話が出たがXはこれに応じなかったこと、その後遂に昭和45年3月4日Aは二女児を連れて家出した。 一方、Yは昭和44年8月頃Aと職場で知合い、時に話合ううち、同年12月に催した職場関係の小人数（4、5人）の忘年会で、Aからその身上を聞かされ、単純にそのとおりのものと信じ痛く同情し、その頃から非番の昼間、X宅を訪れてAの内職作業（カセットの部品組立）を手伝い、家出に際しては、その資金等として10万円を貸与したほか、病妻帰住の際の保養先として購入した家を暫らく提供したものであることが認められる。 以上事実を要するに、その帰責事由の帰趨を措くと、Xの主張するAの外泊、家出等は専らA自身の意思に因るものであるから、Yは不法行為責任を負わない（請求額350万円）。
102	◎**東京地方裁判所昭和49年6月28日　前田「愛と家庭と」** 最高裁判所昭和54年3月30日の一審。X1とAは、昭和22年恋愛結婚（届出は昭和23年）したもので、結婚後5年位してからAは浮気をするようになり、帰宅が遅くなつたり、外泊することもあつたが、おおむね平穏に推移し、その間にX2（昭和23年生）、X3（同33年生）、X4（同39年生）を儲け、同39年まで通常の家庭生活を営んでいた。Yは、東京銀座でホステスをしていて、昭和32年客として来店したAと知り合い、Aに妻子のあることを知りながら情交を持つに至り、当初2人とも浮気のつもりが次第に愛情を抱くようになり、昭和35年一女を儲け（昭和39年認知）た。X1は、昭和39年に至り、AとYの関係およびその間に子が生れていることを知り、Aをきびしく責めたてて非難した。Aは、この非難にあい、X1に対し嫌悪の情を抱くに至り、家を出て1・2か月別居したのちYと同棲し、一時他県に移つていたが、昭和42年東京にもどり、以後Y方で同棲している。Yは、Aと同棲していても、Aから金員の贈与ないし貸与を受けたことはなく、生活費も受取つていない。AがXらのもとに戻りたいのであれば、あえて反対しないとの態度である。X（妻）貞操を要求する権利、妻として同居共同生活を営む権利、愛情的利益の侵害、AY間の同棲継続のためXA間は事実上の離婚状態。 X1の慰謝料認容額300万円（請求額500万円）。X2（成年者）の慰謝料認容額は10万円（請求額200万円）、X3、X4（いずれも未成年者）の慰謝料認容額は50万円（請求額100万円）。
103	◎**東京高等裁判所昭和49年8月30日　東高民時報25巻8号148頁** YとAが情交関係を結ぶ以前からXとAとの夫妻仲は不和であり、挙句の果、離婚の調停を申し立てたりする関係にあったものの、未だ完全な破綻の状態にあったとは認められないところ、Yは、AにXである妻のあることを知りながら、Aと情交関係を結び、それを継続したものであるから、Yは、Aと共同して同人のXに対する守操義務に違反する行為をなしたものというべく、これによりXの蒙った精神的苦痛に対し慰藉料を支払う義務があるものといわなければならない。 Yは、Aと情交関係を結ぶにあたり、Aを誘惑したとか、積極的にAの守操義務違反に加担したものと認められる証拠はなく、むしろ前記のとおり妻をあきたらず思っていたAの方が積極的にYに接近して親密さを増すようになったとみられるのであって、それにもかかわらず、慰藉料の請求については、Xは、Aを相手どることは当初から考えておらないのであり、そして、AがYに接近するようになったことについては、Xに責任が少ないとはいえないこと、また、Aは、子をXに渡すことに意を決しきれず、ついに同人を道連れに自殺したこと、Xは、Yに教えられた和文タイプにより月収7万円程度を得ているのに対し、Yは、月収3万円程度で、Aとの事業による借金135万円を抱えていることが認められること、そ

	の他本件にあらわれた諸般の事状を斟酌すれば、Xの精神上の苦痛は、10万円をもって慰藉するのが相当である。
⑭	**◎福岡地方裁判所久留米支部昭和49年9月13日　判時777号85頁** **〔私的制裁の約定の効力〕** Aは仕事で知り合ったBの娘であるYと親しくなり、昭和42年5月頃から情交関係を生じ、翌43年7月から8月にかけて両名とも家を出て同棲した。双方の家族が心配して種々忠告したり叱ったりしたが、両名とも関係を断つことはなかった。 本件公正証書は、途方に暮れた双方の家族や親族友人たちが相談の上、AをしてBに対しYと手を切ることを誓約させ、且つ違背した場合には違約罰として1000万円の制裁金を課するものとし、その支払義務についてはAの父、妻及び長男が連帯保証をするということにして誓約を実効あらしめようと作成したものである。 同公正証書はAとYとの間の情交関係を「不倫」であるとしてその解消に関し条項を定めているけれども、それが法律上「不倫」として非難さるべきであるのはAの妻に対する不貞行為だからであって、被害者は債権者とされているBではなくして、却ってその連帯保証債務者とされているAの妻にほかならない。BがYの親として、AにYと手を切ってくれと頼みその約束をさせることは、Yに対する親としての影響力の行使すなわち忠告、叱責その他の処置をとった上で、それを効果あらしめるための方法としてはじめて是認さるべき徳義上の問題であり、Bにそのような要求をする法律上の権利があるわけでもなければ、Aがそれを承諾したからといって両者間に法律上の取引関係が生ずるわけでもない。 従ってBがAにYとの情交関係の解消を誓約させそのことを公正証書の条項に盛り込んでも、該条項の本体がAの良心に向けられた道徳上の義務でありAの自由意思に基く履行のみを期待し得るにすぎないという本質は変更される理由がなく、これを強制的に履行させる法律上の方法はないものというべきである。 それゆえ、これを強制する目的をもってその違反に関し制裁金を課すべきことを承諾させたところで、それはとりもなおさず公の秩序の許さない私刑の設定にほかならぬこととなる。しかも本件においては、その違背がYの側にどのように責任のある場合であってもAに対する制裁の原因となるものとし、その制裁金を1000万円という巨額なものとしているほかに、その被害者たるべきAの妻をして被害者でも何でもないBに右制裁金の連帯支払義務を負わせるという本末顛倒をも敢えてしているものであって、かゝる私的制裁の約定が公序良俗に反することは明らかというべきである。
⑮	**◎千葉地方裁判所昭和49年12月25日　判時782号69頁、家事財産給付便覧2** YとAの異性関係の継続とAがXに背き家庭を顧みなくなったこととの間の因果関係を推認することはできず…逆にXに対する不満と憤懣が、AをXと家庭から離反させ、それがAのYに対する慕情を募らせて異性関係の継続を助長したともいいうるのであって、どちらが因でどちらが果であるかを決するに足りる証拠はない。 XはAが死亡してその遺品の中からA宛てのYからの手紙を発見してはじめて不貞の事実を知ったもので、YとAとの関係はAの生存中に終了していた。認容額30万円（請求額500万円）。
⑯	**◎仙台地方裁判所昭和50年2月26日　判時801号82頁、家事財産給付便覧2** **〔不貞当事者双方の配偶者が訴え提起〕** BとYは昭和36年に結婚した。一方、Aは昭和40年2月頃に電機株式会社に勤務し、Xとの家庭生活は比較的円満であったところ、Yとの不倫関係が発覚したため同48年2月同社を退社するに至った。昭和47年7月20日頃、AがYをドライブと夕食に誘い、Yもこれに応じたので、Aが自家用車にYを同乗させて青根温泉方面にドライブした。そのときはYの抵抗もあって接吻した程度で帰宅した。 同年8月上旬頃、Aは自家用車にYを同乗させ、蔵王山麓のモーテルに車を着け、両者はその一室で食事をすませ、互に入浴した後初めて情交するに至った。しかして、その後はBの出張不在日などをねらって、同47年10月下旬頃までは1週間に2ないし3回の割合で情交を重ね、11月中旬頃からは、Yが別れ話などを持ち出したこともあって、両者の仲がやや冷却し、従前ほど繁々と情交を重ねることがなくなったけれども、それでも翌48年1月30日YがBに責められて一切を告白した後も、両者の情交関係が継続していた。不倫関係の端緒は、積極的、能動的に行動したAに大きな責任があることは言うまでもないが、消極的受動的とは言うものの、一家の主婦たることを自覚すればAのかかる所為から逃避することは極めて容易と思われるに拘らず、これを回避しようともしなかったYにも軽からざる責任があるものと看ることができる。かくて、ひと度かかる情交関係に陥った後は、互にBやXの目

を盗んでは逢瀬を楽しんでいたものであるから、不倫関係の継続はいずれをもって誘惑者とし、いずれをもって被害者と断じ難い状態にあったものと看るのが相当である。尤も、Yが同47年11月中旬頃に別れ話を持ち出して以来Aから遠ざかろうと努めたけれども、AがYを離そうとしなかったことが認められるところであるから、少くとも同47年11月中旬頃から翌年1月下旬に至るまでの不倫関係継続の責任はAにあるものと看ることができる。
AとY間の不倫関係が、それぞれの夫であり妻であるX及びBに対して甚大な精神的苦痛を与え、延いてはそれぞれの家庭の平穏を著しく害したことは言うまでもないところであるから、A、Yの前示不倫関係の経緯とその他諸般の事情を勘案して、(1) AのBに対する慰藉料は金100万円（請求額300万円）、(2) YのXに対する慰藉料は金50万円（請求額50万円）をもって相当と認定する。

107 **◎東京高等裁判所昭和50年4月24日　判時800号52頁**

〔Aが過去に別人と不貞関係にあった事例〕
第一審：東京地方裁判所昭和48年6月29日。Aは、Yと同棲する以前にX以外の女性と情交関係を結んだことがあるけれども、これらは遠くは本訴提起前20年以上前からのことであって、すでに古いことがらであり、その後AとYとは同居して家庭生活を送っていることをあわせ考えると、右のような情交関係をもって不貞行為としてAに対し慰藉料の支払いを命ずべきほどの不法行為ということはできない。
しかしながら、AY両名が同棲生活に入ったのはBに離婚届を託したことによってXA間の婚姻が解消したものと考えたことによるものであるが、この間にAにおいては右離婚届が受理されて正式に離婚が成立したかどうかについて確かめず漫然Bに対しAの署名押印のある離婚届用紙を渡したことをもって離婚が成立したものとしてYと同棲生活に入った過失があり、Yにおいても右事実を容易に確かめることができたのにAと同棲生活に入ったことはAとXとの婚姻関係が解消されたことを信ずるにつき過失があったものというべく、さらにその後、AYにおいてXとの離婚が正式に成立していないことを知ってからなお同棲生活を続けていることは、故意又は過失によってAの妻たるXの権利を侵害したものとして共同不法行為に基づきこれによって生じた損害を賠償する義務がある。
そこで、その損害賠償額についてみると、AY両名が同棲生活によりXの妻たる権利を侵害したためXに精神的損害を与えたものであるが、XとAとの婚姻生活は、かなりの破綻をきたし、その後Xは家出をし現在もAとの同居を求めていないことを考慮するとともに、そのほか本件にあらわれた一切の事情を考慮し、これが賠償額は金100万円とするのが相当である。

108 **◎高知地方裁判所昭和50年11月14日　判時810号82頁、家事財産給付便覧2**

〔Aが医師でYが看護婦〕
Aは医師という知識人であり、しかも60歳という分別盛りでありながら、知人や弟からYとの間を清算するよう説得され、再三にわたり別れるような形式をとりながら、その都度Y（看護婦）との関係を復活させるような行動をとっており、これらの点から考えると、AY間の不倫行為の発生と継続についての原因は、主としてAの行動にあったといわざるをえない。
とはいえ、Yも第三者から何回かにわたってAとの関係を清算するようにいわれたのに対し、これに反対し、自己に都合の悪い時には薬物自殺を企てる等して抵抗し、積極的にAとの関係を維持しようとしたことは充分非難に価し、Xに対する不法行為を構成するものといわなければならない。
もっとも、Xにおいても、AYの関係を妨止できないと判断するや、Aとの間で、金銭問題が解決できるのであれば、Aと離別してもよいような態度を示し、積極的に第三者に仲介を依頼するとか、公的機関の関与によって解決をはかるとかの方法をとらず、従って、Xが、AY間の行為を阻止するために十全の努力をしたと評価することもできない。
これらの点を総合判断するとXのYに対する慰謝料請求は金300万円をもって相当であると判断する。そして、Xは本訴を提起するについて弁護士に成功報酬金50万円を支払う旨約したことが認められるものの、本訴と相当因果関係のある弁護士費用は、認容額の一割である金30万円と認めるのが相当である（請求額550万円）。

109 **◎東京高等裁判所昭和50年12月22日　判タ338号168頁**

最高裁判所昭和54年3月30日の原審、夫AがバーのホステスYと情交関係を結び、その間に子が生まれ、Aがこれを認知した。Aの妻XはAYの関係を知りAをきびしく責めたのでAは家を出てYと同棲したという事案。
AとYとは、Aのさそいかけから自然の愛情によって情交関係が生じたものであり、Yが子

	供を生んだのは母親として当然のことであって、Aに妻子があるとの一事でこれらのことが違法であるとみることは相当ではなく、またXAの婚姻生活は、XがAYの関係を知り、Aが別居した昭和39年6月に破綻するに至ったと認めるのが相当である。 そして、この別居はAがXに責められ愛情を全く喪失したため敢行されたものであって、YがAに同棲を求めたものではなく、Yに直接の責任があるということはできない。そして、AYが同棲生活に入ったのは、XAの婚姻関係が既に破綻した後であって、しかもAの方からYのもとに赴いたものであって、これをもってYに違法があるとすることはできない。
110	**◎東京地方裁判所昭和51年6月10日　判時849号99頁、家事財産給付便覧2** 〔Yが夫婦気どりで関係継続〕 XとAは昭和35年12月婚姻した。ところが、Yは、昭和45年春頃から、Aに妻のいることを知りながらAと肉体関係に及び、その結果、昭和46年1月にAの子を出産した。Yはその後もAとの肉体関係を継続し、昭和49年1月23日頃Aと同居して、Aと夫婦同様の関係を続けた。その間、同年1月16日にXとAとが離婚する旨記載した離婚届が出され、一方、AとYとは同年2月13日両名間の婚姻届をした。 しかし、その後XがAを相手どり離婚無効確認請求訴訟を提起し、昭和50年6月30日頃Xの勝訴が確定した。従ってXとAとは今日まで然として婚姻した夫婦の間柄にあるから、AはXに対し夫婦としての守操義務及び同居協力義務を負担している。 ところで、Aは、Xと婚姻届をした夫婦の間柄でありながら、昭和49年2月Yとも婚姻届をしているものであるから、AとYとの婚姻届は重婚になる。重婚関係になることを知って婚姻届をして故意に刑罰に処せられるべき重婚罪を犯した者については、その結果生じた身分関係に基づく権利によりその者を保護すべきでないから、このような場合においては、民法748条3項を準用ないしこの規定の趣旨からして、故意に重婚関係に入った者は、その相手方に対し、一般に婚姻関係から生ずる権利（貞操を守ることを求める権利、同居協力を求める権利等）を主張し得ない。AはXに対してのみ夫婦として守操義務及び同居協力義務を負担していたにもかかわらず、昭和45年春頃からはXに対する守操義務に違反し、昭和49年1月23日頃Yと同居してからはXに対する同居協力義務に違反する各行為をなしているところ、YはAの各行為に故意に加担しているので、Yの行為はXに対する不法行為にあたる。 そうすると、民法709条に基づき、YはXに対し、不法行為に因ってXが被った損害を賠償する義務がある。 Xの損害について検討すると、XはYの不法行為に因り多大の精神的苦痛を受けたことが推認できる。 そして、諸般の事情を総合勘案すると、Xに対する責任の大半はAにあり、Aこそ大いに非難せられるべきであるが、YもXの求めに耳をかさず、長年月に亘って妻たるXをないがしろにしてAと夫婦気どりで関係を継続しており、その責任はけっして軽いものではないと認められるから、YがXに支払うべきXの右精神的苦痛に対する慰藉料は金100万円をもって相当と認める。弁護士費用は別途20万円（請求額100万円）。
111	**◎水戸地方裁判所昭和51年7月19日　判タ347号276頁、家月30巻1号102頁** Xの慰藉料請求の点については、Aの暴行、不貞行為、YがAに妻のあることを知りながら肉体関係をもったこと、これが原因となつて離婚の事態を招いたものであつて、ともに不法行為に当る。もつともXはAY両名は、その全部について共同不法行為者であると主張するけれども、AがXに対してなした暴行の点については、Yに責任を認めるに足る資料はない。そして諸事情を総合すると、AのXに対する慰藉料は金200万円、YのXに対する慰藉料は金100万円（従つてAY両名の共同不法行為者としての連帯負担部分は金100万円となる。）と認めるのが相当である。
112	**◎東京高等裁判所昭和51年10月19日　判タ350号308頁、家事財産給付便覧2** 原審：長野地方裁判所松本支部。 AY1年以上の情交関係、XA破綻別居中。 認定事実によれば、Yは当初からAがXの妻であることを知つていたのであるから、AYは前認定の不貞行為により共同してXのAに対し夫として有する権利を違法に侵害したものというべく、これによるXの精神的苦痛に対する慰謝料は、さきに認定したX、A、Yの年令、職業、XAの婚姻継続の期間、その他一切の事情を総合すると200万円を相当とするものと認められるので、AYを共同不法行為者としてXに対し連帯して慰謝料300万円支払を求めるXの本件請求は200万円の連帯支払を求める限度において正当として認容すべく、その余は失当として棄却すべきである。

113	◎**札幌高等裁判所昭和 51 年 10 月 27 日　判タ 346 号 220 頁** **〔A と Y の連帯責任を肯定〕** 原審：札幌地方裁判所室蘭支部。 X と A は、昭和 33 年頃事実上の婚姻をし、昭和 34 年 9 月婚姻の届出をなし、一女一男をもうけた。婚姻後、家計を助けるために A も働きだし、昭和 47 年頃からクラブにホステスとして勤め、顧客として来店していた Y と知合つた。A は昭和 47 年 1 月頃から生活が不規則となり、X が昭和 38 年 5 月に不妊手術をしていたにもかかわらず、妊娠し、昭和 47 年 3 月に妊娠中絶手術を受け、X がその相手の男（Y 以外の男）から慰藉料として金 10 万円を徴して手を切らせた。しかしながら A はその後も行状を改めず、昭和 48 年 8 月頃から朝帰りが多くなり、遅くとも同年 9 月頃には Y と肉体関係を結んだ。Y はその当時 X と A が婚姻関係にあることを知つていた。X は A に再三行状を改めるよう迫つたが、A はこれを改めなかつた。 昭和 48 年 10 月末頃 X が A に「出て行け」と口走つたあと、A は X の留守中に家を出て、昭和 48 年 12 月 7 日頃からアパートで Y と同棲し、両名は、前示の長女、長男を呼び寄せ、昭和 49 年 2 月頃転居し、現在も同棲している。X は酒好きで、毎晩のように飲んでは A に乱暴したことがあり、その暴行は昭和 47 年頃から激しくなつたが、その原因は、A の前叙のような男性関係に因るものであつた。 前記事実関係によれば、A は Y と肉体関係を重ね、遂には出奔して Y と同棲して、X との婚姻生活を破綻させ、離婚もやむなきに至らしめたものであつて、A の一連の所為は、X に対する守操義務に違反して Y と通じ、敢て同棲までして X の精神的平和を違法に攪乱したのみならず、X が A と平和な婚姻共同生活を営むべき利益を違法に侵害し、両者間の婚姻関係を破綻させ、破壊したものとして、不法行為にあたるものであり、また Y の行為は、X の A に対する夫権殊に守操を求める権利を違法に侵害すると共に、X が A と平和な共同生活を営むべき利益をも違法に侵害し両者間の婚姻関係を破綻させ破壊したものとして不法行為にあたるものであつて、AY は不法行為を共同してした者というべく、従つて AY は、これに因つて X の被つた損害としての精神的苦痛を連帯して慰藉すべき義務を負うものである。 そして慰藉料の額は、前判示の婚姻継続の期間、その間の夫婦関係（A が稼働したことによる家計への寄与の点も含む）、A の不貞行為の態様、別居前後の経緯その他諸般の事情を考慮すると、少くとも金 50 万円を下ることはない。
114	◎**札幌地方裁判所昭和 51 年 12 月 27 日　判タ 364 号 243 頁、家事財産給付便覧 2** **〔A に主導権あり〕** AY 情交なし同棲、X は A に対する離婚訴訟を同時提起。 A の X に対して支払うべき慰藉料金 300 万円のうち、Y との共同不法行為に基づく部分は 80 万円と解するのが相当である（A の女ぐせの悪さは結婚当初からのもので、今日まで何人もの女性と不貞な関係を続けてきたこと、また A は X に対してたびたび殴る蹴るの乱暴をしたこと等 Y と無関係のことに起因する部分を控除した）。 ところで、共同不法行為の成立が認められても、ある加害者の行為もしくは結果に対する関与の度合いが非常に少い場合で、かつ、そのことが証明されている場合には、その者については、右関与の度合いに応じた範囲での責任のみしか負わすことができないものと解すべきである。 これを本件についてみると、A は、Y との不貞な関係の招来およびその維持について常に主導権を握つており、Y はただこれに服従したにすぎないともみられること、少くとも現在は、Y は A と別れ夫の下に戻つたこと、A との関係を生じたことで Y 自身の心身もかなり傷ついたこと等を考慮すると、Y の責任は、前記共同不法行為部分の 8 分の 1 すなわち金 10 万円に相当する部分に限られるものというべきである。 X の A に対する請求額 300 万円、Y に対する請求額 100 万円。
115	◎**大阪地方裁判所昭和 52 年 4 月 20 日　前田「愛と家庭と」** XA の子らが不貞相手（女性）に対して慰謝料を請求したが（A はすでに死亡）、親に対する請求権は反射的利益故、不法行為を構成しないとして棄却。X の Y に対する慰謝料請求は守操請求権の侵害を理由に 200 万円の限度で認容（請求額 500 万円）。
116	◎**大阪地方裁判所昭和 52 年 6 月 6 日　前田「愛と家庭と」** 最高裁判所昭和 54 年 3 月 30 日の一審。 X と XA の子が Y（男性）に対して慰謝料を請求したが、子の請求については、特別の事情

	のない限り不法行為を構成しないとして棄却。 Xの請求については、守操請求権の侵害を理由に300万円の限度で認容（請求額1000万円）。
117	**◎東京高等裁判所昭和52年8月25日　判時872号88頁、家事財産給付便覧2** 第一審：東京地方裁判所八王子支部昭和51年7月16日。 請求棄却。 認定事実（夫Aは妻Xとの性格の相違その他の理由により婚姻継続の望みを失って家出した）によると、XとAとの間の夫婦仲は、Aの家出当時既に冷却してしまっており、Aの仕送りは続けられてはいたものの、夫婦同居の実は失なわれたままで遂に回復されることなく、AがYと肉体関係を結ぶに至った当時、Aは事実上離婚の状態にあったものというべきである。したがって、YがAにXという妻のあることを知りながらこれと肉体関係を結び、同棲生活を続けていることは、不倫の誹りを免れないとはいえ、夫婦共同生活が正常に営まれていたような場合とは著しく事情を異にし、そのことをもって、Xに対し不法行為を構成するほどの違法な行為であると断ずることは許されない（請求額300万円）。
118	**◎東京地方裁判所昭和53年3月16日　判タ372号140頁** **〔財産分与とは別に慰謝料も肯定〕** 夫婦間の事案。 X女とA男は、昭和37年6月ころ同棲し昭和39年5月婚姻届を了し、二女をもうけた。 A男には不貞行為が絶えず、昭和42年ころには1週間に1日位家に帰るのみで外泊が続き、昭和45年7月には某女宅の階段から転落して大腿部骨折の重傷を負い、昭和48年5月ころの早朝には、自動車に女性を同乗させて進行中に追突された。A男は、飲酒しては毎晩午前3時ころに帰宅したり、時々外泊したりして、X女をかえりみない生活を続けたが、昭和48年5月ころから、A男はX女に全く生計費を渡さなくなり、昭和49年6月ころA男は家を出て、それ以来X女に対し何らの仕送りもしなくなり、X女を悪意で遺棄し、XA間の婚姻生活は全く破綻し、かつ回復の可能性もない」。「昭和45年ころ千葉県○○市○○番に約500坪の土地（別荘地）を500万円位で購入し」（現在約1000万円相当）、「A男が家出する直前には700、800万円位の預金があつたが、A男がこれを使つた、という事情にある。なお、長女は昭和50年ころA男が引取り養育している。 X女はA男に対し、離婚と二女の親権者をX女に指定し、金300万円の財産分与と金200万円の慰藉料支払いを求めて本訴を提起した。 裁判所は、「XAは昭和49年6月ころから別居して現在に至り、婚姻生活は全く破綻し、かつ回復の可能性はないことが明らかであるから、Xの離婚請求は理由がある。また、前記事実関係のもとにおいては、XA告間の長女の親権者はY、二女の親権者はXと定めるのが相当である。しかして、XAが婚姻後に取得した財産の価額、Xの寄与率、婚姻期間、離婚後の扶養、その他本件記録にあらわれた一切の事情を考慮すれば、Xに対する財産分与は金300万円が相当であり、また、婚姻破綻の原因はAの不貞行為、悪意の遺棄等Aの有責行為に基因することが明らかであり、これがためXが多大の精神的苦痛を蒙つたものと推認され、Xの年令（昭和10年生）、子の数、婚姻継続期間、婚姻破綻の原因等諸般の事情を考慮すれば、Xに対する慰藉料は金200万円が相当である。そうすると、AはXに対し、財産分与ならびに慰藉料として金500万円の支払義務がある」と判示。
119	**◎横浜地方裁判所横須賀支部昭和53年4月19日　判タ414号11頁** Yは自然の情愛をもってAを受け容れたものであるから、AがXの妻であることを知りながら同女と同棲するに至ったことをもってAとの共同不法行為としてXに対し責任を負うべきものとすることはできない。（田中恒朗コート）
120	**◎東京高等裁判所昭和53年4月27日　判タ368号272頁** 第一審：横浜地方裁判所。 妻と別居中の中年の男性と夫以外の男性と近い過去に性的交渉を持つた同じく中年の女性が10坪そこそこの本件部屋で生活を共にすることが稀ではなく、深夜ふざけながらドライブをしたり、時には相携えて宿泊旅行したこともあつた両名の行状からすると、情交関係が始まつた時期は明らかでないとしても、その交際の途中からYとAの間に性的交渉が生じ継続された、と推認するのが相当である。
121	**◎神戸地方裁判所昭和53年7月14日　判時936号100頁、家事財産給付便覧2** **〔AとYが同棲中〕** XとAは、昭和34年7月婚姻し、その間に昭和35年7月長男、昭和38年5月二男を儲

	け、Xが大学庶務課長として勤務していた昭和47年4月から昭和51年3月の間、Aが夫婦間の対話が殆んどないことなどからXに不満を抱いたものの、神戸市内で平穏な生活を送っていた。Xは、昭和51年4月博物館庶務課長となり東京へ転勤しなければならなくなったが、当時長男が高校入学時で東京の高校への転校がすぐには困難であったため、単身で東京で生活することになった。 その頃、Aが、長男の高校入学の保証人を長男の中学2、3年の担任教師であったYに依頼したことから、Yは、AにXの留守家庭に招かれたり、Aや二男などとピクニックに出掛けたり、更に後にはAと2人だけで、旅行するようになり、次第にAとの間に恋愛感情が生じた。 同年8月に入ると、長男の東京の高校への転校が決り同月末日にはAや子供らがXと同居することになっているのに、Aと肉体交渉を持つに至った。同年8月末から、XとAらは東京で同居することになったが、AはYと相互に度々電話で話し合っており、同年10月9日頃には、家族に無断で家出し、Yと相談のうえ、Yの住居付近のアパートの一室を借りて住むようになった。 しかし、同月末日頃長男と二男がAに東京へ帰るように迎えに行ったことなどから、同年11月26日頃Xに謝罪して再びXのもとに戻った。その間XらからYに対しAの所在について照会があったのに、YはAの所在を知らせなかった。 Yは、その後も、Aと連絡をとり、昭和52年2月には「A様へ、この書を愛するわが妻に捧げる」などと書き記した詩集をAに送付したりした。AはXのもとに戻ったものの、昭和51年12月頃から結核にかかり、昭和52年3月Aの実家の近くの福岡の病院に入院することになったが、Xは同年5月、Aの荷物を整理していた際、前記詩集やYとAが旅行中に写した親しげな写真を発見したことから、AYの関係をはっきり知り、Aとの離婚を決意し、同年8月1日協議離婚した。XはAの家出や入院、2児の世話等で非常に苦労した。Aはその後退院し、現在ではYと同棲中である。 以上の事実によると、Yの行為は夫の妻に対する貞操期待を侵害し、婚姻生活を破壊したものとして、Xに対する不法行為であり、YはXに慰藉料を支払う義務があり、その慰藉料額は300万円をもって相当と考える（請求額1000万円）。
122	**◎大阪高等裁判所昭和53年8月8日　判タ371号94頁、家事財産給付便覧2** 最高裁判所昭和54年3月30日の原審。 思うに、婚姻及び家族制度の機能とこれに関する憲法、民法などの規定の趣旨に鑑みると、夫婦とその未成熟子からなる家族にあつて、各人は他の家族と共に平穏に幸福な家庭生活を営むべき法の保護に値する利益を有し、第三者がこれを違法に侵害するときは不法行為が成立するものと解すべきである。 第三者が妻と不倫な関係を結んで当該平和な家庭を破壊したときは、夫の守操請求権、未成熟子の身上監護請求権の侵害を理由とするだけでなく、夫または未成熟子の前記精神的利益の侵害を理由として不法行為の成立を肯認しうると解するのが相当である。してみると未成熟子に対して第三者が害意を持つなどYが主張するような特別の態様の侵害行為がなされたときに限つてのみ、不法行為の成立を認めるべきものと解すべきではない。 これを本件についてみると、Yは、少くとも、Aに加担して違法にXらとAとの平穏で安定した家庭生活からAを離脱させてこれを事実上破壊、破綻させ、Xらがそれまでの平穏で幸福な家庭生活を営むことによつて享受してきた精神的利益を侵害したものと認められるから、Aとの共同不法行為者としてXらに対しその被つた精神的苦痛による損害を賠償すべき義務を免れない。 認容額は夫に対して500万円（請求額は700万円）、子ら3名に各100万円（請求額は各350万円）。
123	**◎大阪高等裁判所昭和53年8月30日　前田「愛と家庭と」** 大阪地方裁判所昭和52年4月20日の控訴審。 XAの子らが不貞相手（女性）に対して慰謝料を請求したが（Aはすでに死亡）、法律の保護に値する権利にあらずとして棄却。
124	**◎大阪高等裁判所昭和53年9月29日　判タ372号87頁、家事財産給付便覧2** **〔A死亡後2年経過した後に訴え提起〕** 第一審：大阪地方裁判所昭和52年9月26日。 AY長年にわたる情交関係。AとXは昭和2年に婚姻した。Aには女性関係が多く、Yとは昭和22年以来、途中一時途切れたことはあるが、Aが昭和48年に死亡するまで関係があり、昭和26年にはその間に婚外子Bをもうけている。AY間の関係は、その発端においてほ

	とんどＡに強制されたものであつたし、その関係保持もほとんどＡの熱意によつてされていて、ＸはAYの関係を知りつつ、概ね黙認状態であつた。 また、ＡはＸ以外の女性とも多く関係していてＸ以外にも継続的関係をもつた女性もあつたが、Ｘはこれらの女性に対し損害賠償の請求をしたことがなかつた。Ａの死後、AY間の子Ｂが認知請求をし、その認容判決があつたのち、ＸはＹに対し、AY間の不倫行為を理由として、損害賠償請求を提起したのが本件である。 Ｘやその関係者らにおいては、右認知判決後におけるＢのＡの遺産に対する権利の主張、その他ＢがＡの子として有する権利の主張を抑制ないし縮減させることを意図し、直接的にＢに対しては、右意図を達成するために採り得べき適切な方策がないまま、間接的にでも右意図を達成し得べき一方策として、同人の母であるＹに対し、本件訴訟を提起するに至つたものであると思料される。…ＸがＹに対し、Ａが死亡してから２年有余も経つたときに、今更のごとく、こと改めて本件損害賠償請求をなすことは、本件における諸事情、並びに消滅時効制度の趣旨に照らし、権利の濫用にわたるものとして、許されない。
125	**◎東京高等裁判所昭和54年１月24日　判時923号85頁、判タ380号149頁、家事財産給付便覧２** 第一審：東京地方裁判所昭和52年７月20日。 AY情交し同棲、XA破綻別居中。 Ｙは、Ａに妻があることを知りながら、Ａとの肉体関係を遅くとも昭和39年頃から継続したものであって、そのことがXAの夫婦関係を破綻するに至らしめたことが明らかであり、そうすると、Ｘは妻としての権利をＹによって不法に侵害されたものというべく、そのためＸが被った精神的苦痛に対する慰藉料は、当事者双方の社会的地位、行為の態様、その他諸般の事情に鑑み、100万円をもって相当とする。
126	**◎大阪地方裁判所昭和54年１月29日　判タ380号155頁** **〔子の慰謝料請求を肯定〕** 「夫婦及びその未成年の子によつて家族共同体としての家庭が構成されている場合においては、夫婦は互いに貞操を守り、同居し、協力し、扶助する義務を負い、また、親権者は未成年の子を扶養し、監護及び教育をする義務を負い、各家族は、他の家族と共に平穏で幸福な家庭生活を営む人格利益を有するものである。夫婦の一方（親権者）が、右義務に違反し、また、第三者がこれに加担して、それまで形成されて来た家族共同生活から離脱し、家庭を破壊して右権利ないし利益を侵害したときは不法行為が成立し、その者及びこれに加担した第三者は、夫婦の他方及び未成年の子に対し損害賠償義務を負うと解するを相当とする。 したがつて、親権者は、未成年の子に対し、単に生活費を送る等して扶養義務を尽せばそれで親権者としての義務を十分に履行したというものではなく、子が親権者から監護及び教育を受け平穏で幸福な家庭生活を営むべき権利ないし利益は、単に夫婦関係から生ずる反射的、附随的な利益というものではない。 また、不法行為は、故意又は過失によつて他人の権利ないし利益を侵害した場合に成立するものであつて、特別の規定のある場合に軽過失を除外するのであるから、害意又は苦痛ないし損害を加える意図のもとになした場合等に限つてその成立を認むべきものであると解することもできない。」
127	**◎東京地方裁判所昭和54年１月31日　判タ380号114頁、家事財産給付便覧２** **〔子の慰謝料請求を肯定〕** ＹがＡと肉体関係を持つた当時、ＡとＹは上司と部下の関係にあり、Ｙに比して社会経験に富み、かつ、分別を備えるべき年令にあるＡが妻子のある身で積極的にＹに接近し、事実上離婚状態にある状態にあるなどと虚言ともいえる言葉まで用いてＹと肉体関係を持つたものであり、ＹとＡの同棲も、一旦はＡと別れる決心までしたＹに、Ａがその居所を探し出して再度接近し、復縁を哀願してＹの同情を買い、同棲するようになつたものであつて、Ｙの果した役割は、Ａに比して極めて消極的であり、その責任の割合は、はるかに小さいといわざるをえない。このことは、ＸとＡの婚姻関係の破綻についても同様で、本来右婚姻関係の円満な維持、継続について夫として多大の責任のあるＡがむしろ積極的にこれを破綻に導いたものであつて、右婚姻関係の破綻に対するＹの関与の度合ひいては責任の割合も、Ａと比較してはるかに小さいことは多言を要しない。 認容額は、妻に対して60万円、子ら２名に各20万円。
128	**◎名古屋地方裁判所昭和54年３月20日　判タ392号160頁、家事財産給付便覧２** **〔婚姻関係破綻後の不貞行為に不法行為成立せず〕**

請求棄却。
XとAとの婚姻関係は、直接的にはXが正当の理由もなく暴力沙汰でAを追出し、それによつてAが家を出て別居状態になつたことで破綻状態に陥つたものであり、それも、長年の結婚生活におけるXの勤労意欲の希薄と残酷ともいえる乱暴狼藉、夫としての愛情の欠如と背信等Xの有責行為が根源をなしているものと認められ、そのうえ、右婚姻関係の解消は、前示のとおり手続的には離婚の届出のあつた昭和51年12月2日であるけれども、事実上はそれにさきだつ同年10月前後頃協議によりその合意が確認されているのであるから、右事情のもとにおいては、Aの不貞行為が既に同年10月頃から始まつていたとしても、右のようにXの有責行為が原因で形骸化した婚姻関係の夫婦の一方であるXが、貞操義務違背ないし夫権侵害を理由として、その妻たるA及びその相手となつたYに対し損害賠償（慰藉料）を求める実質的利益はないと評価して妨げなく、AYの所為はその違法性を欠いて不法行為を構成しないと解するのが相当である。

129 **◎最高裁判所第二小法廷昭和54年3月30日（一審：東京地方裁判所）　最判解民（昭和54年度）167頁、判タ338号168頁、家事財産給付便覧2**

〔東京ケース〕
夫婦の一方の配偶者と肉体関係を持った第三者は、故意又は過失がある限り、右配偶者を誘惑するなどして肉体関係を持つに至らせたかどうか、両名の関係が自然の情愛によって生じたかどうかにかかわらず、他方の配偶者の夫又は妻としての権利を侵害し、その行為は違法性を帯び、右他方の配偶者の被った精神上の苦痛を慰謝すべき義務があるというべきである。
妻及び未成年の子のある男性と肉体関係を持った女性が妻子のもとを去つた右男性と同棲するに至つた結果、その子が日常生活において父親から愛情を注がれ、その監護、教育を受けることができなくなつたとしても、その女性が害意をもつて父親の子に対する監護等を積極的に阻止するなど特段の事情のない限り、右女性の行為は未成年の子に対して不法行為を構成するものではないと解するのが相当である。けだし、父親がその未成年の子に対し愛情を注ぎ、監護、教育を行うことは、他の女性と同棲するかどうかにかかわりなく、父親自らの意思によつて行うことができるのであるから、他の女性との同棲の結果、未成年の子が事実上父親の愛情、監護、教育を受けることができず、そのため不利益を被つたとしても、そのことと右女性の行為との間には相当因果関係がないものといわなければならないからである。

130 **◎最高裁判所第二小法廷昭和54年3月30日（一審：大阪地方裁判所）　判タ371号94頁、判タ383号46頁、家事財産給付便覧2**

〔大阪ケース〕
夫及び未成年の子のある女性と肉体関係を持つた男性が夫や子のもとを去つた右女性と同棲するに至つた結果、その子が日常生活において母親から愛情を注がれ、その監護、教育を受けることができなくなつたとしても、その男性が害意をもつて母親の子に対する監護等を積極的に阻止するなど特段の事情のない限り、右男性の行為は、未成年の子に対して不法行為を構成するものではない。けだし、母親がその未成年の子に対し愛情を注ぎ、監護、教育を行うことは、他の男性と同棲するかどうかにかかわりなく、母親自らの意思によつて行うことができるのであるから、他の男性との同棲の結果、未成年の子が事実上母親の愛情、監護、教育を受けることができず、そのため不利益を被つたとしても、そのことと右男性の行為との間には相当因果関係がないものといわなければならないからであり、このことは、同棲の場所が外国であつても、国内であつても差異はない。

131 **◎大阪地方裁判所昭和54年9月28日　判時955号105頁、判タ400号199頁**

〔Yは謝罪するも関係継続〕
XはAと昭和41年11月婚姻し、一男一女をもうけ、夫婦関係は平穏且つ円満であった。昭和51年5月、Xは喫茶店aを開業し、とりあえずAをしてその経営にあたらせ、軌道にのりはじめた同年7月、喫茶店経営を本格的に始めようとした。Yはaの真向いで会社を営むものであるが、aを訪れてAを知り、時折夜にaに飲みに行くようになって親しくなった。
同年7月9日頃、Yが商用で韓国から帰阪した際、YとAは2人で会い肉体関係を持つに至った。YはAに夫のあることは承知していた。
YとAは其後関係を重ね、YはAの名義でアパートを借り、互いに鍵を持ち利用することとした。XはAから、大事な客だから閉店後飲みに行くのにつきあっていると言うことを2、3度聞いていたが、同月22日頃、閉店後Aが店を出て行くのでこれをとめようとしたが、AはXをふり切って客やバーテンと一緒に出てしまったことがあった。
客はYと判明したが、当日Aが帰宅後、Xが夜中に一緒に飲みに行かねばならぬような客は来て貰う必要がないと言ったことから口論となり、同夜、Aはそのまゝ一人で家を出るに至った。ＸはＹを問いつめ、Ａ、同人の父、Ｘ、Ｙが岸ノ里の喫茶店等で話を重ねたが、話はつかなかった。Ｙは申訳ないことをしたと詫びたが、結局Ａの意思に委せ、ＡはＹについて行くと主張したからであった。
其後ＹとＡは２人で３日ほど東京へ行っていたが、大阪に戻り、ＹはＸと話合うべく知人を通じＸに連絡し、同人やＡ、その姉夫婦をまじえて話をしたが、離婚と金銭的解決を主張する姉夫婦らに対しＸは子らのことも考えてこれに応じず決着はつかなかった。同年９月３日、ＸはＡと協議離婚し、子ら２人を引取った。
なお、Ｘとしては喫茶店を約340万円かけて開店したものであったが、Ｙ方の真向いで営業を続けるのは精神的に耐えられず、同年７月23日より閉店し、翌52年４月15日、250万円で売却処分した。
前記事実によれば、ＹはＡに夫たるＸのあることを承知しながらＡと性的関係を重ねたものであり、Ｘに対する不法行為は明らかであるから、これによりＸの被った精神的損害を賠償しなければならない。
しかしてＸはＹの不法行為により多大の精神的苦痛を受けたことが容易に推認されるところ、本件にあらわれた一切の事実を勘案すれば、ＹのＸに対して負う慰藉料額は金300万円をもって相当と判断される（請求額450万円）。

132 **◎東京地方裁判所昭和55年３月４日　判タ415号124頁**

「ＹはＸら夫婦の婚姻生活を破綻させる意思はなかつた旨主張するが、同棲する相手に配偶者のあることを知りながら、一方当事者である夫の離婚の約束ができているとの言葉をのみ信用し、相手方配偶者である妻Ｘの意思や婚姻生活の実態を確認せずに情交関係を結んだことは少くともＸの妻としての地位を侵害したことにつき過失責任があるものといわざるを得ない。」認容額100万円。

133 **◎福岡高等裁判所昭和55年４月16日　判タ423号103頁、家事財産給付便覧２**

第一審：福岡地方裁判所八女支部昭和54年８月17日。
ＸＡ調停離婚。「Ｙは、Ｘと婚姻中のＡと情交関係を持つことにより、ＡのＸに対する不貞行為に加担し、これによつてＸとＡとの婚姻関係を破綻させ、Ｘに多大の精神的苦痛を与えたものというべきであるから、不法行為者としてＸに慰藉料支払義務を負うことは明らかである」認容額60万円。

134 **◎東京地方裁判所昭和55年４月24日　判タ431号124頁、裁判にみる金額算定事例集１、家事財産給付便覧２**

〔Ｙが妊娠中絶〕
ＸとＡとは、昭和46年２月婚姻した。Ｙは、昭和51年10月多摩健康増進センターに入社し、そこに勤めていたＡと知り合つた。ＡはＹに対し、自分は独身であり、結婚を前提として交際したいと申し込み、その言葉を信じたＹと同年11月３日肉体関係を結ぶに至つた。Ｙは、昭和51年11月下旬Ａに妻のあることが分り、Ａに問い質したところ、Ａは妻と離婚すると述べたけれども、Ｙ及びその家族らはＡに対する疑念を拭えず、同年12月20日Ｙの兄がＡに戸籍謄本を持参するよう指示した。ところが、Ａは戸籍謄本を持参しないうえ、昭和52年１月13日Ａに誘われ家を出ようとするＹを制止しようとしたＹの兄に対し暴力を揮つた。そこで、翌14日Ｙの義姉が調べたところ、Ａはまだ Ｘと離婚していないことが判明した。
Ｙは、昭和52年１月初めころＡの子を妊娠していることに気づき、Ａに、Ａと離別し妊娠中絶の意向であることを伝えたところ、Ａが、昨日離婚届を済せた、子どもは是非生んでくれ、と懇請したので、Ｙは家族にも連絡しないまま同日から25日までＡ方に同居した。しかし、Ｘとの離婚届はＡがＸに無断で行つたものであつた。同月25日警官と共にＹの家族が迎えに来てＡ方からＹを連れ戻り、話し合いの結果、Ａに戸籍謄本を持参することを確約させたが、履行されず、また、同年２月６日Ｘから電話で語気鋭く非難されるなどの事態に直面し、いたく衝撃を受けたＹは同月15日ごろ妊娠中絶の手術を受けた。しかし、Ｙは同年末ごろまでＡとの交際を継続した。
Ｘは、ＡとＹとの関係に失望のあまり離婚を決意し昭和53年３月実家に帰つたが、同日Ｘの出発直前Ｙはおみやげ代と称して金５万円をＸに渡し、ＸはＹに「いい人を見つけて出直しなさい、今後あなたに対し何もしません」と述べた。
ＹはＡに妻のいることが判明したのちもＡとの情交関係を継続し、そのためＸとＡとの婚姻関係を破綻するに至らしめたものであり、他方、ＹがＸに対し前記５万円を提供したことによりＸがＹを宥恕したものとは認め難いから、ＹはＸに対し慰藉料支払の義務があり、その額は150万円をもつてするのが相当である。

	そして、Xが本件訴訟代理人に対し報酬等として15万円を支払つたこと及びこれはYの本件不法行為と相当因果関係にあるものと認められるから、これについてもYは支払義務がある。
135	**◎横浜地方裁判所昭和55年8月1日　判タ425号136頁** 〔**Aの不貞相手が複数**〕 夫婦間の事案。 XとAは昭和40年1月婚姻した夫婦であって、両者間には子供がいない。Aは昭和42年夏ごろから浮気心を起し当時株式会社○○の従業員であったBと不倫関係を持つようになり以後昭和47年ごろまでの間1週間に1度ぐらいの割合で肉体関係を継続していた。昭和47年4月ころからCと不倫関係に陥り1か月に1度くらいの割合で約1年間肉体関係を有していた。Cは、Xが○○デパートに勤務していたころの同僚で、Xとは同郷でもあり、親しく、X、Aの住居に遊びに来たこともあった。 また、Aには、XAが共同生活を送っていたころから他の2、3の女性と関係があるといううわさがあった。Aは円満な夫婦生活を続ける努力を怠り不貞行為を継続し正当な理由もないのに自ら家を出てXと別居を続けているものであってこれがためXA間の婚姻はもっぱらAの責に帰すべき事由により破綻し回復の見込がないものというべきである。 Aの前記行為は、民法770条1項1号の「配偶者に不貞な行為があったとき。」及び同2号の「配偶者を悪意で遺棄したとき。」に当ると共に、XA間の婚姻関係は同5号の「婚姻を継続し難い重大な事由があるとき。」に該当するからAとの離婚を求めるXの請求は理由がある。Aの不貞行為と悪意の遺棄及びAの責に帰すべき事由により婚姻が破綻したことによりXが相当の精神的苦痛を被ったことは推測するに難くなく前記認定の諸事実に本件にあらわれた一切の事情を考慮すると、右苦痛を慰謝するためには金1000万円が相当である。
136	**◎東京高等裁判所昭和55年9月29日　判タ427号157頁** 〔**Aの不貞相手が複数**〕 第一審：東京地方裁判所八王子支部。 XとAは昭和33年2月婚姻し、昭和49年11月協議離婚した。XとAとの婚姻生活は、Aの度重なる不貞行為（B女、C女、D女、E女、F女）にもかかわらず、おおむね平穏のうちに過ぎてきたものであるが、これは、Xが隠忍自重し、Aの不貞行為に対する強い批難を差し控えてきたことによるもので、XがAとの幸福な婚姻生活の継続を望んでいたことは、容易に推認し得るところであり、Aは、Xが、真実離婚する意思があったわけではなく過去の不貞行為に加えて、又もやF女との不貞を疑わしめる行為に出たことに抗議し、その反省を促す趣旨で離婚届書を突きつけたものであることを知りながら、これを口実として同女と同居し、離婚届書を提出したもので、本件離婚は、Aの度重なる不貞行為とXの思慮浅い軽卒な言辞に乗じたAの独善的行動に原因があり、Aの責に帰すべき事由によるものと認めるのが相当である。 したがって、Aには、Xに対し、その精神的損害の賠償として、慰藉料を支払うべき義務があるものというべく、前認定の事実関係を考慮すれば慰藉料の額は300万円を相当とする（請求額1300万円）。
137	**◎東京地方裁判所昭和56年1月28日　判タ452号131頁、裁判にみる金額算定事例集1、家事財産給付便覧2** 〔**民法724条の解釈・適用**〕 民法724条にいう「損害及ヒ加害者ヲ知リタル時」とは、同条が不法行為に因る損害賠償請求権につき特に短期3年の時効を定め、時効の起算時点に関する特則を設けた趣旨に鑑みれば、加害者に対する賠償請求が事実上可能な状況のもとに、その可能な程度にこれを知ることを意味するものと解するのが相当である。 Xは、Aが仕事の関係で出張が多いため、同人の外泊について最初は疑いを持つていなかつたが、同41年頃から同人が「イクヨ」という芸者と関係を持つているのではないかという疑問を持ち、Aを追及したが、同人はこれを否定していた。同45年頃同人がそれまで勤めていた会社を退職した際の退職金の金額が少ないため、XはAがY（そのころまでに前記芸者がYであることはわかつていた。）に金をやつたのではないかと疑いをもつた。Xら夫婦はAの退職後東京から青森県弘前市に転居したが、Xは、Aが毎月定期的に東京へ行つたり、同人の上京の際使途不明の出金があつたり、Y名義の領収書やY宛の銀行振込用紙を発見したことから、YとAとの関係が継続していることを確信していたが、Aが否定するため、それ以上深く追及することなく、特に調査をするということはなかつた。そのころ、Aは、青森においても他の女と関係があつたが、それについてもXに対し否定していたところ、Aは同

	50年夏頃行方不明となつた。 Xは、Aに対する離婚調停のため、同50年11月頃同人の同年同月13日付の戸籍謄本を取り寄せたところ、Yの子に対する認知届の記載を発見した。右認定事実によれば、Xが、前記認知届の記載を発見するまでは、AとYとの間に不貞関係があるのではないかとの疑いを持ち続けていた事実が認められるほかに、Yに対する賠償請求が可能な程度にYとAとの不貞行為に関する客観的事実の認識を持つたと窺われる事実を認定することはできない。 よつて、Xが、Yに対する損害賠償請求が可能な程度にYの不法行為を知つた時期は早くとも、同50年11月中頃であつたことが認められるところ、それから、3年を経過しない同53年11月1日に500万円について支払いの催告がなされたから、500万円の限度において時効が中断されており、右催告から6カ月経過前の同54年4月24日に本件訴えが提起されたから、Yの時効の主張は500万円の限度で理由がない。
⑬⑧	**◎東京地方裁判所昭和56年8月26日　判時1031号135頁、裁判にみる金額算定事例集1、家事財産給付便覧2** XAに子1人、婚姻期間28年。Yは芸妓でAとは約10年（昭和38年～48年）にわたり断続的に不貞行為、子2人（うち1人はAが認知）。慰謝料請求は昭和54年。 不法行為責任が生ずるのは子の懐胎自体についてであり、このことによってXの損害は発生するというべきであるから、子の懐胎を知った時点が時効の起算点であると解すべきである。消滅時効の完成を認め請求棄却。認知請求したことに基づく損害賠償請求も否定（請求額1000万円）。
⑬⑨	**◎東京高等裁判所昭和56年10月22日　判時1026号91頁、裁判にみる金額算定事例集1** 第一審：静岡地方裁判所柳川支部昭和56年10月22日。 Aは、昭和49年10月頃、Yに誘われて、これと情交関係を結ぶようになり、同51年10月頃にXに発覚したが、同53年3月頃まで右関係を継続した。昭和37年に結婚したXとAとの間には、3人の子があり、また現在ではAも右不貞行為を反省しているので、両名の婚姻は継続しているが、もともと飲酒癖のあった調理士Xは、Aの不貞で、ますます酒にふけるようになり、夫婦間は必ずしも円満でないことが認められ、右事実よりすると、Xの精神的苦痛に対する慰謝料の額は100万円が相当である。他方、XはYから150万円を借りており、これと上記慰謝料債権100万円とを相殺した結果残金50万円の貸金債権が残った。
⑭⓪	**◎東京高等裁判所昭和56年12月9日　判時1031号128頁、裁判にみる金額算定事例集1、家事財産給付便覧2** 第一審：長野地方裁判所昭和56年4月28日。 XAの婚姻期間28年。子2人。Aの不貞によりXAは離婚。AYの不貞期間は約3年。慰謝料200万円認容（請求額300万円）。「離婚手続中であるといっても、有夫の婦である厳然たる事実が存在する以上、肉体関係に及んだこと自体有夫の婦との性交行為によってその夫たる者の夫としての権利を侵害することの違法性を十分認識したうえでの不義行為であることにかわりはない」
⑭①	**◎東京高等裁判所昭和57年9月30日　判時1059号69頁、家月35巻11号69頁、裁判にみる金額算定事例集1** ⑬⑧東京地方裁判所昭和56年8月26日の控訴審。 Xは、遅くとも昭和48年9月には、YがAの子を出産していたことを知つていたものと推認される。したがつて、Xは、そのころには、YがAの子を出産したことを含めYとAとの肉体関係の内容を知つたものと認められ、右の肉体関係が同年8月中には終了していたから、右いずれの時点からにせよ、昭和54年12月4日の本訴提起による損害賠償請求時までに既に3年を経過していることになり、XのYに対する右損害賠償請求権は時効によつて消滅したというべきである。 また、この裁判例では、Yの懐胎・出産行為自体はAとの肉体関係の一部であり、それと別個独立の違法行為とは見ないとしている。
⑭②	**◎名古屋高等裁判所昭和58年4月27日　判時1080号75頁、家月36巻6号29頁** 第一審：名古屋地方裁判所昭和57年1月22日。Aが夫X以外の男性（Y）との間で生んだ子をXA間の子として出生届出をしたため、Xが親子関係不存在確認訴訟を経て戸籍の訂正を終えた場合、XはYに対して財産的損害としてその訴訟手続に要した費用を請求できると判示した。認容額25万円（請求額300万円）

143	◎**東京地方裁判所昭和58年10月3日　判時1118号188頁、裁判にみる金額算定事例集1、家事財産給付便覧2** **〔Yの積極性の有無を問わない〕** XとAとの婚姻生活は、厚い信頼関係で維持されていた。 Aは、同社の事務員であったYと知り合い、昭和46年Aの退社後も喫茶店などで会っていた。昭和47年7月ごろAYと親しいBと3名で飲みに行ったところ、Yが泥酔し、XはYを放置できずに共にホテルに宿泊し、性交渉をもつに至った。その後も関係を続けるうち、Yは昭和48年3月ごろ妊娠し、Yは勤務先も退社して出産することとし、同年11月長女を出産した。 昭和50年5月ごろAからYへの連絡が途切れ、Yは心配となりX（A）宅へ数回電話をかけた。不審を抱いたXは、昭和50年6月ごろY宅に電話をしてYとAの関係を問い質したところ、Yは関係を否定した。AにX宅へ電話をかけることを止められたYは、Aに他の連絡手段を求めたが、Aが応じないので、昭和54年7月X宅に電話をし、「お父さんを出してくれ」と叫んだ。異状な事情を察したXは、その夜11時ごろCに泣いて事情を訴え、また自殺をしようとしてCに止められた。XはCに頼んで戸籍謄本を取り寄せたところ、Yの長女がAによって認知されていることを知った。 その直後、XはY宅を訪ね、Yを罵り、また口論からXはYの頬をなぐった。後日、Yの叔父がAと話をしようと電話をかけたが、切られてしまったことからX宅の表玄関ドアに大型の茶封筒を張りつけ、脅しの手紙を同封した。 昭和54年8月ごろXはAとYとの話合いをもったが、その話合いは決裂し、Yは成行上「迷惑はかけません、私は自分で子供を育てていくんですからいいんです」といって別れた。 本件が露呈してからのXとAとの関係は冷え切った状態にある。Yは、ヤクルトの配達等をして長女を独力で育てている。「Yは、Aとの関係を少なくとも数年間にわたって継続させ、それがXとAとの婚姻継続中であったことはYもこれを知悉していたことが明らかであり、このようなYの行為は、事の性質上感情的にどちらが積極的であったか否かを問うことなく、XのAとの婚姻生活上の権利を違法に侵害するものというべく、不法行為を構成するものと解するのが相当である。前記認定の事実によれば、Xは、Yの本件不法行為により多大の精神的苦痛を受けるに至ったことは容易に推認できるが、本件の前記認定の諸事情を勘案すれば、YはXに対し200万円の支払をもって慰謝するのが相当である（請求額は1000万円）。
144	◎**浦和地方裁判所昭和59年3月5日　判タ527号124頁、裁判にみる金額算定事例集1、家事財産給付便覧2** **〔不貞以前から夫婦関係悪化〕** 美人局類似事案。 XとAは昭和41年11月に婚姻し、昭和42年3月に長女が生まれた。XとAは共に働いていたが、家計が苦しく、Aの親から苦干の援助を受けて暮していた。Aの証言によれば、Aは、Xが乱暴することや家計が苦しいことで悩んでいたが、Xから「キャバレーとかトルコに勤めろ、男を5、6人作つて金を持つてこい」などと毎日のように言われて独りで悩み、夫婦仲が悪化していた。昭和55年ころ、Yと知り合い、Yに夫婦間の悩み事を相談する程親密な交際関係に発展した。その後、XはAの毎日の帰宅時間が1時間位遅くなつたことからAの行動に不審を抱き、Aの行動調査をC調査事務所等に依頼した。その結果、Yが、人気のない所でAとY車内で会つていたり、抱き合つていたりするのが目撃された。 また、XがAの行動調査をD調査事務所に依頼した結果、月明りもなく消灯したY車の中でYが上に、Aが下に重なり合つていたりするのが目撃された。Yが同年5月12日、Aの勤めていた○○電機の社長を立会人としてXの代理人と本件について慰藉料500万円をXに支払う旨及びYがXに謝罪する旨などを内容とする示談が成立したことを認めるに足る証拠はない。Aは卵巣機能不全のため久喜市内の愛生会病院に昭和53年12月27日から昭和56年6月1日まで通院治療を受け、同病院の医師から基礎体温表をつけるように指示されて右体温表を作成しており、同表の1月26日、29日、2月3日の各備考欄に「小池」と記載されている。 しかし、右体温表の下欄に「小池」と記載されていることだけから直ちにAがYと性交渉があつたと認定することはできず、かえつて、右「小池」の記載は、Aが右愛生会病院に通院のためにYから自動車に乗せてもらつた事実を記載したものと認めるべきである。 以上の事実によれば、YはAとしばしば性的関係をもつていたことを推認することができる。Yは、このようにXに多大の精神的苦痛を与え、かつXとA夫婦の関係をより悪化させ破綻させたのであり、これはXの結婚生活における幸福を追求し保持する利益を著しく侵害する行為であるから、これによつてXが受けた精神的苦痛を慰藉する責任を負わなければ

ならない。以上の諸事実を総合すると、Xの慰藉料として金500万円が相当と認められる（請求額700万円）。

145 ◎東京地方裁判所昭和59年3月14日　判タ530号176頁、裁判にみる金額算定事例集1、家事財産給付便覧2

〔Xも以前に不貞行為あり〕
Xは昭和30年2月にAと婚姻した。Xは同32年初頃から品川区大井で仕事を始めたが、間もなく、Bと知り合い、一時Bの部屋へ泊るようになつた。Xは、昭和33年頃にBを雇つて工場に住み込ませて一緒に生活し、Bとの間に同36年に一子をもうけた。Aは、Bとの離別を求めたが、Xはこれに応ぜず、XとBの関係を黙認せざるを得なくなつた。その後、Xは、A方へは週末に顔を出す程度になつた。
Yは、Xに頼まれて昭和38、9年頃からXの長男の家庭教師としてA方を訪れるようになつたが、Aの境遇に同情し、またAも面倒見のよいYに好意を持つた結果、同42年夏前頃から両名は肉体関係を結ぶようになった。Aは昭和43年4月Yの子を出産したが、その子はXとAとの五男として出生届がなされた。
Xは、五男の顔がYの顔に似ていることから疑念を持ち、昭和55年7月頃、Yに問い質したところ、Yはこれを認めた。なお、XとBとの関係は、昭和51年頃まで続いたが、その頃からXがB方を訪れなくなつたために跡絶えた。
上記事実からすると、AYが関係を持つようになつた時点においては、XAの婚姻生活は完全には破綻していない。Yは、Aには夫があることを知りながら同人と性的関係を結んだものであるから、Yの行為はXの夫たる地位を侵害するものであり、不法行為に該当し、したがつて、Yの行為によつてXが受けた精神的苦痛を慰藉すべき義務がある。Yは、Xの少年時代からの親友であり、Xに頼まれてXの子の家庭教師をしているうちにXの信頼を裏切りAと関係を持ち、生れた子はXの嫡出子として届出されていることなどからすると、Xのそれによつて受けた精神的苦痛は決して小さいものではない。
しかしながら、他方、Xは、AとYが関係を持つ以前にBと関係を持つて同人に子を生ませ、AにはBとの関係を長期間にわたつて黙認させてきたものであつて、その結果、Aとの婚姻関係はまさに破綻に瀕していたものといわざるを得ないことからすれば、本件AYの不貞行為につきAを責めることはできないばかりでなく、Aと合意のうえで性的関係を持つたYを強く非難することは、あまりにもXの身勝手といわざるを得ない。そして、他、本件に現れた一切の事情を勘案してもYがXに対して支払うべき慰藉料額は金200万円を超えるものではないと認めるのが相当である（請求額は1000万円の内金900万円）。

146 ◎大阪高等裁判所昭和59年10月5日　判タ546号142頁

第一審：大阪地方裁判所昭和59年1月26日。
X（夫）のYに対する損害賠償請求につき、Xが1、2審を通じて本人尋問期日、口頭弁論期日にまつたく出頭しない事実は弁論の全趣旨として斟酌するのが相当とし、Xにも女性関係があったものと認められることを合せ考えれば、Xには侵害されるべき実質的な夫権が存しないとしてこれを否定した。

147 ◎浦和地方裁判所昭和60年1月30日　判タ556号170頁、裁判にみる金額算定事例集1、家事財産給付便覧2

〔高額慰謝料事例〕
YとAは昭和54年頃に知り合い、遊興、飲食を共にするようになつた。Yは、AにXという夫のあることを知りながら昭和55年頃、ラブ・ホテルでAと肉体関係をもち、その後かなり頻繁にラブ・ホテルへ通ったり旅行をしたりした。Aは、昭和56年、Xやその親族を騙して金銭を借り受けたり、Xの家宝等を無断で売却したりした。
その他にも、Aは、昭和56年と57年に集中して多数のサラ金業者から合計600万円以上の金銭を借り受けた。Aは、このようにして取得した多額の金銭をYとの享楽のために費消し、家庭をかえりみなくなった。Xやその子供達は勤務先にまでサラ金業者から返金を迫る厳しい電話を受けて恐怖心を抱いた。そのため、Xは、やむを得ず苦労してAの債務を弁済した。AはYと不倫な関係にあつたことをXに打ち明け、XとAは昭和57年9月に協議離婚の届出をした。
Yは、Xという夫がいるということを知りながらAと不倫な関係を続けることによりXAの婚姻関係を破綻させてXの結婚生活における幸福を追求し保持する利益を侵害し、Xに甚大な精神的損害を与え、その上多大の財産的損害まで与えたのであり、この行為はXに対する不法行為となると認められる。
Xは、昭和33年2月にAと結婚後同年11月に長男をもうけたが、昭和34年5月にはFと

	の間に女児をもうけ、同年6月にこれを認知した。そのため、AはXとの離婚を考えたが、昭和39年5月にその子を養子とし長男と別けへだてなく養育した。Aは、結婚後Xの家族と同じ敷地内に住み、精神・神経系統の病気をかかえたXの親族や、言語障害があるXの兄、昭和54年6月に死亡するまで8か月位病床にあつたXの母らの世話を良くし、楽ではない家計を内職までして助けた。また、近辺に住むXの多数親族に心身を疲れさせた。 これに対して、Xは結婚した5、6年位後から海外出張が多くなり、年間通算して約200日も家を留守にすることもあり、Aと話す時間がなく、Aの心中を察することができなかつた。 Xの母の死亡後、Aの生活態度は急変し、夜間に酒を飲みに外出し、Yと知り合い肉体関係までもつに至り、借金までして金銭を浪費するようになつたが、そのきつかけはXとの結婚生活で生じた心の隙間を埋める欲求から出たものであり、YがAを一方的に誘惑したためではなかつた。 以上の事実を総合すると、Xの慰謝料として金500万円が相当である。
148	**◎東京高等裁判所昭和60年10月17日　判時1172号61頁、家事財産給付便覧2** 第一審：東京地方裁判所八王子支部昭和59年3月19日。 XA間に子らが全員結婚したら離婚するとの合意ができ、仕事の関係もあって別居した後、AがYと同棲して子をもうけ認知した。不貞行為時の婚姻関係は、単に末娘の結婚を待つだけの形骸化した状態であるとして破綻を認めた。 また、「XはAと離婚するに至ったにつき、Yの所為による精神的苦痛なるものを蒙ったふしはうかがえず…Xに慰藉されるに値する精神的苦痛があったと認めることには躊躇せざるをえない。」として原審を破棄して慰謝料請求を否定した。
149	**◎東京高等裁判所昭和60年11月20日　判時1174号73頁、家事財産給付便覧2** **〔Yの責任は副次的〕** 第一審：前橋地方裁判所高崎支部昭和59年9月19日。 XとAは昭和43年9月に婚姻し、一女一男をもうけた。Yは昭和58年2月頃、Xの経営する会社に就職し、同年4月に一旦退職したが同年9月には再度同社に就職し、昭和59年1月には工場長という待遇を受けていた。再就職後YはXの妻Aに関心を示し、「奥さんのことが忘れられなくて又入社した」などと甘言を用いてAに接近し、両者は次第に親密の度を深めた。 XがAのYに対する態度を不快に思いAを殴打した数日後の同年3月8日の夜、YとAは藤岡市内のモーテルにおいて性交渉を持つに至り、家に帰りずらくなつたAはさらに翌9日の夜もYとモーテルに泊まつた。AはXと離婚しYと一緒になるほかないと考え、翌10日の夜はY宅に泊まり、その翌日実弟方に赴き実弟及び義兄に事情を話し、今後の身の振り方を相談したところ、同人らから軽率な行動を戒められ、話し合つた結果、周囲のとりなしもあつて、Aは一時実家に身を寄せ、しばらく冷却期間を置いてからXのもとに復帰することで一応の決着を見た。そして同月末にはXの会社に人手が必要であり、子供たちも新学期を控えていることなどから、XにおいてAを呼び戻し、Aは自宅に復帰した。しかしながら、Aは精神的になお不安定な状態にあつたところ、Yから電話を通じてXのもとに復帰したことをなじられて動揺し、同年4月18日外出先でYと出会つたのを機会に再度出奔してYのもとに走り、同年7月上旬頃までの間に、時に友人宅などを泊まり歩くこともあつたが、延べ1か月程Yと同棲し、この間性交渉もあつたこと、その後AはYとの生活にも疲れ、Y、Xのいずれとも関わりを持たない生活に入つたが、一度破綻したXとの婚姻関係が近い将来において修復される目途はついていない。 合意による貞操侵害の類型においては、自己の地位や相手方の弱点を利用するなど悪質な手段を用いて相手方の意思決定を拘束したような場合でない限り、不貞あるいは婚姻破綻についての主たる責任は不貞を働いた配偶者にあり、不貞の相手方の責任は副次的なものとみるべきである。けだし、婚姻関係の平穏は第一次的には配偶者相互間の守操義務、協力義務によつて維持されるべきものであり、この義務は配偶者以外の者の負う婚姻秩序尊重義務とでもいうべき一般的義務とは質的に異なるからである慰藉料200万円を認容（一審は500万円）。
150	**◎浦和地方裁判所昭和60年11月29日　判タ615号96頁** 夫婦間の事案。 夫からの離婚本訴請求を棄却し妻からの反訴離婚請求を認容。併せて、妻から夫に対する不貞（離婚）慰謝料請求が認められた。認容額300万円（請求額700万円）。
151	**◎浦和地方裁判所昭和60年12月25日　判タ617号104頁、裁判にみる金額算定事例集1、家事財産給付便覧2**

	〔高額慰謝料事例〕 Yは、町内の自治会役員同士として知り合ったXの妻Aと情交関係を継続し、Aは家出・妊娠中絶をしたが、Aが話し合いの結果Xのもとへ戻ってからもXの勤務先にまでいやがらせ等を繰り返した。XAの婚姻期間は21年、子2人、Aは現在離婚を決意している。AとYは本訴提起後同棲中。Yは、少なくとも3回Xの庭まで来て、Aの名を大声で叫ぶなど非常識な行動に出た。Yは、XAの夫婦関係を一層悪化させればAがYの許へ来るものと考え、AYの情交関係を記載した葉書合計10通をXの勤務先を住所としてX宛に投函し、それらはいずれも勤務先へ投函された。その葉書には、YとAが寄り添った姿を撮った写真が貼付されたり、昭和58年3月から60年4月までの日付欄に肉体関係を持った日を丸印で囲んで明示したカレンダーを貼付したりしていた。Xの家庭では、多感な年頃である高校2年生の長男が自棄的となり、勉学意欲を失い、成績も低下し、Xが注意するとAの生活態度を楯にとって反抗した。 これらにより、Xは多大な精神的苦痛を被り、慰謝料額は500万円を下ることはない（請求額500万円）。
152	**◎東京地方裁判所昭和61年3月24日　判タ615号64頁、裁判にみる金額算定事例集1、家事財産給付便覧2** XAの婚姻期間は29年、共にアクセサリー販売会社を経営。子は2人。夫婦生活は円満だったが、本件以後破綻し、Aから離婚の訴えが係属中。Yはホステス業の女性。料亭の仲居をしている時Aと知り合いマンションで半同棲。公然と接触しXを無視する態度。Xと長女は、AとYとが駅で待ち合わせ、手をつないで電車に乗っているところをたまたま目撃し、Xは、Yと別れるようAに求めたが、Aはこれに応じなかった。その後、Xは家庭裁判所に夫婦円満調整を申し立て、その席でAにおいてXのためにアパートかマンションを借りて生活費をきちんと渡すという話が出たため、Xは調停を取り下げたが、結局、従前と同じ生活が続くこととなった。 慰謝料300万円を認める。仮執行宣言は相当でないので付さない。
153	**◎横浜地方裁判所昭和61年12月25日　判タ637号159頁、家事財産給付便覧2** Xは、AとYとの情交関係により、妻としての権利を侵害されたと認められるところ、右関係の発生時までのXらの婚姻歴が7年、Xら夫婦に子供が2人あること、現在XA夫婦が離婚の危機に瀕していること、問題の情交関係は、Aが主導したものではあるがYもさしたる反対をしなかつたという態様のものであること、AがXら妻子を残してYの許へ走つたことにつき、Xに全く落度ないし帰責事由がないかどうかには疑義もあること等の前認定の本件に現われた諸般の事情を総合し、XのYに対する慰藉料請求権としては150万円をもつて相当と認める（なお、AもXに対して不法行為に基づく損害賠償義務を負うことが明らかであるところ、Aの義務とYの義務とは重なる限度で不真正連帯債務の関係にあり、いずれかがXの損害賠償債権を満足させる給付をすれば、他方の債務は給付を免れる関係にある、と解される。）。 認容額150万円（請求額1000万円）。
154	**◎京都地方裁判所昭和62年9月30日　判時1275号107頁、裁判にみる金額算定事例集1** 本件は、貸金訴訟の抗弁としてAYの不貞行為に基づく損害賠償請求権との相殺を主張したという事案である。XAの婚姻期間は30年、別居期間は7年間、Aは死亡。Aの相続人は妻Xと子（5人）。XのYに対する慰謝料250万円の支払い請求を認容。子ら5名のうち、AYの同棲が始まった当時未成年者であった3名についてのみ各50万円の慰謝料を認めた。
155	**◎東京高等裁判所昭和63年6月7日　判時1281頁96頁、裁判にみる金額算定事例集1** XAの婚姻期間は55年、別居期間17年。 YはA（男性）に妻（X）のあることを知りながら、不貞行為をはたらき、その間に一女をもうけた。その後Aは家を出てYと同居を始め現在に至る。XのYに対する慰謝料請求500万円を認めた。なお、XA間の財産分与として1200万円が定められている。【筆者注：かような高額な慰謝料を認めたのは、Aの財産がYに移された疑いがあることが考慮されたためか。】 なお、原審横浜地方裁判所昭和62.1.29は、不貞行為の原因が専らAにあることを前提に、不貞行為に基づくYに対する慰謝料を300万円、同じくAに対する慰謝料800万円を認め、300万円の限度で連帯債務になると判示した。
156	**◎横浜地方裁判所平成元年8月30日　判時1347号78頁、家事財産給付便覧2**

	〔婚姻関係の破綻を理由に請求棄却〕 Xは昭和47年8月Aと婚姻し、一女一男をもうけた。Aは昭和54年頃電気部品を扱う会社と組立ての内職の主婦との間で部品と製品の運搬をしていたが、Yは主婦に組立部品を振り分ける内職の仕事に従事していてAと知り合った。2人は同55年半ば頃個人的なつきあいを始めた。昭和56年2月Aは、仕事の話との口実の下にYを呼び出してモーテルに連れ込み、抵抗するYを暴力で押さえ込んで肉体関係を持った。Aの脅迫や酒乱の気があるAの暴力により、2人はその後も2か月に一度の割合で肉体関係を持った。Aは手紙や電話で頻繁にYに対する愛情を示し、一方、YはAに妻子がいることは知っていたがその愛情に心を動かされた。 他方、Xは、同56年7月にAから別れを切り出されて浮気を確信したが、別れには応じなかったところ、同年末頃Aは家を出て一人暮らしを始め、2人の関係は続いた。Xは同57年10月協議離婚届を了した。 その後Aは、Yがその夫と離婚しなかったため、Xとの復縁を望むようになった。XはAを信じ、昭和61年4月再婚した。Aは生活を改める決意をしたものの、同年5月3日には早くもYを呼び出した。同月10日頃、Aに呼び出されたYは別れを望んだが、激怒したAの脅迫により、再び肉体関係を持つに至った。その後もAに強要された関係を続けるうちにYは深みにはまり、別れたいと思いながら逢い引きを重ねた。 Xは同61年夏頃、Aの素行を確かめるため探偵事務所に調査を依頼したりした。そして、Xは同63年1月30日には、Aがバスの仕事の帰りにYとモーテルに入ったのを目撃するに至った。XはAYの関係に決着を付けさせることを決意し、同年4月22日本訴を提起したが、Aは訴えを取下げさせようとXに暴力を振るったりした。現時点でXとAとは離婚してはいないが、2人の間は冷え切っており、Xは家を出たいと思っている。 「XとAとの婚姻関係がほぼ破綻に瀕し、Xが夫たるAに対し貞操を要求し難いような状況下において、専らAの暴力と脅迫によってYが同人と肉体関係を結んだことをもって、社会的相当性を欠く違法があるものとし、XのAとの（再婚後の）婚姻・家庭生活を破壊し、貞操要求権を侵害した違法行為と断ずるのは当を得ないと言わざるを得ない。」と判断。請求棄却（請求額500万円）。
157	**◎京都地方裁判所平成3年7月18日　判タ772号238頁** 父が他の女性と出奔したため、子らが父から養育・監護を受けられなくなったことによる慰謝料を請求したが認められなかった。子らの母親は交通事故にて死亡。
158	**◎名古屋地方裁判所平成3年8月9日　判時1408号105頁、家事財産給付便覧2** 〔信書の証拠能力の有無が問題となった事例〕 Xは昭和46年11月Aと結婚し、同47年11月男子をもうけた。Aは、平成元年4月ころYと知り合い、深夜まで帰宅しないことが多くなったこと、Aは、遅くとも平成元年10月ころから名古屋市東区のマンションを借り、同マンションのAの部屋に洗濯ものが干してあったこと、Aは、自宅から同マンションへ食器類を持ち出したり冷蔵庫を買ったりしたこと、平成2年2月中に同マンションのAの部屋の電話を利用して、5回にわたりフィリピンへ電話がされていること等の各事実が認められ、よって、AがYに前記マンションの部屋を利用させていたことが推認できる。 そして、Yは、平成元年、Aとともにフィリピンや下呂に旅行したこと、そのころ、Aは、Xに対し、Yと一緒になりたいから別れてくれといったこと、Xは、同年10月23日、Yに会って、Aと別れてほしいと申し入れたが、それに対し、Yは、「別れない、籍がほしい」と攻撃的に答えたこと、Aは、Y宛ての、あるいはYが送金人であるフィリピンへの送金の領収書を所持していたこと等の事実が認められる。 以上の事実を併せて勘案すれば、一連のYとAの行動が情交関係に基づくものであったことが推認できる。YがAと情交関係を持つに至るまでは、XとAとの夫婦関係は平穏であったが、YとAとの情交関係によって、AがXに離婚を求めるようになり、Xは悩み、精神的に傷つくとともに、XとAとの夫婦関係が危機に瀕したことが認められるけれども、一方Xは、結婚して既に20年近くたち家業の鰻屋の女主人としての確たる地位もあり、舅らもXの気持を理解していること、Yの在日期間中Aは家業を疎かにすることもなく、現在までXと同居を続けていることを総合勘案すると、Xの精神的損害は、たかだか100万円と認定するのが相当である（請求額は1000万円）。 なお、Xが前記マンションの郵便受けの中からAに無断で持ち出して開披し、隠匿していた信書の証拠能力については、これは夫婦間の一般的承諾のもとに行われる行為の範囲を逸脱して取得した証拠であることが伺われなくもないが、Aは、Yとの関係をXに隠そうとしていなかったこと、Aは現在もXらと共に鰻屋を営んでおり、Xと同居していることが認めら

れるのであるから、証拠収集の方法、態様は、民事訴訟において証拠能力を否定するまでの違法性を帯びるものであるということはできないと考える。

159 **◎横浜地方裁判所平成３年９月25日　判時1414号95頁、家事財産給付便覧２**

ＸとＡ間で本件和解が成立し、これによりＡからＸに対し、離婚慰謝料として金500万円が支払われたことは当事者間に争いがない。認定のとおり、ＸとＡとの離婚の主たる原因はＹとＡの不貞行為にあるというべきであるから、右金500万円の慰謝料には本件不貞行為によるＸの精神的苦痛を慰謝する趣旨も当然含まれているものといわざるをえない。そして本件の不貞行為はＹとＡのＸに対する共同不法行為を構成し、それぞれの損害賠償債務はいわゆる不真正連帯債務の関係になるものと解されるところ、本件では右のとおり共同不法行為者の一人であるＡからＸに対し、既に前記認定の相当額を上回る慰謝料の支払いがなされているのであるからＸの本件精神的損害は全額填補されている関係にあり、ＹのＸに対する本件損害賠償債務もＡの履行行為により消滅したものといわざるをえない（請求額300万円）。

160 **◎大阪高等裁判所平成４年１月30日　判タ788号205頁**

157京都地方裁判所平成３年７月18日判決を破棄。母親が死亡した後は、子らは生活保護を受けながら２人だけで生活し、肉親による同居した上での愛情、養育、監護を受けることができず、父から放置されたままの状態にあるのであるから、父の放置行為は違法であり、父には故意又は少なくとも重大な過失があり、右放置行為は不法行為に該当する。認容額55万円（請求額588万円）。

161 **◎東京地方裁判所平成４年12月10日　判タ870号232頁、家事財産給付便覧２**

〔ＸがＡを宥恕〕
ＹはXAが婚姻関係にあることを知りながらＡと情交関係をもち、その不貞行為を契機としてXAの婚姻関係が破綻の危機に瀕しＸが深刻な苦悩に陥ったことに照らせば、Ｘがこれによって被った精神的損害については不法行為責任を負うべきものである。
しかしながら、婚姻関係の平穏は第一次的には配偶者相互間の守操義務、協力義務によって維持されるべきものであり、不貞あるいは婚姻破綻についての主たる責任は不貞を働いた配偶者にあるというべきであって、不貞の相手方において自己の優越的地位や不貞配偶者の弱点を利用するなど悪質な手段を用いて不貞配偶者の意思決定を拘束したような特別の事情が存在する場合を除き、不貞の相手方の責任は副次的というべきである。
ＡはＹの上役にあったものであって、ＹにおいてＡの自由な意思決定を拘束し得たとは認められず、むしろ、両者の関係においてはＡが主導的役割を果たしていたと認められること、ＸとＡの婚姻関係破綻の危機を招来したことについては、Ａの生来の性格ないし行動によって夫婦間の信頼関係が危機状態に至ったと認められ、また、Ａが不貞行為をなしたのは、ＸとＡとの夫婦間における性格、価値観の相違等が全く無関係であったかどうかは疑問であること、婚姻関係破綻の危機によりＸが被った精神的苦痛に対しては、第一次的には配偶者相互間においてその回復が図られるべきであり、この意味でまずＡがその責に任ずるべきところ、ＸはＡに対する請求を宥恕しているものと認められること、Ｘが本件訴訟を提起した主たる目的はAYの不倫関係を解消させることにあったところ、本件訴訟提起の結果関係は解消され、Ｘの意図は奏功したものと認められること、この結果、ＸとＡとの夫婦関係はともかくも修復し、現在は、夫婦関係破綻の危機は乗り越えられたものと認められること、AYの関係解消はＹの主体的な行動により実現されたものであること、Ｙ自身もＡとの不倫関係については相応に悩んでいたものであって、Ａとの関係解消に当たって、勤務先を退職し、意図していた東京における転職も断念して岩手県の実家に帰ったことで、相応の社会的制裁を受けていること等の各事情が指摘できるところである。加えて、その他本件において認められる一切の事情を考慮すれば、本訴において認容すべき慰謝料額は金50万円をもって相当と認める（請求額500万円）。

162 **◎名古屋地方裁判所平成４年12月16日　判タ811号172頁、家事財産給付便覧２**

金銭の貸主、美容院の経営者たる地位を利用して美容院に勤務する独身女性と情交関係を持ち、右女性が婚姻後も情交関係を継続するときは、右女性及びその夫に対する関係で不法行為が成立する（女性に対して300万円、夫に対して100万円、請求額はそれぞれ500万円、300万円）。

163 **◎最高裁判所第一小法廷平成６年１月20日　判タ854号98頁、判時1503号75頁、判例評論434号197頁**

〔消滅時効の起算点〕
Aは、妻Xと昭和17年に婚姻した。昭和41年頃Aは自己が経営する会社の従業員として応募してきたYと知り合い、同棲生活を始めた。その3年後YはAとの間に男子を産み、Aはこれを認知した。その更に8年後の58歳の年に、AはY及びYとの子に財産を相続させる旨の遺言を書いたが、その後次第にAY間は不仲になり、昭和58年末には両者は寝室を別にするに至った。それから約1年後、YはXに対してAとの離婚を強く迫るに至り、Xは昭和62年8月31日に、Yに対して不法行為を理由とした5000万円の慰謝料を請求した。なおその年の12月にはAY間の同棲は解消されている。
第一審判決（東京地方裁判所平成2年3月29日）は、500万円の限度でXの慰謝料請求を認めた。これに対して双方が控訴した。
夫婦の一方の配偶者が他方の配偶者と第三者との同棲により第三者に対して取得する慰謝料請求権については、一方の配偶者が右の同棲関係を知った時から、それまでの間の慰謝料請求権の消滅時効が進行すると解するのが相当である。けだし、右の場合に一方の配偶者が被る精神的苦痛は、同棲関係が解消されるまでの間、これを不可分一体のものとして把握しなければならないものではなく、一方の配偶者は、同棲関係を知った時点で、第三者に慰謝料の支払を求めることを妨げられるものではないからである。
本訴提起より3年前の昭和59年8月31日より前に両者の同棲関係を知っていたのであれば、本訴請求にかかる慰謝料請求権はその一部が時効にかかるとして、事件を高等裁判所に差し戻した。
なお、原審（東京高等裁判所平成2年12月20日）は、「継続した同棲関係が全体としてXに対する違法な行為として評価されるべきものであって、当初の情交関係、その後における日々の同棲を逐一個別の違法な行為として把握し、これに応じて損害賠償債務の発生及び消滅を日毎に定めるとするのは相当ではなく、本件損害賠償債務は、全体として、同棲関係が終了したときから消滅時効が進行する」と判示して、消滅時効の起算点を同棲関係の終了した時点としていた。

164 **◎神戸地方裁判所平成6年2月22日　判タ851号282頁**

妻X（中国国籍）が夫Y（日本国籍）に対して、Yの暴行等を理由として離婚等を求める訴えを提起した。
本件慰謝料請求中、離婚に至るまでの個々の行為を原因とする慰謝料請求に関しては、一般不法行為の問題として法例11条1項に則り不法行為地であるわが国民法が、また離婚そのものを原因とする慰謝料請求に関しては、その実体がいわゆる離婚給付の一端を担うものとして離婚の効力に関する法例16条本文、14条に則り前記説示と同じく常居所地法であるわが国民法が、それぞれ準拠法となる。

165 **◎東京地方裁判所平成6年9月13日　判タ879号226頁**

〔訴え提起が不法行為〕
XはXA間の婚姻関係が形骸化している事実を認識認容しながらYに対してXA間の婚姻関係を破壊したとして損害賠償請求訴訟を提起した。Xが主張した権利又は法律関係が事実的、法律的根拠を欠き、かつXにおいて、そのことを知りながらあえて訴えを提起したものであり、この行為は、Yとの関係で不法行為となる（認容額80万円）。

166 **◎最高裁判所第一小法廷平成6年11月24日　判時1514号82頁、判タ867号165頁**

第一審：神戸地方裁判所尼崎支部平成3年5月28日。控訴審：大阪高等裁判所平成4年7月15日。
XとA女の離婚調停において、本件調停の「条項に定めるほか名目の如何を問わず互いに金銭その他一切の請求をしない」旨の合意がXA間において成立している。この条項により、Aに対する離婚に伴う慰謝料支払義務が免除された結果、共同不法行為者であるAの負担部分の限度でYの利益のためにもその免除の効力が生じるとYが主張した。一審はXの請求額300万円を全額認容したが、原審は、Yの主張を認めて150万円とした。そこでXが上告した。「民法719条所定の共同不法行為者が負担する損害賠償債務は、いわゆる不真正連帯債務であって連帯債務ではないから、その損害賠償債務については連帯債務に関する同法437条の規定は適用されないものと解するのが相当である。……Xは、本件調停において、本件不法行為に基づく損害賠償債務のうちAの債務のみを免除したにすぎず、Yに対する関係では、後日その全額の賠償を請求する意思であったものというべきであり、本件調停による債務の免除は、Yに対してその債務を免除する意思を含むものではないから、Yに対する関係では何らの効力を有しないものというべきである。」

167 **◎東京高等裁判所平成7年1月30日　判時1551号73頁、裁判にみる金額算定事例集1**

第一審：横浜地方裁判所川崎支部平成５年10月29日。
「XAの婚姻関係は、昭和63年11月ころには破綻していたものと認めることができる。そうすると、Yらが平成元年12月から性交渉を持つに至つたことが、XAの婚姻関係の破壊に影響を与えたものということはできない。」として慰謝料請求を否定。なお、これより以前のAの不貞行為については、不法行為を認め慰謝料300万円を認容した。

168

◎最高裁判所第三小法廷平成８年３月26日　判時1563号、判タ908号284頁・996号39頁、裁判にみる金額算定事例集１

〔破綻を理由に請求棄却〕
第一審：浦和地方裁判所川越支部平成３年５月15日。控訴審：東京高等裁判所平成４年５月28日。
XとAは昭和42年５月婚姻届出をし、一女一男をもうけた。XとAとの婚姻関係は、性格の相違や金銭に対する考え方の相違等が原因になって次第に悪くなっていったが、Aが昭和55年に転職したところ、残業による深夜の帰宅が増え、Xは不満を募らせるようになった。
Aは、昭和57年11月に株式会社Bに転職した。Aは昭和58年以降、自宅の土地建物をB社の債務の担保に提供してその資金繰りに協力するなどし、昭和59年４月には、B社の経営を引き継ぐこととなり、その代表取締役に就任した。
しかしXは、個人として債務を負う危険があることを理由に前記人事に強く反対し、Aと喧嘩になった。Xは、Aが自宅の土地建物に抵当権を設定したことを知ると、これを非難して、まず財産分与をせよと要求するようになり、夫婦関係は非常に悪化した。
Aは、昭和61年７月ころ、Xと別居する目的で家庭裁判所に夫婦関係調整の調停を申し立てたが、Xは調停期日には出頭せず、Aは申立てを取り下げた。その後も、XがB社に関係する女性に電話をしてAとの間柄を問い質したりしたため、AはXを疎ましく思っていた。Aは、昭和62年３月中旬にB社名義でマンションを購入し、同年５月、自宅を出て同マンションに転居し、Xと別居するに至った。Yは、昭和62年４月ころに客として来店したAと知り合った。Yは、Aから、妻とは離婚することになっていると聞き、また、AがXと別居したため、Aの言を信じ、同年夏ころまでに肉体関係を持つようになり、同年10月ころ同マンションで同棲するに至った。そして、Yは平成元年２月にAとの間の子を出産し、Aは間もなくその子を認知した。
一審（浦和地方裁判所川越支部平成３年５月15日）、控訴審（東京高等裁判所平成４年５月28日）ともX敗訴。上告棄却。
Xの配偶者Aと第三者Yが肉体関係を持った場合において、XAの婚姻関係がその当時既に破綻していたときは、特段の事情のない限り、YはXに対して不法行為責任を負わないものと解するのが相当である。けだし、YがAと肉体関係を持つことがXに対する不法行為となるのは、それがXの婚姻共同生活の維持という権利又は法的保護に値する利益を侵害する行為ということができるからであって、XAの婚姻関係が既に破綻していた場合には、原則として、Xにこのような権利又は法的保護に値する利益があるとはいえないからである。

169

◎最高裁判所第三小法廷平成８年６月18日　家月48巻12号39頁、判タ臨時増刊945号174頁、家事財産給付便覧２

〔権利濫用を肯定〕
いわゆる美人局類似の事案。
第一審：奈良地方裁判所葛城支部。控訴審：大阪高等裁判所。XとAは昭和59年に婚姻をした夫婦であり２人の子供がいる。Yは昭和60年ころから居酒屋を営業し、昭和61年に夫と離婚した後、自宅の土地建物を取得し、昭和46年に生まれた子を引き取り養育していた。
YはAから婚姻を申し込まれ、これを前提に平成２年９月20日から同年11月末ころまでの間肉体関係を持ったものであるところ、Yがその当時Aと将来婚姻することができるものと考えたのは、同元年10月ころから頻繁にYの経営する居酒屋に客として来るようになったXがYに対し、Aが他の女性と同棲していることなど夫婦関係についての愚痴をこぼし、同２年９月初めころ、Aとの夫婦仲は冷めており、同３年１月には離婚するつもりである旨話したことが原因を成している。
Xは、同２年12月１日にAYの右の関係を知るや、Yに対し、慰謝料として500万円を支払うよう要求し、Yがこれに応じないと、その後はAも暴力をもってXの要求に応じるようYに迫ったり、XとAが居酒屋に来店し、他の客の前で、支払を強要し、嫌がらせを行った。
また、Aは、自動車に乗車中のYに傷害を負わせ、器物損壊、脅迫に及び、その件につき罰金５万円の刑に処せられるとともに、別訴にて、平成６年２月にAに200万円の損害賠償額の支払が課せられた。他方、XはYに対して500万円の慰謝料を求めて本訴を提起した。
一審はXの請求を棄却したが、原審は、Xの慰謝料請求権の請求が権利濫用であるとのYの

	抗弁を退け、YがAに妻がいることを知りつつAとの間で肉体関係をもったこと、また、XAの間の婚姻関係はなお破綻していなかったことを理由に100万円の慰謝料額等を認めた。これに対して、Xが上告したのが本件である。 最高裁判所は原審を破棄し「これらの事情を総合して勘案するときは、仮にXがYに対してなにがしかの損害賠償請求権を有するとしても、これを行使することは、信義誠実の原則に反し権利の濫用として許されないものというべきである。」と判示した。
170	**◎東京地方裁判所平成10年5月29日　判タ1004号260頁、家事財産給付便覧2** 夫が妻の不倫相手を被告として提起した損害賠償請求訴訟において、夫が陳述書の原稿ないし手元控えとして作成した大学ノートが、妻によって持ち出されYから書証として証拠申出された場合、信義誠実の原則に反するとして証拠申出が却下された事案。 XとA夫婦が破局に至った根本的な原因は、Aが、日常性の中にある、変化には乏しいものの永続的で堅実なものに対する生き甲斐を軽視し、将来を展望しようとしない享楽的・退廃的な喜びを追求しようとした点にあり、かつ、Aが、夫婦について誤った又は乏しい倫理観のYと偶然の出会いをし、特異なその生き方に影響され、妻として、母として進むべき道を誤るに至った点にあると推察される。Xとの結婚を破綻させたAの責任は重大であり、将来、その責任をわが子にどう説明するのか理解に苦しむところである。 また、Yは、年こそAよりも若いが、既に2回の結婚歴もあり、男女の関係、夫婦の有り様についての理解・経験は、実質的にはAよりも先輩であったのにもかかわらず、Aを善導するどころか、当時妻から出て行くようにいわれていて身軽な身であったことを幸いに、Aを誤導し、結果として、2人の子供のある一組の夫婦を破綻させた責任はゆるがせにできない。特に、弁論準備手続においてYの責任の有無を問うたところ、全く責任を否定していたことがあり（もっとも、本人尋問においては、これを改め、責任を認めている。）、社会人としての見識を疑わざるを得ない。 AY長期にわたる不倫継続、Aからの離婚調停不調、認容額150万円（請求額1000万円）。
171	**◎東京地方裁判所平成10年7月29日　判タ1023号246頁** Aが、昭和54年、現住所においてYと同居し、YがAの子を身ごもり、昭和57年1月22日、これをAが胎児認知し、Yが昭和57年2月10日子を出産し、Yは、Aが住職として務める寺関係、親戚などにAの妻として扱われ、さらにはXがYの出産及び認知の事実を知り、XとAの婚姻関係は破綻するに至ったもの認められる。よって、右関係がすでに破綻したものと認められる少なくとも昭和57年以降のYとAの関係については、不法行為は成立しない。 ……Xの妻としての権利の侵害としては、右侵害行為がされている間は、日々発生するものであるから、Xは、Aとの夫婦関係が破綻する前のYの不法行為については、それを十分認識していたのであり、右不法行為に基づく損害賠償を求めることもできるから、破綻までの不法行為に基づく損害賠償請求権は各行為時から消滅時効が進行する。 消滅時効が完成し請求棄却。
172	**◎東京地方裁判所平成10年7月31日　判タ1044号153頁、家事財産給付便覧2** 〔**Xに小学生の長男あり**〕 昭和60年にXとAは職場結婚し子が一人いる。Xの仕事は多忙で、子の出生後、夫婦関係はなかった。Aはストレス解消のために平成2年頃からスナックに通い、そこで平成3年にYと知り合い、平成7年から9年の間にAが積極的にYに働きかけ、両者は数回肉体関係を持った。夫婦の生活内容は、各夫婦が満足している限り第三者が論評する限りでない。したがって、夫婦間に性関係が10年以上にわたり全くないからといって、直ちに夫婦関係が破綻しているものとはいえない。しかし、Aが糖尿病であることを考慮しても、10年間以上にわたりXがAに対して全く性関係を求めなかったというのは、少なくとも普通であるとはいえない。そして、AはXとの婚姻生活に長らく不満を抱き、家庭から逃避するような生活を続け、Xはそれを知りながら放置していたものであり、夫婦相互に相手方に対する関心が著しく希薄であったというほかない。外形的にはXA夫婦の仲は破綻していなかったとしても、AはXに対して強い不満を有していたものとうかがわれ、そのようなときにYに出会い、長い交際によってYに強く惹かれて、自らの積極的な意思によってYと男女関係をもったものと認められる。そして、XがAYの関係を知った時点において、Aは既にXと別れてY方において生活することを求めていたことから、Yはついにこれを受け入るに至ったものである。…そうであれば、Aの気持を受け入れてしまったにすぎないというべきYが、Xに対し、AがXの妻であるという理由のみで不法行為責任を負わなければならないということについては、全く疑問がないわけではない。しかし、Aの夫であるXからすれば、たとえ右不

	貞がAの自由な意思によるもので、その主たる責任がAにあるとしても、Yはそのような Aの不貞の相手方となり、いまだ小学生の長男をXに残したまま、ついにはAと夫婦同然の暮らしをするようになり、その結果、Xの家庭の平和を完全に崩壊させたにほかならないものというべきであるから、Yが何ら不法行為責任を負わないということは正義に反するというべきである。認容額110万円（弁護士費用は内10万円）（請求額947万円）。
173	◎**東京高等裁判所平成10年12月21日　判タ1023号242頁、家事財産給付便覧2** 171東京地方裁判所平成10年7月29日判決の控訴審である。XAは昭和36年に婚姻し子が1人いる。昭和47年にAは職場で知り合ったYと肉体関係を持つようになり、同年中には2人は同棲をはじめ、さらにYは、Aに妻がいることを知りながら、近隣に対してはAの妻のようにふるまい、Aとの間に子をもうけた。その後、XはAに対し婚姻費用分担の申立を行い、一定額の支払を命じる審判が確定した。他方Aは、平成6年にXを被告として離婚訴訟を提起し、平成10年に離婚が確定した。そこで、XがYに対し提訴。認容額220万円（内弁護士費用20万円）（請求額2000万円）。「Xの本件慰謝料請求は、単にYとAとの肉体関係ないし同棲によって精神的苦痛を被ったことを理由とするのみならず、右肉体関係ないし同棲の継続により最終的にAとの離婚をやむなくされるに至ったことをもXの不法行為として主張していることは前示のとおりであるところ、このように第三者の不法行為により離婚をやむなくされ精神的苦痛を被ったことを理由として損害の賠償を求める場合、右損害は離婚が成立して初めて評価されるものであるから、第三者との肉体関係ないし同棲の継続等を理由として離婚を命ずる判決が確定するなど、離婚が成立したときに初めて、離婚に至らせた第三者の行為が不法行為であることを知り、かつ、損害の発生を確実に知ったこととなるものと解するのが相当である。」
174	◎**大阪地方裁判所平成11年3月31日　判タ1035号187頁、裁判にみる金額算定事例集1** **〔同棲差止請求を否定〕** XとAは昭和50年に婚姻し、一女一男をもうけている。Yは昭和50年に婚姻し、同52年に長男をもうけたが、夫は平成元年に死亡した。Aは、昭和54年にYが当時勤務していた小学校に赴任し、間もなく、AとYの交際が始まるようになった。昭和62年4月にYとAが宴会の後に朝帰りすることがあった。これについてYの夫からX方に、YがAと宿泊したのではないかとの電話があったため、XがYに電話で問いただし、Yはこれを認めた。Yは、遅くとも平成元年ころから自己名義の銀行キャッシュカードをAに手渡し、これを自由に使わせていた。また、自己名義の携帯電話をAに渡し、メッセージを入れるなどもしていた。Aは、Yと肉体関係があることをXに対しても述べたり、YとXを比べるような話をしたりしていた。そして、平成9年11月ないし12月ころ、AはXに対し、離婚してほしいと申し向けるようになった。そこで、同10年3月終わりころ、Aの両親が来阪してAと話しあうなどした結果、AはYと別れる旨述べた。ところが、同年5月14日、Aが深夜になってYの運転する車に乗って帰宅したことがあり、これを契機にXはAとの離婚を考えるようになった。ただ、Xとしては、AがXと離婚した後Yと結婚等するのは許せないと感じ、YとAにおいて結婚等しないならばAとの離婚に応じるので、Yもその旨の書面を作成するように要求した。しかし、Yはこれに応じなかった。Aは、その直後から家を出てXと別居するようになり、Xには居住先も教えていない。なお、YはAの居住先を知っており、同人の衣類をY方で洗ってやるなどしている。また、YはAとの結婚を希望している。「不貞行為の期間が長期にわたること、最終的にAがXと別居するに至ったこと、もっとも不貞関係になるに当たってYとAとのいずれが主導的であったかについては明らかでないこと等、不貞行為の経過、態様及び影響等について証拠上認められる諸事情を総合的に考慮すると不貞行為によって生じたXの精神的苦痛を慰謝する額としては金300万円を相当と考える（請求額1200万円）。」XはAYの同棲の差止も請求。「Xのこのような精神的損害については、同棲が不法行為の要件を備える場合には損害賠償によっててん補されるべきものであり、これを超えて差止請求まで認められるべき事情があるとまでは言えない。」
175	◎**東京高等裁判所平成12年11月30日　WLJ** **〔特段の事情の有無〕** 第一審：横浜地方裁判所。Yは、XAの婚姻関係を決定的に破綻させた不貞行為の相手方であり、その相手方であるYが婚姻関係を破綻させた後もなお継続してAと肉体関係を持っている場合において、Yがそれについて不法行為責任を負わないとしてよいのか、本件肉体関係については前記最高裁判所判決（平成8年3月26日）のいう「特段の事情」があるといえるのではないか、との疑問もあるが、しかし、そもそも、婚姻関係が完全に破綻した後においてはもはやそこには法律によって保護すべき婚姻共同生活の平和の維持という利益又は権

	利は存しないのであるから、そうとすれば、たとえXAが戸籍上は夫婦としての形骸が残っているとしても、Xにおいて、A及び第三者に対して、婚姻共同生活の平和を乱さないことを要求する利益又は権利はもはやないものというべきであり、Yに不法行為責任を負わせないことが信義則に違背し著しく正義に反すると認められるような例外的な場合に初めて『特段の事情』があると解すべきである。 そして、〈1〉いわゆる有責配偶者であっても一定の条件が充たされれば離婚請求をすることができるところ、……AがXに再度離婚請求をすることが全く許されないわけではないと考えられること、〈2〉また、XAの婚姻関係は少なくとも平成4年に入ったころには既に円満であったとはとうていいえない状況にあったのであるから、右婚姻関係の破綻については、AYの不貞行為が唯一の原因であるとか、あるいは、専らYに責任があるとはいえないこと、等を考慮すると、YがAとの間で持った本件肉体関係についてはなお前記の『特段の事情』がないものというべきである（控訴棄却）。
176	**◎仙台地方裁判所平成13年3月22日　判時1829号119頁、判タ1144号96頁** 本件婚姻の破綻及びそれに至る過程の事情によってXが受けた苦痛、Yらの有責性の程度（特に、AはXに対して配偶者としての貞操義務を負っている。）、本件婚姻の期間が33年以上に及んでいることなど本件に表れた諸事情を総合すると、AがXに対して支払うべき離婚慰藉料は500万円が相当であり、Yが不法行為による損害賠償としてXに支払うべき慰藉料は300万円が相当である（請求額500万円）。
177	**◎東京地方裁判所平成13年4月10日　WLJ** Yは、Aが妻帯者であることを交際当初から知っていたこと、それにもかかわらず、交際を続け、Aと同棲するに至っていること、Yとの交際以前には、XとAとの婚姻関係は破綻するまでには至っていなかったこと等が認められるから、Yは、Xの妻としての権利を侵害しており、Xに対し、Aと共に共同不法行為に基づく損害賠償責任を負うものと認められる。 そして、Aとの交際期間等、認定した事実を総合考慮すると、Xの被った精神的苦痛は、金100万円をもって慰籍するのが相当である。 Aに対する離婚慰謝料は500万円を認容。
178	**◎東京地方裁判所平成13年8月30日　WLJ** **〔Yが精神科医〕** Yは精神科医。本件の本質は、配偶者の不貞行為の相手方に対する損害賠償請求なのではなく、心を病む配偶者の治療を託した精神科医に、常識外の裏切られ方をした患者の親族による慰謝料請求事件なのである。 Yは、この点につき、陳述書において、AがYを誘った時点ではAの症状は回復していたから病気の影響はなく、したがって、自分が誘惑に負けたことは自分の精神科医としての責任とは無関係である旨主張しているが、Aの症状が改善されていたとしても、現にAに対する治療を継続していたのはY自身であり、AがYの患者であったことに何ら変わりはないのであって、Yの主張は余りに自己に都合の良い身勝手な理屈というほかなく、到底採用できるものではない。第三者はともかく、Xが、Yの医師としての資格を云々するのも当然の気持ちというべきである。 Yが、精神科医というある意味で人の心の問題の専門家でありながら、これをXによる強迫あるいは慰謝料を吊り上げる手段としか捉えることができず、過度に利己的な自己弁護とX批判に終始し、本件を、自己の医師としての資質とは無関係なことと言い切るその態度は、極めて遺憾であるというほかない。少なくとも現時点では、本件を精神科医として総括し、反省し、今後の自己の専門家としての責務をいかに全うしていくのかについて、その思索のほどを明らかにしてしかるべきであろう。 慰謝料400万円を認定（請求額1000万円）。
179	**◎岡山地方裁判所平成14年6月4日　WLJ** 妻が農薬を飲んで自殺を図った昭和62年ころまでは夫に不貞行為があったことが認められるが、それ以降も不貞行為があったことを認めるに足りる証拠はない。そうすると、昭和62年ころまでの不貞行為を原因とする損害賠償請求権については、訴えが提訴された平成13年11月2日当時すでに消滅時効が完成していることになる。請求棄却（請求額530万円）。
180	**◎東京地方裁判所平成14年7月19日　最高裁判所ホームページ** そもそも、婚姻は、男女の性的結合を含む全人格的な人間としての結合関係であり、その結合の内容、態様は多種多様にわたるものであって、性交渉の不存在の事実のみで当然に婚姻

	関係が破綻するというものではなく、破綻の有無を認定するにあたっては、夫婦間の関係を全体として客観的に評価する必要がある。 そして、X及びAは、同居生活を続けつつ、Xが写真業及び駐車場賃貸業で収入を得て、Aに一定の金銭管理を委ね、時にはともに海外旅行に行くなど、XがAとともにオーストラリアに出国するまでは、破綻どころか、むしろ円満ともいえる通常の婚姻生活を営んでいたことが認められる。 よって、AYの不貞行為開始時においてXA間の婚姻関係は破綻していなかった。認容額300万円（請求額300万円）。
181	**◎岡山地方裁判所平成14年7月19日　判タ1278号61頁** X（妻）26歳。Aは女癖が悪く、Y以外の女性とも浮気していたことが窺われ、婚姻が破綻するに至ったことについてはA自身の身勝手な性格や行状に起因するところが大。Yが積極的にAを不貞に誘ったとは認められない。認容額120万円（請求額150万円）。
182	**◎岡山地方裁判所平成14年10月11日　判タ1278号61頁** X（夫、58歳）は、Aの無断転居により住処を失ったことも慰藉料の原因に挙げるが、これはAの意思でなされたもので、Yが唆した等の事実はないから、Yが不法行為責任を負う関係にない。 認容額150万円（請求額500万円）。
183	**◎東京地方裁判所平成14年10月21日　判例秘書** XがAY間の不貞発覚後、Yに対して、留守番電話に「どろぼう。鬼。悪魔」というメッセージを入れたり、Y宅の隣家の郵便受けに「Yは未婚の母、子供は不倫の子」と書いた便箋を入れたりした行為について、社会通念上許容される範囲を逸脱したものとして不法行為の成立が認められた。認容額50万円（請求額500万円）。
184	**◎東京地方裁判所平成15年2月14日　判例秘書** XY間に「①Yは、Xに対し、円満な夫婦生活に対する不法行為に基づく損害賠償として金200万円を支払う。②YはAと平成12年12月4日以降一切連絡を取らない。③②に違反した場合、Yは、Xに対し、違約金として金100万円を支払う。」との合意あり。この合意書に基づきYはXに60万円を支払ったがAYの関係はその後も続いた。 本合意書③の100万円は、損害賠償金の予約ではなく、単なる合意違反に対する違約金であり、平成12年12月4日以降の不貞行為については別途慰謝料請求が可能。XAの婚姻関係が破綻しつつあることの最大の原因は、Aの気持ちがXから離れ、XよりもYに向いていることにあり、XとAとの婚姻関係について主として責任を負うべきはAである。認容額200万円。
185	**◎岡山地方裁判所平成15年2月25日　判タ1278号61頁** X（夫）44歳。Aは、Xが家事や子育てに協力しないことやXの収入が少ないこと、自己の父親を悪く言ったこと、深夜に性交渉を要求されるなどでXに不満を募らせていたが、Aの母を弟に引き取らせ、Xの親を同居させたいとの提案を聞いて、Xが著しく身勝手であるとして、Xに対し極度の嫌悪感を抱くようになった。Aは、Xに対してあまり口をきかなくなり、残業と称して午後10時過ぎに帰宅したり、休日出勤するようになった。AはAの母に対しXと別居したい旨相談した。 AYが肉体関係を開始した時点で、婚姻関係はすでに相当程度悪化し破綻の危機に瀕していたものと解されるが、未だ完全に破綻してはおらず、AYの不貞行為がなかったならば修復の余地があった。 認容額150万円（請求額500万円）。
186	**◎東京地方裁判所平成15年3月27日　WLJ** 現在までAとXの住民票上の住所は同一であり、同居していることが認められる。Xは共同不法行為者であるAに対しては訴訟を提起していない。慰謝料75万円を認定。 ただし、訴え提起時点において、Xが損害及び加害者を知った時から3年が経過していたので消滅時効が完成しているとして請求棄却（請求額1000万円）。
187	**◎岡山地方裁判所平成15年6月10日　判タ1278号61頁** X（妻41歳）とAの婚姻期間10年。

	Y は、A と結婚する意思はなく、A の家庭を壊してまで A との不貞を続けるつもりもなく、A と X の不仲を知った後は自ら身を引いている。 不貞期間は 2 ヶ月。 婚姻破綻の責任の過半は、身勝手で家族を顧みない A にも求められるべきものであって、Y の責任は副次的である。Y が意味深なペンダントトップを送ったことは A をその気にさせる原因の一つであった。Y は、X とホテルのロビーで初めて対面したときも X に謝罪した。X はすでに A との間で慰謝料 360 万円の支払いを受けることで合意している。 認容額は 200 万円（請求額 500 万円）。
188	**◎東京地方裁判所平成 15 年 6 月 12 日　判例秘書** XA の婚姻期間 11 年、XA 間に 2 人の子。 XA の交際開始以前において、X と A が別居したことがあるかとか真剣に離婚に関する話し合いをしたとの事実は認められないので、XA の婚姻は、A の内心はともかく破綻していたとは言えない。X は、AY の共同不法行為により、離婚のやむなきに至り、また、自己の資産が A により Y との交際に費消され、その一部の返済のための借入金を今なお返済しなければならないことにより、相当程度の精神的苦痛を受けた。慰藉料 400 万円を認定（請求額 900 万円）。
189	**◎東京地方裁判所平成 15 年 6 月 24 日　WLJ** 請求棄却。 貞操義務（民法 752 条）は、婚姻の基本であるが、それは、本来、夫婦間の問題であり、価値観の多様化した今日にあっては、性という優れて私的な事柄については法の介入をできるだけ抑制して、個人の判断、決定に任せるべきであるし、その貞操義務は婚姻契約によって生じ、一方配偶者の他方配偶者に対する一種の債務不履行の問題であって、貞操請求権は対人的、相対的な性格を有し、夫婦の一方の他方に対する貞操請求権を侵害するか否かは、他方の自由意思に依存するものであるから、一方配偶者の被侵害利益を第三者による侵害から法によって保護すべきであるというのは、些か筋違いと謂うべきであるし、学説上も、一方配偶者から、不貞の第三者に対する賠償請求は制限すべきであるというのが有力説又は多数説となっている。特に、本件においては、X は、第 1 次的に責任を負うべき A に対して、賠償請求をしないと陳述しており、配偶者に対して宥恕しながら、第三者である Y にだけ賠償請求するものであり、不均衡の感を否定できないし、Y と A が、肉体関係を含む親密な交際に至ったのは、ある意味では自然な情愛によるものであり、殊更に、Y が、X の権利又は法律上保護に値する利益を侵害しようとして、A に近づいたともいえない。 また、A は、別居後の平成 12 年 7 月頃より、X に対して、毎月 70 万円を送金しているところ、X は現在、上記送金で生活をしており仕事をしておらず、A は年収 1000 万円から 2000 万円の間にあり、それに X は 14 歳未満の子供 3 人と暮らしていることに照らすと、適正婚姻費用は毎月 42 万円になるのであって、送金額のうちでそれを超える額、すなわち、少なくても月額 20 万円（3 年間で 720 万円）程度は、名目はどうあれ実質的には、Y と A による不貞及び婚姻生活破壊の被害弁償（慰藉料）として支払われていると解するのが相当である（請求額 800 万円）。
190	**◎東京地方裁判所平成 15 年 7 月 31 日　WLJ** **〔XA が内縁関係〕** 破産法 366 条の 12 但書は「悪意をもって加えたる不法行為」に基づく損害賠償請求権（現在の破産法 253 条第 1 項 2 号「破産者が悪意で加えた不法行為に基づく損害賠償請求権」）は破産による免責の対象とならない旨を規定するが、正義及び被害者救済の観点から悪質な行為に基づく損害賠償請求権を特に免責の対象から除外しようとするその立法趣旨、及びその文言に照らすと、「悪意」とは積極的な害意をいうものと解される。故意とほぼ同義という原告の解釈は採用できない。 本件の場合、不貞関係が継続した期間は少なくとも約 5 年にも及び、しかも A の離婚を確認することなく結婚式を挙げたという事情もあるから、不法行為としての悪質性は大きいといえなくもないが、本件における全事情を総合勘案しても、X に対し直接向けられた Y の加害行為はなく、したがって Y に X に対する積極的な害意があったと認めることはできないから、その不貞行為が「悪意をもって加えたる不法行為」に該当するということはできない。したがって、Y の不貞行為すなわち不法行為に基づく損害賠償責任は免責されたということになる。
191	**◎東京地方裁判所平成 15 年 8 月 27 日　WLJ**

一般に、内縁とは、婚姻意思をもって、夫婦の共同生活を送っているが、法の定める婚姻の届出を欠くために、法律上は婚姻と認められない事実上の夫婦関係をいうと解される。これを本件について見るに、ＡとＸの同居期間は、平成３年８月ころから平成11年６月まで約８年に及んでおり、その間両名の間には少なくとも平成10年夏ころまでは性交渉があり、互いの親族・友人との交流の状況やその内容に照らし、両名は、周囲からも夫婦あるいはそれに準ずる関係と評価されていたということができる。
また、両名の同居期間は、Ａの29歳から37歳ころまで、Ｘにおいては20歳から28歳ころまでの期間に相当し、一般にこのような年齢の男女が性的交渉を伴う共同生活を営む場合においては、特段の事情がない限り、婚姻の意思を有するのが通常であると認められるところ、Ａは、少なくとも同居の当初の段階においてはＸと婚姻してもよいと考え、２度にわたりＸに婚姻の意思の有無を尋ねていること、Ｘはその時点においては婚姻の意思がない旨返答しているものの、Ａと同居生活を続けていくにつれて、次第に、もしＡからプロポーズをされたら結婚したいと思うようになっていたこと、ＡとＸは、平成８年２月にいったんは別居したものの、数日後にはやり直すことにして再び同居するようになり、平成９年８月にはＡが母親からの土産物を携えてＸの両親に会いに行っていることなどの事情を総合すると、ＡとＸとの間においては、時期によって強弱はあるものの、婚姻意思があったと認めるのが相当である。以上の事情を総合すると、ＡとＸとの間には内縁関係が成立していたと認められる。
平成10年12月17日の深夜、ＸがＡの所持していた名刺に記載されていたＹ方に電話をかけ、その直後ＡがＹに対し非礼を詫びる電話をかけているが、そのことのみによって、Ａに内縁関係にある女性がいることを知り得たとはいえず、他にこれを認めるに足りる証拠もない。そうすると、ＹがＡと性交渉を持ったことにつき、故意又は過失があったとはいえないから、ＸのＹに対する不法行為に基づく損害賠償請求は認められない。

192 **◎東京地方裁判所（平成13年（ワ）第27193号）平成15年８月29日　WLJ**

189東京地方裁判所平成15年６月24日判決と同一裁判官。一般論はそれと同じ。
本件事案においては、ＹがＡに対し、Ｘへの告白を働きかけたとは認めがたいところ、それがなければ、Ｘの平穏な家庭生活を破壊し、精神的に不安定な状態に至らせることはなかったと容易に推認することができるのであり、この点において、Ｙの責任は、Ａに比して軽い。また、Ｘが、長年に亘り、Ａと築き上げてきた夫婦関係を一瞬にして失い、それまで裏切られていたことに気づいた苦しみ、悔しさは察するに余りあるところではあるが、同種事案において、妻が夫の不貞行為を知りながら、その状態を長年受忍しなければならなかった場合と比較した場合には、Ｘが受けた精神的苦痛は低く評価せざるを得ない。
遅延損害金の起算日についてＸは、不貞行為が始まった後である昭和57年１月１日をもって起算日としている。確かに、本件不法行為は、昭和34年を始期として、平成13年を終期とする継続的不法行為であり、不法行為に基づく損害賠償請求権は、不法行為時をもって直ちに遅滞となるのだから、Ｘの請求にも理由がありそうである。しかし、不法行為に基づく損害賠償請求権は、損害が発生しなければ、請求権そのものが発生しないのであり、本件においては、慰藉料請求なのだから、精神的苦痛が生じた時期、すなわち、ＸがＡから告白された平成13年２月14日をもって起算日とするのが相当である。
認容額300万円（請求額5000万円）。

193 **◎東京地方裁判所（平成14年（タ）第320・122・123号）平成15年８月29日　WLJ**

夫Ｘと妻Ｙから相互に起こされた離婚に伴う慰謝料請求において、婚姻関係破綻についての双方の責任の割合が同程度であるとして、その請求がいずれも棄却された。また、不貞行為の立証もないとした。

194 **◎東京地方裁判所平成15年９月８日　判例秘書**

本件においては、特殊な事情として、ＹにもＡの子供が生まれており、見方によっては、Ｙも、Ａの無自覚かつ無責任な行動の犠牲者の一人と考えることもできないわけではなく、Ｙにもなにがしかの酌量の余地があることまで否定できない。
Ｙは、本件訴訟に至るまで、Ｘに対して、Ａとの同棲生活を止めるつもりはないなどと宣言した形になっていることや、ＡＹの交際期間は５年間に及び、また、Ａとの同棲期間も３年以上に及んでいること、ＹにもＡとの子供がいるため、ＹがＡとの同棲を望む気持ちも全く理解できないわけではないが、ＸはＡの妻であり、ＸＡの間にも長女が誕生していて、夫及び父親としてのＡの存在を必要としているのに、Ｙがこれを妨害していると評価せざるをえないことなど、本件訴訟に現れたすべての事実を総合的に評価すれば、Ｙの不法行為によってＸの被った精神的苦痛を慰藉するには450万円をもって相当というべきである（請求額

	5200万円)。弁護士費用は別途50万円。
195	**◎岡山地方裁判所平成15年9月26日　判タ1278号61頁** Aの妹の結婚式にX（妻33歳）が出席することを嫌ったためAと口論になり、Aは離婚すると騒いだことがあった。Xは、1000万円貯蓄することを目標に掲げて倹約に努めたが、Aはそのことや夫を軽視するXの言動が我慢ならず、度々Xと口論となった。しかしながら、Aは、口論ではXに負けるため、不満を鬱積させていた。その後長男、二男が生まれたが、二男誕生前に、Aは、Xとの結婚生活をこれ以上続けることを嫌い、長男を自分が引き取り、Xが妊娠中の二男を引き取って別れる話を持ち出したこともあった。 このように、AとXとの婚姻は、何度かAが離婚を口にするなど必ずしも円満な関係にあったものとは解されないが、それでもなおAとXの婚姻が修復困難なまでに破綻していたとは未だ認められない。不貞の時期がXが第三子の出産を控え、心身共に大変な時期であった。Yは、Aに妻子があることを当初から認識していたものであるから、Yにおいて、仮にAからXとの婚姻が破綻している旨聞かされていたとしても、軽々しくAと不倫関係に陥ったことは過失があったものといわざるをえない。 認容額200万円（請求額300万円）。
196	**◎東京地方裁判所平成15年11月6日　WLJ** Aの不貞相手が二人。Xと結婚し貞操義務を有するAこそがXに対して責任を負う者であって、Yは従たる地位を占めるに過ぎない。YがXに謝罪。AとYの慰謝料の額に差があることを認め、その限度での不真正連帯債務の成立を認めた。調査費用は一部のみ認める。なお、AYの不貞がXAの婚姻よりも前から始まっていたという事情を慰謝料増額の要素として考慮するべきかという問題については、「これは婚姻関係の破壊ではなく、欺かれて婚姻したことによる慰謝料の問題であるし、あるいは、AがXとの婚姻当初から、XよりもYと親密な関係にあり、保護されるべき平穏な婚姻関係が原始的に存在しなかったことを自認することになる」旨述べ増額要素としては考慮していない。
197	**◎東京地方裁判所（平成15年（ワ）第4750号）平成15年11月26日　WLJ** YがAと行った不貞行為は、Xの婚姻関係の平穏に対する違法な干渉として不法行為を構成するが、婚姻関係の平穏は、第一次的には配偶者相互の守操義務、協力義務によって維持されるべきものであり、配偶者以外の者の負う婚姻秩序尊重義務ともいうべき一般的義務とは質的に異なるから、不貞についての主たる責任は、原則として不貞を働いた配偶者にあり、不貞の相手方の責任は副次的なものというべきである。また、具体的な不貞行為について、不貞行為を行った配偶者の関与がその相手方との関係で、より積極的であった場合には、違法性が減ずるものというべきであり、具体的慰謝料の額の算定の上で考慮すべきである。慰謝料100万円（弁護士費用10万円）を認容（請求額1100万円）。 AがYとの不倫交際に対して消極的態度を取り始めた以降、YがAに対して、「貴方が忘れた頃に貴方の家に致命的な復讐を行います。必ず破壊します。」等と記載した書簡を送付したことについては、「それまでのYとAの関係及びこれらの書簡、日記を全体的に考察すると、Yは、壊れていくAとの男女関係の修復を希い願い、何とかAの気持ちを引き留めようとしてこのような行為をしたことが認められ、これらの行為は不法行為の要件である違法性があるとまでは認められない。」
198	**◎東京地方裁判所（平成14年（ワ）第21755号）平成15年11月26日　WLJ** XAは平成11年に婚姻、同年に長男が誕生。YはAの会社の上司で執行役員。平成14年11月頃からAYの交際が始まり、XAは同年12月に離婚した。 慰謝料300万円認容（請求額500万円）。
199	**◎岡山地方裁判所平成16年1月16日　判タ1278号61頁** AとX（妻36歳）は、平成14年1月までは家族旅行を行っており、そのころまでは一応良好な関係にあったものと推認されるところ、その後、AYの不貞関係が大きな要素となって、婚姻が破綻したものと認められる。また、平成14年5月ころにAが家を出たものの、同年秋にやり直しを期して再び家に戻り、同年12月にはクリスマスパーティーを行い、平成15年になってXが離婚調停を申し立てたものの、結局子供が成人するまでは離婚しないことで調停を取り下げたこと等に照らせば、XAの婚姻は未だ完全に破綻していなかった。仮にYの主張のとおり、平成15年1月にAからXと離婚することが決まった旨告げられ、それを信用したものであるとしても、Aの言い分のみを軽信した点でYに過失があることは明らかである。認容額250万円（請求額300万円）。

200	**◎東京地方裁判所平成 16 年 1 月 28 日　判例秘書** XA 夫婦が双方原告として Y に対して、X が慰謝料の支払い請求、A が 1000 万円の貸金の返還を求めたという事案。 X の慰謝料請求については、XA が現在離婚及び別居をしていないことは、高額な慰謝料額を算定するには消極要素とせざるを得ないとした（認容額 250 万円）。A の請求については、A が Y の歓心を買い、不貞関係を継続させる目的で贈与したものと認められ、不貞関係が公序に反する行為である以上、それが仮に貸金であったとしても、不法原因給付として、法的保護を与えることはできないとした。
201	**◎東京地方裁判所平成 16 年 2 月 19 日　判例秘書** XA 間の婚姻時において、X が A の考案通りに作成した誓約書「結婚するにあたり、A 様が浮気してもやむを得ません、騒ぎません。ここにその事を誓います。」（X の署名・捺印あり）がある。 AY 間に子が生まれ A は胎児認知をした。 Y は、仮に Y が損害賠償責任を負うとしても、X が本件誓約書を差し入れ、A の不貞行為を容認する態度を取ったことが、同人が Y と関係を持つ誘因となったものであり、過失相殺が認められるべきである等と主張した。 裁判所は「本件誓約書は、A が婚姻を切望する X の弱みに付け入り交付させたものであり、X の真意を反映したものとは解されず、その内容も、婚姻時にあらかじめ貞操義務の免除を認めさせるものであって、婚姻秩序の根幹に背馳し、その法的効力を首肯し得ないばかりか、社会的良識の埒外のものである。よって、慰謝料の減額要素として考慮することはできない。」と判示した。認容額 300 万円（請求額 2000 万円）。
202	**◎東京地方裁判所平成 16 年 3 月 2 日　判例秘書** 夫婦間の事案。 XA は昭和 46 年に婚姻し昭和 47 年に長女、昭和 51 年に二女が生まれた。昭和 63 年に Y は A と知り合い不貞関係が始まり平成元年 10 月に A は X と別居し Y と同居を始めた。平成 12 年に X は A を相手として離婚訴訟を提起し、控訴審において協議離婚を内容とする和解が成立した。X は AY 間の不貞行為に基づく損害賠償請求訴訟を A に対してのみ提起した。 裁判所は、平成元年 8 月に X が A の実父の 7 回忌の行事に A とともに参加していることなどの事実から XA 間の婚姻関係は破綻していないことを前提に慰謝料 600 万円を認容した（請求額は 3000 万円）。
203	**◎東京地方裁判所平成 16 年 4 月 23 日　判例秘書** AY の関係は、A が、積極的に Y に好意を示したことが発端ではあるものの、その後、Y も積極的に A との交際を継続するように迫っていたことを認めることができる。そして、現在に至るまで、AY の不貞関係が継続しているのは、Y の態度の問題もさることながら、A の優柔不断な性格等、その態度に起因するところが大きいというべきである。 しかし、そもそも、AY の不貞行為は、双方による X に対する共同不法行為を構成するものであるから、A と Y のどちらにより重い責任があるかを議論する実益はないものというべきである。認容額 400 万円（請求額 600 万円）。
204	**◎岡山地方裁判所平成 16 年 5 月 11 日　判タ 1278 号 61 頁** X（夫 34 歳）、認容額 130 万円（請求額 130 万円）。
205	**◎広島高等裁判所岡山支部平成 16 年 6 月 18 日　判時 1902 号 61 頁** 婚姻を破綻させた有責行為は、離婚の成立によってはじめて不法行為として評価されるものであるから、離婚に関する損害賠償債務の遅延損害金の起算日は離婚判決確定の日の翌日とするのが相当である。
206	**◎東京地方裁判所平成 16 年 8 月 31 日　判例秘書** ①調査費用は損害としては認めないが慰謝料の一部としては認める。② A が積極的。③ X が A を宥恕。認容額 70 万円（請求額 500 万円）。
207	**◎岡山地方裁判所倉敷支部平成 16 年 9 月 7 日　判タ 1278 号 61 頁** A が仕事を始めて以降、同人と X（夫 32 歳）との間で家事の分担等を巡る諍いが多くなった

	ことや、AがXとの離婚を考えるようになり、離婚届に署名してXに手渡したりしたことが認められる。しかしながら、本件は、AとYがそれ以前に不貞行為に及んだ上、YとAとの関係を知ったXとの間で、今後一切Aとは会わない旨約束したにもかかわらず、その後も「好きだ」「愛している」などといった内容のメールや手紙を送ったりAの家を訪れるなどして同人との交際を続けたものであり、かかるYの行為は、Xとの関係においては不法行為を構成する。 認容額80万円（請求額300万円）。
208	**◎東京地方裁判所平成16年9月28日　WLJ** 妻Xの夫Aに対する離婚訴訟。 Aの不倫相手は2人。1人に対しては不貞行為の立証がないとされた。離婚慰謝料として200万円が認容された。
209	**◎岡山地方裁判所平成17年1月21日　判タ1278号61頁** 6月にAがX（妻28歳）との離婚を逡巡するような素振りを見せたり、6月19日一旦Xのアパートに戻ったこと、8月に離婚調停の際に、XがなおAに対する愛情を抱いていると家事調停委員から言われ、Aが調停を取り下げたこと、10月11日にAからXに復縁を求めていること等を考えると、YがAと不貞関係にあった4月7日から10月6日までの間、XAの婚姻は、未だ修復不可能な程度には破綻していなかった。 認容額250万円（請求額400万円）。
210	**◎さいたま地方裁判所平成17年2月28日　判タ1202号280頁** XとAは昭和61年に婚姻し2人の子がいる。長女の出産以後、些細なことにXが腹を立てて、Aに暴力を振るうなど夫婦関係は悪化し、平成11年頃には、離婚には至らなかったものの、Aの婚姻継続の意思はかなり希薄になっていた。Aは平成8年頃からコンビニエンスストアで働くようになり、平成9年に、そこの客であったYと知り合い、平成11年6月には肉体関係を持つようになった。同年6月27日にAとXは別居し、Xに対して離婚調停を申立てたが、Xが離婚を拒否したためにAは調停を取り下げた。 AとYは、Aが単身家出をして以来同棲を開始しており、平成12年4月には子が生まれたので、AはXに対して、親子関係不存在確認の訴えを提起し、同年この裁判が確定し、Yはこの子を同年9月に認知した。Xは、平成12年5月にはAに家に戻るように求めたが、Aはこれに応じず、未だAとの離婚には至っていない状況にある。XはYに対して訴訟を提起した。 裁判所は、別居から3年経過時（平成14年6月末）に破綻したと認定し、それ以前の平成13年5月から平成14年6月末までの同棲行為に対して、慰謝料100万円を認容した（請求額500万円）。
211	**◎岡山地方裁判所平成17年4月5日　判タ1278号61頁** X（夫）53歳。請求棄却（請求額500万円）。
212	**◎岡山地方裁判所平成17年4月26日　判タ1278号61頁** X（夫51歳）は、岡山市（甲所）の看護婦（訴外M）方にいたところを岡山警察署員に発見されて逮捕された。訴外Mは、その当時、Xと肉体関係があった。Aは、X逮捕後の平成11年4月29日、前記（乙所）から岡山市（丙所）に長女とともに転居したが、そのことをXに知らせなかった。Xの前記不貞及び悪意の遺棄により、AとXの婚姻は、AがXから身を隠したと解することができる平成11年4月29日の転居した時点で完全に破綻した。 請求棄却（請求額600万円）。
213	**◎岡山地方裁判所平成17年5月17日　判タ1278号61頁** X（妻64歳）とAは、平成10年4月ころから家庭内別居状態となり、平成11年5月25日にはXがAに離婚を迫り、AもXに愛情を抱いていなかったものの、娘2人が未婚であり、世間体を気にして離婚に応じなかったのであって、同年7月からはAはXに自分の勤務シフト表を見せることもやめて、互いに別生活を送るようになっていること、平成12年3月14日付け告訴状に添付のX作成の状況報告書には「主人とは、全くといっていい程口を利きません」と記載されていること等を考えると、YがAとラブホテルに入室した平成12年12月8日以前に、XとAの婚姻は既に完全に破綻していた。 請求棄却（請求額500万円）。

214	**◎東京高等裁判所平成 17 年 6 月 22 日　判タ 1202 号 280 頁** 210さいたま地方裁判所平成 17 年 2 月 28 日の控訴審。Y が X に対して子の親子関係不存在確認の訴えを提起し、同裁判が確定した時には遅くとも破綻しているとの認定。消滅時効の完成を認め X の請求を棄却。
215	**◎東京地方裁判所平成 17 年 10 月 31 日　WLJ** 婚約当事者間の訴訟。A が不貞行為を働くも、X は A のみを訴えて Y を訴えなかった。 婚約が成立していないとして棄却。 法的保護に値する婚約が成立するには男女間に将来結婚しようという明確な合意が必要であるところ、まず、A がいかなる状況及び場面において、Y に対し結婚しようと言ったのか、これを認定し得る証拠はなく、上記発言がその言を信じるべき状況下において述べられたとまでは認められないこと、Y は A から A のマンションに住むことを求められて、これに応じたものにとどまり、結婚の具体的時期が示されておらず、結納について話題となった形跡や婚約指輪ないしこれに代わって婚約の証となるべき品の交換ないし授受が行われた形跡がないこと、当時 A と X との婚姻関係が破綻ないし険悪な状況になっていたとはいえず、A が X に対し離婚を申し出た証拠もないこと、当時、A は、Y の両親に対し結婚の挨拶をしておらず、A が A の母親に対し Y を婚約者として紹介したこともないことからすると、A に Y と将来結婚しようという意思があったとは認められず、AY 間に法的保護に値する婚約が成立したということは到底できない（請求額 500 万円）。
216	**◎東京地方裁判所平成 17 年 11 月 15 日　判例秘書** ①不倫訴訟における保護法益は、一方当事者の他方当事者に対する守操請求権というよりも、婚姻共同生活の平和の維持によってもたらされる配偶者の人格的利益という見地から検討されるべきとした。②手をつないで歩いていたことから不貞行為を推認した事例。認容額 70 万円（請求額 250 万円）。**【筆者注：肉体関係がなくても不法行為となる。】**
217	**◎東京地方裁判所平成 17 年 11 月 17 日　WLJ** Y の X に対する誓約書（5000 万円の賠償約束）の効力を 1000 万円の限りで肯定（不貞行為についての損害賠償として、5000 万円全額の支払を Y に命ずるというのは高額に過ぎ、Y の不貞行為の態様、資産状況、金銭感覚、その他本件の特殊事情を十分に考慮しても、なお相当と認められる金額を超える支払を約した部分は民法 90 条によって無効であるというべきである。）。
218	**◎岡山地方裁判所倉敷支部平成 17 年 11 月 24 日　判タ 1278 号 61 頁** A が Y と不貞行為に及ぶまでは、X（妻）と Y との間で、離婚の話が具体的にでるような状況ではなかった上、X には現在も A と離婚する意思はないことなどに照らすと、Y と A が不貞行為に及んだころまでに、X と A との婚姻関係が既に事実上破綻していたものとまでは認められない。Y が一旦は A との関係解消を約束しながら、その後も A との不貞関係を継続。認容額 200 万円（請求額 500 万円）。
219	**◎岡山地方裁判所倉敷支部平成 17 年 12 月 13 日　判タ 1278 号 61 頁** 平成 10 年以前から X（妻 44 歳）と A との間で離婚の話が出ていたり、両者が別居したりした形跡は本件証拠上窺われない上、Y 自身も平成 12 年ころ、X が Y 宅を訪れた際、X から、今までは結婚生活はうまくいっていた。 Y の存在が原因で結婚生活が壊れたと聞いた旨供述していること、A が X と別居したり、離婚調停を申し立てたりしたのは平成 15 年末以降のことであること、少なくとも X は、現在も A と離婚する意思は全くないことなどを併せ考えると、平成 10 年当時、X と A との婚姻関係が既に事実上破綻していたとまでは認められない。Y が X から A との関係を問いただされた際に A との不貞関係を否定した上、その後も A との不貞関係を継続。興信所が作成した報告書は、反社会的な手段を用いて人格権等の侵害を伴う方法によって採集されたものとまでは認められないから証拠能力を有する。 調査費用 252 万円のうち 100 万円の限度で相当因果関係を認める。認容額 150 万円（請求額 500 万円）。
220	**◎岡山地方裁判所平成 18 年 3 月 22 日　判タ 1278 号 61 頁** A が Y と肉体関係を持った時、A は、X（夫 52 歳）が長年にわたって仕事にばかり専念して

	自分のことや家庭のことを気遣ってくれないこと、Xの母の介護及び自身の実家への経済的援助等で辛い思いをしていたこと、生き甲斐であると思っていた子供も既に自宅を出ていたことなどから、孤独感を感じていたと推認される。しかしながら、当時XとAの間には夫婦関係があったこと、XとAは別居や離婚についての協議もしていなかったことなどからすると、例え、Aが将来的にXと別居あるいは離婚したいと思っていたとしても（証人Aはそのように証言している。）、XとAの婚姻関係が既に破綻していたということはできない。XAの婚姻関係の破綻はXがAの心情を想像し、かつ、理解しようとしてこなかったことにも一因。Xは、今回の件が原因で、不眠、食欲不振等の症状に悩まされて心療内科で定期的に投薬治療を受けており、また、仕事にも支障が生じていた。Yは、反省の態度を全く示さず、逆に、今回Xが自分にしたことを必ずXに行うと述べるなど、極めて不誠実な対応に終始。認容額250万円（請求額700万円）。
221	**◎東京地方裁判所平成18年3月31日　判例秘書** YとAの責任を対等と見て、Yの責任を副次的と見ない。仮執行宣言は相当ではないとして付さない。
222	**◎岡山地方裁判所平成18年4月25日　判タ1278号61頁** X（妻39歳）。情交関係に至ったのはAから求愛した結果であり、YがAを誘惑した事実はない。しかし、連日の訪問を受け入れ、時には、Aの自宅近くまで迎えに行くなどし、現在ではAと別れられないと明言していること等を考えると、不貞関係についてYにも相当程度の責任が認められる。Aは、Yと出会う前からXに対する愛情・信頼を喪失して他の女性との接触を求め、Y以外の女性とも1回だけ肉体関係を持っていたことが窺われるが、それでも婚姻関係は継続されており、AとYの不貞関係のために破綻寸前の状態に至ったのだから、Yの責任は重大である。Yは反省している。認容額300万円（請求額500万円）。
223	**◎東京地方裁判所平成18年6月12日　判例秘書** Yの責任が二次的・補充的との主張を排斥。
224	**◎東京地方裁判所平成18年8月31日　判例秘書** 2子のあるAに妊娠出産させたYに400万円の支払を命じた（請求額1000万円）。
225	**◎岡山家庭裁判所平成18年9月1日　判タ1278号61頁** 請求棄却（請求額300万円）。 A及びX（妻40歳）は、平成12年春ころと平成13年夏ころ、家族で旅行等に出かけた。Aは、平成12年末に、Xにプレゼントを送った。 Aは、平成8年暮れころからXとの婚姻関係を維持しながらもYとは別の不倫相手であるBとの不貞関係を開始し、そのことがXの知るところとなって、Xから不貞関係を解消するよう求められても、Aが積極的に不貞関係を解消しようとしたことはなく、また、Xは、AがBと不貞関係にあることを知り、Aにその解消を求めてはいるが、Aとの夫婦関係を維持するため同人に積極的に働きかけて、平成7年に離婚を求めた時に抱えていたAに対する不満を伝えて説明することもしなかった。したがって、AとXとが平成13年夏ころまで旅行等して表面的には家族として行動することがあったとしても、夫婦関係は互いに修復に向けて努力されることもなく放置されている状態であり、破綻していた。 Aは、平成13年10月から、Yとの交際を始めて不貞関係となったが、Yに対し、夫婦関係が冷えきっていてうまくいっていないことや、Xと離婚の話をしていると話した。Yは、Aと同じ職場であることから、XAの夫婦関係がうまくいっていないとの噂を聞いていた。Yは、Aとの不貞関係に入るにあたり、XとAとの婚姻関係が破綻していると認識しており、そのように認識したとしてもやむを得なかったのであるから、婚姻関係の破綻につき過失もない。
226	**◎東京地方裁判所平成18年9月8日　判例秘書** 夫婦間に諍いがあったり、夫婦生活が途絶えていた事実があったとしても、夫婦間には長男をかすがいとした夫婦生活が存在したことは明らかであるとして、夫婦関係の破綻を否定した。認容額500万円（請求額500万円）。
227	**◎岡山地方裁判所平成18年10月19日　判タ1278号61頁** Aは、Yと同棲生活を始めるまでX（妻55歳）や長女と同居し、一般の夫婦と同様の日常生

	活を送っていたことが認められるほか、XA の上記のような日常生活が一変したのは、AY の関係が生じて以降のことと認められることからすると、AY の関係が生じた平成 8 年当時において、XA の婚姻関係が既にその時点で破綻していたと認めることはできない。 その後、Y は、平成 8 年 8 月ころ A に妻子がいることを知ったにもかかわらず、平成 9 年 1 月ころから Y 方において A と同棲生活を始め、これにより、XA の関係が最終的に破綻するに至った。 X 方及び Y 方等は近接地域にあること、X の子は学齢期、思春期にあったこと、X は保母として Y の子の保育に当たっていたことによれば、A が Y と内縁関係を続けたことは、X の子にも多大な衝撃を与え、また、X の知人の多くもこれを知ったであろうから、X の精神的苦痛はその分増大した。AY の内縁関係期間中の Y の A に対する不満は、別件訴訟で解決されるべきであり、X の慰謝料額には影響しない。 認容額 300 万円（請求額 700 万円）。
228	**◎東京地方裁判所平成 18 年 10 月 31 日　WLJ** X の Y に対する訴えが、X の権利の実現を真摯に目的とするものでなく、X の Y に対する嫌がらせを目的として、X が根拠のないことが明らかな Y と A（X の妻）との不貞行為を請求原因として提起したもので、X の訴訟態度は極めて不誠実で、権利保護の必要性が乏しいから、訴権の濫用に当たるとして、訴えが却下された（請求額 140 万円）。
229	**◎広島家庭裁判所平成 18 年 11 月 21 日　家月 59 巻 11 号 175 頁　WLJ** 前訴不倫訴訟の既判力は後訴の離婚訴訟に及ばない。
230	**◎岡山家庭裁判所平成 18 年 12 月 8 日　判タ 1278 号 61 頁** Y は A に妻子があることを知りながら A との間の子を出産。X（妻 35 歳）と A の婚姻関係は X が離婚訴訟を提起するまでに至り、Y の不貞行為により完全に破綻した。Y は、X と応接した際には X に対して一切謝罪することがなく、身勝手な行動を繰り返した。認容額 600 万円（請求額 800 万円）。
231	**◎東京地方裁判所平成 18 年 12 月 18 日　WLJ** X の職場に X を誹謗する内容の内容証明郵便を郵送し、職場に面会を求めた。弁護士も関与。違法性が認められた。 なお、内容証明郵便に名を連ねた勤務弁護士の責任については次のように判示した。 「経営弁護士による内容証明郵便等の送付行為（当該内容証明郵便には経営弁護士の記名押印とともに勤務弁護士の記名押印がなされている。）が不法行為に該当する場合であっても、当該勤務弁護士が当該送付行為について何ら関与しておらず、対象となった事件の存在自体についても知らせなかった等の本件事情の下では、当該勤務弁護士が内容証明郵便等に名前を載せること及び預けていた職印を使用することについて包括的に同意したとしても、当該勤務弁護士は共同不法行為責任を負わないものと解するのが相当である。」
232	**◎岡山地方裁判所倉敷支部平成 18 年 12 月 25 日　判タ 1278 号 61 頁** XA 間に大きな亀裂があったことはうかがわれず、むしろ子供らが順に結婚していくなどの家庭的に安定していた時期であった。Y は、A との関係を解消する意思がないことを明らかにするばかりか、X（妻）と A との離婚を待ち望んでいる様子さえうかがえる。 Y は本件訴状が送達された後から同棲し現在も続いている。A が婚姻関係を破綻させる方向でしか行動していないことについては、それが A の判断でなされている行動とはいえ、その相手方となっている Y にも相応の責任がある。 認容額 300 万円（請求額 300 万円）。
233	**◎岡山地方裁判所倉敷支部平成 19 年 1 月 9 日　判タ 1278 号 61 頁** X（夫 56 歳）と A の婚姻期間は 30 年以上、X は自己中心的で、A を傷つける言葉を発することが少なからずあったほか、暴力もあった。Y が A のやり場のない気持ちを持って行く場となった。これが不貞の原因であった。AY の不貞期間は約 7 年。 離婚後も、A は自己に非があるとしてほぼ毎日 X の夕食を作りに通っており、X も自分では家事ができないことを理由にこれを継続させている。不貞関係の開始、継続につき、Y と A のいずれか一方が主導的役割をはたしたものではない。X は、不貞関係発覚後に Y を呼び出し、同人を殴った。 慰謝料 200 万円認容（請求額は 3500 万円）。

234	◎**東京地方裁判所平成 19 年 1 月 12 日　WLJ** X の主張する A なる女性といつ、どこで、不貞行為に及んだのかについて言及しないものであって、到底理由がない、として棄却（請求額 755 万 1039 円）。
235	◎**岡山地方裁判所平成 19 年 1 月 30 日　判タ 1278 号 61 頁** X（夫）は、A に暴力を振るったことはなかったが、A は、平成 15 年以前から、X の言動に威圧的なものを感じていたほか、A の話に真剣に耳を傾けないことこと等に不満を抱いていた。X は、平成 16 年 4 月ころ携帯メールの件があった後、A に対し、浮気を疑うなど不信感を抱くようになった。 X と A は、平成 17 年 2 月下旬ころまでは性交渉を有し、携帯電話のメールを通じて夫婦間の性交渉に言及するような明るい会話をすることができる関係にあった。また、平成 17 年 3 月ないし 4 月ころまで共に買物や外食をし、同年 6 月ころまで寝室を共にし（ただし、A は X が就寝するまで家の外におり、子供から連絡を受けて帰宅、就寝する状況であった。）、X は、同年 4 月ないし 5 月ころまで給与全額を A に渡して家計の管理を任せていた。 以上によれば、XA の婚姻関係は、必ずしも良好とはいえない面もあるが、平成 17 年 3 月ころまでは破綻しておらず、破綻時期はそれ以降である。Y は A に配偶者がいることを知りながら同人と不貞行為をし、その後も関係を持ち続けたことについて、不法行為が成立する。 認容額 150 万円（請求額 700 万円）。
236	◎**東京地方裁判所平成 19 年 2 月 1 日　WLJ** **〔X が A に対して損賠賠償請求せず〕** 不貞行為をビデオで立証した事例。 X と A は、平成 3 年 10 月 6 日に婚姻し、2 子をもうけた。X と A は、平成 18 年 3 月 30 日に離婚した。 A は、平成 17 年 5 月あるいは夏以降、酒を飲みに行くと言って遅い時間に帰宅するようなことが多くなった。また、A は同年 5 月ころから、しばしば Y と携帯電話によるメールのやりとりをするようになり、携帯電話を布団の中にさえ持ち込むようになった。 平成 18 年 2 月 17 日、A は自転車に乗って Y の自宅に向かい、同日午後 7 時 30 分ころ、Y 自宅前で Y がこれを出迎えて、両名は Y の自宅に入った。その後、Y と A は 2 人きりで Y の自宅で酒を酌み交わしていた。 同月 18 日の午前 1 時 38 分に、Y 自宅の玄関が開き、Y と A が出て来るも、隣のマンションの暗がりの中で約 45 分間ほど、キスをしていると推定されるような互いの顔を極く近づけて抱き合っている姿勢や、両名が見つめ合うように相対となって、A が Y の首に両腕を巻き付かせて互いの下腹部や腰部を押しつけ合うような形で向かい合っている姿勢を続けた。 後日、X は、A に Y との関係を問い詰めたところ、A は肉体関係は否定したけれども、離婚も已むを得ないとして、離婚手続きをした。以上の認定事実からすれば、Y と A は、平成 18 年 2 月 17 日の相当以前から親密な交際を続け、それは肉体関係があるか、又はそれに準ずるような親密な交際態様であったことが推定される。 なお、Y は、平成 18 年 2 月 17 日には、酒に酔った A を介抱していたに過ぎないと陳述するが、A には酔いも見えるが、介抱を要するようなものでないことは、A が Y に介護されることなく、かつ、酷く酔った様子も見られない足取りで階段を降りて来たこと等を見れば明らかである。また、なによりも甲 6 のビデオに写された両名の様子は親密な男女間のものであり、泥酔した A が Y に介抱されている様なものではなく、Y と A の行動は、酔いが回り他人の目を忘れてしまい、男女間の関係をはしたなくも露呈してしまうようなものであったということができる。 なお、慰謝料額については、X と A の仲が、X がサラ金から借金したことを契機として、離婚をする 1 年前から関係が悪化して、A は X の食事も作らなくなったことや、X は A に対し、不貞行為に基づく損害賠償請求をしていないことなどを勘案して、主文で認容した額（80 万円）を慰謝料相当額と認定した（請求額 600 万円）。
237	◎**東京地方裁判所平成 19 年 2 月 8 日　WLJ** **〔X が A を宥恕〕** X と A は、平成 2 年 2 月 20 日に入籍し、平成 12 年に長女 B が出生した。 A は、平成 7 年ころ Y が働いていたカウンターバーを訪れたことで知り合い、平成 11 年 11 月ころから性交渉を伴う交際をするようになった。Y は、A に妻子があることを知っていた。平成 16 年 2 月か 3 月ころ、Y が妊娠し、Y は子を産みたいと考えたが、A はこれに賛成せず、A が話し合いに行政書士を代理人としてたてたことから AY の間の交際は終わった。

	同年６月11日、ＡはＹとのことをすべてＸに告白し、それによりＸとＡの家庭生活は崩壊の危機にさらされ、Ｘは多大な精神的苦痛を被った。 同年10月、Ａの子Ｃを出産したＹは、Ａに対し、認知請求訴訟を提起した。千葉家庭裁判所は、平成18年９月13日、DNA鑑定結果等に基づき、ＣがＡの子であることを認知する旨の判決をした。 Ｘは平成18年７月13日、Ｙに対して損害賠償を求める本件訴訟を提起した。Ｘは、現在においてもＡを完全に許すことはできないが、Ｙとの関係を告白したＡを宥恕し、従前のとおり夫婦生活及び家族生活を送っている。 上記認定の事実によれば、ＹはＡに妻子がいることを知りながら、４年以上にわたってＡとの交際を継続し、Ａの子を懐胎しているところ、ＸとＡの家庭生活は、前記交際が発覚したことにより崩壊の危機にさらされ、Ｘは、極めて深刻な苦悩に陥り、耐え難い精神的苦痛を受けたものと認められる。したがって、ＹはＸに対し、不法行為に基づく損害賠償として、相当額の慰謝料を支払わなければならない。 もっとも、Ｘに生じた精神的損害は、AYの不貞行為にもとづくものであり、ＡとＹの年齢、社会的立場等に照らすと、Ａにも多大な責任が存するというべきところ、ＸはＡを宥恕している。かかる事情は、Ｙが賠償すべきＸの精神的損害の額を認定するにあたって斟酌しなければならない事情である。 一方、Ｘが上記のような精神的苦痛を被ったことについて、Ｘ自身に何ら責められるべき点がないことは明らかである。また、ＸとＡとの間に生じたしこりは、今後、長年にわたる地道な努力によって修復されていかなければならないのであって、この点につき、Ｘにはさらなる課題が課せられたといえる。 以上において検討したところに加え、本件に顕れた諸般の事情を総合すれば、Ｙが賠償すべきＸの精神的苦痛に対する慰謝料としては、120万円が相当と認められる（請求額500万円）。
238	**◎東京地方裁判所平成19年２月15日　WLJ** ＸがＹに対して不貞慰謝料請求訴訟（3000万円）を提起し、ＹがＸに対して損害賠償請求訴訟（反訴）（300万円）を提起した。ＸがAY間の不貞行為を調べるためにしたアパートの周囲での張り込みや写真撮影についての不法行為は成立しないとした。本訴請求及び反訴請求いずれも棄却。
239	**◎東京地方裁判所平成19年２月21日　WLJ** ＸとＡは平成14年７月７日に婚姻した。平成17年６月にＡとＹは飲み会で知り合う。ＸはＡと離婚する際にＡから慰謝料として70万円の支払を受けている。Ｘの被った損害は200万円であるが、上記70万円を控除して130万円が認容された（請求額500万円）。
240	**◎東京地方裁判所平成19年２月26日　WLJ** Ｙは、Ａは、Ｙ経営の居酒屋の常連客にすぎず、Ａとの間で不貞関係はないと主張した。しかし、居酒屋の女性店主がいくら常連客とはいえ単なる酔客たる男性客を頻繁に店に宿泊させるということは通常考え難い。Ｙの責任は副次的とした。認容額132万円（うち弁護士費用は12万円。（請求額550万円））。
241	**◎東京地方裁判所平成19年２月27日　WLJ** Ｘは平成２年９月22日に婚姻し、平成５年に長女誕生。Ｙは弁護士である。平成６年頃にＸとＡは不仲になり、ＹはＡから、離婚の交渉について委任を受けた。 「Ｙは、平成６年の離婚交渉後もＡに好意をもち、個人的にサポートするなど、その不満の相談にも乗っていたところ、……親密な関係になっていったものと認められる。婚姻関係の破綻についてはＸ自身の問題点もあるにせよ、ＹはひとたびはＸの紹介で…訴訟事件を受任するなどしており、その信頼を裏切る行為といわざるを得ない。」 認容額300万円（請求額2000万円）。
242	**◎岡山地方裁判所平成19年３月１日　判タ1278号61頁** **〔XAに３人の子あり〕** Ｘ（夫37歳）とＡとの婚姻関係は、ＡとＹが不貞関係を結ぶ前ころ、夫婦間の会話も乏しくなり、性交渉も途絶えて疎遠な関係となっていたことが認められるけれども、当時、ＸとＡは、新築して間もない倉敷市の自宅に子どもらと同居して生活していたし、Ｘは、給与を全額Ａに渡し、生計も完全に同一にしていたことが認められ、しかも、この間、XAの関係が険悪化して別居が問題となったり、夫婦喧嘩が繰り返されたなどといった事態が生じたこ

とを認めるに足りる証拠はない。
そうすると、XA の婚姻関係は、上記のとおりに疎遠な関係になっていたことは確かであるとしても、夫婦ないし家族の共同生活は保たれており、また、少なくとも表面的には平穏な家庭生活をおくっていたことが認められるのであるから、かかる状態をもって、X らの婚姻関係が既に破綻し、あるいはその可能性が大であったということはできない。
Y は、A の家庭崩壊を望んで A と不貞行為に及んだわけでもない。AY の不貞期間は 1 年 6 ヶ月と長期。Y において、必ずしも強要や欺罔の手段を用いたわけではない。
XA の離婚当時、X は 36 歳、A は 34 歳、婚姻期間は約 11 年、3 人の子は 2 ～ 8 歳であり、不貞関係がなければ、X は、新築した自宅で家族とともに平穏な家庭生活を送れたはずなのに、全面的な家庭崩壊を招いたのであるから、不貞関係によって X の喪失したものはあまりに大きい。X は A を愛し、信頼もしていたにもかかわらず、A と Y が不貞関係にあることを現認して多大な衝撃を受け、深く傷ついた。Y から提示された慰謝料は 50 万円にとどまっている。Y は尋問の際 X に対し陳謝する旨を述べている。A と Y が不貞関係を清算しようとした形跡がないことを考慮すると、X に不貞の現場を押さえられなければ、Y は A との関係を更に継続した可能性が大きい。認容額 300 万円（請求額 700 万円）。

243

◎東京地方裁判所平成 19 年 3 月 19 日　WLJ

Y と A に慰謝料の賠償額の差を認めなかった事例。
AY が不貞行為を行い、結婚準備まで行っていた行為は、原告に対する違法な行為に当たり、X が、平成 16 年 8 月ころ、自分の婚姻時の住所において、自分の夫が婚姻中にもかかわらず、すでに Y と結婚準備までしている事実を知って精神的損害を受けるとともに、上記事実が X と A との婚姻関係を決定的に破綻させる要因の 1 つとなるものと認められるから、AY の行為の内容その他諸般の事実を考慮すれば、AY の不貞行為により X が被った精神的損害に対する慰謝料としては 150 万円が相当であり、AY はこれにつき連帯して責任を負うものというべきである。

244

◎東京地方裁判所平成 19 年 3 月 23 日　WLJ

〔財産分与と慰謝料の関係〕
X は、A と平成 2 年 9 月 28 日に婚姻した。X と A は、平成 11 年 5 月に本件不動産を購入し、X が 5 分の 2、A が 5 分の 3 の割合で共有した。
A は、平成 16 年夏ごろ Y と知り合い、複数人で飲食を共にする交際をするようになった。
AY は、平成 17 年 2 月ごろに初めて性的関係を持ち、以後、1、2 か月に 1 回、性的関係を持った。A は、平成 9 年以降、収入が減り続け、他方、消費者金融からの負債が 350 万円ほどに膨らみ、平成 17 年 2 月ごろ、消費者金融から A 宛の督促が自宅に来るようになった。平成 17 年春先、A は本件不動産の自己の共有持分に抵当権を設定して借入を起こし、負債の整理をしようとした。
X は、A の挙動に不審感を抱き、興信所に A の行動調査を依頼し、同年 5 月 31 日、AY がホテルに赴いた事実が発覚し、A との離婚を決意した。A は、同年 6 月 3 日、X と別居し、同月 14 日から Y 宅にて Y と同居している。
X は、同年 8 月 10 日、本件訴訟物である損害賠償請求権及び財産分与請求権を被保全権利として、東京家庭裁判所に対し、A の不動産の持分を仮に差し押さえた。X と A は、同月 30 日協議離婚した。X は、平成 18 年 6 月には、本件訴訟物である損害賠償請求権を被保全権利として、東京地方裁判所に対し、A の勤務先に対する給料債権を仮に差し押さえた。
AY は、平成 17 年 2 月には既に XA の婚姻関係は破綻していたと主張するが、A が X を「ばあさん」と呼称し、同居人としか見ないような状態であったとしても、そのことが直ちに婚姻生活が破綻していたことと同視できるものではない。特に、A の供述は、その内容に照らすと、真摯なものであるのか否か疑問を抱かせるといわざるを得ず、採用し難い。したがって、XA の婚姻が破綻したのは、平成 17 年 2 月ごろ以降、A が Y と肉体関係を持つようになり、外泊するようになったころ以降と認められるから、AY の行為は、XA の婚姻共同生活の平和の維持を破壊したものということができる。
AY の不法行為によって、X は、A との婚姻生活を破壊され、精神的苦痛を被ったものであり、XA の婚姻生活の期間が約 15 年であること、X の年齢、破綻に至った理由、後記のとおり協議離婚の際、財産分与が行われ、A の共有持分が X に譲渡されたこと等本件に顕れた一切の事情に鑑みれば、X が AY の不法行為によって被った精神的苦痛に対する慰謝料は 100 万円が相当である（請求額 1000 万円）。

245

◎東京地方裁判所（平成 17 年（ワ）第 12118 号）平成 19 年 3 月 30 日　WLJ

妻である X が、夫 A 及び A と同棲している Y に対し、A らの不貞行為により X の権利が侵

	害されたとして、不法行為に基づく慰謝料等（770万円）の支払を求めたのに対し、Aらが不貞行為を否認し、Xの請求を争った事案。請求棄却。 Yは、特に異性であることを意識することなくAに自宅の一室（間貸し部屋）を使用させ、AもYの好意に甘えて間貸し部屋に賃借していたものと推認するのが相当であり、AYの関係は、単に間貸し部屋の賃貸借関係にとどまるものとみられるから、AYの間に不貞行為があったとみるのは極めて困難であるとした。
246	**◎東京地方裁判所（平成17年（ワ）第13304号）平成19年3月30日　WLJ** Xが、YとA（Xの妻）との不貞行為により、XAの婚姻関係は破綻状態になったとして、Yに対して不法行為に基づく損害賠償を請求した事案。 Yは、不貞行為を認めた上で、XA夫婦の関係は事実上離婚の状況にあったと主張したが、XA夫婦は、家族旅行に出かける等、表面的には平穏な家庭生活が営まれていたと評価できるから、婚姻生活が破綻していたということはできないとして、Yの損害賠償責任を認めた。ただし、Xは以前、別の女性と不貞関係にあり、その後、XとAは別々の部屋で就寝するなど、XAの婚姻関係は精神的には形骸化していたことを考慮して、慰謝料100万円の限度で請求を認容した（請求額1000万円）。
247	**◎東京地方裁判所平成19年4月5日　WLJ、判例秘書** YがXの夫であるAと不貞行為をしたと主張して、XがYに対し、不法行為に基づき、慰謝料等の支払を求めたのに対し、Yが、XAの婚姻関係はYとAが親密な関係になる前に既に破綻していたと主張して争った事案。 XAの婚姻関係は、AYの関係が発覚するまでは概して平穏なものであったことが認められ、Yは、妻であるXがいることを知りながらAと不貞行為に及んだものであり、Xの妻たる権利を違法に侵害したものというべきである上、YはXから再三にわたり夫であるAと別れるよう求められたにもかかわらず、これを拒絶し続けていたこと等を考慮して、慰謝料300万円を認容した（請求額1000万円）。
248	**◎東京地方裁判所平成19年4月16日　WLJ** Xが、離婚した元妻であるAとその不貞の相手方Yに対し、不貞及びそれを原因とする婚姻破綻による慰謝料を請求した事案。 AYの関係や、Xとその不倫相手であるBとの関係が婚姻破綻の主要な原因になっていると認められるが、AYの関係に比べ、XBの交際期間は短く、その程度についても、AY間におけるような子の出生という決定的な事実又は客観的な証拠がないことからすると、AがYと極めて親密な関係になっていたことがXとの婚姻が破綻するに至った決定的な原因となったものと認めざるを得ないとして、慰謝料150万円の限度で認容した（請求額700万円）。
249	**◎広島高等裁判所平成19年4月17日　WLJ、家事財産給付便覧2** 原審：229広島地方裁判所平成18年11月21日。 妻から夫及び夫の不貞行為の相手方に対する慰謝料請求事件（前訴）の確定判決がある場合、前訴は、不貞行為及びその結果婚姻関係が破綻したことによる精神的苦痛に対する慰謝料を請求するものであり、離婚によって妻が被る精神的苦痛については賠償の対象とされていないから、前訴の訴訟物と妻からの離婚請求に伴う夫及び夫の不貞行為の相手方に対する慰謝料請求（後訴）の訴訟物とは異なり、前訴の既判力は後訴に及ばない。
250	**◎東京地方裁判所（平成18年（ワ）第2393号）平成19年4月24日　WLJ** Xが、その夫であるAとYが不貞関係にあり、また、AがXに暴行を加えたと主張して、AとYに対し、不法行為による損害賠償（500万円）を請求した事案。 当事者はいずれも外国人（シンガポール人）であるが、Xの請求は日本国内におけるAYの不法行為を対象とするものであるから、我が国の法律が適用される（法の適用に関する通則法附則3条4項、法例11条1項）。 Aが責任を負うのは、Yと親密な関係になることによって、破綻寸前にあった婚姻関係を完全に破綻させた部分及び、Xに対する暴行の部分に限られ、Yは、XとAとの婚姻関係を破綻させることを認識していたとは認められないとして、XのAに対する請求の一部（100万円）を認容した（請求額500万円）。
251	**◎東京地方裁判所（平成18年（ワ）第7840号）平成19年4月24日　WLJ** XがYに対し、YがXの妻Aと継続的に肉体関係を持つことによりXAの婚姻関係を破綻

	の危機に瀕する状態に至らせたとし、仮にそうでないとしても、YがXAの間の婚姻関係に不当な干渉をしたことにより同様の状態に至らせたとして、不法行為に基づき、慰謝料等の支払を求めた事案。 YがAと肉体関係を持ったことを推認することはできない上、YがAに対してパチンコやパチスロをして遊ぶことを誘い、金銭の借入れを申し込んだとしても、それ自体がXAの婚姻関係に対する不当な干渉としてXに対する不法行為を構成するほどの事情があるとまでは認めることはできないとして、Xの請求を棄却した（請求額300万円）。
252	**◎東京地方裁判所（平成18年（ワ）第12118号）平成19年4月24日　WLJ** Xが、Xの夫であるAとYとの不貞行為及びこれに続く同棲生活により、Xの家庭は崩壊し、XAの婚姻関係は修復不可能になったとして、不法行為に基づき、Xの受けた精神的苦痛及び経済的損害の慰謝料を請求した事案。 YがAと性的関係を持った当初、AがXと婚姻関係にあることを認識していたことを認めるに足りる証拠はないが、YはAに配偶者がいることを知りながら、Aとの同棲生活を継続し、これによりXAの婚姻関係を完全に破綻させたのであるから、Yは、不法行為に基づく損害賠償責任を免れないとして、慰謝料200万円の限度でXの請求を認容した（請求額1000万円）。ただし、XAの婚姻関係が既に破綻寸前であったことを減額事由とした。
253	**◎東京地方裁判所平成19年5月10日　WLJ** 破綻の原因が他にもある、Yに積極性無しという状況で、Xが依頼した調査会社の行った調査は、Aを尾行し、旧Y宅があるマンションの共用部分に立ち入り、旧Y宅を玄関を外側から写真撮影するなどの方法であって、違法性は認められない。 認容額120万円（請求額1000万円）。
254	**◎広島高等裁判所岡山支部平成19年5月10日　判タ1278号61頁** 225岡山家庭裁判所平成18年9月1日の控訴審。 Aは、Yとの不貞関係以前は、X（妻40歳）及び子供2人とともに家族旅行等に行っていただけでなく、平成12年末にはXに贈り物までし、また給与もXの管理する預金口座に振り込み、Xに家計管理をさせるなどしていたのであるから、AはXとの婚姻関係改善に向けての行動もしていたというべきであり、XAの婚姻関係は、AYの不貞関係以前には完全には破綻していなかったと認められる。 ところが、Aは、Yと知り合って以降、Xの作った食事も食べなくなり、また、給与振込の預金口座を変更するなどするような事態に至っているのであるから、XAの婚姻関係は、Yとの不貞関係によって完全に破綻するに至ったが、婚姻関係はAYの不貞関係以前に破綻の危機にあった。その原因は、AだけでなくXにもある。Xは現在もAとの婚姻関係の継続を望んでいる。 Yは、AからXとの夫婦関係が冷え切っていてうまくいっていないことやXと離婚の話をしている旨告げられてはいたものの、その当時、Aは自宅でX及び子供2人と暮らしていたことは知っていたものであるから、Yに積極的にXAの婚姻関係を破壊しようとする意図はなかったとしても、少なくとも、婚姻関係破綻については過失はあったと認められる。職場の同僚等からの話というのも伝聞にすぎず、そのような話を信じたからといって、YがAと不貞関係を持ったことによって、婚姻関係を破綻させたことについて過失がなかったとはいえない。 認容額70万円（請求額300万円）。
255	**◎東京地方裁判所（平成18年（ワ）第23134号）平成19年5月28日　WLJ** Yは本人尋問の際Xに対し謝罪の意思を表明。AはXに対し、不貞行為に対する慰藉料として330万円を払っており、その原資はYが拠出している。したがって、これによりYのXに対する慰藉料の支払いは完了している（請求額500万円）。
256	**◎東京地方裁判所（平成18年（ワ）第29377号）平成19年5月28日　WLJ** 「およそ、携帯電話に蓄積されたメールの受信日時を偽造することは、絶対に不可能ではないと仮定しても、一般の者に可能であるとは考えられない。」とし、不貞の証拠となったメールが偽造であるとのYの主張を排斥した事例。 Xが、妻であったAとAが勤めていたカラオケハウスの客であったYに対し、AYが不貞関係にあり、そのため、XAが離婚に至ったと主張して、慰謝料の支払を求めた事案において、AがY宛てに送信した携帯電話によるメールの内容、Y自身が、Xに対し、Aとの関係を認め、別れることを約束したこと等から、AY両名には男女関係があったものと認めら

	れ、XAの婚姻関係が、当時、既に破綻していたと認めるに足りる証拠はないから、Xに対する不法行為を構成するとして、慰謝料300万円の限度でXの請求を認容した（請求額400万円）。
257	**◎東京地方裁判所平成19年5月31日　WLJ** 調査会社がAYの行動を調べ、ホテルの出入りから不貞行為を推認。AがXに対して支払った離婚に伴う解決金700万円は本件慰藉料とは無関係。 請求額・認容額ともに140万円。
258	**◎東京地方裁判所平成19年6月4日　WLJ** YはAに離婚していない配偶者が存在していることを知らなかったのでそれまでの不貞行為については不法行為は成立しない。ただし、その後の不貞行為については不法行為が成立する。 認容額50万円（請求額500万円）。
259	**◎東京地方裁判所平成19年6月28日　WLJ** Xが元夫のAに対し、Aは婚姻中からYと不倫関係を持ち、Yと婚姻する目的を秘した上でXに離婚を迫り、また、AがXに対して粗暴な態度を示すなどしたため、やむなく離婚に至ったと主張して、不法行為に基づき離婚による慰謝料の支払いを求めた事案において、証拠等から認定される事実を総合すると、XAの婚姻関係が破綻したのは、Aの不貞行為とAがXに対して離婚を求め、X宅及び長男宅のドアを壊す暴行を加えたことが原因であることは明らかであり、Aは、婚姻を破綻させた有責配偶者として、Xに対し、不法行為に基づく損害賠償義務を負うとして、慰謝料300万円を認容した（請求額500万円）。
260	**◎東京地方裁判所平成19年7月25日　WLJ** XがAに損害賠償を求めず、離婚を求めていないとしても、直ちに、XがAを宥恕したとは言えない。AとYのいずれが不貞行為について積極的であったかは斟酌すべき事情ではない。 認容額220万円（うち、弁護士費用20万円。請求額603万7000円）。
261	**◎岡山地方裁判所倉敷支部平成19年7月25日　判タ1278号61頁** Yの方から積極的にAに連絡を取り、交際の誘い掛けをしており、X（妻）にAとの不貞行為が発覚した後も、その懇願を無視して、Aとの関係を積極的に維持しようとしたことがうかがわれる。 認容額250万円（請求額500万円）。
262	**◎東京地方裁判所平成19年7月26日　WLJ** XAの協議離婚の原因は、専らAYの不貞関係以外には考えられない。したがって、Yは、Xに対し、Aの貞操侵害（不法行為）によるXの精神的苦痛を慰謝する責任を負うべきである。もっとも、その慰謝料額は、AYの不貞行為の態様及び不貞期間、XAの婚姻期間、Aは子供を堕ろしているが、XA間に未成熟の子供がいないことなどを総合考慮すると、160万円が相当であり、Xにおいて、それ以上の損害立証はない。また、弁護士費用は、認容額を考慮すると、20万円が相当である（請求額400万円）。
263	**◎東京地方裁判所平成19年7月27日　WLJ、判例秘書** 〔XがAを宥恕〕 XAの婚姻期間60年以上。Xは昭和21年1月Aと婚姻し、2子をもうけた。AYは、昭和60年ころから交際を開始して肉体関係を持つようになり、Aは、それ以降、ほぼ毎日、日中はY宅を訪れ、夜にはXの待つ自宅に帰った。なお、Yは、AがXと婚姻関係にあることを知っていた。Aは、Yの子であるF、Gをそれぞれ認知した。 Aは、平成15年7月、東京法務局葛飾公証役場において、大半の財産をXが取得し、その余についても多くはD（XA間の長女）とE（XA間の二女）が取得する等といった内容の公正証書遺言（以下「本件公正証書遺言1」という）をした。 Aは、平成16年10月、同公証役場において、不動産の一部はXが6分の3、D、E及びGが各6分の1ずつ取得する等といった内容の公正証書遺言（以下「本件公正証書遺言2」という）をした。 本件公正証書遺言1、2の記述から、少なくとも平成16年ころまでXAの婚姻関係が維持さ

	れていたことが強くうかがわれる。何よりも、Aが、Yとの交際開始後も夜にはXの待つ自宅に帰っており、平成18年3月自宅でXに看取られて亡くなっていることから、Xとの婚姻関係を維持するというAの強い意思を看取できる。よって、YがAと交際を開始した当時、既にXAの婚姻関係が破綻に至っていたとは認められず、Yは、Xに対し、不法行為に基づく損害賠償責任を負う。Yが、AにXという妻がいることを知りながら、Aと肉体関係を持つに至り、Aが死亡するまでの約20年間もの長期間にわたり関係を継続し、その間にYはAが認知した2人の子ももうけていること、Xは愛人や隠し子がいるなどといった風評にも悩まされたとうかがわれることなどからすれば、Xは、多大な精神的苦痛を被ってきたものと認めることができる。 一方、XAの婚姻生活が破綻に至ったとは認められず、またAとの信頼関係を主張するXは、Aのことは宥恕しているものと解される。 こうした諸事情も含め、本件に現れた全事情を総合考慮し、さらに、本訴提起よりも前にXがYに対して本件に係る慰謝料請求をしたと認めるに足りる証拠はないので、XのYに対する慰謝料請求権のうち、本訴提起の日である平成18年8月11日から20年前である昭和61年8月11日より前の分は除斥期間の経過によりもはや行使し得ないものと解されることからすると、結局、Xに認容すべき慰謝料額としては500万円が相当である（請求額1億円）。
264	**◎東京地方裁判所平成19年7月31日　WLJ** YがXの夫Aと不貞行為を重ねたことにより、Xが精神的苦痛を被ったとして、XがYに対し、不法行為に基づき531万5000円の損害の賠償を求めた事案。 YがXの夫と不貞関係にあった事実が認定され、同事実は、YがXの有する婚姻共同生活の平和と維持という権利又は法的保護に値する利益を侵害し、Xに対する不法行為を構成することは明らかであるとした上で、Aが、Xの精神的損害につき直接的かつ重大な責任を負うべきものであること、Yが9歳も年上であるAに対し積極的に誘惑したとは考えにくいことを考慮して、慰謝料150万円を認容した。弁護士費用は別途15万円認容。
265	**◎岡山地方裁判所倉敷支部平成19年8月16日　判タ1278号61頁** X（妻）とAは平成17年7月25日に別居し、同年10月にはXが離婚調停を申し立てているから、遅くともこのころまでにはXAの婚姻関係は破綻していた。請求棄却（請求額500万円）。
266	**◎東京地方裁判所平成19年8月22日　WLJ** Xは、Aを宥恕しているわけではないものの、XとAは、成立した離婚調停において、離婚に関し、互いに財産分与、慰謝料その他の財産上の請求をしない旨合意している。妻たるXが夫（A）の不貞行為の相手であるYに対し、面会を求めたり、差し出した内容証明郵便を受け取って読んだか否かの確認のため勤務先会社に電話したりした行為は、XのYに対する不法行為を構成するとはいえないとして反訴請求は棄却。本訴請求については、100万円を認容（請求額300万円）。
267	**◎東京地方裁判所平成19年8月24日　WLJ** Yが、AY間の性的関係はAによるセクシャル・ハラスメントであるとの主張をするも、認められなかった。Yの自由意思を肯定しXの請求を認めた。認容額200万円（請求額1000万円）。
268	**◎東京地方裁判所平成19年8月27日　WLJ** AYの不貞行為がXらの離婚の主たる原因とはいえないものの、婚姻関係の破綻の重要な要因の一つであることは否めない。認容額50万円（請求額400万円）。
269	**◎岡山地方裁判所倉敷支部平成19年8月27日　判タ1278号61頁** 不貞期間は約3年、AY間に子ができた。AはX（妻）のもとに帰った。そして、Aが、自らの行動が周囲を傷つけたことを真摯に受け止め、誠実な家庭生活を続けるのであれば、以前と同様とはいかないまでも夫婦間の信頼関係を取り戻し、平和な家庭を築く途は残されている。Xは一方的に家庭の平和を破壊され、自らの気持ちが引き裂かれたのみならず、長女にも影響が出て二重の苦しみを負い、現在もAを信じ切れず苦悩が続いている。認容額150万円（請求額300万円）。XはYに対して極めて厳しい感情を有している。
270	**◎東京地方裁判所平成19年8月30日　WLJ**

	AY間の不貞行為に関してXY間において「慰謝料200万円、調査料等150万円の合計350万円」という合意がなされたが、その同意書は、Y宅において、Aの代理人と称するBらから約6時間以上にも亘り、その署名及び押印を迫られた末にYが疲労困憊の末に仕方なく署名押印したものであること、Yは、本件同意書に署名押印する際、誰かに相談したりできる状態でなかったこと、Bから、Yに対し、本件同意書の署名押印を迫った態様、Yがその後警察に相談したり、弁護士に相談したりしていること等に照らすと、BがYに対して本件同意書に署名押印を求めた行為はいわゆる強要罪（刑法223条）に該当しかねないものと認められるから、Yの本件同意書への署名押印はYの意思を欠くものであり、少なくとも本件同意書に基づく請求を法的に認めることは信義則上許されない。不貞慰謝料については130万円を認容した。
271	**◎岡山地方裁判所倉敷支部平成19年9月7日　判タ1278号61頁** 一人で幼少の子供3人を監護養育していかざるをえなくなったX（妻）の精神的苦痛は大きい。 認容額200万円（請求額500万円）。弁護士費用の請求は相当でないとした。
272	**◎東京地方裁判所平成19年9月10日　WLJ** Aは、Y宅において初めて肉体関係をもったというのと同時間帯にYに電話をしていることが認められるので、Aはその当時Y宅にいなかったものと認められる。不貞行為の立証なく請求棄却（請求額300万円）。
273	**◎東京地方裁判所平成19年9月13日　WLJ** 請求棄却。 AY間の不貞行為以前において、XA間では、生活状況、Aの勤務状況や長女及び二女の教育方針等についていさかいが絶えなかったこと、Xは、Aとのいさかいを生じると、自宅内で包丁を持ち出すこともあったこと、XAは別居した後Aは離婚調停を申し立て離婚訴訟を提起していることからすると、XA間の夫婦関係は破綻していた（請求額300万円）。
274	**◎東京地方裁判所平成19年9月14日　WLJ** AがXとのやり直しの気持ちを持ち、Xに暴力を振るわれてもそれを訴えずにいたのに、Xがそれに応えて、自ら婚姻関係の修復に努力しようという姿勢を見せなかった。認容額150万円。弁護士費用別途15万円（請求額550万円）。
275	**◎東京地方裁判所平成19年9月26日　WLJ** XがAとYを提訴Xの飲酒が度を超したもので、トイレ以外の室内等での放尿も非常識というほかないが、Aは、心身の変調を来しながらもそれに耐え、寝室を別にするなどしてもなお婚姻関係を続けており、XA間の婚姻関係が破綻していたとは言えない。認容額100万円（請求額1000万円）。
276	**◎東京地方裁判所平成19年9月27日　WLJ** AY間の性交渉の立証がない。仮にAY間の性交渉があったとしても、XAの婚姻関係の破綻の決定的要因は、仮にXが主張するように、YとA間に性交渉があったとしてもそれに尽きるものではない。請求棄却（請求額500万円）。
277	**◎岡山地方裁判所平成19年9月27日　判タ1278号61頁** X（夫41歳）とAとは、平成8年の自宅新築後しばらくしたころから夫婦間の会話も途絶えて次第に疎遠な関係となり、平成14年ころから夫婦生活もほとんどなくなって、Aが○○会社に勤務し始めた平成15年ころ以降、Aは、実母に対し、XやXとの生活について度々愚痴をこぼすようになったというのであるから、既にそのころにはXAの婚姻関係は相当程度に冷却化していたことが認められる。 しかしながら、一方、平成11年の年末から新年にかけて、また、平成13年にもXとAとは家族で東京ディズニーランド等に出かけているし、AがYと不貞の関係をもった平成16年5月から8月においても、Aは、自宅で長男と同居して生活をおくっていたというのであるから、このようなXAの生活の実態をみれば、いかに婚姻関係が形骸化していたにせよ、依然としてその夫婦・家族関係の平穏は保たれていたものと認めるに十分であり、かかる状態にある婚姻関係をもってこれが破綻していたということはできない。 ところが、AYの不貞関係が発覚した同月以降、これに立腹したXがAに離婚届を書かせる

	などしてXAの関係が険悪化し、結局、平成17年5月に別居、平成18年2月に協議離婚に至ったというのであるから、AY間の不貞関係の発覚を機縁として、XAの婚姻関係に決定的に亀裂が生じ、上記別居をもってこれが完全に破綻した。XA間の婚姻関係は、AYの不貞関係発覚前に既に相当程度冷却化していた。不貞期間は約3ヶ月程度であり比較的短い。AとYは少なくとも4回にわたってホテルに同伴し、不貞の関係をもった（ただし、そのうち性交渉があったのは3回である。）。 認容額150万円（請求額600万円）。
278	**◎広島高等裁判所岡山支部平成19年9月27日　判タ1278号61頁** 原審：233岡山地方裁判所倉敷支部平成19年1月9日。 Xは、本件について多大な精神的苦痛を受けており、未だ立ち直れずにいる。慰謝料300万円を認容（請求額1000万円）。
279	**◎東京地方裁判所（平成18年（ワ）第9916号）平成19年9月28日　WLJ** Aの不貞の相手方がYであることが判明するまで消滅時効は進行しない。Aが家を出た時点でXAの婚姻関係は破綻した。AY間で子ができた。 認容額20万円（請求額は200万円）。
280	**◎東京地方裁判所（平成18年（ワ）第20352号）平成19年9月28日　WLJ** YがAを妊娠させAは中絶。AY間の交際は、あくまでもYとAの合意のうえの交際であり、ことさらにYがAに対して執拗に求めたとは認められない。AY間の交際期間は2～3ヶ月程度の短期間であり、XAの婚姻生活は未だ破綻していない（X及びAの供述）。 認容額は120万円（請求額は500万円）。
281	**◎東京地方裁判所平成19年10月5日　WLJ** Yが自己の地位や相手方の弱点を利用するなど悪質な手段を用いてAの意思決定を拘束したような特段の事情のない限り、不貞についての主たる責任は不貞を行った配偶者（A）にあり、第三者（Y）の責任は副次的なものとみるべきである。認容額150万円。弁護士費用は別途15万円（請求額660万円）。
282	**◎岡山地方裁判所平成19年10月5日　判タ1278号61頁** Yは平成12年ころから、しばしばX（妻45歳）からAへの不満などの愚痴を聞いていた。平成9年ころ、XがAに離婚届を出したがAは取り合わなかった。Xは、Aから離婚したいと言われたことがなかった。Xは、Aと離婚するまでは家族4人で普通に暮らしており、Aは、炊事洗濯を手伝っていたし、休日は家族4人で食事をしていた。X夫婦は、子供の進学について話し合っていた。 Xは、離婚直前まで、Aの給料の中から生活費等で必要な15万円を毎月もらい、自らの給料約15万円と併せて家計をやりくりしていた。XとAは約3年前から性的関係がなくなったものの、離婚直前まで寝室が一緒だった。不貞が発覚した直後でもAはXと離婚したくなかった。不貞が発覚したため、YはAから関係をあっさり断たれた。以上の事実からするとXAの婚姻関係は不貞時において破綻していない。Yは、Aから夫婦間の愚痴を聞いたことで、おぼろげだがXとAとの間で離婚があるのではないかと考えるようになり、Aとの不貞行為に至ったことが認められる。しかし、離婚するのではないかと考えるようになったのは、一方的にYが思っていたことであり、Yは、不貞行為の相手であるAにも離婚意思があるか否かを聞いたことはなかった。また、XがAに離婚を何度も迫っていたことが対外的に明示されていたという事実も認定できない。すなわち、Yは、外形的には、婚姻関係が破綻しているかも分からない状態で、一方的に破綻していると考え、不貞行為に及んでいるのであるから、少なくとも過失が認められる。興信所の調査費用については相当因果関係なしとして認めない。 認容額140万円（請求額500万円）。
283	**◎東京地方裁判所平成19年10月17日　WLJ** XA間の婚姻期間は20年を超えている。AY間の不貞期間は8年以上。Aには以前にも本件以外の複数回の不貞行為があり、そのためXA間の婚姻生活は円満さを欠いていた。 認容額130万円（請求額200万円）。
284	**◎岡山地方裁判所倉敷支部平成20年2月14日　判タ1278号61頁**

	不貞発覚以前にはX（妻40歳）とAの関係はさほど悪いものではなかった。Xは不貞によるストレスが原因となって、食欲不振、胃腸障害及び睡眠障害を伴う過敏性大腸症候群を患い、現在も薬物治療中。Xは未成熟子3人を抱えて生活している。子らは、A・Y及びその子と道ですれ違ったりして傷付き動揺している。Aは、Xと平成17年11月に協議離婚する際、Yとは別れた、子らにできるだけのことをすると述べ、子らは、平成18年正月には家族皆で過ごせるものと期待したが、Aは平成17年12月にYと現住所に転居して期待を裏切った。Xはかかる子らの母の立場において苦しみ続けている。認容額300万円（請求額300万円）。
285	**◎岡山地方裁判所倉敷支部平成20年3月17日　判タ1278号61頁** X（夫38歳）とAが離婚後も同居していたこと、Xの離婚の意思が確固たるものではなかったなどとして、不貞時における婚姻関係の破綻を否定。XA間の16年余りに及んだ婚姻生活（4人の子あり）が破綻。不貞期間は1か月半程度。肉体関係は3回のみ。不貞関係はAの誘いによる。Aが離婚を決意したのもYの働きかけを受けたためではなく、専らA自身の気持ちが移ったため。AはYの子を妊娠したがXに発覚し堕胎。Aが家庭を捨てて出ていったことにより、子らも、リストカットをする者が出るなど精神的に不安定となった。Xはこのような子らの父としての立場においても、精神的苦痛を被っている。XがYに会い、Yに4人の子を育てなければならないからX家と関わらないよう申し入れたところ、Yは、「分かりました、すみませんでした」と涙ながらに謝罪した。しかしその後もYは、Yの友人らも含めた合計6人で蒜山に遊びに行くなどAとの交流を継続した。 認容額180万円（請求額300万円）。
286	**◎東京地方裁判所平成20年6月17日　WLJ** 一般に、不貞行為者は、自己の不貞の交際相手の配偶者との直接の面談には心理的に多大な躊躇を覚えるものであり、一刻も早くそれを終わらせたいと考えることが自然であると認められるから、慰謝料を請求されてもその支払には抵抗せず、また、高額な慰謝料額を提示されたとしても、減額を求めたり、その支払可能性等について十分に考慮することなく、相手方の言うがままに条件を承諾し、とにかく面会を切り上げようとする傾向が顕著であると考えられる。 加えて、本件合意における1000万円という慰謝料額は、一般の社会人にとって極めて高額な金額といい得るばかりでなく、不貞相手の配偶者に対する慰謝料額としても相当に高額であることは明らかである。したがって、本件念書作成時において、その内心の真意としてはXに対して1000万円の慰謝料を支払うつもりはなかったと認めるのが相当である。よって、この念書の意思表示は、心裡留保（民法93条但書）として無効である。Xに対して最も責任を負うべき者は、配偶者としての貞操保持義務に違反したAである。不貞慰謝料としての認容額は300万円（請求額1000万円）。
287	**◎東京地方裁判所平成20年6月25日　WLJ** Yは刑務官。不貞の期間は約1年。Aは他の男性とも肉体関係を持ったことがある。本件不貞行為は職務行為に密接に関連する行為とは認められないことなどを理由に国の使用者責任は否定。不貞慰謝料としての認容額は100万円。弁護士費用は別途11万円（請求額2000万円）。
288	**◎東京地方裁判所平成20年10月2日　WLJ** AがYと手をつないでいたとしてもそのことから当然に不貞関係の存在が推認されるものではない。 請求棄却（請求額300万円）。
289	**◎東京地方裁判所（平成19年（ワ）第29474号）平成20年10月3日　WLJ** **〔離婚慰謝料と不貞慰謝料の関係〕** XAは、平成13年10月11日に結婚した。Yは、平成15年頃、インターネットのチャット仲間として、Aと交信するようになった。平成16年9月頃及び平成17年8月、YはAと子に会い、食事等をした。平成18年4月、Yが転居する際、Aは子と一緒に引っ越しの手伝いをしに来た。その後、2人は会うことはしなかったが、Yに対する電話の中で、Aは、Xとの生活がうまくいっておらず悩んでいること等を述べたことがあった。 平成18年10月下旬、Aは、Yのアパートに行き、Xとの家庭生活の悩みなどの話をし、心を動かされたYはAと性交渉をもった。その後、1か月に1回から2回、逢瀬を重ねた。 他方、Xは、平成16年から同17年ころ、Aとその弟との会話の中に、Yの名が出てくるよ

	うになったこと、平成18年に入ると、Aが外泊するようになったこと等から、不貞を疑うようになった。そこで、Xが調査を依頼したところ、平成19年2月24日、AがYのアパートに行ったことが判明し、不貞関係が明らかになった。同年12月13日、XAは調停離婚した。AはXに対し、離婚に伴う慰謝料として150万円の支払義務のあることを認め、調停の席上でこれを支払った。Yは、不貞が発覚した後、Aと会うのをやめた。 以上のとおり、XAは、平成15年に3週間ほど別居していたことはあったが、それ以外は同居し、子を養育し、家庭生活を営んでいたものである。Aが家庭やXに関する不満を述べていたとしても、Aの言動を総合すれば、同人においても家庭生活の継続を考えていたことが分かる。XAの夫婦関係が破綻していたと認めることは到底できない。 そのような状況の下、Yは、Aに配偶者があることを知りながら、平成18年10月下旬から平成19年2月下旬まで不貞をはたらいたのであり、このことが最大の原因となってXAは離婚に至ったものと認められる。よって、YはXに対し、慰謝料を支払わなければならない。 Yは、本件の慰謝料は150万円を超えず、AがXに離婚慰謝料150万円を支払ったことにより、Yの債務は消滅した旨述べる。しかしながら、YがAと関係をもった経緯や態様、XAが離婚したこと、その他の本件の事情のもとでは、Xは相当の精神的苦痛を受けたと認められる。AがXに支払った離婚慰謝料額を考慮に入れても、なおYはXに慰謝料150万円を支払うのが相当である（請求額500万円）。
290	**◎東京地方裁判所（平成19年（ワ）第33259号）平成20年10月3日　WLJ** XAの婚姻期間が約2年半程度にすぎない。AYが肉体関係を持った回数は合計3回にとどまる。不貞の期間は約2年。Aが不貞関係を認めてXに謝罪し、本件訴訟においてXに協力して証言するなど、現在ではXAの婚姻関係が相当程度修復されていると認められる。 慰謝料の認容額50万円（請求額250万円）。治療費等の賠償（11万2930円）も認める。
291	**◎東京地方裁判所平成20年10月8日　WLJ** XとAとの婚姻期間は、約8年に及んでいること、Yの不貞行為の発覚により離婚に至ったこと、Yは不貞行為について未だXに対して謝罪をしていないことを考慮し、さらに、Aから50万円がXに支払われたことをも考慮して、その他、一切の事情を考慮して、慰謝料としては、230万円とするのを相当とし、本件不法行為損害賠償請求訴訟に因果関係のある弁護士費用としては20万円を相当と認める。なお、Xは、退職に関する慰謝料を求めるが、離婚慰謝料とは別に考慮する精神的苦痛として相当因果関係のあるものとは認められない（請求額は550万円）。
292	**◎東京地方裁判所平成20年10月28日　WLJ** 不貞期間は3ヶ月程度。Yにおいては、XAの婚姻関係が破綻していないことを半ば知りながらも、Aとの情交におぼれたという事実が窺われるのであって、Yの故意又は過失の事実が認定される。YがAと肉体関係にあった期間はそう長いものとは言えないが、他方、Yは、Xの事前の警告にも拘わらず、Aと会い情交関係を結んでいることやAYの肉体関係の継続がXA間の婚姻関係の破綻の原因となっていることなどを考慮すると、Xの精神的損害を慰謝するには150万円をもって相当と評価できる（請求額350万円）。なお、「XとAはいわゆる美人局を共謀した」とのYの主張は証拠がないとして排斥した。
293	**◎東京地方裁判所平成20年11月28日　WLJ** 妻Aと離婚したXが、婚姻期間中、AYが不貞行為を行っていたとして、AYに対し、主位的に、共同不法行為に基づく損害賠償を、予備的に、本件離婚原因となった個別的有責行為に伴う慰謝料及び離婚そのものに伴う慰謝料の支払を求めた事案において、本件では、Xが主張する不貞行為の事実は認められないから主位的請求は理由がなく、また、Xが個別的有責行為として挙げる行為は、独立の不法行為を構成するような違法行為とは認められないことに加え、離婚に伴う慰謝料につき何ら留保なく調停離婚が成立している本件では、離婚に伴う慰謝料請求権も放棄されたと推定されるが、慰謝料をもって償うべき損害はないといえるから、予備的請求も理由がないとして請求を棄却した（請求額500万円）。
294	**◎東京地方裁判所平成20年12月4日　WLJ** AY間の肉体関係、また、それに至らないまでも不道徳で夫婦の信頼義務に違反する行為があったと証拠はない。Xは、AがXに内緒でYに会ったり、メールのやり取りをしていたことを違法な交際であると主張するが、これらの行為が不法行為を構成するとはいえず、主張自体失当である。

295	◎東京地方裁判所平成20年12月5日　WLJ AY間に性的肉体的交渉があったとは断定できないが、YがAに対してXとの別居及び離婚を要求し、キスしたことは不法行為を構成する。Yに積極性有り。認容額250万円（請求額300万円）。
296	◎東京地方裁判所（平成19年（ワ）第33582号）平成20年12月26日　WLJ 〔調査費用の一部を損害として肯定〕 消滅時効が完成しているとは認められないものの、不貞関係がいったん中断した時点では、Xの日常生活は一見平穏な状態となったものであり、その時点では、Xが相手の女性を特定した上で積極的に慰謝料請求をすることまでは考えていなかったと認められる点や、XAが現時点では別居や離婚には至っていない点などの事情も斟酌すると、Xの精神的苦痛を慰謝するための慰謝料としては、200万円をもって相当というべきである。 また、Xとしては、Yの氏名が本名かどうかも分からず、その素性も明らかでなかったことから、これを明らかにするために探偵社に調査を依頼したものであり、その調査により、YとAが一緒に旅行した際の状況や、Yの自宅にAが一晩滞在した際の状況などが明らかになったものであって、かかる調査は、Yによる不貞行為の存在を立証するための調査として必要性のあったことは明らかというべきである。 もっとも、Xが自らの判断により、多額の調査費用を支出した場合、そのすべてが直ちにYの不法行為に起因するXの損害となるというのは不合理というべきであって、通常必要とされる調査費用の限度でYの不法行為と相当因果関係のある損害となると認めるのが相当である。そして、前記認定のAYの不貞関係の状況やXが探偵社に調査を依頼した状況等に照らせば、調査費用のうち100万円をもって、Yの不法行為と相当因果関係のあるXの損害と認めるのが相当である。 これに対し、Yは、Xが執拗な調査を続けたのは、専らX自身のためであり、このような特別な事情によって生じた費用について、Yは全く予見できず、民法416条の類推適用により、因果関係がない旨主張する。しかし、不貞行為の存在を立証するための調査費用の支出について、予見不可能な特別損害と認めることはできない。Yは、最も責任を問われるべきはAであるところ、Xは、Aと身分上ないし生活関係上一体をなすとみられるような関係にあるから、被害者側の過失（過失相殺）の問題が起きる旨主張する。しかし、XとAが同居し、XがAから生活費等を受領しているからといって、そのことにより、Xが、Yに対し、Yの不法行為に基づく損害賠償を請求する上で、損害の公平な分担という見地から、賠償額を減額するのを相当とするような事情がXに存在すると認めるに足りる根拠となるものではない（請求額500万円）。
297	◎東京地方裁判所（平成20年（ワ）第1288号）平成20年12月26日　WLJ Xは出産のため里帰りしていた。この時点で夫婦関係が破綻していなかったことは明らかである。本件不貞行為がXAの婚姻関係破綻の原因となったと認められること、長男の出産後間もない時期に不貞がなされたことが認められる反面、YはXAの婚姻関係が破綻しているとの認識のもとAとの交際を開始したこと、XAの婚姻期間、AYの交際期間のいずれも比較的短いことに照らすと、本件不貞行為によるXの精神的損害を慰謝するために相当な慰謝料は100万円と認められる（請求額300万円）。
298	◎東京地方裁判所平成21年1月14日　WLJ YがAの子を出産、YがXの感情を逆撫でするようなメールを送信。Yが、Xの夫であるAと約3年ないし4年近くの間不貞関係にあり、同人との間の子である本件子どもを出産したことが認められるところ、これらのYの行為が、Xに対する不法行為を構成することは明らかである。そして、上記事実に加え、Yが、自ら匿名でXに電話をかけ、同人に対し、Aとの不貞関係や本件子どもの存在を告げたこと、その後、Yは、Aに対する養育料の支払等を求めて、Xに対し、Aとの面会を要求したり、あるいは、Xを揶揄したり嘲る内容のメールを送信したことが、AYの不貞行為及びYがAの子どもを妊娠・出産したことにより精神的苦痛を受けたXに対し、より一層の精神的苦痛を生じさせたと考えられるから、これらのYの行為についても、YのXに対する慰謝料を算定する場合の基礎事情として考慮すべきである。 また、Xは、Aとの離婚には至らなかったものの、本件が原因となって、Aが医院を開設していた世田谷区八幡山から現在の住所地への転居を余儀なくされるなどの生活上の支障や精神的苦痛を受けたことが認められる。 これらの事情を総合すると、本件において、YがXに対して支払うべき慰謝料は250万円が

	相当であり、また、弁護士費用は上記金額の1割に相当する25万円が相当である（請求金額1100万円）。
299	**◎東京地方裁判所平成21年1月16日　WLJ** 請求棄却事例。 Xの主張によれば、別居の主たる原因は、X及びその子がAの家庭内暴力に耐えられなくなったことにあったというものであり、X本人の陳述にこれに沿う部分があり、Yの上記不貞行為は別居の直接の原因ではないものである。これに加えて、上記不貞行為に関し、YがAを誘惑したことをうかがわせる事情を認めるに足りる証拠はなく、YがAが経営する本件会社の従業員という弱い立場にあったことや、別居状態の解消により一旦は婚姻関係が修復したこと、XがAと同居し、Aに対し、慰謝料請求、離婚調停や離婚訴訟を提起していない状況を勘案すると、上記Yの不貞行為について、Xの妻としての権利を侵害する違法なものということはできない。そのほかYの上記不貞行為が違法であることをうかがわせる事情を認めるに足りる証拠はないから、Yの上記不貞行為は違法とはいえない。
300	**◎東京地方裁判所平成21年1月19日　WLJ** **〔Yの責任は副次的〕** Yは、自らも夫がいる身でありながら、また、Aが妻帯者であると認識しつつも、求められて、同人と肉体関係をもつようになり、婚姻関係は破綻していると言われて、その言葉を鵜呑みにして不貞を続けてきたものである（なお、AYが同棲するに至るまでの関係の頻度は、月二、三度ないしはそれ以上と認められる。）。そして、YがAとの不貞を継続し、同棲するようになったことで、XAの婚姻関係は破綻するに至り、夫婦関係の修復は不可能となっていると認められるところ、Yは、今後もAと一緒に生活したいというのであって、このような経過に鑑みると、Xの受けた精神的な苦痛は大きいというべきである。 この点、AがYと不貞に及ぶについては、AがXとの夫婦関係に不満を感じていたことが背景として窺われ、実際に、Xが家事等を完璧にこなしていたと認めることはできないけれども（証人A、X）、このような状態は妻がパート勤務をして生活を支えている家庭ではある意味で致し方ないところであって、だからといって不満を感じる夫が不貞をしてよいわけはなく、本件でも、Xの帰責性を認めたり、Yの責任を軽減すべきものとは解されない。 ただし、このような不貞の継続について第一に責任を負うべきなのはXの配偶者でありながら積極的にYに働きかけたAであり、Yの責任は副次的なものというべきであるから、以上の諸事情を勘案し、Yに対する本件訴訟では慰謝料として180万円を認めるのが相当である（請求額300万円）。別途弁護士費用20万円。
301	**◎東京地方裁判所平成21年1月26日　WLJ** **〔AY間に子ができた〕** Xは、平成元年4月4日にAと婚姻し、長男B及び長女Cをそれぞれもうけ、更に、平成16年10月25日にAが出産した本件子どもを、XAの二女として出生届を提出し、以後、自分の子どもと信じて疑わずに養育してきたが、平成17年11月Aより本件不貞の事実を聞かされ、本件子どもがYとの子であるとの説明を受け、同年12月12日にはDNA鑑定の結果により本件子どもの生物学上の父親がXではなくYであることを知った。 他方、Yは、平成14年1月ころから、XAが婚姻関係にあることを知りながらAと性的関係を持つようになり、その後もAとの性交渉を続け、平成16年1月下旬ころAより本件子どもを妊娠しそれがYの子であると告げられると、父親の名前を隠すことを条件に、その出産に同意した。その後、平成17年12月12日に本件子どもの生物学上の父親がXではなくY自身であることを知った後も、法律上の父親であることを否定し続けた。その結果、本件子どもは、生物学上Yの子であるが、法律上Xの嫡出子であることが確定することになった。 このようにXは、AYの本件不貞により本件子どもが生まれ、婚姻共同生活の平和の維持という権利又は法的保護に値する利益を侵害されたばかりか、Aとの夫婦関係も修復困難な状態にまで破綻させられ、結局、協議離婚に至ったものであり、このほか本件に顕れた一切の事情を斟酌すれば、本訴で認容すべき慰謝料額は、500万円とするのが相当である。別途弁護士費用50万円。（請求額1100万円）。
302	**◎東京地方裁判所平成21年3月11日　WLJ** 本件では、XAの婚姻年数、養育すべき長女の存在、平成17年にAYの関係が発覚した際、Xが心療内科に通院するような精神的苦痛を受けたこと、その後、さらにAを信頼して家庭を営んでいたXに対し、Aとの交際を継続して夫婦関係を破綻させたこと、その他の事情一切を考慮し、慰謝料は400万円を相当と考える（請求額1000万円）。

303	◎**東京地方裁判所平成21年3月12日　WLJ** AはYに婚姻していることを隠していたのでYには故意・過失無し。
304	◎**東京地方裁判所平成21年3月18日　WLJ** **〔訴訟係属後にYが死亡〕** XAは、平成9年6月11日に婚姻し、長男が産まれた。Yは、平成15年6月にCと結婚していたが、平成19年9月に協議離婚した。AYは、平成18年6月ころに職場で知り合い、YはAが婚姻していることを知りつつ、継続的な交際（性的関係を含む）をしていた。Yは、本件訴訟提起後の平成20年8月4日に死亡した。被告は、Yの唯一の相続人である。 Aは、Yに対し、妻とは子供の為に離婚していないが仮面夫婦である、いずれ離婚するつもりで、お互い関心がない、などと述べて誘った。しかし、XAは、平成18年6月ころ、離婚の話はなく、ローンを組んで住居を購入し、同居して、長男の養育を積極的に行っていたのであり、Yと交際するようになってからも、子供がいるので離婚はできないと考えていたことも認められる。Yは、交際開始後間もない時期に、Aに対し、「こういう不倫関係は続かないし、続けるべきではないと思う」と述べていた。 以上からすると、XAの婚姻関係が破綻していたと認めることはできない。そして、Yは、AからXに対する不満を聞いていたにせよ、XAの家庭生活が維持されており、YがAと関係を続けることがXに対する権利侵害となりうることを十分に認識していたと認められる。Yは、交際を続けるうち、XAの離婚を望むようになり、情緒が不安定となり、平成19年6月3日、自殺未遂を図った。その際、Aに「薬を飲んだ」と電話したことから、AがYの自宅に駆けつけ、Cと被告とに対面し、不倫が公になった。 Yは命を取り留め、被告の保護のもとに入ったが、その後もAに自殺を示唆するメールや電話を送った。Aは、同年6月19日、XにYのことを初めて話し、Xは不安と怒りで混乱する状態になった。同年7月9日、YがAの職場に電話を架けてきて、Aの上司に不倫を暴露した。同日、Aが被告に連絡をとり、Yからのメールや電話はなくなった。Xは、この一連のAとYの問題により、Aとの婚姻関係を継続することができなくなり、Aに対し、離婚調停を申し立てた。 本件の事情からすると、Yの不貞とその後の言動により、XとAの夫婦関係は破綻し、Xが多大な精神的苦痛を受けたことが認められる。Yが亡くなっても、婚姻関係が破綻したことによるXの精神的苦痛はなおも継続していることが認められ、Aの責任を勘案しても、YのXに対する慰謝料は300万円と認めるのが相当と考える（請求額500万円）。
305	◎**東京地方裁判所（平成19年（ワ）第28147号）平成21年3月25日　WLJ** YがAと不貞行為をした当時、XAの婚姻関係は、破綻していたとはいえないものの、必ずしも円満でなかったこと、Xは、Aとの離婚調停において、同人に対し慰謝料の支払を求めていないこと（平成19年2月5日に成立したXAの調停調書によれば、AがXに対し、長男及び二男の養育費や進学費用、婚姻費用の未払分の支払、Xが婚姻前にAのために立て替えた家賃、生活費等の立替金の支払が合意されているものの、離婚に関し、この調停条項に定めるもののほか、何らの債権債務のないことを確認する旨の清算条項が合意されていることが認められる。もっとも、XがAに対し、Yとの不貞行為について宥恕したとまでは認められない。）、その他本件に顕れた一切の事情を考慮すると、Yの不法行為によりXが被った精神的苦痛に対する慰謝料の額は、150万円と認めるのが相当である（請求額1000万円）。
306	◎**東京地方裁判所（平成20年（ワ）第35721号）平成21年3月25日　WLJ** **〔AY双方に対して訴え提起〕** AY双方が被告、同額の賠償責任を肯定、AはYの子を出産、調査費用は相当因果関係の限度で肯定。 AYは、AがXと別居する前から不貞関係を続け、それが原因で、Aは、Xに対する理不尽な言動に出た上、一方的に別居して、離婚が成立していないにもかかわらず、Yと同居して重婚的内縁関係に入り、YはAの子を出産したというものであって、2人の子と共にAに捨てられた形となったXが、AYの不法行為によって被った精神的苦痛は極めて大きいといわざるを得ない。 また、Xは、AYの不貞行為の調査のため、調査手数料として142万8000円を支払っていること、及び、依頼した弁護士に対する着手金として42万円を支払っていることが認められ、弁論の全趣旨によれば、さらに弁護士報酬の支出も必要になると認められるところ、これらの費用の全額が直ちにAYの不法行為による損害と認められるものではないが、AYの不法行為と相当因果関係があると認められる限度において損害と評価すべきは当然である。

Xは、これらの費用も包含するものとして慰謝料を請求しているものと認められるから、かかる費用も勘案して慰謝料の額を算定するのが相当である。もっとも、Xが違法と主張するAの言動等には、不貞行為そのものによる慰謝料の発生原因事実ではなく、離婚慰謝料の発生原因事実というべきものがあることも勘案し、AYの共同不法行為たる不貞行為による慰謝料としては、400万円をもって相当というべきである（請求額700万円）。

307 **◎東京地方裁判所平成21年3月26日　WLJ**

X（夫）がA（妻）を提訴した事案。
Xが離婚を求めていないのは、自らの負担によってAYが交際できる状態になることをよしとしないとの心情に基づくものであって、Aとの関係が修復する可能性があるからではないことが認められる。したがって、XとAが、現在も婚姻関係にあることをもって、慰謝料の減額事由として考慮することはしない。
認容額90万円（請求額1500万円）。

308 **◎大阪家庭裁判所平成21年3月27日　WLJ**

Yは、当時、AがXと婚姻していることを知らず、婚姻の事実を知った後も夫婦関係が破綻しているとのAの説明を信じたため関係を継続したと主張する。Xと同じ職場でホステスとして勤務していたYが、AとXの婚姻の事実を当時知らなかったとは俄に信用し難いところであるが、仮にそれが事実であったとしても、平成15年秋ころには婚姻の事実を知るに至ったというのであるから、その後も夫婦関係が破綻しているとのAの説明を鵜呑みにして漫然と不貞関係を継続したことは、Xに対し不法行為となるというべきである。認容額500万円（請求額3000万円）。

309 **◎東京地方裁判所平成21年3月27日　WLJ**

〔XA間に子がないことを考慮〕
Yは、Aに夫がいることを知りながらAと肉体関係を持ち、妊娠の可能性の低い日である旨Aから告げられたとはいえ、射精障害を有するXが行い得なかった膣内射精まで敢行しており、さらに、AがXに離婚を申し入れるに当たってAの相談に乗り、XAの離婚が成立して間もない時期にAと同居を開始し、その後現在までAとの同居を続けているのであって、Yが離婚を経験して夫婦間の情愛の機微に通じているべき男性であることも併せて考えれば、本件婚姻関係の破綻の直接の原因を作出したYの責任は重いといわなければならない。
また、間近に迫った本件マンションにおけるAとの新たな生活を期待しながら概ね平穏な夫婦関係を維持していたXが、幸せな夫婦生活を突然奪われたことによって多大な精神的苦痛を受けたことは、想像に難くないところである。
しかしながら、他方、XAの婚姻期間が3年余りと比較的短かったこと、XAの間に子がなかったこと、その他本件に顕れた一切の事情を総合考慮すると、Xが被った精神的損害は、200万円であると認めるのが相当である（請求額500万円）。
これに対し、Yは、Xが離婚に当たってAから多額の慰謝料を含めた離婚給付を受け取っていることを理由に、本件婚姻関係終了によるXの精神的苦痛は既に慰謝されている旨主張する。確かに、Xは、離婚に当たってAから比較的多額の財産分与及び慰謝料を受け取っている。しかしながら、この財産分与及び慰謝料は、AYの不貞行為がXに発覚する前に合意されたものである上、第三者に対する不貞行為による夫権侵害に基づく慰謝料請求権は、妻に対する離婚それ自体による慰謝料請求権とは別個独立に観念し得るものであるから、Xの精神的苦痛が既に慰謝されている旨のYの主張は、理由がない。

310 **◎東京地方裁判所平成21年4月8日　WLJ**

不貞期間17年、AはXに十分な生活費を渡さない、AYの間に子ができた。Yは、Aとの間で不貞関係を有したことに関し、Xに対して不法行為による損害賠償責任を負うものというべきところ、AYのXに対する損害賠償責任が不真正連帯債務の関係に立つことに加え、上記認定のとおり、Yは、AがXと婚姻していることを認識していながら、あえてAと不貞関係を有していた上、本件離婚届が偽造に係るものであり、XAの離婚が無効であることを当初から認識していたものと推認されることに照らすと、Yの責任と、Aのそれとの間には、軽重の差はないというべきであるから、Yも、Aと連帯して、Xに対し、800万円の慰謝料の支払義務を免れないというべきである（請求額1000万円）。

311 **◎東京地方裁判所平成21年4月15日　WLJ**

AYが抱き合ってキスしている写真、ホテルに二人で入った調査報告書がある。Xは、AYの不貞行為によりストレスが積もった結果心臓発作を起こしたなどと主張するが、上記認定の平成18年5月20日からXが心臓発作を起こした平成19年9月23日までの間におけるAYの行為については具体的な主張立証はなく、両者の行為と心臓発作との因果関係を肯定できる証拠もない。
認容額120万円（請求額1000万円）。

312 **◎東京地方裁判所平成21年4月16日　WLJ**

Yは、Aに自身の子を妊娠させており（Yは、その妊娠自体、Aが望んだことであるかのように主張するが、仮にそれが事実だったとしても、不貞の関係にある男女の間柄で、あえて婚姻外の子の妊娠を望んだり、少なくとも避妊に十分な気を遣わないということ自体、非常識極まりないことというべきであるし、Xの心情を極めて害する行為というべきである。）、これら一連の行為が、夫としてのXの気持ちを著しく傷つけ苦しめ、また当然ながらその体面やプライドをも傷つけたことは明らかである。
他方、Xは、未だAとは夫婦としての同居生活を続けていることを明言していて、Yの言動が、XAの夫婦関係を破綻させたとまで認めることはできないこと、またXに対して第一義的な貞操義務を負っているのはAであるにほかならないが、Yによれば、Aの方から相当程度積極的にYとの不貞の関係を望んだ経緯がうかがわれること、X自身、現段階ではそのAに対する損害賠償を求めてはいないことが認められるのであり、これらの事情を総合考慮すれば、AYの不貞行為により、Xが被った精神的損害を慰謝するための慰謝料額は、150万円とするのが相当である（請求額1000万円）。

313 **◎東京地方裁判所平成21年4月20日　WLJ**

Aは約11年前（平成9年又は平成10年ころ）というかなり以前であるとはいえ、別居状態になったことがあり、また、AがXに対し、主観的には相当程度の不満を持っていた節がうかがわれることなどの事情からすると、平成17年当時において、XAの婚姻関係が、完全に円満で安定したものであったとまでいえるかどうかには疑問の余地があるものといわざるを得ない。以上の点、その他諸般の事情を総合考慮すると、YがXに対して支払うべき慰謝料の額は、150万円が相当である（請求額は500万円）。

314 **◎東京地方裁判所平成21年4月23日　WLJ**

Yの本件不貞行為によって、Xの被った憤怒、失望感は想像に難くなく、前記のとおり、同不貞行為に起因して、XとAとの関係が著しく悪化して別居に至り、以後、両名の関係が修復された形跡はなく、Xは、Aとの別居後、単独で長男Bを養育せざるを得ず、転職に至るなどしたことが認められるのであり、これによりXの被った精神的苦痛は察するに余りある。
他方で、Aは、本件不貞行為の以前から、Xとの間でときに不和を生じており、XがAに暴力をふるうなどしたこともあって、Xとの婚姻生活に不満を抱いていたことが看取されること、本件不貞行為開始後ではあるが、Aが、Yとの会話中に、Xの暴力行為に言及し、Xとの離婚の意向をほのめかしたことがあったことがあり、このような事情が、A及びYが本件不貞行為に至るひとつの動機を形成したことも否定はし得ない。
認容額120万円、別途弁護士費用10万円（請求額530万円）。

315 **◎東京地方裁判所（平成19年（ワ）第34445号）平成21年5月13日　WLJ**

Yの不法行為（Aと不貞関係を有したこと）によりXが被った精神的苦痛に対する相当な慰謝料額について検討すると、①XAの夫婦関係は事実婚にすぎなかったから、XのAに対する貞操請求権の権利性は、法律婚におけるそれに比して低いものにとどまるものというべきであること、②XAの内縁関係が継続した期間は、約3年8か月と比較的短期間であった上、両者の間には子もなかったことなど、本件訴訟の審理に顕れた諸般の事情を総合考慮し、100万円をもって相当な慰謝料と認めることとする（請求額1000万円）。

316 **◎東京地方裁判所（平成20年（ワ）第12443号）平成21年5月13日　WLJ**

Yは、Aとの間で不貞関係を有したというにとどまらず、事ある毎に、自分とAとの親密な交際ぶりをXに対して誇示するかのように嫌がらせをして、Xを精神的に追い詰めたといえるのであって、そのようなYの言動は、厳しい道義的・倫理的非難を免れないというべきである。Xが、Aと離婚するに当たり、同人から財産分与として自宅マンションの共有持分2分の1の譲渡を受けたものの、慰謝料については全く支払を受けていないことなどを総合勘案し、350万円をもって相当な慰謝料と認めることとする（請求額500万円）。

317 **◎東京地方裁判所（平成19年（ワ）第26499号）平成21年5月28日　WLJ**

〔Aの責任が相対的に大きい〕
現時点においてXAの婚姻関係が破綻するに至ったのは、AがXに無断で離婚届を提出し、Xをして別居のやむなきに至らしめ、その後長期間別居状態が継続したことによるものと認められるが、AがXに離婚届を作成させこれを提出したことについては、Yとの交際が影響を及ぼしているということができるので、YがAと男女の関係になったことと婚姻関係の破綻によりXが受けた損害との間には相当因果関係がある。
もっとも、AがXと離婚すべく離婚届を作成・提出することを決意するについては、Yとの関係のみならず、婚姻当初からXとの性格の不一致に起因する喧嘩が絶えなかったこと、Xの非礼な発言なども大きな影響を及ぼしていると認められるので、婚姻関係の破綻については、Xにも責任があり、そのことを十分に勘案する必要がある。
また、AのYに対する送信メールを見ると、Aが積極的にYを誘っていたことがうかがわれるのであって、営業社員であるAと派遣社員としてAの配下にあるYの関係に照らすと、AYが男女の関係になったことについては、YよりもAの責任の方がはるかに大きいと見るべきである。
以上によれば、Yの行為に起因してXが受けた精神的苦痛は極めて大きいというべきであるが、XAの婚姻関係が破綻したことについてはXにも相当程度の責任があること、AとYが男女の関係になったことについて主たる責任を負うべきはAであることなど、本件に現れた一切の事情を考慮すると、YがXに支払うべき慰謝料の額は、150万円と認めるのが相当である（請求額300万円）。

318 ◎東京地方裁判所（平成20年（ワ）第29713号）平成21年5月28日　WLJ

Xが、YがXの当時の妻Aと不貞行為に及んだとして不法行為に基づき慰謝料を請求した訴訟の一審の本人尋問において、Yが虚偽の供述をしたことはXに対する不法行為であるとして、その不法行為により訴訟が長期化し、慰謝料が低額化し、控訴審での審理を余儀なくされた結果、損害を被ったと主張して損害賠償を請求した事案において、前訴事件でのYの供述は、Xに対する関係で、新たな独立の不法行為、あるいは新たな精神的損害を発生させる行為であると規範的に評価することはできず、かつ、前訴事件でのYの供述とX主張の控訴審における費用負担（損害）との因果関係も認められないとして、Xの請求を棄却した。

319 ◎東京地方裁判所平成21年6月3日　WLJ

XがYに対して有する不貞行為に基づく損害賠償請求権は非免責債権ではない。

320 ◎東京地方裁判所（平成20年（ワ）第24721号）平成21年6月4日　WLJ

〔Yの責任は副次的〕
Yの行為は、修復可能性の残されていた夫婦関係をさらに悪化させ、XとAを離婚に至らせる重大な契機となったものと認められるから、Xの婚姻生活の平和維持という法的利益を侵害した違法なものであって、継続した同居関係が全体として違法な行為として評価されるべきである。Xは、Yの不法行為により精神的苦痛を被ったものであり、Yにはその慰謝料を賠償すべき責任が生じる。
もっとも、本件の不法行為は、AYによる共同不法行為を構成し、各人の損害賠償債務はいわゆる不真正連帯債務の関係になるが、婚姻生活の平和は第一次的には配偶者相互の守操義務、協力義務によって維持されるものであって、不貞行為又は婚姻破綻の主たる責任は不貞行為等を働いた配偶者にあり、その不貞行為等の相手方の責任は副次的なものにとどまると解される。
そして、本件において、Xは、Aに対する反訴では、AがYと同居生活をし不貞行為に及んだことによる慰謝料500万円を請求していたのに、裁判上の和解によりAと離婚するに際しては、上記慰謝料等の離婚給付を特に定めず、上記慰謝料請求を放棄して、Aの慰謝料債務を免除したものである。そうすると、不真正連帯債務の関係にあって主たる責任を負うAが、Xの債務免除により慰謝料債務を免れているにもかかわらず、副次的な責任しか負わないYが高額な慰謝料債務を負担するのは公平ではない。
加えて、本件訴えは、Aとの裁判上の和解による離婚で一旦紛争の解決をみてから約2年後に提訴されたものである上、その提訴の動機として、Aが養育監護する長女との面接交渉がなかなか実施されないことへの不満があること、Yは、平成17年4月初旬にAとの同居を解消してから、不貞行為等の関係を有した形跡が何らうかがわれないこと等の諸事情も総合考慮すると、本件で認容すべき慰謝料は50万円をもって相当と認めるべきである。

321 ◎東京地方裁判所（平成20年（ワ）第22796号）平成21年6月4日　WLJ

	XがAとY双方を提訴。別居したのは冷却期間をおくためであるため破綻とは言えない。 認容額300万円（弁護士費用は別に30万円）（請求額660万円）。
322	◎**東京地方裁判所平成21年6月10日　WLJ** AがYから数百万円にも及ぶ高額なプレゼントを受け取ったこと、ネイルサロンの代金などを負担してもらったこと、二人で高級ホテルにチェックインしたこと等から不貞行為を推認。Aが、Yとの交際中に総額1000万円程度の支出をしていることが認められるが、仮にこれが夫婦財産を減少させる行為であり、Xの財産分与額に影響を与えることがあるとしても、その経済的不利益自体が、ただちに本件不貞行為に基づく損害といえるものではない。 ただし、Yは、Aが自己と交際する中で多額の金員を支出していることを十分認識しながら交際を続けており、そのことにより、Xがさらなる精神的苦痛を被ったことも否定し得ない。その意味においては、上記事情についても、Xの慰謝料額を算定する際の一事情として考慮されるべきである。 他方で、本件では、Yの方から積極的にAを不貞行為に誘ったとまでは認定できず、AYの交際期間も比較的短期間にとどまっている。 以上で述べた諸事情のほか、本件記録に表れた一切の事情を考慮すると、本件においてYが支払うべき慰謝料の額については、200万円をもって相当と認める。弁護士費用は別途20万円（請求額880万円）。
323	◎**東京地方裁判所平成21年6月17日　WLJ** AとYに差異を認めず。Aは公認会計士として資力あり。AYの不貞行為によりXが被った精神的苦痛に対する相当な慰謝料の額について検討すると、①XAの婚姻期間は、被告らの不貞関係が始まった平成16年当時において既に27年間に及んでいたこと、②Xは、自ら税理士として稼動しており、自立した経済力を有していること、③XA間には、2人の子（長男及び二男）がいるが、いずれも既に成人して独立していること、④Aは、公認会計士として稼動しており、相当の資力を有しているものと考えられること、⑤Yは、平成20年5月にもAが独居するマンションを訪れており、AYは現在に至るまで不貞関係を継続しているものと推認されることなど、本件訴訟の審理に顕れた諸般の事情を総合考慮し、300万円をもって相当な慰謝料額と認める（請求額は500万円）。
324	◎**東京地方裁判所平成21年6月22日　WLJ** Yは、Aに妻がいると認識しつつ、同人から交際を求められて、これに応じただけでなく、ほどなく同棲するようになって、不貞の関係を続けてきたものである。そして、YがAとの不貞関係を継続し、同棲を続けていることもあって、XAの婚姻関係はもはや修復不可能な状態になっていると認められるところ、XがAと約10年間にわたる結婚生活を営み、平成20年8月の当時で6歳と1歳の二人の子供をもうけていたことに鑑みると、突然に離婚を求められる事態になったことによりXの受けた精神的苦痛は相当に大きいというべきである。 この点、AがYと不貞の関係を結ぶに至ったことについては、AがXとの関係に不満を感じていたことが背景として窺われ、それらの不満には一定程度考慮すべき部分があり得るにしても、このような不満があるからといって、不満を感じる夫が不貞をしてよいわけはなく、本件でも、このことを理由としてXの帰責性を認めたり、Yの責任を軽減すべきものとは解されない。ただし、このような不貞関係の継続について第一に責任を負うべきなのは、Xの配偶者でありながら積極的にYに働きかけたAであり、Yの責任は副次的なものというべきである。 以上の諸事情を勘案し、Xに対する本件訴訟では、慰謝料として200万円（弁護士費用は別に20万円）を認めるのが相当である（請求額は440万円）。
325	◎**東京地方裁判所平成21年6月30日　WLJ** AYが肉体関係を持った平成17年1月ないし3月ころも、XAの婚姻関係はなお破綻していたとはいえず、Yは平成17年2月には、Xからの電話により、Aに妻子がいることを知らされているから、それ以後の行為については不法行為による損害賠償責任を免れないというべきである。AYが肉体関係を持った時点で、XAの婚姻関係は破綻していなかったとはいえ、X自身もGと不貞関係を持ったこともあること等本件に顕れた一切の事情を考慮すると、Xの慰謝料は150万円と評価するべきである（請求額300万円）。なお、仮執行の宣言は相当ではないので、付さないこととする。
326	◎**東京地方裁判所平成21年7月1日　WLJ** （頬を叩くという）XがYに加えた危害は別の不法行為であり慰謝料の減額要素ではない。Y

	は、Xから、Yが店長を務めるA経営の会社の漫画喫茶の階段から突き落とされたり、Yの自宅の部屋の中を目茶苦茶にされるなどの行為を受けたと主張するところ、関係証拠上、Yが主張する機会にXが少なくともYの頬を叩くという行為に及んだことは認められるものの、XがYに対してそれ以上の物理的な危害を加えたかどうかについては必ずしも明らかではなく、また、仮にXがYに対して物理的な危害を加えたことがあるとしても、それは本件とは別のXのYに対する不法行為の問題として処理されるべき事柄であって、そのことから直ちに、本件においてYがXに対して支払うべき慰謝料の額を減ずるようなことはできない。 以上によれば、Xは、高校時代に知り合ったAとともに長らく婚姻生活を送り、そろそろ壮年期も終えようかとする年齢にあって、Yが出現してAと不貞関係を開始し維持していることによりAとの婚姻生活が破綻し、人生そのものが否定されるような事態に陥り、多大な精神的苦痛を被ったものと認められるが、本件記録に顕れた一切の事情を総合勘案すれば、Yが以上の不法行為（Aとの不貞関係）によりXに支払うべき慰謝料の額は、300万円と定めるのが相当であると判断される（請求額1500万円）。
327	**◎東京地方裁判所平成21年7月9日　WLJ** Yは、AがXと婚姻していることを知りながら、平成16年4月末ころから同年10月初めころまでの間、1ヶ月2回ないし3回、Aとホテルに行って肉体関係を持ったことが認められる。YとAの不貞行為の態様等の諸事情及びAは真摯に反省していることがうかがわれ、XAは離婚に至っていないことなどを考えると、Xに対する慰謝料としては150万円が相当であると認める（請求額400万円）。
328	**◎東京地方裁判所平成21年7月16日　WLJ** 請求棄却。 Yは、クラブ「△△」のホステスとしてAと知り合い、複数回にわたり同店を訪れた同人の接客をし、約5か月の間に17回の同伴出勤やアフターを共にしたほか、同人とメールの送受信をしていた中で「好きだ」とのメールを送信されたり、店外で昼食を共にするなどし、同店を退職した後には、同人とともに客として同店を訪れたり、食事を共にした際にキスをされそうになりホテルに誘われるなどした。しかし、これらの事実以外にYがAと会って共に過ごしたことを認めるに足りる証拠はなく、YがAからのメールに「私も好きです」と返信したことも認めるに足りず、Yが上記クラブ退職後にAと同店を訪れたことが「愛人のお披露目」であるなどと評価できる根拠もなく、YがAと実際にキスをし、同人から誘われてホテルに入ったことを認めるに足りる証拠もない。そうすると、上記各事実によって、AがYに対し好意ないし恋愛感情を抱いていたこと等を推認することはできるものの、両名が肉体関係を有したことまでは推認するに足りない（請求額880万円）。
329	**◎東京地方裁判所平成21年7月22日　WLJ** メール及び写真の取得行為は著しく反社会的とは言えない。 XAの30年に至らんとしていた婚姻関係は、AYの不貞行為により破綻するに至ったものであり、本件に顕れた一切の事情を併せて考慮すれば、Yの不法行為による原告の精神的苦痛を慰謝するには、200万円をもってするのが相当である（請求額500万円）。
330	**◎東京地方裁判所（平成20年（ワ）第25586号）平成21年7月23日　WLJ** Xとの婚姻期間が約20年に及ぶAが離婚に固執し、Xと話し合おうともしないこともあって、X自身は抑うつ状態（パニック症候群）に陥ったほか、子供たちもショックを受けており、また、高校生の長男が高機能自閉症（アスペルガー症候群）で、今後社会人として自立することは相当難しいと思われるなど、子供の養育に関して困難に直面していることが認められる。 このように、XはYの不貞行為により相当の精神的苦痛を受けたことが認められるが、こういった不貞の継続について第一に責任を負うべきなのはXの配偶者たるAであり、Yの責任は副次的なものというべきところ（なお、YがAを誘惑したといった経緯を認めるに足りる証拠はない。）、本件提訴を受けた後は、Aに対して損害賠償請求訴訟を提起するなど、Aとの関係を絶とうとしていること等も踏まえると、慰謝料としては120万円を認めるのが相当である（請求額1000万円）。
331	**◎東京地方裁判所（平成21年（ワ）第2022号）平成21年7月23日　WLJ** YがXに対し「Aとの交際を絶った」と虚偽を告げた。XA間が相当程度円滑を欠く状態。 Yは、Aとの不貞行為により、XがAとの婚姻以来6年以上にわたり築いてきた婚姻生活を

破綻に近い状態に至らせたものであり、これによってXが受けた精神的苦痛は大きいものであったと認められる。また、本件においては、Yは、本件訴状の送達後、Aとの交際を絶った旨主張するところ、現実には、前記のとおりAとの関係を継続しているものと認められるのであって、この点は、慰謝料の算定につき増額事由として考慮せざるを得ない。
以上によれば、不貞行為の開始当時、XAの婚姻関係が相当程度円滑を欠く状態にあったことを考慮しても、Xの前記精神的苦痛を慰謝するには250万円をもってするのが相当である（請求額1000万円）。

332 **◎東京地方裁判所平成21年8月24日　WLJ**

婚姻、婚約、内縁の関係にない男女においては、いわゆる「二股行為」は違法行為ではない。およそ誰とも婚姻又は婚約の関係を有していない独身の男女が、特定の女性又は男性とのみ交際するのではなく、複数の女性又は複数の男性と、同時期に性的関係を伴う交際をするということは、それが道義上、倫理上の非難にさらされる行為であることは別として、世の中にはままあることであり、しかもそのようないわゆる「二股行為」が、直ちに法的な違法行為になるということもできないのである。Yの責任は否定し、Aの責任のみ内縁の不当破棄を理由に肯定。認容額100万円。弁護士費用は別途10万円（請求額550万円）。

333 **◎東京地方裁判所平成21年8月31日　WLJ**

不貞行為当時のXとAの夫婦関係の状態、すなわち、不貞行為以前から、XとAの夫婦関係は相当程度冷却化、悪化していたこと、Aが、職場の上司であるYに対し、勤務条件に関連して、家庭の状況やYとの夫婦関係を相談したという不貞行為に至る経緯、不貞行為がYらの婚姻関係の終了に及ぼした影響の程度、特に、Yの不貞行為が、Yら夫婦が離婚した主たる原因とまではいえないものの、他方で、Yとの不貞行為が離婚に至る要因の一つであり、契機となったこと、AとYとの関係は一過性のものであって、現在、職場の上司としての関係を超える交際もなく、Aも、Yとのそれ以上の関係を望んでいないことが認められること等諸般の事情を総合勘案すれば、YがXに支払うべき慰謝料額は、60万円が相当である（請求額は300万円）。

334 **◎東京地方裁判所平成21年9月10日　WLJ**

Xが、本件不貞行為が発覚し、夫婦関係が悪化したことにより、体調不良に陥り、精神科に通院するなどしていること、経済状態の悪化や子らの心情、今後の境遇等について深く気に病み、精神的苦痛を被っていることが認められる。他方、Aとの夫婦関係がここまで悪化したのは、XがAを厳しく追及し、精神的に追い込んだことも一因となっていると思料される上、Xは、Yの勤務先に本件不貞行為に関する文書（「Yのせいで家庭が滅茶苦茶である。Aが帰らないで心配している。助けてください。死にたい。」などと記載した文書）を大量にファックス送信し、Yが勤務先を退職するに至っているという事情も認められる。これらの事情に加え、XAの婚姻期間その他本件に顕れた一切の事情を考慮すると、本件の慰謝料としては、150万円が相当である（請求額1000万円）。

335 **◎東京地方裁判所（平成19年（ワ）第30192号）平成21年9月25日　WLJ**

〔破綻を理由に請求棄却〕
請求棄却事例。
XA間の婚姻は、おそくとも、XがAから自宅の鍵を取り上げた平成15年9月には破綻したと考えざるを得ない。
そもそも、XもAも医師として相当の収入があったことから、基本的にそれぞれの生活費はそれぞれが負担するというやや変則的なものであったと推測され（少なくとも、XがAの収入に依拠して生活していたわけではない。）、Aは病院に泊まったり、Yを含む他の女性と関係をもつ等の理由でYと寝室を共にするということがほとんどなかったのではないかとも推測される。そしてXもAも医師として多忙な仕事をしていたのであり、XとAが、一般的な夫婦がそうであるような夫婦関係（日常生活の多くをともにし、共同して生計を維持するというような関係）にあったとは思われないところである。
したがって、XとAの婚姻が破綻したか否かを外形上の生活態様の変化をもってとらえることは困難ではあるが、少なくとも、平成15年9月にXがAから鍵を取り上げて以後は、AはXの意に反して自宅に帰ることはできなくなったのであって、かつ、現時点までのAの行動から振り返ってみれば、その時点では、AがXと生活を共にする意思を失い、Yとともに生活をする意思であったこと明らかであるといわざるを得ないし、今後、AがXのもとに帰ることは、あり得ないと判断せざるを得ない。そうとすると、平成15年9月の時点ではXとAの夫婦関係が破綻した（その原因はAにある。）とみるのが合理的である。

以上の認定、判断によれば、XA間の婚姻は、平成15年9月には破綻したというべきであるから、それ以後、YがXと関係を持つことはXに対する不法行為を構成しないこととなる。そうすると、平成15年9月までに生じたXのYに対する不法行為に基づく損害賠償請求権は、平成15年9月から3年間の経過により時効消滅した（請求額5000万円）。

336 **◎東京地方裁判所（平成20年（ワ）第23211号）平成21年9月25日　WLJ**

〔Aの暴力により不貞が継続したとして棄却〕
請求棄却事例。
AがXと結婚したことを秘して平成18年4月終わりころYに交際を求めたこと、同年6月にAがYから問いつめられて結婚していることを認めたこと、そのためYが交際の誘いに応じなかったこと、同年6月29日ころにはXAの婚姻関係がAの借金問題等から破綻状態にあり離婚届が両名により作成されたこと、そのころAがYに対しA及びXの署名捺印のある離婚届の写メールを見せかつカードローン等の金銭問題で夫婦関係がうまくゆかず婚姻関係が破綻していて離婚する話になっていると告げたこと、そのためYが離婚の話を本当であると信じたこと、Aが交際を迫るためY宅のインターフォンを鳴らし続けたり同年8月にはY宅の近くにマンスリーアパートを借りて住んだり、Y宅で包丁を突き立てて暴れるなどしてYを恐怖に陥れたこと、C（Yの夫）が同年11月にY宅から退去して別居するとAがたびたびY宅に押しかけいやがらせをエスカレートさせてインターフォンを鳴らし続けたりドアを叩いたり寝室の窓を物干し竿で叩いてYが起きるまで続けるなどし、さらには破壊的な自傷他害行為に及ぶなどによりYの抵抗を奪いYを妊娠させたこと、Yが妊娠中絶手術に及んだことが認められるから、YのAとの関係は、当初はAの欺罔的行為により後には暴力的脅迫的な行為により形成されたもので、当該関係におけるYの行為がXの婚姻関係を破綻させるものであるとか、Xの権利を侵害する違法なものであったとは認められない（請求額500万円）。

337 **◎東京地方裁判所平成21年9月28日　WLJ**

Yは、遅くとも平成17年12月ころまでには、AとYが別れることをXが求めていたことなどから、実際にはXがAとの離婚を希望していないことを認識することができたものと認めるのが相当であり、それにもかかわらず、Aとの交際を継続したというのであるから、このYの行為はXに対する不法行為を構成するものであったと認めるのが相当であるし、また、YがAとの交際を開始する以前にXAの婚姻関係が完全に破綻していたわけではなかったことなどからすると、XAの婚姻関係の破綻に多少なりとも影響を与えたことも否定することはできない。
さらに、Xが、AYの交際を知るよりも前に、精神的な疾患によって精神科医院に通院等していたと認めるに足りる証拠がないことからすると、Xの現在の精神状況については、AYの交際や、Aとの婚姻関係の破綻が影響しているものと認めるのが相当であるが、一方で、Xが署名押印した離婚届が、YがAとの交際継続を決意した一因となっていることや、XAの婚姻関係が必ずしも円満なものではなかったことなどからすると、YがXの精神的苦痛を慰謝するために支払うべき金員（慰謝料）は、50万円と認めるのが相当である（請求額500万円）。

338 **◎東京地方裁判所平成21年10月21日　WLJ**

Aはプロ騎手。AがXに対して支払った3375万円の解決金内金のうち、いかなる金額がYとの不貞関係に対する慰謝料に充当すべきかが判然としない以上、これをYに対する慰謝料請求に考慮すべきではない。
認容額200万円（請求額500万円）。

339 **◎東京地方裁判所平成21年10月28日　WLJ**

XAの夫婦関係は、本事件によっては破綻に至っていない事実が認められるのであり、かえって、Xは、本件発覚後に、Aの子を妊娠するなど、XはAを宥恕しているとも窺われる事実が認められるのであるから、その他、YとAの地位（看護師と医師）及び年齢（Aの方がYより年齢が上であること）、Yの資力等、本件証拠によって認められる一切の諸事情を斟酌し、本件における慰謝料額は50万円とするのが相当である（請求額150万円）。

340 **◎東京地方裁判所平成21年10月29日　WLJ**

Yは、平成19年1月下旬ころには、Aに妻子のあることを知りながら、その後も同年8月初旬に至るまで、Aとの不貞行為を継続したのであるから、Aと婚姻しているXの妻としての法的権利を侵害したものとして不法行為責任を負うべきものである。しかし、もともと、Y

は、Aからホームページの作成という仕事を請けた立場にあったところ、YとAとの交際が継続したことについてはAが相当積極的であったことがうかがわれること、Yが、平成19年3月21日、Aに対して、別れようと話したところ、Aから頭や顔を殴られたこと、Yがしていた「チラシ折り」の仕事をAの経営する会社の者が手伝ったことについて、AからYに対して給料を請求することもある旨を伝えられたこと、との事実を認めることができる。こうしたAYの関係を考えると、Xの夫であるAの責任は大きいものといわざるを得ない。慰謝料80万円、治療費4360円認容（請求額600万円）。

341 **◎東京地方裁判所平成21年10月30日　WLJ**

Yの被った精神的苦痛に相当する慰謝料を400万円と認定した後、Aとの関係で一方的にYが負担割合を負うべきとするような関係にあったとは認められないとした上で、Yの負担割合を6割とし240万円の賠償を命じた（請求額1500万円）。

342 **◎大阪高等裁判所平成21年11月10日　家月62巻10号67頁、家事財産給付便覧2**

原審：308大阪地方裁判所平成21年3月27日。
AYは、平成14年×月以降、少なくとも平成17年×月ころまでの3年近くにわたって男女関係を継続し、Yにおいても遅くとも平成15年秋ころには、AにXという妻があることを知っていたのであるから、その後もAとの男女関係を継続したことは、Xの婚姻共同生活の平和の維持という権利又は法的保護に値する利益を違法に侵害した共同不法行為を構成するというべきである。Xは離婚訴訟を同時提起。認容額150万円（原審の認容額は500万円、請求額は3000万円）

343 **◎東京地方裁判所平成21年11月17日　WLJ**

XがAの浮気を疑い、Aが運転する自動車にボイスレコーダーを取り付けて会話を録音したCDに証拠能力を肯定。
Yは、Aが結婚していることを知った後、Aと性的関係を持ったとは認められないものの、Aと親密に交際し、その結果、XA間の婚姻関係を破綻させたといえる。また、Xは、AYの親密な交際によって、Aとの間の7年余りの婚姻関係や2人の子との家族関係を破綻させられ、精神的な疾患にも罹患するなど、精神的な苦痛を受けたといえる。以上のようなYの加害行為の態様や程度、XがYの侵害行為によって受けた被害の内容や程度等を総合考慮すると、Xの精神的苦痛に対する慰謝料額は100万円と認めるのが相当である（請求額1000万円）。

344 **◎東京地方裁判所平成21年11月18日　WLJ**

〔XA間の夫婦関係が相当程度に希薄〕
たしかに、婚姻前において、XA間には平成17年以降は性的交渉がなく、Xは他の女性と食事に行き、他方、AもXと余り話したくないといった気持ちで、結婚式をやめたいと言うような状況があり、婚姻後においても、AがXに嘘を言って外出や外泊をし、Xは、Aの述べる外出先や用件等を記録又は記憶し、Aの行動に不審を募らせ、平成20年8月7日にスイカの履歴をそっと見てXに告げていた行き先が虚偽であることを知り、同年9月6日にはAの嘘を確信したというのに、その後もAのXに述べる外出先や用件等が実際とは異なることを確認し続けながら、Aの外出や外泊に不満を述べることはなく、同年末になってAと口を聞かない状態になった後、Aが横柄な態度をとることができないようにするためにXの把握した事実を突きつけて謝罪させようとしたのであって、このようなX及びAの言動等は、内縁又は婚姻関係にある者の相互信頼が相当程度に希薄なものであったことを示しているといえなくもない。
しかし、他方、XとAは、実際に婚姻し、挙式や披露宴及び新婚旅行をし、婚姻の前後を通じて同居を続け、別の場所にいるときでも親密さをうかがわせるメール等で頻繁に連絡を取り合っていることなどからすれば、少なくとも上記認定の本件不貞行為が行われていた時期において、婚姻関係が既に破綻していたとすることはできない。
認容額180万円（弁護士費用は別途18万円）（請求額1100万円）。

345 **◎東京地方裁判所平成21年11月25日　WLJ**

Yが同年5月からAに2回線の携帯電話を所持させ、その料金の請求先をYの自宅としていたことからみて、AYは、そのころから相当親密な関係にあったと推認されるけれども、同年3月13日のXAの婚約当時、Yがそのことを知っていたことを認めるに足りる証拠はない。そうすると、Yが婚約後のAと肉体関係を持った行為は、Xの婚約者としての権利ないし利益を違法に侵害したとはいえないから、不法行為を構成するものではない。

これに対し、YがAに対し平成18年1月に送った年賀状にはAの婚姻後の氏名が記載されていることからみて、Yは、遅くともそのころまでにはXAが婚姻関係にあることを知っていたものと推認できる。Yはその後もAと頻繁にメールのやりとりをし、Aと新宿ワシントンホテルに宿泊しており、これらの事実を総合すると、AYは長期間にわたり継続的に肉体関係を持っていたものと推認することができる。
このように、YがXAの婚姻後にAと肉体関係を持ったことは、Xの夫としての権利を侵害するものであって、不法行為を構成する（住民票によると、Yは平成20年7月18日にアメリカ合衆国へと転居したことが認められるから、遅くともこのころにはAYの肉体関係が終わったことは明らかである。）。
認容額は250万円（請求額800万円）。

346 **◎東京地方裁判所（平成20年（ワ）第36995号）平成21年11月26日　WLJ**

〔調査費用の賠償請求を否定〕
YがAと交際を開始する以前から、XAには、互いに夫婦関係を維持すべく協力する姿勢が薄かったことが窺われるので、X夫婦が破綻に至った原因としては、かかる夫婦の在り方にも問題があったものと認めるのが相当である。
また、YがAとの不貞に至ったのは、Aから、X夫婦の関係につき、虚実をないまぜにしたもっともらしい説明を受けたことが原因であり、Yがかかる説明を信じたとしてもやむを得なかったような事情も窺える。これらの事情に加え、X夫婦の破綻に至るまでの婚姻期間（約6年半）、AYの不貞期間（約1年。ただし、不貞関係の開始からX夫婦が破綻に至るまでの期間は約6ヶ月）等の諸般の事情に鑑み、本件において、YがXに支払うべき慰謝料の額としては、30万円をもって相当と認める（弁護士費用は3万円）。Xは、Aの行動調査を依頼した調査会社へ支払った費用も損害であるとの主張をするが、かかる調査費用は、不貞と相当因果関係にある通常損害とまでは認めがたい（請求額373万7697円）。

347 **◎東京地方裁判所（平成21年（ワ）第11039号）平成21年11月26日　WLJ**

〔AがXに対して有する養育費請求権を放棄しても慰謝料には影響しない〕
Aは、Xに対し、離婚に伴う慰謝料として300万円の支払をしているものと認めることができるところ、AのXに対する慰謝料の支払義務は、専らYとの不貞関係によって婚姻関係を破綻させたことを理由とするものであると推認するのが相当であるから、本件請求に係るYのXに対する慰謝料の支払義務と不真正連帯の関係にあり、そうすると、AのXに対する上記300万円の支払は、YのXに対する350万円の慰謝料の支払に充当されるべきものということになる。その他、Yは、Aが請求することを放棄した養育費に相当する金員も、本件請求に係る慰謝料に充当されるべきであると主張するところ、Aは、Xとの離婚に伴って、Xに対して長男の養育費を請求しないことを約束しているものと認めることができるものの、そもそも、AのXに対する養育費請求権の発生自体が明らかではないし、その金額を確定することもできない上、養育費の性質に鑑みても、AがXに対して養育費を請求しないと約束したことにより、A又はYのXに対する慰謝料の支払義務が減殺されたと認めることはできない（請求額500万円）。

348 **◎東京地方裁判所平成21年12月15日　WLJ**

〔第一次的に責任を負うべきなのはA〕
確かにYとAは情交関係を結び、これに端を発して、XAの婚姻関係は破綻し、現在離婚調停中である。しかしながら、YはAの行きつけのクラブのホステスであり、Aがクラブのホステスと関係を持ったからといって、それによってXAとの婚姻関係が直ちに破綻するということは、通常は想定し難い事態である。
婚姻関係の破綻の原因については、Aの証言が得られていないため、本件全証拠によっても解明されたとは言い難いが、少なくとも、クラブのホステスに入れ込み、Xとの婚姻関係をないがしろにした、Aの著しい思慮分別を欠いた言動に根本的な原因であることは明らかであり、Aは強く非難に値する。
しかしながら、Yはクラブのホステスであり、その営業のためには、客の歓心を買うことに徹せざるを得ないのであるから、YをAと同程度に非難することはできないというべきである（なお、Aは他店のクラブにも通い、複数のホステスからも営業メールの勧誘を受けていた。）。また、XがAの携帯電話を探し出して、その内容を全て見たことに、Aが憤慨したことも、婚姻関係の破綻に何らかの影響を及ぼした可能性を否定することはできない。
以上の事実によれば、Xは第一義的には、Aに対して、婚姻関係破綻の慰謝料を請求すべきであって、Yの負担すべき慰謝料は、①Xが心療内科で受診するほどの精神的苦痛を被っていることを最大限に評価し、さらに、②XAの婚姻期間、③Yが、Aの行きつけのクラブの

	ホステスであったこと、④AYが現在も関係を続けていることを認めるに足りる証拠はないことを考慮して、100万円と評価するのが相当である（請求額1000万円）。仮執行宣言は相当でないから付さない。
349	**◎東京地方裁判所（平成20年（ワ）第17276号）平成21年12月16日　WLJ** **〔メールが違法収集証拠であるとして請求棄却〕** 請求棄却（請求額500万円）。 Xの主張によれば、Xは、たまたま本件電話機の操作中に本件メールの一部を見たため、そのデータを自分のパソコンにコピーし、これを入手するまで知らなかったYの存在及びAYの交際の一部を知り、探偵社に依頼してAの行動を調査した上、Aに対し、平成19年4月29日のY宅訪問の件についての調査報告書及び本件メールを見せて説明を求めたところ、Aの態度が一変し、結局、2度目の調停も不成立で終了したというのであって、このような本件メール及びそのデータの入手や利用がAあるいはYの承諾その他これを正当とする理由に基づくものでないことは明らかであり、その入手や利用は違法であるというべきであり、その入手方法の違法性は刑事上罰すべき行為と実質的に同等に重大なものであるといえる。 一般に、一方配偶者の不貞行為の相手方となることが他方配偶者に対する不法行為を構成し得ること、不貞行為の多くは一方配偶者が他方配偶者に秘密裏に密室等で行い、他方配偶者が不貞行為の存在を立証する証拠を入手するには困難があることなどは、直ちに上記判断を左右するものではない。すなわち、他方配偶者が一方配偶者に不貞行為があるとの疑いを抱いた場合に、他方配偶者の信書や携帯電話機等のメールを見たり、その内容を自ら保存すること等が一般的に許されるとはいえない（疑いを抱くことに客観的で合理的な根拠があるときは、それに基づいて不貞行為を立証すれば足りるであろうし、それがないときは、不貞行為の疑いを抱くこと自体が他方当事者の単なる主観ないし思い込みにすぎないことも多く、その証拠を一方当事者のメール等から得ようとすること自体が相当ではない。）。 したがって、本件メールは、Xの主張によっても、違法に入手されたデータに基づくものといわざるを得ず、本件訴訟においてはいわゆる違法収集証拠として証拠能力を否定し、証拠から排除するべきである。
350	**◎東京地方裁判所（平成21年（ワ）第5651号）平成21年12月16日　WLJ** **〔長男の連れ去り行為の違法性〕** Aにおいて、平成20年5月9日に長男を連れて家出をしたうえ、同年7月16日にはX宅から長女を連れ去り、以後、Yと行動を共にし、同年12月ころに現在の住所地に落ち着くまで各地を転々とし、その間、未成年者らを自らの支配下に置き、Xと未成年者らとの連絡・接触を妨げ続けたことに加え、長男については、平成21年8月にXに引き渡したものの、11か月にわたって未就学の状態に放置したことが認められる。Aによる未成年者らに対する上記支配は、Aの有する親権に基づくものであると解されるところ、一方の親権者による子の全面的支配は、自己の有する権限に基づくものである以上、原則として適法と評価されるべきであるが、子の福祉に反する環境下に置いて他方の親権者の関与を完全に排除するなど、夫婦共同親権行使の趣旨を没却し、親権の濫用と認められる特段の事情がある場合には、違法と評価されると解するのが相当である。 しかるところ、上記のとおり、Aは、未成年者らの福祉にかなうとはいい難い環境下に未成年者らを置いて他方の親権者であるXの関与を完全に排除したものであって、未成年者らの年齢を斟酌しても、Aの行為は、少なくとも未就学状態に置かれた長女に対する関係では、夫婦共同親権行使の趣旨を没却し、親権の濫用と認められる特段の事情が存在するというべきであるから、Xの親権を侵害し、違法であるといわざるを得ない。また、Aに加担したYの行為も、Xの親権を侵害する違法な行為であって、Xに対する不法行為責任を免れることはできない。 慰謝料180万円、弁護士費用20万円（請求額500万円）。
351	**◎東京高等裁判所平成21年12月21日　判タ1365号223頁** 夫が、妻の不貞相手の子であることを知らずに実子として養育した子につき支出した養育費相当額について、妻に対する不当利得返還請求が認められなかった。
352	**◎東京地方裁判所（平成20年（ワ）第10539号）平成21年12月22日　WLJ** **〔YとAの間に今後一切の交際をしないとの誓約あり〕** Yの不貞行為は、その始期が判然としないものの、不貞行為が明確に発覚した平成19年6月12日以前から相当期間継続していたものであるばかりか、Yは、上記発覚に際して、今後は交際しない旨誓約したにもかかわらず、同年9月から不貞行為を再開し、最終的にはAがX

との別居に至ったことが認められる。このようにYの不貞行為は、XとAとの間の夫婦関係を悪化させ、その修復を困難なものとしているが、これにより、原告は精神的に深く傷つき、過度のストレスによる心身症・不眠症による内服治療を必要とする状態に陥っている。
Yの不貞行為の態様、結果等の諸般の事情を考慮すれば、本件で認容すべき慰謝料は300万円をもって相当と認めるべきである（請求額は1000万円）。

353 **◎東京地方裁判所（平成20年（ワ）第23666号）平成21年12月22日　WLJ**

〔Aが子らの扶養を放棄していない〕
XとAの夫婦関係は実質的に破綻したと評価し得る状態にあるところ、本件不貞関係がその要因になっているといえる一方で、XAの夫婦関係が一応の平穏に向かう様子であったところ、AがYとは異なる女性の裸体の写真をも保有するに至るような生活をしていたことによってAと長男との関係が悪化したこと（Yに帰責性はない。）も上記破綻の要因の一つになっているというべきである。
また、Xの両親との同居に対するAの不満も潜在的には破綻に影響した可能性がある。これら判断に、本件不貞関係が、Aが婚姻中であることを認識しながら継続されたこと、その期間、XとAの子ら、X自身の年齢、Aが子らの経済的な面を含め扶養を放棄していないこと等、本件に現れた諸般の事情に鑑みると、Yの本件不法行為に係るXの慰謝料額は150万円とするのが相当である。
弁護士費用は15万円（請求額550万円）。

354 **◎東京地方裁判所（平成21年（ワ）第27745号）平成21年12月22日　WLJ**

〔離婚に伴う解決金が慰謝料と認定された〕
Xは、夫婦関係解消の調停を申し立てた際、Aに対して財産分与を求めたものの、Aには預貯金等はなく、自宅マンションの売却代金も、住宅ローンや借入債務等の返済に充てられてほとんど残っていなかったことから、AYの不貞関係によって離婚に至ったことについての慰謝料という趣旨で50万円の支払を受けることで合意し、「Aは、Xに対し、離婚に伴う解決金として50万円の支払義務があることを認める。」旨の調停を成立させたというのであるから、上記50万円の解決金は、AYの不貞行為によるXの精神的苦痛を慰謝する趣旨のものであったというべきである。
そして、AYの不貞行為は、Xに対する共同不法行為を構成し、上記両人の不法行為による損害賠償債務は、いわゆる不真正連帯債務の関係になると解されるところ、Xは、共同不法行為の1人であるAから、50万円の支払を受けたというのであるから、YのXに対する上記損害賠償債務は、Aの上記弁済によってその限度で消滅したものといわざるを得ない。
認容額は100万円（請求額300万円）。

355 **◎東京地方裁判所平成21年12月25日　WLJ**

Xが、YがXの夫Aと不貞行為に及び、その結果、XAの夫婦関係が破綻するに至った等として、Yに対し、不法行為に基づき、慰謝料等の支払を求めた事案において、AYが男女として交際していた事実が認められ、その時点でXAが婚姻していることをYが認識していたことは、Yの主張からも明らかであり、また、XAの婚姻関係の破綻が確定した時期について検討するまでもなく、Yの不貞行為について不法行為が成立し、かつその行為とXの婚姻関係破綻との間に因果関係が認められることは明らかであるとして、慰謝料200万円、弁護士費用20万円を認定した（請求額550万円）。

356 **◎東京地方裁判所平成22年1月14日　WLJ**

子のYに対する請求を棄却。使用者責任を否定。
Xによれば、同人はAYの関係を知って夫への信頼を喪失し、うつ病、不眠症と診断され、通院加療中であることが認められる。他方、AYの関係においてYが専ら主導的な役割を果たしたとまでは認め難いこと、AYの関係が比較的早期に終わっていることが認められる。
これらの事情に加え、XAの婚姻期間その他本件に顕れた一切の事情を総合考慮すると、Xの慰謝料額としては50万円が相当である（請求額1000万円）。

357 **◎東京地方裁判所平成22年1月19日　WLJ**

〔XがYに対してひどい言動をした〕
Yにおいて、格別、婚姻関係が破綻していたかどうかを確認したこともない。XからYに対する不貞慰謝料請求は70万円を認容（請求額300万円）。Y→Xの反訴、XはYに対し「結婚している立場で何考えているの。弁護士を立て、あなたの身の回りをすべて調べて会社に報告してあなたをクビにしてやりますから」などというメッセージを留守番電話に入れた。

これが不法行為に該当し５万円の慰謝料肯定。

358 **◎東京地方裁判所平成22年１月20日　WLJ**

ＸはＹに電話を架け、この件について口外したり第三者に相談したら、職場に行って校長に訴える、Ｙの夫にもこのことを告げる、Ｙの家庭をめちゃくちゃにするなどと言った。ＹはＸの言動をもって、ＸのＹに対する損害賠償請求が権利濫用として認められない旨主張したが、裁判所はこれを認めなかった。Ｘの慰謝料として150万円を容認（請求額331万円）。弁護士費用は15万円。

359 **◎東京地方裁判所平成22年１月26日　WLJ**

〔調査費用の一部を肯定〕
Ｘ及びＡは、平成６年４月に婚姻後、平成18年２月に両名が別居するまでは、平成17年○月○日の口論を除き、おおむね通常の婚姻生活を送ってきたのであり、Ｘは、Ａと別居後も、Ａに対し、メールで、これまでのＸの態度について謝罪し、反省している旨を伝え、Ａと夫婦仲を修復したいとの意思を伝えており、その後、Ｘは、平成18年４月３日、Ａを相手方として、東京家庭裁判所に夫婦関係調整（円満）調停を申し立てているのであるから、Ｙが、Ａと交際を開始した平成18年３月ころ、あるいは、その後の５月ころにおいて、XAの夫婦関係が修復不可能な程度に破綻していたと評価することはできない。
そうすると、ＹがＡとの不貞行為に及んだ時点では、いまだXAの婚姻関係が破綻していたものと認めることはできない。
損害として、慰謝料300万円、興信所の調査費用143万8000円のうち50万円、弁護士費用35万円の合計385万円を認定（請求額707万8000円）。

360 **◎東京地方裁判所（平成21年（ワ）第4967号）平成22年１月27日　WLJ**

〔ＹがＡの言葉を信じても責任阻却されず〕
ＹがＡと親密な交際を開始した当時、XAの婚姻関係が破綻していたとは認められず、そして、Ａが、Ｙの気を引くため、平成18年１月から同年４月にかけて、「夫婦関係がうまくいっていない」などと口に出し、また、時期ははっきりしないが、Ｙから、Ｙが不倫関係にあった男性と結婚に至らなかったことを聞き、Ｙに対し、自分はそのようなことはしない、Ｙにつらい思いはさせないなどと述べているが、Ｙとしては、妻子を自宅に残して単身赴任中であるＡがＹと関係をもち、その関係を続けるための甘言ではないかと疑ってしかるべきであり、Ａの言葉を信じてXA間の夫婦関係が破綻していることに疑念をいだかなかったとするＹの供述はにわかに採用し難い。
以上によれば、ＹがＡと不貞関係を続けた行為は、Ｘに対する不法行為を構成するというべきである。本件に顕れた諸事情を総合考慮すると、ＹのＡとの不貞関係による不法行為によってＸが受けた精神的苦痛に対する慰謝料は、これを150万円とするのが相当である（請求額500万円）。

361 **◎東京地方裁判所（平成21年（ワ）第5896号）平成22年１月27日　WLJ**

〔Ｙは従属的な立場〕
XAの婚姻関係は、AYの不貞行為により破綻したものと認められるのであり、モデル仲間であるＹと夫であるＡの双方に裏切られたＸの精神的苦痛は多大なものがあるというほかはない。しかし、AYが不貞関係をもった当時、XAの夫婦関係は必ずしも円満な状態にあるとはいえなかったし、XAのＹに対する説明により、Ｙもそのように認識していたことが認められる。
また、Ａは、平成19年７月、心の病にり患し嫌がるＹに対し、執拗かつ強引に性的関係を結ぶことを求め、その結果、Ｙは、やむを得ず、これに応じたものであるし、その後も、Ａが、病状が好転しないＹを誘い性的関係を結んだことが認められる。したがって、AYが不貞関係をもち、これを継続したことについては、Ａが主導的な役割を果たしたものであり、Ｙは専ら従属的な立場にあったものというべきである。さらに、Ａは、Ｘに対し、離婚調停において、離婚に伴う慰謝料として200万円の支払を約し、その支払の準備が完了していることも認められる。
以上の事情を総合考慮すれば、ＹがＸに対して支払うべき慰謝料は80万円と認めるのが相当である（請求額500万円）。

362 **◎東京地方裁判所平成22年１月28日　WLJ**

〔メールから不貞行為を推認〕
Ｙが不貞行為を否認するも、ＹのＡに対する「幸せな四日間」、「あの旅は本当にステキなものでした」とのメールがあること、Aは、XにYと一緒に旅行することを隠して本件旅行に出発し、旅行先のホテルにはYと同室で宿泊したことからすると、本件旅行に際し、YとAとの間で不貞行為があったと認めるのが相当である。Yの不貞行為により、Xは少なからざる精神的苦痛を被ったと認められるところ、Yの不貞行為の態様や期間、XとYとの関係その他本件に顕れた一切の事情を考慮すると、慰謝料額は100万円をもって相当と判断する(請求額は300万円)。

363 **◎東京地方裁判所(平成20年(ワ)第27917号)平成22年1月29日　WLJ**

〔AとYの責任は同等〕
YとAの不貞関係の期間、態様等、原告が長期間にわたって心身の不調を訴えていること(ただし、そのXの心身の不調にはYとは別のBとAの不貞関係も要因となっていると考えられる。)、XとAが現在同居していること等を踏まえると、YがAとの不貞関係を持った不法行為に基づくXの慰謝料としては100万円が相当である(請求額は200万円)。なお、Yは、Aとの比較で減責されるかの主張をしているが、本件はYとAの共同不法行為に基づく損害賠償請求であるから、Aが強引に誘ったなどといったAとの比較で、Yの責任が直ちに減少するものではない。

364 **◎東京地方裁判所(平成21年(ワ)第5000号)平成22年1月29日　WLJ**

〔YがXに対して謝罪せず〕
AYは、途中、中断期間はあるものの、合計3年近くの間、不貞関係であることを認識しながら、その関係を継続しており、Xに発覚後も、Xへの謝罪の意や反省の態度を明らかにすることもないまま過ごし、その結果、Xの精神的苦痛を増大させたものと認められる。
AYの関係は、上司であるAが積極的にYを誘ったことから始まったものであり、社会人になってまもないYとしては、これを拒否しにくい状況にあったとも察せられ、Aが主導的な役割を担ったものというべきであるものの、とりわけ平成17年1月以降のAとYとの不貞関係は、その継続について、YもAと同等の違法性があるというべきである。
このような不貞関係により、Xは深く傷つき、Aとの間の婚姻関係の維持にも支障が生じているのであり、Yの不法行為責任を免れないことは明らかである。しかし、不貞関係が発覚後のXの言動には、強い衝撃と憤りによる情緒不安定からくるものであろうとはいえ、脅迫的言動を行い、また、職場やYの実家にも頻繁に電話をかけ、職場の関係者にYとAの関係を知らしめるなどしてYを苦境に追いやった等、社会的相当性を欠く行き過ぎな点があったと評さざるを得ない。
また、Aの対応は、Xに対する負い目もあってか、Yに対し、自らの責任を棚に上げたかのような第三者的ともいうべき対応をしており、このような行動が、XとY間のその後の対応や、双方の精神状況を悪化させる原因とも考えられるのであり、YがXに対し素直に謝罪を表すこともなく、不貞関係を一切否認するような回答を送った一因ともなっていると推察される。
以上、AYの不貞関係の態様、継続期間、Xに発覚後の経緯その他一切の事情を総合考慮し、Yは、Xに対し、慰謝料として金200万円の賠償をするのが相当と思料する(請求額600万円)。

365 **◎東京地方裁判所(平成20年(ワ)第32259号)平成22年2月1日　WLJ**

〔AYの不貞期間が2か月程度〕
Xは、平成15年5月ころ、Aと知り合い交際を初め同棲を開始した。
Yは、平成19年5月ころ、職場でAと知り合った。
Xは、同年8月8日ころ、Aと婚姻した。
Yは、平成20年2月中旬ころ、Aと性交渉を伴う交際を開始した。Yは、遅くとも同年3月中旬ころ、Aから、婚姻している旨を知らされたが、その後もAとの交際を継続した。
Xは、同年3月30日ころ、興信所にAの行動調査を依頼し、その結果、同年4月4日にYがAとホテルに入ったことなどが判明した。Yは、同月24日から翌25日にかけて、Xの友人数名の同席の下、Xと話合いを行い、その際、妻がいることを知りながらAと不貞に及んだことを謝罪し、慰謝料として160万円を支払う旨の書面を作成した。XとAは、同年5月ころ、別居した。
XとAは、平成20年3月中旬までに、合意の上で完全な別居状態となっていたことも、離婚に向けた具体的な話合いなどがされていたこともなく、よって、AとYが交際を開始した時点、あるいは、YがAに妻がいることを知った時点では、XとAとの婚姻関係が破綻していたと認められない。
以上によれば、上記のようにYが平成20年3月中旬以降もAとの不貞関係を継続したことは、A の妻である X に対する不法行為を構成するものと認めるのが相当である。Y が A との交際を開始した時点で、XA の婚姻関係が破綻していたと認めるに足りる証拠がないこと、また、Y が、A との交際に消極的であったなどと認めるに足りる証拠はないこと、さらに、証拠及び弁論の全趣旨によれば、X は、平成 20 年 4 月 16 日ころから、不安障害との診断により、薬物療法等の治療を受けるようになったことや、X と A とは離婚こそ成立していないものの、婚姻関係自体は破綻に至っていることなどを認めることができるが、一方で、X と A は、同棲期間がそれなりにあったものの、婚姻期間自体はそれほど長くはないこと、X と A との婚姻関係が完全に円満であったとまではいえないこと、Y は、当初は A に配偶者がいることを知らずに交際を開始しており、その交際期間も合わせて 2 か月程度に過ぎなかったことなどからすると、Y の不法行為自体が X に被らせた精神的苦痛の程度や X と A との婚姻関係破綻に影響した程度等に鑑みて、X の精神的苦痛を慰謝するために Y が X に対して支払うべき慰謝料としては、70 万円（別途弁護士費用 7 万円）を認めるのが相当である（請求額 440 万円）。

366 **◎東京地方裁判所（平成 21 年（ワ）第 2711 号）平成 22 年 2 月 1 日　WLJ**

〔XA 間の夫婦関係が相当程度円滑を欠く状態〕
X と A は、平成 14 年 11 月 3 日婚姻の届出をした。X、A 及び Y は、平成 17 年 11 月当時、同じ会社に勤務していた。A は、平成 17 年秋ころまでに、X との離婚を考えるようになり、Y に対し、離婚について相談するなどしていた。X は、同年 11 月 7 日、A と Y との間で送受信された電子メールを見て Y を呼び出し、Y に対し、A との浮気につき指摘した。Y は X に対し謝罪した。Y は、同日、A に対し、X に対して正直に話をした旨の電子メールを送信した。X は、同日夜、A に対し、Y との浮気につき詰問したが、A はこれを認めなかった。電子メールには、同月 4 日に両者の間で初めての肉体関係があったことを直接的に示す記載があることから、A は、Y との間で、同年 11 月 7 日ころまでに不貞行為を行ったものと認められる。
A は、平成 20 年 10 月に X と別居し、その後離婚調停の申立てをした。X は、平成 21 年 1 月 30 日、A 及び Y に対し、共同不法行為に基づき、連帯して損害賠償の支払を求める本件訴えを提起した。
本件訴訟においては、同年 12 月 14 日、本件和解期日において、XY の間で、Y において、X に対し、慰謝料として 50 万円の支払義務を認め、これを平成 22 年 1 月 29 日限り支払うこと等を内容とする訴訟上の和解が成立した。XA の婚姻関係は平成 17 年秋ころまでには相当程度円滑を欠く状態となり、A においては離婚を検討し、これを Y に相談していた。同年 11 月 7 日に Y との不貞行為が X に発覚した後、A は、X との肉体的な接触を忌避するようになった。一方、X は、A との婚姻関係の継続を望み、Y との関係で、通知書及び回答書のやりとりを行った後は、Y 及び A に対し、不貞行為に関する責任の追及等をしなかった。
以上によれば、前記不貞行為の開始当時において XA の婚姻関係が相当程度円滑を欠く状態にあったこと等を考慮しても、前記不貞行為は、婚姻関係の破綻の重要な要因となったものと認められる。加えて、本件に現れた一切の事情を併せ考えると、前記不貞行為による X の精神的な損害は 150 万円（弁護士費用は別途 15 万円）を下回ることはないものと認められる（請求額 220 万円）。

367 **◎東京地方裁判所平成 22 年 2 月 3 日　WLJ**

〔XA 間に子がいないことは減軽事由〕
① AY の不貞関係が、Y の自認するところに従っても、1 年以上の比較的長期間にわたって継続していたこと、② Y が、A との間で不貞関係を有するようになって間もないころに、A が既婚者であることを知るに至ったにもかかわらず、その後も不貞関係を継続したこと、③ XA の婚姻関係が、AY の不貞関係が原因となって破綻するに至ったこと、④ XA の婚姻期間は、AY の不貞関係が始まった平成 17 年 2 月の時点でいまだ 3 年を経過していなかったこと、⑤ XA との間には子がいないこと、その他の事情が認められるところ、それらの事情を総合勘案し、X が AY の不貞関係により被った精神的苦痛に対する慰謝料については、100 万円をもって相当額と認める（請求額 500 万円）。

368 **◎東京地方裁判所平成 22 年 2 月 9 日　WLJ**

〔Y の責任は副次的〕
X の慰謝料として 300 万円が相当であるところ、Y と A の各損害賠償債務はいわゆる不真正連帯債務の関係になるが、婚姻共同生活の平和は第一次的には配偶者相互の守操義務、協力義務によって維持されるものであって、不貞行為又は婚姻破綻の主たる責任は不貞行為を働いた配偶者にあり、その不貞行為の相手方の責任は副次的なものにとどまると解される。

しかも、本件では、不真正連帯債務の関係にあって主たる責任を負うAが、Xから慰謝料請求を受けていないにもかかわらず、副次的な責任しか負わないYが高額な慰謝料債務を負担するのは公平とはいえない。
これらの事情を考慮すると、Yは、慰謝料300万円のうち200万円の限度でAと連帯して賠償責任を負い、残余は主たる責任を負うAの個人的賠償責任に属すると解するのが相当である（請求額300万円）。

369 **◎東京地方裁判所平成22年2月23日　WLJ**

〔調査費用を損害として認めず〕
XAの婚姻期間は、本件不貞行為の当時約20年余の長期間にわたっており、Xは、本件不貞行為があったことを知った後である平成20年2月ころから弁護士を代理人として離婚に向けた具体的な交渉を行うに至り、同年8月ころから体調不良を訴え通院・服薬し、平成21年1月21日にはXAは別居するに至ったことが認められ、このようなAがYと不貞関係に至った後のXA間の夫婦関係の状況に、AYとの間の本件不貞行為の継続期間、婚姻関係が破綻していたとまでは認めることができないものの、AがXに対して不信感を抱き、夫婦関係が円満でなかったという本件不貞行為当時のXA間の夫婦関係の状況を総合考慮すると、本件不貞行為によりXが被った精神的苦痛を慰謝するに足りる慰謝料としては、120万円をもって相当と認める。弁護士費用は別途12万円（請求額1430万円）。
Aが家族旅行をキャンセルしたことがきっかけとなって、Xは、平成19年10月15日にAの行動調査を調査会社に依頼し、同社はAの行動を同月24日、25日、26日、同年11月1日、5日、6日の合計6日間にわたって調査をした（以下「本件調査」という。）こと、本件調査によって、AYが同年10月26日及び同年11月1日にラブホテルに入ったことが明らかになったこと、Xは、本件調査に要した費用として最終的に100万円を支出したことが認められる。Xは、本件調査に要した費用として支出した上記100万円がYの不法行為と相当因果関係のある損害と主張するが、Aが深夜に自宅に帰宅することが多くなった平成17年ころから本件調査の依頼された平成19年10月15日までの間に、XがAの女性関係を疑ってAに対し問い質したことがあったことをうかがわせる事情はなく、本件調査が本件訴訟における立証のために行われたものであることについて疑問を差し挟まざるを得ないし、本件において、Yは、当初から、本件調査の範囲外の時期における不貞行為の事実を認めており、本件調査が本件訴訟の立証に寄与した程度は低いものといわざるを得ないことを考慮すれば、Xが負担した上記調査費用は、Yの不法行為と相当因果関係のある損害として認めることはできない。

370 **◎東京地方裁判所平成22年2月25日　WLJ**

〔XAが内縁関係〕
YがAと不貞関係となったことは、XAの内縁関係を破綻させた原因となっているというべきであり、Xが被った精神的損害も甚大であるということができるが、そもそもXとAの関係は婚姻届出をすることに障害は見当たらないにもかかわらず内縁関係のまま止まっていること、Xの態度に対するAの不満も内縁関係の破綻の一因となっていると考えられること、不貞関係の形成にはYに比してAの方がより積極的に働きかけていること等の本件に現れた一切の事情を総合考慮して、Xの精神的損害に対する慰謝料は150万円が相当である。弁護士費用は別途15万円（請求額220万円）。

371 **◎東京地方裁判所平成22年3月4日　WLJ**

〔Aが主導的〕
Xは、Yの不貞行為が原因となって、Aと別居状態となり、現在もその状態が続いていること、AYの不貞関係は現在も係属中であり、その期間は4年半近くになっており、AにXとの婚姻関係を継続する意思はないが、YからXに対する謝意は表されていないこと、他方、XAの婚姻関係は、AYの不貞以前の段階でも、必ずしも円満・良好なものではなく、その原因が専らAにあるともいえないこと、AYの不貞関係は、Aの主導によるものであること、Aは、Xに対して月額55万円の婚姻費用を負担していること、その他本件に顕れた一切の事情を考慮すれば、250万円と認めるのが相当である（請求額1200万円）。

372 **◎東京地方裁判所平成22年3月11日　WLJ**

〔AY間に子ができた〕
AYは、長期間、継続的に不貞関係にあり、平成10年には、子どもをもうけていること、Xは、平成15年までそのことを知らずにおり、不貞関係がXに発覚した平成15年には、Yは、Xに対し、Aとの不貞関係を解消する旨約束しておきながら、結局、その不貞関係を復

	活させていること。 以上の事実が認められるのであり、このようなＹの長期間にわたる継続的な不貞行為により、Ｘは、家庭生活の平穏が破壊され、そのことによって受けた精神的苦痛は、誠に大きいものがあると認められる。 もっとも、平成21年4月19日にＹがＸの腕を掴んだ行為については、これが、夜間、Ｘの言動を制止するための偶発的な行為であり、その結果生じた傷害もそれほど重いものではなかったことに照らすと、独立して不法行為の対象となる程度の違法性を有する行為に当たるとは認められない。 以上の点を総合すると、AYの継続的な不貞行為というＹのＸに対する不法行為によって、ＹがＸに対して、支払うべき慰謝料額としては、200万円をもって相当と認める。弁護士費用は別途20万円（請求額330万円）。
373	**◎東京地方裁判所平成22年3月12日　WLJ** **〔不貞が長期間〕** Ｘは、昭和47年1月11日、Ａと婚姻し、三人の子をもうけた。同年10月ころから、ＡはＹ宅に頻繁に通うようになった。同年12月、Ａは、Ｘに対し、Ｙの子と養子縁組をしようともちかけ、Ｘは、これを断った。平成13年1月2日、ＡはＹとその子を連れて、東京ディズニーランドに遊びに行き、同年3月、ＡはＹと韓国に旅行に行った。 平成14年8月18日、ＸとＡら家族は、家族会議を開き、Ａは、Ｘに対し、Ｙとの関係を清算することを約する書面を提出した。平成15年8月ころ、Ｘは、ストレスに由来する甲状腺異常と診断されて、通院するようになった。平成16年1月6日、Ｘは、Ａの依頼を受けた弁護士から、離婚の申出を受けたが、Ｘは、ＡがＹと関係していることを理由にこれを断った。 同年9月、Ａは、置手紙を残して、Ｘと別居した。Ａは、置手紙の中で、Ｘや子供達に迷惑や心配をかけたことを詫びた上、自宅をＸに譲ること、住宅ローンの支払や生活費は自らが負担することなどの条件を提示し、弁護士を通じて離婚に向けた話し合いをしたいと述べている。 平成17年10月及び平成19年7月、長女及び二女がそれぞれ結婚したが、Ａは、いずれの結婚式にも招待されなかった。なお、長男は、平成15年3月から、Ａの会社に勤務していたが、Ａと折り合いが悪く、平成20年10月退職するに至った。 前記認定によれば、Ｙは、Ａと親密な交際を続け、Ｙの子と養子縁組をしようともちかけたりもしていること、平成14年8月には、ＡがＸに対し、Ｙとの関係を清算する書面を提出していること、平成16年1月にＡからＸに対し、離婚の要請があり、同年9月にはＸと別居するに至っていること、その後、Ａは、Ｘら家族との関係が悪化していることが認められ、これらを総合すれば、Ｙは、ＸとＡが婚姻していることを知りながら、相当長い期間にわたり、不貞行為を続けていたと認められる。韓国旅行やディズニーランド旅行が日頃の労をねぎらうための社員旅行であるとのＹの主張は、上記認定に照らし、採用できない。そうすると、Ｙの行為は、Ｘに対する不法行為を構成し、Ｘに対し、損害賠償義務を負うと解するのが相当である。Ｙの不貞行為により、Ｘは相応の精神的苦痛を被ったと認められるところ、Ｙの不貞行為の態様や期間、ＸとＹとの関係その他本件に顕れた一切の事情を考慮すると、慰謝料額は300万円をもって相当と判断する（請求額1000万円）。
374	**◎東京地方裁判所平成22年3月23日　WLJ** **〔XA間が従前から必ずしも良好ではなかった〕** Ｙは、平成20年7月16日、本件マンションに泊まり、翌朝、Ｘに下着姿でいるところを発見されていること、Ｙは、その場で、自らの携帯電話に残っているＡに関するデータを消去したり、Ａの携帯電話を持ち出そうとして、Ｘに止められるなど証拠の隠滅行為に出ていること、Ｙは、その数日前にも本件マンションに泊まっており、Ａとの親密な内容を窺わせるメールを送っていること、その後も本件マンションに泊まったり、Ａとの親密な行動が目撃されていることが認められる。Ｙは、当日の行動について、残業で終電がなくなり、Ａから本件マンションに泊まっていくように助言され、仮眠室代わりに本件マンションに泊まったと主張し、これに沿った供述をするが、Ｙの同月16日における退勤時刻は、午後10時37分であって、Ｙの自宅方面に向かう電車は、走行していたことが認められるのであって、Ｙの上記供述は、信用できない。これらを総合すれば、Ｙは、平成20年7月16日から同月17日にかけて、本件マンションに泊まり、不貞行為をしたと認めるのが相当である。 認容額300万円（請求金額3000万円）。
375	**◎東京地方裁判所（平成20年（ワ）第2316号）平成22年3月25日　WLJ**

〔XがAのみを提訴〕
XがYを訴えずにAのみを訴えたXA夫婦間の事案。
Xは、妊娠初期のそれだけでも心身不安定な時期に突然Aから離婚を迫られて衝撃を受け、不安状態や不眠傾向が出現して服薬のやむなきに至り、実家の協力等を得ながら長女の出産を経たものの、Aの身勝手な言動により更に傷つけられて、ストレス性不安に起因するとみられる不眠症にさいなまれ、現在も同様の症状を訴えているというのであり、同推認を裏付けている。
これらの諸点を踏まえると、Aが本人で応訴してきており、その過程のやり取りの中でXが本来不要な不快感を受けた面があることが否定できないことを考慮してみても、Xの精神的苦痛を慰謝するために必要な金員は金250万円を下らないものと認める。なお、Yは平成21年10月1日に本件損害賠償金として100万円を弁済しているところ、XAの離婚日の翌日である平成19年10月5日から平成21年10月1日までの間に生じた確定遅延損害金額は24万8972円であり、その残金75万1028円は一部弁済されたことになるから、本件不法行為に基づく被告の損害賠償金は、174万8972円となる（請求額400万円）。

376 **◎東京地方裁判所（平成21年（ワ）第23010号）平成22年3月25日　WLJ**

〔Yが不貞行為を否認〕
XAの夫婦関係は、同棲期間も含めると約5年半。AYの不貞の期間は、Yが渡米するまで約5ヶ月に及んでいた。本件訴訟においては、Xから客観的証拠が提出されるまで、Yが自らの不貞の事実を否認する態度に出て、Xの精神的苦痛を増大させたと認められること等の事実及びその他本件訴訟で顕れた諸般の事情に鑑み、YがAと不貞行為に及んだことによる原告の精神的苦痛を慰謝するための金額は160万円をもって相当と認める（請求額500万円）。

377 **◎東京地方裁判所平成22年3月29日　WLJ**

〔手切れ金の返還請求〕
Xが、YがA（Xの夫）と不貞関係を続けたとして、Yに対し、不法行為に基づき、損害賠償を請求するとともに、Yがいわゆる手切れ金としてXから250万円を受領しながら、Aとの不貞関係を絶たなかったとして、不当利得に基づき、利得金等の支払を求めた事案において、Aと不貞関係を続けたYの行為につき、慰謝料150万円を認定した上で、Yは、上記250万円がいわゆる手切れ金であることは十分に理解していたはずであって、それにもかかわらず、Aと不貞関係を続け、XAは離婚したものであるから、Yが上記250万円を保持することは、法律上の原因を欠くとして、Xの不当利得返還請求を認容した。

378 **◎東京地方裁判所平成22年3月31日　WLJ**

〔当初からXA間に婚姻の実態なし〕
請求棄却。
Xが、YとXの夫Aとの不貞行為により多大の精神的苦痛を受けたとして、Yに対し、不法行為に基づき、慰謝料等の支払を求めた事案において、XAの婚姻は、XAの間の子をAの嫡出子とするためのものであって、婚姻の実態を有していないものといわざるを得ず、むしろXとの婚姻届出がされた時点においては、AY間で内縁関係が成立していたものと見る余地がある等、Yにおいて権利を侵害する等の原告に対する違法行為があったものとは認められないとして、Xの請求を棄却した（請求額1000万円）。

379 **◎東京地方裁判所平成22年4月5日　WLJ**

〔AY間に4人の子ができた〕
XAは、昭和63年8月の婚姻以来、平成21年10月ないし11月ころの別居開始まで、21年以上にわたる同居の婚姻生活を続けてきたところ、Yは、遅くとも平成12年12月ころ以降Aとの交際を始め、平成16年4月の時点でその関係がXに発覚し、謝罪したにもかかわらず、その後もなおその関係を清算することなく、平成18年6月までに4人もの子供をもうけ、Aからその生活の援助を受けるといった、まさに継続的な愛人関係を営んできたものであり、最終的にXがAとの離婚を決意し別居生活に入ったのも、AYの不貞関係が主たる要因となったことは明らかというべきである。
そうすると、AYの不貞関係が、Xに対する不法行為に相当するのは当然であるのみならず、AYの不貞関係により、Xが被った精神的損害は実に甚大なものであったと認められ、これを慰謝するための慰謝料額は、少なくとも300万円を下らないというべきである（請求額300万円）。

380 **◎東京地方裁判所平成22年4月14日　WLJ**

〔婚約当事者間の事例〕
XAの婚約関係は、法的保護の必要性が低いものではあるが、京都で茶会があると虚偽の事実を述べて、Xを騙して5万円の小遣いをもらい、別の男性と京都旅行をして肉体関係を持ったというAの行動は、Xとの間で信義に反し、著しく不当なものであって、損害賠償責任を負うべきである。
認容額30万円（請求額378万1256円）。

381 ◎**東京地方裁判所平成22年4月15日　WLJ**

〔昭和54年最高裁を引用〕
Yは、平成14年から4年以上もの間、Aとの情交関係を継続し、平成18年のAの香港赴任後には、XAの性的関係を失わせ、平成20年には、破綻を理由とする夫婦関係調整調停の申立てをXに決意させるに至らせたものと認められる一方、XAの婚姻関係が継続され、これが破綻していたとは認められないその以前の状況下においては、Aに妻があることを知りながら上記関係を結び、これを継続したYには、妻との婚姻関係が破綻したとの説明をAから受け、Aがゴルフに頻繁に参加するなどしていたにしても、過失があったというべきことになる。
そして、夫婦の一方の配偶者と肉体関係を持った第三者は、故意又は過失がある限り、配偶者を誘惑するなどして肉体関係を持つに至らせたかどうか、両名の関係が自然の愛情によって生じたかどうかにかかわらず、他方の配偶者の被った精神上の苦痛を慰謝すべき義務がある（最高裁判所昭和54年3月30日・民集33巻2号30頁参照）というべきであり、上記Yの不法行為に対するXの慰謝料としては、上記期間その他本件に顕れた一切の諸事情に照らし、これを150万円と認めるのが相当であり、これが配偶者に対する一種の人格支配を前提とするものであるとか、夫婦の貞操義務が当事者間のみにおいて働くとか、慰謝料請求を認めていない国が多いなどとして、その責任を否定するYの主張は採用できない（請求額1000万円）。

382 ◎**東京地方裁判所平成22年4月19日　WLJ**

〔XY間の合意の効力がXA間に及ぶか〕
Aが、元夫であるXとの間で、Aと男性（Y）との不貞を理由とする不法行為に基づく慰謝料支払債務の不存在確認を求めた（本訴）ところ、Xが、Aに対し、本訴の不存在確認に係る不法行為に基づく慰謝料の支払を求めた（反訴）事案。
本訴については確認の利益を欠くとして却下した上で、Aは、XがYとの間で慰謝料500万円の支払を受ける旨の合意書を交わしているから、XがAに対して慰謝料を請求することは二重請求となる旨主張するが、合意書はYが固有の責任を負うべき部分に関する合意をしたものと認めるのが相当であり、Aが責任を負うべき部分を含む全ての責任に関して合意したものと認めることはできないなどとして、Xに対し、300万円の支払を命じて反訴請求を一部認容した。

383 ◎**東京地方裁判所平成22年4月20日　WLJ**

〔XがAYの不貞行為を婚姻関係破綻後に知った〕
請求棄却。
XがAY間に関係があったことを知ったのはAから離婚調停を申し立てられた後であったから、Yが、Aと不貞行為をしてXの夫としての権利ないし法律上保護される利益を害したものとは認められない（請求額500万円）。

384 ◎**東京地方裁判所（平成21年（ワ）第2297号）平成22年4月27日　WLJ**

〔XA間の長女が幼少〕
XAの婚姻期間は約2年6月、長女は2歳と幼少、不貞期間は7ヶ月継続、YはXから通知書を受けた後も不貞関係を続けた。Yは回答書において不貞関係を否認した。
慰謝料の認容額は250万円（請求額500万円）。

385 ◎**東京地方裁判所（平成21年（ワ）第8706号）平成22年4月27日　WLJ**

〔不貞行為の立証なし〕
請求棄却。
Aが、スキーチームにおけるスキー旅行においてYと一緒であったことや、セクハラについての相談に応じたこと、Yに好意を持ち、Xと離婚後に交際してほしいと一方的に申し入れたことは認められるが、Yが交際に応じて不貞行為をしたとは認められないし、YがXAの婚姻関係を破壊させたことをうかがわせる事情を認めるに足りる証拠はない（請求額500万

	円)。
386	◎**東京地方裁判所平成 22 年 5 月 13 日　WLJ** 〔**訴訟係属後も不貞行為が継続**〕 A は弁護士、Y はその事務員であった。Y は、XA 間に長男がおり、更に X が近く出産予定であることを知りながら、A と肉体関係を持ち始め、同人を自宅に泊めたり、同人が不倫関係を継続するため賃借したマンションに泊まるなどして頻繁に不貞行為をし、その後、交際を解消して自宅に帰った同人方に赴き、不貞行為を再開させ、本件訴訟が提起された後も継続していることからすると、Y の行為は、欲望の赴くまま結果を顧みずにした身勝手な振る舞いであったといわざるを得ず、A が勤務先の上司であることを考慮しても、強い非難に値する。 認容額 300 万円（請求額 1000 万円）。
387	◎**東京地方裁判所平成 22 年 5 月 28 日　WLJ** 〔**消滅時効完成と破綻を肯定**〕 AY 間の第 1 不貞行為については消滅時効が完成しており、第 2 不貞行為については、それより以前に A が X に対し離婚協議書に署名・押印するよう求め X がこれに応じていることから、すでに XA の婚姻関係は破綻していたので、不法行為の成立を認めず棄却した（請求額 1 億円）。
388	◎**東京地方裁判所平成 22 年 6 月 10 日　WLJ** 〔**不貞行為の後も XA 間は破綻していない**〕 Y は、A から各マンションの提供を受けるに際し、これを逡巡したような形跡はうかがわれないし、その他、本件不倫関係が開始、継続されることについても、Y がこれに格別の抵抗を示していたとか、Y がこれを殊更拒んでいるのに A が強引に又は一方的に Y を誘惑したというような事情は見当たらない。そうであるとすれば、A が本件不倫関係が開始、継続されることについて積極的であったとしても、その責任の多くが同人にあるとまでは認められない。慰謝料額を検討するに、X は、本件不倫関係のことを知って、うつ状態となり、不眠を訴えるようになるなどしたこと、他方で、本件不倫関係が終わった後も、X と A は同居しており、その婚姻関係は破綻していないことのほか、本件不倫関係の継続期間など本件に現れた諸事情に照らすと、X の被った精神的苦痛に対する慰謝料額は 100 万円とみるのが相当である（弁護士費用は別途 10 万円、請求額 1100 万円）。
389	◎**東京地方裁判所平成 22 年 6 月 11 日　WLJ** 〔**A が Y に不貞行為を強要**〕 請求棄却。 Y は、A との交際を開始した時点において A に配偶者がいることを知らず、その存在を知った後も離婚したという A の発言を信じていたことから、戸籍謄本等から A に配偶者がいることを確実に知るまでは不法行為責任を負わない。また、それを知った後の、A との不貞関係については、Y は A との関係を断絶する努力をし、A との性交渉を伴う関係が継続したのは、A の Y 及び Y の娘に対する暴行や脅迫が背景にあるとして、不法行為が成立しないとした。
390	◎**東京地方裁判所平成 22 年 6 月 24 日　WLJ** 〔**主たる責任は A にあり**〕 Y の行為を原因として A との婚姻関係が破綻したことによって X が被った精神的損害の賠償額が問題となるところ、XA の婚姻関係は、AY が交際を始めるまではそれなりに円満であったこと、Y は、A が既婚者であることを承知した上で A と肉体関係を結んだこと、Y は、XA が正式に離婚する前から A と同棲するに至っていること、他方、XA の婚姻関係が破綻した責任は、何よりも X の配偶者でありながら X に対する貞操義務を顧みずに Y との不貞な交際に及ぶことに躊躇しなかったばかりか、積極的にそれに突き進んだ A にあるというべきこと、その A が離婚に際して X に支払った額が 100 万円であることなど、本件に現れた一切の事情を考慮すると、Y が X に対して支払うべき慰謝料の額は、150 万円が相当と認められる（請求額 300 万円）。
391	◎**東京地方裁判所平成 22 年 6 月 28 日　WLJ** XA の婚姻期間、Y が X 及び A と職場の同僚として稼働していたこと、A が Y と不貞行為

に及ぶ前にXに離婚を申し入れたり、Xと同居している家を出たりしていることなど、本件弁論に顕れた諸事情を総合すると、Yの本件不貞行為により生じたXの精神的苦痛を慰謝するに足りる慰謝料の額は、150万円とみるのが相当である（請求額は500万円）。

392 **◎東京地方裁判所平成22年6月29日　WLJ**

〔メールの送信が不法行為を構成〕
YはAと不貞関係をもった上、Xに対して無言電話をかけたり、電子メールを送信したりするなどの嫌がらせ行為を行った。これらの行為について、不法行為の成立が認められ、慰謝料250万円が認容された（請求額400万円）。

393 **◎東京地方裁判所平成22年7月5日　WLJ**

〔夫婦間の事案〕
Xが夫Aに対し、婚姻中のAYの不貞行為により婚姻関係が破綻しAと協議離婚したとして、不法行為による損害賠償を請求した事案において、XY間の和解契約及びAとの協議離婚時には交際を解消していた旨のA及びYの供述の信用性を否定し、遅くとも本件和解が成立したころまでには、両名は親密な関係にあったと推認した上、Xが、AYが交際しているか否かの確証を得られず、AからYとの交際を明かされないまま協議離婚に応じたという経過自体を斟酌して慰謝料500万円を認定し、本件和解でYがXに対して支払った130万円を控除した370万円の支払を命じた（請求額1000万円）。

394 **◎東京地方裁判所平成22年7月6日　WLJ**

〔不貞期間8年以上〕
XAの婚姻期間は30年以上、AY間の不貞行為期間は8年以上。慰謝料300万円を認める。
Yは「Aは他の女性とも不貞に及んでいた」と主張するも、裁判所は、「他の不貞相手（及びA自身）に対するXの損害賠償請求権は、Yに対する本訴請求に係る損害賠償請求権と不真正連帯債務の関係にあるから、Xとの関係でYの責任を減少させるものでないとして退けた。

395 **◎東京地方裁判所平成22年7月14日　WLJ**

〔Aが自殺〕
XAは昭和61年12月に婚姻。平成12年4月ころAYは地域のPTA活動で知り合い不貞関係を継続。平成19年7月にAが自殺。
認容額200万円（請求額1041万4930円）。

396 **◎東京地方裁判所平成22年7月15日　WLJ**

〔Aも積極的〕
XAは昭和62年1月に婚姻。Aは平成19年4月ころ長女の小学校の子供会の活動を通じてYと知り合い、同年11月ころから不貞の関係となる。平成20年6月ころにはXに発覚し、一旦は関係解消を決めたはずだが、その後間もなく交際を再開した。不貞期間は約1年7ヶ月。
認容額150万円（請求額550万円）弁護士費用15万円。

397 **◎東京地方裁判所平成22年7月23日　WLJ**

〔メールの内容が不法行為を構成することを肯定〕
XAは、平成13年10月婚姻した。Xは、平成16年4月から東京に単身赴任をし、Aは群馬県に居住していた。Yは、Aが既婚者であることを知りながら、遅くとも平成17年7月末ころから肉体関係を結んだ。Yは、平成19年○月○日、Aを父親とする子（B）を出産した。
Yは、Aに対し、平成19年2月5日、「馬鹿女に手紙を書いてるんだけど、言いたい事がたくさん有り過ぎて大変よ。そうそう、子供を勝手に中絶した事を話してくれた時、自分から誘ったくせに…って言ってたよね。本当に酷い男だよ。馬鹿夫婦のせいで、私は職を失うかもしれないんだからね！話はa社に止まらず、b社の人事まで蠢いてるんだよ。まぁ、そうなった時は、馬鹿女には死ぬよりツラい目に合って貰うつもりだよ。」と記載したメールを送信し、同月7日、「私達の中では、Aが馬鹿女を如何にして洗脳したのか、興味深々なんだよね。他所に子供が産まれた事を納得するなんて。普通、どんな理由でも許せないと思うけどね。政治家や歌舞伎役者の妻じゃ有るまいし。本気でAの嘘を信じてるんだとすれば、馬鹿女改め知恵遅れという結論に達したよ。」と記載したメールを送信した。

	裁判所は、「本件メールの内容は、不貞をした夫を許そうとする妻を侮辱する内容である上、Xの身辺に危害が加えられるおそれを抱かせる内容も含まれている。一度読むと脳裏に焼き付く表現が含まれている。…確かに、メールの宛先からすれば、Yが、本件メールをXに読ませることを意図したとまで認めることはできない。しかし、本件メールを送信する時点では、Aは、Xの方が大事であると発言したり、Yが妊娠した子が自分の子であることに疑問を呈したりしていたのであるから、Aに宛てたメールであっても、その妻であるXに対し、Xに関する表現が含まれるメールを見せる可能性があることは当然予期すべきであり、少なくともYには過失があるというべきである。」として、不貞行為についての慰謝料と併せて200万円の損害賠償請求を認容した（請求額500万円）。
398	**◎東京地方裁判所平成22年7月28日　WLJ** **〔調査費用を損害として肯定〕** AYの不貞関係を調査するためにかかった調査費用（16万9290円）について、「この調査がなければYによる不貞行為を立証することは事実上不可能であったと認められるし、その額も相当である」として損害として認めた。認容額171万9290円（請求額402万9290円）。
399	**◎東京地方裁判所平成22年8月25日　WLJ** **〔XA間は必ずしも円満ではなかった〕** XAの夫婦関係は実質的に破綻していたとはいえないものの、Xが数回にわたって離婚を口にするほど喧嘩が絶えなかったのであり、必ずしも円満な夫婦関係ではなかった。他方、Yが、Aと関係を持つに至る際、AはXとは家庭内別居状態にあり、近く離婚すること、その原因について、二男が出生した際にXが生むかどうかを迷ったり、Xがそれまでも何度も離婚を口にしていることなどを具体的にあげて説明していたことからすれば、Yには故意があったわけではない。認容額150万円、別途弁護士費用15万円、（請求額500万円）。
400	**◎東京地方裁判所（平成21年（ワ）第4987号）平成22年9月3日　WLJ** **〔Aが二度妊娠中絶〕** X（昭和45年生）は、平成12年4月22日、A（昭和46年生）と婚姻し、Aとの間に、平成18年に長女をもうけた。Yは、いわゆるホストクラブに勤務していたが、平成14年1月、交際相手を探すための携帯電話のサイトを通じてAと知り合って肉体関係を持ち、以後、平成20年6月ころまでAと交際し、Xに隠れて、たびたび肉体関係を持った。Xは、同年6月14日、Aの挙動を不審に思い、問い詰めたところ、Aは、Yとの交際を認めた。XとAは、同年7月10日、長女の親権者をXと定めて協議離婚した。 AYの不貞行為がXAの婚姻関係の破綻の原因となったことに加え、YがAと交際していた期間は約6年半もの長期間に及んでおり、Yは、ある程度Aと会わない期間こそあったものの、週1、2回の頻度で会って肉体関係を持ったばかりか、Xの自宅においても肉体関係を持ったり、Aと旅行に行ったりしており、しかも、Aが長女を出産した後も交際を継続していたのであって、Yのこのような行為が、Xに対し極めて大きな精神的打撃を与えたことは明らかである。 他方、Xは、建築家として仕事に精力的に打ち込み、家庭生活では、Aとの間に長女をもうけ、多忙ながらも特段の問題があったことはうかがわれないのであって、その間にAがYと不貞行為を継続していたことを知ったことによる憤りや屈辱感が大きいことは十分に理解できるところである。 なお、Aは、Yとの交際中、2回にわたり妊娠して中絶しており、Yは、AからYの子を妊娠したと言われたがそれを否定しなかった。Aは、Yとの交際中に、他の複数の男性とも肉体関係を持ったことがうかがわれることなどに照らせば、Aが妊娠したのがYの子である可能性が高いものの、これを断定することまではできないが、YがAを妊娠させる可能性が高いような交際をしていたことは明らかであって、そのことは、慰謝料を増額する要素として考慮するのが相当である。慰謝料400万円を認容（請求額は500万円）。
401	**◎東京地方裁判所（平成21年（ワ）第30219号）平成22年9月3日　WLJ** **〔XA間の破綻を肯定〕** 請求棄却。 AYが肉体関係を持った平成20年11月の時点において、XAは、少なくとも1年以上の間、完全な別居状態となっており、その時点においてXAの婚姻関係が修復可能であったことを示す特段の事情も見当たらないから、AYが肉体関係を持った時点において、XAの婚姻関係は既に破綻していたと認めるべきであり、少なくとも、その時点において、XとAの婚姻関係が破綻していたとYが信じるについて相当の理由があったと認めるべきである。

402 ◎東京地方裁判所（平成21年（ワ）第33383号）平成22年9月3日　WLJ

〔XA間は破綻はしていないが相当に悪化していた〕
AがXとの婚姻生活に不満を抱くことがあったものの、このことが表面化することはなく、AYの不貞が発覚するまでの間特段の波風も立っていなかった。その後も、Xの父の墓参りにも同行して大阪まで行っていることからすると、XAの婚姻関係が完全に復元の見込みのない状態に立ち至っていたということはできず、破綻していたということはできない。認容額100万円（請求額500万円）。

403 ◎東京地方裁判所平成22年9月6日　WLJ

〔不貞行為が比較的短期間〕
Xは、昭和46年生の男性であり、Aは、昭和51年生の女性である。XAは、平成15年8月8日に婚姻した。Yは、昭和45年生の男性であり、妻と2人の子がいる。YとX及びAとは、平成18年ころ、Xがディスクジョッキーをしている埼玉県蕨市所在のディスコで知り合い、メールアドレスを交換したことがあった。AYは、平成20年9月20日に上記のディスコで会ったのを契機に、メールや電話による連絡を取り合うようになり、同月24日に2人で会う約束をした。AYは、同月24日、新宿で待ち合わせ、ラブホテルにおいて性関係を持った。また、AYは、同年10月10日の昼ころ、新宿のラブホテルにおいて性関係を持ち、さらに、新宿のビジネスホテルに宿泊し、性関係を持った。さらに、AYは、同月12日、茨城県つくば市内のホテルにおいて性関係を持った。X代理人は、Yに対し、平成21年4月6日付けで、本件不貞行為による損害賠償請求として300万円の慰謝料請求を検討していること、文書において連絡をしてほしい旨の内容証明郵便を送付し、同郵便は同月7日にYに到達した。この不貞行為がXに発覚したことにより、XAは現時点では離婚に至っていないものの、日常的な会話は殆どなく、一緒に行動することもなくなるなど、夫婦関係が悪化していること、Xは本件不貞行為のことを考えて寝付けなくなるほどの腹立たしさ、悔しさを感じ、離婚するべきかどうか悩むなどしており、精神的苦痛を被っていること、本件訴訟において、Yから本件主張がなされたことで、Xの精神的苦痛がさらに増大したと認められること、他方、本件不貞行為は、比較的短い期間で終わっていることが認められる。これらの事情に加え、XAの婚姻期間その他本件に顕れた一切の事情を考慮すると、本件の慰謝料としては、100万円が相当である（請求額475万6000円）。別途弁護士費用10万円。

404 ◎東京地方裁判所平成22年9月7日　WLJ

〔XがA及びYの双方に対して訴えを提起〕
AYの不貞行為時において、XAの婚姻関係は、修復困難なほどに破綻していたとはいえないものの、信頼関係は相当に揺らいでいたというべきである。AとYに対して100万円（弁護士費用は別途10万円）の慰謝料請求（不真正連帯債務）を肯定（請求額550万円）。

405 ◎東京地方裁判所平成22年9月8日　WLJ

〔不貞期間が1年半〕
XAは、昭和62年12月に婚姻届け出した夫婦であり、両者の間には、長女（平成5年生）及び長男（平成8年生）の2人の子どもがいる。Yは、昭和52年生の独身の女性である。
Yは、平成20年4月当時、株式会社P（以下「P社」という。）に勤務しており、そのころ、親会社である株式会社Q社の社員であり、同社からP社に出向してきたAと職場の上司と部下として知り合い、Aの歓迎会の帰りに、Y宅で、同人と不貞関係を持った。Yは、Xの夫であるAと平成20年4月から約1年半の間、不貞関係を継続しており、Y及びAの上記行為は、Xに対する不法行為を構成することは明らかである。
AYの上記行為により、XAは、同年6月以来別居状態が続いており、現在でもそれが解消される見込みはないこと、X及び子どもらは、AYの不貞及びその後の別居状態が原因で、精神的に傷つき、Xは、うつ病と診断され、現在投薬治療を受けていることなどの本件で認められる事情を総合すると、Xの精神的苦痛を慰謝するための慰謝料は150万円、弁護士費用は慰謝料の1割に相当する15万円とするのが相当である（請求額550万円）。

406 ◎東京地方裁判所（平成21年（ワ）第13357号）平成22年9月9日　WLJ

〔Yも経済的利益を得ていた〕
Yは、Aとの不倫関係を自ら積極的に始めたものではなく、Xとの夫婦関係を故意に崩壊させることを意図していたというものでもないが、Aと約5年半にも及ぶ不倫交際を自らも継続する意思を有し、これにより相応の経済的利益を得ていたものであるから、不貞行為の態様は軽いものとはいえず、Xが財産分与によってAから一定の経済的利益を得たことを考慮しても、これによってXが被った精神的苦痛は小さくないものと認められ、これを慰謝するのに相当な慰謝料額は、170万円と認めるのが相当である（請求額1000万円）。

407 **◎東京地方裁判所（平成21年（ワ）第40353号）平成22年9月9日　WLJ**

〔ラブホテルで長時間過ごすことから不貞行為を推認〕
婚姻関係が破綻しているというのは、民法770条1項5号の「婚姻を継続しがたい重大な事情がある」と評価できるほどに、婚姻関係が完全に復元の見込みのない状況に立ち入っていることを指すものと解するのが相当であり、かかる状況になったかどうかについては、婚姻の期間、夫婦に不和が生じた期間、夫婦双方の婚姻関係を継続する意思の有無及びその強さ、夫婦の関係修復への努力の有無やその期間等の事情を総合して判断するのが相当であるものと解する。
「いくら体調が悪かろうと、親密な関係にない男女が、2人で赴く場所としてラブホテルを選択して長時間過ごすということは常識的には考えにくい」として不貞行為を推認。YがAに離婚の有無を直接確認したことがないことから、Yに過失責任有り。認容額100万円（請求額300万円）。

408 **◎東京地方裁判所平成22年9月13日　WLJ**

〔Yが不自然な弁解〕
Xが、AYの不貞行為によって被った精神的損害を慰謝するに足る金額について検討するに、Xは、Yの不貞行為が原因となって、Aと別居状態となり、最終的に離婚に至っていること、Xは、長女と面会できない状態が続いていること、AYの不貞関係が始まった当時、XAの婚姻関係が円満・良好でなかったということはできず、仮にAのXに対する愛情が冷めつつあったとしても、その主たる原因がXにあるとはいえないこと、Yは、不貞行為の存在を否定するため、不自然な弁解を弄しており、Xに対する謝意を表していないこと、他方、Yが、Aとの不貞関係において主導的役割を果たしたと認めるに足りる証拠はないこと、その他本件に顕れた一切の事情を考慮すれば、200万円と認めるのが相当である（請求額約1000万円）。

409 **◎東京地方裁判所平成22年9月24日　WLJ**

〔Yの故意・過失を否定〕
XA間は内縁関係、AY双方を訴えた事例。
Aに対しては60万円を認容（請求額500万円）。Yに故意・過失なく棄却。
Yは、Aと交際を開始するに当たり、Aから、離婚後、北小岩で一緒に住んで、世話になった女性がいるが、今は別れていると説明を受けていたこと、その時点でXAは同居していなかったこと、Yは、Xの長女から電話がかかってきた後、Aに確認したところ、Aは、Xについて、かつて世話になった女性で、今は男女の関係ではなく、携帯電話の名義を借りているので、その関係で連絡をとっているにすぎないと説明したため、それを信じて、その後もAと交際を続けたこと、しかし、Xから、内縁関係の侵害により損害賠償請求する旨の内容証明郵便が届くなどしたことから、その後は、Aと男女として交際することをやめたことが認められ、これを覆すに足りる証拠はない。そうすると、Yは、XAの内縁関係の侵害について、故意や過失があるとまでは認められず、Yは、不法行為に基づく損害賠償責任を負わない。

410 **◎東京地方裁判所（平成21年（ワ）第6874号）平成22年9月28日　WLJ**

〔Xの業務上の損害を否定〕
Xは、平成8年6月にAと婚姻し、一男一女をもうけた。
Yは、Aに夫がいることを知りながら、平成20年6月21日夜、平成20年8月6日夜、平成20年8月15日夜、ラブホテルにおいてAと性交渉をした。本件不貞行為当時、XとAは、既に約12年間の婚姻生活を共にし、子供の養育、家計の維持を共にし、夫婦だけの団らんの時間も持ち、記念日を共に祝い、夫婦間の性交渉もあった。
他方、Aは、かつて、Xが浮気していることを疑ってXと大げんかをし、実家に帰省していたことがあり、本件不貞行為当時も、その疑いが晴れずにいた。それ以外にも、AがXと夫婦げんかをして実家に帰省するといったことが何度かあった。Aは、平成20年3月30日にYと出会って以降、何度も食事等を重ねた上、特にためらうことなく本件不貞行為に及んだ。
これらの事実からすると、XAは、本件不貞行為当時、必ずしも円満な夫婦であったとは認め難いものの、夫婦の実体を備えていたといえるから、婚姻関係が既に破綻していたものとは認められない。Xは、Aと婚姻した後、約12年以上にわたり夫婦関係を築いてきたが、平成20年12月、本件不貞行為発覚により平穏な家庭生活を破壊され、Aとの婚姻関係を今後いかにすべきか苦悩するとともに、仕事も手に付かなくなるなど、大きな精神的苦痛を被ったことが認められる。
他方、本件不貞行為は、欲望の赴くまま結果を顧みずにした身勝手な振る舞いであり、Yの行為は強い非難に値するものであるが、前記のとおり、Aが特にためらうことなく応じていることや、回数が3回に止まり、その後は継続されていないことをも考慮する必要がある。
また、Yは、自らの妻に本件不貞行為が発覚した後、Aに対し、自らの妻のAに対する慰謝料請求の意向を伝え、金銭的負担を求めるなどして同人を困惑させたことが認められるが、Yが自らの責任を免れるために策を弄してAを脅迫した事実を認めるには足りず、仮にそのような事実が認められるとしても、本件不貞行為によりXに生じた精神的損害との関連性は薄いから、慰謝料額の算定において重視することはできない。以上のほか、本件訴訟に現れた一切の事情を考慮すると、本件不貞行為によりXに生じた精神的苦痛に対する慰謝料は150万円が相当である（請求額500万円）。Xに生じた業務上の損害は不貞行為との相当因果関係は認められない（予見可能性がない）。

411 **◎東京地方裁判所（平成21年（ワ）第29032号）平成22年9月28日　WLJ**

〔Aの責任が大きい〕
Xが、AYが長期間にわたって不貞関係を継続しXAの婚姻関係を破綻させたとして、不法行為による損害賠償請求権に基づき、Aに対しては1000万円と遅延損害金を、Yに対しては600万円と遅延損害金の支払を求めた事案において、提出済の証拠によってはAYがXAの婚姻期間中に不貞関係にあったものと認めることはできないとしながらも、Aの言動が、Yの存在とAに対する不信という形でXの精神面に夫婦の信頼関係を損なうという悪影響を与えたとして、XAの婚姻関係破綻の原因についてはXに比してAの責任が大きい等と判断し、Aに対し、慰謝料として200万円の支払を命じた（請求額600万円）。

412 **◎東京地方裁判所平成22年10月1日　WLJ**

〔Xが婚姻関係の維持回復に努力していない〕
Xは、不貞行為による貞操権侵害につき慰謝料金200万円（以上）、Xが築き上げた健全な家庭を不可逆的に破壊されたことにつき慰謝料300万円（以上）、Xが長女と同居し正常な態様で日常的な面接交渉をする権利ないし利益が侵害されたことにつき慰謝料535万円（以上）と主張して、現在までに生じた損害は金1000万円を下らないから、一部請求として慰謝料1000万円を請求する。
しかし、Xの暴力行為等も婚姻関係破綻の要因であること、Xが不信を抱いてから被告らの尾行調査を探偵社に依頼するのみで何ら婚姻関係の維持回復に努力をしていないこと、違法な面接交渉権侵害行為を認めるに足りる証拠はないこと、そのほか、上記認定判断及び諸般の事情を総合考慮すると、慰謝料としては70万円が相当である。弁護士費用相当損害金としては慰謝料額の1割である7万円が相当である。したがって、AYは、連帯して、損害金77万円を支払うべきものである。なお、仮執行宣言は相当でないからこれを付さないこととする。

413 **◎東京地方裁判所平成22年10月4日　WLJ**

〔Yの婚姻関係破綻の主張を排斥〕
XAは昼食を共にし、子らを伴って家族旅行に行くなどしていたので破綻していない。Xは、AとYとの不貞関係により、Aとの関係が悪化し、夫婦関係調整の調停を申し立てたり、子らを連れてAと別居する事態に至り、経済状態の悪化や子らの心情について気に病み、精神的苦痛を被っていることが認められる。これらの事情に加え、XとAとの婚姻期間その他本件に顕れた一切の事情を考慮すると、本件の慰謝料としては、80万円が相当である（請求額は300万円）。

414 **◎東京地方裁判所平成22年10月7日　WLJ**

〔XA間に幼い子2人あり〕
Yは、Aとの不貞関係について、必ずしも消極的であったわけではなく、自宅の建築の中止、Aが居住するアパートの選定、Xとの離婚等について、Aに対して少なからず助言を行っているほか、Aの不貞相手であることが明らかにならないようにするため、自らの特徴を偽ることなどを画策しつつ、自らの行為がXの慰謝料請求権を発生させうることを認識した上で、Aとの不貞関係を継続し、しかも、本訴訟係属後も、Aとの関係が恋愛の自由市場における競争の結果に過ぎないなどと主張して不貞関係を継続していた。
そして、Xにしてみると、特に、自らが勤務先であるａ社の業務命令によって単身赴任をしている間に、同じ会社に勤務する妻のAとその同僚であるYが不貞関係となり、未だ婚姻関係にあるAがYの子を妊娠という事態にまで至ったことや、Yが、Xの子らを伴って出かけたり、Xの子が居住するアパートに出入りするなどしてAとの不貞関係を継続していたことにより、著しい精神的苦痛を被ったということは想像に難くなく、その他、XA間には幼い2人の子がいること、Aの実家近くに自宅建築用の土地を購入し、自宅の建築請負契約を締結する直前の段階であったのに、AYの不貞関係に起因してこれが頓挫するに至ったこと、AYの不貞関係について、相当程度の負担を伴う調査等を行わざるをえない状況に陥らされたこと、一方で、Xの側に婚姻関係破綻による慰謝料額を減殺するものと評価できるほどの特段の事情を認めるに足りる証拠がないこと、これらに加え、証拠及び弁論の全趣旨によって認めることができるその他の諸事情を勘案すると、XAの婚姻期間が必ずしも長くはないということなどを考慮しても、YのAとの不貞関係及びこれによるXAの婚姻関係の破綻等によって被ったXの精神的苦痛を慰謝するための慰謝料としては、400万円を認めるのが相当である。弁護士費用は別途40万円（請求額880万円）。

415 **◎東京地方裁判所（平成21年（ワ）第16551号）平成22年10月28日　WLJ**

〔不貞行為なし〕
請求棄却（請求額696万2500円）。
AとY（小学校時代の同級生）がマンションに6時間以上2人きりで滞在したことはXとの関係で不法行為を構成しないことは明らかとした。

416 **◎東京地方裁判所（平成22年（ワ）第3612号）平成22年10月28日　WLJ**

〔婚約不履行の損害賠償請求を否定〕
XAが重婚的内縁関係（Xには別に正妻がいる）においてAがYと不貞関係。XのA及びYに対する不貞慰謝料請求〔本訴〕を100万円の限度で肯定（内縁関係の要保護性は法律婚よりも低い）（請求額2000万円）。AがXに対して婚約不履行の損害賠償請求（反訴）するも棄却。
そもそも、重婚的内縁関係における成婚の約束は、法律婚が解消されて初めて実現が可能になるものであって、そのためには、法律婚の配偶者が、話し合いで離婚に応じるか、離婚調停に応じる、あるいは両名を離婚する旨の判決がなされることを要するところ、話し合いや調停に応じるか否かが配偶者の自由であることは当然である。とすれば、この約束における債務というのは、離婚に向けて配偶者と話し合うなど努力して、離婚したときには内縁関係の相手と婚姻すべきことを意味し、また、その際に相当の期間を要するのは致し方ない面があって、配偶者に離婚を求めているなどと言いながら、実は何もしていなかったような場合はともかくとして、実際に話し合いをしていた場合に、離婚が実現せず、当然のことながら内縁関係の相手と婚姻をしていない点を捉えて、法的利益が侵害されており、債務不履行があるなどというのは相当ではない。
このような観点からすると、本件でも、正妻がXとの離婚に応じようとしないため、Xと正妻の離婚が実現していないこと、ひいてはXがAと婚姻に至っていないことをもって、Xに債務不履行があるなどとするのは相当でないというべきである。しかも、Aは、Xと正妻の離婚が容易に実現しないことから、Xとの内縁関係を解消しようと考え、新会社を設立し、また、知人を介して知り合ったYと仕事の面で関係を結ぶだけでなく、私的にも交際を深めていったのであって、要するに、Aとしては、Xとの婚姻には最早価値を見出さず、Xと離れ、全く別の生き方を実現すべく具体的に動き出していたのである。このようなAにとって、Xとの成婚の約束に関して、損害賠償をもって償う必要のある精神的損害が現存しているとは考え難いところがあり、この意味でも、Aの損害賠償請求には疑問があるというべきである。

417 **◎東京地方裁判所平成22年10月29日　WLJ**

〔消滅時効の完成を肯定〕
XはAと昭和50年11月に婚姻し、一男一女をもうけた。XとAは、昭和60年5月、自宅を購入し、2子及び両親とともに暮らすようになった。Yは、昭和62年ころ、勤め先のスナックの客として来ていたAと知り合い、同年10月ころ、Aと京都旅行に出かけるなどし、親密な関係になった。その後、昭和63年ころには、AはYの住むマンションに週に3、4日は訪れるようになった。Yは、平成4年4月12日、Aとの子であるDを出産し、Aは、平成5年8月11日、Dを認知した。
Xは、東京入国管理局からAが中国人の子を認知した旨を電話で聞くとともに、Aからもこの事実を聞かされた。Xは、平成16年春ころ、Aに対する愛情を完全に失っていたわけではなかったが、Aとの法律上の婚姻関係を解消するとの意思で、本件離婚届に署名押印した。
Yは、平成16年3月12日にさいたま市南区の一軒家を購入し、同年4月、Dとともにここに引越した。Aは、自宅とさいたま市南区の一軒家との二重生活のような生活をしていたが、Y及びDとの間で実質的な家族としての結びつきを強めていった。
Aは、平成16年10月29日、本件離婚届を届け出、同年12月7日には、Yとの本件婚姻届を届け出た。Xは、平成16年12月10日ころ、世帯主変更の届出に関する問い合わせを受けたので、Aに尋ねたところ、Aは、Xに対し、本件離婚届を届け出た後に中国人女性と婚姻した旨を話した。平成19年6月29日、Aは死亡した。Xは、平成20年12月8日、本件訴訟を提起した。
XAは、平成16年10月29日、本件離婚届の届出により離婚し、以後、いわゆる不貞行為の状態は解消されたところ、前記のとおり、Xは、平成17年1月ころには、Aから本件離婚届を見せられていたのであり、平成5年ころにはXは、東京入国管理局からAが中国人の子を認知した旨を電話で聞くとともに、Aからもこの事実を聞かされたことをも合わせると、Aによる従前の不貞行為の事実及びその相手方がYであったことも知り得たものと認められる。そして、Yが、平成21年3月5日に行われた本件第1回弁論準備手続期日において、Xに対し、不法行為に基づく損害賠償請求権の消滅時効を援用する旨の意思表示をしたことは裁判所に顕著な事実であるから、結局、不貞行為による不法行為が成立するとしても、これによって発生した損害賠償請求権は、時効により消滅した（請求額2000万円）。

418 **◎東京地方裁判所平成22年11月4日　WLJ**

〔弁済の絶対効〕
請求棄却。Xは、平成15年11月23日、Aと婚姻し、夫婦共同生活を営んでいたが、平成21年7月2日、調停により離婚した。両名の間に子はない。
Yは、平成19年、その勤務する会社の営業先で勤務していたAと親密な関係となり、複数回不貞関係を持った。AYの不貞関係はXに発覚し、Aは、平成19年12月22日、Xと別居するに至った。
その後、AはXに対して、離婚調停を申し立て、平成21年7月2日、同調停（以下「本件離婚調停」という）が成立した。その内容は、離婚のほか、AがXとの同居中にYと不適切な関係があったことを認めて謝罪するとともに、Xに対し、離婚による慰謝料として600万円を支払い、以上をもって離婚をめぐる紛争を全て解決したとするものであった。その後、Aは、Xに対し、同月17日、本件離婚調停に基づき600万円を支払った。
Yは、XAの婚姻期間中、Aと不貞関係を持ったことにより、その婚姻関係を破綻させたものと認められ、これによりXが被った精神的苦痛について、Yは、Xに対し、Aとの共同不法行為に基づく損害賠償責任を負う。この点、Yは、一応の反省の弁を述べるのみであり、Xが主張するように、現段階でそれ以上の慰謝の措置をXに対して講じていないものの、それは慰謝料算定の要素の一つにすぎない。
こうした事情に加え、XAの婚姻期間・婚姻生活の状況、Yの不貞行為の期間・内容等の諸事情に照らすと、その慰謝料の額は、200万円をもって相当と認める。
本件離婚調停で定められたAのXに対する600万円の支払債務は、その調停条項上、AがXに対してYとの不貞行為を謝罪した上で離婚による慰謝料としてこれを支払うものとされていることや、AYの不貞行為が原因となって別居、離婚に至ったという経緯等に照らすと、もっぱら、前記不貞行為により婚姻破綻に至ったことに対する慰謝料として定められたものであることは明らかである。
以上によれば、Aの本件離婚調停に基づくXへの600万円の支払は、もっぱら、Yとの不貞行為により婚姻破綻に至ったことに対する慰謝料に係る損害賠償債務の弁済としてされたものと認められるから、共同不法行為として同債務と不真正連帯債務の関係に立つ、YのXに対する前記慰謝料200万円の損害賠償債務も、これを上回る同弁済により消滅したことになり、同弁済のうち、Yの負担部分の限度で、AYの求償関係が生じるにすぎない。

419 **◎東京地方裁判所平成22年11月12日　WLJ**

〔破綻を理由に請求棄却〕
請求棄却。
XAは、平成9年7月に婚姻した。Aは勤務先の関係で平成9年9月に渡米し、その後Xもこれに続いた。平成14年3月、Aは、東京へ転勤となり、単身で帰国し、同年12月ころから、Bと不貞関係となった。平成15年、XA間に長女が出生したが、2歳になるころに尿素サイクル異常症と診断された。Xは、勤務先を退職し、長女とともに帰国し、以後、長女の療養と育児に専念した。しかし、Aは単身用のマンションへ転居したため、その後も夫婦別居の状態が続いた。
AはXとの離婚を求めて、同年12月12日、離婚請求訴訟を提起しが、平成18年10月27日に信義則違反を理由として請求棄却の第一審判決がされ、控訴したものの、平成19年3月29日に控訴棄却の控訴審判決がされ、確定した。

X は、平成 19 年、A を相手方として、夫婦同居を命じる審判の申立てをしたが、同年 3 月 28 日に申立て却下の審判がされ、抗告したものの、同年 6 月 13 日に抗告棄却の決定がされた。
Y は、遅くとも平成 18 年 12 月には A と知り合い、遅くとも平成 19 年 12 月から A の自宅に宿泊するようになった。X は、平成 20 年 6 月 29 日、Y の兄とともに A の自宅を訪問したところ、トラブルとなり、警察官が臨場する騒ぎとなった。同年 7 月 7 日ころ、Y の訴訟代理人弁護士は、X の訴訟代理人弁護士にあてて、同年 6 月 29 日の件について X に抗議する旨の文書を送付した。
A は、B と不貞関係になり、平成 15 年 10 月には X に離婚を申し出る状況であり、その後、平成 17 年ころまでは別居生活ながらも長女を含めた家族の交流が保たれていたといえるが、同年 8 月ころに X がニューヨークから帰国してからも夫婦は同居することなく、同年 7 月 15 日には A から離婚を求める調停の申立てがされ、同年 12 月 12 日には A から離婚請求訴訟が提起され、離婚請求は信義則違反を理由に棄却されたものの、その後、平成 19 年 6 月 13 日には X の夫婦同居の申立てが否定されて別居状態が継続しているのであり、①このように夫婦間の不和及びこれに基づく別居期間が長期化していること、②その間、離婚や同居を巡って両者の間で訴訟等の法的手続が取られ、かつ、上記の状況に特段の変化がみられないことに照らすと、AY の交際が認められる平成 19 年 1 月ころには、既に XA の婚姻関係は修復が極めて困難な程度にまで破綻していたと認めざるを得ない。Y が行った警察への通報行為の違法性も認められないとした（請求額 2000 万円）。

420 **◎東京地方裁判所平成 22 年 11 月 17 日　WLJ**

〔財産分与と慰謝料請求との関係〕
X は、昭和 55 年 2 月、A と婚姻した。Y は学生時代に知り合った A と、平成 15 年 10 月末ころ再会し、互いに愛情を伝えるメールを送り合った。A は平成 15 年 12 月ころからは Y 方で宿泊するようになった。A は、同 16 年 6 月、大腸がんとの診断を受け、同年 7 月末手術を受けた後約 1 ヶ月間入院した。A は、同年 8 月 21 日退院すると、実家で 2 週間療養した後は、Y がリハビリの支援をしたり、夜通し看病をしたりした。平成 17 年 1 月 1 日には、A と Y は互いを思いやり、愛情を伝えるメールを送り合った。A と Y は、平成 21 年 1 月 2 日、愛情を伝え、共に生きることを願うメールを送り合った。
XA の婚姻関係は、AY の不貞行為の結果、破綻するに至ったというところ、上記経過その他本件に顕れた一切の諸事情に照らせば、Y の不法行為に対する X の慰謝料及びその実現のために本訴に要した弁護士費用としては、これを 200 万円と認めるのが相当である（請求額 1000 万円）。
XA は、本件離婚調停手続において、財産分与内容について協議した。その中では、A は、平成 16 年 9 月以降、長女の 2000 万円超の留学費用を筆頭とした支出により、資産がかなり減少したと主張するのに対し、X は、銀行口座の 20 万円以上の出入金明細が示されない限り信用できないと主張するなど、かなりの対立があったものの、A と X とは、平成 21 年 3 月 11 日、次の条件で清算合意するものとし、調停離婚した。
A は、X に対し、財産分与として 3222 万円の支払義務があることを認め、当事者双方は、うち 510 万円を X において既に受領済みと確認し、A は、X に対し、2712 万円を 10 日以内に支払う。A は、X に対し、扶養的財産分与として、平成 38 年 12 月までに、総額 1500 万円を所定の条件により分割払する。当事者双方は、本調停条項に定めるもののほかに、何らの債権債務が存在しないことを確認する。しかしながら、本件離婚調停やそれに至る経過において、A の不貞行為問題を協議したとの状況を窺わせる証拠はない。したがって、本件離婚調停においてなされた財産分与の合意は、財産分与との名目だけからではなく、その合意成立の経緯や資産状態に関わる認識等からしても、損害賠償の要素を含むものとは認められないことになる。ゆえに財産分与による損害填補をいう Y の主張は採用できない。

421 **◎東京地方裁判所平成 22 年 11 月 26 日　WLJ**

〔A が積極的〕
X と A は、平成 15 年 8 月に婚姻し、平成 16 年、長女をもうけた。平成 18 年初め頃、X は A と、A のお金遣いの荒さが原因で話し合っている途中に、A から暴力を受けたことがあり、怖くなった X は、思い詰めて、離婚届用紙に X の分を書き入れて A に渡したが、すぐに本心でない旨を伝え、不受理届もした。X は、A が離婚届用紙をずっと持っているとは思ってもみなかった。平成 20 年 3 月、X は、A に多額の借金があることを知ったが、それで離婚するというような話が出たことはなかった。この頃に、X は、A からまた暴力を受け、肋軟骨不全骨折をした。
平成 20 年 7 月頃、A は Y と、Y が当時勤務していた川崎の風俗店で知り合った。Y は、平成 20 年 12 月 29 日 X からの電話により A に妻子があることを知ったこと、X の署名捺印の

	ある離婚届用紙を見せられたが提出されていないことを知っていたこと、平成21年5月ころからはAが泊まっていたホテルで生活するようになったこと及び上記認定事実に照らせば、Yは、Aとの関係が不貞にあたることを知っていたこと、上記不貞関係が、XAの婚姻関係を破綻に近い状態にする要因の一つとなったことが認められる。したがって、Yの不貞行為は、故意による違法なものというべきである。 上記認定事実によれば、婚姻関係が破綻しかけていることによりXが精神的苦痛を被っていることが認められる。AYの関係は、当初は、サービスを受けようとする顧客とサービスを提供することを仕事としている者との関係であり、その後、Aに妻子がいないとの前提による個人的関係へと発展し、その後、YがAに妻子がいることを知った後Aに交際をやめることを申し出たがAからX署名捺印済みの離婚届を示されて不貞に当たらないと強く交際の継続を求められていたこと、AYの関係以前からAの金遣いの荒さや暴力により婚姻関係が脆弱になっていたこと、そのほか諸般の事情を総合考慮すると、Xに対する慰謝料額は、40万円が相当と認められる（請求額800万円）。
422	◎**東京地方裁判所（平成21年（ワ）第29819号）平成22年11月30日　WLJ** 〔**Aの責任の方が重い**〕 XとAの婚姻関係がほぼ破綻した状態になっている主たる原因は、AYの不貞関係にあること、また、Yは一旦は話し合い等により、Aとの不貞関係を終了させたにもかかわらず、平成18年4月10日から不貞関係を再開し、現在もこれを維持していることからすると、その責任は重いといわざるを得ない。①不貞関係を再開、②Aが積極的、③一般論としてYよりもAの責任が重い、④XAの婚姻関係が同居を伴わない。 認容額200万円（請求額は1億円）。
423	◎**東京地方裁判所（平成22年（ワ）第1256号）平成22年11月30日　WLJ** 〔**破綻の原因はAにあり**〕 Xは、平成16年5月12日にAと婚姻したが、その際、Xの両親であるE、Dと同居した。XA間には、長女B、二女Cが出生した。Aは、同20年4月ころからYと交際を始めた。Yも、AがXと婚姻中であることを知っていた。Aは、同21年10月13日、連休を利用して子らを連れて実家に帰った後、自宅に戻ろうとはしなかった。Xは、これまでAから離婚の申出がされたことはなく、両者の間で婚姻解消に向けた話合いをしたこともなかった。 Xは、同年10月15日ころ、Aから、好きな人ができた旨を告げられた。さらに、同月24日ころには、Aから、約半年前から不貞行為を続けていた旨を告げられた。そのため、Xは、同年11月21日、Aとの間で、子らの親権者をAと定めて協議離婚すること、Xは月2回子らと面接交渉することができること、Aは、名目を問わず一切の金銭を請求しないことを定めた「合意書」を作成し、X、Aがそれに署名・押印した。そして、同年12月24日、離婚届を提出した。 以上によれば、AYは、遅くとも平成21年4月ころから不貞行為を続け、Aは、Yとの交際を継続するために、同年10月中旬からXと別居するに至り、その結果、XAは、同年12月24日に離婚をしたものと認められるから、Yは、Xに対し、不法行為に基づき損害賠償義務を負うものというべきである。 Aは、Xの両親が不仲であったこと、AがXの先輩から無理矢理飲酒させられたことをXが笑って見ていたことなどから、Xに不信感を抱き、婚姻生活が破綻したというが、上記の理由は、いずれも、婚姻生活における一方的な不満の域にとどまり、破綻の原因とはいえない。婚姻破綻の原因がAにあることは、A自身が、Xに対する金銭的な要求を一切しない旨を合意していることからも明らかである。 そして、婚姻の期間、不貞行為の期間等一切の事情を考慮すると、Xの精神的苦痛を慰謝するには、Yに対し、100万円の慰謝料の支払を命じるのが相当である。また、弁護士費用のうち、10万円がYの不法行為と相当因果関係にある損害と認める（請求額550万円）。なお、Yは、過失相殺を主張するが、本件においては、Xに斟酌すべき過失など認められない。
424	◎**東京地方裁判所（平成22年（ワ）第10296号）平成22年11月30日　WLJ** 〔**XA間の夫婦関係が危機的状況**〕 XAは、昭和53年10月に婚姻し、娘2人をもうけた。Aは、平成6年ころから同11年1月ころまで、Yとは別の女性と交際した。そのころ、Aは、Xに対し、不倫関係を清算すること等の念書を渡した。Xは、感情の起伏が激しく、Aは、それがいやで悩んでおり、夫婦関係が危うい状況にあった。 同16年ころ、Aは、Yと知り合い、交際するようになり、不貞関係を持った。Aは、Yに対し、Xとは仮面夫婦であり、婚姻関係が破綻していること等を告げた。同21年4月、X代理

人弁護士は、Aに対して「ご連絡」と題する書面を送付し、婚姻費用月額17万円、退職時の財産分与として半分を、さらに、生命保険金の受取人を娘Bに変更すること等を提案した。同年5月ころ、XAは別居し、AはYと同居した。同22年2月11日、Aは、X代理人弁護士に対して、「ご連絡」の内容があまりに勝手なので、婚姻費用及び離婚について調停手続をしてほしいこと、同月の婚姻費用より15万1000円を振り込ませて頂くのでよろしくとの趣旨等を通知した。同年5月ころ、Aは、Xを相手方として、離婚調停を申し立てた。
上記認定事実によれば、Yは、Aから、Xとの婚姻関係が破綻していること、Xの感情の起伏の激しさに悩まされていることを聞かされていること、Aが既に別の女性との不倫関係の解消につき覚書を書かされたことがあること、AがYと同居したのはX代理人弁護士から上記提案があってからであることが認められ、XAの婚姻関係は平成16年ころまでには危機的状況にあり、結局改善することなく破綻したものでその主たる要因はXの感情の起伏の激しさにあったものと認められるが、他方、AYの不貞関係も婚姻関係破綻の要因の一つと認められる。したがって、Yには不貞行為の不法行為が認められる。
上記認定事実によれば、婚姻関係の破綻によりXは精神的苦痛を被ったことが認められる。そして、婚姻関係破綻の主たる原因はXの感情の起伏の激しさにあったこと、YはAから婚姻関係が破綻していると聞かされていたこと、交際が開始された平成16年頃にはXAの婚姻関係は危機的状況にあったこと、AがYとの同居を開始したのはX代理人弁護士から、上記提案を受けた後のことであることが認められること、そのほか上記認定事実及び諸般の事情を総合考慮すると、Xの精神的損害を慰謝するには50万円が相当である（請求額500万円）。

425 **◎東京地方裁判所（平成21年（ワ）第37045号）平成22年12月9日　WLJ**

〔AとYのいずれが積極的かは無関係〕
そもそも、本件不貞関係は、AとYいずれか一方の暴力その他相手方の意思を制圧する不当な手段により開始されたなどといった事情が窺われない以上、AとYとの相互的な働きかけと受容の結果として開始され、維持されたものと見るほかない。そうである以上、Xに対する関係では、AとYとは等しく共同不法行為責任を負うものであり、いずれがより積極的であったかを確定する意義は乏しいというべきである。
本件不貞関係がXに発覚し、Xも関わる形でいったんは解消されたにもかかわらず、わずか2か月程度で再開されたことに加え、XとAとは、現在も同居して生活しているとはいえ、その内実は、いまだ別居及び離婚に踏み切るには至っていないというにとどまり、婚姻関係の修復は困難な状態にあるものと窺われることを総合的に考慮すると、Xは、Y及びAの本件不貞関係という不法行為により、円満であったAとの婚姻関係が修復の困難な程度に損なわれ、配偶者としての円満な婚姻関係維持という利益を奪われるとともに、自らもうつ病により通院加療を要する状態に追い込まれたということができる。
これに対する慰謝料としては、150万円をもって相当とすべきである。弁護士費用は別途15万円（請求金額は550万円）。

426 **◎東京地方裁判所（平成22年（ワ）第3064号）平成22年12月9日　WLJ**

〔Yが不貞関係を否認〕
Yの行為を原因としてAとの婚姻関係が破綻したことによってXが被った精神的損害の賠償額が問題となるところ、XAの婚姻関係は、AとYとが交際を始めるまでは特段の問題はなく相応に円満であったこと、Yは、Aが既婚者であることを十分に承知した上でAと肉体関係を結んだこと、Yは、本件においてもAとの肉体関係を否定するなど、Xに対して不誠実な対応に終始していること、他方XAの婚姻関係が破綻した最も大きな原因は、何よりもXの配偶者でありながらXに対する貞操義務を顧みずにYとの間で不貞を働き、さらに、積極的にYとの関係にのめり込んだAの不道徳な行いにあるというべきことなど、本件に現れた一切の事情を考慮すると、YがXに対して支払うべき慰謝料の額は、300万円が相当と認められる（請求額1000万円）。

427 **◎東京地方裁判所平成22年12月14日　WLJ**

〔婚約関係が危機的状況にあった〕
婚姻関係破綻の主たる原因はAの子供らやXに対する接し方等についてのXの不満の累積とそれによるX自身の精神的不安定にあったこと、YはAから家族の話を聞かされていなかったこと、交際が開始された平成18年頃にはXAの婚姻関係は危機的状況にあったこと、そのほか上記認定事実及び諸般の事情を総合考慮すると、Xの精神的損害を慰謝するには50万円が相当である（請求額500万円）。

428 **◎東京地方裁判所（平成21年（ワ）第42763号）平成22年12月21日　WLJ**

〔**財産分与と慰謝料請求との関係**〕
Xは、Aとの間で円満な夫婦関係を築いてきた中、AYの交際が発覚した直後である平成19年4月2日、心療内科において夫婦間でのストレス状況の影響による反応性うつ病との診断を受け、その後は体調不良のため当時の勤務先の退職を余儀なくされたほか、現在もなお通院治療を継続していることが認められること、前記のとおり、AYの不貞関係は、平成18年春頃からXAが離婚するまでの約2年間にわたって続いていたことなどの事情に鑑みると、AYの共同不法行為によってXの受けた精神的苦痛が多大なものであったことは容易に理解することができる。
他方、Xは、Aとの調停離婚に際し、財産分与としてXAが居住していたマンションのA共有持分の分与を受けたほか、解決金として実質額150万円の支払を受けることとなったこと、上記マンションはその後売却を余儀なくされたが、住宅ローンを精算した残額として約1100万円がXの手元に残されたことが認められるところ、かかる事情によってXの上記精神的損害は一定程度慰謝されたものと解するのが公平であるが、Yが主張するように、財産分与が過大であり、これによりY及びAがXに与えた精神的損害が全て慰謝されたことまでは認めるに足りない。
以上の事情を含め、本件に顕れた一切の事情を考慮すると、Xの受けた精神的苦痛に対する慰謝料としては、150万円の限度でこれを認めるのが相当と解する（請求額300万円）。

429 **◎東京地方裁判所（平成21年（ワ）第44214号）平成22年12月21日　WLJ**

〔**メールの内容から不貞行為を推認**〕
交際期間中のメールに性的交渉の存在を前提とした内容が複数含まれていること等から不貞行為を推認。Yが、平成18年5月ころ、Aに対し、「でももし妊娠したとしたら、オレは絶対おろさせないよ！　オレは一生をかけてAとお腹の中の子を守る!!」との文章を含む電子メールを送信したこと、同月19日には、Aに対し、「それと、A一つ聞いていい？　生理はきたの？」との文章を含む電子メールを送信したことが認められ、これらの事実によれば、Yが、上記各電子メールを送信した時点で、AがYの子を妊娠した可能性があると認識していたと認められる。
さらに、Aは、平成21年4月5日、Yに対し、「Yさんの愛ってね、すごく近くにいないと感じないんだよ。つまりそれはいつも体だけだから。YさんはAの体が目的だから。Aと会う目的はsexだから。Aはsexすれば満足だと思ってるから。sexでしかAを満たせないから。」との内容の電子メールを送信したこと、上記電子メール以外にも、Aが、Yに対し、YとAが性的交渉をもっていることを前提とした内容の電子メールを送信していたことが認められる。
そして、YとAは、平成19年ころ、夜にXとAの自宅で会っており、Aが、同所の浴室にてシャワーを浴びていたところ、Xが帰宅してYと遭遇し、Yは、Xから直ちに出て行くように告げられて、同所を立ち去ったことが認められる。
以上の事実によれば、YとAは、インターネットのサイトを通じて知り合い、交際期間中にやりとりされた電子メールには、性的交渉の存在を前提とした内容が複数含まれており、実際、AとYが原告の承諾を得ずに自宅で密会していたことがあったと認められる。これらの事実に加え、Aが、平成20年12月ころにXとの離婚を求める調停を申し立てたこと、平成21年3月に調停は取り下げたが、その後もYと連絡を取っていたと認められることを併せれば、YとAとの間には、平成18年5月ころから平成21年にかけて、継続的に複数回の性的交渉があったものと推認することができる。（認容額180万円、弁護士費用18万円、請求金額は330万円）。

430 **◎東京地方裁判所（平成22年（ワ）第11665号）平成22年12月21日　WLJ**

前訴におけるXのYに対する不倫訴訟は棄却され確定したが、Xはその裁判においてYが虚偽の主張をしたことによりXの権利が侵害されたと再度訴訟を提起したところ、前訴判決と実質的に矛盾する請求であるとして棄却（請求額968万円）。

431 **◎東京地方裁判所（平成22年（ワ）第17240号）平成22年12月21日　WLJ**

〔**調査費用を損害として認めず**〕
YとAが交際していた期間・態様、Yの不法行為によりXとAの婚姻関係が危機的な状況に陥ったものの、関係が修復されたこと、Yの対応等その他本件に顕れた一切の事情を考慮すれば、Yの不法行為によるXの慰謝料として80万円を相当と認める（請求金額は400万円）。
Xが、平成21年5月ころ、男性との密会の様子についてのAによるSNSへの書き込みを認めて、同年5月26日、調査会社に対し、Aの行動の調査を依頼し、調査費用として315万円を支払ったこと、調査会社が、同年7月末ころ、Xに対し、AとYの密会の状況等を記載した調査報告書を提出したこと、Xが、同年8月上旬、Aに対し、上記調査報告書を示して、Yとの関係を問い質したところ、Yと密会していたことなどを認めたことが認められる。そうすると、Xは、Aによる男性との密会の様子についてのSNSの書き込みの存在を認識していたというのであるから、Xが調査会社にAの行動の調査を依頼せざるを得なかったということはできず、その調査の必要性及び相当性を認めることはできない。
したがって、上記調査費用は、Yの不法行為と相当因果関係を有するものということはできない。

432 **◎東京地方裁判所（平成22年（ワ）第6001号）平成22年12月22日　WLJ**

〔AからXに名目のない金銭の支払い〕
AからXに口頭弁論終結までに合計465万円が支払われている。このうちいかなる金額が慰謝料に充当されるべきかが判然としない以上、この支払の事実によってYの負うべき損害賠償債務が補填されるとは言えない。とはいうものの、相応の金額がすでにXに支払われたこと自体は、Yの賠償額の算定に考慮されるべきである。認容額は100万円（請求金額は300万円）。

433 **◎東京地方裁判所（平成22年（ワ）第4830号）平成22年12月22日　WLJ**

〔YがXに対し謝罪〕
Yは、Aとの不貞行為を継続しており、これは、Aの妻であるXに対する不法行為を構成する。特に、Yは、AとYとが平成10年春ころから継続的に不貞行為を行っているとXが主張して慰謝料の支払を求めた前回訴訟において、慰謝料を支払うとともに、Xに対し、不適切な行動をしたことに謝罪の意を表し、さらに、Xやその家族に一切接触しないことを約束しておきながら、漫然と不貞行為を継続したものであって、その違法性の程度は大きなものがある。また、かかる事実を知ったXの長女が大きなショックを受けたことや、Yが前回和解において支払を約束した本件分割金につき、Xが積み立てた年金を解約して作った貯金からAがYに対して支払っていたことも、Xの精神的苦痛を増悪させたものと認められる。
他方、Yは、本件分割金のうち平成21年11月分以降のものを支払っていないが、Yは、これにより前回和解に基づく期限の利益を失ったものと認められ、前回和解に従い、既払金を含め総額300万円を現実に支払うべき義務があるのであり、かかる義務が履行されれば、本件分割金の支払が停止されたことによるXの精神的苦痛は慰謝されるべきものと認められるから、本件訴訟における慰謝料の算定に当たり、本件分割金の支払が停止されたことを考慮に入れるべきではない。
以上の事実を総合的に勘案すると、本件訴訟におけるXに対する慰謝料の額は、250万円が相当である（請求額500万円）。

434 **◎東京地方裁判所平成22年12月24日　WLJ**

〔不貞の立証なし〕
調査報告書によれば、AYがA宅に在室している際は、長男も一緒であったことが認められる。また、調査員は、平成16年7月26日は、深夜零時でAYの行動の監視を終了しており、同月27日は、午後9時でAYの行動の監視を終了していることから、両日ともYがA宅に宿泊したと認めるには疑いが残る。さらに、調査員は、同月26日、長男の帰宅を見逃している上、報告内容には、Yの行動が含まれていないことから、上記調査報告書の不完全さもうかがわれる。そして、AYは、YがAの相談にのり、長男の趣味の釣りについてアドバイス等していただけであると主張しているところ、報告されているAYの行動は、同主張と整合しないものではなく、不貞関係がなければ説明つかない行動までは認められない。以上を考慮すると、AYの不貞行為を証明するには足りないというべきである。請求棄却（請求額500万円）。

435 **◎東京地方裁判所平成22年12月27日　WLJ**

〔Yが婚姻関係が破綻していると考えたことに過失あり〕
Yが、Aが婚姻していたことを認識しつつ、Aの説明を鵜呑みにして、その婚姻関係についての事実関係をしていなかったことに照らすと、Yが本件不貞行為について、少なくとも過失があったことは明らかであるというべきである。XとAとの婚姻に至る経緯、婚姻期間及び婚姻生活の態様、YがAと不貞行為を開始した時期、その後、AがXに対し、離婚を求めるようになったことなど本件弁論に顕れた諸事情を総合すると、Yの本件不貞行為により生じた原告の精神的苦痛を慰謝するに足りる慰謝料の額は、150万円とみるのが相当である。そして、XがYに対する本件訴訟を提起するに当たり、弁護士に訴訟追行を委任しているこ

	とは当裁判所に明らかであるところ、Y の上記不法行為と相当因果関係の認められる弁護士費用相当額の損害は、本件事案の内容及び経過に照らすと、15 万円とみるのが相当である（請求額 660 万円）。
436	◎東京地方裁判所（平成 22 年（ワ）第 1047 号）平成 23 年 1 月 11 日　WLJ 〔不貞の立証なし〕 請求棄却（請求額 1000 万円）。 子供らを連れて転居して別居した時点で婚姻関係破綻、別居以前から A と Y が交際していたことを認めるに足りる証拠はない。
437	◎東京地方裁判所（平成 22 年（ワ）第 3331 号）平成 23 年 1 月 11 日　WLJ 〔A が積極的〕 Y は、自ら携帯電話の出会い系サイトを利用し、そこで出会った A に配偶者がいることを知りながら安易に不貞行為に及んだものと認められ、これにより X が相当程度の精神的苦痛を被ったことは明らかであるが、他方で、A も同サイトを利用して積極的に不貞行為に及んだもので、Y が X と A の夫婦関係を故意に害することを意図していたというものではないし、不貞行為の詳細はこれを認定するに足りる証拠がなく、その態様がことさら悪質であるとの事実を認定することはできないというべきである。また、X も、A が Y と知り合ったころから生活費を入れなかったり自宅を不在がちになったにもかかわらず、A と話合いを行って関係を改善することなくこれを放任するなど、必ずしも A との関係が円満であったとはいい難い面があったことを否定できないといえる。 そこで、以上の諸事情、その他本件に顕れた一切の事情を総合考慮すると、X が本件不法行為によって被った精神的苦痛を慰謝するのに相当な慰謝料額は、100 万円と認めるのが相当である。また、X が弁護士である訴訟代理人に本件訴訟の追行を委任したことは本件記録上明らかであるところ、本件事案の性質、難易度、審理の経過、認容額等を斟酌すると、前記不法行為と相当因果関係のある弁護士費用相当の損害額は、10 万円と認めるのが相当である（請求額 330 万円）。
438	◎東京地方裁判所平成 23 年 1 月 13 日　WLJ 〔Y の X に対する謝罪なし〕 X が、AY の不貞行為によって被った精神的損害を慰謝するに足る金額について検討するに、X は、AY の不貞行為が原因となって、A と離婚するに至っていること、AY の不貞行為の期間は、少なくとも 1 年に及んでいること、AY から X に対する謝意は表されおらず、かえって、不自然・不合理な主張を繰り返していること、A は、X に対して、離婚に伴う慰謝料として 200 万円の支払を約しているが、その中には A の X に対する暴行に関する部分も含まれていると考えられること、その他本件に顕れた一切の事情を考慮すれば、160 万円と認めるのが相当である（X の Y に対する請求額 200 万円）。
439	◎東京地方裁判所（平成 21 年（ワ）第 19945 号）平成 23 年 1 月 25 日　WLJ 〔Y が受動的消極的のため請求棄却〕 平成 18 年 10 月 25 日ころまでの Y と A の交際中、A に配偶者の存在をうかがわせるような具体的な状況や A の言動等があったとは認められず、そのような事情もないのに、Y が交際を始めるに当たって A の身上関係について更に調査すべきであったとまではいえない。したがって、A に配偶者がいることを認識するまでの交際について、Y の過失を認めることはできない。よって、平成 18 年 10 月 25 日ころまでの交際について、Y に不法行為の成立は認められない。 これに対し、平成 18 年 10 月 25 日ころ以降については、A に配偶者がいることを認識しながら、Y は A と交際していたことが認められる。しかしながら、本件全証拠によっても、同年 12 月 11 日以降の二人の交際は認められないから、Y が上記認識を持つようになってから認められる交際期間は 1 か月余りにとどまることになる。 また、その間、Y は A に対し自ら又は長女を介して交際を解消しようとする行動に出ていることが認められ、当該期間の交際は Y にとって自分の希望を聞き入れず自宅に訪問してくる A を受け入れるという受動的消極的なものであったとみられる。そして、Y が事実を知るまでに A と既に一定期間の交際があったことからすると、同人の来訪を直ちに拒絶しなかったことにもやむを得ない面があったといえる。これらの事情に照らすと、A に配偶者がいることを認識していた上記期間の交際を取り上げて、Y の行為に違法性を認めることはできないというべきである。 以上によれば、その余の点を判断するまでもなく、X の請求は理由がないからこれを棄却す

る（請求額440万円）。

440 ◎**東京地方裁判所（平成22年（ワ）第868号）平成23年1月25日　WLJ**

〔使用者責任を否定〕
Xは、AとYとの不貞行為によって同人との婚姻関係を破壊された不法行為について、Y2会も民法715条（使用者責任）に基づいて不法行為責任を負うべきであると主張する。しかし、Aは自らの責任と判断に基づいてa道場を運営する者であって、Y2会の指導監督のもとで同会が行う新極真空手道の普及に関する事業に従事する者であるとは直ちに認められないし、仮に、Xが主張するように、Y2会が、その構成メンバーで、a道場の責任者として新極真の空手を指導するAに対し、前記事業を執行するについて必要な指導監督を行うべき立場にあると解したとしても、本件のように、Aが、a道場（調布道場）の生徒であったYとの間で、新極真の空手を指導するための行為とはまったく関係のない、個人的な交際をする中で行った同人との不貞行為についてまで、Y2会におけるAの「事業の執行について」行った不法行為であるとして、被告Y2会に損害賠償責任を負わせることはできないと解される（請求額500万円）。

441 ◎**東京地方裁判所（平成22年（ワ）第15441号）平成23年1月25日　WLJ**

〔XAが内縁関係〕
XとAは、平成11年ころに知り合い性的交渉を持ち、平成12年からは当初ルームシェアとしての同居の予定であったものの、寝室を共にする形での同居を始め、性的交渉も継続していたところである。そして、同年6月には、Xの妊娠が発覚し、Aが結婚を申し入れたところ、Xはこれを拒絶し中絶したものの、経済的状況が改善すれば入籍して子供を持つことは可能であるとしていたところである。よって、遅くともそのころには、XとAとの間で、内縁関係が成立していたものといえる。そして、その後、XとAは寝室を共にする同居生活を継続していたところであり、途中から性的交渉がほとんどなくなったり、Aの内心ではXに対する気持ちが薄れていったことがうかがわれるものの、少なくとも平成20年9月にAがこの部屋を退去するまで、同関係が解消されたとみるべき事情は存在しない。この内縁関係は、AがYと出会い、性的交渉を持ち、Yが妊娠したため、Aが同人との婚姻を決意したことによって破綻したものであるといえる。そして、Yは、AがXと同棲していることを知っていたのである。
してみると、Aは、Xに対する貞操義務に反してYと性的交渉を持ち、その結果内縁関係を破綻させたものであり、また、Yも、AとXの関係を知りながら、Aと性的交渉を持ち、妊娠し、その結果、XとAの内縁関係が破綻したのであるから、被告らは、共同不法行為責任を負う。
XとAの内縁関係は約8年に及んでいる一方、XがAに示していた出産・入籍をする条件は、極めて堅実であってそれ自体特に非難すべきものではないものの、Aからみれば非常に厳しい条件にみえるものであって、これがAのXへの気持ちを薄れさせる方向に作用したものと考えられることなど、本件の経過にかんがみると、Xの精神的損害を慰謝するには250万円をもって相当と認める（請求額1000万円）。

442 ◎**東京地方裁判所平成23年2月17日　WLJ**

〔XAがいわゆる仮面夫婦であった〕
婚姻当事者は、互いに貞操を守る義務を負担しており（民法770条1項1号）、係る義務を前提として、婚姻共同生活の平和維持につき法的保護に値する利益を有するのであり、婚姻当事者の一方が第三者と不貞行為を行い婚姻共同生活の平和を侵害した場合には、当該当事者及び第三者は、他方の婚姻当事者の被った精神上の苦痛を慰謝すべき義務を負う。
XとAとの婚姻関係が破綻していたものとは認め難く、また、XのAに対する慰謝料請求が権利の濫用に該当するものとはいえない以上、AYには、Xの被った精神上の苦痛を慰謝すべき義務がある。XとAとの間においては、婚姻後1週間を経過した以降は全く性交渉がなく、これはX及びAの双方が性交渉を求めることをしなかったためであって、通常の健康な夫婦としては極めて異常な状態であるといわざるを得ないにもかかわらず、Xが同状態を改善しようと努力した形跡もなく、このような夫婦生活を送ることにつき特段の不満を抱いていたと認めるべき事情もうかがえないことを勘案すると、Xにおいては、Aとの性交渉自体をそれほど重視していなかったと推認せざるを得ないこと、Xは、現在では、Aとの婚姻生活を継続する意思を喪失し、離婚の意思を固めていることが認められる。
これは、AYが肉体関係をもったことが決定的な原因となったというよりも、Aが、Xに対し、婚姻当初に、その年度限りで退職し、早期に子どもを出産する準備をすることを望んだにもかかわらず、これが拒否されたことにこだわりを持ち続け、長期間にわたっていわゆる

	仮面夫婦を演じていたことを知り、Aの人間性に対する信頼が崩壊したことが決定的な原因となったものであると推認されること等を考え併せると、AYの不法行為によるXの精神的苦痛に対する慰謝料としては、90万円をもって相当とする（請求額500万円）。
443	**◎東京地方裁判所（平成21年（ワ）第25761号）平成23年2月21日　WLJ** **〔Yが受動的〕** AとXとの間の夫婦としての愛情は、遅くともYがAと肉体関係を持った平成20年2月頃までには、ある程度薄れていたというべきであり、また、Xは、今日まで、Aに対し、Yとの交際を理由に離婚を求め、又は別居するなどの対応を採っておらず、本件不法行為がAとXとの間の婚姻共同生活を破綻に追い込んだものとまでは認め難い。 さらに、AとYとの交際は、Aが持ちかけたものであり、Yの立場は受動的なものであったこと、Aは、Yとの交際開始後、Xと離婚する旨度々表明し、Xを相手方とする離婚調停を申し立てた上、Yの両親を訪問してYと婚姻したい旨表明するなどしており、YがAと婚姻することができるとの期待を持ち、Aとの交際を継続したことは、強い非難に値するものとは必ずしもいい難いこと等の諸事情を総合して勘案すると、Xの精神的苦痛に対する慰謝料は、80万円をもって相当とする。 AとXとの間の夫婦としての愛情が薄れていたことがAがYと肉体関係を持つに至った一つの要因となったことは否定し難いというべきであるが、かかる事情は、前記損害額の認定において斟酌され尽くしており、過失相殺の基礎となるものとは認め難い（請求額500万円）。
444	**◎東京地方裁判所（平成22年（ワ）第12797号）平成23年2月21日　WLJ** **〔YがAの子を二度中絶〕** Yは、最初にAと肉体関係を持ったのは、Aが会社の社長という地位にあり断れない立場にあったためであって、このような優越的地位を利用したセクシャル・ハラスメントに基づくAとの男女関係については専らAがその責めを負うべきであると主張する。しかし、仮にYとAの交際のきっかけがYの主張するとおりであったとしても、Yはその後もAを告訴等することなく長年にわたり交際を続けていたのであるから、共同不法行為者としてXに対し損害賠償義務を負うことは明らかである（Yが主張する事情は、専らYとAの間の内部の負担割合に影響するにすぎない。）。 Yは、別件和解においてAがXに対し600万円の解決金を支払う旨を約しているところ、この600万円は実質的には大半が慰謝料であるとして、仮にYが損害賠償義務を負うとしても、上記の事情を考慮して賠償額を減額すべきであると主張する。 しかし、XとAの間で別件和解が成立したこと自体はXとYの間の法律関係に影響を及ぼすものではないし、現在に至るまで別件和解の解決金は支払われていないのであるから、上記のYの主張は前提を欠くものである。 諸般の事情、特にYはAに妻子がいることを知ってからも不貞関係を続けたこと、YとAの同居期間は相当長期間に及ぶこと、YはAの子を2度にわたり妊娠していることなどを考慮すると、Xの損害額は250万円と認めるのが相当である（請求額500万円）。
445	**◎東京地方裁判所平成23年2月22日　WLJ** **〔Yの破綻の抗弁を排斥〕** YとAが不貞関係となった平成19年8月以前に、実際にAとXが離婚を意識したことがあったとしても、XとAとの間で離婚に関する条件を具体的に検討したり、離婚届を作成するなどの離婚に向けた現実的な話し合いがされたとまでは認められないし、Aは、精神的な持病を抱えていて経済的な自立が困難であったことや、子供のことや世間体などを考慮して離婚を思いとどまっていたというのであるから、たとえ、Aにおいて、Xとの間の婚姻関係を継続することはできないと思いながらも、いわゆる仮面夫婦としてXに対しても対外的にも形だけの夫婦関係を装おうという意識で行動していたとしても、このことから直ちに、AとYが不貞関係を持つに至った平成19年8月当時、XとAとの間の婚姻関係が完全に破綻していたものであるとは認められないし、この当時におけるXとAを中心とする婚姻共同生活が法的な保護に値しないものであったとは言い難い。 Yは、Aと間で不貞関係を持った平成19年8月以降も同人との交際を継続し、平成20年9月にYの出張先であったアメリカ（シアトル）で合流して過ごすというような関わりの中で、さらにお互いを異性として強く意識すると共に、真剣な気持ちで交際をする関係となったこと、その後、Aが別居するについても、自らが協力してAの転居先を確保し、かつ、Aに対して別居後の生活支援を行うことを約束し、これを前提にAは、Xとの別居を断行し、間もなく、同人を相手に離婚調停の申立てを裁判所にしたものであって、以上のような経過

に照らせば、XとAとの婚姻関係は、YとAが出会って、不貞関係を伴った交際を継続したことを決定的な要因として破綻したものと認めるのが相当である。
そうである以上、Yは、Xに対し、不法行為による損害賠償義務を負うと言うべきであり、Xにおいて、YとAの不貞関係を伴った交際によって婚姻関係を破壊され、これによって生じた社会的・経済的・精神的不利益による精神的苦痛を慰謝すべきために賠償すべき額は、本件で認められる一切の事情を斟酌すれば、300万円を下るものではないと認められる（請求額1000万円）。

446 ◎**東京地方裁判所平成23年2月24日　WLJ**

〔**不貞期間が比較的短期間**〕
本件不貞行為は一度だけである上に、XとAが後日協議離婚した原因は、これだけではなく、これを契機として、当時体調を崩していたAをいたわる反面、本件不貞行為についての警察の捜査に協力を強いたり、同不貞行為の原因の一部にAがYをX宅に入れたことがあるとして、Aを責めたり、本件裁判に証人として出頭することをAに強く求める等の行為が繰り返されたことがAの陳述書から窺われ、本件不貞行為だけではなくこれが一因ともなってXとAとの別居、さらには協議離婚に至らせた可能性も否定することはできない。
この点は、配偶者に対する貞操権を侵害され、重大な精神的ショックを受けたXの心情を察すればあながち理解できなくもないところではあるが、逆に上記行動はAとの信頼関係の回復を希望するのであればかえってそれを困難にしかねない行動にも発展しかねないものであり、これがAとの婚姻関係の破綻に繋がる一事情であったといえなくもない。したがって、本件不貞行為のみによりXとAとの婚姻関係が破綻し、協議離婚に至ったとまでは認めることができない。
加えて、XとAとの婚姻関係は約1年9箇月であり、本件不貞行為が行われるまでの期間でいえば、約1年3箇月程度の比較的短期間であったこと、Yは本件不貞行為について自己の非を認め、一応Xに陳謝していることをもしんしゃくすれば、本件不貞行為による慰謝料額としては70万円をもって相当であると認められる（請求額300万円）。

447 ◎**東京地方裁判所平成23年3月4日　WLJ**

〔**Aは出張に出かけると言ったまま自宅に帰らず**〕
Xは、昭和48年10月、A（昭和23年生まれ）と婚姻の届出をした夫婦であり、その間に長男（昭和48年生）、長女（昭和50年生）、二男（昭和56年生）をもうけた。Yは中国国籍の女性であり、平成13年ころから東京都大田区蒲田で飲食店を営んでいた。
Aは、平成13年ころスナックに勤務しているYと知り合った。平成15、16年ころ、Yが営んでいるスナック店舗の改修工事の手伝いをしたことを契機に、そのスナックに通うようになり、Yに好意を抱いていた。Aは、平成18年5月ころ、出張に出かけると言って自宅を出たまま戻らなくなり、以後Yと同居を始め、Yとの不倫関係を継続している。
Xは、平成20年、Aを相手方として婚姻費用分担調停事件と夫婦関係調整の調停を申し立て、婚姻費用の点のみ合意した。Xは、その後Yを相手方として慰謝料請求の調停を申し立てたが不調となった。
Aは、平成21年、Xを相手方として家庭裁判所に離婚訴訟を提起した。家庭裁判所は、平成22年9月8日、AとXとの婚姻関係はAとYとの交際及び不貞行為によって破綻したから、Aは有責配偶者に該当しその離婚請求は信義則上許されないと判示して、離婚請求を棄却する旨の判決を言い渡し、同判決は同月25日に確定した。
Xは現在もAとの関係の修復を希望しているものの、AはXとの関係を修復する意思がなく、XとAとの婚姻関係は破綻している。Yの上記不貞行為は、Xの妻としての権利を侵害するものでXに対する不法行為を構成する。AはYと交際を続け、平成18年には一方的に別居してYと同居を始め、以後不貞関係を継続しており、これによりXとAとの婚姻関係は円満を欠くようになったこと、Xは現在もAとの関係の修復を希望しているものの、AはXとの関係を修復する意思がなく、XとAとの婚姻関係は破綻していること、その他本件に表れた一切の事情を総合勘案すると、Xの精神的苦痛に対する慰謝料は200万円が相当である。

448 ◎**東京地方裁判所平成23年3月15日　WLJ**

〔**不貞関係の存在が認められず棄却**〕
AYの交際はあるも不貞までは認められず棄却。
XとAとは、昭和58年11月に婚姻した。XとAとの間に、昭和59年長男を、昭和61年長女を、平成元年二男及び三男をそれぞれもうけた。
平成9年ないし11年ころ、Xは、生命保険会社の外交員をしていた間に男性と交際し、Xが

	書いた男性宛の手紙を発見したAから問いつめられて、Aに対し、男性と何度か飲みに行ったことを告白した。そのため、しばらく、口をきかないことが続いた。その後、Aは、Xから謝罪の手紙を受け取ったが、Xにさらに問い質したところ、Xが男性との不貞関係を認めた。その後、XとAとの婚姻関係は、相互にあまりを会話を交わさないものとなった。 平成15年ころ、Yは、テニスクラブに入会した。平成16年ころ、Yが参加したテニスクラブのテニス仲間の食事会で、Aは、テニス仲間に「一番下の双子が成人して社会に出るか、大学に進学した場合は卒業して社会に出たら妻と離婚する、妻と老後を共にするつもりはないと妻に伝えてある。」と話した。その後、AはYに、「妻の不倫が原因で前から夫婦とは言えない。離婚の話もあったが、子供のことがあるので、子供が成人するまで、自分が我慢して仮面夫婦を続けるつもりだ。子供が成人したら離婚する。」と話した。 平成18年5月ころ、XはYに対し、メールで、YとAの関係について問い質すメールを何度か送信した。 平成20年9月ころ、YはAと宮崎に旅行した。X代理人弁護士は、Yに対し、同年12月18日付内容証明郵便で、Aとの不貞を理由として慰謝料500万円を請求した。Y代理人弁護士は、X代理人弁護士に対し、YがAから婚姻関係が既に破綻していると聞いており、不法行為責任を負わない旨回答した。Xは、YとAとの間に「いわゆる不倫関係」があったと主張するが、一緒に旅行をしたと指摘するのみで具体的な不貞関係についての指摘はなく、しかも、X本人の陳述書及び供述にも具体的な不貞関係を示すに足る部分がなく、認定事実によれば、平成18年ころまでには、夫婦関係は冷え切っていたもので婚姻関係が破綻に瀕していたことが認められ、そのほかYがAとの不貞関係により婚姻関係を破綻させたことを認めるに足りる証拠はない。
449	**◎東京地方裁判所平成23年3月17日　WLJ** **〔YのXに対する謝罪なし〕** YのXに対する謝意が表されていない、Aが積極的。Xが本件不貞関係によって被った精神的損害を慰謝するに足る金額について検討するに、XはAと円満な婚姻関係にあったところ、本件不貞関係が原因となって、Aに対する信頼を全て喪失して、家庭内別居状態となり、現在もその状態が続いていること、本件不貞関係の期間は6年近くに及んでいること、YからXに対する謝意は表されていないこと、他方、本件不貞関係は、主としてAのYに対する詐言を原因としていること、その他本件に顕れた一切の事情を考慮すれば、180万円（別に弁護士費用20万円）と認めるのが相当である（請求額660万円）。
450	**◎東京地方裁判所（平成21年（ワ）第46675号）平成23年3月22日　WLJ** **〔Aが結婚前から約300万円の借金あり〕** XとAとは平成17年6月に婚姻し、長女Bをもうけた。平成17年7月、Aが結婚前から約300万円の借金を負っていること、公共料金・税金・家賃・駐車場費用を滞納していることが発覚した。平成18年7月ころから、Aは不審な行動について問いつめるXに対し暴力で応じるようになった。同年9月、AはXの首を絞めるという行為までした。平成19年2月、Aは借入するための書類を取り寄せ、Aの父親に注意された。 Xがb探偵事務所に調査を依頼した結果、その調査報告書には同年5月7日、Aは、Yと待ち合わせて夕食を共にし、午後10時半過ぎごろに、Yの自宅マンションに入り、翌日午前8時半過ぎころ、Aは、Yと共に、Y宅から出てきた。その後同乗したタクシー内でAとYとは親しげにしている様子が写っていた。また同月10日午前8時半ころ、AはYと共に、Y宅から出てきた。同月22日、AはXに対して金銭を要求した際、Xの唇及びまぶたに挫創をあごに打撲傷を負わせ、Xに精神的に大きな打撃を与えた。同年6月、AはXから自宅に帰らないようにとの通告を受け、それ以後別居状態であった。 同年9月27日、XはAを相手方として、離婚調停を申し立てた。平成20年4月17日、上記調停事件について次の内容を含む調停が成立した。㋐　XとAとは調停離婚する。㋑　長女の親権者をXと定める。㋒　AはXに対し、長女の養育費として、平成20年5月から同人が満20歳に達する日の属する月まで1か月5万円を支払う。㋓　AはXに対し、本件離婚に伴う解決金として金200万円を、平成20年5月から平成24年6月まで1か月4万円ずつ分割して支払う。 同年6月30日、X代理人弁護士は、Yに対し、内容証明郵便で慰謝料400万円を請求し、同郵便は同年7月2日Yに到達した。 認定事実によれば、平成19年5月ころまでに、Aの借金問題や暴力のために夫婦関係がかなり危うい関係にあったことは認められるものの、同居生活は続いており、婚姻関係が破綻したのは、その後AがXから別居した後のことであり、Yの不貞行為もその一因と認められる。婚姻関係破綻の主たる原因はAの借金問題や暴力にあり、Xの不満が累積し、不貞行為についての調査報告書がもたらされたころにはXとAの婚姻関係はかなり危うい状況にあっ

たことを総合考慮すると、Xの精神的損害を慰謝するには50万円（弁護士費用は別途5万円）が相当である（請求額440万円）。

451 **◎東京地方裁判所（平成22年（ワ）第12766号）平成23年3月22日　WLJ**

〔AがYに対して殺害をほのめかすメールを送信〕

AはXと婚姻関係にある。YとAは会社の同僚で、平成21年6月ころから交際し、遅くとも同年7月ころには不貞関係にあった。Yは、同年8月末ころ、Aに対し関係の解消を申し入れたが、Aは継続を強く求めた。同年9月下旬ころ、Xは本件不貞関係を知った。AはYに対して、Aとの関係を継続すれば慰謝料請求訴訟の提起を阻止するが、関係を解消するのであれば慰謝料請求訴訟が提起されることは免れないという趣旨のことを告げて、さらに強く関係の継続を求めた。Yは、同月28日、Aに対し、Aとの関係を終了する意思を明らかにした。

Aは、同月30日、Xの携帯電話に非通知着信の嫌がらせ電話や脅迫メールがあり、Xが精神的に不安定になり睡眠薬を大量に服用したと称してYを追及した。Yは否定したが、Aはなおも Yの仕業であると決めつけ、Yを非難したり、警察に被害届を出しこれから刑事と会うなどと記載されたメールを送信した。Yは、潔白を証明するために、Yの携帯電話の通話料明細を照会し、そのことをAに告げたところ、Aは別に犯人が見つかったとして追及を止めた。

Aは、関係継続の求めに応じないYに腹を立て、同年10月3日から4日にかけ、Yを激しく非難し、殺意をうかがわせるメールを送信した。また、Aは、同月29日の職場の懇親会の後の2次会の席上から、先に帰ったYに電話をして罵倒したり、同年11月から12月にかけて、繰り返しYの仕事ぶりや態度を非難するメールを送信した。

Yは、同年11月17日に整形外科医を受診し、頚部捻挫の診断を受けた。Yは、平成22年2月ころ、会社のコンプライアンス委員会に対してAからセクシュアル・ハラスメントを含む各種の嫌がらせを受けたなどとして相談したところ、同委員会は、同年5月31日、上司として業務上不適切な行為に当たるとしてAを厳重注意処分とした。本件脅迫メールは、Yに対して殺害することをほのめかす内容であり、違法性があることは明らかである。Aは、Yに対し、不貞関係の継続に応じないことに腹を立て、執拗に本件脅迫メールを送信したものであり、本件脅迫メールの送信は不法行為を構成する。この不法行為の行為態様など、本件にあらわれた諸般の事情に照らして、Aが支払うべき慰謝料額は、50万円が相当である。

なお、XはYに対して損害賠償請求訴訟を提起し、YがXに対し80万円を支払う旨の訴訟上の和解が成立した（請求額600万円）。

452 **◎東京地方裁判所（平成22年（ワ）第17078号）平成23年3月22日　WLJ**

〔AYの連帯責任を肯定〕

XとAは平成10年4月5日、婚姻した。AとYは、同20年2月中旬ころから性交渉を伴う交際を開始した。YはAが婚姻していることを知っていた。

同年3月15日、Aの不貞行為が発覚し、同月17日、XとAとの話し合いの結果、婚姻関係を修復することで合意したが、AYはその後も不貞関係を継続した。同年4月、XはAに対し、2人に対し慰謝料請求の裁判の準備に入るなどと記載されたメールを送信し、Aの結婚指輪を損壊し、Aの実家に離婚届の用紙と事情を説明する手紙を送付した。XとAは、同月20日の話合いにて、再度婚姻関係の修復をすることで合意したが、Aは、既にその意思はなかった。YはAに対し、同月21日付で、AとYの交際が解消されることを前提とする手紙を送った。XとAは、同年6月29日、Aの指輪をXが主たる出捐をして購入し、同年7月12日から同月17日、主としてXの出捐でハワイ旅行に行った。Aは、同年11月21日に自宅を出た後、Xと連絡をとろうとしたが、Xが応じなかったため、Xの意思を確認することなく、同年12月14日、離婚届を提出した。

認定事実によれば、AとYは、平成20年2月中旬ころから、同年4月18日ころにかけて不貞関係を継続し、XとAの婚姻関係を破綻させたものといえ、Xに対する共同不法行為が成立する。また、Xが、Aの指輪購入及びAとのハワイ旅行の主たる出捐をしたのは、Aとの婚姻関係の修復を図るためであったところ、Aが、専らAとYの利益のためにXとの婚姻関係を修復する意思がある振りをして上記出捐に係る利益を享受した上、置き手紙をする程度で、Xに自身の意思を伝えることなく家を出て、更にXの意思確認をしないままに、7か月ほど前に署名等した離婚届の用紙を用いて、XとAの離婚届を提出したのも正当視し難い行為であるが、これはYの行為との関連共同性を認め難い。

ところで、AとYは、AYの不貞行為開始前のXとAの婚姻関係が円満ではなかったとするが、Xについて、少なくとも通常の婚姻関係と同様の法的保護に値する婚姻関係維持の利益を認めることができ、これを覆すべき特段の事情を認めるべき的確な証拠はない。

その他本件に現れた諸事情を考慮すると、Xに対する慰謝料額は、AYの共同不法行為の関係で 250 万円（別途弁護士費用 25 万円）、A 単独の不法行為の関係で 50 万円（別途弁護士費用 5 万円）とするのが相当である（請求額 600 万円）。

453 ◎東京地方裁判所平成 23 年 3 月 23 日　WLJ

〔Y の責任は副次的〕
認定事実によれば、Y は平成 15 年春ころから、平成 17 年 2 月ころまでの 2 年弱の間、A が結婚していることを知りながら、A と継続的に肉体関係を持ったことが認められる。Y は、X の妻としての権利を侵害する違法行為を行ったというべきであり、X が被った精神的損害について不法行為責任を負う。
しかしながら、婚姻関係の平穏は、第一次的には、配偶者相互間の貞操義務、協力義務によって維持されるべきものであり、当該義務は、配偶者以外の者の負う婚姻秩序尊重義務とでもいうべき一般的義務とは質的に異なるものと考えられるから、不貞あるいは婚姻関係破綻についての主たる責任は、不貞を働いた配偶者にあるというべきであって、不貞の相手方において、自己の優越的地位や不貞配偶者の弱点を利用するなど悪質な手段を用いて不貞配偶者の意思決定を拘束したような特段の事情が存在する場合でない限り、不貞の相手方の責任は副次的なものとみるべきである。
本件においては、① Y と A の関係に照らし、Y が A の自由な意思決定を拘束するような状況にあったとは認められず、むしろ、A も Y に好意を抱き、自ら望んで不貞関係に及んだものと認められること、② Y との不貞関係が継続していた間も、A の X に対する態度は少なくとも表面上は特段の変化がなく、A も Y との関係によって家庭を壊すことなどは考えておらず、X は、A の単身赴任期間中には不貞の事実について何ら気づいていなかったものであって、X の被った精神的打撃は、長年信頼してきた夫の裏切りによるものが大きいと考えられること、③ Y と A の不貞関係は、X にその関係が発覚するより前の、平成 17 年夏ころには完全に解消されていること、④ A は、自らの責任を痛感し、今後、一生をかけて、X と子供たちのために償いをしていく覚悟を決めており、X は、いまだ宥恕の気持ちには至っていないものの、一方で A に対して離婚を正式に申し入れることも、慰謝料を請求することもしていないこと、⑤ Y においても、本件に関連して諸々の負担を受けていると思われること、以上の各事情が指摘できるところである。その他本件において認められる一切の事情を考慮すれば、本件において認容すべき慰謝料の額は 110 万円とするのが相当である（内、弁護士費用 10 万円）。請求額 350 万円。

454 ◎東京地方裁判所平成 23 年 3 月 25 日　WLJ

〔長男が高校進学を断念〕
X と A は、平成 5 年 12 月に婚姻届し、一男一女をもうけた。X は、同 13 年頃、単身赴任した。Y は、同 20 年 1 月頃、職場で A と知り合った。Y は、A に妻と子供がいることを知っていたが、同年 6 月頃から交際を開始し、同棲を始めた。A は、同 21 年 1 月の人事異動により、自宅マンションで家族と同居を始め、そこから職場に通勤した。X は、同年 2 月 8 日、A が前自宅から送った荷物を片付けていたところ、その荷物の中から女性用の下着等を発見し、そのことについて A に問いただしたところ、A は、女性と平成 20 年 6 月頃から同棲していたことを伝え、Y と結婚したいので離婚するように求めた。
X は、A が光熱費等の支払いをしなくなったため、平成 21 年 7 月頃、婚姻費用分担の調停を申し立て、さらに X は、同月 9 日、さいたま家庭裁判所に対し、離婚を求める夫婦関係調整調停を申し立てたが同年 8 月 5 日調停は不成立となった。
X は、A の不貞行為が発覚した平成 21 年 2 月 8 日から 2 月 26 日までの間、不貞行為により情緒不安定となり、職場で勤務することができず、社会生活を送ることが困難となる程のうつ状態になり、その後も精神科に通院した。
Y は、A と X が婚姻関係にあることを知りながら、A と不貞行為に及んだことによって、X と A の婚姻関係は、継続が困難になったものと認めるのが相当であり、Y の上記行為は、Y の X に対する不法行為を構成する。平成 21 年当時、X と A の間の長男は中学生で高校受験を控えていた。A は、不貞発覚後、X が婚姻費用分担の申立てをしたことをきっかけに、長男の教育について、長男を高校に進学させずに、中学卒業後働かせる旨の発言をしたが、X は、A が不貞行為をきっかけに、長男に高校進学を断念させることまで言及することに強い衝撃を受けた。長女は、父親である A によくなついていたにもかかわらず、不貞行為発覚後、A が X との離婚を示唆する発言をしたことにより、強いストレスを受けてパニック症となり、平成 21 年 3 月 11 日から同年 5 月？までの間、精神科に通院した。X は、A の不貞行為によって長女が体調を崩したことに強い衝撃を受けた。
以上のとおり、Y と A との不貞行為によって婚姻関係の継続が困難となり、X の家庭生活はきわめて大きな痛手を受け、X は多大な精神苦痛を被ったものといえ、その精神的苦痛に対する慰謝料の額は、300 万円を下らないというべきである（請求額 550 万円）。

455	◎**東京地方裁判所平成23年3月28日　WLJ** **〔Yの責任は副次的〕** XとAは、平成5年8月に婚姻した。店長であったYと同店のアルバイトであったAは、平成21年3月、本部へ同行したことをきっかけにして、プライベートな話や個人的な相談をするようになり、やがて食事やドライブにも行くようになった。Xは、同年8月16日、Aの浮気を疑い、一緒に出かけた際に、同女が車内に置き忘れた携帯電話を調べたところ、YとAの間で同年7月14日から同年8月16日までの間になされたメールを発見し、この携帯電話を取り上げた。メールの内容は肉体関係のない男女間で送受信されるということは容易に想定し難いものであり、遅くとも平成21年7月ころまでにはYとAとの間に肉体関係が結ばれ、両者は不貞の関係になったものと認められる。 XとAは平成5年から約16年間婚姻生活を送り、その間に3人の子供を設けたが、平成21年11月1日に別居し、同月5日に離婚して、長男と次女はXとともに、長女はAとともに暮らすに至っている。離婚に至るに際して、Xは、AとYを別れさせ、関係を修復しようとしたが、Aの様子からして、同女のYに対する気持ちが清算できるものではないと感じられたことから、離婚することでやむを得ないと考えるに至った。他方で、XがYと話し合った際には、Yは、不貞の事実は終始認めず、メールで迷惑をかけたといったことを述べ、10万円を支払う旨を提案するにとどまった。 これらの事実を総合すれば、Yは、自らが配偶者のいる身で、Aにも配偶者がいることを認識しつつ、同女と肉体関係をもつようになったもので、その結果、XとAの婚姻関係は破綻し、離婚に至っており、Xの受けた精神的な苦痛は大きいというべきである。 但し、このような不貞について第一に責任を負うべきなのは、Xの配偶者でありながらYと不貞に及んだAであり、Yの責任は副次的なものというべき面があるから、以上の点を勘案し、Yに対する本件訴訟では、慰謝料として120万円（請求額550万円）を認めるのが相当である。 本件反訴は、XがYとAとの間のメールをコピーした上で、これをYの上司に送り、また、メールの内容を詳細にYの同僚に放言し、もってYのプライバシーを侵害等を主張するものであるが「みだりに公開」という要件を満たさず、違法性が阻却されるなどとして反訴請求は棄却（請求額は300万円）。
456	◎**東京地方裁判所（平成21年（ワ）第43311号）平成23年4月7日　WLJ** **〔XA間の子が幼少〕** Xは平成18年2月、Aと婚姻し、長男Bが出生した。平成20年12月ころ、Aは知人の紹介によりYと知り合い、交際を申し込んだ。YとAは、同月中に、少なくとも3回は知人とともに会食をしたほか、メールの交換を続けた。Xは、Aの携帯電話からY含め複数の女性との間で交換されたメールをみつけ、これをAに問い糾したところ、激しい夫婦げんかとなり、XがAに包丁を突きつける事態にまで発展した。 同21年2月ころ、Aが役員であった会社の経営状態が窮迫し、同年3月初旬ころ、Aは、Xに対し、上記会社の経営状態を説明し、問題が落ち着くまでの間、復縁を前提に形式的に離婚することを提案し、XとAは、同年3月13日離婚届を提出した。Xは、その後もAと同居していたが、同年4月24日ころ、Aが友人とやり取りしたメールの中に、Xとの婚姻中からYと性的関係を持っていたことを窺わせる記載がされているものを複数発見し、翌日、Aと別居するに至った。Aは、同年5月10日には、Yが借りていた建物に転居し、福岡を生活の本拠にしていたYも、同年夏ころにはAと同居した。Yは、平成21年Aの子を出産した。 婚姻中の夫婦の一方が第三者と性的関係を持った場合に、その行為の違法性が阻却されるのは、婚姻関係が既に完全に破綻し、その修復の見込みがない場合に限定され、また、有責配偶者が一方的に婚姻関係を維持する意思を喪失したとしても、このことを理由に上記行為の違法性が阻却されることはないものと解するのが相当である。 これを本件について検討するに、YがAと知り合った当時は、XとAの間に長男が出生して未だ半年も経っておらず、かつ、現にXとAは同居していたのであるから、XとAの婚姻関係が既に完全に破綻していたとは考え難い。また、Aは、Xと婚姻中でありながら、Yと知り合った翌日から、Yに対して積極的に交際を持ちかけるなどしているものであって、有責配偶者に当たるから、AがXとの婚姻を継続する意思を喪失していたとしても、そのことによりYの行為の違法性が阻却されることにはならない。 XとAとの婚姻関係は、Yの上記不法行為によって破綻したものと認められるところ、上記不法行為の態様、XとAとの婚姻期間、Xの年齢に加えて、両名の子が未だ幼少であること等に照らすと、Yの上記不法行為によって、Xが受けた精神的苦痛に対する慰謝料は150万円とするのが相当である（請求額500万円）。

457	◎東京地方裁判所（平成22年（ワ）第20206号）平成23年4月7日　WLJ 〔AYの連帯責任を肯定〕 AとYの双方を訴え、同額の連帯責任を肯定。 XとAは、平成14年3月に婚姻し、一男一女をもうけたが、平成22年3月19日以降、別居している。 Yは、ホステスとして稼働しており、Aは、そこに客として来店していた。Aは、平成20年2月10日から12日にかけて、ホテル○○に宿泊した。同宿泊は、男性1名、女性1名の2名での宿泊として予約された。Aは、平成20年8月14日から18日にかけて、ホテル××〔以下「本件ホテル」という。〕に宿泊した。同宿泊は、男性1名、女性1名の2名での宿泊として予約された。本件ホテルは、東京都港区芝公園地内に所在し、道路を挟んで反対側に東京タワーが建っている。Aの携帯電話に、平成20年8月16日午後11時05分ころ、東京タワー付近のホテル客室様の室内において、携帯電話により撮影されたYの写真〔以下「本件写真」という。〕が記録されていた。Aの携帯電話に、Yの寝姿を撮影した写真が記録されていた。 以上によれば、Aらが平成20年8月14日から18日にかけて本件ホテルに宿泊し、その際、Aが本件写真を撮影したものである。YがAに対し交付した手紙には、交際状況について書いたものと認めら記述のほか、平成20年2月1日付けでは「付き合い始めてから半年が経ちました」、同年11月3日付けでは「付き合い始めてから1年3ヶ月が経ちましたね」との記述もあり、よってAらが平成19年8月ころから不貞に及んでいた事実が認められる。 Aらは、①XとAが婚姻後性交渉を持ったのが2回のみであること、②Aが家庭で朝食や夕食をとらないでいたことから、平成19年8月ころまでには両者の婚姻関係が実質的に破綻していた旨を主張するが、①については、両者が婚姻した際、Xは既に長男を懐胎しており、その後、Xが長男を出産し、更に長女を懐胎・出産して、これらの子の育児に当たっていたものと認められるから、その間、両者の性交渉がほとんどなかったとしても、そのことから直ちに両者の婚姻関係が実質的に破綻していたものとはいえず、②についても、XがAの求めに応じて夕食を用意していたものと認められるから、Aらの主張を採用することはできない。 Aらの不貞が主たる原因となって、XとAの婚姻関係が破綻したものと認められ、これによるXの精神的損害に対する慰謝料は250万円と認めるのが相当である（請求額500万円）。
458	◎東京地方裁判所平成23年4月12日　WLJ 〔XA間の夫婦関係が相当程度傷つけられていた〕 Xは平成14年5月Aと婚姻し、2子をもうけた。 Yは、平成21年7月27日及び同月29日、Aを自宅に宿泊させ、同人に合鍵を渡していたことが認められる。YとAは、成人の男女であり、上記の事情から両人の間に男女の関係があったことを推認するのが相当である。YとAは、平成19年ころから飲み仲間として付き合いがあり、Aの後輩も同席していたことがあるというのであるから、Aが既婚か否かは、そのような交際の中で明らかになっていたものと推認することができ、Aが既婚者であることを知らなかった旨のYの主張は採用できない。しかしながら、Yは平成20年春ころから、Bと交際し、同年9月から平成21年5月までの間、賃貸マンションでBと同棲していたことが認められ、YがBと別れた後にAと男女の関係になったことをもって、Bと同棲している時期にもAと親密に交際していたことを推認することはできない。他にYとAが平成19年ころから男女関係にあったことを認めるに足りる証拠はない。 Aは、平成19年ころから、連絡なく朝帰りをするようになり、同年末ころは週末に帰宅しなくなり、平成21年1月7日からはXがシェルターに避難しなければならないような暴力が始まり、同年7月10日に別居して以降は、Xと同居していないことは、別居当時において婚姻関係が破綻していたことを基礎付ける事実である。しかしながら、XはYの職場に連絡してYとAとの交際をやめさせようとしたこと、Xには障害を抱えた学齢期の2人の子供がいることが認められ、これらの事実からは、XがAとの離婚を望んでいないことが認められる。 これらの事実及びAがXとの関係で有責配偶者に該当することは、いずれも婚姻関係が破綻していたとの認定を妨げる事実である。上記の事実を併せ考慮すれば、Aの言動によりXとAとの婚姻関係は相当程度傷つけられていたものと認められるものの、婚姻関係が破綻していたとまでは認めるに足りない。よって、Xの請求は100万円の限度で理由がある（請求額550万円）。
459	◎東京地方裁判所平成23年4月15日　WLJ 〔AYの責任は対等〕

XとAは平成6年10月13日に婚姻した夫婦であり両者の間に子はいない。Yにも夫がいる。YとAは、平成17年の夏ころ、テニススクールで知り合った。
XとAの婚姻関係は、平成18年1月時点において必ずしも良好ではなかったものの、その後も同居を継続し、時には共に海外や国内旅行をするなどしていたというのであるから、いまだ婚姻関係が実質的に破たんしていたとまで評価することはできない。
Yは、平成18年当時36歳の女性であり、通常の判断能力を有しないというべき事情はうかがわれない。そうすると、Yは、妻のある男性から交際を求められた際に、その男性が妻と不仲であると述べたからといってそのことが必ずしも事実であるとは限らないことを、十分に認識していたものと考えられる。実際に、Aはその後3年以上にわたりYとの不貞関係を続けながら、Xと離婚することをしなかったのであるから、YとしてもXとAの婚姻関係が継続することを承知していたと推認される。したがって、Yは、AとXの婚姻関係が実質的に破たんしているとはいえないことを知っていたか、少なくとも容易に知り得たにもかかわらず、あえて不貞関係に及んだものというべきである。
XとAの婚姻期間、YとAの不貞関係の期間やその態様、さらに前記のとおりYとAの不貞関係が開始される以前から、AはXに対し不満を持っており、夫婦関係は必ずしも良好とはいえなかったことなどを考慮すると、慰謝料額は200万円（請求額500万円）が相当である。
Xは十二指腸潰瘍瘢痕、慢性胃炎、うつ状態、不眠症にり患していることが認められるが、Yの不法行為との間の相当因果関係を認めるに足りる的確な証拠はないからこの点は慰謝料額の算定において考慮しない。
なお、不貞関係はAが主導したものであるが、YとAは共同不法行為の関係になるのであるから、Yは損害額全額についてAと不真正連帯債務を負うものであって、Yにおいて損害賠償を支払った後にAに対し求償することができるにとどまる。

460 **◎東京地方裁判所平成23年4月19日　WLJ**

〔ホテルへの同宿から不貞行為を推認〕
Xは平成3年にAと婚姻した。Aは、同12年に取引先に勤務するYと知り合い、同18年6月にYの勤務する会社に転職し、Xら家族と離れて単身者寮に居住した。Aは、同19年7月、外資系メーカーに転職し、同年11月、妻子と共に一戸建てに転居した。Yは、同21年5月頃、Aは同年6月、c株式会社の執行役員に就任した。Xは、同年10月Yに対しAとの不貞関係を絶つことを求める内容証明郵便を送付した。Aは、同年11月、自宅を出て以来Xと別居している。平成21年4月17日、成田空港、ボストン・ローガン空港間を往復する航空機の航空券、及びボストンのホテルに対し2泊分の部屋がAYの名で予約されていた。Y及びAは、同年5月30日から31日、九州に旅行し、同宿した。Aは、同年8月8日、午前8時25分にY居住のdマンションに入り、午後4時に二人でdマンションを出た。Aは同年9月5日、午前8時12分にdマンションに入った。Aは、同年10月3日、午前10時29分にdマンションに入り、午後4時32分に二人でdマンションを出て、午後5時10分に東京都港区のホテルにチェックインの手続をし、部屋に入った。Y及びAは、同月4日、午後2時17分にチェックアウトした。
A及びYは、九州旅行における不貞行為を否認したが、AとYが、同じ部屋に長時間いたこと、撮影されたAとYの表情等からうかがわれる親密さからするとA及びYの供述は採用し難い。さらに、10月3日の宿泊に関し、Aは同ホテルで客をもてなし、酔いつぶれて寝てしまったと供述し、Yは、同ホテルに宿泊せずに帰宅し、翌日、同ホテルに戻ってきた旨供述するが、ディナーを利用したのは2名である上、要人の接待で酔いつぶれて寝てしまった旨のAの供述は不自然であり、A及びYの供述を採用することはできない。そうすると、YとAは、少なくとも、ボストン及び九州の旅行を共にしてホテルに同宿したものと認められ、その間、不貞行為に及んだものと推認するのが相当である。
YとAとの不貞関係の発覚をきっかけとするXとAとの軋轢が、別居まで18年間継続した両者間の婚姻関係の破綻の原因となったと認めることができる。そして、前記認定の不貞行為の内容、その他、本件に関する一切の事情を考慮すると、Xの被った精神的苦痛を慰謝するためには、300万円（内弁護士費用30万円）が相当である（請求額1100万円）。

461 **◎東京地方裁判所平成23年4月25日　WLJ**

〔Aが自殺を試みる〕
XとAは平成13年2月に婚姻した。
YとAは、平成15年12月、初めて肉体関係をもち、その後、肉体関係を伴う交際を継続した。平成16年11月には、YとAは沖縄旅行に出かけた。Xは、平成20年1月頃、米国のニューヨーク州所在の会社に駐在員として赴任することになり、Aを日本に残して米国に単身赴任した。Xの単身赴任中も、YとAは交際を継続し、京都、沖縄、サイパンなどを訪れた。
平成17年7月頃から、Yは妻子と離れて日本国内で単身赴任をしていたが、平成21年4月、東京勤務に戻り、妻子との生活を再開した。このころから、YとAとの間で交際を解消する話がされるようになった。同年6月4日、Aは、Yに対して自殺をほのめかす発言をし、同月6日には、薬を大量に服用して自殺を試みたが、命に別状はなかった。同月7日、YはAに対し交際を終了すると告げた。同日、Aは、米国に単身赴任中のXに対し、自分が自殺を図ったこと、その理由がYから別れを告げられたことを電話で告げた。これを聞いたXは、同月11日に米国を離れて日本に一時帰国し、A及びYと会って話し合う機会をもち、AとYとの不貞関係について話を聞いた。
証拠等によれば、XとAは現在も婚姻関係を継続していること、平成22年5月頃に、AがXの子を妊娠したこと、平成23年○月○日、AがXとの子を出産したことが認められる。そうすると、遅くとも平成22年5月頃には、XとAは、離婚せずに婚姻関係を継続する意思を有していたと推認される。しかし、Xは、AとYとが肉体関係を伴う交際を継続していたことを認識し、一度はAとの離婚を決意したこと、Aも離婚を覚悟したが、XとAが話し合いを重ね、婚姻を継続すると決めたことが認められる。そうすると、YのAとの不貞行為により、XとAの婚姻生活が一度は破綻して離婚となる危機に陥り、これによってXは精神的苦痛を受けたということができるから、YのAとの不貞行為はXに対する不法行為を構成し、YはXに対し、Xの受けた精神的苦痛に関し損害賠償義務を負う。XとAとの婚姻関係が一度は離婚に至る危機に陥ったが、現在では両者は婚姻関係を継続する意思を有し、子ももうけた事実も併せれば、YのAとの不貞行為によってXの受けた精神的苦痛を慰謝するための慰謝料としては100万円が相当である（請求額は1000万円）。Xの休業損害については立証がないとして認めず。

462 **◎東京地方裁判所（平成21年（ワ）第34750号）平成23年4月26日　WLJ**

〔Yに故意・過失なし〕
請求棄却（請求額550万円）。
本件で認定した事実経過（とりわけ、Yは、通常は独身者が参加すると考えられているお見合いパーティーでAと知り合ったこと、Aは、Yとの交際期間中、Yに対し、氏名、年齢、住所及び学歴等を偽り、一貫して独身であるかのように装っていたこと等）に照らすと、通常人の認識力、判断力をもってしてはAが婚姻していることを認識することは困難であったというべきであり、Yが、Aの実母に会って同人からAが既婚者であることを聞かされるまでの間、Aが独身であると信じて交際を続けていたことについて、過失があると評価することはできない。以上のとおり、YがAと交際し性交渉を持ったこと等がXに対する不法行為を構成するということはできない。

463 **◎東京地方裁判所（平成22年（ワ）第2485号）平成23年4月26日　WLJ**

〔X死亡後にその相続人が訴え提起〕
Xは昭和40年3月Aと婚姻し、長女B、長男Cをもうけたが、Aは、平成21年8月26日に死亡した。Yは昭和41年4月Dと婚姻し、長女E、二女Fをもうけたが、Dは、昭和58年8月10日死亡した。なお、長女Eは知的障害を有しており難聴を患っている。Yは、XがAと婚姻する以前に、a信金の同僚としてAと交際していたが、間もなく、AがXと婚姻することになって関係を解消した。平成13年ころ、a信金のOB会が発足し、YとAは、同16年10月10日に開催された同会で再会し、その後も会ったり旅行したりするようになった。平成17年に入ったころから、Aは、Yと会った機会に、その胸や陰部などを触るような性的行為を行うようになったこと、その後、平成19年6月ころから、YとAは、同人が毎週水曜日に将棋をするために○○文化センターに出かける機会を利用して定期的に会うようになったが、平成21年6月9日ころになると、2人でホテルに行って、一緒に風呂に入り、YにおいてAの頭や身体を洗うなどして過ごすようになったこと、YとAは、同年8月19日に会った際にもホテルに行き、一緒に風呂に入ったり、AにおいてYの身体に触れるなどの性的行為を行っていたことが認められる。そして、以上のようなYとAの関係は、YとAが性交を伴った不貞関係にあったことを強く推測させるものと言うべきである。
前記認定した関係は、それだけでXとAとの法的に保護されるべき婚姻生活の平穏を害するものとして、Xに対する不法行為を構成するものと解すべきである。
本件で認められる一切の事情を総合すれば（なお、Xの法的に保護される利益の侵害は、YとAの共同の不法行為によるものと認められるが、こうした行為についてはAにも相応の責任が認められるもので、Aは既に死亡していて同人の責任はその相続人に承継されており、Xも、本件訴訟においてはYの固有の責任によって生ずる範囲で同人に対して損害賠償を求めている。）、これによってXに生じた精神的苦痛を慰謝するための慰謝料としては100万円を下らないものと認められるから、Yは、その固有の責任に基づき、Xに対し、同額の支払義務を負うものと認められる（請求額500万円）。

464 ◎長野家庭裁判所諏訪支部平成23年12月13日　WLJ

〔貞操侵害と民法708条〕
AとXは、平成19年に婚姻し、長男が生まれた。また、Aは、Xと前夫との間の子2名と養子縁組している。Yは、同20年初めころ、携帯電話のサイトを通じてAと知り合い、同年8月、Aに妻子がいることを知りながら、Aと初めて肉体関係を持ち、その後も不貞関係を続けた。Yは、平成21年Bを出産した。平成21年7月27日、Xは、Yに対して、不貞慰謝料の支払を求める訴えを提起した（以下「別件訴訟」という）。Yは、Aとの交際中、Aが妻子のいる家に帰宅し、XがAとYとの交際をやめさせようとしたなど、婚姻が破綻しているとのAの言動に疑義を持ち得る事情を認識していたことが認められる。これによれば、Yが、Xに対してAとともに共同不法行為責任を負うことは明らかであり、YからAに対する慰謝料請求は、民法708条に示された法の精神に照らして基本的に許されないことになる。しかしながら、Aは、Yに対し、全くの虚偽の事実やエピソードも交えて、離婚必至であるとの詐言を弄して、その歓心を惹いた上、結婚を考えているし、子供も欲しいといった甘言を用いて、避妊しないでの性交渉に応じさせYを妊娠させている。またその後も、Aは、Yに対して同様の言動を繰り返して、Yとの交際を継続させた上、再三のYからの中絶の提案も拒否し、出産を積極的に後押ししている。このような一連の経過に鑑みれば、YがAとの男女の関係を継続させたのは、Aの詐言を信じたためであり、その詐言の内容程度も著しいといえるから、情交関係を結び、継続させたことに関してYの違法の程度に比べて、Aの違法性が著しく大きいと評価できる。
したがって、YのAに対する慰謝料請求は、貞操権等の侵害を理由として許されるべきである。Aは、出産直前に態度を翻してYらとの交信を断ち、別件訴訟において、自己保身のために、BがAの子ではない可能性を暗に示唆する内容の陳述書を提出したり、本件訴訟において、DNA鑑定によってBがAの子であることが明らかになった後も、養育費を含んだ包括解決ができない限り、任意認知には応じないとの態度をとるなど、それまでの言動と矛盾に満ちた挙動に終始しており、こうしたAの対応も慰謝料額算定の際の一事情として考慮するのが相当である。当裁判所は、前記各事情及びその他本件口頭弁論に顕れた一切の事情を勘案して、AがYに支払うべき慰謝料の額を75万円の限度で認める（請求額300万円）。

465 ◎東京地方裁判所平成24年3月22日　WLJ

〔夫婦間の事案・AがXに対して数々の嘘を言う〕
Aは、平成20年3月ころにYと婚約をしていたが、同年6月ころ婚約は破談となったものの、その後も平成22年初めころまで、たまに会うなどの交際を続けていた。Xは、平成20年4月に職場でAと知りあった。XとAは、平成21年5月ころから交際を開始し、平成22年5月ころには、結婚を約束していたが、Aは、Xに対し、真実はAの母はAと共に相模原市内にあるA現住所地のマンション（以下「本件マンション」という）に同居していたにもかかわらず、Aの母は中央林間にある実家に居住していると話しており、他方、Aの母に対してもXと結婚する予定であることを全く話していなかった。そのため、婚姻前の挨拶や両家顔合わせの際には、母がくも膜下出血で倒れた、入院した、等の虚偽の事実を告げて、XをAの母に会わせなかった。
XとAは、同年6月15日に婚姻届出をし、同年8月には同居を開始したが、Aは、自身の母を含めて親族に対してXと婚姻したことを告げなかった。XとAの婚姻期間は7か月と短いものの、Aは、Xに対し、数々の嘘をつき、直前になって披露宴等の開催を不可能な状態にさせるなどして婚姻関係を破綻させ、XはAとの間の子について人工妊娠中絶手術を受けるという選択をすることになった等の事情を考慮すれば、Xが大きな精神的損害を被ったものと認められる。
離婚等によってXが被った精神的損害に対する慰謝料は200万円と認めることが相当である。なお、AとYは、平成22年12月13日ころ1回会い、同月20日には深夜まで飲食し、そのままホテルに宿泊する予定であったことが窺われるものの、その事実のみから直ちにAとYが婚姻中も継続的に不貞関係にあったとは認められない。

466 ◎東京地方裁判所平成24年7月19日　WLJ

〔XがAに対してYとの不貞をやめるよう通知〕
Aは、平成18年9月、独立行政法人○○機構との間で自宅の賃貸借契約を締結し、同月25日、Xと共に自宅に入居した。XとAは、5年6か月の同棲生活の後、同23年3月に婚姻した。Xは、Aと協議の上、同年4月30日、それまで勤めていた会社を退職し、無収入となった。Xは、同年6月28日、ドイツ連邦共和国に渡航し、Aは、同年7月8日、Xと合流した。Aは、同月16日、Xは、同年8月12日、日本に帰国し、自宅における同居生活を再開した。Aは、同月15日ないし21日頃、自宅を出て別居した。Aは、同年9月3日、同月10日及び同年10月18日、Xと面会し、100万円を支払うので離婚に応ずるよう求めたが、Xはこれを拒否した。
Aは、遅くとも同月下旬頃、X以外の女性Yと交際を開始し、同年11月初旬頃、別宅においてYと同棲生活を開始し不貞行為に及んだ。
X訴訟代理人弁護士らは、同月15日、Xの代理人として、Aに対し、Xに離婚意思がない旨、AがYとの関係を解消して自宅に戻ることを求める旨、自宅の賃貸借契約を解約することを許さない旨、未払の生活費180万円の支払を求める旨を記載した内容証明郵便を送付し、Aは同月16日これを受領した。X訴訟代理人弁護士らは、同月15日、Xの代理人として、Yに対し、Aとの同棲関係を直ちに解消することを求める旨、慰謝料として300万円の支払を求める旨を記載した内容証明郵便を送付し、Yは同月16日これを受領した。Aは、平成23年11月頃、Xの了解を得ることなく、自宅の賃貸借契約を解約したため、Xは自宅退去を余儀なくされた。Xは、同月23日、南青山のB医師から、（反応性）抑うつ状態の診断を受け、現在も治療を受けている。Aは、同年3月23日、英国のウースター州裁判所にXとの離婚を申し立てた。
Aのこれらの行為は、Xの妻としての正当な権利利益及び人格権を侵害する権利侵害行為であるから、Aはこれと相当因果関係のあるXの損害について賠償すべき義務を負う。XはAによる上記権利侵害行為によって甚大なる精神的苦痛を被ったことが認められるところ、同行為の悪質性、Xの被った精神的苦痛、XとAとの同棲及び婚姻の期間その他本件にあらわれた諸般の事情を考慮すれば、Xが被った精神的苦痛に対する慰謝料は180万円（弁護士費用20万円、合計200万円）が相当である（請求額は450万円）。

467 **◎東京地方裁判所平成24年11月29日　WLJ**

〔貞操侵害の事案・Aが医師でYが看護師〕
YとAは、看護師と医師として知り合い、平成19年1月頃から性的関係を伴う交際を続けていた。Aには3000万円前後の年収がある。Yは、平成20年4月9日にDと調停離婚した。Yは、いずれAがXと離婚の上、Yと婚姻をすることができるものと思った。平成20年7月か8月、Yが妊娠に気づき、AはYの両親に会って、責任を取ることと認知をすることを約した。Yは仕事を辞め、平成21年にEを出産し、Aは認知届に署名、捺印したものの、その認知届は提出されなかった。Aは、同年6月付けの「公正証書」と題する書面において、Eが3歳になるまでに認知すること及び養育費他として平成21年4月から25年間、毎月15万円を支払う旨記載して、Yに手渡した。ところが、Aは、Yとの関係がXに発覚することを恐れ、上記の養育費等の支払を行わなかったことから、Yは次第にAに対する不信感を募らせ、平成21年秋には、精神的にも不安定となり、A宅に血染めのガーゼや抗鬱薬を送りつけたり、Xに対し、Aには婚姻外の子がいることなどを告げ、またA宅を訪れ、あるいは電話で、Aの子らに対し、AがEに対する責任を果たすように求め、脅迫まで行った。
その後、東京家庭裁判所の調停を経て、提起された本件訴訟の係属中、Aの妻は、事実を告げられて衝撃を受け、自殺した。
Aは、態度を急に翻し、Eとの親子関係を認めず、前記調停の際に行われた親子鑑定についても信用性を争い、また、平成21年6月付けの前記「公正証書」については、Yが偽造したものである旨の主張をし、鑑定を要することになった。Y、A各本人尋問後に提出された鑑定人の鑑定の結果、AとEとの父子関係が改めて確認され、「公正証書」も同一の印章によって押印されたことが認められた。このようなAの態度は、Yの信頼に著しく反するものであるが、そのような信頼は、Eを産むか否か、看護師としての仕事を続けるかなどの重要な決定を行う際の前提となったもので、法的に保護されるものというべきである。
そのため、Aは、その信頼に故意に反したことによってYが受けた精神的苦痛を賠償すべき不法行為責任を負うというべきである。Yの受けた上記精神的苦痛を慰謝するに足る金額は、上記のとおりのAの行為態様や、そのために被ったYの苦痛の程度、Aの年収など、本件における諸般の事情を考慮して、200万円と認めるのが相当である。

468 **◎東京地方裁判所平成25年5月28日　WLJ**

〔別件訴訟の不当な蒸し返し〕
夫婦間の事案。
Xが、その元妻Aの不貞行為によって婚姻関係が破綻して離婚に至ったことなどから、精神的苦痛を被ったと主張して、Aに対し、不法行為に基づき、慰謝料300万円及び弁護士費用30万円並びに遅延損害金の支払を求めた（本訴）事案。X（昭和30年生。日本国籍）とA（1981年生。フィリピン国籍）は、平成16年7月にフィリピン国の方式により婚姻し、同年

	8月にその届出をした夫婦であり、両者の間には、平成19年に長女（以下「長女」という。）が出生した。 Aは、平成19年10月頃から同年12月頃までの間、「Y」と名乗る男性（以下「Y」という。）との不貞行為に及んだ。Aは、平成22年11月12日、東京家庭裁判所に対し、Xとの離婚、長女の親権者をAと定めること、離婚に伴う慰謝料160万円とその遅延損害金の支払を求めて訴えを提起し（以下「別件訴訟」という。）、同裁判所は、平成24年2月23日、XとAの離婚を認め、長女の親権者をAと定める一方で、上記慰謝料請求は棄却する判決を言い渡した。 Xは、これを不服として控訴したが、東京高等裁判所は、平成24年8月3日、Xの控訴を棄却する判決を言い渡した。なお、Aによる離婚に伴う慰謝料請求については、Aが控訴しなかったため、これを棄却する判決が確定した。Xが、Aの不貞行為によって、別件訴訟におけるAからの慰謝料請求の棄却という形ではまかないきれない程度に甚大な精神的苦痛を被ったとみるべき事情を認めるに足りない。 そうすると、Xが、本訴において、別件訴訟で主張していたAの不貞行為と同内容の不貞行為を請求原因として挙げて主張することは、別件訴訟の不当な蒸し返しというほかないから、訴訟上の信義則に反して許されないというべきである。
469	**◎東京地方裁判所平成25年8月8日　WLJ** **〔不貞行為の立証なし〕** 夫婦間の事案。 Xが、平成20年10月に2度目の離婚をした元配偶者であるAに対し、AがXの留学に係る金銭援助をせず、また、婚姻期間中に不貞行為に及んだためXとAとの間の婚姻関係が破綻したとし、不法行為に基づき、被った精神的苦痛に対する慰謝料200万円の支払等を求めた事案において請求棄却。「Xは、帰国した際に自宅にボクサーパンツ型の下着があり、そのサイズの標記方法から女性用下着であるとして、Aが不貞行為に及んだ旨主張するが、仮にXの主張する下着が存在していたとしても、そのことからAが不貞行為をしたと断定することは到底できず、他にAの不貞行為を認めるに足りる証拠もない。」
470	**◎東京地方裁判所平成25年8月23日　WLJ** 夫婦間の事案。 Xが、①Xの夫Aが、自宅を出て他所で他の女性と同棲するなどの不貞行為をした結果、XとAの婚姻関係が破綻し、②それにもかかわらず、Aは、離婚調停を申し立てたり離婚訴訟を提起したりして、その中で自己が有責配偶者であることを否認するなど虚偽の主張をした、③Aが離婚訴訟に敗訴した後も、Aは、住宅ローンを支払うだけの十分な資力があるにもかかわらず、故意にXやXAの子が居住するマンションの住宅ローンの支払を停止した結果、同マンションが競売されて、Xらは退去を余儀なくされているとし、①ないし③の行為は、Xに対する不法行為を構成すると主張して、Aに対し、不法行為に基づく損害賠償として慰謝料1000万円及び遅延損害金の支払を求めた事案において、裁判所は慰謝料を350万円と認めた。

〈貨幣価値の推移〉

	消費者物価指数	国家公務員の初任給（大学卒業程度）
昭和 22 年（1947）	109.1	
昭和 23 年（1948）	189.0	
昭和 24 年（1949）	236.9	4,223 円
昭和 25 年（1950）	219.9	
昭和 26 年（1951）	255.5	5,500 円
昭和 27 年（1952）	266.1	7,650 円
昭和 28 年（1953）	286.2	
昭和 29 年（1954）	301.8	8,700 円
昭和 30 年（1955）	297.4	
昭和 31 年（1956）	300.2	8,700 円
昭和 32 年（1957）	308.9	9,200 円
昭和 33 年（1958）	312.1	9,200 円
昭和 34 年（1959）	316.2	10,200 円
昭和 35 年（1960）	328.0	10,800 円
昭和 36 年（1961）	345.0	12,900 円
昭和 37 年（1962）	368.2	15,700 円
昭和 38 年（1963）	397.3	17,100 円
昭和 39 年（1964）	413.3	19,100 円
昭和 40 年（1965）	443.2	19,610 円
昭和 41 年（1966）	464.4	23,300 円
昭和 42 年（1967）	483.5	25,200 円
昭和 43 年（1968）	510.5	25,302 円
昭和 44 年（1969）	538.9	27,906 円
昭和 45 年（1970）	577.9	31,510 円
昭和 46 年（1971）	614.3	41,400 円
昭和 47 年（1972）	643.8	47,200 円
昭和 48 年（1973）	719.5	55,600 円
昭和 49 年（1974）	882.4	72,800 円
昭和 50 年（1975）	988.8	80,500 円
昭和 51 年（1976）	1083.7	86,000 円
昭和 52 年（1977）	1173.7	91,900 円
昭和 53 年（1978）	1224.1	94,600 円
昭和 54 年（1979）	1266.7	97,500 円
昭和 55 年（1980）	1363.6	101,600 円
昭和 56 年（1981）	1430.4	106,900 円
昭和 57 年（1982）	1474.1	
昭和 58 年（1983）	1504.1	109,100 円

昭和 59 年（1984）	1545.0	112,800 円
昭和 60 年（1985）	1580.4	118,800 円
昭和 61 年（1986）	1591.5	121,600 円
昭和 62 年（1987）	1593.0	123,600 円
昭和 63 年（1988）	1608.8	141,000 円
平成元年（1989）	1649.9	146,600 円
平成 2 年（1990）	1702.1	157,300 円
平成 3 年（1991）	1758.3	168,000 円
平成 4 年（1992）	1788.9	175,300 円
平成 5 年（1993）	1804.2	179,200 円
平成 6 年（1994）	1811.0	180,500 円
平成 7 年（1995）	1805.9	180,500 円
平成 8 年（1996）	1805.9	181,400 円
平成 9 年（1997）	1833.0	183,200 円
平成 10 年（1998）	1849.2	184,200 円
平成 11 年（1999）	1836.6	184,200 円
平成 12 年（2000）	1818.5	
平成 13 年（2001）	1802.1	
平成 14 年（2002）	1783.9	180,900 円
平成 15 年（2003）	1776.7	179,800 円
平成 16 年（2004）	1776.7	
平成 17 年（2005）	1765.8	179,200 円
平成 18 年（2006）	1769.3	
平成 19 年（2007）	1767.6	181,200 円
平成 20 年（2008）	1787.0	
平成 21 年（2009）	1765.8	
平成 22 年（2010）	1748.1	
平成 23 年（2011）	1739.2	
平成 24 年（2012）	1731.1	
平成 25 年（2013）	1734.8	181,200 円
平成 26 年（2014）		181,200 円

出典：消費者物価指数は日本銀行金融研究所貨幣博物館を、国家公務員の初任給（大学卒業程度）は人事院資料を参考にした。

【この表の見方】

例えば、昭和 40 年当時の 1 万円を平成 25 年の貨幣価値に引き直すために、上記消費者物価指数を使うとすると、

1734.8（平成 25 年）÷ 443.2（昭和 40 年）＝約 3.9 倍

となるので、約 3 万 9000 円ということになる。

同様に、国家公務員の初任給を使うとすると、

181200 円（平成 25 年）÷ 19610 円（昭和 40 年）＝約 9.2 倍

となるので、約 9 万 2000 円ということになる。

【この表の使い方】

裁判例集の請求額・認容額を現在の感覚でとらえていただくために掲載した。

事項索引

せ

そ

た

ち

つ

て

と

な

に

は

ひ

ふ

へ

ほ

ま

む

め

ゆ

り

る

わ

あとがき

本書が成るにあたっては、裁判実務の右も左も分からなかった筆者を弁護士登録の時から現在に至るまで導いてくださった弁護士野口忠先生に深く感謝します。

また、昨年８月に本書執筆のきっかけを作っていただいた三重県伊勢市の弁護士田形祐樹先生には、新聞記事の収集やその他有益かつ貴重な意見をいただいた。

そして、本書の末尾に掲載した裁判例の表を作成するに当たっては、筆者の所属する法律事務所の事務員宮代明日香さんが献身的に協力してくれた。筆者の過大な要求にも淡々と対応してくれた宮代さんの協力がなければ本書は完成しなかったであろう。

最後に、弁護士会館ブックセンター出版部LABOの編集者の渡邊豊氏には本書執筆の最初から出版にわたるまで終始的確なアドバイスをいただいた。本書がその内容以前に読みやすいとすれば、それはすべてこの渡邊氏のお陰である。また、渡邊氏は、今時珍しく落語好きということで筆者と共通点があり、会話の話題には事欠かない。筆者のその落語好きが高じて、本書の本文の中にも随所に不貞訴訟に絡めて落語に関することを書いたのであるが、それらの殆どは渡邊氏によってカットの提案がなされた。これは渡邊氏の編集者としての気骨・気概であろう。今となってはやむを得ないとは思うものの、やはり初校の原稿を読むと心残りである。これについては、機会があればどこかで書いてみたいと思う。

なお、本書の校正をほぼ終えた頃、クラブのママがいわゆる「枕営業」として長期間にわたり顧客と性交渉を繰り返した行為について、これが妻との関係で不法行為を構成しないとした⑯東京地方裁判所平成26年4月14日に接した。この裁判例の取った結論は筆者にとっては非常に意外なものであった。なぜならば、そもそも、❿最高裁判所昭和54年3月30日第二小法廷は、Yがホステスである事案において不法行為の成立を認めているし、その他⓯東京地方裁判所昭和61年3月24日や㉞東京地方裁判所平成21年12月15日も、Yがホステスの事案であるが、不法行為の成立を認めているからである。

上記「枕営業」判決は、Xが控訴しなかったため、そのまま確定したとのことであるが、仮にXが控訴していれば結論が変わった可能性は十分にあったのではないかと思われる。このように、不貞訴訟に限らず、下級審の裁判所が下す判決の中には、従前の最高裁判例とは整合しないと思われるものがあることは事実である。

いずれにせよ、この「枕営業」の裁判例が新聞等に取り上げられていたことからすると、不貞慰謝料請求訴訟に関する社会の関心は今でも小さくないということであろう。そして、今後もこのような社会の関心を惹く裁判例が出されるであろうが、その際に本書がその裁判例の当否等を考えるための何らかの契機になることを期待したい。

2015年5月

弁護士　中里　和伸

中里和伸（なかざと・かずのぶ）
弁護士（52期、東京弁護士会）。都立両国高等学校卒業。上智大学法学部法律学科卒業。現在、東京弁護士会紛議調停委員会に所属。東京簡易裁判所民事調停委員。東京暁法律事務所

【主要著作】

『〔改訂版〕交通事故実務マニュアル―民事交通事件処理』（共著、ぎょうせい、2012）
『判例による不貞慰謝料請求の実務』（LABO、2015）
『判例による不貞慰謝料請求の実務　主張・立証編』（共著、LABO、2017）
『判例にみる債務不存在確認の実務』（共著、新日本法規出版、2017）
『判例による不貞慰謝料請求の実務最新判例編 Vol. 1』（LABO、2020）
『判例分析遺言の有効・無効の判断』（共著、新日本法規出版、2020）
『判例による離婚原因の実務』（LABO、2021）
『判例にみる離婚慰謝料の相場と請求の実務』（学陽書房、2022）
『判例による不貞慰謝料請求の実務最新判例編 Vol. 2』（LABO、2023）

東京暁法律事務所
〒104－0061　東京都中央区銀座7丁目12番5号 貝新ビル6階
電話　03－3545－3730
FAX　03－3545－3733
e-mail　tokyodawnlawoffice@gmail.com

判例(はんれい)による 不貞慰謝料請求(ふていいしゃりょうせいきゅう)の実務(じつむ)

2015年6月30日　初版第1刷発行
2015年7月30日　初版第2刷発行
2015年10月7日　初版第3刷発行
2015年12月24日　初版第4刷発行
2016年6月2日　初版第5刷発行
2017年2月8日　初版第6刷発行
2017年5月2日　初版第7刷発行
2019年5月20日　初版第8刷発行
2023年8月1日　初版第9刷発行

著　者　中里和伸
発行者　井田僚子

発行所　LABO
〒100－0013 東京都千代田区霞が関1－1－3　弁護士会館地下1階
TEL　03－5157－5227　FAX　03－5512－1085
発　売　株式会社大学図書
〒101－0062 東京都千代田区神田駿河台3－7
TEL　03－3295－6861　FAX　03－3219－5158
編集担当　渡邊　豊
印刷所　大日本法令印刷株式会社
カバーデザイン　やぶはなあきお

ISBN978-4-904497-21-0